1915年
アメリカ文化の瞬《と》間《き》

「新しい」政治・女性・心理学・芸術・演劇

アデル・ヘラー
ロイス・ルードニック
［編著］
山本俊一
［訳］

論創社

Heller, Adele and Lois Rudnick.
1915, The Cultural Moment: The New Politics, the New Woman, the New Psychology, the New Art, and the New Theatre in America.
New Brunswick: Rutgers University Press, 1991.

目次

第六章

凡例

一、訳者による注は割注として本文中に組み込んだ。それには［ ］を用いた。訳者による補足説明についても［ ］を用いた。

一、固有名詞のカタカナ表記に関しては、日本で定着しているものはできる限りそれに従っているが、それ以外では『固有名詞英語発音辞典』（大塚・寿岳・菊野編、三省堂、昭和四四年）を参照している。

一、引用符の中で、さらに引用符が使われる場合には、『 』を使わずに、〈 〉を使用した。

一、訳者による註や説明が長くなる場合に、本文中に*を記して、その該当する論文の註の終わった所に、補足説明を加えた。

序文

一九八七年六月、数百人がマサチューセッツ州プロヴィンスタウンに集まった。アメリカ文化の歴史的記録を断続的に活気づける創造性のほとばしりの一つを祝うためである。彼らが出席した四日間の会議は、プロヴィンスタウン・プレイヤーズ—ケープ・コッドの端にある避暑の基地から、演劇の革命を一九一五年に開始した才能ある作家や芸術家の集団—に焦点をあてたものであった。

会議集会はこの「文化の瞬間《とき》」の政治的・知的背景に関する講演を大々的に扱った。プロヴィンスタウンの文学的で、歴史的な面を歩いて巡り、その時代の視覚芸術についてビデオテープを使ったスライドショーを行い、それに主要な人物の写真による表示が加わって、快活な一九一五年のシーズンの雰囲気を再創造した。七五年前にプレイヤーズが書き、演じた最初四つの劇の上演がこの催しのハイライトで、プレイヤーズの六人の子孫—ミリアム・ハプグッド・ドウィット、ビアトリックス・ハプグッド・ファウスト、ペーター・スティール、ヒートン・ヴォース、テシム・ゾーラーク、ジョエン・オブライエン—の存在によって、その魅力が増した。彼らはプロヴィンスタウンの思い出について語ってくれた。

もし彼らが成功したいなら、この会議のようなプロジェクトの推進者は、聡明で、我慢強く、機転がきき、それに幸運でなければならない。組織を動かす能力のあることがもちろん望ましいが、それに劣らず重要なのが、強い興味、元気のよさ、有能な補佐を選ぶ能力、そのプロジェクトがするに値することを資金提供者に納得させられる能力である。主としてアデル・ヘラーとロイス・ルードニックの尽力のお蔭で、五年間の立案、長きにわたる通信、通話、図書館での調査、面倒な会議などを重ねて、幸運なことについに本書の出版にこぎつけることができた。

『一九一五年　アメリカ文化の瞬間《とき》』は、人間主義の考古学活動として、異なる学問分野間の共同研究として、あるいは文学および文化の歴史の濃縮した章として読める。無味乾燥な芸術の因習と社会的不公平に異議を唱えて、劇の表現形式や視覚芸術の表現形式に異議を唱えた反抗者たちは、決して無気力なボヘミアンではなかった。むしろ彼らはエマソンの信念を一層、強固なものに、実際のところ劇的に表現していた。それは彼らの時代にぴったりしていただけでなく、私たちの時代にもぴったりしていた。「臆病な歩み寄りや見せかけの精神」は、「ぎょっとするような懐疑心、愛のない生活、目的のない活動」で終わる。この本は私にとって、過去の出来事の祝典であり、空想的理想主義としてしばしば退けられてきたものが、もっと後の世代になれば、意義のある重要性を持ちうるという思い出のよすがとなるものである。

ダニエル・エアロン

マサチューセッツ州ケンブリッジ

一九九〇年

謝辞

本書のアイディアは「文化の瞬間―はじまりは一九一五年」と呼ばれたプロヴィンスタウンでの会議（一九八七年六月）から始まった。それはマサチューセッツ大学（ボストン）との協賛で、ウォーフのプロヴィンスタウン・プレイハウスによって後援され、また一部は人文科学のための国の基金および人文科学と公共政策のためのマサチューセッツ財団からの助成金により可能となった。本書の準備は、一部、人文科学のための国の基金およびジョン・スローン記念財団からの助成金によって惜しみなく支援を頂いた。

本書にはとても多くの個人、図書館、ギャラリー、美術館、団体、教育機関が関わっていて、これらの素晴らしい協力がなければ、この仕事はとうてい達成できなかったであろう。すべての人たちの名を挙げ、充分な感謝をすることができないけれども、この企画に寄与してくださったすべての人々に深く感謝いたしております。

まず、本書のために、予想した以上の時間とエネルギーを費やしてくださった六人の個々の人たちから受けた恩に対して謝意を表したいと思います。ロバート・ブラウン（アメリカ美術保存館リージョナル・ディレクター）、アール・デーヴィス、エリカ・ゴットフライド（ニューヨーク大学タミメント図書館）、ニック・マドーモ（アメリカ美術保存館）、リチャード・シュミラー（アメリカ文化情報局）、ドロシー・スワードラヴ（ニューヨーク公立図書館ビリー・ローズ・コレクション責任者）。加えて、ジョシュア・ブラウン、ビル・カフ、イヴェット・ド・ローシュ、エミリー・ファーナム、ダニエル・ヘラー、ドクター・クリスチャン・ジールハー、ドナートゥ・モレノ、デール・ネイバーズ、ヤン・ラーミレイス、ジェニー・ラスバン、パット・ウィリスは、ご多忙の折から、この計画に時間をさいてくださった。［上記五名の所属先は本書出版当時のものを記載］

私たちの研究にあらゆる優遇を与えてくださったさまざまの図書館の中でも、とりわけイェール大学バイネッケ稀覯本および手書き原稿「保管」図書館、ハーバード大学ホートン図書館、議会図書館、ニューヨーク公立図書館（バーグ・コレクション）、ニューヨーク公立図書館（ビリー・ローズ演劇コレクション）、ニューヨーク大学タミメント図書館には感謝申し上げたい。

私たちの感謝の気持は、以下の関係各位にも捧げられている。アメリカン・ジューイッシュ歴史協会、アーモン・カーター美術館、スミソニアン・インスティテューション・アメリカ美術保存館、アート・インスティテュート・オブ・シカゴ、ボルチモア美術館、ボストン公立図書館、シカゴ歴史協会、シティ・ロアー、コロラド歴史協会、コランバス美術館、デラウェア美術館、ハリエット・アンド・マーティン・ダイアモンド、ディンテンファス・ギャラリー、ベン・アンド・ビアトリス・ゴールドスタイン、グッゲンハイム美術館、ハーグ市立美術館、ハーシュホーン美術館、クラウシャー・ギャラリー、ロワー・イーストサイド・テネメント美術館、メトロポリタン美術館、マンソン－ウィリアムズ－プロクター美術館、ミュージアム・オブ・ザ・シティ・オブ・ニューヨーク、ボストン美術館、ニューヨーク近代美術館、ナショナル・ギャラリー（ワシントンD．C．）、ナショナル・ギャラリー（ロンドン）、ニューヨーク歴史協会、ソフィア・スミス・コレクション（スミス・カレッジ）、フィラデルフィア美術館、プロヴィンスタウン・アート・アソシエーション・アンド・ミュージアム、フラーンスワズ・アンド・ハーヴェイ・ラムバック、サランダー－オライリィ・ギャラリーズ、ショムバーグ・センター・フォー・リサーチ・イン・ブラック・カルチャー（ニューヨーク公立図書館）、ソシエテ・アノニム、アンドレアス・スパイザー、ホイットニー・ミュージアム・オブ・アメリカン・アート。

「ファミリー・アルバム」のセクションの写真を提供してくださったアール・デーヴィス、ミリアム・ハプグッド・ドウィット、イヴェット・イーストマン、ベアトリックス・ハプグッド・ファウスト、ジョエル・オブライエン、ルイス・シェイファー、ピーター・スティール、ヒートン・ヴォース、テシィム・ゾーラークの皆さんに恩を受けている。本書の劇を掲載する許可を与えてくださったウォルター・ベーカー・H・カンパニー（ボストン）、シアリアス・クック、ミリアム・ハプグッド・ドウィット、ピーター・スティールに感謝している。

最後になってしまったが、この計画の始まりから完成に至るまでずっと支援を頂き、励ましてくださったラトガーズ大学出版局の編集者ケネス・アーノルドと彼のスタッフのメンバー、とりわけクリスティーナ・ブレイク、マリリン・キャンベル、バーバラ・コーペルにも心からの感謝の気持ちをあらわしたい。

アデル・ヘラー
ロイス・ルードニック

一九九一年三月

序章

アデル・ヘラー
ロイス・ルードニック

一九〇〇年にヨーロッパやアメリカの社会哲学者、政治学者たちは、二〇世紀を新しい至福の時代の夜明けであると断言した。それは平和の世紀であり、政治的・宗教的・経済的競争の終焉であって、人間の歴史を死と破壊だらけにしてきた戦争の終わりを示すもので、西洋文明は文明という進歩のらせん状の形をなして、あるところまで進展し、それまでの世代の文明化されていない野蛮性を受け入れなくさせた、と彼らは主張した。

一九一五年の夏、アメリカの社会平和と正義という至福の時代を創造することに捧げたニューヨーク市グリニッチ・ヴィレッジの男女からなる小集団が、第一次世界大戦の身動きできないような恐怖に直面し、今や四年間続く戦争の二年目に入ろうとしている。第一次大戦は、西ヨーロッパで一三〇〇万人の命を奪い、若者たちの世代を破滅させた。それは二〇世紀の、今後の戦争と革命のための地ならしとなるであろう。そして一九二〇年代にアメリカに住んでいる社会的・文化的・政治的夢想家の中の、より反抗的な声をほぼ黙らせた愛国熱とヒステリアの高まりの中で、まもなくアメリカ市民の生命とエネルギーを吸収するであろう。

ハチンズ・ハプグッドは、その回顧録『近代世界のヴィクトリア朝時代の人たち』の中で、一九一五年の夏は、マサチューセッツ州プロヴィンスタウンに年一回巡礼の旅をしてきたグリニッチ・ヴィレジャーズにとって絶望で始まった、と私たちに伝えている。「すべての現存の理論は、無力であることがすでに示されていた。平和の快い創造的目的はもはやない。個々の人たちはそれぞれが崇高な人間であることをやめてしまっている。みんなは待っていた。

生きるということが虚ろであった」と。アメリカで新しい種類の演劇を創造しようと全力を傾けていたプロヴィンスタウン・プレイヤーズが生まれたのは、この希望を失っていた時代であった。「プロヴィンスタウンの運動は、一部、再生をめざす—精神的に、意気阻喪や絶望からの回復をめざす、私欲の毒や世の中の毒からの解放をめざす、社会的な活動」(1)であったとハプグッドは私たちに言う。

創造性を持ったこの「文化の運動」が、一九八七年の夏にプロヴィンスタウンで催された会議に熱意を吹き込み、そこからこの評論集が生み出された。この会議は、アメリカ文化の「小さなルネサンス」—それはプロヴィンスタウン・プレイヤーズの誕生を育成した—を公に祝うものとして意図された。この会議の参加者は、一九一五年の七月と九月に、プレイヤーズによって書かれ、上演された最初四つの劇のテーマを伝える問題を検討した。

これらの問題—その一つ一つが、二〇世紀のアメリカ社会と文化の推移に深い影響を及ぼしてきた—が本書の焦点となっている。私たちは進歩的・急進的な政治、フェミニズム、精神分析、後期印象派、近代演劇の始まりなどが、アメリカの文化に及ぼした影響を検討し、一九一五年の世代が使った言葉—新しい政治、新しい女性、新しい心理学、新しい芸術、新しい演劇—を使って、それまでのアメリカと彼ら自身を区別しようとするものである。それらすべてに影響を及ぼした考え方の相互作用を究明することに加えて、これらの運動の一つ一つが本来持っているものを取り上げることによって、読者に広範囲なレンズ—そのレンズを通して、アメリカの生活を重要な文化の分岐点にあるものとして見ようとするものである—を提供する。

これらの運動を定義し、形づくるのに役立った男女は、アメリカ人の最初の世代の一部で、主要な都市の産業力として、また世界帝国としてアメリカがその姿を現わすことを引き換えに、人間に強いることになった犠牲に彼らは反応を示している。「新しい」アメリカについて彼らの懐くヴィジョンには、穏やかなものから急進的なものに至るまで幅があった。しかし、それらすべての根底にあったのは、自分自身と社会を作り直そうとする個々の創造的努力の力とアメリカの生活に人間性を与えようとする文化的表現の力によせる彼らの信念であった。これら二〇世紀初期の知識人・作家・芸術家、それに活動家たちは、二〇世紀の後半の終わりで、彼らの子孫がいぜんとして直面している問題の多くを取り上げようとした。集団の幸福を保護する一方で、個々の自由をも考慮に入れた公平で、民主的な社会を私たちはいかに創造するのか。みんなで生み出している国家の富を公平に分配するために、個々の主導権を敬い、労働者・女性・少数民族にも権限を与えるような、社会経済システムを私たちはいかに確立するのか。個人的なヴィジョンに応じ、アカデミックなエリートや特権的少数者以外の人たちに語りかける芸術・文学・文化批評の中心部分をいかに私たちは創造するのか。私たちは私たちのアイデンティティの、つじつまの合う情報源を提供し、なおかつ時々、男女がぶつかり合う文化、多様な民族的・人種的集団がぶつかり合う文化を組み込んだ、溌剌とした国の文化をいかに作りあげるのか。

これらの問いに答えるためには、二〇世紀の最初の二〇年間でのアメリカ人の生活がどのようなものであったかを、まず見なければならない。国民総生産と一人あたりの収入が一八八〇年から一九二〇年の間に二倍になったけれども、富は国民に均等に分配されていたわけではない。アメリカ人の三分の一から二分の一(それは黒人の大部分を含む)が貧しいか、それに近い暮らしをしていたので、病気が蔓延したり、アメリカが世界をリードしている産業で事故があれば、いつでもその割合は増えた。その頃、女性と少数民族の殆どが、市民権を剝奪されていた(2)。

アメリカ人が人的資源や天然資源を無茶苦茶に利己的利用したことで、中流および上流階級のいくつかの部分の間から、ある歴史家が「アメリカ人の良心の反乱」と呼んだものが生まれた。進歩的な改革者たちは、彼らが本質的に妥当だと信じていた政治システムを修正することに興味を示した。一八九〇年から一九一五年の間にアメリカにやって来た一千五百万人の新しい移民たちを含めた、幅広いアメリカ社会にアメリカ政府がもっとしっかりと反応を示すことを心底から願っていたことに動機づけられた進歩的な改革者たちもいた。彼らは自分たちの階級の利益を保護するためには、あるいは労働者階級の革命を防ぐためには、その社会経済システムを少なくとももっと衡平の原則によるものにしなければならないという懸念から、多くの者たちは動機づけられていた(3)。

リンカーン・ステファンズのような清潔な政治を願う改革者たちは、アメリカの実業界と政党幹部との癒着を指摘することによって、都市部の腐敗をさらけ出すことに尽力した。ウォルター・リップマンのようなインテリは、社会科学者がこの国の産業経済を規制すべきであると主張した。なぜなら分別のある、公平な原則を前提とすれば、彼らは大多数の人々のために、商品、公共事業、人間の必要とするものの不均衡を調整する方向に向うであろうからである。ジェーン・アダムズのような、社会正義の進歩的な人々は、住宅の向上、産業労働者の安全、教育の機会拡大、文化的多様性へのさらなる寛容さ、といったような主義・主張を促進することによって、移民や労働者階級の人々の諸条件を改善するために努力した。サミュエル・ゴンパーズのような穏健な労働者のリーダーは、産業界と提携して、「生活にかかわる」組合主義を求めて闘った。マーカス・ガーヴェイのような黒人の民族主義者は、アフリカ系アメリカ人のコミュニティの要求や願望を満たすような黒人単独の経済を、と主張した。

急進的なリーダーたちは、中産階級アメリカと産業資本主義が根本的に持っている不健康を全面的に糾弾し、アメリカの政治的・経済的システムの、これまでにない根本的な変化を、つまり徴税と賃金統制によって、国家の富を再分配することから、労働者がオーナーの手から国家の富と生産手段を奪い取るまでの変化を要求した。芸術や社会生活の分野ばかりでなく、政治の分野における急進的な言説と実験を育む最も肥沃な土壌の一つは、ニューヨーク市であった。一九二〇年代までに、ニューヨークは確かにアメリカにおいて文化が発酵する主要な中心になっていた。グリニッチ・ヴィレッジに関しては、白人急進主義者の中心であり、ハーレムはアメリカ黒人の首都として進行中である。[4]

「今、その当時を振り返ってみると、一九一三年という年に至る所で障害がなくなって、それまで連絡をとりあったことのなかった者同士が、連絡をとれるようになったかのように思われた。新しい通信手段ばかりでなく、通信するためのあらゆる新しい方法がそこにはあった」とメイベル・ドッジ・ルーハン―あらゆる新しい運動の中で重要な人物―は彼女の回顧録で書いている。彼女が口にした新しい精神は、グリニッチ・ヴィレッジでその指導的地位を、五番街二三番の彼女のサロンに、その精神的家を見つけた。[5] そこには、ヴィレッジに住んでいる男たちや女たちに、アメリカの政治方針ばかりでなく、良俗や芸術の基準を変えることができるようになると思わせるような、心理学・芸術・詩・政治・男女関係の理論が充満していた。自由思想家や自由恋愛家は、彼らの信条・目標・急進主義の程度において、本質的に異なってこそいたが、ますます強くなりつつある標準化・機械化・物質主義に向けて、同胞の市民を追い立てんとしているアメリカ人の生活傾向と闘うことで、一致結束していた。それらの中には、効率と費用効果を重視するあまり、労働者を機械より下位に置く科学的な経営哲学、階級をさらに分離させ、教育を受けた者とそうでない者とを分けた仕事の分化、マスメディアの操作、幸福の追求はシアーズローバック［大手通信販売会社］のカタログを見ることにある、という神話を促進するような、急増している広告産業などが含まれている。

彼らの時代（そしてその後）の、より正統なマルキストとは違って、彼らのそれは、正統なマルキストたちが労働組合の組織化と富の再分配に努力を捧げたと同じくらいに、その努力を自由な活動と自己表現に捧げた急激な変革であった。ヴィレッジで受け取られていたように、あらゆる新しい運動をつないでいた明確な言葉は、「解放された個性」、「自己の表現」、「情緒」、「直観」、「解放」、「実験」、「自由」、「反抗」―これらの言葉遣いや単語は、一九一二年から一九一七年にかけての政府宣言、芸術品の展示会、政治集会ばかりでなく、「新しい」雑誌、本、劇などに広く行き渡っていた傾向をほのめかしている、とダニエル・エアロンは記している。彼らはマクドーガル・ストリートのポリーズ・レストランで催されたリベラル・クラブの会合を伝えた。その会合では、詩の読書会、コロラド鉱山での抗夫たちの大量死についての講義、労働する女性には共同住宅が必要であるという議論などが、同程度の重要さで話し合われていた。そして異教徒の労働者の集団がワシントン・スクエアのアーチに登って、ここは独立した共和国だと宣言するように仕向ける街頭演劇を彼らは推し進めた[6]。

この世代の芸術家、作家、改革者、急進主義者―グリニッチ・ヴィレッジ内とそれ以外の場所を含む―が、アメリカ社会と文化を生き返らせるためにいかに貢献したかを検討するにあたって、私たちは次の問いに取り組もうとしてきた。（一）何をもって「新しい」と定義し、それは「古い」とどう違うのか。（二）「新しい」もの―その多くがヨーロッパで始まっている―が、どのようにアメリカ化されたのか。（三）「新しい」ものを創造する際に、どのような衝突やパラドックスが伴うのか。（四）「新しい」ものが普及して、より大きな社会に取り入れられるようになると、その「新しい」ものはどうなったのか。（五）二〇世紀アメリカの、その後の社会的・政治的・文化的運動に、その

「新しい」ものが、どのような影響を及ぼしたのか。

何をもって「新しい」と定義し、それは「古い」とどう違うのか

この文化的な特定の時を特色づける問題の全分野を横断する一揃いの言葉がある。社会的な変化、文化的な変化、政治的な変化、というこれまでよりも多元共存主義的な擁護者によって、少なくともそれらが定義された時の言葉である──新しい女性、新しい心理学、新しい芸術、新しい政治、新しい演劇。これらのどれについて私たちが話していようとも、私たちは崩壊という言葉に直面する。二項対立の崩壊、形式至上主義の崩壊、境界線の崩壊、階層制の崩壊、そしてアメリカの生活のあらゆる領域における慣習の崩壊といった具合に。

「アメリカン・モダニズムの定義に向けて」という論文の中で、ダニエル・ジョゼフ・シンガルは、この世代をヴィクトリア朝の先祖と区別し、新しい文化的パラダイムを創造しようという彼らの試みを定義している目立った相違点を記す。ヴィクトリア朝の人々が、文明化されたものと野蛮なもの、上位の階層と下位の階層、白人と黒人、男性の領域と女性の領域、といった人生のすべての領域において、「対照的な区別立て」を行ったのに対して、個人を社会システムから分けて、それらを別々の区画に入れるといった、広く行われていたやり方をモダニストたちは拒絶した。「モダニズムの現われ方」はさまざまであったが、彼らに「共通した考え方というのは、……自己を経験という新しいレベルに開放したいとする熱い欲求に加えて、その経験する種類の本質的に異なる要素を一つに合わせて、新しい独創的な〈統一体〉──新しい文化の基礎としての〈統合的形態〉と言ってもよいほどのもの──に変えたいという熱い願望であった[7]」。

分割されない、まるごとを求めるこの願望は、これまでの伝統的な宗教的形式によってはもはや満足できない、根深い精神的な欲求によって少なくとも一部は動機づけられていた。社会正義を求める進歩的な人たちの背後にある最も重要な勢力の一つは、プロテスタント聖職内部の社会的福音運動で、それは中流階級や上流階級の人々に対して、貧しい人々、社会から見捨てられた「不利な立場にある人々の生活」の意識を共有するように要求した。リベラル福音主義のプロテスタンティズムは、ユージーン・デブス（キリスト教は「活動中の社会主義」であると彼は宣言した）の

アメリカ生まれの急進主義を伝えた。自由恋愛の唱道者ですら、まるで異性愛の結びつきが神の代用になれるとでも言うかのように、時々、宗教的な強烈さで愛を切望した。一方、フロイトの熱狂的支持者は、「精神分析には宗教の素質が備わっている」と予言した。ヴィクトリア朝時代の人たちに、前もって定められている道徳的真実を伝達し、説明する一つの手段として役立っていた芸術は、モダニストたちにとっては、「人間が得ることのできるたとえどのような暫定的な秩序であっても、創造する主要な手段」となった、とシンガルは記している。プロヴィンスタウン・プレイヤーズを創設する際に、ジョージ・クラム（ジグ）・クックは古代のギリシャ人を振り返った。彼らにとって演劇は、彼らの精神生活の本質的な部分であった。それなら、これらすべての領域で、より古い家族、共同体、宗教的伝統が持っていたのと同じ必要なものを新しいものが満たせると私たちは信じている[8]。

新しい政治は、その最も広範囲な権限として、生命・自由・幸福の追求に対する政治の権利を、アメリカの生活の経済的・社会的・文化的な領域にまで拡大することによって、アメリカのデモクラシーの境界線の再定義をした。一九一二年の選挙中に、権限と影響力を多く持つ政治家ですら、連邦政府の権限の範囲を広げるレトリックを使っていた。ウッドロー・ウィルソン下の民主党は、ニュー・フリードムを宣言し、セオドア・ルーズベルト下の進歩党は、ニュー・ナショナリズムを宣言したが、どちらの党とも、機会均等を実現するという約束を果たせていないことを重くうけとめた。ユージーン・デブス下の社会党は、多くの州や地方の要職に加え、全国的選挙でも最も高い支持率を獲得した。確かに自由主義者たちには、彼らの計画がアメリカの社会的・政治的な生活を和らげるであろう、と信じる正当な根拠があったが、急進主義者たちには、彼らの計画がアメリカの社会的・政治的な生活を根本的に変えるであろう、と信じる正当な根拠があった。

この時代を研究する最近のたいていの歴史家たちは、自由主義の人たちの検討課題、急進主義の人たちの検討課題の両方において、事実上の失敗があったと感じている。しかし、ネル・ペインターが述べているように、彼らはそれ以後の何十年間で、公共政策のための重要な先例を作った。「連邦政府は一般庶民のために活動する意向を発表することができた。少し前の世代であれば、労働者集団以外にはとても考えられなかったであろうが[9]」。進歩の時代の政治改革は、女性の参政権、初めての子供の労働法、最初に設けられた所得税、相続税、法人税を含めて、その範囲は全国的規模であった。

新しい女性は男女別々の領域、当然のこととして想定された生物学上の、知性面での制限─それは彼女の母を家庭に閉じ込めておいた─にもはや縛られることはなかった。彼女は恐らく自由に働き、研究し、自分の人生と配偶者とを決定できたであろう。この時代の中流階級の女たちは、高等教育と職業の面で、これまでよりも素晴らしい機会に恵まれた。労働者階級の女たち─彼女たちは家庭に留まる選択肢はなかった─は、労働組合の組織に積極的に関わるようになったが、アフリカ系のアメリカ人女性は、彼女たちの市民権や教育改革のために主役を演じた。ロイス・ルードニックが証明するように、女たちはあらゆる新しい運動の主導権を握った。

近代のアメリカ女性が直面しているアメリカ社会における女性の役割についての問題点の多くは、この時代の女と男によってすでに討論されていた。政治のプロセスにおける女性の役割という問題。釣り合いのとれた依存と自立、仕事、家族、親密な人間関係の問題。ジェンダーの決定要素に関する生まれながらの性質対育った環境の論争。進歩の時代の女性作家のフィクションは、人種的・階級的障害が新しい女性に課した制約ばかりでなく、女たちにとっての新しい可能性にも焦点をあてた。

新しい心理学は、理性的なものと感情的なもの、精神的なものと性的なもの、といった偽りの二分法から人間のパーソナリティを解放することを約束した。それは芸術家に無意識の欲求との接触をもたらした。無意識の欲求は彼らの仕事や改革者たちに、将来、彼らが社会を改善できるかも知れないとする考えに触れる力を与えた。一九一〇年代にフロイトの理論が、まず科学的な、知的なコミュニティで広められた。安静療法や薬で精神障害を治療する世間一般で認められていた医療形式とは対照的に、フロイトは神経症を性心理の発達に起因するとし、患者の治療効果をあげるには、患者の自己洞察が重要であると主張した。

ジョン・C・バーナムが説明するように、ヴィクトリア朝以後の世界の、対立する信念の方式は、知識人に確実なものを殆ど残さなかった。彼ら知識人にとって、まとまりを持った自己という考え方は、もはや存在しえないものとなった。人間の性質とか性格といった伝統的な基準では、もはや満足のいく形で、その個人の、また社会の機能障害を説明できなかった。その故障は、都市の産業社会における生活の激変によって解き放たれたもので、暴力や抑えられていた激しい感情の具体的な現われ方であった。同時代の批評家はしばしばアメリカを「治療の」社会という呼び方をする。アメリカ人が心理的な幸福を断続的に繰り返し求めている根っこ、また精神的障害を治療するために心理療法を受ける者が急増していること、それに二〇世紀の文学や芸術の多くを特徴づけてきた無意識の作用の探究、こうしたものはみなこの時代に起源がある。

キュービズム、表現主義、シュールリアリズム、および他の「イズム」といった新しい芸術に携わる人たちは、自分たちをモダニストだと定義していて、彼らは伝統的な考え方—芸術は現実を模倣し、中流・上流階級の道徳的・社会的価値観に役に立つべきだ—に公然と反抗した。彼らは自分たちのリアリティのヴィジョンを表現するための、個人としての芸術家の権利を強く主張した。マーティン・グリーンが説明するように、一般大衆の趣味は、過去の古典的模範を使うことを重要視した芸術院《アカデミー》の、因習的・感傷的リアリズムによって主に形づくられてきたのである。

新しい芸術は、幻想を現実と切り離しているカテゴリーに挑戦し、原始的で民間的な芸術によりも、エリートの芸術に特権を与える価値の体系化を転覆させた。写真の部門で言えば、アルフレッド・スティーグリッツが芸術とテクノロジーの壁を壊したがっていた。彼はカメラを持ち、彼の友人である芸術評論家ポール・ローゼンフェルドの言葉を使うと、「人間の魂に仕え」(10) ようとした。多くの同時代のアメリカ人が二〇世紀初期の芸術に文化的に適応している一方で、新しいと同時に人をまごつかせる芸術運動が、この時代以降、周期的に時折、私たちの世紀を特色づけてきた。芸術が誰の目的や要求を満足させるべきなのか、この時代に始まった議論—支配階級の世界観を確かなものにするためにか、個人的なヴィジョンを表現するためにか、それとも「一般大衆」に彼ら自身の社会経済的進歩のために闘うことを吹き込むためにか、という議論—もまた二〇世紀を特色づけてきた。

新しい演劇は、商業演劇を背景にして現われた。当時の商業演劇は感傷的で、現実逃避のメロドラマ、ロマンス、ミュージカル(それはアメリカ社会が直面する深刻な政治的・社会的な問題をめったに取り上げなかった演劇であった)によって支配されていたのである。アデル・ヘラーが説明するように、それはフランス、ドイツ、イギリス、ロシアなどヨーロッパの「小劇場」（それは伝統的な舞台で生み出された思慮のない人気取りの劇に抗議をした）から、その推進力の多くを借りた。メアリー・C・ヘンダーソンのフォトエッセイは、新しい劇はシカゴやニューヨークのような大都市の中心部ばかりでなく、中西部の小さな町といったアメリカの至る所で根を下ろしたと説明している。そうした所では、他民族の、労働者階級の、中流階級のコミュニティにとって重要な問題を取り上げる文化フォーラムのようなものとして、舞台が使われた。

グリニッチ・ヴィレッジという小さなコミュニティのジャーナリスト、画家、作家がプロヴィンスタウン・プレイヤーズを形成し、彼らが新しい演劇運動の先頭に立った。彼らはアメリカの社会的・政治的な生活に新しい精神を反映するような一国家の文化を築き上げたいと思った。彼らが様々な才能を出し合って、自分たちの劇を書き、上演しようという決断は、アメリカの小劇場にはずみを与えた。この小劇場は、ロバート・サルロスやバーバラ・ゲルブが指摘するように、アメリカの最も重要な二〇世紀の二人の劇作家、スーザン・グラスペルとユージーン・オニールを支持したのである。

「新しい」ものが、いかにアメリカ化されたのか

アメリカ人は人間性、社会、文化的な表現について、新しい思考に影響を及ぼす理論を殆ど考え出さずに、彼らはこれらの新しい理論を彼ら自身の要求や価値観に適合させ、いくつかの場合には、「新しい」理論よりも固有の文化的・政治的伝統を優先した。アメリカ人はカール・マルクス、ジークムント・フロイト、エレン・ケイ、フリードリッヒ・ニーチェといったヨーロッパ人の書いたものから、自分たち自身の「テクスト」を創造し、それらヨーロッパ人の考えをウィリアム・ジェイムズやジョン・デューイといったアメリカの社会理論家や哲学者の考えと混ぜ合わせたのである。

アメリカのこれら様々な運動のリーダーたちは、しばしば同時代の学者たちから批判されてきた。知的真面目さと政治的関与に欠けるとして、また折衷主義ゆえに、それにヨーロッパの思想家たちから彼らが借用した理論を歪めた罪ゆえにである。例えば、彼らは過度にフロイトを楽観的に読んだのである。そのために人間性に対するフロイトの

暗い、決定論的見方を彼らは無視したのである。フレデリック・ホフマン、クリストファー・ラッシュ、ケネス・リン、レスリー・フィッシュバインによる批評は、説得力があったにもかかわらず、これらの運動を彼らの時代の情況内で正しく評価することに重要な点で失敗している[11]。

この世代の多くの人たちが共有した急進的な政治的・社会的変化をもたらした思想の力に寄せる純真な信頼は、第一次大戦後にはあり得ないことであった。自由に考えをめぐらし行動することは、やがてより健全な個人の出現へ、そして非常に公平な社会的・経済的秩序へと導くことになるとする彼らの信念は、論理的に両立しない類の視点を彼らに許容させ、時々それを促進することを許した。しかし、本書の論考が証明するように、それらの殆どが彼らの政治的・社会的・芸術的理想とそうしたことへの傾倒に真剣であったことに疑いはない。

モダニズムについてアメリカ的であるものを理解するために、本書の寄稿者の一人フレッド・マシューズは、どのような文化であれ、その内部で新しい考え方が受け入れられ、広められていくその方法について説明してきた。「あらゆる新しい理論」が「順応によって、受け入れという必然的な過程を辿るが、その際、創造的誤解、自由選択、オリジナルの持っている論理や一貫性を欠くかも知れない改訂と、それに関心の確立した中心の役割を果している、あらかじめ存在する考え方との融合といったものを伴うことになる[12]」と記している。

かくしてアメリカの社会党によって行われた新しい政治は、人民主義や非マルクス主義の労働者階級の伝統―その伝統は、小作農と労働者こそが市民を生み出す原点だと見なし、アメリカ革命の言葉を借りて、共和国に住むすべての人たちの社会的・政治的・経済的幸福の促進を要求した―に根づいていた。アメリカの女たちは、ヨーロッパの哲学者やイギリスの女性の女性参政権論者から考え方と実践方法を借用したが、新女性についての最も重要な考え方のいくらかは、一九世紀のアメリカ女性の文化―その文化は家長的・資本主義的精神《エトス》の打倒をめざす価値をはっきりと表現してきた―から情報が得られた[13]。

アメリカ人はエリートの芸術では革新的なものを殆ど作り出してこなかったが、彼らには文化的な国家主義―この国家主義は、一九世紀のニューイングランドのロマンチックな作家たちから始まり、進歩の時代の間に再び新しくされた―の伝統があった。ヴァン・ウィック・ブルックスの『アメリカ、成年に達す』（一九一五年）は、その時代の最初の、最も重要な宣言の書で、ヨーロッパ、特にイギリスの模範に頼らない固有の文学を作り上げるようにとアメリカの作家たちに要求した。この頃のアメリカにおける近代ヨーロッパ芸術の一番の擁護者であったアルフレッド・スティーグリッツは、アメリカの芸術の創造―その創造はフランスの後期印象派の画家が発展させたものだが、「あの忌々しいフランスの香りはしない」技法を使ったもの―を要求した。ロシアのアナキズムの哲学者から受けたのと同じくらいに、アメリカの詩人ウォルト・ホイットマンから影響を受けたエマ・ゴールドマンは、革命的なことに関心はない、革命中には踊れない、と言った。ヘンリー・ハリソンのような黒人社会主義者は、アメリカの情況での、マルクス主義の人種理解の不十分さを知って、アメリカ社会への彼自身の急進的な批判を展開した[14]。

恐らくこれらの運動のアヴァンギャルドの指導者について最もアメリカ的である点は、彼らのプラグマチックであると同時に、ユートピア的でもある性質である。アメリカ文化の急進主義者は、マルクス、フロイト、労働者階級の革命と個人的な自己表現とを両立させることに殆ど難しさを感じていなかったように思える。事実、彼らの中のより空想性の強い人たちは、「それをみな望んでいた」、つまり私欲を発展させる絶対的な自由を望みつつ、共同体の考え―それは他の人たちの利益や要求を私欲よりも優先する―に全面的に傾倒することも望んでいた。

「新しい」ものを創造する際に、どのような衝突やパラドックスが伴うのか　私たちが論ずる男女の多くの人生や作品に一貫して流れている二つの中心的なパラドックスがある。上記のコメントに関係した一つは、彼らが個人でありながら、なおかつホイットマンの言い方をすると、「群れをなして」いたかったということである。もう一つは流動的で、開放的なアイデンティティを維持しながら、心理的な首尾一貫性を達成したいという要求である。シンガルが指摘するように、「統合を求めようとし、かつ避けようともする逆説的なこと」は、「個人のアイデンティティが二〇世紀に生きる人たちにとって、しばしば疑わしくなっているし、緊張に悩まされている理由によるものである」。ヴィクトリア朝時代の人々は、人間のキャラクターの誠実さと首尾一貫性を重んじた。それは「キャラクターが主に社会的役割（「その役割は、遺伝・教育・職業によって通常は固定されていた」）によって定義された」という信念に基づいていた。モダニストたちは「人はこの世界で継続して経験していることに基づいて、絶えずアイデンティティを創造し、再創造しなければならない」と信じていた。彼らは最も尊重されるキャラクターの特徴として「信憑性」に特権を与えた[15]。

最初のパラドックスは、私たちが検討している新しい運動の最も問題となることの一つというだけでなく、最も活気づけることの一つでもあった。それは性的な自由と経済的自立は、家族や社会に対する伝統的な義務と両立が可能である、と新女性に期待を持たせるように仕向けた、とメイベル・ドッジとニース・ボイスの相反する生活分析の中でケイ・トリムバーガーは示している。彼女たちは労働者階級の男女の社会的・宗教的信念に背く男女同権主義の価値を忠実に守りながら、「大衆」に訴えかけることができると『マッシズ』の急進主義者たちに信じこませた。それはフロイトの熱心な信者を何時間もの強烈な自己分析—それはそのような療法を受ける余裕が最も少ない、そのような療法に助けられることの最も少ないアメリカ人を悩ませている苦しみや病気の社会経済的原因を避けさせた—に導いた。

このことは本書で取り上げられている重要な問題に私たちの目を向けさせる。誰がその「新しい」ものから除外されたかという問いは、誰がその定義をしているのかと緊密に結びついている。新しい政治は、それが進歩的であれ、急進的であれ、人種差別という壁にぶつかり、アメリカの政治的・経済的な生活に及ぼした人種差別の浸透性があり、浸蝕性のある影響には、白人社会主義者の最左翼ですら、めったにそれと対決することはしなかった、とアーネスト・アレンは論証する。アメリカの指導的な女性参政権論者やフェミニストたちのいくらかは、中流階級白人女性の選挙権を支持するにあたって、人種差別の論拠を使った。新女性の一般的な概念には、黒人女性は含まれていなかったとエリザベス・アマンズは論じる。しかし、アレンとアマンズの両者が示しているように、殆どの白人が黒人を排除したからといって、白人たちが新しい黒人と新しい女性についての彼ら自身の概念—彼らの概念が、白人の進歩主義者および急進主義者の概念と時々は類似し、時々は異議を唱えた—を慎重に言葉を選んで明確に述べるのを妨げはしなかった[16]。

この時代の新しい運動に関する見方に幅があったように、本書の寄稿家たちの間にも見解に幅がある。それが可能な限りにおいて、一九一五年という文化の瞬間《とき》を、より大きな歴史的文脈の中で、それらを評価するために必要な批評的ヴィジョンを失わずに、その時代に生きて書いていた人々の個人的見解から私たちは眺めようとしている。しかし、私たちはまた、私たちそれぞれの異なる政治的・個人的性質に加えて、私たち個人の受けた学問や教育からも私たちの「テクスト」を創造して、一九一五年という文化の瞬間を読んでいる。学究的な世界の中にいる私たちにも文化の瞬間―それはこれまで学問を隔離してきた伝統的な境界線をこわした―は影響を及ぼしている。私たちは今、その問いを発しなければならない。誰の話が語られていて、誰の話が語られていないのか。これらの問いに本書の読者は含まれているから、私たちの論考から読者は自分たちのテクストを間違いなく創造するであろう。

より幅の広くなったアメリカの文化で、「新しい」ものがいかに広まったのか　より大きくなったアメリカ社会の内部で、新しいものが広まり、組み入れられ、慣例化されるようになると、新しいものへの私たちの評価に、これまでとは違った私たちの見方が現われることになる。各々の場合に、「新しい」ものは、穏やかなものから急進的なものまで横軸でたどれるばかりでなく、選り抜きのものから大衆的なものまで縦軸でたどれる定義の幅を持っている。例えば、グリニッチ・ヴィレッジの急進主義者たちは、フロイトに社会変化に必要な心理学的な条件を求めたが、フロイト（彼はより幅のある中流階級の信奉者たちを念頭に置いて書いた）のより保守的な普及者たちは、フロイトを他の精神治療者（彼らは不満のある個々人を社会に「適合させる」であろう治療上の自助の哲学を主張した）と同列に置いた。

アメリカ文化の主流は、そこで起こるどのような新しい社会的・政治的・文化的運動の急進的な激しさも吸収する（取り込むと言う人もいる）ことのできる、殆ど無限の容量を持っているということに、本書の寄稿家たちは同意するであろう。こうして社会主義的で、フェミニズム的な革命の夢を見たグリニッチ・ヴィレッジの新しい女性が、中流階級の女たちの雑誌―そこでは彼女はスポーツで自由に男と競い、彼女自身の個人的欲求を自由に満たす者として描かれた―の紙面を飾った時、彼女はとてもおとなしい人物になっている。一九二〇年代になると、これらの欲求は主として消費財を購入できる能力という観点から、マスメディアによってすっかり定義されていた。

ミルトン・ブラウンが記しているように、一九一三年に何百万人ものアメリカ人に衝撃を与え、気分を害させた新しい芸術は、一九二〇年代には、一流のミュージアムやギャラリーのある部分では、名誉ある地位をすでに与えられていた。新しい心理学を特徴づけた戦前の流動性―そしてそれは個人の成長や変化に寄与したばかりでなく、社会の成長や変化にも寄与したという点で、制限されることのない可能性のように私たちには表面上、見えていたが―は、精神分析がますます慣例化されるにつれて、戦後になると硬直化してしまった。

第一次大戦にアメリカが加わったことは、これら新しい運動の盛衰の主要な転換点になり、多くの場合、参戦は恐怖・抑圧・内部分裂を生み出したために、新しい運動体の最も急進的な要素がそのまま継続するというのは困難であった、ということに本書の寄稿家たちも同意するであろう。いくつかの方法で、連邦政府は長い間懐いてきた進歩の夢を達成することによって、この戦争に応じた。それは輸送を規則正しくしたり、労働者の団体交渉を保証したり、アドバイザーや政策立案者として大学教育を受けた専門家や社会科学者を広く使うことに伴って、アメリカ史上で最初の計画経済が始まった時代であった。しかし、同時に移民・労働者・政治的急進主義者が、国家の結束や安全にとって、これまで以上に大きな脅威と見られるようになった。こうした点から、一つの考え方として、自称自警団員の集団による多くの市民権侵害や政府批判罪で投獄する法律の制定へと向かっていった。食料保存の役立つ研究をしていた学者がいた一方で、アメリカにおける最初の主要な全国的広告キャンペーンと呼ばれるものの中で、アメリカ国民に戦争を「売り込む」手伝いをしていた学者たちもいた。プロヴィンスタウン・プレイヤーズですら、新たにつくられた捜査局（後にＦＢＩとなる）の監視下に置かれることになった。彼らが政府「転覆」を図っているのではと受けとめられたからである。(17)

アフリカ系アメリカ人は、全人口に占める黒人の割合よりも多くの数が軍隊に入った。入隊は公民権という権利付与の証明になると信じる指導者たちにしきりに勧められたことによるものであるが、黒人たちは軍隊の中で隔離され、雑用ばかりをあてがわれて、軍隊に在籍中も私刑を加えられ続けた。一般市民の暴力ということでアメリカ史上、最悪の年の一つであった一九一九年に、何百人もの黒人がこの国のあちこちでの人種暴動で怪我をしたり、殺されたりした。それは黒人兵士が故郷に戻ると、以前と同様に差別を受けたし、戦争中、北部の方に移動していた何十万人もの黒人たちが就いていた仕事を、白人の兵士たちが返せと要求したことが原因であった。その戦争が終わるとすぐに、団体交渉権が撤廃されて、労働者たちがその権利を失ったことから、鋼鉄・石炭・木材産業部門の労働者のストライキが多発した。一九一七年一一月のロシアでのボルシェヴィキ革命の成功、そして一九一九年にその革命を世界的に推し進めようというレーニンの呼びかけにより、二つのアメリカ共産党が形成された。これらの出来事に応えて、また一連のアナキストの爆弾騒ぎに応えて、アメリカの司法長官A・ミッチェル・パーマーは、悪名高い「赤狩り」を扇動した。その間に多くの外国人や急進主義者たちが、アメリカ政府と資本主義体制の転覆をねらっている、とパーマーは主張して、彼らを投獄したり、国外追放にしたりした[18]。

本書の寄稿者たちの中には、戦中・戦後の幻滅や破壊をもたらした戦前の運動の弱点や欠陥を強調する者もいれば、社会を変えることに事実上、失敗したというのに、これらの運動の興味をそそる面を政治的に、文化的に強調する者もいる。新しい政治に関して言えば、ジョン・ブエンカーは進歩の時代の政治改革を民主化というリトマス試験紙にかけて、それらの改革が、第一次大戦後に政治的に不利な立場に立った多くの有権者の観点を特に欠いていると考えている。『マッシズ』が労働者階級の有権者に届くことはなかったかも知れないが、この雑誌はアメリカのジャーナリズムの歴史の中で、創造的芸術と急進的な政治を混ぜ合わせようとした最も目立った試みの一つであった、とユージーン・リーチは論じている。

新しい芸術に関して言えば、物質主義的な社会をすべての男女に益になるような「協同的な団体」に変えようとするアヴァンギャルドの芸術家たちの能力の中でも、アルフレッド・スティーグリッツの「信念とヴィジョン」をエドワード・エイブラハムズは際立たせている。『マッシズ』にリアリスティックなイラストを描いた芸術家たちが、一般大衆の精神を持っていたことをレベッカ・ズーリエが強調したことで、スティーグリッツの考え方が引立てられている。モダニズムの芸術は、労働者階級の聴衆に語りかけたわけでもなければ、彼らに政治的行動を取らせようとしたわけでもなかった、と芸術家たちは信じていたからである。新しい心理学に関連して言うと、サンホード・ギホードは、当時の創造的作家たちや知識人たちにフロイトの心理学が及ぼした解放主義の影響を強調する一方で、「ナルシシズムの文化」が同時代のアメリカ社会を損なった、としばしば言われているが、その「ナルシシズムの文化」を生み出す原因となったその傾向にフレッド・マシューズは強く心を動かさないではいられない[19]。

二〇世紀のアメリカの歴史において、「新しい」ものが、その後の政治的・社会的・文化的運動に及ぼしてきた影響は何であったのか　マシューズの結論が暗示しているように、一九一五年の文化の瞬間が二〇世紀の残りの年月に及ぼした影響と意味に関して、本書の寄稿家たちの間でも意見の違いを見せている。進歩の時代の失敗にもかかわらず、それは大恐慌中の強力な政府介入の先例を作りあげた。また、リンドン・ジョンソンの「偉大な社会」［一九六四年に政策理念として掲げた民主党の目標］を連想させるような、その後の社会法の先例も作りあげた。一九一〇年代に始まり、一九二〇年代になって以前よりまして、フロイトの理論が医学界や大衆に人気のある心理学者によって使われ、フェミニストを変質者として攻撃した。彼らは彼らの分析を彼らの運命として受け入れることに気が進まなかったからである。しかし、フロイトの挑戦者たちは、社会心理学やフェミニズムの心理学―それらは進歩の時代の、新しい女性の仕事の基礎の上に、社会科学者を作り上げてきた―も発展させてきた[20]。

アメリカ人は依然として人種差別主義に、また社会階級と貧困に対する非難への無知に苦しんでいる。それらこそが殆どの黒人たちを投票記入用ブースに近づけなくさせたし、経済の主流から彼らを締め出した張本人であった。しかし、新しい黒人の文化的誇りおよび政治的・経済的権利の主張は、一九五〇年代・六〇年代の公民権運動の間に、黒人が向上するための文芸協会《アカデミー》や出版産業内でアフリカ系アメリカ文学や文化が、より浸透して受け入れられるための重要な土台づくりをした。女たちは両世界大戦後に家庭に戻され*、消費者として家庭生活の立役者として欠かせないとだまされたのである。しかし、彼女たちは家庭外での有給の仕事で、また二〇世紀を特徴づけてきた多様な社会改革運動でのボランティアとして、働き活動し続けてきた[21]。

今日、後期印象派の芸術は、まさに既成の体制の一部になっていて、財政的な価値と地位（それはかつてイタリアのルネサンス期の作品が主に持っていたものである）を手に入れている。アヴァンギャルドの芸術家たちの各々の新しい波は、その正統性を確立するために闘ってこなければならなかったが、第一次大戦前の時代の間、芸術における表現の、より大きな自由を求めての闘いが、一九二〇年代とその後における近代芸術を容認しやすくしたことは明らかである。[22] プロヴィンスタウン・プレイヤーズは、自分たちが商業的に成功の道を歩みだしていることに気づいた時、自滅したのである、とロバート・サルロスは記している。しかし、彼らは実験的な演劇―それが過去七〇年間にわたって、演劇を活気づかせてきた―を継続する伝統を基礎づける上で役に立った。

何かを実現して個人的に満足感を得ようとすること、そして新しいより包括的な人間の共同体を創造したいという願望、この二つの間の対立する情況は、一九一五年の世代のメンバーが解決しなかったもので、恐らくそれは結局のところ、解決のできないものだからであろう。その中にはそのような仕事を引き受けることのできた者もいたし、あまりまともに受けとめられない者もいたということは、彼らのとても愉快な属性の一つで、そのことはプロヴィンスタウン・プレイヤーズによって書かれ、上演された最初の三つの劇の、異常な上機嫌さと自嘲によって示されている。

一九一五年の文化の瞬間の精神に合わせて、アデル・ヘラーは一九八七年のプロヴィンスタウン会議で、彼らの最初のシーズンの劇を上演した。私たちはそれらをここに出版する。そのうちの二作品が初めての出版である。ニース・ボイスの『貞節』は、新女性が性の解放による感情面の代償と折り合いをつけようとする懸命の努力を考察する。グラスペルとクックの共作『抑圧された願望』は、知識人が無批判にフロイトを受け入れる姿を風刺している。クックの『表現方法を変えろ』は、伝統芸術対近代芸術の、熱い論争をからかっている。ウィルバー・ダニエル・スティールの『同時代人』は、第一次大戦前の時代のホームレスの苦境を劇化している。

これらの劇がアメリカ劇の歴史の中で失われた古典である、と主張することはできないにしても、これらの劇は、当時の作家や芸術家たちが、社会を変える力を起こさせるものとして、文化を表現する力を信じることができた一時代を表している。プロヴィンスタウン・プレイヤーズが始まる兆しを説明しようとして、ハチンズ・ハプグッドは、「これまでよりも深い文化を求めようとする誠実な努力がなければ、私たちのこれまでより大きな社会的な目的はありえない」と言った。本書の形式のインスピレーションをプロヴィンスタウン・プレイズから取る際に、私たちはアヴァンギャルドを政治的・文化的先駆と最初に定義した哲学者セイント‐サイモンに戻る。「よい社会」を創造する際に中心になるのは、芸術家や作家たちなのである。「幸福を求める情熱で社会を」満たすものこそ、彼らの力なのだから、と彼は主張した[23]。

核による狂気の時代に生まれた人間なら誰しもが、これからの千年間は平和の世紀の幕明けを告げるであろう、などと大胆な予想はしないだろう。本書で強調されているように、西洋・東ヨーロッパ・第三世界における政治的・文化的兆候を読み取る方法を知るのは難しい。増しつつある政治的・経済的不安定と国家主義的・民族的対立が民主化と共存し、世界全体を相互依存的なコミュニティとしてとらえる新しい世界認識とも共存している。健全な国家には文化的な政治が重要だと考えること、それは根本的な無垢のあらわれではない―そういう世界に二一世紀は通じていると少なくとも私たちは期待できる。

チェコスロバキアの大統領バーツラーフ・ハーフェルは、東ヨーロッパでの変化に関して、一九九〇年二月二一日にアメリカの国会議員を前にした演説で、「世界中のすべての人間の意識面での革命」も必要だと説いた。「(それができれば)二極的世界観といった時代遅れの拘束服を脱ぎ棄て、私たちは多極化の時代についに入って行けるであろう」。個人的なものと政治的なものとが一つに結びついた二〇世紀の、二つの「文化の瞬間」である一九〇〇年代の初期に、そして一九六〇年代にそうであったように、もう一度、ヨーロッパとアメリカの間で変化をもたらす文化の風が吹けば、私たち「人間の自由と責任のヴィジョン」を復活させることができるかもしれない、と彼の言葉は予言する[24]。

註

（1）Hutchins Hapgood, *A Victorian in the Modern World* (New York: Harcourt, Brace and World, 1939), 393.

（2）産業社会としての、そして植民地帝国としてのアメリカが出現した時の統計に関しては、Nell I. Painter, *Standing at Armageddon: The United States, 1877-1919* (New York: W.W. Norton, 1987) の一章を参照。一八八〇年にはアメリカの労働人口の五〇%は農業に従事していた。一九二〇年になると、それは二五%を少し超えた程度であった。一八九八年の米西戦争の終わり頃に、アメリカは最初の海外の領土であるプエルトリコとフィリピンの支配権を握った。

（3）「アメリカ人の良心の反乱」については、Frederick Lewis Allen, *The Big Change: America Transforms Itself, 1900-1950* (New York: Harper & Brothers, 1952), 六章を参照。アレンは進歩党の改革者たちの理想主義を強調する。ペインターは、*Standing at Armageddon* の中で、高まりつつある労働不安の時代の中で、多くのアメリカの中流・上流階級を怯えさせることになった「階級間の見たところ埋められそうにない溝」を記している。「彼ら多くの者たちにとって、労働者は違った種類の人たちであり、予測のできない、理性に左右されない、異なる民族とその当時は呼ばれたものに属していた」(p. xxix) と彼女は指摘している。中流・上流階級の殆どのメンバーは、プロテスタントで、アメリカ生まれの白人であり、殆どの労働者階級の、特に都市部の産業地域に住む人々は、外国出身のカトリックであった。進歩の時代の政治に関する、他の近代の再評価については、Richard Abrams, *Burdens of Progress, 1900-29* (Glenview, Ill.: Scott, Foresman and Co., 1978); Daniel T. Rogers, "In Search of Progressivism," *Reviews in American History* 10, no. 4 (December 1982): 113-132; さらに Richard L. McCormick, *The Party Period and Public Policy: American Politics from the Age of Jackson to the Progressive Era* (New York: Oxford University Press, 1986) を参照。

（4）Arthur Wertheim, *The New York Little Renaissance: Iconoclasm, Modernism, and Nationalism in American Culture, 1908-1917* (New York: New York University Press, 1976), xiii. この箇所で、影響力のある様々な民族文化がしっかり定着し、さらに雑誌や本の出版業の本部でもあったニューヨーク市の重要性を彼は記している。グリニッチ・ヴィレッジの「スモールタウンの雰囲気」(p.61) に加え、安い家賃―こういったものにより強い隣人感が生まれ、中西部の小都市から移り住んできた人々を特に引きつけたと彼は指摘する。*New York Intellect: A History of Intellectual Life in New York City* (New York: Alfred Knopf, 1987) の一章で、Thomas Bender はヨーロッパの考え方や運動―特に二〇世紀になって、それは「文化の修復のための……集結基地」として役だってきた (p.5) ―が入って来る港としてのこの都市の重要性を論じている。新しい形式の大衆娯楽の影響については、Lewis Erenberg, *Steppin' Out: New York Nightlife and the Transformation of American Culture, 1890-1930* (Chicago: University of

Chicago Press, 1981）を参照。民族的被差別地域としてのハーレムの、複雑で矛盾したイメージと現実の歴史については、Gilbert Osofsky, *Harlem: The Making of a Ghetto: Negro New York, 1890-1930*（New York: Harper & Row, 1963）を参照。

（5）Mabel Dodge Luhan, *Movers and Shakers*（New York: Harcourt, Brace and World, 1936）, 3. Lois Rudnick, *Mabel Dodge Luhan: New Woman, New Worlds*（Albuquerque: University of New Mexico Press, 1984）, 五章（グリニッチ・ヴィレッジを扱っている）も参照。

（6）Daniel Aaron, *Writers on the Left: Episodes in American Literary Communism*（New York: Alfred Knopf, 1952）, 7-8. ヴィレッジの生活の特色については、Albert Parry, *Garrets and Pretenders: A History of Bohemianism in America, 1885-1915*（1933; reprint ed., New York: Dover Press, 1960）を参照。ヴィレッジの文学的・芸術的アヴァンギャルドに関する最近の研究は、Steven Watson の *Strange Bedfellows: The First American Avant-Garde*（New York: Abbeville Press, 1991）である。

（7）Singal, "Towards a Definition of American Modernism," *American Quarterly* 39, no.1（Spring 1987）: 12.［なお本論文は、Adobe PDF により原文で読むことが可能］

（8）グリニッチ・ヴィレッジの文化の急進主義を論じて、ヘンリー・メイは次のように記す――一九世紀の人たちの自然法への信奉の代替物としての、生命の根源となる力の概念の使用は、「しばしば神の新しい名のように思えた」と。*The End of American Innocence*（Chicago: Quadrangle Books, 1959）, 225 を参照。社会的福音が、社会正義に関係した進歩的な改革者たちに及ぼした影響については、Henry F. May, *Protestant Churches and Industrial America*（New York: Harper & Row, 1967）を参照。プロテスタントの教義の福音主義が、アメリカ生まれの急進主義に及ぼした影響については、Nick Salvatore, *Eugene V. Debs: Citizen and Socialist*（Chicago: University of Illinois Press, 1982）を参照。Salvatore は p. 165 で Debs を引用する。精神分析に取り組んでいるフロイド・デルのことが、Wertheim, *New York Little Renaissance*, p. 71 で引用されている。Singal, "American Modernism," p. 14. *The Spiritual in Art: Abstract Painting, 1890-1985*（New York: Abbeville Press, 1986）で、Maurice Tuchman は次のように指摘する――ヨーロッパやアメリカにおける抽象芸術の最も重要な根底にあったものの一つは、「伝統的な絵画の用語では表現しきれない、精神的、空想的、抽象的理想を表現し」（p. 17）たいという願望であった。

（9）Painter, *Standing at Armageddon*, xxxix.

（10）Rosenfeld は、Bram Dijkstra, *The Hieroglyphics of a New Speech: Cubism, Stieglitz, and the Early Poetry of William Carlos Williams*（Princeton: Princeton University Press, 1969）, 125 で引用されている。スティーグリッツがいかに写真術に従事していたかについての彼の記述から、新しい心理学が新しい芸術に及ぼした影響が明らかになる――「私がただ存在しているということしか、もはや考えてはいない時、私は真に人生を肯定していると言われるかも知れない……潜在意識が強い衝動に駆られて、意識を押しのけ、自らのコントロールを知り、種子が土を押し上げようとしているように、光の中で生きようとすることは、単に根を下ろすだけで、それだけで実り豊かなものになれる、……私は写真を撮る時、生きることに恋をしている」（Dijkstra, pp. 102-103で引用されている）

（11）グリニッチ・ヴィレッジの反抗者たちの家族背景と家族関係についての、興味ある論考については、Leslie Fishbein, *Rebels in Bohemia: The Radicals of THE MASSES, 1911-1917*（Chapel Hill: University of North Carolina Press, 1982）と Kenneth Lynn, “The Rebels of Greenwich Village,” *Perspectives in American History*, vol.8（Cambridge: Harvard University Press, 1974）, 335-377を参照。彼らの大多数は、家族の価値が主流ではなく、その家族が反抗を育んだ、そういう家族の出身であったこと、かなりの数の人が女性によって支配された家庭の出身であった、とフィッシュバインとリンは記す。フィッシュバインはグリニッチ・ヴィレッジの急進主義者について、彼らの反抗は政治的というよりも気質的であること、彼らの殆どは「彼らが信奉してきた両立できない信念の、分裂気質的性質を理解するのに必要な知的成熟と識見」（*Rebels in Bohemia*, p. 4）を持っていなかったと言う。Frederick J. Hoffman, *The 20s: American Writing in the Postwar Decade*, rev.ed.（New York: Free Press, 1962）と Christopher Lasch, *The New Radicalism in America*（*1889-1963*）: *The Intellectual as a Social Type*（New York: Vintage Books, 1965）も参照。

（12）Fred Matthews, “In Defense of Common Sense: Mental Hygiene as Ideology and Mentality in Twentieth-Century America,” *Prospects IV*（New York: Columbia University Press, 1979）, 460.

（13）Salvatore, *Debs*, 183を参照。この箇所で、デブスが一九〇〇年の大統領選で、社会主義は「真の愛国主義で、資本主義よりも革命的伝統に合っている」と演説した、とサルバトーレは指摘している。アメリカ女性の伝統にとらわれない価値については、Alice Kessler-Harris, “American Women and the American Character,” in *American Character and Culture in a Changing World: Some Twentieth Century Perspectives*, ed. John Hague（Westport, Conn.: Greenwood Press, 1979）, 227-242を参照。

（14）*The End of American Innocence* で、Brooks がホイットマンの主張―「アメリカの再生は文学によってもたらされることになった」（p.325）―に共感を示していることを Henry May は記している。Randolph Bourne, “Trans-national America,” in *The Radical Will: Randolph Bourne, Selected Writings, 1911-1918*, ed. Olaf Hanson（New York: Urizen Books, 1977）, 248-264も参照。アメリカの民族的多様性に対する多元共存主義的認識に基づいた多文化の民族主義をボーンは要求する。新しい黒人の文化的な民族主義者については、Nathan I. Huggins, *Voices From the Harlem Renaissance*（New York: Oxford University Press, 1976）を参照。Stieglitz は Dijkstra, *Hieroglyphics*, 94で引用されている。一九二〇年代に、スティ

ーグリッツは彼のギャラリーをアメリカ広場《プレイス》と呼んだ。文化的急進主義者がアナキズムの哲学や運動に魅せられたことについては、Donald D. Egbert, "The Idea of 'Avant-Garde' in Art and Politics," *American Historical Review* 73, no. 2 (December 1967): 339-366を参照。エマ・ゴールドマンの意図（「あらゆる人気のない進歩的な主義を恐れずに言葉に表すこと、そして革命的な活動と芸術的な表現の調和を目ざすこと」*New York Little Renaissance*, p.47）を彼女の雑誌*Mother Earth*からWertheimは引用している。アメリカの文化史にはアナキズムの伝統もあって、それはソローの作品にまでさかのぼることができる。

(15) Singal, "American Modernism," 14.

(16) 新女性の意識を特徴づけたのと同じ葛藤のいくらかは、新しい黒人の意識を特徴づけてもいた。女性と黒人は対照的な固定観念《ステレオタイプ》—彼らは性欲過剰で攻撃的だとして、また同時に、子供じみて受身的だとして描写された—と闘った。新女性も新黒人もともに、彼らの自己実現の願望と彼らのコミュニティへの関わりとの間の対立する情況に関して、特に困難な闘いを経験した。

(17) アメリカが第一次大戦に参戦したことで、当時の改革者および急進主義の運動に及ぼした影響については、Painter, *Standing at Armageddon*, chap. 11ならびにDavid M. Kennedy, *Over Here: The First World War and American Society* (New York: Oxford University Press, 1980）を参照。プロヴィンスタウン・プレイヤーズが監視の対象にされたことについては、Dee Garrison, *Mary Heaton Vorse: The Life of an American Insurgent* (Philadelphia: Temple University Prss, 1989), 161を参照。

(18) 戦後の暴力と赤狩りについては、Painter, *Standing at Armageddon*, 一一章を参照。またRobert Preston, Jr., *Aliens and Dissenters: Federal Suppression of Radicals, 1903-1933* (New York: Harper& Row, 1963）も参照。

(19) Christopher Lasch, *The Culture of Narcissism: American Life in an Age of Diminishing Expectations* (New York: W. W. Norton, 1979); and T. J. Jackson Lears, *No Place of Grace: Anti-Modernism and Transformation of American Culture, 1880-1920* (New York: Pantheon Books, 1981）を参照。進歩的な世代の人たちが「ばらばらになった個人のアイデンティティを蘇らせる手段として、既知の事実と合致した信じられる経験に」夢中になっていることを、彼らが自分たちの異議を「消滅させ、自己実現という治療的な探求をめざし、官僚的な連合状態の支配的文化に安易に順応している」(p.xix）と言ってリアーズは非難する。

(20) フェミニズムを攻撃するためのフロイトのイデオロギーの使用については、Carroll Smith-Rosenberg, "The New Woman as Androgyne: Social Disorder and Gender Crisis, 1870-1936," in *Disorderly Conduct*, ed. Carroll Smith-Rosenberg (New York: Oxford University Press, 1985), 245-296. ジェンダーの固定観念化への異論については、Rosalind Rosenberg, *Beyond Separate Spheres: Intellectual Roots of Modern Feminism* (New

Haven: Yale University Press, 1982)、特にMargaret Meadに関する八章を参照。

(21) 黒人および移民の労働者階級のコミュニティが、主流のマスメディアと消費者文化に抵抗し、それらを彼ら自身の欲求や願望に適合させた、そのやり方の興味ある分析については、Lizabeth Cohen, "Encountering Mass Culture at the Grassroots: The Experience of Chicago Workers in the 1920s," *American Quarterly* 41, no. 1 (March 1989): 6-33を参照。

(22) Wertheimが示しているように、戦後の情況はいくつかの点で、作家や芸術家たちにとって、より良いものであった（*New York Little Renaissance*, 245-246）。モダニズムの文学が盛んになって、また読者を増やすことに関心の強かった出版社ができ、大きくなるにつれ、アフリカ系アメリカ文学が新しい読者層を見つけるようになった。一九四五年以降、アヴァンギャルドの芸術の中心が、パリからニューヨークに移動したことで及ぼした一次大戦の頃の近代アメリカの芸術への影響については、Kermit Champa, "Some Observations on American Art," in *Over Here: Modernism, The First Exile, 1914-1919* (Providence: David Winter Bell Gallery, Brown University, 1989）を参照。

(23) Hapgood, *Victorian*, 393; Saint-SimonはEgbert, "The Idea of 'Avant-Garde,'" 343に引用されている。

(24) 国会議員たちを前にしてのHavelの演説は、*Time*（一九九〇年三月五日）に全文が引用されている。ハーフェルと一九六〇年代の反体制文化《カウンター・カルチャー》との結びつき、およびJefferson Morleyがハーフェルの「人間の自由と責任の急進的ヴィジョン」と呼ぶものにそれが及ぼした影響力と彼とのつながりの分析については、"Mr. Havel Goes To Washington," *The Nation* (19 March 1990): 374-376を参照。

邦訳　F.L.アレン、河村厚（訳）『ザ・ビッグ・チェンジ―アメリカ社会の変貌一九〇〇―一九五〇年』（光和堂、一九七九年）

邦訳　ダニエル・アロン、松浦直巳・松本守（訳）『知識人の挫折の歴史―アメリカにおける一九三〇年代を中心にして』[*Writers on the Left*]（文理、一九七七年）

＊［訳者注］ベティ・フリーダン著『女らしさの神話《フェミニン・ミスティーク》』で、「女性の価値と唯一のつとめは、女らしさを高めることで、西欧文化がおかした最大の誤りは、この女らしさを過少評価したことである……過去の女性の不幸の原因は、……男性のように生きようとしたことにある……一九四九年以降のアメリカ女性にとって、女性として完成することは、主婦となり母となること［である］……一個の人間として成長しはじめていたアメリカの女性像は、みじんに破壊されてしまう。［こうして］主婦業についているアメリカの女性の姿は賛美され神秘化されてしまった」と述べられている。（邦訳　三浦冨美子（訳）『新しい女性の創造』大和書房、一九七七年）。この「神話」に対して、*Decades of Discontent*（1983）の二人の著者は、異を唱える。E. Freedmanは、フリーダンの「主張が大部分、女性雑誌の短編小説の分析に基づいて」いて、「女性史の現実を見落としている」と述べ、R. Cowanも同様の立場から、当時の女性雑誌の

小説は、「空想的で、異国風、現実逃避の文学」で、「大多数のアメリカ女性の考え方や問題を示す信頼できる尺度でなかったとし、彼女たちの身に起こった正確な反映を見つけるには、ノンフィクションを見るべきであると提案する」。

第一章

新しい政治

ジョン・ブエンカー

第一次大戦に先立つ二〇年間に、アメリカ人の一世代は、近代都市の産業的な多民族の社会で生きることが、それとなく示す意味合いと折り合いをつけようと努力した。その活動はとても広範囲に渡り、かつ実り多いものだったので、同時代の人々も歴史家たちも、その時代を進歩の時代と呼んだ。この時代の活動家たちは、しばしば彼らの目標を実現し損ねたにせよ、彼らは一般の人たちの幸福に対する社会的・政治的責任に関して多数の先例を確立した。最もありふれた例だけを挙げると、ビジネスの規定、労働者の報酬、児童の労働に関する法令、工場での健康と安全に関する法律、扶養すべき子供たちを抱えている母親への援助、所得税、女性使用人保護法制、住宅供給、健康に関する規定などが、アメリカで永く注目を呼んだ。女たちに選挙権が与えられて最初の選挙が始まり、アメリカの上院議員が直接制の普通選挙によって選ばれることになった。そして発議権、国民投票、リコール、それに他の方策が制定されて、政府や政治を一般的に統制する力を高めた。後者の改革はとても広範囲に及んでいたので、総体としてしばしば新しい政治と呼ばれた。

新しい政治という言葉は、困惑させるくらいに多くの点で使われてきたが、それは任命、選挙、立法のプロセスをコントロールする権限に、民族の宗教的背景や政党の友好関係にではなく、候補者のキャラクターとイデオロギーに焦点を合わせることに、できる限り誠実な、無駄のない、経済的な、無党派的な政府をつくるための多くの方策に、一般的に関係していた[1]。

一まとめにして言うと、政治体制のこの主要な総点検は、三つの緊密に相互関係のある発展の結果として生じた。

近代の、都市の、産業社会の出現によって生み出された「組織の革命」のこと、深刻な社会的・経済的混乱と不公平をますます認識するようになったこと、古いスタイルの民族文化的、党派的政治に無反応を装っているが、実は多くの人々の不満が増大していることである。強力で、急速な産業化と都市化は、大規模で、強化された活動に重点を置いたことで、社会の殆どの部分に対して、ますます「組織化するか、滅びるか」の問題になっていった。農夫、労働者、専門職の人たちは、特に大企業と比べて、彼ら各々の私利を保護し、それを推進する手段として組織を追求した。民族文化的集団は、経済的安全を得るために、彼らの文化遺産を保存するために、友愛の慈善協会を形成した。市民団体、納税者、消費者連盟、女性の参政権を促進する多すぎるくらいの組織、子供の労働制限、労働と福祉の法律、酒類製造販売禁止、移民の制限、他の様々な理由も急増した。

これらの新しい集合体の多くは、もともと民間部門で機能していたが、それらの殆どすべては、政治活動にも携わることが必要であり、望ましいと結局はわかった。それらの指導者たちは、党機構という手段によって進めるよりも、役人や関係の政府機関と直接、対処する方が、より効果的、効率的、経済的なのだとわかった。実際的に彼らは党派のいかんにかかわらず、「友人には報いを、敵には罰を」与えることを、そして地方行政官や役人と関係を築くことを学んだのである。選挙の開票結果のいかんに関係なく、彼らがしつこく言い続けてきたことだからである。一般大衆に活力を与えるために、これらの新しい組織は、公開の会合、示威運動、大量に発行される新聞や雑誌、嘆願運動、小冊子のダイレクトメールなどに頼った。選挙の時には、その党を忠実に支持する人たちを「結集する」というよりも、彼らの主義主張や立候補者に共感的な投票者たちに活力を与えようとした。政治のリーダーたちは、候補者たちに党派的な、あるいは民族文化的なテストというよりも、イデオロギーに関するテスト、人格テストを公然と適用した。そして党の組織に挑戦的な一匹狼（無所属）の政治家とリーダーたちの主義主張をつなぐことで、しばしば彼らの訴える力を増大した。政治活動を集団で行えば、政党の階級制度によって、自分たちに否定されていた組織を、資金を、コミュニケーションの方法を、今度は自分たちに与えることができるだろう、と一匹狼たちは度々気づくのだった。(2)

かなりの数のこの組織的な行動主義は、アメリカ社会における不公平感が増えていること、またさまざまな種類の恵まれない人々の結果として生じる苦しい情況に起因していた。同時代の経済学者によれば、一八九〇年代になるまでに、アメリカの家族の最も裕福な一%が、不動産・動産の五一%を持ち、最も貧しい四四%が、それらの一、二%しか所有していなかった。最も富裕な一二%がそれらの八六%を所有していた。最も貧しい家族の半分が賃金や給料の五分の一しか受け取っておらず、彼らの収入の多くが、最低生活水準以下になっていた。最低生活水準を確保するにしても、稼ぎ手独りでは足りなかった。労働人口の四分の一以上の者が、毎年かなりの期間、失業に直面し、しばしば起こった不景気が事態をさらに悪化させた。何十万人の男たちが「浮動するプロレタリアート」を構成し、彼らは仕事を探し回っていた。常雇いの人々は、彼らを浮浪者と呼んだ。女は男の賃金の半分、黒人は白人の半分しかもらえず、子供はそれよりかなり少なかった。産業労働者はまた、危険で不衛生な状態の下で、長時間労働をしなければならなかった。そして死亡したり、衰弱したりするようなことは、日常的に起こっていた。多分、すべてのうちで最悪なのは、失業手当なし、老齢年金なし、就労時の健康安全管理法なし、医療保険なしであった。そして労働組合は、資産に対する犯罪的、急進的陰謀として一般的に扱われた。

殆どの産業労働者階級の人々は、民族的に、つまり人種的に少数民族で、多くの形態の偏見や差別を受け、標準以下の住宅に住んでいた。農業労働者は、より少ない賃金で、ずっと長時間働いた。彼らの職場はいくぶん危険性のより少ないものではあったが。多くの南部人（黒人ばかりでなく、白人も）は、小作人、つまり物納小作人で、ほぼ稼ぎと言えるものはなかった。アフリカ系アメリカ人も政治的に公民権が剝奪され、法で定めた人種差別や数えきれない暴力行為に苦しんだ。労働者とオーナー、ストライカーとスト破り、移民と自国民、欧米人と少数民族、これらの人たちの間での流血の衝突が、驚くほど頻繁に起こった。生きる上で必要なものを奪われた状態の者たちも、だんだん政治的に、また経済的に団結するようになりだした。一方、暮らし向きの楽なアメリカ人たちは、彼らに共感することによって、彼らの野心と下層階級の願望を結びつけることによって、革命を恐れて変化を要求することによって、あるいは抑圧のための準備をすることによって、それに応じた。現存する社会経済的な秩序を改善することだけを求めた者もいれば、社会主義や他のより急進的な変化によって、それを変えようとした者もいた。これらのすべての人々や下層階級の代表者たちは、政治とその政治の過程に先例のない要求をし始めた[3]。

過激な改革者魂の浸み込んだ、多くの種類の組織化された政治活動家たちは、これまでの古いスタイルの政治が持っていた感応の遅さと思える点に、また大企業と二大政党との間の明らかに腐敗した結びつきに、ますます欲求不満になっていった。古い政治は党派心が強かった。殆どすべての人たちは、大政党の一つと連携し、すべて同一政党の候補者に投票して、自分たちの子供にも同じようにするようにと育てたからである。また党の組織は候補者の選択、選挙人登録と動員、そして投票用紙の印刷と分配などには、排他的な方法を採ったからである。古い政治は民族文化的であった。党派的連携の主要な根拠は、民族的、宗教的であったからだし、有権者に最も刺激を与えた問題は、自己評価・集団評価・アイデンティティに関係した問題だったし、禁酒、日曜日就業禁止法、外国語の保持といった道徳観や価値に関係した問題であったからだ。選挙はいつも、どちらの党が熱心な支持者の大部分の「支持を集め」られるかにかかっていて、七五%かそれ以上の投票者総数が普通であった。実際、両政党とも単調なくらいにきちんとこれらの印象的な投票者数を獲得していたので、彼らは一般に「政治的利益団体」と呼ばれていた。

しかし、世紀転換期までに、ビジネスマンや専門職の人から隣保事業で働く人や社会科学者に至るまで、消費者や納税者から聖職者や道徳の改革運動家に至るまで、殆どあっけにとられるほどの種類の人々と組織が、このシステムの大部分を総点検するために、互いに影響し合っていた。新しいシステムなら、きっと「国民に力」を与えるであろうという信念で、すべては結びついていた。彼らがたとえ国民の実体をどのように定義していたにせよ[4]。

しかし、この明らかな総意の範囲内で、新しい政治にあいまいな性質を与えることになった意見の対立情況が存在した。人種、ジェンダー、民族性、宗教、社会階級のいかんにかかわらず、誰もが責任ある投票者としての役目を果せるか否かについて、意見の不一致があったというのが、これらの中の主要なものであった。黒人は遺伝子的に自立した責任ある政治行動がとれないというのが、南部の白人たちの間で、ほぼ一般的に一致した考え方であった。北部の白人たちの大多数は、そうした考えを黙認していたが、ある種一握りの知識人、専門職の人、芸術家、本職の政治家だけが公然とそれに反対した。一八九〇年代から、アメリカの産業都市に流れ込んでいた南ヨーロッパおよび東ヨーロッパ出身の移民たちに対する彼らの態度にも、同じ一般的な意見の不一致が特徴として見られた。その不均衡の大きさは後者の場合、前者よりも幾分小さいものではあったけれども。相当数の古い方の家系のアメリカ人たちは、この国の公共機関の教育の力への、またその価値観への信頼を持ち続けた。特に、アメリカ化への強い欲求と義務教育によってこれらの信頼が高められている間は。移民の寛容な受け入れ、その速やかな帰化、そして有権者登録を擁護するために、行政区の実力者や未熟練労働者の雇い主と奇妙にも提携していることに彼らはしばしば気づいた。(5)

女性の政治参加という問題は、より多様な反応と連帯協力とを生み出した。南部の白人たちは、女性の政治参加によって、黒人の政治参加という問題を再開するのではないかと恐れ、女性の政治参加には気乗りしなかった。どんなに良く言っても、南部の進んでいた進歩主義的な人々は、州ごとの基準による「上の方の階級」—その身分については、殆どの南部の女性参政権論者の間で意見の一致が見られた—に属する女性の参政権賦与を支持したにとどまった。南部以外での女性参政権の支持は、男女ともに中流階級および中流階級の上位に集中していた。その部分は一般に、新しい政治を最も熱心に主張する部分と同じであった。女性に参政権を与えることに対する最も大きな抵抗は、上流階級と下層階級に見出せた。そのどちらの階級も、その理由は違っていたが、中流階級の改革者の集団を増やす結果になることを恐れた。上の方の階級の女たちの方が、殆どの男性移民や黒人よりも、投票する資格や公職に就く資格がより多くある、と多くの女性参政権論者は主張した。(6)

一方でデモクラシーの理想、他方で能率や専門的知識への欲求、この両者の間で起こる対立状態はより微妙なものであった。女性の参政権、上院議員の直接選挙、直接予備選挙、発議権、国民投票、リコール、それに似たような改善策は、有権者の集合的人知に絶大の信頼を寄せているように思えた。しかし、ショートバロット〔重要な行政職のみ投票で選出され、裁判官や下級行政職は任命される方式〕、文官部局、任命された職員への権限付与は、多数決の原理にそれ相応の不信感を反映しているように思えた。後者の対策は、特に実業界のリーダーや「新興の中流階級」を構成する経営者、官僚、知識人、知的職業人、技術家などに人気があったが、それらはまた近代都市における産業生活の複雑さに気づいている人になら、誰にでも説得力があった。新しい政治が、政治の市民集会的で民衆的概念を政治の連合した官僚的模範と結びつけたというのは逆説的な見方である。ウィスコンシンの指導的な進歩的理論家チャールズ・マッカーシーがやったように、立法と行政の政策立案者が、最大限一般大衆の支配下にある限り、熟達した、政治に無関心な行政は、デモクラシーと両立できると主張することによって、多くの人たちが明らかな対立を解決した。政治にアクセスできなくとも、政治の影響力を享受できなくとも、近代化された政治システムによる職務や、誠実で、効率の良い、経済的な政治によって、それも埋め合わせられるであろうと主張する人たちもいた。(7)

新しい政治に存在するあいまいな点を理解するにあたって、多分、最も良い方法は、一方の端に統治・政治の理想的な「貴族的」模範を、また他方の端に理想的な「民衆的」模範を、そしてこれら二つを一つの連続体として、その概念を考えることである。前者は主として上流階級と中流階級によって育まれ、有権者の大多数による支配から統治機構をできるだけ遠くに立ち退かせることをめざした。上流社会の人たちは公的生活のみじめな状態の主な原因を、彼らやプロの政治家たちにあると思ったからである。下層階級の人々との政治的なつながりから、あるいはデモクラシーとの知的な関わりから、行動していた集団に支持されていた後者は、デモクラシーの問題に対する答えは、もっと「本当の」デモクラシーなのであって、公民権を広め、これまでは許されていなかったことだが、意思決定のレベルで大衆の参加を可能にするよう求めた。貴族的模範は、ショートバロット、無記名投票、役所、無党派の人、分割された選挙区でなく全州から選出される選挙、買収などの不正行為を禁止する法令、市政管理官あるいは市政委員会のような工夫したやり方により、その体制の構造とその浄化を強調した。民衆的模範は発議権、国民投票、リコール、予備選挙、アメリカ上院議員の直接選挙、女性参政権、投票に立ちふさがるあらゆる障害の廃止といった新制度によって、「国民に権限を」与えることを強調した。殆どの自称改革者は、政治上の課題である二つの模範の要素を結合させ、変化しつつある情況に応じて、両極端の二間で揺れ動いた。そうした情況では、たとえ彼らの提案が政治への参与に制限を与えていたにせよ、現状のあらゆる攪乱者が自分たちこそ個人の「利権」を捨て、「国民」の擁護者であると見せようとして、さらに混乱を招いた。さらに政治的活動家は、その目的が社会的・経済的法令の制定であれ、既成の体制側から政治権力をもぎ取ることであれ、目的に対する一つの手段として、しばしば政治的刷新を利用した。殆どの政治家は、改革とデモクラシーを自分たち自身の個人的野心にあたると考えていた[8]。

問題と対立があったにもかかわらず、新しい政治の様々な主張者たちは次のような確信で結びついていた—これらの多様な新しい制度の相乗効果は、腐敗したプロの政治家、貪欲なビジネスマン、悪徳商人によって非常にしつこく保持されてきた政治体制の支配から脱することになろう。もっとはっきり言うと、それによって、以前には重要な権限や影響力を持っていなかった多くの集団（女性、アフリカ系アメリカ人、移民、労働者、農夫、消費者、一般市民）にとって、その政治体制にもっと近づきやすく、すぐに反応を示せるようになるであろう。社会党員、人民主義者、他の急進的少数党の運動の支持者は、新しい政治が現在の支配的な二大政党に食い込むチャンスを著しく高めることになるであろうと、同じくらいに楽観的であった。

しかし、新しい政治の実際に及ぼした影響が、その約束したものとは違っていたという点は重要なことである。逆説的なことに、普通の市民の影響力を増すことをたぶん意図して、新しく考え出された方法の最も劇的な結果は、有権者が投票に参加する数が突然減少したことであった。この激減のいくらかは、南部の黒人から故意に選挙権を奪ったことに起因していたが、その多くは新しい政治が選挙の方法に及ぼした影響によるものであった。新しい制度はこれまでの伝統的機能や行政区に基づく政治家（彼らは下層階級の有権者とその制度の間で、重要な仲裁者の役割を果していた）の権力の多くを取り除いた。それはまたこれまでの伝統的な民族文化的、党派心の強い訴える力に代わって、個人的キャラクターや複雑な争点を論議することになった。候補者と利益集団は、組織化と資金調達を目的として、ますます党の構造を無視して、個人的な「党の機関」「党の幹部」と政治活動委員会［企業や組合などが、自分たちの利益を高めてくれそうな候補者を議会に送り込むために、資金集めをする機関］に頼るようになった。要するに新しい政治は故意に、あるいは偶然に政党の効力を徐々に弱めた。ウォルター・ディーン・バーナムが、「欧米人の機知がこれまでのところ考え出した唯一の方策」と呼んだ新しい政治は、「個人的に、あるいは組織的に有力な比較的少数者に対して、多くの個人的に無力な人たちのために、共同で対抗するほどの力を生み出すことができる」。投票によって決めるということが、教育の本来の目的で、社会経済的情勢の一つの機能にますますなっていった。しかし、そのような所にまで到達していない人たちにとって、新しい秩序というのは、近づき難く、反応の鈍い、理解できないことのように思えた[9]。

女たちに及ぼした新しい政治の影響は、主として社会経済的な階級に基づいて、様々であったというのは意義深いことである。女たちは一般的に彼女たちの参政権賦与に加えて、他の政治改革の立法に重要な役割を果たした。女性の選挙権賦与により、理論上は選挙民を二倍にしたが、女たちは始めのうちは男たちよりも投票率が低かったから、有権者の投票率は一般的に低下した。「女性の問題」が提起された時、彼女たちは集まって、それまでよりも一体化する方向にわずかだけ傾きはしたものの、結局、参政権を与えられた女たちは、男たちの場合とほぼ同じような、社会経済的・民族文化的・地域的な基準線に沿って分裂した。政治的活動家によって歓迎され、反対者によって公然と非難された「女性の選挙権」が、実際には結束を見なかったにせよ、女性が一般的に男性と同じように投票したという事実は、多分、平等な選挙権というものに対する最終的な正当化であったのだろう。女性の選挙権が選挙のバランスに実際どのような影響を与えたにせよ、女性の選挙権というのは、ずっと先送りにされてきた、あたりまえの正義であった[10]。

新しい政治がアフリカ系アメリカ人たちに及ぼした影響に、害を与えるものから重要でないものまで幅があったことは、殆ど疑問の余地がない。南部での公民権剝奪は、本来ならば様々な考え方をする活動家たちの広範囲に渡る意見であるがゆえに、その意見は一つにまとまらないはずのものを、「白人の総意」というやり方で意見をまとめ上げた一つの「改革」であった。「偏狭な信念」は「階級と改革方針に影響を及ぼした」とジャック・テンプル・カービーは言ってきた。二、三の非常に局部的な例外はあるが、南部の黒人による投票は、事実上、優に半世紀以上もの間、排除されてきた。アフリカ系アメリカ人から選挙権を奪おうとする組織化された運動が、少なくともボルチモアくらいまで北に広がったが、他方で他の北部の都市で、読み書き能力の検査や人頭税を黒人に課そうと主張する人たちは、彼らの最も重要な目標の中に、選挙権剝奪をはっきりと含めた。これらの方策を、党幹部の牛耳る支配組織―この組織は、支援してくれた黒人に渋々だが、その組織がお返しとして、見返り（の仕事）、報酬、物質的な恩恵を与えるというのが典型的な形であった―がとても強固に反対した。同時代の政治学者ハロルド・ゴスネルが述べているように、「政治的保護を求めている少数派集団は、その間ずっと勝ち目のない側にいるわけにはいかない[11]」。たいていの北部の都市の黒人は、最有力の党組織内で、特にそれがたとえ共和党であっても、自分に適した相応しい地位を得ようとしていた。さらに、ボルチモア、フィラデルフィア、そしてどこか他の所の改革者たちは、しばしば黒人たちに投票をさせないようにしようとした。「改革運動は黒人の向上にではなく、黒人の政治生命を排除することに、その結果、生計を立てる最善のチャンスを黒人から奪うことに注意を払っていて、黒人を政治に参加させない愚かな組織的活動」の結果が、「黒人というまさに階級が最も必要としている政治生命から追い出して、政治生命および政治活動を政治結社や無知で品の悪い支持者に引き渡すことだけであった、と黒人たちはいつも疑いを持ってきた[12]」とデュボイスに主張させた。

デュボイス自身は二〇世紀初期の、四人の偉大なアフリカ系アメリカ人のリーダーの一人であった。彼らの各々は、民族の進歩のために異なる戦略をとることを主張した。デュボイスは黒人の人口のうち「才能のある十分の一」の人間を教育することに賛成した。彼らが法廷を通して即時の人種差別撤廃と公民権を要求することによって、彼らの兄弟姉妹の現状を向上させることができるようにするためである。主に南部の黒人を代表するブーカー・ワシントンは、ブルー・カラーの雇用によって経済的心配がなくなるまでは、彼らの社会的平等を手に入れることを延期すべきであると主張した。マーカス・ガーヴェイ（ニューヨーク市に移民してきた西インド諸島の人）は、汎アフリカ主義と一般的な黒人の改善協会（UNIA）の様々なビジネスへの投機により、民族の連帯感と黒人の誇りとを教え込もうとした。四人目のフィリップ・ランドルフ（鉄道労働組合の組織者［公民権を求めるワシントン大行進を指揮した］）は、黒人たちに労働組織を結成させて、階級に基づいた政治的・経済的な力を築き上げるようにと促した。白人たちの中では、最も世界的視野を持った知識人、芸術家、社会主義者、セツルメントの居住者くらいしか、最も限られた意味においてすら公然と民族的平等を主張しなかった。ゆっくりと築かれていった北部の都市における黒人の政治力とその発展は、無党派の改革者や急進主義者のイデオロギーに負っていたのと少なくとも同じくらいを、党幹部の政治屋たちの私利・党利的な協力に負っていた[13]。

新しい政治が都市の産業労働者階級に及ぼした影響を評価するというのは、複雑な仕事である。多分、社会の他のいかなる部分がやったこと以上に、それらは民族文化的で党派心の強い政治によって、政治の過程に関係した。比較的少数の中流階級の改革者だけが、読み書き能力の検査、人頭税［人民一人一人に同額ずつかける税で、一九六四年の憲法修正で禁止に］、居住資格によって、労働者階級の選挙権を個人から奪おうとした。多くの改革者は社会経済的問題を強調することで、またより幅広い市民意識（消費者意識・納税者意識・国民意識）を生み出すことで、労働者階級の有権者を引きつけようとした。様々な政治的信条を持つ労働者組織員と急進的な政治家、特に社会主義者は伝統的な連帯協力を越える階級意識を創造しようとした。サミュエル・ゴンパーズとアメリカ労働総同盟（ＡＦＬ）は、労働者の友人には功労に報い、現存する党組織内の労働者の敵には罰を下すことの効能を力説した。社会党員と他の急進主義者は、一般民衆から芽生えた労働者階級による第三の政党の形成を強く主張した。同時に、政党を運営する役員会に関わる若い、抜け目のない政治屋などが、党指導部からのこれまで通りの伝統的な訴えかけと尽力、さらに加えて、労働者階級への社会的経済的な改革の支援が、彼らを支配し続けるための最良の方法であることを、彼らのリーダーに説得したのである[14]。

驚くことでもないが、政治的文化のこうした衝突は、進歩の時代に様々な結果を生んだ。全米都市連盟［腐敗したボス政治家の牛耳る支配組織から市の政治を守るために、国中の多くの都市の改革集団が結びついたもの］やその地方支部のような市民の会が、良い行政に加えて、政党の幹部が牛耳る政治の原則の上に、コミュニティへの具体的な経済的利益、文化遺産の擁護、民族集団の認知を力説する地元生まれの候補者の支援を打ち立てた際、最大の成果を収めた。シカゴ、ボストン、ニューヨークなどの隣保事業で働く人たちは、ほぼ同じ結果を体験した。無党派の戦術ではあったが、アメリカ労働総同盟は、民主党員たちと協力してますます活発に活動した。労働者階級の政党、わけても社会党は二〇世紀の最初の一五年間、かなりの成果を享受したが、彼らの全盛期は短命であった。

第一次大戦と一九一九年の赤狩り［最初期の赤狩りは一九一九―一九二一年］をめぐる党内部の争いは、社会党の終焉の大きな原因になったけれども、社会党は本質的に新しい政治における被害者であった。社会党の役職者が彼らの党の魅力を広めるために、彼らの計画を和らげた時、進歩的な改革者たちは社会党の最も人気のある政策綱領の主要項目を無断で使用した。無党派の市政選挙を取り入れたことで、民主党員と共和党員が一人の反社会党の候補者を後押しして、協力することを可能にした。一方、市政担当者と市委員会を政治の形態に導入したことで、都市の統治から「政治色を取り去った」。どんなに良く言っても、社会党の短期間の成果は、多くの学者が新しい政治の最も重要な結果として明らかにしたもの―下層階級への政治的影響力の動かしがたい低下―を遅らせただけのことにすぎなかった。⑮

アメリカの社会党（SPA）が二大政党と比較して、最初の前進を維持しながら、さらにその力を増していくことができなかったこと、また女性・黒人・移民・産業労働者階級との有効な政治的提携を築く努力が無駄になったことで、新しい政治が「国民に」本当の「力」を生み出すことの難しさを、これほどよく説明しているものはない。一、二の顕著な例外はあるが、社会党は二〇世紀の最初の二五年ほどの間、アメリカにおける左翼を構成していた。この党がなんらかの組織化された政治運動と連携しようとしなかったのは、当然ながら少数のアナキストたちがいたためであった。一方、ダニエル・ド・レオンの社会労働党は、正統のマルクス主義の綱領―それによれば資本主義体制の完全な崩壊後、暴力的な労働者階級の革命が続くが、結局は階級のない社会（その社会では、みんなが能力に応じて貢献し、必要に応じて受け取るであろう）を生み出すであろうと主張する―を支持し続けた。一九一七年のボルシェヴィキ革命で、この党の極左派が切り離されて、闘争的なアメリカ共産党を形作った。しかし、それらの集団の他に、漸進主義、改革主義、選挙政治、議会制の方法と関わりを持っていたアメリカ社会党は、アメリカの政治領域の左端をほぼ独占した。多くの階層の著名人たち（ジャーナリスト、労働者のリーダー、法律家、教育者、大金持ちでさえ）は、おおっぴらにアメリカ社会党と運命を共にした。「社会主義がアメリカの生活の中で、主要な力になる運命にあるように思えた」と歴史家デイヴィッド・シャノンは結論づけた。しかし、アメリカの政党の目立った特徴をこの党にさらに帯びさせたものこそ、まさにこの成果、つまりしばしば起こる敵対的な派閥の合併と、政党の路線内で、またその路線を越えて、争点と候補者を巡って繰り広げられた希薄な連立を作ろうとした傾向[16]であった。

もっと具体的に言えば、社会党は協同の目的・利益で結ばれた団体が最終的な目標をいかに達成するかをめぐって、「ぶつかり合うことすらある、様々な見方を持った地域集団の連合」であった。社会党の右派は、ミルウォーキー社会民主党員で、彼らは団結した政治組織を、互いに有益となる労働組合運動との協力関係を、ドイツ人の民族的団結を上手に活用し、正直で無駄のない倹約をする政治をと訴えて、有権者を引きつける選挙用の連合組織にした。ミルウォーキー社会民主党員より幾分、左寄りだったのが東海岸社会党で、彼らはまた漸進主義、選挙政治、改革主義、労働組合との協力関係の正しさを信じていた。その中心にはイリノイ、オハイオ、ミシガン、インディアナのそれぞれに社会党員がいて、彼らは一般的にアメリカ労働総同盟との協力関係を拒み、産業別労働組合（熟練した労働者、半熟練の労働者、未熟錬の労働者を組織して一つにしたもの）の創設に賛成した。そのリーダーのユージーン・デブスは、世界産業労働者組合の創設を手助けした鉄道の労働組合員で、社会党の永続的な大統領候補であった。ミシシッピー川の西、とりわけオクラホマでは、社会主義は昔からの人民党の主義・政策から生じた、農民の生活を向上させようとした急進主義で、感情に訴える類のものであった。社会党の中の極左は、ロッキー山脈と太平洋の北西部地域の社会党で、炭鉱夫と世界産業労働者組合から成る西部の連合組織の指導者であったウィリアム・ビッグ・ビル・ヘイウッドが代表を務めていた。世界産業労働者組合員（彼らは過激度のより少ない社会主義者にすら失笑を買うという形で知られていた）は有力な産業別労働組合—それは、ゼネストを煽り立てて、経済を停止状態にもたらし、労働者の運営する協同団体の組織を動かし、それにより政府や政治の必要性を排除することになるであろう—を形成することに価値を感じていた。彼らは社会主義とアナキズムの、この独創的混合物を「アナルコサンディカリズム[17]」とみなした。

この混乱を招くような混合状態を一層ひどくしていたのは、キリスト教社会主義（それは三〇〇人以上の聖職者に率いられて、自分たちは社会党員だと主張し、道義的勧告と教育を信頼していた）と外国語連合体（それは一九一七年までに社会党員の三分の一以上を占めていた）であった。この連合体［主に東・南ヨーロッパからアメリカに移住してきた人たちが、社会主義の政治に共に献身的に関わろうとした連合組織体」は母国語で会合を行い、自分たちの論点や考え方を重視する特別の許可が与えられていた。社会党員たちには「つき合いにくい仲間」関係にあったことは明らかであった。そして「この党がアメリカの端から端まで、この国のほぼ全土にわたって広がっていて、そこには様々な社会哲学者も含まれていた、という意味で[18]」典型的にアメリカ的な政党であった。

社会党は戦略と戦術をめぐって内部分裂をしていたので、新しい政治から利益を得るといった、また女性・黒人・最近の移民の中から相当数を転向させるといった現実的な立場にはなかった。しかし、アメリカ社会党は一九〇一年に「男女に制限のない、平等な選挙権」を公式に認めようとした最初の政党であった。社会党の主義は、女性の問題が社会問題の重要な部分であると断言し、女性を「奴隷の中の奴隷」(ジェンダーと階級といった二重の鎖でつながれている)になっていると見なしていた。この党はあらゆる障害—その障害のゆえに、ある人間は別の人間に依存している状態になっている(そのことは一方の性が他方の性に依存していることを含んでいる)—を取り除くと誓い、「女性の知性的な社会党員および女性の女性参政権論者をつくり、社会党の中に活発な会員を確保するために」、一九〇八年に女性の全国委員会を形づくった。現実的な観点から、社会党は女性参政権を支持した。女たちは男たちよりも社会党とそのイデオロギーの方に心が傾いていると思ったからである。その結果、アメリカ社会党は様々な国民投票で女性の参政権を支持し、選挙運動において参政権組織と行動を共にするようにとその女性メンバーに仕向けた。しかし、実際には、参政権活動のための組織づくりと資金調達は別々にすべきかどうかをめぐって、また主流の女性組織との協力条件をめぐって、アメリカ社会党内部で深刻な分裂が起きていた[19]。

どちらかと言えば、社会党は女性を相手にした時よりもアフリカ系アメリカ人を相手にした時の方が、成果を上げることがずっと少なかった。社会党はオールド・サウス[南北戦争前の米国南部諸州]には事実上、存在しなかったから、成果が上がらなかったことはいくぶん理解できる。社会党が南部白人の人種差別主義の「分離平等政策」優先を黙認したからと非難されるのは、もっともなことではある。北部都市部の黒人の間で社会主義が広まらず、また広まることができなかったことは、もっと弁護できないものである。こうした不成果の一部は、労働組合の反黒人政策を社会党が黙認したことに帰せられる。その一部はまた黒人たちが政治的急進主義に進んで手を貸そうとはしなかった点にもあった。社会党は黒人たちに提供のできる実質的なものを殆ど持ち合わせていなかったが、他方、現行の政治的・経済的体制は、わずかばかりのものを少なくとも提供した。社会党のイデオロギーもまた、女性問題のように人種問題を社会問題より下位に置いた。しかし、基本的に社会党が成果を上げられなかったのは、彼らが一般的にアメリカ白人の懐く反黒人という偏見を共有していたからであった。彼らの激しい憎悪が、明らかな敵意という形を取ったというよりも、無視や無知という形を取ったことの方が多かったとしてもである。「アメリカ生まれの少数だが熱心な黒人、および最近やって来た西インド諸島の人たち」を転向させようとする社会党のニューヨーク市での活動は、アーネスト・アレン・ジュニアの論文が論証しているように、互いの挫折感で終わった。「まず人種問題の解決」よりもむしろ「まず階級問題の解決」をという「徹底した社会主義」の実現を社会党が主張したことに、また露骨に操作された人種差別に、アフリカ系アメリカ人はますます幻滅するようになった。他方で、社会党は進んで大政党を見捨てる黒人有権者の数の少なさを嘆いた。黒人の急進主義者は結局、共産党やガーヴェイの汎アフリカ民族自決主義に、より気の合う仲間を見つけた。[20]

社会党が女性や黒人を相手にした時よりも、南ヨーロッパや東ヨーロッパの移民を相手にした時の方が、少しはましにやっていたというのは、非常に限られた、相対的な意味にすぎなかった。外国語連合体はやがてますます意義ある存在になったが、それらも依然として無党派であった。ニューヨーク市の社会党は、ユダヤ人やイタリア人の衣類製造の労働者たちの支持を得ることに特に成果を上げたが、一方、ミルウォーキーの社会党は結局、ミルウォーキーのポーランド人や東ヨーロッパの人々に食い込んだ。世界産業労働者組合もまた、産業組合主義の方法を使って、かなりの割合の南ヨーロッパ人や東ヨーロッパ人を組合に入れた。しかし、最近の移民およびその子供たちの大多数は、友愛組合や共済組合、そして教会にとても深く関わっていたために、社会主義を真剣に受けとめてはいなかった。カトリック教会（南ヨーロッパや東ヨーロッパの人々の大多数には、我が家のような存在であった）は、社会主義に対して明らかに敵対的であった。一方、主要な政党組織しか、充分な物質的・精神的恩恵を与えることができなかった。殆どのアフリカ系アメリカ人のように、最近アメリカにやって来たばかりの殆どの人たちは、すでにかなり大きな不利な条件を背負っている上に、さらに急進派のレッテルをつけ加えられることで、得るものは殆どなく、失くすものは多かった。その上、この党の知的・専門的指導部は、南ヨーロッパ人や東ヨーロッパ人がとても用心深く守っている文化的価値に対して、その文化を解する心を殆ど持ち合わせておらず、しばしば東ヨーロッパ人を見下すような、横柄な態度で扱った(21)。

この党は公式には、労働者階級の国際的団結によせる信頼に、アメリカがすべての国家の抑圧された人々にとっての避難所であるとする神話に、強く支持を表明した。しかし、運用上、社会党は労働組合―組合は低賃金・悪い労働条件・労働者階級意識の欠如の原因を、移民の安い労働力と張り合っていることにあるとした―と協力した。この党の表向きの立場は、相手を煙に巻くやり方を使った絶好の例と言ってよく、一方で「スト破りや契約労働者の移住を防ぐための、また外国からの労働者の大量流入を防ぐための」立法活動を支援しておきながら、他方で同時に「彼らの民族や国籍を理由に、いかなる移民であっても排除すること」に反対し、「彼らの政治・宗教・民族を理由に、彼らの国によって迫害されているすべての男女のために、自由な避難所の役割をアメリカが果たし続ける(22)」べきだと要求した。

とりわけ女性、アフリカ系アメリカ人、労働者階級の移民に関して、新しい政治が提供した明白な機会を利用する際に、アメリカの社会主義者たちが直面した困難な情況は、ジョン・リード、マックス・イーストマン、『マッシズ』の職員についてのユージーン・リーチの考察の中で追究されている。ほぼ七年間、彼らは「知識人と労働者の階級上の障害に加えて、文化的反抗と政治的反抗の間で、概念上の障害を除去」しようと努めた。その急進的な雑誌の編集者たちの目が、組織的な政治計画に止まることはなかったことを認めながらも、リーチは彼ら編集者たちが「他の左翼の社会主義者や世界産業労働者組合員と共有した、そのままあまあ矛盾のない一揃いの政治的理想に賛成した」ことを証明している。これらの中で主なものは、政治的デモクラシーは経済的デモクラシーが存在しなければ、決して起こりえないという確信であった。『マッシズ』の編集者の何人かが、アメリカ社会党には殆ど我慢ならなかったとしても、一般的に定義されている社会主義の運動にみんなが身を捧げていた。しかし、たとえそうであっても、彼らが文化的急進主義に関わったこと、知的・芸術的・性的自由を賛美することに関わったことで、文化的にはずっと保守的であった多くの労働者階級の急進主義者たちと、彼らはたびたび反目し合うようになった[23]。

振り返ってみると、『マッシズ』の書き手たちの、またプロヴィンスタウン・プレイヤーズの人たちの中の彼らにイデオロギー的に味方をする人たちの熱意と楽観主義は、純朴で無駄なものに思えるかも知れない。進歩の時代の気分を浮き浮きさせる積極的行動主義は、第一次大戦と赤狩りの身の毛もよだつような恐怖に、物事が予期したような普通の方法で起こっていた時代が、すっかり気力を奪ってしまう不況に道を譲った。デブスは一九二〇年に大統領としての賛成票にほぼ百万票を獲得したが、これらの票は急進的な政治の承認というよりも、反戦の主張者として市民の自由の侵害に対する抗議のそれであった。社会党そのものは、その質がどうしようもなく低下していたために、大恐慌時の資本主義の明らかな崩壊危機の時ですら、この党は蘇ることができなかった。しかし、進歩の時代における政治の積極的行動主義は受け継がれ、国民全体の幸福に対する社会的・政治的責任も受け継がれて生き延びた。一九三〇年代に、フランクリン・ルーズベルトとニューディール政策の民主党は、知識人・芸術家・労働組合・少数民族、そして政治の衰退傾向を少なくとも一時的に逆転させた、かつての進歩主義の人たちや急進的な人たちとの強力な政治的連合を打ち立てた。進歩主義の時代の先例に主に基礎を置いたニューディール連合は、社会保障・全国労働関係法・公正な労働基準法・連邦預金保障法人・農村電化管理部といった極めて画期的な法律制定をした。二〇年の中断を経て、新しい世代の政治活動家は、その受け継いだものを六〇年代の公民権運動・女性運動・平和運動・環境保護運動・若者たちの運動に変化させた。その時以来ずっと、多数の市民を政治と政府から遠ざけてきたものが、はっきりとそれまでより批判的なものになっていたが、一方で社会的な問題は驚くほどに多様で複雑になっていた。進歩主義時代の活動家たちのイデオロギー面での子孫が、その情況を救済しようとする希望を持つことができるとすれば、彼らが国民のすべてに真に権限を与えるような、新しい政治を創造することから始めなければならないであろう。

註

（1）例えば、David Paul Nord, *Newspapers and New Politics: Municipal Reform, 1890-1900* (Ann Arbor, Mich.: UMI Research Press, 1981); David P. Thelen, *The New Citizenship: Origins of Progressivism inWisconsin, 1885-1900* (Columbia: University of Missouri Press, 1972); Walter Dean Burnham, *Critical Elections and the Mainsprings of American Politics* (New York: Praeger, 1982); Richard L. McCormick, *The Party Period and Public Policy: American Politics from the Age of Jackson to the Progressive Era* (New York: Oxford University Press, 1986); Daniel T. Rodgers, "In Search of Progressivism," in *The Promise Of American History: Progress And Prospects*, ed. Stanley I. Kutler and Stanley N. Katz (Baltimore: The Johns Hopkins University Press, 1982), 113-132 および John D. Buenker, "Sovereign Individuals and Organic Networks; Political Cultures in Conflict During the Progressive Era," *American Quarterly* 40 (1988): 187-204 を参照。

（2）Louis Galambos, "The Emerging Organizational Synthesis in Modern American History," *Business History Review* 44 (1970): 279-290 ; Robert H. Wiebe, *The Search for Order, 1877-1920* (New York: Hill and Wang, 1967); Samuel P. Hays, *The Response To Industrialism, 1888-1914* (Chicago: University of Chicago Press, 1957); John Whiteclay Chambers, *The Tyranny Of Change: America in the Progressive Era, 1900-1917* (New York: St. Martin's, 1980).

（3）Nell Irvin Painter, *Standing at Armageddon: The United States 1877-1919* (New York: W.W. Norton, 1987), xix-xliv; Charles B. Spahr, *An Essay on the Present Distribution of Wealth in the United States* (New York: Macmillan, 1896).

（4）Richard Jensen, *Grass Roots Politics: Parties, Issues, and Voters, 1854-1983* (Westport, Conn.: Greenwood, 1983), 29-58, and Paul Kleppner, *Who Voted?: The Dynamics of Electoral Turnout, 1870-1980* (New York: Praeger, 1982), 28-54.

（5）James B. Crooks, *Politics and Progress: The Rise of Urban Progressivism in Baltimore, 1895-1911* (Baton Rouge: Louisiana State University Press, 1968); Jack Temple Kirby, *Darkness at the Dawning; Race and Reform in the Progressive South* (Philadelphia: Lippincott, 1972); and Buenker, "Sovereign Individuals and Organie Networks," 191-195.

（6）Eleanor Flexner, *Century Of Struggle: The Women's Rights Movement in the United States* (New York: Atheneum, 1968), 203-261; Anne F. Scott and Andrew M. Scott, *One Half The People: The Fight for Woman Suffrage* (Philadelphia: Lippincott, 1975), 24-45.

（7）Martin J. Schiesl, *The Politics of Efficiency: Municipal Administration and Reform in America, 1880-1920* (Berkeley: University of California Press, 1977), 133-198; Charles McCarthy, *The Wisconsin Idea* (New York: Macmillan, 1912), 172-187; Samuel P. Hays, "The Politics of Reform in Municipal

Government in the Progressive Era," *Pacific Northwest Quarterly*, 55 (1964): 157-169.

(8) Richard Hofstadter, *The Age of Reform* (New York: Random House, 1955), 174-271; Hays, "Poltics of Reform," 157-169; John D. Buenker, *Urban Liberalism and Progressive Reform* (New York: Scribner, 1973), 118-122.

(9) Burnham, *Critical Elections*, 95-117; Kleppner, *Who Voted ?*, 55-82. 一九〇〇年から一九一六年にかけての大統領選での投票数は、一八七七年から一八九六年にかけての大統領選での投票数より平均一二%少ない。国会議員の選挙では、ほぼ一四%の減少であった。

(10) Flexner, *Century of Struggle*, 248-293; Scott and Scott, *One Half The People*, 24-46. 労働者階級の社会統制とのつながりを強調する女性参政権運動の見方については、Ross Evans Paulson, *Woman's Suffrage and Prohibition: A Comparative Study of Equality and Social Control* (Glenview, Ill.: Scott, Foresman, 1973), 85-92, 113-121, 169-189.

(11) Kirby, *Darkness at the Dawning*, 7-25; Crooks, *Politics and Progress*, 54-70; Harold F. Gosnell, *Negro Politicians: The Rise of Negro Politics in Chicago* (Chicago: University of Chicago Press, 1967), 357-373.

(12) W.E.B. Du Bois, "The Black Vote of Philadelphia," in *Black Politics In Philadelphia*, ed. Miriam Ershkowitz and Joseph Zikmund II (New York: Basic Books, 1973), 31-39.

(13) James Stuart Olson, *The Ethnic Dimensions in American History*, vol. 2 (New York: St. Martin's, 1979), 301-312.

(14) Buenker, *Urban Liberalism*, 118-162; Marc Karson, *American Labor Unions and Politics, 1900-1918* (Carbondale: Southern Illinois University Press, 1958), 29-73; Richard Oestreicher, "Urban Working Class Political Behavior and Theories of American Electoral Politics, 1870-1940," *Journal of American History* 74 (1986): 1257-1286.

(15) David R. Colburn and George E. Pozzetta, "Bosses and Machines: Changing Interpretations in AmericanHistory," *History Teacher* 9 (1976): 445-463; Michael McCarthy, "On Bosses, Reformers, and Urban Growth: Some Suggestions For A Political Typology of American Cities," *Journal of Urban History* 4 (1977): 29-38; James Weinstein, *The Decline of Socialism in America, 1912-1925* (New York: Monthly Review Press, 1967), 53-62, 74-84, 93-118. 社会党の公務員が全盛期には、二四州で七九人の市長を含め、一二〇〇人以上の公務員がいたことを誇りとし、大統領の一般投票の六%の票を得た。一九二〇年には、すでにそれが三つの州に限定され、市長二人、立法府の議員一七人にすっかり減少してしまった。

(16) David A. Shannon, *The Socialist Party of America: A History* (Chicago: Quadrangle Books, 1955), 1-42.

(17) Ibid., 43-61.

(18) Ibid.

(19) John D. Buenker, "The Politics of Mutual Frustration: Socialists and Suffragists in New York and Wisconsin," in

Flawed Liberation: Socialism and Feminism, ed. Sally M. Miller (Westport, Conn.: Greenwood, 1981), 113-144.

(20) Shannon, *Socialist Party*, 50-53.

(21) Shelton Stromquist, "The Politics of Class: Urban Reform and Working Class Mobilization in Cleveland and Chicago, 1890-1910,"（一九八八年三月二五日、ネバダ州リノでのOrganization of American Historians Conferenceで発表された論文）。

(22) Shannon, *Socialist Party*, 48-50; H. Wayne Morgan, *American Socialism, 1900-1960* (Englewood Cliffs, N. J.: Prentice-Hall, 1964), 71-92.

(23) Shannon, *Socialist Party*, 53-61; Weinstein, *Decline of American Socialism*, 29-52, 74-92.

『マッシズ』の急進主義の人たち

ユージーン・リーチ

社会主義を信奉する人たち、社会主義の書物を読む人たちが、一九一一年になると増え、それに持ち上げられて、「労働する人民のために捧げられた」新しい雑誌は、みずからを民衆、つまり『マッシズ』と命名した。そのアイディアはピート・ヴラグ（オランダ人移民で、マンハッタンのランド社会科学院の地下レストランでシェフとして働いていた）に由来している。その資金は、ラファス・ウィークス（ニューヨーク生命保険会社の副頭取）から出ていた。ヴラグとウィークスは、労働者によって管理された協同組合の主義と信条を主に広める目的で、『マッシズ』を立ち上げた。それを一般大衆から社会主義を作り上げるための実際的な手段と彼らは見なした。加えて、最初期の『マッシズ』は社会党、労働問題、参政権運動に関する記事を掲載した。また、アメリカのボーイスカウトのあら探しをして、批判するという仕事も請け負った。この雑誌は、ボーイスカウトを軍国主義的陰謀だと非難した。「少年たちの心の中に、殺人願望を創造する目的で組織化され、悪賢く助成金活動をしている」(1)と言って。

ある意味で、ボーイスカウトは最初期の『マッシズ』には相応しい敵であった。ヴラグ、ウィークス、それに主要な編集者たちはみな「イエロー」、つまり社会党の反革命派に属していたからである。彼らはニューヨークの「富裕な」支部として知られていた労組支部のメンバーであった。彼らは労働者を教育することに関心はあったものの、労働者階級の生活のかなり生々しい面には近づこうとしなかった。この雑誌が扱う政治については、この党に直面している最も大きな内部の問題、つまり世界産業労働者組合（I.W.W.）―ウォブリーズとして知られていた、過激で騒々しい労働組合―の問題をどう扱うかについて、それが取る考え方をはっきりと伝えた。世界産業労働者組合員が信奉している（少なくとも修辞的には）サボタージュや他の暴力的な方法を否認するために、社会党がその規約を改正した時、『マッシズ』はこのまともなやり方をほめた。「労働者階級の側からの暴力行為はおしなべて、資本家側から歓迎されている。私たちを打ちのめして屈服させる、またとないチャンスだと資本家側は捉えていたからである、というのが『マッシズ』の確信であり、これまでも常にそうであった」と編集者たちはコメントした。アナキズムと違って、社会主義は厳密に政治運動で、その運動は抗議がきっと将来、「その悩みを慰め、癒してくれる[2]」結果になる、と取り澄ましたようにある書き手が言った。

最初期の『マッシズ』は、その雑誌の表紙に彫像のようなプロレタリアの肖像画が通常、描かれていて、彼らの顔は、協調性ある共和国に対する利己心のない神聖さで輝いている。この雑誌の飽くなき高潔さは、ジョージ・クラム・クック（ジグ）がプロヴィンスタウン・プレイヤーズを考え出す三年前に、クックによって書かれた記事にうまく表現されている。「物質的なものによる幸福のみに関係していたのは明らかであったにもかかわらず、社会主義者は人間の最も深くにある精神的欲求―自由の中で、創造的な仕事をしたいという欲求―の一つから生じる泉を要求する[3]」とクックは書いた。

社会主義の向上をめざしたこの熱心な組織は、二年も経たないうちに、アメリカの出版業界で最も「共産的」で、失敗を恐れない冒険的事業の一つに一変した。ピート・ヴラグとラファス・ウィークスは、広告収益の不足を補えるだけの、『マッシズ』の冊数を売上げられないことを知った。その結果、彼らは一九一二年の八月号を出して後、彼らの独創的な考えを見限る決心をした。風刺漫画家アート・ヤングと芸術家ジョン・スローンによって率いられた職員たちは、この雑誌を救うだけでなく、打ち解けるもの―ヤングが回想するように、自分たちの「一つの雑誌」を作ろう、「その雑誌を読んでいると、私たちは全速力で馬を走らせている時の自由な気分になれるだろう[4]」―にする決心をした。『マッシズ』の所有権ばかりか、編集作業も共営化することによって、彼らはこの雑誌から編集上の横暴―その横暴が、他の出版物では想像力を抑えつけていた―を取り除こうと考えた。この雑誌を救おうとしていた人たちはまた、当時のグリニッチ・ヴィレッジを駆け巡っていた革新的な芸術の動向のいくらかを『マッシズ』のページの中から吸収することを提案した。

この実験を監督するために、アート・ヤングは、マックス・イーストマンという若い哲学の講師で詩人、女性参政権の活動家━この人物は、ほんの何か月か前に社会党に参加したばかりで、すぐにウォブリーズや「あらゆる闘うプロレタリアートと共同歩調をとった」[5]━を推薦した。イーストマンを選んだことは、ヴラグとウィークスがその雑誌をこれまで位置づけていた所よりはるかに左の方に、編集者たちが動かしたがっていたことを示している。

イーストマンはというと、後に思い出すのだが、『マッシズ』の編集者として選ばれるに先立って、「その雑誌のさえない割り付けと社会主義という〈煽情的な〉ブランドに興味を失っていた。当時の私は、博愛主義というその雑誌の兄弟のような福音と生活協同組合への熱心さを軽蔑をこめて見た」[6]。しかし、たとえその雑誌の字が小さくて、読みづらい提示が彼になんの感動も与えなかったにしても、その雑誌の芸術家と作家が話している、その壮大なヴィジョンを聞いた彼は魅せられた。「その話は急進的だった。それは自由思想の話で、単なる社会主義の話ではなかった。政治の分野ばかりでなく、アメリカの芸術・文学・暮らしにおける新しい時代の夜明け直前の、みんなが共通して持っていた反抗や再建の意識がそこにはあった」[7]。イーストマンはこの雑誌を初めて変えてみることに同意した。こうして一九一二年二月に、真新しい『マッシズ』が新聞の売店に出た。芸術的に見れば、この実験はとてもうまく行ったので、『マッシズ』は、プロヴィンスタウン・プレイヤーズ、アーモリーショー、パターソンの野外劇同様に、戦前の時代の「小ルネサンス」の先頭に立つ表現であり、象徴であった。政治的には、体制側の新聞・雑誌や連邦政府の敵意をこうむるだけの成果を収めたことが災いして、『マッシズ』は一九一七年に廃刊に追い込まれた。

マックス・イーストマンは『マッシズ』を単なる社会党の意見表明には終わらせたくなかった。社会主義の指導者ノーマン・トマスが、この雑誌の性に対する率直さは政治的迫力を損なっている、と不平を言った時、「私たちの人生への表現の調子を和らげることによって、私たちのプロパガンダ的な価値を私たちは強めるであろう。しかし、それは単なる政治的プロパガンダではなく、その冒険的な企てが主として捧げられている対象である人生である。私はそうしないではいられない。それは役立つことを強く望むというより、私の心の中のより深い所にあるものである」[8]

とイーストマンは同意した。イーストマンや彼の仲間たちの心の中の、より深くに依然としてあったものは、この雑誌の中で芸術と政治、知識人の関心と労働者の関心をうまく融合させたいということであった。イーストマンはその後、『マッシズ』を、「プロレタリア的反抗と上品な伝統への反抗とが混じりあったもの」[9]と呼んだ。その編集者たちは、抑圧という単一のシステムと思っていたものに対抗する自由という単一のヴィジョンを支持した。しかし、彼らは芸術と政治の調和を強調したにもかかわらず、この雑誌の表現的特徴は正当に敬意を表されたものの、その急進的特徴は無視され、退けられた。

確かに、この雑誌の事務所への求職者は、誰一人として、『マッシズ』の承認を得ようとはしなかった。この雑誌は系統的な政治的課題を取り上げたのでもない。しかし、先を見越した社会批評・社会的価値・社会の目標のための紙上討論を提供することで、『マッシズ』はアメリカの左翼の創造的中心としての役割を果たした。新しい政治は、単に新しい政治の構造・形態・組織を作り出しただけでなく、産業国アメリカの多くの斬新なヴィジョン―シャーロット・パーキンズ・ギルマンの『ハーランド』(一九一五年)、コロネル・エドワード・ハウスの『管理者フィリップ・ドルー』(一九一二年)のような勝手気ままなファンタジーから、ウォルター・リップマンの『成り行き任せと支配力』(一九一四年)、ハーバート・クローリーの『アメリカの生活の将来性』(一九〇九年)のような論評や推論に至るまで幅がある[10]―を生み出しもした。『マッシズ』は、「アメリカの生活の将来性」を再考するために、また再想像するために、この運動に熱心に加わった。『マッシズ』の政治性を帯びた芸術家たちによって支持された急進的な考えを、私たちは真剣に受けとめるべきである、と私が提案するのは、この先見の明のある働きのためであって、同時代の選挙とか政策綱領にそれが及ぼす影響のためではない。

『マッシズ』の編集者の中には社会党の古顔もいれば、大の社会党嫌いもいたが、みんなが社会主義の運動に力を傾けた。そして大多数の人たちにとって、この運動の最も戦闘的で、最も喜ばしいエネルギーは、『マッシズ』が支持したいと思っていた「プロレタリアの反抗」の手本となった世界産業労働者組合(IWW)の組合員(ウォーブリーズ)に具現されていた。世界産業労働者組合の威信と組織化の勢いが、その頂点にあった(ウォブリーズがマサチューセッツ州ロレンスでの、織物労働者のストライキで最大の勝利を得て何ヶ月か後に頂点を迎えた）時、この雑誌が再生したというのは、単なる偶然ではなかった。事実上、世界産業労働者組合が労働組織に適用する特質―彼らの無鉄砲さ、彼らの偶像破壊、アメリカ社会の中で最も多くを奪われている人たちへの彼らの思いやり―を、編集者たちはジャーナリズムにもたらしたがっていた。『マッシズ』を発行する人たちが、より多く集まるようになったのは、彼らが社会主義に打ち込み、ウォブリーズを称賛したことがその理由であった。そしてアメリカ政府が結局は、この雑誌を廃刊に追い込んだのは、これらの反体制派の運動に彼らが忠実であったからである。

最初のうち、生まれ変わったその雑誌をどのように真剣に受けとめるかを判断するのは難しかった。その最初の号で、イーストマンの『マッシズ』は、はっきりと「社会主義の雑誌」だと意図を明確にしたが、「社会党内部の、とても小さな議論」もさし控え、「一般大衆に、つまり社会主義者と非社会主義者の両方に対して、娯楽・教育・これまでよりも生き生きとしたプロパガンダで[11]」訴えようとした。イーストマンが一九一三年の始めの頃に、マストヘッドにはっきり述べた声明では、『マッシズ』をさらに次のようなものにしようと約束した。

革命の雑誌であって、改革の雑誌ではない。ユーモアを解する雑誌であり、まともな人たちには敬意を示さない雑誌である。隠し立てをせず、身の程知らずで、生意気であるが、真の目的を探る雑誌。どんな場面にあっても、堅苦しさや独断的な考え方には反対する雑誌。お金儲けの出版物にしては、あまりにもあからさまな、真実でありすぎることを掲載している。この雑誌の最終方針は、好きなようにすることであり、誰からも好意を得ようとはしない。読者といえどもそれは同じである。そういう雑誌である。アメリカにはこうした出版物のための分野がある。

時々、その新しい雑誌は革命にというよりも、喜劇に向う決心のようだった。初期の『マッシズ』の広告は、「あなたの家庭に小さなダイナマイト[12]」を置くよう読者に誘った。別の広告によると、アナキストなのかって。とんでもない。法と秩序を守るってのが、僕たちのお家芸だよ。

『マッシズ』がすべての図書館のテーブルには置かれていなきゃあ。

それは一か月に一度、決まって赤ん坊を楽しませ、ママを動転させ、パパを驚かす。

僕たちが悩ますこと間違いなしだ。[13]

その後、イーストマンは、この雑誌の編集者たちについて言った――「僕たちの主義・信条以外、大笑いするものは何だって与えてあげよう」と。[14]

イーストマンはただちに本気でその方針に取り組んだ。彼はすぐにピート・グラッグの「イエロー」のイデオロギーを塗り隠し始め、雑誌の重点を労働者の協同組合というテーマから、階級闘争のテーマへと変えた。イーストマンは「革命家」と「改革者」の間にある「まったくの矛盾点」を事実と仮定した。

改革者は文明の恵みの分け前を労働者たちのために確保したいと願っている。彼はみずからの能力と彼の利他的な雄弁術を信じていて、自分と同類の人を増やそうとする。一方、革命家は労働者たちが文明の恵みを受け取ることを望んでいる。革命家は労働者たちを、また彼らの組織力を信じている。彼は情況認識と階級意識を持った敵対的態度の労働者を増やそうとする。「教育と反乱とが同時に取り入れられることこそ」が、マッツィーニのスローガンであった。[15]

この熱弁には、少々マルクスを感じさせるところがあるかもしれないが、それよりもマッツィーニ（一九世紀のリベラリズムおよびリパブリカニズムの聖者的な存在となったロマンチックな反乱扇動者）に対するイーストマンの賛辞の方があらわである。常にイーストマンは、「階級意識を持った敵対的な態度の精神」に注意をしたと同じだけ、「自由の精神」にも敬意を表した。一九一二年から一三年にかけて、イーストマンの考え方は、革命についてのいかなる理論家によりも、プラグマティズムの哲学者ジョン・デューイ（コロンビア大学での良き指導者）に多くを負った。彼は『マッシズ』のコラムに「知識と革命」（この順序は重要）という表題を付け、「知識」を「実験的な知識」――「発展中の事実についての自由な調査、そして発展中の理論（それは私たちが目下、目論んでいる目的に関係している）を絶えず再調査すること」――と彼は定義した。イーストマンの中にあるデューイのプラグマティズムが影響を与え、社会主義の科学者になることを熱望し、アメリカの左翼から、いいかげんな、つまり非現実的な思考を一掃したのである。[16]

世界産業労働者組合員の、空威張りの、その場限りのサンディカリズムをほめたたえたのも、イーストマンの一面であった。[17] 世界産業労働者組合員は正規のイデオロギーという点では、殆ど見るべきものは持っていなかった。彼らは彼らの革命的な組合主義を左翼理論からというよりも、抗夫・材木の切り出し人・港湾労働者・移動労働者のつらい経験から学んだのである。世界産業労働者組合員が、イーストマンや彼の同僚の目に魅力的に映ったのは、世界産業労働者組合員が一般の労働者に対して持っていた信頼――その信頼は、労働界の粗野な知識から引き出された――であった。超絶論者以降の、あらゆる世代のアメリカ知識人のように、『マッシズ』の関係者は、庶民のアメリカから隔絶して、切り離されることを望まなかった。彼らは自分たちの民主的なヴィジョンを行動に変えることを使命だと感じた。イーストマンにとって世界産業労働者組合員は仕事着を着た、勘の鋭いプラグマティストで、理想主義者でもあり、彼らの例にならって、図書館から彼の主義を取り出し、それを一般大衆に広めるようにと彼らは彼を誘った。

イーストマンは彼の最初の『マッシズ』のコラム欄で、ロレンスでの織物ストライキで投獄された世界産業労働者組合員のヒーローたちのために裁判を要求することによって、世界産業労働者組合への共感を公に示した。そこでの輝かしい勝利――それは、様々な労働者を統一することによって、また公的な支援を深めることによって、彼らが成し遂げたものである――を手にしたばかりの世界産業労働者組合のリーダーたちは、暴動による暴力への世評をなんとか和らげようとしていた。イーストマンは先例に従った。「革命」を是認して、彼は注意深く説明した。彼は「血や怒号で必然的に塗りたくられた変化」を要求しはしなかった。それよりもむしろ彼が考えていたものは、「産業や社会の急進的な民主化で……それは支配された階級側からの力の征服によって成し遂げられるものである[18]」というものだった。それまで抑えつけられていた者がいかに権力を闘い取ることができるか、ということをイーストマンは説明しないままにしていたが、「革命」についての彼の考え方は、ゼネラル・ストライキへの世界産業労働者組合員の夢に、また「自由と反抗の精神」に大衆が目覚めるという夢に―それがいつの日か、労働者みずからが経済を取り仕切ることへとなっていくであろう―明らかに似ていた。

イーストマンの考えでは、「改革」に関する一般的な欠陥は、その非民主的な性質であった。それは労働者によって行使されるというよりも、労働者のために行使される力を意味した。イーストマンに言わせれば、この見せかけは、ルーズベルトの進歩主義（結局、それは「効率のよい博愛」―労働者たちに厳しい仕事を受け入れさせることを意図した慈善にすぎない）によって要約された。進歩党が富豪の心に訴えたのは、「私たちの経済生活の不平等を変えるために」は何もしないで、企業の利益に資したからである。シカゴの労働者たちが、ルーズベルトやジェーン・アダムズをめったに見られない双生児（彼らは苦しんでいる労働者に尽力した）と呼んだことをイーストマンは面白いと思った。しかし、改革者が「世界の労働者を解放する仕事はしないだろう。世の中の労働者がそれをしなければ、誰もそれをしようとはしないだろう」とイーストマンは読者に思い出させた。いかなるマルクス主義者も、この考え方を是認したであろうが、一九一三年という環境で、イーストマンが世界産業労働者組合についてそれとなく触れているのは明らかである[19]。

しかし、『マッシズ』の編集者たちは、全面的に改革者を拒否したいという気持にはならなかった。進歩的な運動として知られている活発な改革の活動力は、社会主義の運動と少なくとも同じ複数で、無定形であった。セオドア・ルーズベルトのブル・ムース党は、デブスの社会党が社会主義のあらゆる変種を代表していないのと同様に、進歩主義全体を完全には具現してはいなかった。実際には、イーストマンと彼の仲間たちは、ルーズベルトの保守的な東部の進歩主義よりも、ロバート・ラ・フォレットの急進的な中西部の進歩主義の方に、はるかに友好的であった。しかし、その熱のこもった巧言は、彼らが承認している民主的な進歩的改革と、彼らが軽蔑している人を見下したような進歩的改革の区別をなくしてしまった。

『マッシズ』へのもう一人の重要な寄稿者は、メアリー・ヒートン・ヴォースで、苦労の末に手に入れた急進主義を表現していて、多くの点でイーストマンとは違っていたが、彼女もまた世界産業労働者組合員たちや働く人たちの自救行為［法律に訴えないで、自分の力で自分の権利を守ること］の理想に深く影響された。隣保館や労働運動のために尽くした同時代の多くの女たちのように、ヴォースはうんざりするような特権的背景に反抗した。彼女はマサチューセッツ州、アマーストの最も裕福な家庭に育ち、家庭教師や外国旅行によって文化的な教養があった。彼女の階級の女たちに規定された上流気取りを回避するために、ヴォースは芸術的な仕事に就く夢を見て、まずパリへ、次にニューヨークに行くことになり、ニューヨークではアート・スチューデンツ・リーグで授業を受けた。「私はアヴァンギャルドの一部である。私は境界を踏み越えたのだ！」と彼女は幸せそうに報告した。[20]

ヴォースはまもなく他の領域内に、あえて踏み込んで行った。彼女は絵画を断念し、青二才の作家と結婚し、グリニッチ・ヴィレッジに移り住み、文筆業を始め、その仕事でまたたく間に成功を遂げたが、矢継ぎ早にこれらのことを彼女はやってのけた。また労働者階級の人々の闘争に身を投じ、家庭の負担に耐えたりもして、そのことで抑圧された女たちに対する共感が強くなっていった。一九〇四年、ヴェニスに住んでいた頃、ヴォースはゼネストをしているイタリアの労働者たちの結束に魅せられ、気持ちを動かされた。二年後、彼女と彼女の家族が「A」クラブ（グリニッチ・ヴィレッジ住宅生活協同組合のことで、知識人や隣保館で働く人たちの寄せ集めによって形づくられたもの。彼らは「労働と芸術に大賛成の人たち」であった）に参加した。一方で、彼女の文学的成功が彼女に与えたつらい結果―夫の仕事が急にうまく行かなくなったことで、夫の憤りを買い、彼女の成功がなぜか彼の失敗を引き起こしたのでは、という後ろめたい気持ちに彼女はなっていた―と闘っていた。彼女は最初の著作『ヨット操縦者の妻の教育』（一九〇八年）―帆船を操縦する妻の技能が、高圧的で自信のない夫の憤りの対象になるという自伝的小説―の中で、このことのいくぶんかを書いた。[21]

一九一〇年から一九一二年にかけて、一連の衝撃的な出来事があって、ヴォースは彼女の素性ときっぱり縁を切って、政治的なことに関わりを持たないわけにいかなくなり、そのことで『マッシズ』とつながりができていった。夫が一九一〇年に亡くなり、まだ幼い子供たちの親として、一家の稼ぎ手となった。翌年、彼女がニューヨーク・ミルク委員会（低温殺菌した牛乳を販売することによって、幼児の死亡を減らそうとした中流階級の女たちの改革運動）に加わった時、貧しい家族の生活を悩ましている問題に気づいた。ヴォースはこの種の行動主義に心を引かれたが、それ以上に強く、労働者の運動にも心を奪われようとしていた。一九一一年三月に、トライアングル・シャツブラウス会社のぞっとするような火事を彼女は目にした。その会社のひどく劣悪な労働状態が原因して、一四六人の若い衣類製造の労働者が犠牲になった。この惨事後、ローズ・シュナイダーマンという衣類製造の若い女性労働者が「私たちはあなたがた善良な一般大衆の人たちに訴えようとしてきましたが、あなたがたにはそれを解決する条件が欠けていることがわかりました……労働者を救うことができるのは、労働者しかいない[22]」と宣言した時、ヴォースは強く心を動かされた。

ロレンスでのストライカー（その闘いを、彼女は一九一二年の早い時期に『ハーパーズ・ウィークリー』に書いた）たちの口からも、同じメッセージをヴォースは耳にした。ストライカーたちの勇気に、ビル・ヘイウッドの穏やかな指導性に、エリザベス・ガーリー・フリンの熱烈な雄弁術に、ヴォースは奮い立った。この熱弁が「ストライカーたちを覚醒させ……団結を求める彼女の訴えの中で、彼らストライカーたちの感情を高揚させた……それはまるで炎が噴出して、聴衆を通り抜けて行ったかのようだった……美しく、強いものがさっと民衆に広がって、堅く結びつき、歌を生み出していた[23]」。ロレンスでのストライキから何年かして、ヴォースは報告した。彼女と新しい夫とが決めたことを。彼らは

知った……自分たちはどちら側の人間かを。労働者の側の人間であって、自分たちが生まれた何不自由ない人たちの側ではないことを……私の人生と労働者たちの人生の間に、ある統合のようなものが起こっていた。多くの悲惨な人たちによって、少数の金持ちが作られるという事実に二度と無関心ではいられないような、なにか固有

な変化というものが起こっていた[24]。

ニューヨークやロレンスで、彼女が目にしていたものによって急進化したヴォースは、彼女の新たな傾倒を『マッシズ』に書くということにあてた。彼女はこの雑誌とすでに緊密な関係ができ上がっていて、一九一一年の冬には編集者で、共同の経営者になっていた[25]。彼女の最初の文学面での寄稿作品は、一九一二年五月に掲載されたストーリーで、キリスト教の慈善家からの、相手を見下したような援助の提供を拒む一人の酔っ払いの労働者を描いたものであった[26]。その後、五年間にわたって、ヴォースは労働者の生活をめぐるいくつかの、もっとほろ苦い、方言によるストーリーを『マッシズ』に書いた。また、アメリカ国内での主要なストライキの記事を、現場に行って取材するという形で書き送った。

ヴォースの勇気ある経歴は、彼女のより有名な仲間たちの何人かによって示された顔よりも、派手さのより少ない、思慮深さのより多い、『マッシズ』の急進主義者の顔を明らかにする。彼女は紛れもなく左翼の人間であった。彼女がオランダでの女性の国際平和会議に出席した時、ジェーン・アダムズや他のアメリカの代表が示した政治的臆病に憤慨した。しばしば彼女は労働者たちの運動の真只中で、正々堂々と自分の考えを述べた。一九一四年に、彼女は自分の家を世界産業労働者組合員たちによって扇動された運動の本部に変えた。それはニューヨークの失業とホームレスに抗議するための運動であった。一九一六年には、激しい敵意を示す彼ら組合員たちによって導かれた鉄鉱山の抗夫たちのストライキについて書くために、ミネソタに出向いて行った。その頃、エリザベス・ガーリー・フリンが投獄されて、ヴォースは「リーダーたちの補佐役のような」役割に引き入れられていることに気づいた[27]。

しかし、ヴォースは労働者たちの経験を十分に共有できるだろうなどと思い違いをするようなことは決してなかった。ミネソタでのストライキのリーダーとしての、彼女の短い、割り当てられた仕事の間、ストライカーたちが日常的に経験した嫌がらせや排斥の仕打ちに彼女は苦しんだ。しかし、彼女が後になってよくよく考えてみると、ストライカーたちにとっては、階級闘争のストレスがいつ終わるともなく続いていたというのに、彼女の方はというと、ほどなくして「まともな状態」に戻ることができたのである。ヴォースは中流階級に根を下ろしていた彼女の帰属意識を断ち切るような振りはしないで、階級間の、自意識の強い仲介者となり、彼女のような中産階級の人々に「労働者の生活実態について、もっと多くの知識[28]」を与えることによって、プロレタリア闘争を支持してもらおうと説得に努めた。一般の人たちに知れ渡ることが、どんなに力となるか、その確信をヴォースはヘイウッドのような世界産業労働者組合のリーダーや当時の醜聞を暴いた進歩的なジャーナリストたちと共有していた。『マッシズ』の他の急進主義の人たちのように、しかし、たいていの人たちよりも現実主義的思考と自己認識を多く持っていたヴォースは、「革命家」への共感する気持ちと、改革者とも柔軟に進んで協力しようとする気持ちとのバランスをとった。こうして彼女のジャーナリスティックなエネルギーの殆どを、つらいストライキの取材につぎこんでいた頃、キャリー・チャップマン・キャットの一九一五年の「女性」参政権キャンペーンで、ニューヨークの上流階級女性と行動を共にしたことに、彼女はなんらの違和感もなかった[29]。

ある意味で、女性の急進主義者は、イデオロギー的に男性の急進主義者よりも柔軟である必要があった。女たちは男の仲間たちより、彼女たちの急進主義に対して、より高い個人的な代償を支払わなければならなかったからである。それらの仲間たちの女性蔑視は、それ自体、問題であった。一九一四年の失業に抗議しての運動中、ヴォースは抗議者たちのためにベッドを見つけるといったような、家事雑用もした。一方、彼女の夫は、その運動の法律上の弁護委員会の先頭に立っていた。そして常にヴォースは彼女の急進的なものとの関わりと彼女の小さな子供の世話をするという負担を結びつけるという重荷を、そしてしばしばその罪悪感をも抱いていた。多分、だからイーストマンがヴォースのことを「元気旺盛だった」が、「いつまでも疲れている様子[30]」だったと記憶していたのである。

社会主義、フェミニズム、平和の達成のために取り組んだメアリー・ヒートン・ヴォースの大いなる努力が、舞台裏で行われていた一方で、『マッシズ』の彼女の仲間ジョン（ジャック）・リードは、常に世間から注目を浴びようとしていた。マックス・イーストマンが学究的なマッツィーニ「ガリバルディと並んで祖国の統一・独立を図った」を称賛すれば、リードはガリバルディを張り合わせようとした。イーストマンは筋の通った慎重な論説を絶妙に書き、他方、リードの方は階級闘争の現場を次から次へと大急ぎで移動して、常に自分の心の内を人に知らせ、抑圧された人たちのことを書き、彼らと共に闘ったのである[31]。

リードが若かった頃に、彼を左翼の生き方へと向けたものは何ら見あたらない。オレゴン州ポートランドの裕福な家庭に生まれた彼は、私立高校では退屈したひょうきん者で、ハーバード大学の頃は、知的でない「活動家タイプの人間」であった。一九一〇年に大学を卒業した時、彼の何らかの特定の政治性を誰も気づいてはいなかった。オレゴンでの土地詐欺を暴こうとしてのめり込むあまり、半ば破産状態になってしまった彼の父は、息子に改革者になってほしいという願望などは持たなかったし、ましてや革命家になってほしいなどとは少しも思わなかった。息子のリードが物書きになる決心をして、グリニッチ・ヴィレッジに移り住んだ時、リードの父親は彼の友人リンカーン・ステファンズに、息子ジャック［ジョンの愛称］の保護をして、「詩を書くための力を温存しておくように」言ってほしいと頼み……「息子が私みたいな有罪判決を受けるような人間になってほしくない。真面目になって……いつも笑って、歌を口ずさんでいる息子であってほしい[32]」とつけ加えた。しかし、時期尚早とも言える『マッシズ』への寄稿へと青年リードをしむけただけの傲慢な確信がそこには働いていた。まもなく彼は労働者の詩的感性をほめ、自分は世界産業労働者組合員で、ダイナマイトの支持者だと宣言していた[33]。

リードのプロレタリア的な反抗への好みには、かなりの感傷性と冷やかしの他に、少なからず気取ったポーズという面があった。彼は「笑って、歌い」続けていたが、今回ばかりは父親の階級を犠牲にしてそれをしていたということであった。しかし、リードは労働者や小作農民との創造性のある親密な関係—基本的な考え方からすると、これまでの古い『マッシズ』には欠けていて、これからの新しい『マッシズ』には必要なものであった—も心から望んでいた。イーストマンが『マッシズ』を引き継いでまもなくして、リードがこの雑誌にダンスホールの娘を描いたストーリーを提出した時、イーストマンはそれを『マッシズ』に掲載し、もっと書いてほしいと頼んだ[34]。リードはまもなく編集委員に選出された。こうして『マッシズ』の急進主義の冒険を求めてさすらった騎士としての活動が進んでいた。

財産を取り上げられた状態の人たちへのリードの熱烈な共感は、社会主義への彼自身の、より理知的なアプローチを補完していることにイーストマンは気づいた。さらに若き急進主義者は二人とも、世界産業労働者組合員に、彼らの「直接行動」の傾向に、引きつけられた。「直接行動」――この言葉は、職場での戦闘的なストライキや資本主義に対する他の形態の闘争を意味した――の傾向は、それにひきかえ、社会党の最も真面目な政治家たちを小心者の集団に思わせた。ビッグ・ビル・ヘイウッドがサボタージュを擁護したとして、党の執行委員会から除名された時、『マッシズ』は彼とサボタージュに味方をした。一九一三年から一九一四年にかけて、激しいプロレタリアの暴動に突入した時、イーストマン、リード、彼らの仲間たちは、『マッシズ』を「革命的労働者と急進的インテリのための」真の「合流点[35]」にしようと努めた。

一九一三年四月に、ヘイウッドがニュージャージ州パターソンで、世界産業労働者組合員によって先導された二万五千人の絹織物に従事する労働者のストライキを説明するというのをリードは耳にした。しかし、このストライキを主流の報道機関が報道することを当局は差し止めた。パターソンにジャーナリスティックなスポットライトをあてようと決心したリードは、絹織物工場にかけつけたが、即座にパセイイク・カウンティ刑務所にヘイウッドや多くのストライカーと一緒に放り込まれた。そこから立ち去れ、という警官の命令にリードが従わなかった結果であった。世界産業労働者組合員の弁護士によって保釈されたリードは、急いでニューヨークに戻ると、「パターソンでの戦争」を書いた。それはそのストライキについての白熱した党派心の強い記事で、『マッシズ』の一九一三年六月号に掲載された。労働者に対する彼の見方を明らかにしようと手探りで書かれたようなリードの記事には、気分が悪くなるくらいにひどく人を見下したような面と、ひどく感嘆したような面が交互に表されている。彼は刑務所――そこでは、「ほっそりした、まったく異なった顔のストライカーたちが、……ビル・ヘイウッドの顔や声に元気を取り戻し、心をこめて、表情豊かにビルを見上げている」――の中の様子をスケッチしている。しかし、この記事の目的は、平凡な人間――「彼らは今や、自分たち自身よりももっと偉大なものによって、気高い存在になっている[36]」――の勇気ある行為を祝福することであった。

この追従《ついしょう》はまもなく、ストライキに対しこれまでよりも深く、これまでよりも複雑に巻き込まれていくということに変わっていった。資金を集め、ストライカーの士気を高めるために、リードはパターソンの闘いの劇化を、彼らみずからが演じるという形で上演しようと申し出た。『マッシズ』の編集者の殆どとかなりの数の他のヴィレジャーズが、有名なパターソンの野外劇に打ち込んだ。それはマディソン・スクエア・ガーデン—そこは一九一三年六月七日に、赤い電灯の巨大な「I・W・W」という文字で飾られた—に一万五千人もの人を引き寄せた。その野外劇の上演は、ストライカーたちと彼らの知的な援助者双方にとって階級を意識した、考え方を同じくする人たちの、強烈な生き生きした集団であることを証明した。進歩的な改革者によって、大いに大切にされた移民文化の贈り物という「るつぼ」のイメージを無視しながら、その野外劇は、「〈新しい市民〉こそが、この国に彼らの踊りや歌や民間の伝統よりも大きく貢献していることを、劇的な形で明らかにした。彼らはこの国のために、彼らの健康・希望・名誉・子供たちを捧げないわけにいかなかったのである」[37]。資金集めとしての野外劇の上演は期待はずれで、その結果、ストライキそのものの機会を逃してしまった。しかし、共通の目的のために、労働者たちと協力するヴィレッジの社会主義者たちの意志と能力を証明することによって、この野外劇は意義深い入会式として役だったばかりか、『マッシズ』が消極的な共感から階級闘争の積極的支持を受けて、その前進を加速できたのも、この野外劇のおかげであった。

パターソンのストライキのすぐ後に、リードはメキシコ革命を取材する機会を得た。彼が『マッシズ』に書いたいくつかの記事は、メキシコの素朴さを平然と空想化したものとアメリカの帝国主義を絶えず批判したものとを結びつけた。それからリードとイーストマンは、コロラドでの団結した鉱山労働者のストライキ—それは一九一四年四月にラドローで、ストライカーたちの妻や子供の、ぞっとするような大虐殺でクライマックスに達していた—を取材し、リードは『メトロポリタン』に、イーストマンは『マッシズ』にそれぞれ記事を書いた。たとえ最初のうちは、社会主義の『マッシズ』学校で、リードがイーストマンの秘蔵の弟子であったとしても、もう今ではその関係も主として逆転しているであろう。リード風とも言えるイーストマンのコロラドに関する記事は、英雄的なストライカーたちに対する共感ではちきれんばかりであり、当局に対しては嘲るように激怒している。ラドローでの大虐殺を目の当たりにして、イーストマンとリードは労使間の激しくなってきた対立により、社会主義を信奉する知識人は、「行動する勇気」[38]を持たねばならないと確信して結束した。

一九一四年のはじめ頃、ウォルター・リップマンはジョン・リードのメキシコの至急報を称賛したが、二、三か月後、彼は昔のハーバードの級友について考え直し、『ニュー・リパブリック』でそれを公表した。リップマンの書いた「伝説上のジョン・リード」は、実際にはリードが象徴するようになっていたグリニッチ・ヴィレッジの政治的文化すべてへの批判であった[39]。すでに大学生の時から、リードは「彼の人生の情熱の中心的対象と多くの者が思っていたものを裏切った。それは人から注意を引かれたい、とする過度な願望からであった」とリップマンは書いている。年相応な振る舞いができないことにリードが悩んでいたというのが真相であった、とリップマンは暗示した。革命と労働は彼にとって、たった一つの異彩を放つ抽象概念であった。「労働者階級は一般に鉱夫、鉛管工、労働者から構成されているのではなく、太陽に向かって高い丘の上に立つ、高潔で威厳ある、並はずれた能力の持ち主である」とリードは「信じようとした」。リップマンはリードを気の変わりやすい人と評した。

彼は多くの顔を持つ人間である。彼の一つの面だけに絞って、つまり彼を作家、通信記者、あるいは詩人、革命家、愛人のどれか一つだけに限定して見ようとすれば、彼という人間を見失ってしまう。彼の空想の遊びと現実への道義的責任との間には、境界線のようなものは存在しない。彼はさしあたって彼が想像しているその人間なのだ。

多くの社会主義者もリードおよび彼の雑誌をとても扇情的で、かなり芸術家ぶっていて、革命ごっこをしているだけで、政党とは無関係と見なした。社会主義右派の作家W・J・ゲントは、次のような理由で『マッシズ』を非難した。

社会主義、アナキズム、共産主義、シン・フェーン主義、キュービズム、女性差別、直接行動、サボタージュを混ぜ合わせて、多かれ少なかれ同種のもので取り散らかしたものである。それは奇妙にも並はずれたものの崇拝に熱中する、落ち着かない大都会の仲間たち—大混乱の入り口の所で、実体のない新奇なものを常に求め続けている人たち—から生み出されるものである[40]。

「コラムを満たしている性的な文学や挿絵の寄せ集めに気をとられて」重要な内容が失われている、と一九一六年一一月に『マッシズ』の読者が異議を唱えた。「あなた方の実際的な考え方について言うと、あなた方はただの反抗しているセンチメンタリストにすぎないんじゃないかと思う。あなた方が取るポーズはグリニッチ・ヴィレッジに固有のものかも知れないが、真面目に仕事に打ち込んでいる者には、彼らはただ嫌悪感を抱かせるだけの存在なのだ[41]」。もし彼が半世紀後にこれを書いていたら、この批評家は「急進主義者気取り」(単なるはやりの反抗のそぶりに言及するために、六〇年代につくられた新語)という言い回しが使いやすいことに気づいたであろう。

『マッシズ』の信奉した社会主義がけなされたのは、グリニッチ・ヴィレッジャーズがボヘミアン(ボヘミアンとは、定義上、仕事日の一般人から私的な道楽に退いてしまった人々のこと)であるという前提に基づいていた。ボヘミアは芸術家やインテリにとって、社会[の中心]からはずれた所にかなり長く退いていた後の、最後の立ち寄り先と見なされた。そこは自由が政治的実験のためではなく、審美的な実験のためにだけ使われるべきであるという条件で、表現の自由を許された領域であった。国内放浪の場所としてボヘミアは大学に似ており、ヴィレッジはしばしば嘲笑的に大学と比較された。心理状態として、ボヘミアは未熟なこと、空想的なものを好むこと(遊び・冗談・夢・虚構)と一般に結びつけて考えられている。多分、若さにはそれら未熟なこと、空想的なものを好むことが伴うであろうが、それらはみな成熟した政治活動を形成している現実的なこと、ありうることに加わるといったものとは区別された。

それ以後ずっと似たような考え方が、『マッシズ』とヴィレッジの政治的文化に関する学術的な論評に満ち溢れていた。グリニッチ・ヴィレッジで全盛期にあった叙情的左翼は、左翼というよりも叙情的、革命的というよりも治療法的で、運動というよりも動揺して目的もなく彷徨うといったものであると断定された。一つの敵意ある極端な場合には、ロバート・ハンフリーのような批評家たちは、戦前のグリニッチ・ヴィレッジジャーズを「空想にふける子供たち」と言明した。この子供じみた陽気な集まりは、年長者を鼻先であしらいたいという気持以外に、他に何も目的を持っていなかった。伝えられるところによると、彼らはこれ見よがしに振り捨てた保護や特権を、取り戻したい時にいつでも取り戻せるがゆえに、まったく損失を受けないとわかっている反抗を試みている、言うならば、ほんのちょっとの間、社会主義のまねごとをして遊んでいる人たちであった[42]。

ヴィレッジジャーズの美学的力強さを褒める学者たちですら、彼らを真剣な社会主義者であるとは見なしていない。ジョゼフ・フリーマンは、『マッシズ』の作家たちが「詩と政治の二元論—それが戦前の急進主義的なインテリに影響を与えた—を克服できなかった」と強く主張した。フレデリック・ホフマンは「戦前の急進主義の論理的一貫性のなさ……考えや感情を誇示するが、そうしたものの見せびらかしは、表現の明快さや正確さというだけでは言い足りないと見なされた」と不満を言った。リードを「叙情的左翼の詩人であり、プレイボーイ」と呼んだ歴史家ジョン・ディギンズは、第一次大戦前に「文化的革命と社会的革命が重なり合ったように思えた」その「ほんの少しの間」を「まばゆい幻想」として退ける。『マッシズ』の急進主義者たちは、「社会主義の目標を追求したよりも強烈に個人の救済」を求めた、とレスリー・フィッシュベインは結論づけた[43]。

そのような評価は、この雑誌が拒絶した基準によって、『マッシズ』を評価しがちである。社会党の忠実な党員の目には、『マッシズ』の編集者は、党の建物を使っての抜け目のないビジネスから注意をそらした軽薄な一匹狼と映ったかもしれない。しかし、世界産業労働者組合員のように、この雑誌は党にではなく、社会主義の運動に役立つことを熱望した。いずれにしても、イーストマン、リード、アート・ヤング、それに他の編集者たちは、彼らの時代の他の政治関係者と同様に、確かにわがままではなかった。それどころか彼らは殆どの者よりも信条がしっかりしていて、ヴォースのような作家は自分の主義・主張を堅持するために、多大な犠牲を払わなければならなかった。もし『マッシズ』のボヘミアン気質が、陰鬱な仲間を遠ざけたとしても、それは編集者たちの社会主義との関わりの誠実さを弱めはしなかった。マックス・イーストマンは、「個人的な反抗」を「真剣に社会を考えて努力すること[44]」よりも下位に置いておく限りは、ボヘミアニズムに異議申し立てはしない、と一九一六年に友人に語った。『マッシズ』が時折見せる演劇性とその空想的目的を擁護したにもかかわらず、編集者たちは一貫した社会主義の信条―彼らの時代の出来事を解釈するのに、彼らは巧みにその信条を使った―を取り入れた。

芸術とプロパガンダは、「興味ある二つのことで、一冊の本の中で、その両方の関心事が満たされるという点が、この雑誌をユニークなものにしてきた」ことをイーストマンは思い出した。しかし、常に政治の主張が芸術の主張の地位を奪った。「ボヘミアンな芸術の反抗者」と、一九一六年の編集委員会に出ていた「芸術を愛した社会主義者」との間に決裂があった時、社会主義者の方が確かに圧倒していた。「私は目的を持って描いた絵というものを信頼する……社会主義はこれまで常に私の仕事の基調であってきたし、今後もそうであり続けるだろう」とアート・ヤングが言った時、『マッシズ』の仕事をしていた才能ある芸術家の殆どは、彼の意見に同調した。そして『マッシズ』の作家たちの殆どであれば、リードの泣き言めいた意見―「この階級闘争は、あなたがたの詩を台なしにする」[45]―に同意したであろう。

効果的な社会主義のプロパガンダのために努力することと、それを成し遂げることとは全く別のことである。この雑誌は、「革命的労働者と急進的インテリのための合流点」であると思われた。労働者について知るための、労働者との団結を表現するための手段として、『マッシズ』は多くの左翼のインテリを引きつけたが、「革命的な労働者」―なんらかの政治的傾向を持った労働者階級の読者―が現われたという証拠は殆どない。大部分、これは『マッシズ』が産児制限［母親になる権利、母親にならない権利、つまり女性の生殖能力管理の権利、再生産の自由に深く関わりを持つ］、フリー・ラブ、他の習慣―これらは「労働者階級の読者にしてみれば、少なくとも不可思議で、おそらく不快に思えたであろう」[46]―への強い興味を削減することを拒んだからである。他の社会主義の刊行物は、そのような読者をもっと根気よく育成した。例えば『インターナショナル・ソーシャリスト・レヴュー』はしばしばエッセー―そのエッセーは、『マッシズ』に現われたものと同じくらいに政治的に急進的で、知的関心をそそるものであった―を掲載したが、政党や労働者階級の好みから逸れなかったから、幅広くプロレタリアの読者層を築くのに成功した。[47]

それゆえ『マッシズ』とプロレタリア運動との関わりは、結局、スラム街を訪れることへの強い好みに他ならなかったというのが、批評家たちの判断である。

しかし、多くの『マッシズ』の急進主義者は、労働者階級との関係について案じ、頭の良さを示したが、自己批判的であった。ロレンスでのストライキ後、メアリー・ヒートン・ヴォースは、「私の人生と労働者の人生の間に、何らかの結びつきが起こっていた」ことを感じたが、階級的な障壁がその結びつきを永久に不十分なものにしているとわかった。彼女の反応は、彼女の書いたものの殆どを『マッシズ』のために捧げることであり、彼女の生涯の残りの殆どを彼女の属している階級の人々に、なんらの不安も感じないで暮らす人々に、労働者階級の闘争を説明することに捧げることであった。ジョン・リードはヴォースより労働者を感傷的に捉えがちだったので、彼なら手探りで何とか労働者の世界に入っていけるであろう、と素朴に信じ込みがちであった。しかし、パターソンでのストライキの始まりから、彼は自分のことを世界中で起こっている階級戦争の歩兵であると誠実に見なし、結局、政治のために詩を犠牲にすると決めたことで、彼はモスクワでボルシェヴィキの殉教者として死ぬことになった[48]。

グリニッチ・ヴィレッジが島国根性的集団であるという世評にもかかわらず、『マッシズ』の急進主義者は、第一次大戦・赤狩り・共同統制されていたマスメディアが、致命的な影響力を及ぼしていなかった一九一二年から一七年までの間、アメリカの政治に行き渡っていたその流動的で、比較的寛容な環境にうまく適応していた。それは左翼を含めて政治の領域のあらゆる部門での、移り変わりと実験の時期であった。社会党のリーダーのユージーン・デブスを含めて何万人もの社会主義者なら、「革命」とは、単純に「産業と社会の急進的な民主化」を意味する、というマックス・イーストマンの見解に同調したであろう時代であった。

殆どの『マッシズ』の編集者にとって、イデオロギーの首尾一貫性は、党の規律と較べるとずっと重要性が薄かった。イーストマンはこの雑誌の理論面での中枢（そういうものがあるとすればだが）であったが、この雑誌が硬直する方向に向かわないように、独善に陥らないようにしようと一九一三年に約束したのは、イーストマンであった。党の伝統的慣行はとても柔軟になりがちだが、イーストマンはそれがさらにゆったりしたものになることを望んだ。一九一六年にウッドロー・ウィルソンのことで、イーストマンがやさしいことを言った、と党の方針に忠誠的な人たちが批判した時、イーストマンは党派心の強い彼らの堅苦しさを叱った。「私たちの頭を自由に使うように、党よりも進歩を愛するように、人間としての自然な感情を持つように、複雑な出来事の流れの中で、私たちが人間的な役割を果す用意ができているかどうかを確かめようではないか(49)」と言って。

社会党が一九一六年から一七年にかけて支持を失い始めた時、イーストマンはそのリーダーたちがマルクス理論にあまりに重点を置きすぎる傾向にあると非難した。マルクス主義へのイーストマン自身の忠誠心は、最小のものであった。彼は弁証法的唯物論や歴史の決定論的観念にほんの時折だけ、口先だけの敬意を表した。彼はかつて社会主義を一種の「科学的理想主義」と呼んだことがある。彼がマルクス主義に文句をつけたのは、それが充分なだけの科学的でも、理想主義的でもない、ということだからであった。イーストマンは『マッシズ』の熱心な支持者に、マルクスやエンゲルスばかりでなく、チャールズ・ビアード［二〇世紀の前半期に影響を及ぼしたアメリカの歴史学者］も読むように忠告した。そしてしばしばアモス・ピンチョウやジョージ・クリールのような左翼寄りの進歩的な人たちに『マッシズ』に寄稿してくれるように要請した(50)。

批評家たちは、そうしたイデオロギー面での折衷主義のイーストマンにディレッタント［道楽半分で芸術をやる人］とか日和見主義者というレッテルを貼った。理論に揺るぎない態度をとることが、この時代の社会主義者としての真面目さの試金石であったとすれば、二、三の党の知識人を除いて誰もがそれに不合格であった。他の急進的な政治家の基準から判断すると、『マッシズ』も異常なくらいに多元共存主義というのでもなかったし、抜けたところがあるというのでもなかった。『インターナショナル・ソーシャリスト・レヴュー』や『ニュー・レヴュー』（後者は「左翼の理論家たちの機関誌」にならんと、一九一三年に創刊された）のような雑誌は、あらゆる種類の社会主義者の書いた記事を、それに時々は非社会主義者の記事をも、きまって受け入れた、とジェイムズ・ワインスタインは記している。こうしたことが慣習的に行われていたからといって、混乱が起きたとか、厳格さを欠いていたということはなかった。むしろそれはその運動の異種性と自由な調査への信頼を反映していた。ワインスタインは社会主義の出版物の、優しい世界教会主義を次のように呼んでいる—

一九一九年以前に存在した党派的な流動性の徴候であり、いくつもの［政党］集団とその性質の傾向の間には原則的には違いがないか、あっても少なくとも一時的な性質にすぎないことを反映していると。徹底的で、率直な討論が、その当時の社会党の出版物の特徴であった。それはなにも戦術上の手段だったからではなく、運動に絶えずつきまとうあらゆる問題に対して解答を見つけていたと、自信を持ってどの集団も主張できなかったからである。(51)

アメリカの社会主義は知性によって制限を設けるような性質のものではなく、そうした性質が『マッシズ』のような一匹狼の機関誌のために場所を開けておいたとすれば、それはまたアイデンティティの危機—自分の実体や所属がわからず不安定な状態は、忠実な支持者をうんざりさせ、可能性を秘めた新会員に興味をなくさせた—を永続させた。目的が揺らいだり、ぼやけたりすることが、『マッシズ』にとってはこの運動につきまとう主要な問題であるように思えた。かくして、進歩主義者たちとの相違をはっきりさせることで、また不毛な党派心に反対する組織活動をすることで、前者は社会主義を取り巻く限界を、後者は社会主義の内部の限界を、それぞれ検討するための仕事をこの雑誌はみずからに課した。

反戦運動を別にすれば、社会党右派の進歩主義という罠および妄想とされているものの正体をあばく目的以上に深く『マッシズ』に関係したような大きな目的はなかった。セオドア・ルーズベルト、彼の進歩党（革新党《ブル・ムース》）、『ニュー・リパブリック』（一九一四年創刊）、これらには『マッシズ』の編集者たちが、飽きもせずに嘲り続けた、良からぬ目的のための三つ揃えを作り上げていた。

革新党を狙い撃ちにしようとする激しい感情は、社会党員と進歩党党員がほぼ同じ選挙民（委託と組織が支配する現状にうんざりの何百万もの有権者）のために闘っている、という認識に疑いなく由来していた。『マッシズ』だけが単独でルーズベルトおよび革新党に敵意を抱いているわけではなかった。『インターナショナル・ソーシャリスト・レヴュー』は、ずる賢い革新党が不注意な社会党に仕掛けた「とても見事な誘惑の罠」への警告に満ちていた(52)。ジョン・リードの父はルーズベルトをとても気に入っていたから、ジョンがルーズベルトを手本にしようとすれば、容易に手本にできたであろう。しかし、それがまさに問題であった。『マッシズ』はルーズベルトと彼の革新党をとても居心地の良すぎる選択と表現した。なぜならそれらは共に魅力的な変装でめかしこんだ、古い資本主義体制の手先であったからである。「改革運動の背後にある力は、資本家の力であって、そのため改革は資本家の利益を害することなどしないのだ」と一九一四年の二月に編集者のイーストマンはどなるように言った。ルーズベルトは「利己的な金権政治家たち」のいる所でだけくつろいでいたのだが、表向きはこれらの政治家たちを軽蔑する振りをしていた、とリードは言った。一方、フランク・ボウンは彼を「最低ランクのいかさま政治家」と呼び、「セオドア・ルーズベルトの政治上の地位は、教会で言うならビリー・サンデーの地位に匹敵する」と言った。ユーモア作家のハワード・ブルベイカーは、進歩党党員たちに反対する『マッシズ』の主張をくんで、「リパブリグレソクラッ」(Republigressocrats) という集合名に圧縮して、主流派の党に提案した(53)。

『マッシズ』の観点からすれば、その当時、『マッシズ』に是非とも求められていたものは、進歩的な改革がペテンであること、中流階級の夢想的社会改良家では、産業資本主義の欠点を埋め合わせできないこと、それを労働者が作り直さねばならないことを証明することであった。しかし、『マッシズ』の兄弟分である『インターナショナル・ソーシャリスト・レヴュー』が、社会党と進歩党とを一体化させる陰謀に言及していると言えるくらいに、社会党の中の優勢な「イエロー」は、協力を強く決心しているように思えた。ヴィクター・バージャー、モリス・ヒルクウット、それに他の党の穏健派の人たちの、漸進主義的で形式ばった、選挙に焦点を当てた計画は、それらに代わる案というよりも、リパブリグレソクラッの政策綱領の模造品に似ていた。すでに革新党は社会党右派に目立って接近していた。ルーズベルトは「多くの富を持った悪人」をどの社会党員にも劣らず激しく非難した。そして進歩党党員は経済への積極的な、公式の介入を提案した。そしてすでに社会党の「イエロー」は、目覚めたプロレタリアートに対する進歩党党員の恐怖を共有しているように思えた。ヴィクター・バージャーはヘイウッドや世界産業労働者組合員をルーズベルトや革新党より大きな脅威と見なしているように思えた。結局、社会党は革命の目標をまったく放棄して、エイデュアート・ベルンシュタインのマルクス主義の楽観的な修正主義を採用し、ドイツ社会民主党の議会制の勝利に匹敵するようなものをつくることで満足しそうに見えた。[54]

そういう事情で、『マッシズ』は「革命」とか「階級闘争」といった文言を振り回した。それは刺激を与えるためだけでなく、社会主義の種類と進歩的改革の違いを生々しく表現するためでもあった。彼らは激しい「革命主義」を是認しなかったにしても、あからさまな侵害行為に労働者たちが武装して抵抗することを充分に認めたのである。一九一四年のコロラド州ラドローでの、一三人の石炭鉱夫の妻と子供たちの大虐殺のような事件は、労働者たちに根気よく裁判を待つようにと忠告した人たちみんなに対する『マッシズ』の編集者たちの怒りとつのる苛立ちを呼び起こした。イーストマンは喜んだ。

この国で今度ばかりは、政治的中道の立場というのは存在しえなかった。博愛の精神が怒りで燃え上がった。他人への思いやりがあれば、流された血を拭き取れるであろう。調停、法律、社会意識が愚かな時代の思い出のように期限切れとなった。そして七一年のパリでの日々以来もう一度、大勢の労働者階級の人々が軍隊と闘って、身震いして立ち止まった。彼らに休戦を懇願させろ。もしそれが起きなかったら、悲しい世界になっていたろう。[55]

そのような過激な考えは、アメリカ東部の進歩思想の厳粛な啓示と言える『ニュー・リパブリック』にとって言語に絶するひどいものであった。この雑誌が一九一四年に創刊されると、『マッシズ』の好敵手である二つが揃った。実際にリップマンの辛辣な記事「伝説の人ジョン・リード」を紙面に載せ、また『マッシズ』のユートピアニズムについて皮肉を言って挑戦をしてきたのは、『ニュー・リパブリック』であった。イーストマンと彼の同僚は待ちかねていたようにその挑戦を受け入れた。

『マッシズ』の編集者たちを予想に反して魅了したものは、ある程度、この新しい雑誌『ニュー・リパブリック』の表現形式によるものであった。突飛で、騒がしくて手に負えない『マッシズ』が大事なものと見なさなかったものを、『ニュー・リパブリック』は最も大事なものと見なしたというだけのことであった。署名のない批評（多分、フロイド・デルの書いたものだろうが）で、『マッシズ』は堂々とした権威の風格を出すために、そのライバルを嘲った。

人はいつだってそれ［『ニュー・リパブリック』］に同意する。逆に、それはいつだってその読者に同意するようだ。……思想は害を及ぼさないものだという考え方は、おめでたい信念の好例である。（『ニュー・リパブリック』の編集者は）若々しい未熟な真剣さを、プロパガンダの情熱を、あからさまな理想主義の怒りもあらわな、人の心を動かす演説を避けたがる。[56]

しかし、『ニュー・リパブリック』に辛辣なインクをこぼした主な理由は、この雑誌が体制側の意見に及ぼすと思える影響力のゆえであった。フロイド・デルによれば、それは自己を過大に評価していたと言えるくらいだが、「それなりに進歩党に似通った」政治団体とほぼ言ってもいいようなものであった。この二つの雑誌の対照性が、革命の社会主義の目標と改革の進歩的目標の対照性をまさに反映している、とイーストマンはほのめかした。

『マッシズ』はデモクラシーを望んでいない上流階級に、どうしたらデモクラシーを手に入れられるかを教えることよりも、下層階級の人たちの考えが現実的で、とてもゆっくりでも一歩一歩進むことに同意するのであれば、下層階級の扇動的運動と組織づくりの方に、デモクラシーの大きな希望を託している。『マッシズ』の我々は、何かをやろうとする意志を持った人を集めたいと思っている。『ニュー・リパブリック』のやつらは、やる意志のない人たちに指示を下して満足している。それこそがこれら二つの集団の編集者の大きな違いである。[57]

この「大きな違い」にもかかわらず、『マッシズ』の急進主義者たちは、いくつかの問題に関して『ニュー・リパブリック』の編集者たちが価値ある可能性を秘めた協力者であることを認めた。階級が原動力となって突き動かすということを理解し、政治のアイデンティティを明確にすることは、『マッシズ』にとって重要であったが、選挙の力もまた重要であった。そして進歩的な改革者たちは、社会党がかつて集めたよりずっと多くの選挙民の関心を集めた。アメリカの左翼の他の人々に殆ど関心を与えてこなかったプラグマティズムの考えを持つ『マッシズ』の編集者たちは、進んでルーズベルトの手先とすら将来の協力関係をもつことについて考えをめぐらした。一九一六年の進歩党の党大会の報告をしたジョン・リードは、その先頭に立つ者を「軍需品をつくる人たちの、またお金に信頼を置く人たちの」手先とけなしたが、革新党を支持する一般大衆に対しては敬意を表した。「私たち社会党員にして革命家は、進歩党党員を笑い、嘲った。我々は著名人への個人崇拝を嘲笑する。私たちは信仰復興の讃美歌を異常に興奮して歌うことを嘲笑した。しかし、私が進歩党党員の党大会を目にした時、代議員の中には、この国の平和な発展と国民のヒーローに向いた人に期待をかけている人たちがいることに気づいた[58]」。

戦争反対の社会党員や世界産業労働者組合員と同じ考え方に立ちながら、リード、イーストマン、それに彼らの仲間たちは、ボブ・ラ・フォレットのような戦争反対の進歩的な人を温かく受け入れた。そう言えばイーストマンもフランク・ボウンもウィルソンを褒めて書いているし、リードもこの大統領が仲裁役をしている限りは、彼に一票を入れた[59]。これは多くの他の左翼の社会主義者たちから、『マッシズ』の急進主義者たちを特別のものとして区別している行動であった。そして彼らの主義の上での敵に対する、また中流階級に対する敵意は、長い間、彼らを見事なまでの孤立状態にしてきた[60]。

共通の目的を追求する中で、進んで提携を結ぼうとするこの動きは、この雑誌がしばしば表明した、改革者たちの不信に反論するものだと思えるかも知れない。しかし、初めから『マッシズ』は、党や党派への忠誠というよりも、社会主義的な基本原則への忠実を誓った。つねに『マッシズ』の急進主義者たちは、イデオロギー的な純粋さよりも、知的自由の方を重んじた。かくして、一九一二年から一三年の間、『マッシズ』は社会党右派の党員と社会党中道の党員—彼らは世界産業労働者組合員を追放し、労働者階級という巨大な集団を無視し、この党を革新党の影のようなものに変えるぞと脅した—の派閥主義に反対を唱えた。それから一九一六年から一七年の間、アメリカが好戦的態度を宣言するまで、『マッシズ』は社会党左派の派閥主義—それは社会党が戦争反対者と協力関係を築くのを阻んできたであろう—に抵抗した。

『マッシズ』が支持した他の目標は、社会主義の長期的な利益に関して、他から影響されないで独自の判断で書くということを反映していた。女性は職員として充分にその存在が示されてはいなかったが、女性のための男女平等を支持するこの雑誌の記録は、その道を切り開くものであり、粘り強いものであった。イーストマン、フロイド・デル、それに他の編集者たちは参政権や避妊の運動をたゆみなく支持する宣伝をした。マリ・ジョー・ビューラによれば、散文および視覚に訴える表現の中で、『マッシズ』は女性を、そして女性の解放を主要なテーマにした。社会党のジャーナリストが、スラム街の女性を抑圧されながらも、徹底して抵抗のできる者として熱っぽく描き、目覚めた女性の肉感性のこんなにも主観的な証拠を提示し、女性が政治的にも、経済的にも、文化的にも勝利する姿を、この上なく愛情豊かに、期待を込めてひたすら描写するといったことはこれまでなかったことである。女性の置かれている情況は、これらの作家たちや芸術家たちにとって革命というものを知り、信じる一つの方法、つまり革命の試金石となった。[61]

『マッシズ』はホームレスの人たちを擁護して、はっきりと意見を述べた時にも、時代の先を行っていた。一九一四年の厳しい冬の間、フランク・タナンバウムという二一歳の世界産業労働者組合員が、ニューヨーク市の教会で、失業中の男たちのために、食物と住居を確保する運動を指揮した。殆どの教会は進んで協力したが、セイント・アルホンサス教会では、牧師が警官を呼び、タナンバウムの労働者たちを追い払わせた。タナンバウムはブラックウェルズ・アイランドの刑務所に六か月間入れられた。一九一四年四月号の『マッシズ』で、ジョン・スローンは警官がぼろ着の男たちを教会の階段から追い出そうとしている絵（「キリスト教徒よ、やれるものならやってみろ」というタイトルの絵）を描いた。労働者階級の人々の窮状に既成の組織体が無関心であることに注意を向けさせるために、一年以上もの間、『マッシズ』の社説の作家たちはタナンバウムの訴訟事件を扱った。(62)

『マッシズ』の活動の範囲でしばしば起こったことだが、あるシーズンに政治的論評であったものが、次のシーズンには政治的な芸術となった。セイント・アルホンサス教会での出来事は、幕開けとなった一九一五年夏に、プロヴィンスタウン・プレイヤーズによって上演された最初の四つの劇の一つのテーマ―ウィルバー・ダニエル・スティールの『同時代人』という衝撃的な作品で、出演者はマックス・イーストマンと彼の妻アイダ・ラウ［訳者追加 芝居じみた演技を排除して、自然な、シンプルな演技を目ざした彼女は、劇団で新しい演技法を促進させる上で、最も影響力を与えたスター］であった―を提供した。(63)

しかし、こうした大胆さや想像力のどれ一つとして、『マッシズ』のアフリカ系アメリカ人の扱いを特徴づけはしなかった。階級やジェンダー関係の問題に関して編集者たちは勇気があり、先見の明もあったが、人種差別の先を見通すことはめったにできなかった。『マッシズ』は最悪の場合だと、風刺漫画と詩の中で人種差別主義のステレオタイプを提供し、最良の場合には、散発的に同じステレオタイプに抗議した。大抵の場合、人種差別は資本主義の副産物である、という近視眼的な方針にこの雑誌は従った。その結果、黒人が耐えてきた固有の抑圧に対して、特別に重視すべきものを与えられなかった。社会党の白人指導者のように、『マッシズ』はアメリカ社会のこの最も深い亀裂を前にして、恐怖と混乱のあまり後ずさりしてしまった(64)（アーネスト・アレン・ジュニアが示しているように、社会党は人種問題を回避したが、黒人社会党員はこの時代に、力強い組織的な運動を展開していた）。

マックス・イーストマンと彼の同僚が、国際的な社会主義の連帯というあふれんばかりのヴィジョンで、『マッシズ』を復活させて二年も経たないうちに、第一次大戦が勃発したことで、すべての彼らの希望が危機に陥った。『マッシズ』は当初、いらいらしながらも、強がって見せていた。戦争は既成の組織にとても損害を与えるであろうから、「産業デモクラシー」の効力は、これまでにないほど前途を明るく照らすであろう、とイーストマンは予言した。アート・ヤングは、戦争の恐怖を描くに熱心なあまり、資本主義の悪を忘れないように、と仲間の風刺漫画家たちに注意をした。[65]

しかし、一九一六年になると、アメリカの交戦状態の可能性がとても急を要するものとなっていたために、戦争は『マッシズ』をその渦にすっかり巻き込んでしまっていた。七月に『マッシズ』は「戦争準備号」と題する特集号を出した。それはリードの手になるもので、戦争を挑発する資本家たちへの皮肉な、かなりの証拠資料を挙げての非難を大きく取り上げたものである。アメリカが参戦した一九一七年四月に、『マッシズ』はみずからを「この国で最も鋭く、賢明で、急進的な雑誌」といぜんとして見なしていたが、その賢明さが、抵抗という重苦しい仕事によって、暗雲に覆われてからかなりの歳月が経っていた。[66]編集者の殆どは、社会党や世界産業労働者組合員が主張した戦争反対を勇敢に支持した。にもかかわらず、メアリー・ヒートン・ヴォースを含む少数派は、戦時中の国民協力への支援を穏やかに決断した。そしてイーストマンとリードの間の重要な関係にすら、イデオロギー上の亀裂ができ始めていた。

イーストマンもリードも戦争には反対であることを熱心に表明した。そして二人は一九一八年にスパイ活動法違反で一緒に裁判にかけられた。しかし、リードはボルシェヴィキ主義者たちにのめり込んで行く（そのため、間もなく彼はアメリカ共産主義の最も声高の擁護者へと変化していくことになる）につれて、強硬なマルクス主義批判を取り入れていった。リードにとって戦争に反対することと労働者の革命に身を投ずることとは、一つの主義の表と裏のようなものであった。彼はパターソンやメキシコで発見していた一般庶民への信頼の念を再肯定しながらも、アメリカ国民が「巧みに広められた嘘」に欺かれて、「戦争を素晴らしいものだと幻想化」して支持してきた、とリードは主張した。そして彼はボルシェヴィキ革命を、レーニンやトロツキーを通して、自分たちの意思表示をしたロシア大衆の勝利と解釈した。[67]

イーストマンは結局、彼自身のボルシェヴィキ的段階を経ることになるが、一九一七年の危機によって、彼はマルクスの唯物主義（イーストマンの考えでは、それは戦争を説明し損ねている）に我慢できなくなった。イーストマンは大衆への嫌悪が大きくなっていることを言葉で表現し、戦争熱の原因を大衆の群集心理にあると非難した。彼はリードの言う大衆を神秘的に受け入れるというものから離れて行くにつれて、微妙な形で、『ニュー・リパブリック』のエリート主義の方に少しずつ近づいて行った。「どっと同じ行動をする愛国的な人々に立ち向かう」ことが社会党にできたということが、歓喜した理由であった、とイーストマンは一九一七年六月に書いた。しかし、多くの人々がどっと同じ行動にでたり、はっきりした考えや充分な理由がないまま行動するのを見て、以前、科学への信頼が彼に気づかせてくれた以上に、人間社会の事柄に信頼する価値があることを知った。それを確信させてくれたのは、リップマンの場合同様に、戦争であった。イーストマンは一九二〇年代に共産主義者との関係を断ち、三〇年代には、『ナショナル・レヴュー』や急進的右派との彼の最終的待ち合わせ場所に向かう途上にあった。[68]

『マッシズ』の編集者たちの間で、微妙な意見の相違というものがあったが、それは一九一七年の終わりに『マッシズ』の発行を禁止した郵政当局にも、また一九一八年にスパイ活動法違反で、イーストマン、リード、アート・ヤング、フロイド・デルをもう少しで刑務所に入れようとした検察官にも関係のないものだった。郵政公社や司法省にとっては、『マッシズ』の基本的な考え方が、ウィルソン政権の政策とひどく反目し合っていることを知れば十分であった。『マッシズ』の中に最も新しいアメリカ急進主義の思潮を刻み込んできたその精神は、人の意見を認めようとしない一九一七年の風潮の中で、死刑執行令状を受けた。ウォブリーズ、社会党、そしてアメリカで政府に反対する思想を持つ殆どのあらゆる本源となる組織体のように、『マッシズ』は戦争によって引き起こされた愛国的な服従への熱狂的要求に応じるために、その継続を阻止された。

戦争中にアメリカの左翼にもたらされた陰鬱な空気は、晴れることはなかった。一九一九年から一九二〇年の間の赤狩りを切り抜けて生き延びた共産主義者も、またそれからの何十年間も彼らを悩ました役人たちも、『マッシズ』の探求的で実験的な社会主義に、ほんのちょっとの共感も持たなかった。『マッシズ』はちょっとの間だが、『リベレーター』という価値ある後継誌を持った。この雑誌は一九一八年二月に、イーストマンとリードによって始められたが、この雑誌が戦時中の国民協力を支持する決断をしたことで、リードはまもなくその職を辞し、イーストマンも二、三年後にこの雑誌を離れて行った。『リベレーター』が、一九二二年に『ニューマッシズ』と呼ばれる教条主義的な共産党の機関誌に変容したことは、十年前に最初の『マッシズ』を創刊した時の使命感を捨てたことをはっきりと象徴している。「『マッシズ』と古い『リベレーター』では、芸術と政治は融合していた。ところが今は、それらが自動的に合流しているだけ」(69)とダニエル・エアロンは書いている。左翼の文化的行動主義と政治的行動主義が混ざることのむずかしさ、ましてやこれらがうまく融合するなどということの難しさは、六〇年代と七〇年代初期の間の、新左翼と「反体制文化」、ニュー・エイジの反戦運動とヒッピーの預言者の間での執拗な敵意によって証明された。今日、『ネーション』、『ディセント』、『イン・ジーズ・タイムズ』のような雑誌は、『マッシズ』を活気づけていた基本的な考え方を継続する民主的社会主義を擁護する。しかし、『マッシズ』のページで、政治と芸術を見事に融合させていた自由と多産の瞬間《とき》はいまだに取り戻されていない。

註

（1）George R. Kirkpatrick, "The Boy Scout Movement: To Perpetuate Docility, Stupidity and Brutality," *Masses* 1 (February 1911): 17.『マッシズ』一号（一九一一年三月）の pp. 3-4 の論説と挿絵も参照。Rand School は、大人の労働者向けの公開講座を専門とする社会主義の機関であった。この雑誌の歴史についての優れた説明としては、Rebecca Zurier, *Art for THE MASSES: A Radical Magazine and Its Graphics, 1911-1917* (Philadelphia: Temple University Press, 1988) を参照。

（2）Charles Dobbs, "Eliminating the Anarchist," *Masses* 4 (July 1912): 5; "Berger, Legien and the Masses," *Masses* 4 (July 1912): 13.

（3）George Cram Cook, "Socialism the Issue in 1912," *Masses* 4 (July 1912): 7.

（4）*New York World*, 23 April 1917. Zurier, *Art for THE MASSES*, 35 で引用されている。

（5）Max Eastman, *Enjoyment of Living* (New York: Harper & Brothers, 1948), 387-388.

（6）Ibid., 394.

（7）Ibid., 399.

（8）Eastman から Thomas に宛てたもの（一九一七年五月二八日付の手紙）で、William L. O'Neill, *The Last Romantic: A Life of Max Eastman* (New York: Oxford University Press, 1978), 42 で引用されている。

（9）Eastman, *Enjoyment of Living*, 479, 409. 文芸評論家ヴァン・ウィック・ブルックスは、戦前のヴィレッジについて、「私が知り合いになった作家はみな、世の中を変え、向上させる何らかの計画に自分は関わっている急進主義者だと自称している」と言っている。*Days of the Phoenix: The Nineteen-Twenties I Remember* (New York: Dutton, 1957). Arthur Frank Wertheim, *The New York Little Renaissance: Iconoclasm, Modernism, and Nationalism in American Culture, 1908-1917* (New York: New York University Press, 1976), 29 で引用されている。

（10）Gilman の描いたフェミニズムのユートピアについての物語は、慈悲深い独裁者によって救われるアメリカ人についての House の物語と対照的である。Jack London の *Iron Heel* (1907), Frederick Winslow Taylor の *The Principles of Scientific Management* これら両作品とぞっとするくらいいくつかの類似点があるのは、独裁的効率というヴィジョンである。Lippmann と Croly は、一九一二年の進歩党を生み出した進歩主義のハミルトン的傾向を代弁した。

（11）"Editorial Notice," *Masses* 4 (December 1912): 3.

（12）*The New Review* 1 (4 January 1913), inside back cover.

（13）*The New Review* 1 (December 1913), inside back cover.

（14）Eastman, *Enjoyment of Living*, 416. George Bernard Shaw は『マッシズ』を世界のいかなるプロパガンダ的なコミック雑誌にも劣らないものと呼んだが、きっとそうに違いない。

Zurier, *Art for THE MASSES*, 43で引用されている。

(15) Eastman, "Knowledge and Revolution," *Masses* 4 (December 1912): 5. Giuseppe Mazzini (1805-1872) は、国家主義の哲学者で、統合された共和政体のイタリアを樹立することに生命を捧げた。彼は一八三一年に若いイタリアと呼ばれた革命社会の基礎をつくり、一八四九年にローマに一時的な急進的共和国を創造するのを助けた。

(16) Eastman, *Enjoyment of Living*, 423-431.

(17) syndicalism [ゼネストなどの直接行動によって、生産と分配を労働組合が掌握しようとする] は、一八八〇年代にヨーロッパで最初に盛んになった労働者たちの運動。多くの種類のサンディカリズムがこれまでに存在してきて、その本質的な性質について多くの論争があったが、すべてのサンディカリストは、革命をめざす労働組合員である。一九一三年に、アメリカの社会主義の作家John Spargo は、世界産業労働者組合員によって実行された教条主義的ではないサンディカリズムの形態に合った定義づけをして、それを「資本主義体制の廃止を目ざす労働組合の一つの形と呼んだ。……実際的な運動としての、その特徴ある原則は、これらの目的は、組合の直接行動によって達成できるもので、議会での活動とか国家の介入によりかなえられるものではないということである」。Melvyn Dubofsky, *We Shall Be All: A History of the IWW* (New York: Quadrangle, 1969), 170で引用されている。Wobblies の考えについての充分な論考については、Dubofsky, 146-170を参照。サンディカリズムのヨーロッパ起源についての短い論考については、George Lichtheim, *Marxism: An Historical and Critical Study* (New York: Praeger, 1965), 223-231を参照。

(18) Eastman, "Knowledge and Revolution," 5.

(19) Eastman, "Towards Plutocracy," *Masses* 5 (October 1913): 5; "Philanthro-Efficiency," *Masses* 5 (February 1914): 5; and "Reform Strikes," *Masses* 4 (April 1913): 5.

(20) Dee Garrison, *Mary Heaton Vorse: The Life of an American Insurgent* (Philadelphia: Temple University Press, 1989), 24で引用されている。ギャリソンはヴォースの経歴に関する私の主要な情報源である。

(21) Ibid., 25-38.

(22) Ibid., 44-51.

(23) Vorse, "Elizabeth Gurley Flynn," *Nation* (17 February 1926). Garrison, *Mary Heaton Vorse*, 57で引用されている。

(24) Vorse, *A Footnote to Folly: Reminiscences of Mary Heaton Vorse* (New York: Farrer& Rinehart, 1935), 13-14.

(25) Ibid., 41.

(26) Vorse, "The Day of a Man," *Masses* 2 (May 1912): 8-9, 18.

(27) Garrison, *Mary Heaton Vorse*, 84-85, 89-90; Vorse, *A Footnote to Folly*, 134-149.

(28) Vorse, *A Footnote to Folly*, 141.

(29) Garrison, *Mary Heaton Vorse*, 89-90.

(30) Ibid., 84; Eastman がp.73で引用されている。

(31) 革命をめざす共和主義者でイタリアの統一を求める改革運動家であったGiuseppe Garibaldi は、わずかな志願兵を率いて、一八六〇年に両シチリア王国を打倒した。ガリバルディはすさまじい勢いで主導権を握り、翌年、イタリア王国の基礎を築くことになる一連の出来事を引き起こした。リードに関する価値ある伝記には、Robert A. Rosenstone, *Romantic Revolutionary: A Biography of John Reed* (New York: Alfred Knopf, 1982); Richard O'Connor and Dale L. Walker, *The Lost Revolutioary: A Biography of John Reed* (New York: Harcourt, Brace & World, 1967) を含む。そして今もなおすべてのうちで最も優れたものとして、Granville Hicks, *John Reed: The Making of a Revolutionary* (New York: Macmillan, 1936) がある。

(32) Robert E. Humphrey, *Children of Fantasy: The First Rebels of Greenwich Village* (New York: John Wiley & Sons, 1978), 123.

(33) Reed から Robert Andrews に宛てたもの（一九一三年一〇月一七日）。Rosenstone, *Romantic Revolutionary*, 98 で引用されている。

(34) Reed, "Where the Heart Is," *Masses* 4 (January 1913) ; Rosenstone, *Romantic Revolutionary*, 108-109; Eastman, *Enjoyment of Living*, 406-407.

(35) Eastman, *Enjoyment of Living*, 409.

(36) Reed, "War in Paterson," *Masses* 4 (June 1913).

(37) Linda Nochlin, "The Paterson Strike Pageant of 1913," *Art in America* 52 (May-June 1974): 67. Steve Golin, "The Paterson Pageant: Success or Failure?" *Socialist Review* 13 (1983): 45-77 および *The Fragile Bridge: Paterson Silk Strike, 1913* (Philadelphia: Temple University Press, 1988), 157-178 も参照。

(38) Eastman, "Class War in Colorado," *Masses* 5 (June 1914) : 5-8; Eastman, "Blasting the Uniforms," *Masses* 5 (May 1914) : 5; Eastman, "The Nice People of Trinidad," *Masses* 5 (July 1914): 5-8; Eastman, "Inevitable Dynamite," "Anarchy and Rockefeller," and "In Defense of Criminals," *Masses* 5 (August 1914): 5-6.

(39) Lippmann, "Legendary John Reed," *The New Republic*, 1 (26 December 1914): 15-16.

(40) Zurier, *Art for THE MASSES*, 85 で引用されている。

(41) Paul H. Douglas, "Horrible Example," *Masses* 9 (November 1916): 22.

(42) Humphrey, *Children of Fantasy*, 10-11.

(43) Freeman は Daniel Aaron, *Writers on the Left* (New York: Oxford University Press, 1961), 49 で引用されている。Hoffman は Lois Palken Rudnick, *Mabel Dodge Luhan: New Woman, New Worlds* (Albuquerque: University of New Mexico Press, 1984), 76 で引用されている。John P. Diggins, *The American Left in the Twentieth Century* (New York: Harcourt Brace Jovanovich, 1973), 97, 33; Leslie Fishbein, "Introduction" to Zurier, *Art for THE MASSES*, 3, 7-8.

(44) Eastman, *Enjoyment of Living*, 548.

(45) "Impressions of Our Artists," *Masses* 1 (January 1911): 11;

Aaron, *Writers on the Left*, 25で引用されている。

(46) Zurier, *Art for THE MASSES*, 66.

(47) 活発な労働関係の報道や写真を理論的な記事で結びつけた雑誌 *The International Socialist Review* については、James Weinstein, *The Decline of Socialism in America, 1912-1925* (New York: Monthly Review Press, 1967), 75, 85, 103-105 および Paul Buhle, *Marxism in the United States* (London: Verso, 1987), 92-93 さらに Elliott Shore, *Talkin' Socialism: J. A. Wayland and the Role of the Press in American Radicalism, 1890-1912* (N. p.: University Pess of Kansas, 1988), 107, 200 を参照。

(48) ボルシェヴィキの革命主義者として、ぱっと輝き消えた、その短縮されたリードの経歴については、とりわけ Aaron, *Writers on the Left*, 37-41, 65-67 および Hicks の研究書 *John Reed* の後半の章、さらに Rosenstone, *Romantic Revolutionary* を参照。

(49) Eastman, "Sect or Class?," *Masses* 9 (December 1916): 16.

(50) Eastman, "Socialist Doubt," *Masses* 9 (April 1917): 6-7; Eastman, "Scientific Idealism," *Masses* 4 (April 1913): 5; Eastman, "Resume," *Masses* 5 (February 1914): 5; Eastman, "Socialist Party Critics," *Masses* 9 (February 1917): 24.「戦争の心理学と国際社会主義」と題する社説の中で、「戦時中の心理学」と「仲間のために闘う忠誠心」は、経済的損得勘定と「階級意識をもった国際主義」を圧倒することができるとする痛ましい可能性をイーストマンは最初に論じた。*Masses* 8 (August 1916): 27-29. Beard, Pinchot, Creel 彼らはみな著名な革新論者で、それぞれ歴史家、政治改革家、ジャーナリストであった。

(51) Weinstein, *The Decline of Socialism in America*, 86-87. Theodore Draper は、この運動の「より深刻に考えている人たち」と連携を取っているにもかかわらず、社会主義のあらゆる分野の考え方に対する *The New Review* の受容力に意見を述べていて、この雑誌と『マッシズ』の仲間意識を暗示している。*The Roots of American Communism* (New York: Viking, 1957), 49を参照。この時代の社会主義運動の教条主義的でない性格については、Zurier, *Art for THE MASSES*, 83-86, 163も参照。

(52) Frank Bohn, "The National Progressive Party," *International Socialist Review* 13 (September 1912): 228-232; Charles Edward Russell, "What Next?," *International Socialist Review* 13 (January 1913); Editorial, *International Socialist Review* 13 (January 1913): 561.

(53) Eastman, "Plain Efficiency," *Masses* 5 (February 1914): 5; Reed, "They Sold Them Out," *Masses* 8 (August 1916); Eastman, "Lost Their Promoter," *Masses* 8 (August 1916): 10; Frank Bohn, "The Re-election of Wilson," *Masses* 9 (January 1917): 15-16; Amos Pinchot, "The Failure of the Progressive Party," *Masses* 6 (December 1914): 9-10; Howard Brubaker, "Jots and Tittles," *Masses* 6 (December 1914): 7.

(54) Editorial, *International Socialist Review* 13 (May 1913): 829-830. Bernstein およびドイツ社会民主党員たちが革命願望を断念したことについては、Robert Hyfler, *Prophets of the*

Left: American Socialist Thought in the Twentieth Century（Westport, Conn.: Greenwood, 1984）, 18-19 および Lichtheim, *Marxism*, 259-300 を参照。

（55）Eastman, "Class War in Colorado," *Masses* 5（June 1914）: 8. 二、三か月後、フロイド・デルは『マッシズ』が階級闘争に関与することを再肯定した。「そしてその闘争が、戦いの実際の形を帯びるようになれば、（コロラドの場合にそうであったように、その目的が達成されるまで、多くの場所で今後そうなるであろう）私たちは戦いを支持する」。"Socialsm and the Sword," *Masses* 6（January 1915）: 9.

（56）"Sweetness and Light," Review of *The New Republic Book*, *Masses* 9（April 1917）: 28-29.

（57）Eastman, "Utopian Reality," *Masses* 9（December 1916）: 12.

（58）Reed, "Roosevelt Sold Them Out," *Masses* 8（August 1916）.

（59）Reed, "A Friend at Court," *Masses* 9（May 1917）; Bohn, "The Reelection of Wilson," *Masses* 9（January 1917）: 15-16; Eastman, "Socialist Party Critics," *Masses* 9（February 1917）: 24.

（60）Draper, *Roots of American Communism*, 30.

（61）Mari Jo Buhle, *Women and American Socialism, 1870-1920*（Urbana: University of Illinois Press, 1983）, 259, 262.

（62）"The Church and the Unemployed," *Masses* 5（April 1914）: 10-11; "Tannenbaum's Speech," *Masses* 5（May 1914）: 3; Tannenbaum, "What I Saw in Prison," *Masses* 6（May 1915）: 8-9.

（63）Robert Sarlós, *Jig Cook and the Provincetown Players: Theatre in Ferment*（Amherst: University of Massachusetts Press, 1982）, 19.

（64）Zurier, *Art for THE MASSES*, 15-20, 148-151.『マッシズ』に掲載されている芸術作品の中で、黒人像に対して名誉を傷つけるような例として、とりわけスチュアート・デーヴィスの絵を参照、5（November 1913）: back cover, and 5（February 1914）。また『マッシズ』の詩の中では、Jane Burr, "Nigger Tilly," 8（April 1916）: 6で同様の例が見られる。イーストマンは "The Masses and the Negro," 6（May 1915）: 6の中で、人種差別に対する非難に対して『マッシズ』をかなり弱々しく弁護した。

（65）Eastman, "War for War's Sake," *Masses* 5（September 1914）: 5-6; Young, "War," *Masses* 5（September 1914）: 3.

（66）*Masses* 9（April 1917）:2.

（67）Reed, "The Great Illusion," *Masses* 9（June 1917）: 25-26; Eastman, "Socialists and War," *Masses* 9（June 1917）: 24-25. ボルシェヴィキ革命についてのリードの解釈については、Rosenstone, *Romantic Revolutionary*, 279-280 および O'Connor and Walker, *The Lost Revolutionary*, 199-200, 208, 224-225 さらに Reed, *Ten Days That Shook the World*（New York: International Publishers, 1934）を参照。

（68）"Socialists and War," *Masses* 9（June 1917）: 24-25. 戦中および戦後の公共政策を歪めた民衆感情にうんざりした Walter Lippmann は、*Public Opinion*（New York: Macmillan, 1922）

や *The Phantom Public*（New York: Harcourt, Brace, 1925）で、デモクラシーへの幻滅感の強まりを表現した。

（69）Aaron, *Writers on the Left*, 95.

［訳者追加　邦訳　メルビン・ドボフスキー、久田俊夫（訳）『「ビッグ・ビル」ヘイウッド 一八八九 - 一九二八　IWW とアメリカ労働運動の源流』（批評社、一九八九年）］

［訳者追加　掛川トミ子「アメリカの小雑誌 "The MASSES" とその形成者たち」『東京大学新聞研究所紀要』（東京大学新聞研究所編）通号一五（一九六七年）pp. 101-145］

新しい黒人――アイデンティティと社会意識の探求(一九一〇―一九二二年)

アーネスト・アレン・ジュニア

未来の世界は、今日の世界を本質的に人間の進歩がたどる道の新しい転換点であると見なすであろう。世界の至る所で、デモクラシー実現のための努力の精神が感じられる状態になっている。そこから生じる新しい問題が、全体として自由・政治・産業・社会についての新しい考えを生み出してきた。この新しい世界に生きている新しい黒人は、これらの新しい衝撃に他の人々とまさに同じように敏感に反応している。

ヒューバート・ヘンリー・ハリソン(一九一七年)

第一次大戦直前の、そして大戦中の社会の発展が、新しい政治、新しいセクシュアリティ、新しい女性、新しいアメリカ文化の時代の到来を告げたとすれば、それはまた新しい黒人を生み出しもした。新しい黒人とこれら他の先駆的な社会的傾向との関係には、かなり問題があって、扱いにくいことがわかった。この時代の黒人と白人の発展に見られる最も大きな類似性と密接な関係性は、新しい政治に見い出せる。特にニューヨーク市で、深い誠実な感情を持った、わずかのアメリカ生まれの黒人アメリカ人と最近やってきた西インド人たちが、社会党や共産党と運命を共にすることになった。他方、新しい文化運動の内部では、この運動の「参加者は、共通のかかわりによって、この場所に新しいアメリカの文化を創造するために、上品ぶった伝統を壊す必要があった」が、黒人たちの間には同調するような動きは殆どなかった(1)。

芸術は進歩的な社会の変化を支えるべきであるという一般的な信念が、新しい黒人の急進主義者の間で見出されることになったというのは本当のことである。しかし、黒人の急進主義者ですら、文学において理想化され、上品ぶった「黒人の典型《タイプ》」を投影したものを圧倒的に願望しがちであった。そしてアフリカ系アメリカ人の演劇に寄せる彼らの興味は、現在行われている上演を、どたばた道化芝居や寄席演芸的娯楽の領域から、プロヴィンスタウン・プレイヤーズのような演劇集団が成し遂げようとしていた急進的な実験の方向に向うよりもむしろ、もっとシリアスな演劇活動の方向に目を向けたいという願望から生じていた。(2) 同様に、フロイトの学説や新女性といったテーマは、黒人の経済的・政治的急進主義者の集団内で、あるいはその後の新しい黒人の文化主義者内で、共感を殆ど見つけることはなかった。さらに恐らく他の外国のものを除けば、アフリカ系アメリカ人は、その当時の白人急進主義者の真剣な話し合いに比較的加わらなかったことが、特徴ある点であった。新しい黒人の運動は、確かに白人の間での急進的な政治の動向に影響を受けたことは否定できないものの、それらの動向から一時的に遅れをとっていたために、その運動独自の、ある程度自主的な社会的行動を取ることになった。

ここでは二つの主要な問題が私たちに関係している。新しい黒人の運動—主としてニューヨーク市に住みついた黒人のアヴァンギャルドから現われた、一連の広範囲にわたる急進的な政治的・経済的・文化的傾向を示すために、この小論の中で私が使用する言葉—は、第一次大戦前のアフリカ系アメリカ人の中で、その先行した運動とどのように関係したのか。またこの運動とそれに似た急進的な傾向(それは大まかに言ってこれと同じ時期の、アメリカ白人の知識人の間から現われた)のものとの間にある関係は何だったのか。

一九世紀後半の黒人小作農および農業依存の産業賃金労働者の、経済安定と経済的民主主義への願望は、黒人農夫同盟[「南部農夫同盟」が黒人を閉めだしていたために、南部の黒人農夫たちが一八八六年につくった同盟]や労働騎士団[労働者の利益を守るために結成されたアメリカの秘密団体]といった集団の形をとった、広範囲にわたる組織化されたものに現われた。多くの労働者階級のアフリカ系アメリカ人の間で、圧迫の問題と正規の政治的民主主義の欠如に関する問題(例えば、法廷で証言する権利や参政権)が、確かに無視されることはなかったものの、より差し迫った経済的な、それに直接関連のある政治的な問題よりも下位に置かれたままになりがちであった。一八九〇年代以後、黒人農民による抗議が散発的に起こるようになった。世界産業労働者組合（ＩＷＷ）とアメリカ労働総同盟（ＡＦＬ）による組合組織からはずれて、孤立した異質の集団を別にすれば、アフリカ系アメリカ人の労働者集団の中の労働者階級は、はやる衝動を抑えて、一九三〇年代の産業組合主義が組織の基本原則を見つけるまで待たねばならなかった。[3]二つ目に、その労働者集団の間では、支配的なアメリカのアイデンティティおよび文化の意識とは別に存在する黒人集団のアイデンティティ意識および黒人集団文化の共同体意識が見出された。それには地域差があったことを考慮するとしても、この集団のアイデンティティ意識は、アフリカ系アメリカ人の共同体意識の中で強い力として機能し、相互扶助や保険組合といった協同事業に、教会や組合などの支部の集会所のような黒人ばかりの他の組織に現われていた。

他方、第一次大戦の直前、アフリカ系アメリカ人の「中流階級」内に、二つの支配的なイデオロギーの傾向（二つの「群れをなした」イデオロギーの要素と言ってもよい）が存在していた。その両方ともが、結局のところ、アフリカ系アメリカ人の社会的アイデンティティとアフリカ系アメリカ人の社会正義という対立する概念に頼った。一九世紀初期に起源を持つ、その古い方の傾向は、すぐの同化、政治的扇動運動、完全な公民権の要求といった考え方の周辺に群がった。そしてそれは医者、法律家、牧師、教師といったアフリカ系アメリカ人の知的職業人の、教育を受けた階層に社会的にしっかりと根を下ろした。より最近に於ける傾向は、民族の誇り、結束、自助、集団内の経済的・道徳的改善に重きを置いて展開し、南北戦争後増えつつある企業家階層に根づいた。[4]もちろん、後者はブーカー・ワシントンと結びつけて考えられ、彼によって人気が高まった黒人の世界観であった。ビジネスに関心を向けたアフリカ系アメリカ人階層の階級形成に一貫していたのは、黒人の政治的解放に至る方法は、経済的な機会という現存する入り口を通って到達できるであろうという考え方であった。それには熟練した仕事をマスターすること、土地およびビジネスの所有権を確保することが必要であった。アフリカ系アメリカ人が、ひとたび支配的な経済に不可欠な存在になると、政治の領域への参加が拒まれることは絶対にないと彼らは信じた。

一九世紀の後半以降、これら二つの世界観の闘い―同化を志向する抗議の伝統とより民族自決主義的な経済を志向する伝統―が、黒人中流階級を構成する二重性を持った社会的部分の間での、イデオロギー的政治的支配権を求める闘いを表した。その衝突は一方では、W・E・B・デュボイスとナイアガラ運動［人種隔離と公民権剥奪反対を要求して一九〇五年に組織された］のメンバーおよびその支持者たちとの不和に、他方では、ブーカー・ワシントンの支持者たちと「タスキーギ・マシーン」［ワシントンが黒人の新聞・雑誌を財政的にコントロールした結果、その読者は彼の哲学に批判的なものを目にすることはなくなり、デュボイスのような黒人の知識人が使用した婉曲語法］との不和に、それぞれ具体化された。しかし、第一次大戦の社会的衝撃は、一九一五年のワシントンの死が加わって、アフリカ系アメリカ人のイデオロギー情況の長期にわたる変化ばかりか、早急な変化をもたらす結果となった。経済的に見ると、その結果として生じた大戦中におよそ五〇万人の黒人が南部から北部に移動したことは、多数の黒人を都市社会に密集させたばかりか、彼らのとても多くの者に対して、初めて現金による経済をもたらした。戦争そのものの結果として、およそ三八万人の黒人が軍人として兵役に就いたが、その一一％は、実際に戦闘部隊に配属された(5)。彼らの目新しい体験―とくに実際の戦闘を目にした男たちのそれ―は、彼らの心にアメリカにデモクラシー（そのデモクラシーのために、アメリカは海外で闘ってきたと一般に考えられている）を少し持ち帰ろうという決心を吹き込んだ。最も重要なことだが、北部の都市中心部の空間的・政治的な事情が、自己組織化と物理的な自己防衛の可能性を提供した。特に北部を揺るがした、続いて起こった人種暴動の間、黒人たちがそのことに気づかなくはなかった可能性がある。

正式な政治的言い方をすれば、投票年齢にある黒人男性移民たちは、今や選挙権を行使できるようになっていた。もっと大きな政治的意味合いで言うと、北部において表現や結社の相対的自由があるということは、無党派の労働組合や抗議集団のようなものへの参加を見込んでいたということである。こうしたことは、（少なくとも理論的には）改革運動の範囲のみに限定して考える必要はない。そしてついに比較的多数だが、よくまとまった黒人の都市共同体の存在によって、商業的に実現性のある、黒人の文化表現の開花―黒人たちはその開花したものから得られる主要な経済的報酬をいつも摘み集めていたわけではないが—が見込まれた。これらは本、雑誌、そして特に新聞を発行することを含んでいた。「分離してはいるが平等に」［公共施設などで白人と黒人を分離しても、扱いが同じであれば、平等の権利を与えているとする立場で、アメリカの黒人差別を正当化していた論理］黒人の才能を補完した形での「黒人民族の記録」をする産業—レコード、有力なレコード会社による黒人音楽の配給、大衆には受けたが、度が過ぎるくらいに寄席演芸形式を強調した（「中流階級」の黒人の評者なら、きっと不満を言うであろう）黒人演劇、そしてそれ以外に、沢山のレストランの余興、キャバレーショー、悪名高い「ビュッフェ・フラッツ」（そこではあらゆるできる限りの種類のアフリカ系アメリカ人の生活を、その気になれば体験することができるであろう［もぐり酒場と売春宿を兼ねたような低俗なナイトクラブで、ありとあらゆる違法な娯楽が行われていた］）—がそこにはあった。最近やって来たばかりの南部からの移住者たちは、非常に優れた政治的・文化的影響力を構成した。しかし、その恐るべきエネルギーを指導しようとした黒人小市民階級集団を別にすると、こうした影響力は一〇年代や二〇年代には、それ自身の独立した立場からの発言をするまでには至っていなかった。大戦中に突然現われた彼らの存在は、北部の主要都市の様相を一変させた。ここには新しい黒人の生まれる源が、フィリップ・ランドルフが定義した言い方をすれば、「新しい黒人民衆」の始まりがあった。

他の民族の間でも同じことが言えるが、新しい民衆は教育を受けた、急進的な、恐れを知らない若者で構成されていなければならない。若い黒人の急進主義者たちは、報道関係・教会・学校・政治・労働者を支配しなければならない。この新しい民衆に加わるための条件は、能力があること、急進的なこと、誠実なことである。新しい民衆は革命が新しい世界への到来を告げると多くの期待を持って見ている。新しい民衆は妥協をしない。その戦術は防御的ではなく、攻撃的である。一人の黒人が私刑《リンチ》を受けても、短い陳述書を書くことはしない。白人の指導者に訴えたりはしない。至る所にいる普通の労働者に訴えよう。新しい民衆は戦争が起こって、黒人が闘い、血を流し、死んだことを、それでもまだ自由でないことを知っている。

新しい民衆は私刑に関して、また黒人差別政策や公民権剝奪に関して、休戦などしない。黒人が完全な社会的・経済的・政治的な公正を手に入れるまでは平和はない。こうした目的を達成するために、新しい民衆は世界産業労働者組合、社会党員、無党派連盟のような白人の急進主義者と同盟を結ぶ。新しい社会―階級・人種差別・特権階級・宗教差別のない平等な社会―をつくるためである。(6)

雑誌『メッセンジャー』の一九二三年号の社説は、「新しい黒人女性」の問題に紙面をさいて、新しい黒人女性の出現を告げた。「政治・ビジネス・労働の分野で、専門職・教会・教育の分野で、科学・芸術・文学の分野で、頭をしっかり上げ、物怖じしない新しい黒人女性が、女性の解放と人間の解放めざして、自分のなすべきことをするんだという歴史的な気高い使命を常に意識して、確固とした様子で前に向かって進んでいる」と。(7) この特集号に女性が寄稿した七篇の評論のうちで、六篇が女性の特定の役割に関係するもの、それら六篇のうち、五篇が働く女性の問題と可能性を取り上げている。社会的差別の問題を取り上げた一篇だけが、強いフェミニズムの内容を表していたと言えるであろう。

「近代の女性と一九世紀の女性参政権論者、つまりフェミニストの違いは、公共の生活と男たちとの関係の両方で、自己実現を求める権利を女性が主張した点である」(8) とこれまで記されてきた。戦後のアフリカ系アメリカ人の異性愛の中流階級の女性に、これがどの程度まであてはまっていたのか、これから見てみないとわからない。非常に多くの場合、彼女が家事以外の別個の職業をしたがっていたかどうか、といった問題だけではない。家庭の仕事以外の仕事をしなければならないというのは、殆どの黒人女性にとっては、やむにやまれぬことであり、贅沢な生活をしたいからではなかったからである。「黒人の母親は、黒人の父親の収入を補うために、家事以外でも働かねばならなかったから、黒人の女性教師は、教室で教えるばかりでなく、母親と指導者の役割も果さねばならなかった」(9)。しかし、新しい黒人女性の殆どは、人種とジェンダーという両方のハンディキャップに直面していた。

黒人の世界には、二重の意味の社会的差別の犠牲者という姿がある―新しい黒人女性がそれである。女性の解放は、奇妙にも黒人の闘いと類似している。劣等性という言葉は、女性を抑圧するためにでっち上げられた理由づけである。女性は単なる動産と見なされ、脅されて抑えつけられ、目は見えていても発言は許されない、と教えられてきた。女は家庭の装飾品として、男（戦士の家系を生み出し、民族を築き上げてきた者）の慰み物として気に入られてきた。発達するためのあらゆる見込みを欠いた彼女が、劣っていると言われるのは、これまで発達を阻止されてきたからである。黒人女性は、これらの偏見をすっかり受け継ぎ、彼女が黒人であるという困難に、侮辱というものを加えられたのである。入ってはいけない、と門戸が閉ざされてきた人が一人いるとすれば、それは新しい黒人女性である。彼女は女性でありながら、女性の領域外にいたのである。黒人の女性として、彼女はとても我慢ならない情況に置かれていた。産業の分野で、教育や政治の分野で、彼女は徐々に本領を発揮するようになったが、彼女を閉ざしていた門戸は、二枚重ねであったことを忘れてはいけない。それがまずは女性、次に黒人という二層からなっていたことを。運命の女神が彼女に優しからんことを！[10]

新しいフェミニズムの要素が、多くの新しい黒人女性によって確かに奉じられたが、新しい黒人男性にとってと同様に新しい黒人女性にとっても、明白な人種差別という問題は、彼女たちの政治的関心をとらえがちなものであった。北部にやって来たばかりの移住者たちが政治や文化に及ぼした影響、戦争によって引き起こされた沢山の活動と社会の激変、そして人種暴動―そこでは黒人たちは力強く反撃した―の発生が、非常に「急進的な」見方をアフリカ系アメリカ人の小市民階級の二元論思考パターンに持ち込んだ。一九四〇年代後半に著した本でハリー・ヘイウッドは、第一次大戦時代に、黒人の小市民集団の「分離した階層」がその結果として出現したことについて述べた。[11]イデオロギー的に言えば、この種類の違う「分離」は、多くの考え方から成っていた。例えば、同化主義志向の知的職業階級の一部分の抗議の伝統は、ワシントンの影響下でいくぶん抑えられたが、改革運動を打ち出した政治を表明するだけではもはやもの足りない人たちにとっての政治によって、さらにはずみが加えられた。さらに、一九世紀後半の新進の黒人起業家層が、個人の経済的利益に重点を置いた所では、新しい黒人の急進的知識人たちは、一般大衆の黒人の経済的苦境に明らかに関心を持っていたものの、ずっと黒人の経済的起業家精神を支持し続けた。そして結局一九二〇年代中頃には、教育を受けた黒人の層の伝統的な同化政策とは対照的に、アフリカ系アメリカ人の芸術的・知的な思考の新しい流れが、改革志向の文化的民族自決主義の形となって現われた。文学的な黒人の文化の発展と洗練とが、一段と優れた知的くさびとなり、それが結局は黒人の社会的平等に通じるドアをこじ開けることになった、と新しい黒人の文化史家たちは考えている。しかし、この後者の傾向の主たる意義は、アフリカ系アメリカ人の大衆文化は、そこから新しい「ハイ・カルチャー」が、やがて広がっていく土台として見なされるということであった。目覚めつつあるアフリカ系アメリカ人の大衆の存在が、新しい黒人の文化史家たちや政治屋によって、どのように解釈されようとも、その活動は両者の関心の中心であり続けた。

一九〇〇年以降、進歩主義、社会主義、民族主義の形態の力強いイデオロギー的傾向が、一般にアメリカ人に可能性のある、代わりの手段を提供した。しかし、アフリカ系アメリカ人に関して、世紀転換期の進歩主義は、自己矛盾した運動であった。一方で、それは一九〇五年の、黒人だけからなるナイアガラ運動の形成によってはっきりと示されているように、改革の意見の広まりに寄与した。一九〇九年に形成された黒人の地位向上のための全米協会―その基礎をつくる上で関わった白人のメンバーは進歩主義的な意見、あるいは社会主義的な意見のどちらかに傾きがちであった―は、この発展の一つの産物でもあった。他方、殆どの白人の進歩主義者たちの改革の精神は、アフリカ系アメリカ人市民の平等という提言に尻込みをした。さらに南部では進歩的改革のリーダーと人種差別主義のリーダーの、黒人に対する反感の衝動は、しばしばまったく同じようなものだった。[12]これらの後者の理由のために、進歩主義はアフリカ系アメリカ人の間で、確実な足場を真に築くことはできなかった。

しかし、もう一つの選択肢は、社会党の綱領―それは近代の資本主義社会の悪の解決を、協同的国家（そこでは工業的な生産ばかりでなく、農業的なものの生産という基本的手段は、自分たちが生産者であると考える人たちによって管理されるものとなる）の建設にあると見なしていた―を信奉することにあった。社会主義を信奉していたフィリップ・ランドルフのような黒人は、協同的国家の出現に人種差別政策の存在理由の一掃を思い描いていた。アメリカ社会内部の根本的な社会的闘争は、階級間の意見の対立に主として基づいている、とアメリカ国民は思っていた。人種差別主義は、労働者全体を政治的に分割するために、労働者階級の白人の間で資本家階級が育てたものであった。労働者全体から搾取すれば、それだけ一層よくなる。その結果、アメリカの経済構造が、資本主義の搾取に基づいたものから、社会主義の協同の原理に基づいたものに変化することで、人種差別主義が存立している基盤を壊すことになるだろう。(13)首尾一貫して、社会階級の主張以外の社会的アイデンティティの主張―例えば、民族的・人種的・国家的傾向の主張―は常軌の逸脱とか、問題点を不明瞭にするものと見なされた。「集団から分離した」起業家層の少なくとも何人かのメンバーの高まりつつある闘争性や社会的疑問は、アメリカ社会の多くの問題解決の手段の中で、すでに一般的なものになっている社会主義の傾向と融合した。しかし、これらの主張を自分たちのものとして取り込む際に、ハーレムの急進主義者たちは、黒人の複雑な経済的・政治的生活に対する社会党の厳しい経済決定論に注意を向け、精を出すように促された。成功の度合いはさまざまだが、彼らはこのことをやり遂げたのである。

民族自決主義への関心がより強いアフリカ系アメリカ人と西インド諸島の人たちは、何らかの形の政治的民族自決が、アメリカの黒人全体のこうむった社会的問題に対処する手段であると見なした。民族自決主義に関する限り、確かに一八世紀後半の頃の、自由だった黒人たちにまでさかのぼろうとするアフリカ系アメリカ人の伝統がそこにはあった。この民族自決主義の傾向は、ヨーロッパ内部で起こっていた―東ヨーロッパでは、ポーランド人、セルビア人、クロアチア人などの間で、また西ヨーロッパでは、アイルランドの政治的独立のための武装闘争―民族自決の要求によって、戦争中にさらにはずみがついた。しかし、アフリカ系アメリカ人とアフリカ系カリブ人の民族自決主義者―彼らが求めたものは、アフリカおよび新世界に散らばったその子孫たちの政治的解放であったから、彼らは汎民族自決主義者と実際には呼ばれるべきである―は、彼らが実現しようとした新しい社会の社会的情況の展望に応じて、さらに分裂した。例えば、アフリカの血の友愛団体（ＡＢＢ）の、西インド諸島生まれのシリル・ブリッグズのような「左翼の民族自決主義者」は、黒人の自決を社会主義の観点から、黒人労働者を彼らの経済的運命の支配に置こうとしている観点から見がちであった。それによって、彼ら自身の生活を確実に政治が支配することになるのである。[14]一般的な黒人の改善協会（UNIA）とアフリカ共同体連盟（ＡＣＬ）のマーカス・ガーヴェイ――彼の自決主義は中産階級の影響を受けて和らいだ――の経済観はずっと伝統的なものであった。ガーヴェイは資本主義社会の中に社会問題があることを認めはしたが、資本主義そのものを主要な原因とは見なさず、富の個人的な蓄積の上限を一〇〇万ドルに設定すると主張したのは、搾取とそれに伴って起こる階級の分割が手に負えなくなるのを阻止しようとしたためであった。

それゆえ向上心のある黒人中流階級の、政治に関心の強い新しい黒人たちの間では、彼らがいくつかの共通の基盤を持ってはいたものの、多くの衝突するイデオロギーがそこには存在した。まず、これらの傾向に見られる類似点、そしてより保守的な黒人の小市民的要素との不和、これらの類似点と不和は彼らの支持者を黒人労働者とある程度、社会的に同じものと見る点にあった。それは本物の「階級的自滅行為」（そこでは上流階級の地位に基づいている特権的な社会的洞察を得ることのできる権利が、放棄されているであろう）と急進的な中流階級の個々人の、自分たちを大衆のリーダーに生まれついた人間だと見なしたいとする伝統的な傾向との間をさまよう一つの立場であった。二つ目に、異なる政治的傾向が同じ前提から働いた。今こそアフリカの子孫たちが、「日のあたる場所に出る」、つまり自分たちの政治的運命の支配権を奪う時であった。もし国際連盟が東ヨーロッパの国々の民族自決を適切な行動方針であると気づいていれば、アフリカ系の人々の民族自決も同様に理にかなったものであったはずである。こうした共通のテーマのヴァリエーションは、アフリカ系アメリカ人やアフリカ系カリブ人の民族自決主義者、共産主義者、社会主義者の間で見出すことができた。

三つ目として、この自決という意識は、政治に関心の強い新しい黒人の間で、少なくともある程度、自立した黒人の自己組織化の必要性を言葉で表したものとして共感が得られた。このことは社会党や初期の共産党と同盟を結んでいた人たちにすら当てはまった。彼らにとって両組織の外国語連合体は、より大きな政治構造内部で、相対的な民族的自主性の模範として役だった。四つ目として、いくつかの社会主義の傾向にもかかわらず、あらゆる活動には、その時代の起業家としての精神が徹底して浸み込んでいた。例えば、本来、経済的な活動としては、ささいなものである雑誌や新聞を発行する活動ばかりでなく、西インド諸島の食糧輸入計画、レストラン経営、蒸気船の運行などに。例えばニューヨークに到着するとすぐに、詩人で、将来、急進的な政治に関わることになるクロード・マッケイは初めてレストランの経営をやってみたが、失敗した。より経済的に成功したのは、ジャマイカ生まれの彼の同国人で、社会党の党員であったウィルフレッド・ドミンゴで、かつて西インド諸島に住んでいて、今はニューヨークに住んでいる顧客のために、カリブの珍味を彼は輸入した。自由で自立したアフリカというマーカス・ガーヴェイの展望《ヴィジョン》の中心にあるのは、経済的起業家精神であることは言うまでもないが、それに劣らず、一般に黒人のビジネスへの関わりが、オーエンとランドルフの社会主義志向の雑誌『メッセンジャー』のページに執拗に見い出されるであろう。

結局のところ、自己の尊厳と社会的正義を求めてアメリカで闘っているアフリカ系アメリカ人たちは、世界中で起こっている似たような闘争と自分たちの闘争を切り離して見てはいないから、政治に関心の強い新しい黒人について、国際主義的な態度が現われていると評しないわけにはいかない。これらの反植民地闘争、そして特にロシア革命が新しい黒人の急進化に及ぼした影響を過大評価することは難しいであろう。例えば、ハーレムの黒人急進主義者たちは、一九一九年三月の第一回会議で発表された共産主義インターナショナルの宣言に含まれた植民地独立の支援を承認された。「アフリカおよびアジアの植民地の奴隷たちに対して—ヨーロッパにおけるプロレタリア独裁［共産主義の目標・理想］実現の暁には、あなたがたにとって解放の時を知らせる合図となろう[15]」。

上述した五つの要因のほかに、一般的に言って、相違点は深かった。中産階級の民族自決主義者と中産階級の異民族同化政策主義的傾向との間で引き裂かれた、政治に関心の強い新しい黒人たちの間での主要な緊張が、民族自決主義と社会主義との境界線—そこでは社会的アイデンティティの問題と心に思い描かれている社会的構造の問題の両方が、一つの役割を果してい た—に沿って存在した。

それぞれの組織とそれぞれの組織に充てられている刊行物（『ニグロ・ワールド』、『クルーセイダー』、『メッセンジャー』、『エマンシペイター』）の存在は、様々な点で、様々な重大局面で、それら組織の間にある比較的高い水準の協力が偽りであることを証明する。その相互作用―その多くは当然ながら、それらの中で大衆に基礎を置いた唯一の組織である一般的な黒人の改善協会を中心に展開した―は、まったく示唆に富んでいる。社会党の黒人党員であるフィリップ・ランドルフとチャンドラー・オーウェンは、一般的な黒人の改善協会の初期の目標の少なくともいくつかを共有していて、一九一八年にガーヴェイの政党の綱領から意見を述べたし、それよりずっとよく知られていることだが、一九二二年以降はその創設者の政策にひどく反対している。ウィルフレッド・ドミンゴも社会党の党員で、ジャマイカ時代の初期からガーヴェイの少年時代の友人であり、一九一七年の開始から、翌年ドミンゴがその新聞社を辞職するまでの間、ガーヴェイの『ニグロ・ワールド』の編集者であった。ハーレムでの政治的急進主義の衰退後、ドミンゴはアラン・ロックの定評のある刊行物『ニュー・ニグロ』の寄稿者にもなった。ガーヴェイ自身は、短命に終わった肌の浅黒い民族の連盟（『メッセンジャー』のグループと黒人の理髪業で有名なマダム・C・ウォーカーによって資金を提供してもらった）の集まりに数回、顔を出した。この集まりは、部分的に国際連盟―戦後の領土主張の分配の件で、国際連盟は黒人たちの国際的な規模の声を大部分、無視した―に対して政治的反応を示したものであった。[16] そしてシリル・ブリッグズとリチャード・モーアは『エマンシペイター』で一緒に仕事をした。『エマンシペイター』を編集したのは、ウィルフレッド・ドミンゴであったが、彼は『メッセンジャー』に時折、記事を書いた。

一九一〇年頃から一九二〇年までの間、成長しつつある新しい黒人の知識人の中で、一つのイデオロギー的役割を果していたヒューバート・ハリソンは、アフリカ系アメリカ人の社会主義陣営および民族自決主義（即ち「汎アフリカ主義」）的イデオロギー陣営の両方―この二つの陣営は、一九二〇年初期頃には互いに一歩も譲らない対立の状態にあった―に初期の指導者として役立った。一八八三年にヴァージン・アイランズのサント・クロイで生まれたハリソンは、一九〇〇年にニューヨークにやって来た。殆どの他の西インド諸島の人々の移住に先立つ一〇年間にわたって、彼はアメリカの政治の分野で、急進主義的な政治的役割を果すように運命づけられていたのである。[17] 多くの人たちから「百科事典」と評されたほど豊富な知識を持っていたハリソンは、彼の同時代人に対して、その若さにもかかわらず、父親のような役目を負った。戦争勃発に先立つ数年間、彼は社会党に加わっていて、『コール』、『インターナショナル・ソーシャリスト・レヴュー』、『マッシズ』などの雑誌に評論や批評記事を寄稿したが、多くの非左翼の刊行物にもそうした記事を書いていた。しかし、ハリソンはハーレムの住宅地区の一三五番ストリートとレノックス・アヴェニューの交差点で、街頭演説をしたことで、多分、最もよく知られていたであろう。彼は街頭演説という伝統を作り出した元祖であった[18]。ハリソンが同世代のハーレムの住民（ランドルフやオーエンが含まれている）に資本主義より社会主義の方が優れていることを教えたのは、そのような街頭での雄弁によるものであった。彼が社会党を去る計画をじっくり考えていた時ですら、黒人の共同体から社会党への少数の転向者を得る上で役に立った。

その闘いに先立って、かつてハリソンは次のように、アメリカの人種差別の始まりを説明したことがある。奴隷制度の存在した間、黒人は「アメリカのプロレタリアートのうちで、最も徹底して搾取され」、「最も徹底的に軽蔑され」たということである。黒人に対する支配階級側の避けられない軽蔑は、アメリカ人のすべての階級の間で拡散され、ついには黒人を軽蔑する風潮がアメリカ全土に浸透したとされている。そこには支配階級と社会の優勢な意見との間の避けられない相関関係が存在した。ユージーン・デブスと同様にハリソンにとっても、人種的偏見は経済力の直接の産物、つまり「経済的隷属と固定した劣悪な経済状態の結果」であった。「それは社会階級制度の反映である。アメリカにおけるそうした階級制度は、大まかに人種問題と呼ばれているものである。そして黒人問題は本質的に経済の問題で、奴隷制の過去と現在にその根っこがある[19]」と彼は書いた。しかし、社会党の経済決定論の議論の重大な欠陥―その欠陥のある枠組内で、ハリソンは議論しようとしていたのだが―はというと、直接的な組織活動を進めるために、プロレタリアートの中の特定の集団をそれと見分けて、それに狙いを向け取り込むことを、社会党が認めないということであった。つまり黒人労働者に対する社会党の直接的な訴えかけは、綱領上、許されなかった。他方、そのような特別な訴えかけができなければ、アフリカ系アメリカ人を社会党に引きつける魅力がゼロになってしまうことは、ハリソンには明らかなことに思えた。そのような事情の下で、黒人への社会党の訴えかけを広げようとすれば、どうすることができたであろうか。

アフリカ系アメリカ人に対する義務を社会党に納得させるためには、「理路整然とした社会主義」の決定論の制限範囲外で論ずる必要があるだろう。第一に、社会党の使命は、「労働者階級を搾取から解放すること」であるから、「そして黒人はアメリカで最も無情に搾取されてきた労働者階級の集団であるから、社会党はその主義のために戦わなければならないというのは、明々白々である」とハリソンは主張した。二つ目に、「アメリカの黒人大衆は、社会主義が意図していることについて無知である。このことに対して彼らにそれほど責任はない。社会の改善のためと銘打った偉大な世界的運動団体のどれ一つとして、白人と有色人種間の人種差別のベールに包まれているものを見通せてはこなかった」。特別な教育活動がここで必要とされているのは明らかである。三つ目に、「アメリカの黒人たちは、社会主義というものが、ことごとくアメリカの白人に起源を持っていると疑っている。ここアメリカでは、デモクラシーを広めようとする運動が、人種差別の問題にぶつかるや、すぐに行き詰ってしまうことを彼らは何度も目にしてきた」。そのような不信の歴史を乗り越えられるものがあるとすれば、特別な活動をする以外に方法はない。そして四つ目に、基本政策の純粋さはさておき、社会党は「最近、この国にやって来た移民のポーランド人、スロバキア人、フィンランド人、ハンガリー人、リトアニア人の間で、特別なプロパガンダ的な仕事を」すでに「続行中であった」[20]。

ハリソンのこの四つの主張は結局、アフリカ系アメリカ人に対して社会党の特別な訴えかけが必要であるということであった。しかし、積極的な主張によっても、社会党の組織上の問題で社会党幹部の心が変わらないのであれば、恐らくそれは黒人の側での反革命の潜在力を喚起することによって納得されるであろう。「ここには一千万人のアメリカ人がいて、それがみなプロレタリアートで、彼らは差し迫った階級闘争の危険な状態の中でなんとか頑張り続けている。彼らの思い通りにやらせるなら、彼らは失業中の軍隊と同様に、私たち前進する集団にとって大きな脅威となるかも知れない。そしてまさに同じ理由で、職業別労働組合がわかり始めたように、彼らは私たちに不利に働くことになりうる」[21]。社会党の左派ばかりでなく、右派にも考慮することを心に留めていたハリソンは、黒人が産業別組合主義にばかりか、投票箱にももたらす支援（しかしまた、この党には南部での彼らの公民権剝奪にきっぱり反対する必要性もあった）にも注目した。ハリソンにとっても、またハリソン以後、社会主義に転向した黒人にとっても、アフリカ系アメリカ人労働者の経済的・政治的地位を専ら経済決定論の原則の限られた枠内からのみで適切に対処しようとすることは可能ではないであろう。

社会党内にある人種差別主義にますます幻滅を覚えて、ハリソンは次のように述べている——一九一六年は、「同じ民族に囲まれて仕事に専念するために、白人たちに囲まれた講師として、また教師として仕事をすることを断念した[22]」年であった。ランドルフとオーエンが社会党に入った（それは一部ハリソンの転向活動の結果であった）のは、ハリソンが社会党と関係を断ったまさに同じ年であった[23]。

ハリソンは一九一〇年頃、ハーレムの黒人住民を社会党の支部に加入させようと活動したが、それはすでに失敗していた[24]。「大移住者集団」から生じた圧倒的な大衆の基盤を提供されたその仕事は、チャンドラー・オーエンとフィリップ・ランドルフの戦時中の指導力の下で、より大きな実現の可能性を与えられた。ランドルフの伝記作家によれば、一九一七年の晩夏に、社会党は将来の『メッセンジャー』の編集者たちを、ハーレムでのモリス・ヒルクィットの市長選挙運動を組織する仕事に配属した。「この二人の編集者は、その地域の最初の社会党のクラブ（二一番州議会下院議員選挙区クラブで、それは主に彼らの仲間の急進主義者たちから構成されていた）を組織することによって、このことをすでにやり遂げていた。この集団はまた、その共同体を通して扇状に広がっていて、ヒルクィットに代わって支持を依頼し、党公認の候補者の集会をやじり倒した[25]」。

翌年の早い時期に、社会党の黒人の組織拡大担当者であったヘレン・ホールマンは、一九番州議会下院議員選挙区と二一番州議会下院議員選挙区で、市民権獲得の仕事を任された。この二つの地区には西インド諸島からニューヨーク市への移民の大多数が住んでいた[26]。一九番州議会下院議員選挙区の「黒人」セクションの支部を立ち上げる試みも行われた。しかし、こうした冒険的企てからの成功は殆ど生まれなかったように思える。ランドルフは二一番下院議員選挙区（それには二一番、二三番州議会下院議員選挙区の両方を含んでいた）の「黒人セクション」を組織化する仕事に配属された[27]。その年の最も慌ただしい活動が秋——その秋にランドルフとオーエンは、それぞれ一九番州議会下院議員選挙区、二一番州議会下院議員選挙区で立候補し、ジョージ・フレイジャー・ミラー師は、二一番下院議員選挙区からアメリカ下院議員の地位を求めた——に予定されていた。その当時の北部の黒人投票者の圧倒的な共和党支持に対抗して挑んだランドルフだったが、彼の地区の投票数のほんの七・五パーセントを獲得したにすぎなかった。それでも三人の社会党の候補者の中では、最高のパーセンテージを示した。[28]

社会主義は黒人―その大多数は農業依存の労働者あるいは産業労働者であった―への搾取に対して一つの解決策を提示した。しかし、一旦、人種という社会的な問題が持ち込まれると、社会主義の支持者の厳しい経済の決定論が、その基本政策から充分な説明に役立つ力を奪った。厳しい現実は、白人のアメリカ人労働者の大部分（自国生まれの者も新参者も）が、人種差別主義の後ろ向きの姿勢に負けていたということである。白人労働者側のこうした人種差別主義は、主観的な面に加えて、客観的な面も持っていた。後者の経済的な本質は、労働者階級それ自体の集団内での競争の問題に深く結びついていた。というのは賃金の維持を求めて資本家階級と効果的な「競争」をするためには、労働者が自分たちの間で、まず競争を取り除く必要があったからである。[29]この仮定は事実上、公理のようなものである。

しかし、労働者の組織された集団内で手段を講じれば、そうした競争を取り除けることになろうが、そこでの手段は全く別の問題であった。それは産業の一定の部門内にすべての労働者を含める「連合組織」によって達成されることになったのか、それとも店や工場からかなりの数の労働者を排除することになった「政府による監督や法によらない」自主管理的なものといった他の手段によって達成されることになったのか。歴史的に見て、アメリカの熟練労働者は、職業別労働組合を創設することによって、彼ら自身の集団間競争の脅威に対応した。本来、こうしたことは積極的な歴史現象であったが、アメリカ労働総同盟の消極的な「経済主義の」実行によって、その現象は結局、小さなものに見えた。そのような同業者組合組織の形成によっていたために、事実上、限られた技能に関して「独占」が形づくられ、労働者は職業別労働組合のメンバーが支配する見習い者のプログラムによって規制された一定の同業者組合に入会が許された。このように共倒れの難局がうまく対処されたのは、機関による規制の方策によるものであった。よく知られていることだが、これが主要な経過で、こうした経過によって黒人労働者はアメリカで熟練した職業に従事することからずっと締め出されてきた。

雇用者と交渉するための、そのような無くてはならない技能を持ち合わせていない未熟練の産業労働者は、彼らの間で競合を規制する目的で、しばしば暴力的な手段に訴えた。シカゴやセントルイス東部で、第一次大戦中に起こったような沢山の「人種暴動」は、社会現象―そこでは労働者の競合の問題が核心にあることが判明した―の鮮明な例となる。[30] 組織化された「お決まりのもの」、つまり憲法上の規定であれ、仕事の停止、ストライキであれ、抑制されない暴力であれ、それらのどれによるにしても、労働者側の上述の繰り返される行動の、それぞれの意図された結果は同じで、彼らのそれぞれの労働の分野で仕事の競合を抑制することである。[31] これらの繰り返し行われた行動は、多数のプロレタリアートの意識の何らかの形成を遅らせたように、全体としてアメリカの労働者階級の長期にわたる利益にはならなかったにせよ、階級闘争の形を表現していた。経済的な競争相手としての黒人や他のアメリカ国内の少数民族の排除で、アメリカの白人労働者側のそのような行動は、民族上の基準線により、また全国的な基準線により、アメリカの労働者階級の生産関係の構造上の「人種差別化」とこの階級の必然的分離をしばしば導いた。それは産業経営者側の直接行動が導いたのと同じようであった。(後者はそのような分離から、経済的にも政治的にも最も利益を得ていて、労働者の間での異人種間の敵意の噴出は、日常必需品の生産そのものを混乱させかねないと脅かす危機的な所までこの種の問題を細分するように仕向けた)

社会党が無視することを選んだのは、まさに上述した人種的な分裂―それは社会関係の特定の構造を生み出し、その結果は、一般に白人労働者が耐えている政治的圧迫と経済的搾取に加えて、アフリカ系アメリカ人であることの特別な圧迫であった―であった。「私たち社会党は黒人に提供できる特別なものは何ら持ち合わせていないし、あらゆる民族に対して別々に訴えかけることなどできない。社会党は肌の色に関係なく、労働者階級の党であり、全世界の全労働者階級の党である」[32] とユージーン・デブスは認めた。そのような明らかに民主的で、国際的な姿勢《スタンス》(しかし、その姿勢は白人労働者の一定の層に与えられた組織的な特権という現実を覆い隠したのだが)が実際に暗示するものは、雇用から締め出された多数の黒人労働者は、ただ生き延びるという目的のためだけに、スト破りをせざるをえなかったのであるということである。「階級最優先」を口実として彼らに課された障壁に対して、沢山の黒人労働者は、「階級最優先」と同じ位に独善的ではあるが、「人種最優先」という不可避的な政策で反応を示した。そして抑圧された民族としての彼らの関心事を何よりも重要視した。かくして「人種最優先」というこのイデオロギーは、小市民階級の民族自決主義だけを示威するものでは決してなく、第一次大戦中と大戦後の時期に、黒人労働者の非常に大きな階層の中に、はっきりした重要な基盤があったことを理解するのは重要である。

　一九一六年にヒューバート・ハリソンが社会党から脱党し、チャンドラー・オーエンとA・フィリップ・ランドルフが同党に入党したのがほぼ同時であったことで、ハリソンと彼の以前の「信奉者たち」との間で直接、目に見える不和を引き起こすことはなかった。例えば、つい最近の一九一七年一一月、『メッセンジャー』は『平和と肌の浅黒い民族の密接な関係』というオーエンとランドルフのささやかな著書について、賛辞を込めたハリソンの書評を掲載した[33]。しかし、翌月にはすでに戦闘態勢が整っていた。一二月二三日のパレス・カシノでの討議で、ハリソンの説明によれば、チャンドラー・オーエンは「〈人種問題が最優先という原則は、弁解の余地のない基本政策である〉と激しく主張した。そしてハリソン氏はそれこそがこの民族にとって救いとなる根源であると主張した。これら両紳士は、それ以来ずっと予想通りの動き方をすることになった[34]」。

　社会主義への信念が相変わらず熱烈だったハリソンは、その間、ますます民族主義的な解釈をこの基本的な信念に与えようとしていた。アメリカにおいて戦争が及ぼした社会的影響は、黒人が北へ移動する自由を得たこと、そしてそのことの結果、「赤い夏」［一九一九年の夏から初秋に、アメリカの多くの都市で、白人がアフリカ系アメリカ人を襲った人種暴動事件］が起こったことであった。外国では、「黒人」たちが、占領している植民地の権力に対して部分的に奮起して行動に出た。そうした出来事は、オーエンやランドルフに、黒人の闘いには白人労働者階級の援助者が必要であることを明らかに示したが、一方では国際的な規模で「黒人」の味方をつくる必要性を強くハリソンに提案した。それゆえハリソンが以前は同意していた社会党の融通のきかない決定論的な決まり文句である「階級優先」というスローガンに対して、ハリソンは同じくらいに独断的な「人種優先」を提起した。しかし、彼は国内問題で起こる「人種」と階級の弁証法を充分には理解していなかった[35]。「階級優先」という考え方は、白人労働者が我慢してきた以上に、彼ら黒人が黒人として受けた特別な圧迫を無視したものであったのに対して、「人種優先」はアフリカ系アメリカ人が闘っている階級的な面を覆い隠すことになった。その結果、圧迫とか「運動」の目的といった階級問題の性格が持つイデオロギー的なものを消すことになり、この闘争を小市民階級の政治的・イデオロギー的支配権の指導のもとに置く傾向になった。しかし、ハリソンのイデオロギーの変容は、最終的に二重のアイロニーを帯びることになった。一つは、社会主義の道を「誤って」下り続けたアフリカ系の彼の以前の支持者を彼が攻撃するように仕向けられたということ。もう一つは、彼は大いに努力をしたが、ジャマイカ出身の一青年（彼はハリソンの作り上げた組織である自由連盟でスタートを切っていた）が大きな成果をあげたことにより、間もなくハリソンの影が薄くなったことである。

アメリカ黒人の自由連盟が、一九一七年六月にヒューバート・ハリソンによって結成された。この組織が表明した目的は、私刑と公民権剝奪という二つの悪を「根絶する方策を講ずること」、そして「不満の種を取り除くように政府に嘆願すること」であった。(36) ハリソンが社会主義に傾倒していたことを考えると、恐らくもっと急進的な目的も含まれていたはずである。マーカス・ガーヴェイがハーレムの民衆に最初の好ましい印象を与えたと言われたのは、この連盟の第一回会合の時であった。ハリソンの演説を聞いていたすべての者たちにとって、大方の一致した意見は彼が頭のいい、演説のうまい人であった。(37) しかし、ガーヴェイほどのカリスマ的人物では到底なかったし、ハリソンの組織とりまとめ能力の方も、決して満足のいくものでなかったことは明らかである。ハーレムの現場で観察した人が言ったように、

ガーヴェイは公然とハリソンに賛辞を呈すると、自由連盟に加わり、その問題に鋭い関心を持った。ハリソンは致命的な大失敗をした。彼の失敗はとても明らかだったので、彼の支持者たちは、それをただ見ているほかはなかった。それはとても犠牲が大きかったために、自由連盟への関心が薄れて行き、ハリソンを見捨てた人たちは、まもなくガーヴェイの熱烈な賛美者になり、それに応じて、その間にガーヴェイが組織していた一般的な黒人の

改善協会やアフリカ共同体連盟のニューヨーク支部に加わった。ハリソンの失敗と彼の支持者たちの不満があったにもかかわらず、ハリソンはハーレムの黒人たちの記憶に残る、教育的で有益な地域奉仕活動をした。ハリソンがガーヴェイの先駆者で、ハリソンの講演を聴いて、黒人の考え方をあらかじめ知っていたから、ガーヴェイの成功は、主にハリソンのお蔭と言われているのは本当のことであろう。それによって、黒人たちの間で新しい傾向—それは間違いなくこのジャマイカ人「ガーヴェイ」の仕事をずっとしやすくさせた—が作り出され、発展していった。両者を公平に評価し、どちらにも同等の真実を述べるなら、ガーヴェイの成功はハリソンの失敗した廃墟の上に建てられたと断言していいであろう。ガーヴェイの人気は計り知れないほど高まった。……彼が影響力の大きい要因になるにつれて、彼の先輩は取るに足りない一つの構成部品になっていった。[38]

ハリソンの立場がガーヴェイ主義—この主義をガーヴェイがまとめ上げる際に、ハリソンみずからが手を貸してきたのだが—の影にすっかり隠れているというアイロニーが、ハリソンから消えることはなかった。しかし、ハリソンの以前の仲間たちであれば、こうした事実に気楽につけ込んだであろう。[39] 黒人の社会主義者へのハリソンの露骨な攻撃、そしてそれに伴う一九一九年のハリソンのガーヴェイ支持は、ガーヴェイの考えの「起源となっているもの」について知っている情報を公開する形で、「ハリソンの考えを」再び確立させようとすることに、一部は動機づけられているように見える。

目下、最も魅力ある事業の一つは、ニューヨークのマーカス・ガーヴェイ氏の提案した汽船事業ブラック・スター・ラインである。ガーヴェイの計画（その最終的結末がたとえどうなろうとも）は、何万人もの黒人を引きつけてきた。白人の急進主義者に知られたタイプの黒人「急進主義者」が一握りの人々を集めるのがやっとだったのに、ガーヴェイは最大のホールを人でいっぱいにし、黒人たちは彼にたっぷりのお金を与えた。このことは「優秀な頭脳」という論点からは、説明のできないことである。この男の教育や知性は、才能あふれる「急進主義者」―その「国際主義」は、急進主義的な源とは別のものから引き出されている―の頭脳には著しく劣っているからである。しかし、この男は黒人大衆に向かって、彼らの心の中で膨らむもの、つまり人種差別、民族意識、民族の連帯（これらは『ボイス』や自由連盟からまず教えられたものである）を高く掲げる。それがこれまでのところ、ガーヴェイの成功の秘訣である。[40]

詩人クロード・マッケイは、自叙伝で、彼が一九二一年四月に左翼雑誌『リベレーター』の編集助手としての新しい仕事を始めた時、「ハーレムの街角の講演者で扇動家」であったヒューバート・ハリソンがこの雑誌社のある一四番通りの本部を訪れて、祝いの言葉を述べたと記している。

私は彼にロバート・マイナーを引き合わせた。マイナーは進歩的な黒人の急進主義者たちの活動に関心を持っていた。他の黒人の共産主義者を含む小さな集まりを持とうという提案をハリソンはした。それを『リベレーター』の事務所で行う手筈が整えられ、ハリソン以外、グレース・キャンブル（社会党の最初の黒人メンバーの一人）、リチャード・ムーアとW・A・ドミンゴ（急進的なハーレムの週刊誌『エマンシペイター』を編集した）、シリル・ブリグズ（アフリカの血の友愛団体の創始者で、月刊誌『クルーセイダー』の編集者）、ミスター・ファニング（ハーレムでたった一つの黒人の経営する煙草店主）、オットー・ヒュイスウド（ダニエル・ド・レオンの誕生の地、キュラソーの出身である）がそこに居合わせた。恐らく私の思い出せない人もいたであろう。この会合の本当の目的は、ガーヴェイのアフリカに戻ろう運動（公式には一般的な黒人の改善協会と呼ばれる）を、より階級を意識したものにしようとする可能性を論じるためであったと私は思う。[41]

最近刊行されたマッケイとマックス・イーストマンの手紙のやり取りから、一九二一年には少なくとも他にもう一つ、そのような会合のあったことがわかる。[42] しかし、クロード・マッケイはこれらの出来事の単なる中立的立場の立会人などでは決してなく、彼の自伝が特に示すように、その当時、アフリカの血の友愛団体（ABB）の活発なリーダーであった。さらに、『リベレーター』の事務所で催されたそれらの会合は、アフリカの血の友愛団体の指導部をアメリカ共産党に加盟させる前触れであった。

捜査局の報告によれば、五月下旬か六月上旬頃に、ローズ・パスター・ストークス（共産党と初期のハーレムの黒人急進主義者の間の重要な連絡係り）が、彼女のグリニッチ・ヴィレッジの家で、アフリカの血の友愛団体のリーダーたち（ヒューバート・ハリソンとアメリカ黒人の自由連盟のエドガー・グレイに加えて、シリル・ブリグズ、ウィルフレッド・ドミンゴ、クロード・マッケイ）のために、ディナー・パーティの主人役を務めた[43]。政府の情報提供者を兼ねていたグレイによれば、ミセス・ストークスは、もし彼らが共産党の立場を進んで支持してくれるのであれば、その二つの組織に「ロシアの金《きん》」を差し上げると申し出た。ハリソンとグレイは少なくとも、一部は汎民族自決主義の理想への関わりから、それを断った[44]。血の友愛団体のリーダーたちは、すでにコミンテルン［共産主義インターナショナル］の一般的な見解と考えが一致していて、当時のアメリカ共産党の傾倒と同じ位に熱心に秘密の組織に傾倒していたから、快く受け入れた[45]。一つの説明によれば、『リベレーター』の事務所での、黒人急進主義者と白人急進主義者の数回の会合により、ハーレムに本拠を置くアフリカの血の友愛団体の四人の主要なリーダーたちが、初秋にはアメリカ共産党にすでに組入れられていたということである[46]。その八月、共産党の強力な支援を受けたアフリカの血の友愛団体は、うまく行かなかったとは言え、一般的な黒人の改善協会の第二回年次大会の結果に影響を及ぼそうとしていた[47]。

しかし、アフリカの血の友愛団体として知られた秘密の組織は、黒人の有権者になりうる人たちを対象に、共産党の主要な新会員を募る部局としての活動を始めなかった。ハリソンのアメリカ黒人の自由連盟やマーカス・ガーヴェイの一般的な黒人の改善協会のように、アフリカの血の友愛団体は、主に汎アフリカ民族自決主義の連帯精神で創設された。しかし、イデオロギー的にハリソンの考え方により近かったアフリカの血の友愛団体は、階級意識を持った白人労働者との政治協力を喜んで受け入れた。歴史の記録では、両立しないはずの日付が複数書かれているが、アフリカの血の友愛団体は一九一九年の後半期に結成されたようである[48]。一九二〇年に採択された九つの要点を盛り込んだその政治計画は、次のような重要な事柄を表していた。（一）アメリカ、アフリカ、その他の地域での民族の解放、（二）民族の完全な平等、（三）民族の自尊心の育成、（四）クー・クラックス・クランに対する組織的な断固反対、（五）黒人の統一戦線をはる、（六）純粋に協同的やり方による産業の振興、（七）黒人労働者に対するこれまでより高い賃金、今までよりも少ない労働時間、これまでより良い暮らしの実現、（八）教育の機会を確保、（九）他の肌の浅黒い民族との、また階級意識を持つ白人労働者たちとの協力。[49]

一九二〇年中頃にはすでにアフリカの血の友愛団体は、「アメリカの様々な都市で、西インド諸島、中央・南アメリカで、西アフリカで[50]」それぞれの持ち場を管轄する区域で働く、「アフリカの血を受け継ぐ千人以上の男女」を誇った。そして翌年には、その主要なリーダーたちの数人、特にクロード・マッケイとシリル・ブリッグズは、アメリカ共産党にすでに入党していた。

机上の、あるいは実践上の彼らの計画がどんなに印象的なものであろうと、自由連盟やアフリカの血の友愛団体の、また黒人の社会党員の、そしてそれらより脚光を浴びることの少なかった団体の組織活動は、アフリカ系民族の間での、二〇世紀初期の最大の大衆運動―一般的な黒人の改善協会（一般的に知られた言い方だと、「ガーヴェイ運動」）―の影に隠れて、それ以上大きく扱われることはなかった。一般的な黒人の改善協会は彼らが公言しているような、何百万人ものメンバー（最良の証拠は、最高時でのメンバー数がおよそ一〇万人というウィルフレッド・ドミンゴの見積りから得られる[51]）がいたわけではないが、この組織の社会的ヴィジョンが、アメリカの国内外の何百万人もの支持者によって共有されていたことに疑問の余地はない。多くの複雑な、しばしば相互に相いれないイデオロギーの構成要素―ガーヴェイ主義はそうした構成要素から成り立っている―の中で、自立したアフリカの独立国家としての地位の揺るぎない政治的理想が、その中核にある。さらに、ガーヴェイのヴィジョンは、狭い民族主義のそれではなく、汎民族自決主義のそれであった。それは西洋の、国外離散《ディアスポラ》した人々の一部であるアフリカ系の民族と母国アフリカの民族とを政治的に結びつけようとしたヴィジョンであった。

それらを結びつける最初の単糸は、アフリカ大陸にある一般的な黒人の改善協会の集団居住地《コローニー》の設立で形成されることになった。リベリアはこの点で、一般的な黒人の改善協会の活動の主要な目標であったが、南西アフリカの前ドイツ領、カメルーン、タンザニア(その当時、国際連盟の保護下にあった)は、一般的な黒人の改善協会の陳情活動の目標でもあった。一旦、集団居住地が充分な形で確立されると、アフリカ帝国の形成が、その時代の最強の帝国であった大英帝国を基につくられることを、ガーヴェイは思い描いた。この帝国が確立され、支持されることになっていた手段は、重商主義によるものであった。鉱物資源の豊富なアフリカ大陸、農作物の豊かな西インド諸島、そして産業化された北アメリカ―そこでは原産物の加工処理が行われる―のアフリカ系民族との間での貿易の確立である[52]。社会的な観点からすると、この世界的な規模での自立計画は、アフリカ系民族に雇用と経済上の安全をもたらすことになろう。そして政治的に統合がなされたアフリカの強力な陸軍・海軍・空軍によって、彼らに政治的な保護も与えられることになろう。そしてそれに関しては、目下、アメリカのディアスポラと言える所にまで達している[53]。

最初ジャマイカに本拠地を置いていた組織である一般的な黒人の改善協会は、マーカス・ガーヴェイによって一九一四年に、ブーカー・ワシントンのタスキーギ・インスティテュートのやり方で設立された。そしてその後、ガーヴェイが一九一七年に、ニューヨーク市のハーレムに本部として移転した。出だしでいくつかつまずいたが、その後、ガーヴェイは支持者の中核をなす人々―その周りに国際的な組織が形づくられたものである―を補充することができた。広く影響力を与えた新聞『ニグロ・ワールド』が、翌年、誕生し、廃刊になる一九三三年まで、中断することなく刊行され続けた。一般的な黒人の改善協会の最も素晴らしい成功の一つは、一九一九年の秋に、ブラック・スター・ラインという名で知られた独立企業体によって、みずからが経営する汽船事業にうまく乗り出せた点に、その能力がはっきりと示されている。ニューヨーク市では、他の事業がすぐに後に続いた。ユニバーサル・ミリネリィ・ストア、ユニバーサル・スティーム・ランドリー、いくつものグロサリー・ストアーなどが。視野を広げようとしていたのはニグロ・ファクトリーズ・コーポレーションであったことははっきりしている。その表向きの目的は、「アメリカ、西インド諸島、中央アメリカ、南アメリカ、そしてアフリカのいたる所に、工場を建て、保有し、経営する」ことであったが、そうした目的は主として机上でだけ存在したものであった[54]。比較的景気の良かった戦時中の経済の真只中で乗り出した一般的な黒人の改善協会の野心的な金銭的事業は、戦後の景気の一時的後退によってすぐに駄目になった。一般的な黒人の改善協会最初の、世界中の黒人民族の国際大会—それは一九二〇年八月のまる一か月間、ニューヨーク市でずっと開催された—期間中の財政難は、かなり厳しいものだったために、大会開催を時期尚早として取り消す寸前まで行ったのである。

一般的な黒人の改善協会内部の経済事情の悪化—不安定で先行きの怪しい汽船事業の買収とどん底の経営状態に加えて、不景気な経済状態の下で、一般的な黒人の改善協会の支持者たちが今までほど現金による寄付やこの組織の株購入が継続して増々できなくなったことが「悪化」の引き金となっていた—こそが、ガーヴェイが一九二一年二月にパナマ、コスタリカ、西インド諸島を講演し、資金調達をして回らざるをえなかった主要な要因であった。ガーヴェイの遊説および資金集め活動が成功裡に終わると、彼はアメリカに再入国しようとしたが、結局は望ましくない外国人として締め出されたのである。

ここにはイデオロギーとしてのガーヴェイズムにおける重要な転換点がある。ガーヴェイがついにニューオーリンズで入国を認められた時、彼はアメリカ黒人の公民権問題に関する態度を変化させ始めた。ガーヴェイを告訴せんとする連邦政府機関の執拗な要求を食い止めきれず、また彼の計画に対するリベラルな白人、保守的な白人の両方から一般的な黒人の改善協会への物質的支援も確保できなくて、黒人中流階級集団からの、彼の計画に対する強烈な反対を勢いづかせてしまった。一九二二年のはじめ頃に、マーカス・ガーヴェイは郵便物を使って詐欺を働いたとして起訴された。もっと正確に言うと、郵便物を使って、詐欺によって得たブラック・スター・ラインの株を売ったことで起訴された。ガーヴェイは一般的な黒人の改善協会のビジネス業務とその振興促進の活動とを完全には分離できないことをすでに立証済みであったことは本当のことであった。そしてそれによって、その不始末に対して合法的な告発をされるという形で非難された。しかし、「株の詐欺」をめぐる告発は、連邦政府の告発者たちが、「外国生まれの扇動家」から都合よく解放されるための、思い通りに彼を操れるなかなかの労作だと言ってもいいくらいのものに思える。この扇動家は、アフリカ系アメリカ人のアメリカ国内での権利の問題に関して、最近では連邦政府に妥協的なものになってきていたにしても、依然として国内の平穏に—アフリカや西インド諸島をめぐる西洋の植民地利権のことは言うまでもなく—脅威になりうる可能性をひめた人物を代表していたことに変わりがなかった。告訴側の証拠不足は、ガーヴェイの起訴（一九二二年五月中旬）から一年も経ってようやく彼の裁判が開始（一九二三年五月中旬）されたことに見てとれると言っていいだろう。とかくするうちに、アトランタでクー・クラックス・クラン帝国のトップを［ガーヴェイが］訪問したことに、ガーヴェイの政治に反対する一般的な黒人の改善協会以外の黒人が、刺激されて行動に出た。また、ガーヴェイの政敵A・フィリップ・ランドルフによって、［ガーヴェイの］手書きの領収書が郵送されている。そして一九二三年のはじめ頃のニューオーリンズで、以前、一般的な黒人の改善協会の職員だったガーヴェイの信奉者による暗殺事件があった。[55]

確かに一九二三年のマーカス・ガーヴェイの裁判は、不屈のリーダーの終わりを記したわけでもなければ、彼の組織の終わりを記したのでもなかった。例えば、彼は翌年、さらに四艘目の船を購入して、彼のライバルを見事にびっくりさせてみせた。しかし、アメリカ国内での経済情況が苦しいものとなってきたことに加えて、彼の最も中心的な政治目標の一つ—アフリカ大陸での足がかりを確かなものにすること—が、彼の手の届かない所に行ってしまったという認識がますます強くなってきたことで、ガーヴェイは右派の反動主義者との、ますます支持できないイデオロギー的協力関係を結ばざるをえなかったように思える。

一般的な黒人の改善協会の衰退についての詳細な話は、これまで何度も語られてきたので、ここでは繰り返さないでおこう。[56] 一般的な黒人の改善協会は第一次大戦後の不況に加えて、国内のサボタージュ［労働争議中に従業員が機械・製品などに故意の損傷を与えることで、日本で言う怠業とは異なる］の訴訟によっても悪化したが、それへの考慮が不十分なまま遂行された経済政策は、主に否定的な例として役だっただけであった。一般的な黒人の改善協会の経済的な民族主義は、ブーカー・ワシントンのそれと同じくらいに黒人の起業家にとって魅力的であったが、単なる夢にとどまっていた。もし一般的な黒人の改善協会がリベリアかアフリカのどこかの場所で安全な足場を築いていたら、どういうことが起きていただろうかと推測するしかない。しかし、真実は、近代の移住者の集団居住地の歴史が、移住者の最初の意図がたとえどんなに高貴なものであれ、その先住民にとっては悲惨なものになりがちであった。そしてリベリアがその適切な例である。[57]その組織の、またガーヴェイの、最も明確な遺産は、一方では、第二次大戦後の世代のアフリカの指導者たちに及ぼした創造的刺激にある。彼らは戦後、アフリカの政治的自立の願望を現実のものに変える立場にいることに気づいた。他方では、同じように明示はできないが、それでもガーヴェイ主義がアフリカ系の民族の間で、肯定的な自己像の教化に与えた意義深い、永続的な印象がそこにはある。ガーヴェイの忠告——「力強き民族よ、奮起せよ。君たちは達成したいことを達成できるのだ」——は、自分たちの時代の黒人たちに対してだけでなく、今後何世代も先の黒人たちに対しても、創造的刺激の源として役に立った。[58]

戦争経済が招き入れた付随的な繁栄に加えて、また戦時中の都市部の黒人の移住によっても、政治に関心の強い新しい黒人主義は、絶頂期の状態にあった。それは例えば、四、五年間にわたっておよそ六〇万ドルを、ガーヴェイが経営をひどく誤ったブラック・スター・ラインに注ぎ込めるだけの経済的余裕を労働者階級の黒人たちに与えたような相対的繁栄であった。一九二二年頃には戦後の不況は、すでに一般的な黒人の改善協会の経済的な夢の土台を蝕み、組合運動の政治力を、そしてそれゆえに社会党——とにかくこの党はほとんどの黒人をすでに無視していたのだが——の政治基盤をも浸蝕していた。[59]ヒューバート・ハリソンのアメリカ黒人の自由連盟は、あまり順調なスタートを切ってはいなかった。この集団をやがて決定的な分裂へと導くことになった組織内部の論争の犠牲となった形であった。アフリカの血の友愛団体の機関誌『クルーセイダー』は、一九二二年一—二月号を最後に刊行を打ち切った。[60]その頃には『メッセンジャー』も、ますます黒人社会の低俗な雑誌になり下がっていて、政治的急進主義に関して、殆ど意義ある発言はしなくなっていた。こうした政治の空白状態の中に文化的な新しい黒人が乗り込んできて、アメリカの人種問題は、黒人の芸術表現を通じて解決されることになるであろう、と新たに見出された真実を宣言した。

社会問題に対するこうした文化的志向と、アメリカ内部の矯正を求める新しい黒人の政治的急進主義者の志向の違いが目立っていた。[61]新しい黒人の急進主義者たちは、その絶頂期には、アメリカの社会的関係を直接的に、また質的に修正しようとしていた。彼らの目標としたのは、アメリカにおける新しい経済的・政治的な体制で、その目ざすところは黒人白人の別なく、労働者階級の政治的団結によって達成されるであろうというものであった。[62] 対照的に、アラン・ロックやジェイムズ・ウェルドン・ジョンソンのような文化的な新しい黒人は、一度、黒人の芸術的能力が確信されれば、白人中流階級の政治的共感が得られるであろうと感じた。そうした源泉からは、黒人が活動を組織してアメリカの社会的不平等を終わりにするような支援が、流れ出てくるであろう。

黒人には遺伝上の欠陥があると証拠もないままに言われ、それが広く普及しているが、そうした考えは、経済的不平等に基づいてつくられた社会秩序の産物で、資本家が労働者全体を分割する目的で（そしてそれゆえルールを改善するために）、そうした考えを利用した、と急進主義的な新しい黒人たちは考えていた。もし社会の構造を改善すれば、白人が最も優れていて、黒人は劣等であるといった誤った考えは、彼らの根本的に経済上の存在理由を失い、結局、その存在自体がなくなるであろう。他方、文化的な新しい黒人は、実際上、人種差別的な考えを、黒人抑圧の原因として、また人種の違いから分裂した社会構造の主要な決定要素として見た。黒人が知性の面で劣っているという主張を、黒人は白人と知性の点で同等であるという議論の余地のない証拠で打ち砕いたらいい。そうすれば、アフリカ系アメリカ人の社会的平等が必ずやその後にやってくる。「アメリカにおける黒人の地位は、現実の情況の問題というよりも、むしろ人種に対する国家全体の考え方の問題である。そしてその考え方を変え、黒人の地位を上げるためには、文学や芸術の創造を通して、黒人の知的同等性を実証する以外に有効な方法はないであろう[63]」と一九二一年にかなり理想主義的にジェイムズ・ウェルドン・ジョンソンが述べた時、彼はハーレム・ルネサンスの支持者の大多数の代弁を確かにしていたのであった。

一般的な意見の一致はあるが、文化的志向の新しい黒人の、より詳細な社会観（そして芸術観）は、より政治的志向をもつその先祖の社会観（芸術観）と同程度に同質のものであったというのではなかった。逆説的に、ラングストン・ヒューズ、アラン・ロック、J・W・ジョンソンなどのような多くの人たちは、「人種問題という山」を登ることの美徳を宣言したのであったが、それでもなお黒人がアメリカの社会に長い時間をかけて同化することに深く関わろうとした。忠実な同化主義志向の批評家ジョージ・スカイラー（彼は黒人独特のいかなる芸術的表現であれ、その存在を否定した）のような他の人たちは、民族主義的文化的表現の中間段階の必要性は認めなかった。結局、社会的アイデンティティといった常に存在する問題を別にすれば、社会正義の問題は繰り返し、いつも存在した。デュボイスとともに、プロパガンダと芸術の間に何らの根本的な矛盾も認めなかったジェイムズ・ウェルドン・ジョンソンのような党派意識の強い人たちが一方にはいた。こうした観点から、抗議運動は事実、黒人の芸術表現の最も価値ある構成要素の一つとして見られた。他方には、アラン・ロックやチャールズ・ジョンソンのような人たちがいて、彼らは黒人の芸術表現をプロパガンダで使われているものからもぎ取ろうと、つまり、政治で使われている芸術性を表面上除去して、技巧と形式の問題にこれまでよりも集中することを決心した。しかし、真実はというと、黒人の芸術がより穏やかな政治運動―それは長期にわたる仲裁と教育を「黒人問題」への解決と見なした―のために役立つような形になったということである。そのようなアプローチはその当時は、目新しいと見えたかも知れないが、それは本質的に、『黒人の魂』で、W・E・B・デュボイスが、およそ一九年前に提案した「人種問題」の解決策であった。そしてこの書物自体の解決策は、「教育」という万能の策であった[64]。

第一波のものよりも、一般的に政治的にずっと保守的であった文化的志向の新しい黒人は、一九三〇年代の初期に経済がどん底状態に陥るまでは、支配権の高揚期にあった。この文化的な新しい黒人は、社会主義を志向した新しい黒人に劣らず社会抗議に熱を入れたが、一九一〇年代および一九二〇年代の初めの、より民族主義志向のものよりも、アフリカ系アメリカ人の社会的アイデンティティの問題としては熱の入れ方がずっと弱い運動に取って代わられることになった。

註

（1）Leslie Fishbein, *Rebels in Bohemia: The Radicals of The Masses, 1911-1917*（Chapel Hill: University of North Carolina Press, 1982）, 30. Arthur Frank Wertheim, *The New York Little Renaissance: Iconoclasm, Modernism, and Nationalism in American Culture, 1908-1917*（New York: New York University Press, 1976）.

（2）このテーマに関しては、Theodore Kornweibel, Jr., *No Crystal Stair: Black Life and the Messenger, 1917-1928*（Westport, Conn.: Greenwood, 1975）, 105-131 および Kornweibel, "Theophilus Lewis and the Theater of the Harlem Renaissance," in Arna Bontemps, ed., *The Harlem Renaissance Remembered : Essays With a Memoir*（New York: Dodd, Mead, 1972）, 171-189 を参照。

（3）連合組合とは、労働組合支部のことで、アメリカ労働総同盟という全国的な組織が、そのための組合の憲章を直接認めた。一般にこれは便宜的なもので、熟練工の集団が労働組合に加入したい場合、特殊技能を持つ人たちのための全国的な組合は存在しなかった。もしそのような全国的な組合が存在するようになれば、アメリカ労働総同盟本部は連合の憲章を取消し、労働組合支部の権限を全国的な組合に譲渡することになろう。しかし、黒人労働者を扱う時には、連合組合の形成が標準的方針となった。そして黒人労働者は全国の組合（そこではそれぞれの技能が代表されていた）に加入することは、通常、許されていなかった。

（4）August Meier, *Negro Thought in America, 1880-1915: Racial Ideologies in the Age of Booker T. Washington*（Ann Arbor: University of Michigan Press, 1963）, 165-170.

（5）Bernard C. Nalty, *Strength for the Fight: A History of Black Americans in the Military*（New York: Free Press, 1986）, 112.

（6）A. Philip Randolph, "A New Crowd—A New Negro," *Messenger*（May-June 1919）: 27.

（7）*Messenger*（July 1923）: 757. Paula Giddings, *When and Where I Enter: The Impact of Black Women on Race and Sex in America*（New York: Bantam, 1985）, 193-196.

（8）Elaine Showalter, ed., *These Modern Women: Autobiographical Essays from the Twenties*（New York: Feminist Press, 1989）, 4.

（9）Elise Johnson McDougald, "The Negro Woman Teacher and the Negro Student," *Messenger*（July 1923）: 770.

（10）Ruth Whitehead Whaley, "Closed Doors: A Study in Segregation," *Messenger*（July 1923）: 772.

（11）Harry Haywood, *Negro Liberation*（New York: International Publishers, 1948）, 170.

（12）August Meier, *Negro Thought in America*, 165, 184; C. Van Woodward, *The Strange Career of Jim Crow*（New York: Oxford University Press, 1974）, 91-93.

（13）例えば、W. A. Domingo, "Private Property as a Pillar of Prejudice," *Messenger*（April-May 1920）: 9-10;（August 1920）:

69-71を参照。

（14）ブリッグズは共産党に入党する以前の何年かの間、一方でアメリカ国内と国外の両方で、地理的情況に基づいた黒人の民族自決の要求をすること、他方で社会主義を求めて一つになって闘うこと（その闘いに黒人が一つの役割を果す）、この二つの間で揺れ動いた。

（15）"Manifeste de l'Internationale Communiste aux prolétaires du monde entier!," in *Manifestes, thèses et résolutions des quatres premiers congrès mondiaux de l'internationale communiste 1919-1923*（Paris: Bibliothèque Communiste, 1934）, 32. ファクシミリ版がFrançois Maspero（Paris: 1970）によって再版されている。著者によるRichard B. Mooreとの面談（一九七八年）。植民地の民族のその後の世代なら、二つの闘争で確立された優先順位を求めて争うであろうが、それはここでの問題ではなかった。第二インターナショナル［英仏の社会主義者を主勢力とした］の、より保守的な立場とは対照的に、重要なことは、「植民地の奴隷」問題は共産主義インターナショナル（コミンテルン）［ロシア共産党指導の国際的同盟で、第三インターナショナルとも言う］が政治的に注目する価値があると見なしたということであった。

（16）肌の浅黒い民族の連盟の活動は、*New York Age*（一九一九年一月一一日）に記されている。*Revolutionary Radicalism: A Report of the Joint Legislative Committee of New York Investigating Seditious Activities*, vol. 2（Albany, N. Y.: J. B. Lyon, 1920）, 1517.

（17）ハリソンの伝記に関する資料は、J. A. Rogers, *World's Great Men of Color*, vol. 2（1946-1947; rpt., New York: Macmillan, 1972）, 611-619とPhilip Foner, *American Socialism and Black Americans*（Westport, Conn.: Greenwood, 1977）, 207-218から取られたものである。ロジャーズは、ハリソンが四年間、『ニグロ・ワールド』の編集者であったと誤って伝えている。実際には、彼は一九二〇年一月から一九二二年三月まで、様々な編集の立場でそこで働いていた。Jeffrey Perry, "Hubert Henry Harrison, 'The Father of Harlem Radicalism': The Early Years—1883 Through the Founding of the Liberty League and The Voice in 1917"（Ph. D. diss., Columbia University, 1986）. このPh. D. 論文は、一九一七年までの、このテーマに関して、最も信頼のおける資料である—も参照。

（18）Perry, "Hubert Henry Harrison," 371-372.

（19）Hubert H. Harrison, "Socialism and the Negro," in Harrison, *The Negro and the Nation*（New York: Cosmo Advocate, 1917）, 21-22; この論文を最初に発表したのは、*International Socialist Review*（July 1912）においてである。Eugene Debs, "The Negro in the Class Struggle," *International Socialist Review*（1903）と比較せよ。この論文は、*Eugene V. Debs Speaks*（New York: Pathfinder Press, 1970）, 90-95で再版されている。

（20）Harrison, "Socialism and the Negro," 22, 24, 22-23.

（21）Ibid., 27-28.

（22）Hubert Harrison, *When Africa Awakes*（New York: Porro

Press, 1920), 7-8.

(23) Jervis Anderson, *A. Philip Randolph: A Biographical Portrait* (New York: Harcourt Brace Jovanovich, 1973), 76.

(24) Foner, *American Socialism and Black Americans*, 211.

(25) Anderson, *A. Philip Randolph*, 94.

(26) Holmanが担当した労働者たち—これらの地区での社会党の選挙運動の成功には極めて重要な存在であった—は、西インド諸島系の移民に限定されてはいなかったように思える。ホールマンもエミリー・ジョーンズ（「社会主義の組織を拡大する黒人女性」と述べられている）もともに、その秋のハーレムでの社会党の選挙活動に参加した。ニューヨーク支部執行委員会議事録（一九一八年一一月六日）。New York *Call* (4 November 1918).

(27) ランドルフは執行委員会に、そこの「多くの黒人たち」がそのような支部をつくりたがっていて、その活動に執行委員会は毎月一五ドルを寄付することを決めたと伝えた。しかし、二一番州議会下院議員選挙区とは対照的に、一九番地区の黒人たちの間で政治活動が行われたという報道が、社会党の関係誌で殆どなされたことがなかった。ニューヨーク支部執行委員会議事録（一九一八年一一月二七日）。オーエンは八月の終わり近くに徴兵されたので、選挙運動の最も重要な時期を逃してしまった。ニューヨーク支部執行委員会議事録（一九一八年九月四日）。

(28) New York *Call* (4 November 1918); Report of New York City Board of Elections, 31 December 1918.

(29) Cf. Karl Marx, *The Poverty of Philosophy* (1847; rpt. Moscow: Foreign Languages Publishing House, n.d.), 165-166.

(30) Cf. Elliot M. Rudwick, *Race Riot at East St. Louis, July 2, 1917* (1964; rpt. Urbana: University of Illinois Press, 1982); William Tuttle, *Race Riot: Chicago in the Red Summer of 1919* (New York: Atheneum, 1970).

(31) Cf. Charles H. Wesley, *Negro Labor in the United States, 1850-1925* (New York: Vanguard Press, 1927); Sterling Spero and Abram Harris, *The Black Worker* (New York: Columbia University Press, 1932).

(32) Eugene Debs, "The Negro in the Class Struggle," *International Socialist Review*, 4 (November 1903): 260; reprinted in *Eugene V. Debs Speaks*, 95.

(33) *Messenger* (November 1917): 33.

(34) Harrison, *When Africa Awakes*, 87. ハリソンは討議した年を一九一八年だと誤って記憶している。ハリソンの伝記作家ジェフリー・ペリーは、ハリソンの「人種問題最優先」という考えは、一九一四年から一六年までの時期に行われた一連の野外での、および室内での講演中に現われたと述べている。Perry, "Hubert Henry Harrison," 403-404.

(35) 社会関係の構造にはっきりと示されているように、「人種」の生物学的な面と社会的な面とは、お互いに絶えず混乱していたというのは、特徴的なことである。

(36) Perry, "Hubert Henry Harrison," 467.

(37) 例えば、Henry Miller, *The Rosy Crucifixion, Book Two:*

Plexus (New York: Grove Press, 1965), 560-561 の Harrison についての説明、および Wayne Cooper, *The Passion of Claude McKay* (New York: Schocken Books, 1973), 336-337 を参照。

(38) Anselmo R. Jackson, "An Analysis of the Black Star Line," *Emancipator*, 1: 3 (27 March 1920): 2. ハリソンの月刊誌 *Voice* の所有権をめぐって生じた不和が、自由連盟の終焉へとつながったと Richard B. Moore が報告している。Cf. "The Critics and Opponents of Marcus Garvey," in John Henrik Clarke, ed., *Marcus Garvey and the Vision of Africa* (New York: Vintage, 1974), 217.

(39) "Discard Ambition and Ignorance," という記事は、一九二〇年八月の来るべき選挙で、一般的な黒人の改善協会の会長候補としてハリソンの指名をおどけて提案した。Cf. *Emancipator*, 1: 6 (17 April 1920): 3.

(40) Hubert Harrison, "Two Negro Radicalisms," *New Negro* (October 1919), *Emancipator*, 1: 4 (3 April 1920): 3 で引証されている。引証されている記事のいくつかの部分が、『ニグロ・ワールド』の一九二〇年三月二七日版でもリプリントされたことを『エマンシペーター』が報じた。ハリソンの月刊誌『ヴォイス』は、一九一七年に自由連盟の創設と同時に立ち上げられたが、一九一九年三月に廃刊となった。それに代わって、短命の雑誌『ニュー・ニグロ』(ハリソンと政治的正体のはっきりしない August Valentine Bernier が編集)が現われた。

(41) Claude McKay, *A Long Way from Home* (New York: L. Furman, 1937), 109. これらの個々のものに関する背景事情の資料(大部分は未完のものだが)は、Harry Haywood, *Black Bolshevik* (Chicago: Liberator Press, 1978); Foner, *American Socialism*; Theodore Draper, *American Communism and Soviet Russia* (New York: Viking, 1960) に見い出せる。西インド出身のジョゼフ・ファニングは、ハーレムで唯一の黒人が所有していた煙草店の店主で、一三五番通りに位置していた。資料提供者エドガー・グレイによれば、ファニングはアフリカの血の友愛団体の役員であったが、一九二一年八月一〇日に突然、亡くなった。Reports of Agent P-138, 13 July 1921, BS 20260-2031-6; 15 August 1921, BS 198940-234; Records of the Federal Bureau of Investigation (R [ecord] G [roup] 65), National Archives, Washington, D.C. (今後は DNA と省略して書く)

(42) McKay to Eastman, 18 May 1923; in Cooper, *The Passion of Claude McKay*, 89.

(43) 振り返ってみると、マッケイの自叙伝 *A Long Way From Home* の、無邪気な言葉で表現されている一節(Rose Pastor Stokes のパーソナリティを説明している)は、今では追加的な意味を帯びている。ストークスが「急進的な黒人の集団」と一緒に仕事をしていたことを、マッケイは思い出した。「ある夜、私は友人グレース・キャンブルのアパートにいた。するとその時、ミセス・ストークスがある会合に出るために、そこにやって来た」。もともと社会党員だったグレース・キャンブルは、ハーレムの急進主義者(彼らの政治的忠誠心は、結局、恐らく一九二一年の中頃に共産党に移されたのであろう)の一人であった。マッケイの短い記述は、キャンブルのアパート（そこでストークスとの出会いが、まさに起ころうとしていた）に彼がいたのは偶然であったことを示している。恐らくマッケイ自身がそこにいたのは、明らかにその「急進的な黒人集団」（その集団にマッケイも属していた）の会合に出席するためであった。*A Long Way*, 161. 意義深いことに、一九二三年のマックス・イーストマンに宛てた手紙で、『リベレーター』での私の立場をニューヨークの急進的黒人集団とだけ、真剣に論じた」とマッケイは記している。マッケイからイーストマンに宛てた手紙（一九二三年四月三日）、Cooper, *The Passion of Claude McKay*, 83. マッケイの *Negroes in America*（Port Arthur, N. Y.: Kennikat Press, 1079）の最初のロシア語翻訳者による意見は、ほぼ疑問の余地のないくらいだが、一九二一年にロンドンから戻ったマッケイが、「彼の活動のすべてをニューヨークの黒人たちの革命を創造することにあてた」（xviii）と言っているのは、自分のことを大げさに言っている。

（44）グレイはその組織の書記であった。彼はマーカス・ガーヴェイの一般的な黒人の改善協会を辞任したか、追い出されるかした後、彼ともう一人の以前のメンバーとで、ニューヨークの地区検事に、ガーヴェイがブラック・スター・ラインの株を「許可もなく」売却したこと（法律違反）に警戒するよう促した一九一九年にグレイは悪名をはせた。グレイはガーヴェイの一九二三年の裁判で、検察側の証人となった。一九二一年八月に、グレイはこの組織の国内事情に関する情報を連邦諜報部員に与える目的で、アフリカの血の友愛団体に参加することに同意した。ウィルフレッド・ドミンゴは『メッセンジャー』誌上でグレイを一度、称賛したことがあった。もし一九一九年にグレイがドミンゴの急進的な傾向に関係のある手紙をアメリカ国務省に送ったことをドミンゴが知っていたら、それほど寛大にはなれなかったかも知れない。それから一〇年後、エドガー・グレイはニューヨークの *Amsterdam News* 紙にかなり定期的に筆を執った。Harrison, *When Africa Awakes*, 9-10. E. David Cronon, *Black Moses: The Story of Marcus Garvey and the Universal Negro Improvement Association* (Madison: University of Wisconsin Press, 1955), 76-77; ここで Grey の名が "Gray" と間違って綴られている。Reports of Agent P-138, 26 August 1921, BS 202600-2031-9 ; 6 August 1921, BS 202600-667-76 ; Edgar M. Grey to United States Department of State, 8 August 1919 ; L. Lamar Winslow [Winston?], Department of State, to Frank Burke, Bureau of Investigation, 13 August 1919, OG 258421, DNA ; *Amsterdam News* (17 November 1926) ; *Messenger* (March 1923) : 640. ハリソンは彼の組織の書記が諜報機関にコネがあったことに気づいていなかったように思える。彼は以前の左翼支持への共感を失くしていなかった。数週間前に、彼はその民族の教育フォーラムでのメーデーの祝典に参加した。Radical Activities, 7 May 1921, BS 202600-1628-20, DNA.

（45）Report of Agent P-138, 13 July 1921, BS 202600-2031-6. ストークスは五月二九日の Peoples' Educational Forum に姿を見せることになっていたが、来なかった。Report of Agent

P-138, 31 May 1921, BS 198940-145, DNA.

（46）Martin Luther Campbell（社会党員でアフリカの血の友愛団体の一員、一三五番通りの紳士服店の所有者でもある。七月にはすでに二人の黒人共産党員がハーレムでちゃんと一人前の役目を果たしているとする情報をつかんでいたスパイでもある）から得られた情報。キャンブルは彼らの名を言うのを断ったが、一人はRichard・B・Mooreかも知れないとほのめかした。（Cyril BriggsはTheodore Draperとの一九五八年の手紙のやり取りで、ブリッグズが一九二一年にその組織に入った時、すでに党員だったとしてOtto Huiswoudと正体不明のHendricksという人の名を挙げている。入手可能な情報筋は、キャンブルの店をよく訪れていた人たちのうちで、二人のことへの言及がないので、彼らはキャンブルの念頭になかった人物と結論づけて差し支えないようである）。

（47）Theodore Vincent, *Black Power and the Garvey Movement*（Berkeley: Ramparts Press, 1971）, 81-82を参照。

（48）アフリカの血の友愛団体が『クルーセイダー』で初めて言及されたのは、一九一九年一〇月号に掲載された広告においてであった。アフリカの血の友愛団体に関して、さらに詳しい言及としては、W. Burghardt Turner and Joyce More Turner, eds., *Richard B. Moore, Caribbean Militant in Harlem: Collected Writings 1920-1972*（Bloomington: Indiana University Press, 1988）, 特に一章と二章を参照。

（49）Arthur Preuss, *A Dictionary of Secret and Other Societies*（St. Louis, Mo.: B. Herder Book Co., 1924）, 47; Reproduced in Robert A. Hill, "Introduction," *The Crusader*（New York: Garland Pub., 1987）, lxvii-lxx.

（50）*Crusader*（June 1920）: 7.

（51）DomingoはW.E.B. Du Bois, "Back to Africa," *Century* 105（February 1923）: 543に引証されている。

（52）慎重に考え出されたというよりも、政治的にスローガン化された要素の強い一般的な黒人の改善協会の経済政策に、より理路整然とした一貫性を与えていることに、私はやましさのようなものを感じる。

（53）一般的な黒人の改善協会は、「アフリカに戻る」運動としばしば呼ばれてきた。そしてガーヴェイの意図は、アフリカ系アメリカ人がアフリカ大陸に大量に「戻る」ことだったのか、それとも確立された一般的な黒人の改善協会のコロニー（集団居住地）をアフリカの政治主権のための基礎づくりに変えられるだけの能力を持った比較的少数の黒人をアフリカに送り込むだけだったのか、学者や批評家の間で今日でも議論が続いている。歴史の記録によると、実際、両方の解釈が支持されている。それにアフリカ系アメリカ人の国籍離脱の問題に関して、「ガーヴェイが本当に考えていたこと」―新しい歴史的証拠が一つ加えられるたびに、よりあいまいなものになっていく目標―を探し出すことは、政治的日和見主義、つまりガーヴェイを一方の側へ引き寄せたかと思うと、次には他方の側に引き寄せた政略的事情を理解するほどには、妥当性は少ないかもしれない。

（54）*Negro World*（19 February 1921）: 3.

（55）Cronon, *Black Moses*, 189；109. 表向きはKu Klux Klanが

署名したことになっている添付の覚え書き—しかし、その覚え書きは一般的な黒人の改善協会の狂信者が送ろうと思えば、容易に送れたであろう（あるいはそのことで言えば、政府の「下劣なたくらみ」を担当する部門の諜報員《スパイ》のしわざかもしれない）—で、ランドルフは「黒んぼ《ニガー》の地位向上協会」に入会するのか、それとも誰か他の者に彼の筆跡のものを敢えて送らせるか、どちらかしかないと警告された。(p.110.)

（56）Cronon, *Black Moses*; Vincent, *Black Power and the Garvey Movement*; Tony Martin, *Race First: The Ideological and Organizational Struggles of Marcus Garvey and the Universal Negro Improvement Association* (Westport, Conn.: Greenwood Press, 1976); Judith Stein, *The World of Marcus Garvey: Race and Class in Modern Society* (Baton Rouge: Louisiana State University Press, 1986).

（57）一八二一年にリベリアに集団居住地を創設、翌二二年に以前奴隷であった黒人のアメリカ人が移り住み、こうして彼らはその地域にもともと住んでいた人々を政治的支配下に置き、奴隷制を確立するという結果になった。リベリアで一般的な黒人の改善協会の計画が、実際に成功していれば、それは最初の移住者の集団居住地の中に、もう一つ別の移住者の集団居住地が出来上がることになるのだから、ちょっと驚きである。

（58）この引用文は、『ニグロ・ワールド』のすべての号の中で目立っているように見えた。

（59）James Weinstein, *The Decline of Socialism in America, 1912-1925* (New York: Monthly Review Press, 1967) を参照。

（60）*Liberator* もまた、この時代に勢いを失った。Daniel Aaron, *Writers on the Left: Episodes in American Literary Communism* (New York: Harcourt, Brace and World, 1961), 93を参照。

（61）初めのうちは、とりわけ一九二〇年の第一回国際大会の時には、ガーヴェイ支持者たちは、アメリカ国内でアフリカ系アメリカ人の権利を求めて闘うことに大きな関心を表明していた。しかし、一九二一年以後、この要求は、アフリカ大陸での政治的・経済的自立を獲得しようとする彼らの活動の中で、またアメリカに相いれないガーヴェイの政治的情況の結果として、ガーヴェイがアメリカ当局に自国の政治的脅威と見なされていることへの明らかな恐怖心の中で、失われたように思われる。

（62）実際には、『メッセンジャー』のランドルフやオーエンのような、この政治集団内の、より保守的な分子は、新しい社会主義の秩序が投票や議会で制定した方法によって現われてくるのを目にした。もっと左寄りの人々、例えば、ドミンゴは、世界産業労働者組合（それは秘密の政治活動と結びついていた）のやり方のようなゼネストによって、こういうことが起こっているのを目にしがちであった。しかし、社会主義志向の新しい黒人たちの小集団内のこの極右、極左（一般に社会党内でそれを反映していた）は、両翼がその人種偏見のない組合活動のゆえに、世界産業労働者組合を信奉したという事実によって不明瞭になった。

（63）James Weldon Johnson, ed., *The Book of American Negro Poetry* (1922; rpt. New York: Harcourt, Brace and World,

1959), 9.

(64) W.E.B. Du Bois, *The Souls of Black Folk* (1903; rpt. New York: New American Library, 1969), 278.

邦訳　ポーラ・ギディングズ、河地和子（訳）『アメリカ黒人女性解放史』（時事通信社、一九八九年）

邦訳　ハリー・ヘイウッド、山岡亮一・東井正美（訳）『黒人解放』（有斐閣、一九五八年）

邦訳　W・E・B・デュボイス、木島始・鮫島重俊・黄寅秀（訳）『黒人のたましい』（未来社、二〇〇六年）

第二章

新しい女性

ロイス・ルードニック

「世の中が変化をし始めた頃、女たちがじっとしていない点が、グリニッチ・ヴィレッジと呼ばれた所の発展の主たる原因であったが、それはなにもニューヨークに限らず、アメリカ全体で起こっていることでもあった」[1]。女たちは二〇世紀初期のアメリカの「世の中」を変える上で中心的な役割を演じた、というハチンズ・ハプグッドの承認は、本当のことをほんの少しばかり大げさに言ったものである。芸術や政治の分野で同じことが言えるのだが、女たちが伝統的な領域で、今までより大胆に自己主張をし、新しい領域を創造した時、過去に引かれた境界線が延ばされ、それまで神聖なものとして崇められていた因習がひっくり返された。一八九〇年から一九二〇年の間に、女性作家たちや改革家たちは、社会的・政治的改革ばかりでなく、文学や芸術にも大きな貢献をした。事実、アメリカの女たちの文学作品と彼女たちが公共の政策に及ぼした影響は、最近までのアメリカ史の中で他のいかなる時代よりも、進歩の時代において恐らく大きいものであった。

ハプグッドが言及する変化を代表する新しい女たちの生涯と作品は、複雑な一連の考え方—それは、私たちがその当時の女たちの問題と役割とを理解する上で重要である—を提供する。新しい女性たちの関心は、彼女たちに社会とその現状の再想像を促し、フェミニストたちに目下、取り組んでいる問題を提起するように仕向けた。女たちのアイデンティティはいかに創造され、定義されているか。女たちのアイデンティティはいかにあるべきか。女性が生活している共同体やそれより大きな社会での、その地位はどういうものなのか。女性は成功というものをどう見るべきなのか。自己を育み、愛する人や家族との深い情緒的な関わりを維持し、仕事や市民としての活動に捧げることは可能なのか。新女性の仕事は、現行の経済的・社会的構造にぴったりあてはまったのか。それともその仕事は、能力や達成というものの意味をまさに再定義することになりえたのか。

新女性の先祖は、一九世紀における女性の権利や奴隷制廃止運動で活動していた。彼女たちは、女の道徳的優越性や女性の「生まれつきの」市民権のために論ずることによって、家庭以外の世界に女たちがかかわり合うための道を切り開いた。しかし、一九世紀の活動家たちは、いぜんとして女たちが家庭の生活の中心を占め、もし女たちが公共の役割を選ぶのであれば、結婚しないようにと期待をした。ヴィクトリア朝時代の大学教育を受けた女たちですら、彼女たちに課された沢山の制約に制限されていた。動きの自由を抑え、時々は重大な健康上の問題にまでなった幾重にも重ねた衣服やきつく締めつけたコルセット。白人女性のセクシュアリティの全面否定。女性の知的・生理学的な面での劣等性を主張した通俗的医学理論。女性の体（特に、子宮）を精密に分析すれば、女性の運命の限界がわかるとしたのも、医学理論とかいうものによっていた。女性の性質について医者・聖職者・ジャーナリストの固定化した考えは、大衆の面前で演説する女性への依然として強力な禁止令の原因となった。教師や看護師以外には、職業の機会が実際には殆どないことを助長したのも、女性への固定観念が災いしてのことだった。[2]

新しい女性が思い描いた変化の可能性を生み出す上で、役立った諸々の力とは何だったのか。一九〇〇年には中流階級の白人女性の教育上の、職業上の、専門職上の機会がアメリカではすでに劇的に拡大していた。こうした拡大はさまざまな要因によるものであった―南北戦争後の時代に開校した新しい女性たちの大学、ビジネスや産業の拡大に及ぼした大量移民の影響（それは熟練を要しない、サービス部門の仕事の数のかなりの増加につながった）、公共部門の成長（それは市政と国政における進歩の時代の改革の結果であった）などがそうである。

一九〇〇年にはすでに、ハイスクールの卒業生の大多数は女性で、以前よりも多くの女性が高等教育を受けられるようになっていた。「この国の単科大学、総合大学、専門学校の八割が女性の入学を認めた」。ロイス・バナーは、女性が大学で教育を受けたことの最も重要な結果の一つを記している。「女性が今や、法律や医学といった尊敬を受ける職業に入って行けただけでなく、彼女たちが新に見つけた教育が彼女たちに自信と批判力―それはやがてアメリカの社会で、自分たちの置かれている立場に疑問を懐かせることになる―をも与えることになった」。女性の研究者は、社会学や人類学といった新しい分野で先駆者となった。彼女たちの研究によって、「女子の大学生は、男子の大学生に負けないくらいの学究的能力、肉体的健康を維持できる」ことを証明した。そして彼女たちは、ジェンダーが社会的につくられたこと、つまり、女性は生まれたのではなく、「つくられた」ということを提案した社会科学者の第一世代の人たちの一部である。この時代の小説、そしてその後に書かれたそれを熟考した自叙伝は、女性に開放された新しい職業の範囲を探求する。女性の社会進出は、一二の職種を除くすべてにおいて一九一〇年の国勢調査で見られた。事実、女子の大学生、女性の教授、知的職業の女性の割合は、一九二〇年の方が一九六〇年よりも大きいものであった。[3]

医学の進歩（新しいワクチン、衛生設備の改善、特に出産面での医学の進歩）は、女性の寿命を延ばした。出産率の意義深い低下（一八〇四年の一家族あたり子供七人が、一九〇〇年には、三、五六人になった）により、これまでより多くの結婚している女性がボランティア組織に余暇時間を使えるようになった。そういうことをしたがっている人たちにとっては、様々な公開討論会（女たちの会や環境保全のグループから参政権や市民権組織に至るまで）によって、社会的・政治的行動主義のための機会があったのである。[4]

いく人かの一九世紀の医者や多くの教育を受けた女たちが、服装面での改革をして、体を動かしやすくしようとする主張が、一八九〇年代に自転車に乗る新しい流行にけしかけられたこともあって、一般大衆の人々に根づき始めていた。主流のメディアは一八九〇年代の新女性を均整のとれた、体の健康な人とした。典型的な新女性はブラウスとスカートを身に着け、スポーツに積極的に関わる姿がしばしば示された。ロイス・バナーが『アメリカの美女たち』で説明するように、「普通の女性が前面に出てきていて、体を動かすことを擁護した運動がかなりの成果をあげたこと、女子大生の決断力、アーヴァ・アスターのような若い上流階級の女性やリリー・ラングトリーのような反抗的女優たちの俗受け、専門職に就いて夫や父親の特権を要求する女たちの能力―一八八〇年代には疑いをもって「進歩的女性」と呼ばれ、一八九〇年代になると熱意を込めて「新しい女性」と呼ばれた女たち。マスメディアでは、新しい自由が余暇と消費者の倫理―それらは自己否定や自制というよりも、個人的なわがままを促した―にも関係していた。一方で、新しい自由は肉体的快楽を公的にも私的にも享受することを大目に見ていた。[5]

女たちの新しい役割を定義する前衛部隊にいる女たちの中で、二つの世代の女たちを区別することは重要である。第一世代は一九世紀の終わりに成年になり、大学教育を受けた女たちからしばしば構成された。これらの女たちの多くは、専門職の分野に進出した。彼女たちはそれぞれの専門の分野（社会福祉事業、消費者保護、青少年保護、産業労働者の健康、進歩主義教育、日中保育・介護）を切り開く上で役立った。それよりずっと多くの女たちが、図書館の分館を創設することから運動場や公衆浴場をつくるための陳情に至るまでの自発的な市民の尽力に関与していた。

これらの少数派の女たちは結婚しなかった。そして彼女たちの多くは、女性が数の上で勝っていたコミュニティで他の女たちとの長期間にわたる結びつきの中で暮らした。これらの白人中流階級女性改革者について、彼女たちは「伝統にとらわれない、女だけの家族のような組織―それはやがて女性の自主性や創造的生産性を伸ばすことになる―を発達させた。急進主義的な新しい環境で、女たちにとっての多くの新しい役割を発展させるにあたって、第一世代の新女性は、彼女たちの母親の伝統的な方法を、彼女たちの素晴らしい新世界の核心部に編み込んだ」とキャロル・スミス－ローゼンバーグは記している。ジェーン・アダムズとシャーロット・パーキンズ・ギルマンは、この世代の最も重要な二つの典型である。ただし、ギルマンはなんらかの特定の組織に加わっていたわけではないが。[6]

第二世代の新女性には、グリニッチ・ヴィレッジのボヘミアンや急進主義者の多くを含んでいた。その中にはメイベル・ドッジやニース・ボイスがいた。彼女たちにとって、異性愛の愛情行為と性の自由が世界―そこでは男女がとても人間味のある社会的・経済的システムを形作る上で役立ちながら、愛と意味のある仕事をすることができるであろう―の再定義には、何より重要なことであった。ナンシー・コットは『近代フェミニズムの礎』で、この世代を定義する。「フェミニズムの旗じるしを立ち上げた女たちは、全般的に、労働運動、芸術、政治活動において、その急進主義的な考え方や伝統にとらわれない行動をすでに進んで受け入れていた。……フェミニズムはイデオロギー的に政治のスペクトルの左側の所で生まれ、まず［社会主義擁護でお馴染みの］女たちによって支持された……彼女たちは中産階級の背景があることで有利に働いていたにもかかわらず、自分たちを資本家階級というよりも、労働者階級と見なし、資本家階級から、また民主的に支配された国家から搾取されることがないように希望した。……彼女たちは社会体制の批判の中に、ジェンダーの階級組織への批判をはめ込んだ[7]」。

黒人女性たちには、白人女性たちと較べれば、乗り越えなければならない階級や偏見面でのより厳しい障害があったけれども、この時代は中流階級のアフリカ系アメリカ人の女たちにとって、際立った社会的・政治的動乱状態にもあった。アメリカ北部と南部の何千人もの女たちが、全国的なブラック・ウィメンズ・クラブ運動に関与していた。この運動は主に、アフリカ系アメリカ人の教育と社会福祉の向上に向けたものであった。黒人女性はまた、この時代の選挙権と公民権運動に主たる役割も果した。この時代にはまた、労働者階級の女たちは、未熟練労働者を労働組合に加入させる上で指導者的能力を発揮した。彼女たちはいくつかの主要な労働者のストライキで重要なまとめ役となり、中流階級の改革者たちの政治思考の大切な触媒として機能した[8]。

女性の参政権運動―それは女性に選挙権を与える合衆国憲法修正第一九条を一九一九年に可決へともたらした―は、進歩の時代の間に、ますます闘争的なものになった。参政権拡張論者は、彼女たちの新しい戦術のある部分を彼女たちよりも攻撃的なイギリスの仲間たちから、またある部分を労働者階級の労働運動から借りた。後者の彼女たちは、市民的反抗・大衆示威運動・デモ行進の行使権に熟達するようになっていたからである。女たちが参政権を要求するために、政治的・階級的・時々は人種的な境界線を越えたのは、参政権運動の歴史で今回が最初であった。彼女たちの行動が有効に働いたことの一部は、近代のメディアや宣伝といった一度に多数を相手にできる潜在能力を持ったものを戦略的に利用できたことが大きかった[9]。

しかし、新女性はこれらの勝利や統計が暗に示す機会の単なる「総計」ではなかった。新女性のイメージが彼女を定義している時代の書き物の中で綿密に検討されている時、私たちが知ったことは、それらが多様な、そして時には、張り合っていて、対照的なイメージであるということであった。新女性の定義の根拠はたえず変化しており、誰がそれを注意して見ているかによる。一般に、新女性は次のような属性―自立し、自己規定し、物理的な熟達をし、鋭い才知を発揮し、彼女が働き楽しむための活動をし、研究し、自発的に事にあたり、他に劣らぬ冷静さを持って社会的に関わることができるという性質―を持っていると定義された。しかし、実際には、エリザベス・アマンズとケイ・トリムバーガーが論文で指摘しているように、新女性はずっと多くの葛藤ある人物であった。時々、理想と現実の間にあるその葛藤は、ヴィクトリア朝時代の因習―それから簡単には解放されなかった―と関連していた。時々、白人中流階級の女たちに対して、そうした自由を大目に見ていたのは、ひとえに主流の社会の人種差別主義の風潮によるものであった。

この時代の新女性の定義は、個人の自己発展に関係した自由から、階級制度を平等にすることに関係した自由に至るまで、政治・社会の全領域にわたっている。メディアお気に入りの新女性の大衆化は、ギブソン・ガールで、それはいくつかの点で積極的で健康的な変化を表わすものであった。しかし、その女性像は制限され、限定的なものであった。彼女はゴルフの試合で、男と堂々とやりあったり、鋭いウイットを使って、男にひけを取らなかったが、彼女の人生における主な目的は、夫を摑まえることであった。もっと陰険な言い方をすると、マーサ・バンタがそれとなく言ったように、ギブソン・ガールというのは、アメリカに大量の移民が最も多く流れ込んできた時に、目立つようになった。その頃、「純血の」アングロサクソン民族を混血の脅威から守ろうとして、多くのアメリカ人が「純アメリカン・ガール」と特に定義しようとしていた[10]。

この集団の、より進歩的な構成要素の中にあってすら、新女性は白人の、中流ないし上流階級に属すると一般的に見なされていた。新女性は労働者階級の女たちや黒人の女たちの大多数にはあてはまらないという意味で、その経済的安全という観点から確かに特権的であった。しかし、これらの女たちが新女性像を定義する際に、関わらなかったということではない。例えば、エリザベス・ガーリー・フリン、エマ・ゴールドマン、ローズ・パスター・ストークスのような労働者階級の急進主義者は、性の自由や政治的・経済的権限に至る女性の権利について公的に力強く話したり、書いたりした。都市部の労働者階級の女たちの生活を考察して、キャシィ・ペイスは、独身の労働者階級の女たちが性の革命の先頭に立っていたと主張した。彼女たちは余暇活動で、自分たちなりに変形させた新女性版を作りあげた。そうした活動は、殆どの中流階級の女たちにあてはまるというよりも、彼女たちにより大きい範囲の、個人的な自由を与えた。バナーが指摘するように、ギブソン・ガールの競争相手が労働者階級にいた。それが「小さくて浮気な、時にボーイッシュな、時にセクシーな、美女の模範」で、フロラドラ・ガールズ、ダンサーのアイリーン・カースル、ハリウッドのスターのクララ・ボウなどによって具現されていた[11]。

この時代の新女性を位置づけしようとすると、彼女たちはかなり広範囲にわたって分布していることが認められるが、ヘテロドキシー・クラブを形成していた一見すると同じ意見を持っていると思われた女性集団ですら、その広範囲な分布は実例で示すことが可能である。このクラブはグリニッチ・ヴィレッジで二〇年以上もの間、その会が開かれた意識向上の集団で、その政治的友好関係は、共和主義者から社会主義者まで幅があり、その性的な好みは異性愛の一夫一婦、同性愛、自由恋愛と多様で、その社会的観点は、非常に競争の激しい男の社会で名をなしたいとするビジネスウーマンの観点（その集団には少なくとも一人の株式仲買人がいた）を持ち、社会主義的なフェミニズムの課題に一致した形で、社会を変えたいと望んでいる人たちであった[12]。

この時代の文学作品の新女性、進歩的な新女性、急進主義的な新女性の中に、創造的作家、社会理論家、政治活動家を私たちは目にする。彼女たち新女性の生涯や仕事は、多くの女たちが彼女たちの潜在的能力を充分に発揮することを阻んできた様々な形の抑圧を指摘するだけでなく、女性の性質や女性の領域についての定義を広める上でも貢献した。

文学作品の新女性

アメリカにおいて女性の書いたものが大きく開花したのは、同時代以前のことで、一八九〇年から一九二〇年にかけての時代であった、とエリザベス・アマンズは指摘した。この時代に「目立った才能と業績を持った女性作家が輩出し、それが持続したというのは、アメリカの文学では先例のないものであった」。二、三の例を挙げると、ケイト・ショパン、エレン・グラスゴー、イーディス・ウォートン、フランセス・エレン・ワトキンズ・ハーパー、アンジェリーナ・グリムキ、スーザン・グラスペル、ウィラ・キャサー、シャーロット・パーキンズ・ギルマン、メアリー・オースティンなどが、女性の人生をめぐって挑戦的な小説や劇作品を創造していた。これらの文学作品は、これまでのアメリカの文学ではアプローチされてこなかった方法を使って、社会的・心理的なリアリティや可能性を探ったのである。(13)

ショパン、ウォートン、グラスゴーの作品の中の女性の登場人物たちは、社会的因習によって選択権を奪われた状態で、しばしば悲嘆に暮れた彼女たちの人生に閉じ込められている。『目覚め』（一八九九年）のエドナ・ポンテリエ、『歓楽の家』（一九〇五年）のリリー・バートと『ヴァージニア』（一九一三年）のヴァージニア・ペンドルトンは、新しい女性の時代における殆どの女たちの人生に（彼女たちは上流階級の人たちなのに）制限がかかっていることを悲劇的な形で容認する人たちであった。

ハーパー、グリムキ、グラスペルは彼女たちの時代の人種的・政治的な伝統主義に大胆に挑戦する女主人公を創造した。有名な講演者で、公民権の擁護者であったハーパーは、一八九二年に『アイオラ・リロイ』―政治的・社会的活動家であるヒロインを前面に押し出した、アフリカ系アメリカ女性による最初の小説―を出版した。アイオラには彼女が愛する男性（彼の方も黒人の民族向上のために働くことを支持している）と結婚する選択の自由がある。抗議の劇『レイチェル』（一九一六年）で、グリムキのヒロインは結婚したり、子供を育てたりすることを拒絶する。人種差別主義の白人社会は、彼女の自己表現のための活動の場を許さないからである。グラスペルの『相続人たち』（一九一九年）は、当時の反戦劇として目立っているが、女子大生のヒロインは、彼女の自由を断念して、多くの大学の学問的自由を破壊した第一次大戦の反急進主義的ヒステリー状態の中、人前で演説する二人の学生の公民権を擁護しようとする。(14)

オースティン、キャサー、ギルマンは女性中心の観点から歴史と神話を再想像した。オースティンの『ほとんど雨の降らない土地』（一九〇三年）は、南西部地域の多文化の情況について、英米文学において最も想像力をかきたてる記述や物語のいくつかを含んでいる。博物学者のパイオニアで、アメリカ先住民の権利を擁護した彼女は、男たちにとっての逃避の場所としての、また個人的自由の場所としての西部の神話に代わる新しいヴィジョンをフェミニストの観点から、「その土地の名を改めること」によって提供した。キャサーの『マイ・アントニーア』(一九一五年)は、労働者階級の移民女性の開拓者の生活に、そして彼女の精神力と精神的自立が、土地と共同体の入り組んだ仕組みに根づいている点に焦点を合わせる。一九一四年にシャーロット・パーキンズ・ギルマンは『ハーランド』(アメリカのフェミニズムのサイエンス・フィクション最初の作品)を出版した。この作品は女たちのユートピアの世界を探る。女たちは自分たちを「発見する」三人の男〔その中の若者の一人が、この作品の語り手になっている〕の探検家たちを再び社会の要求に合致させようとする。この小説は想像化された世界—そこではラテンアメリカに住んでいるアーリア人の女たちが「理想的な人種」を創造しようとしている—でファシズムを暗に示していることで台なしになっている。しかし、人間の規範を女たちが定義する世界でハーランドの人々が暮らすことによって、「男たちの定義した世界で暮らすより優れた」女性らしい社会の構築、文化の構築を魅力的にギルマンは描く。[15]

進歩的な新しい女性

中流階級の進歩的な女性改革者たちは、一九世紀の信念システム—それは彼女たちのような女たちのために、アメリカの道徳や習慣の守護を主張した—の後継者であった。彼女たちの母や姉妹は、家庭で養育を行ったが、共同社会・同情・愛・共感の価値は、家庭を越えて拡大される必要がある、と改革者たちは論じた。もし国家が二〇世紀において公正で、民主主義的な社会として生き延びるつもりであれば、その国家は女性の「貢献」を必要とする、と彼女たちは信じた。彼女たちの多くは、プロテスタントの神学—それはキリスト教徒が神の王国を地上にもたらすようにと促した—の範囲内で、社会的福音〔聖書の教えを社会問題に適用しようとした〕運動に喚起された。[16]

進歩的な女性リーダーたちは、社会学と社会福祉事業、公共的な政策、教育改革、自然や環境の保護、平和運動の分野で、重要な初期の理論と実践の多くのための基礎を据えた。彼女たちの多くは、新しい女性—結婚を望まず、希望していた改革に生涯を捧げようとした彼女たちは、中流・上流階級が享受していた繁栄から除外されてきた大多数の男女のために、アメリカのチャンスの門戸を開けてくれるであろう—の第一世代の中に含まれていた。最も優しくない言い方をすると、白人の進歩的な女たちは下層階級に対して横柄で、人種差別的で、彼女たちの「社会的な地位が向上する」ことを求めはしたが、そうなることを時々恐れていた。最も優しい言い方をすれば、彼女たちは黒人の仲間たちと多文化的デモクラシー—そこではあらゆる階級やあらゆる民族集団の男女が、協力して働くことになる—としてのアメリカのヴィジョンを共有した。

ジェーン・アダムズの自叙伝『ハルハウスでの二〇年』(一九一〇年)で、彼女の考え方は、彼女の建てたシカゴのセツルメントの共同体周辺の、またそれに関与している多くの国内の集団、および民族集団を収容することであった。彼女はハルハウスを、地方の、州の、国内の、国際のレベルでの異文化協力の模範として思い描いている。アダムズはDr.アリス・ハミルトン、フランセス・パーキンズ、フローレンス・ケリー、グレース・アボット、それに最初の年少労働法、工場視察法、最初の産業に従事する人々の健康および住宅法の改革のために闘った他の女性改革者とともに働いた。彼女たちは女性の労働組合を支持し、国内的・国際的な女性の平和運動の創立者となった[17]。アダムズの仲間の黒人活動家アイダ・B・ウェルズは、アメリカにおける最初の反私刑《リンチ》運動を組織した。南部で白人男性が黒人男性を殺害し、黒人女性をレイプしたことを彼女が調査した結果、彼女は自らの首に懸賞金をかけるはめになってしまった。ウェルズは最初の全米公民権組織、黒人の地位向上のための全米協会(NAACP)の設立者で、全米黒人女性クラブの運動における重要人物であった。彼女の自叙伝『正義を擁護して』(一九二八年)は、進歩の時代の黒人政治と社会改革の目撃者の歴史を提示してくれる。そこには白人女性改革家たちの人種差別主義に関する彼女の経験が含まれている[18]。

急進主義的な新しい女性

急進主義的な新しい女性は、主として第二世代のフェミニストの人たちで、二〇世紀の最初の二〇年間で成年になった。彼女たちはヨーロッパの社会主義者の理論に影響されたと同じだけ、ウォルト・ホイットマンのような自国の反抗者たちの詩からも刺激を受けた。新しい女性に相応する男たち（ジョン・リード、マックス・イーストマン、ビル・ヘイウッド）のように、新女性は平等主義を求めるにあたって進歩的な改革者たちよりも要求が厳しかったばかりでなく、資本主義アメリカの基本的体調不良に対する激しい非難の点でも、進歩的な改革家たちよりも大々的であった。エリザベス・ガーリー・フリン（世界産業労働者組合の労働者の猛烈な組織拡大担当者）のような社会主義者、エマ・ゴールドマンのようなアナキストは、国家の富と社会的権力の基本的再配分とを要求した。

伝統的な社会党ばかりでなく、進歩的な女たちも避けたセクシュアリティの問題を公然と取り上げた、アメリカのフェミニストたちの第一次世代の中に、急進主義的な新女性はいた。マリ・ジョー・ビューラが『女とアメリカの社会主義』で説明するように、彼女たちは性の解放に「将来の社会の大変革、一般的に言えば、〈資本主義の〉価値の破壊の手がかりを求めた。それゆえ彼女たちは性の抑圧を、中流階級社会の精神的不毛、そうした社会の慣習や不自然なものと結びつけた[19]」。

グリニッチ・ヴィレッジは、第一次大戦前のアメリカにおける急進的フェミニズムの本部であり、多くの主義を持ったフェミニズムのリーダーたちにとっての故郷であった。労働問題を扱ったジャーナリストでプロヴィンスタウン・プレイヤーでもあったメアリー・ヒートン・ヴォースは、ある友人に手紙を書いた時、ヴィレッジのフェミニズムの精神を次のように要約した。「あの品のない、不道徳な慣習を最大数爆破する―理想的《パーフェクト》な女性とやらを外に引っぱりだして、叩きつぶし、暴動をおこす。これ以外にいかなる国の道徳的健康に良い影響を及ぼすものなど思いつかない」と。この場所から、マーガレット・サンガーは産児制限の運動を行った。参政権運動についても同じことが言えるのだが、産児制限の主唱者は、「特権というものから最も縁遠い女のために闘う運動を始める」ことを希望して、階級の境界線を越えた。事実、一九一五年の最初の何か月間で、サンガーの小冊子「家族制限」を一〇万部印刷し、配った者こそ、その当時、最も急進的な労働者たちの組織であった世界産業労働者組合であった[20]。

アメリカにおけるセクシュアリティの歴史に関する本『私事』の中で、ジェラルド・デミリオとエステル・フリードマンは、産児制限が女性の役割と生活を変えてくれると考え、女たちが産児制限を要求して頑張った、その革命的な可能性を力説する。「禁欲によるよりも避妊具によって、女たちが生殖能力をコントロールすることを主唱することは、女性が性の表現をはっきり受け入れたことを暗に示していた。そのことは性にかかわる活動と出産との関係を弱め、結婚の絆の意味を変え、婚前の性行為を女たちの間でもっと広範囲に広げる道を開いた。産児制限がさらに広く利用され、行われるようになり、生物学が人間を運命づけるという要素が、ますます減っていくことがわかるにつれ、女たちが選択できる役割を産児制限が広げてもくれた[21]」。

男女の知的・政治的・経済的・性的な平等を前提とすれば、充分に民主的な社会が実現されるだろう、と急進主義的なフェミニストたちは信じていた。「協同的な国家」としてアメリカのヴィジョンの根底にあるのは、公共の託児所、産児制限を提供する政府であった。そのような社会では、妻になるのも母になるのも女たちの選択に任されていて、選択が制限されてはいない。グリニッチ・ヴィレッジの女性組織であるフェミニズム同盟が、一九一四年の見解表明の場で、「フェミニズムは性に基づくあらゆる社会的・政治的・経済的、および他の差別撤廃を要求し、個人の能力のみに基づいて、あらゆる分野で、あらゆる権利を受け、義務を果たすことを要求する運動体である」と宣言した[22]。

これらの理想のために働いている近代の女たちのように、一九一五年の急進主義的なフェミニストたちは、一方で女性の自由について表明された理想と、他方で伝統的な忠誠心および信念の引く力との間で大いに緊張を感じた。彼女たちはいまだに多くの西洋の女たちの人生の中心となっている葛藤を経験した。彼女たちは一方で、個人的自由と自己発展の要求に引っ張られ、他方で、親密さとコミュニティを求める要求に引っ張られていた。第二次世代内のフェミニズムの焦点が私的なもの、個人的なものにますます強調が置かれるようになるにつれて、これらの女たちの多くは、改革主義の社会的強みといった重要な要素を失っていった[23]。しかし、彼女たちのイデオロギー的な関わりが、彼女たちの私的な生活に強いた個人的な犠牲にばかりか、一般の文化よりはるかに先を進んだ考え方を主張していた女たちの闘いにも心を動かさざるをえない。

ヴィレッジの急進的な考えの男女は、女たちを伝統的な場所に縛りつけた保守的な道徳や資本主義経済を壊すために努力した。しかし、ヨーロッパから輸入された女性のセクシュアリティについての新しい理論は、彼女たちの性愛的な力を褒めたたえながらも、依然として男の観点から女性を定義した。事実、男女が女性の性の自由に払った注意とエネルギーの量は、特に女性のセクシュアリティが、急速な変化や新しい考えを望まない一九二〇年代における女性の近代性の明確な要因となった頃には、結局、女たちが経済的・知性的・政治的対等を求めて闘う力を徐々に弱めるように働いたと言えるだろう[24]。

ニース・ボイスの小説やメイベル・ドッジ・ルーハンの回想録が明らかに示すように、急進主義的な新女性の性質と地位を再定義しようとすると、不確実なものに付きまとわれた。彼女たちの葛藤は、グリニッチ・ヴィレッジの男性フェミニスト―この男たちの理想主義的なレトリックは、男たちが生活する中での現実の女性に実際に望んでいるものよってしばしばその有効性が弱くなった―によってけしかけられた。マックス・イーストマンやジョン・リードのような急進主義者は、男女平等の仕事や女性のための教育の機会を支持し、芸術的・政治的自由に必要な要素として、「自由恋愛」に賛成した。しかし、彼ら男たちがその個人的な関係の中で最もしばしば求めたもの、また彼らの小説や詩の中で最も頻繁に褒めたたえたものは、楽しく、興味をそそる相手、家庭・コミュニティ・女たちの願望を男たちの欲求より進んで下位に置く女性であった[25]。

ボイスの劇『貞節』は、大いなる機知と洞察によって、ケイ・トリムバーガーが強調する点―グリニッチ・ヴィレッジの男たちは、自由恋愛のイデオロギーによって、女たちよりもはるかに多くの利益を得た―を証明する。あるゆるものの良い点を与えてくれる新女性のような人を探し求めながらも、男たちは自分たちの性的欲求を満たすのに常に利用できる愛人を欲していた。彼らが中流階級の絆を捨てた時に失くした情緒的安心を彼らに与えてくれる母のような人を、そして世界を変える政治的・審美的偉業を達成できるインスピレーションを与えてくれ、創作意欲をかき立てる人を欲していた。彼らはこの二つの利点を持つ女性を求めた。

この後に続く二つの考察は、進歩時代の新女性を理解する上で重要な問題を扱っている。二人の代表的なヴィレッジの女性であるニース・ボイスとメイベル・ドッジの人生に焦点を合わせながら、ケイ・トリムバーガーは、親密な関係と芸術、個人的なものと政治的なものの紛糾した厄介な情況が、この注目に値する世代の女たちの人生の中で、いかに絡み合っているかを私たちに示してくれる。異なる注目点を脚色して、エリザベス・アマンズは、殆どの女性には「新しい」ものになるか、ならないかの決定を下す選択肢すらなかったことを私たちに思い出させてくれる。[26] アマンズが白人女性のみならず、黒人女性の小説にも注目することで、新女性のもう一つの面をつけ加えている。新女性のその姿と現実は、ジェンダーによってだけでなく、人種や階級によっても同じだけ影響されていたということを。

註

（1）Hutchins Hapgood, *A Victorian in the Modern World* (New York: Harcourt, Brace and World, 1939),136.

（2）女性の性質、男女の役割、男女の規範についてのヴィクトリア朝時代の考え方に関しては、Carroll Smith-Rosenberg, *Disorderly Conduct: Visions of Gender in Victorian America*（New York: Oxford University Press, 1985）および John D'Emilio and Estelle Freedman, *Intimate Matters: A History of Sexuality in America*（New York: Harper & Row, 1988）を参照。

（3）働く女性の割合が、一八七〇年の一五％から一九〇〇年の二〇％に増えた。この論文の最初の部分で私が引証している統計のことは、Lois W. Banner, *Women in Modern America: A Brief History* 2d. ed.（New York: Harcourt Brace Jovanovich, 1984）一章、二章を参照。女性の進出の理由については、Nancy F. Cott, *The Grounding of Modern Feminism*（New Haven: Yale University Press, 1987）一章を参照。Rosalind Rosenberg, *Beyond Separate Spheres: Intellectual Roots of Modern Feminism*（New Haven: Yale University Press, 1982）は、女性のアカデミックな社会科学者の世代と彼女たちの男性同僚—彼らは伝統的なジェンダー・アイデンティティと階級組織を疑問に思う研究の先駆者となった—を探究する。女子大学生、女性大学教授、女性の知的職業者の割合の減少に関する統計については、William L. O'Neill, *Everyone Was Brave*（Chicago: Quadrangle Books, 1969）, 304-305 を参照。

（4）進歩の時代の自然環境の保護運動で女性の果たした役割については、Carolyn Merchant, "Women of the Progressive Conservation Movement, 1900-1916," *Environmental Review* 8, no.1（Spring 1984）: 57-85 を参照。

（5）Lois W. Banner, *American Beauty*（Chicago: University of Chicago Press, 1983）, 146. 余暇の倫理の発展については、Banner, p. 175 および Linda Gordon, *Woman's Body, Woman's Right: A Social History of Birth Control in America*（New York: Viking, 1976）, 180-181 を参照。

（6）Carroll Smith-Rosenberg, "The New Woman as Androgyne: Social Disorder and Gender Crisis, 1870-1936," in *Disorderly Conduct*, 255. 一八七〇年代から一九二〇年代にかけて、結婚しないアメリカ女性が一割くらいしかいなかった時代に、「女性の大学卒業生の四割から六割が結婚しなかった」（p. 253）とスミス‐ローゼンバーグは指摘している。Allen Davis, *Spearheads of Reform: The Social Settlements and the Progressive Movement, 1890-1914*（New York: Oxford University Press, 1967）; and Blanche Weisen Cook, "Female Support Networks and Political Activism," in *A Heritage of One's Own: Towards a New SocialHistory of Women*, ed. Nacy Cott and Elizabeth Pleck（New York: Simon and Schuster, 1979）, 412-444.

（7）Cott, *Grounding of Modern Feminism*, 35. コットによれば、フェミニズムという言葉は、一九一〇年以前にはめったに使われなかったが、「一九一三年頃には頻繁に使われるようになっていた」。それは「一連の意図を、支持層の一致団結を、言語で表したいという要求に応えた。女性の権利と自由を求める長い闘いの歴史の新しい瞬間であった」。

（8）進歩の時代の間の、黒人女性活動家の功績については、Paula Giddings, *When and Where I Enter: The Impact of Black Women on Race and Sex in America* (New York: Bantam, 1984) および Dorothy Sterling, *Black Foremothers: Three Lives* (Old Westbury, N.Y.: Feminist Press, 1979) を参照。労働者階級の女たちが労働組合で活動したり、彼女たちが中流階級の女性改革者たちと同盟を結んだり、対立したりしたことについては、Meredith Tax, *The Rising of The Women: Feminist Solidarity and Class Conflict, 1880-1917* (New York: Monthly Review Press,1980) および Ruth Milkman, ed., *Women, Work, and Protest: A Century of U.S. Women's Labor History* (Boston: Routledge & Kegan Paul, 1985) を参照。コットは「一九〇五年から一九一五年の間に、一〇万人以上の女たちが、より良い賃金と労働条件を要求して、国中の衣類製造業でストライキをした」(*Grounding*, 34) と記している。

（9）女性の参政権とこの時代の宣伝技術を用いたことに関しては、Cott, *Grounding*, 30 と June Sochen, *The New Woman: Feminism in Greenwich Village, 1910-1920* (New York: Quandrangle Books, 1972), 141 を参照。

（10）Banner, *Women in Modern America*, 156-157; 168-169, および Martha Banta, *Imaging the American Woman: Idea and Ideals in Cultural History* (New York: Columbia University Press, 1987), 88 を参照。後者の本の、このページで、彼女は新女性の視覚像のあいまいさが、改革主義の課題ばかりでなく、保守主義の課題にもいかに役立ちえたかを語っている。

（11）Rosalyn F. Baxandall, *Words on Fire: The Life and Writing of Elizabeth Gurley Flynn* (New Brunswick: Rutgers University Press, 1987); Emma Goldman, *Living My Life* (New York: Dover Press, 1970), vol. 2; and Kathy Peiss, *Cheap Amusements: Working Women and Leisure in Turn-of-the-Century New York* (Philadelphia: Temple University Press, 1986), 6 を参照。「働く女たちの文化を理解することは、ダブル・ヴィジョンを、つまり女たちが流行・ファッション・ロマンス・男女の戯れを受け入れることは、継続する憂鬱な気分の原因となるばかりか、独立心と満足の源にもなりうることを理解しなければならない」ことをペイスは私たちに気づかせてくれる。Banner, *American Beauty*, 176 も参照。

（12）Judith Schwarz, *Radical Feminists of Heterodoxy: Greenwich Village, 1912-1940* (Lebanon, N.H.: New Victoria Publishers, 1982) を参照。

（13）Elizabeth Ammons, "On Calling Oneself a Feminist," *Tufts Criterion* (Fall 1983): 36-38. この時代の殆どの女性作家のフィクションが、かなり因習的な役割を果すヒロインを確立していることを記しておくのは重要である。バナーは *American Beauty* の中で、進歩の時代に人気のあった殆どのフィクションは、女性の真の満足感を家庭の中に見つけがちであったと記しているが、他方で Sochen はボイスやグラスペルのヒロインは自立を達成することはめったにないし、作者の創造的な満足感を得ることも稀である、と論じている。

(14) Harper に関しては、Mary Helen Washington, *Invented Lives: Narratives of Black Women, 1860-1960* (New York: Doubleday, 1987) を参照。グラスペルの *Inheritors* は、C. W. E. Bigsby, ed., *Plays by Susan Glaspell* (Cambridge: Cambridge University Press, 1987) で再版されている。

(15) Mary Austin, *Stories from the Country of Lost Borders*, ed. Marjorie Pryse (New Brunswick: Rutgers University Press, 1987) を参照。Austin や Cather 描く西部の風景の再想像については、Jan Monk and Vera Norwood, eds., *The Desert Is No Lady: Southwest Landscapes in Women's Writing and Art* (New Haven: Yale University Press, 1987) を参照。キャサーの描く新女性の模範としての、労働者階級の女性については、Sandra M. Gilbert and Susan Gubar, *No Man's Land: The Place of the Woman Writer in the Twentieth Century*, vol. 2, *Sex Changes* (New Haven: Yale University Press, 1989), 198 を参照。その p.184 で、ギルバートとギューバーは、*My Antonia* で、キャサーの描く若者たちが西部に行く時、「彼らは男の自由ではなく、女の優位に出くわす」と指摘する。父権社会が女性の人生に及ぼした発展と影響についての、最も早い歴史的分析の一つである Charlotte Perkins Gilman の *Women and Economics* を参照。(1898 ; rpt. New York: Harper & Row, 1966).

(16) 家の概念が、女性の文学や社会的な改革において、世界を家と見なす考えに発展していった歴史については、Dolores Hayden, *The Grand Domestic Revolution: A History of Feminist Designs for American Homes, Neighborhoods, and Cities* (Cambridge: MIT Press, 1981) を参照。

(17) Kathryn SKlar, "Hull-House in the 1890s: A Community of Women Reformers," *Signs* 10, no. 4 (Summer 1985): 658-677 を参照。ハルハウスの女性リーダーたちの成功は、男たちの支配する力のある組織を彼女たちが扱えたことに加えて、「強力に支援してくれる女たちのコミュニティを持っていたことによる」とスクラーは論じている。

(18) 白人女性改革家たちの人種主義については、Rosalyn Terborg-Penn, "Discrimination against Afro-American Women in the Woman's Movement, 1830-1920," in *The Afro-American Woman: Struggles and Images*, ed. Sharon Harley and Rosalyn Terborg-Penn (Port Washington, N.Y.: Kennikat Press, 1978), 17-27 を参照。

(19) Mari Jo Buhle, *Women and American Socialism* (Urbana: University of Illinois Press, 1983), 260. ビューラは「男女の問題が政治改革の主要な問題にされ、女性解放がその実質的問題にされるべきだと宣言することで」(258)、フェミニストたちは主流の社会主義に埋め込まれた「社会の清浄」の理想に直接的な異議申し立てをした、と指摘する。

(20) Vorse は Cott, *Grounding*, 36 で、Gordon, *Woman's Body, Woman's Right*, 208 で、それぞれ引用されている。

(21) D'Emilio and Freedman, *Intimate Matters*, 233.

(22) Sochen, *The New Woman*, 47 で引用されている。

(23) 「家族の中で自己犠牲と自己抑制に努めたのとは対照的に、

新しい女性は自己能力の発展を象徴する存在であったというのは、二〇世紀の初期にはありふれたことにすでになっていた」（*Grounding*, 39）とコットは言う。スミス-ローゼンバーグは"The New Woman as Androgyne," p. 295で、似たような意見を述べている。「性の問題は、新しい女性たち内部で深刻な不和を引き起こし、彼女たちの社会的団結を、政治的効力を低下させた」（283-284）と主張する。「性の解放は」第一世代のフェミニストたちにとっては政治的問題では「まったくなかった」のに対して、第二世代のフェミニストたちは、「性の自律を、結婚の圧迫からの自由としてではなく、積極的に言えば、性の実験と自己表現の権利と考えた」。重要な例としては、Jane Addams と Crystal Eastman（二人とも、平和と自由を求める女性国際連盟の創設者であった）が訣別したのは、イーストマンの「派手な性的」問題が原因していた。D'Emilio and Freedman, *Intimate Matters*, 225を参照。Gordon は *Woman's Body, Woman's Right* で、「経済的に、社会的に、政治的に、性的に、〈自由な〉女性は因習的な女性と同じくらいに、無力であった……すべての女性に言えることだが、彼女たちの生き残りと成功は、主として男たちを喜ばせることにかかっていた。伝統や因習にとらわれない共同体の人々は、新しい男の要求に応えたにすぎない」（194-195）と記している。

（24）一九二〇年代のアメリカの実業界が、家庭内に女性のあるべき場所を再び刻みつけるために、新しいセクシュアリティを利用したその方法に関する非常に広範囲にわたる批評については、Stuart Ewen, *Captains of Consciousness: Advertising and the Social Roots of the Consumer Culture*（New York: McGraw-Hill, 1976）, 特に、その六章、"Consumption and the Ideal of the New Woman"を参照。

（25）Sochen, *The New Woman*, 127-130を参照。Gerald L. Marriner, "A Victorian in the Modern World: The 'Liberated' Male's Adjustment to the New Woman and the New Morality," *Southern Atlantic Quarterly* 76, no. 2 (Spring 1977): 190-203も参照。

（26）進歩の時代の間の、女性に対して依然として存在するかなりの性差別に関するデータについては、Banner, *Women in Modern America*, 8-14を参照。

邦訳　ケイト・ショパン、瀧田佳子（訳）『目覚め』（荒地出版社、一九九五年）

邦訳　ウィラ・キャザー、佐藤宏子（訳）『マイ・アントニーア』（みすず書房、二〇一〇年）

邦訳　シャーロット・ギルマン、三輪妙子（訳）『フェミニジア―女だけのユートピア』［原題『ハーランド』］（現代書館、一九八四年）

文化象徴と社会的現実としての新しい女性——六人の女性作家たちの見方

エリザベス・アマンズ

「どうしても書かなければならない、というのなら、書きなさい。だがそうでなければ、書かないことです」とエリザベス・スチュアート・フェルプスは、一九〇一年に『有名な作家たち（女性たち）』で言明した。「人に教えたり、女性の服を仕立てたり、電気に関わる仕事や煉瓦屋の下働きをして、ほどほどの暮らしができるのなら、物書きなんてしないことです。靴をつくる、キャベツ畑の雑草を抜き取る、土地を測量する、家を切り盛りする、アイスクリームを作る、ケーキを売る、電柱によじ登る、そういう仕事をすることです」。「文筆で生計を立てようと決心をする前に、何でもいいからやってみなさい。どんな仕事でも誠実にやりなさい。でも神様があなたをその職務に就かせないなら、出版社がその仕事をしてくれと言わず、人たちがあなたの本を読まず、編集者がどうしてもと要求しなければ、ペンを執らないことです」とフェルプスは強い口調で言った。たとえそうなったとしても、「ペンを軽い気持ちで扱ってはいけません。エマソンの言い方をすれば、〈額に汗して働くこと〉です。〈頭を使って〉生計を立てている生き方を評して、飽き飽きするような辛い仕事だとほのめかす人はいません」[1]と彼女は警告した。

世の中は変わってしまっていた。一九世紀中葉のアメリカの作家で、彼女のファンに向かって、たとえ冗談であっても、電柱によじ登るようにとか、電気関係の仕事で生計を立てるようにと忠告する者はいなかったはずである。フェルプスが子供の頃（彼女は一八四四年の生まれ）に知っていたアメリカという国とは対照的に、二〇世紀初期のアメリカは、少なくとも理論上は、とぎれることのない前進—その前進の中にいれば、女は自活ができたはずである—を提供した。『女たちの有給の職業（一八七〇—一九二〇年）』で報告されているように、一九二九年のアメリカの集計調査で挙げられている五〇〇以上の職業の内で、一九一〇年までに最低一人の女性従業員もいない仕事は、わずか三三にすぎなかったようである。そしてそれら三三全部―街路清掃人、飛行船の操縦者、水難救助者、港湾労働者、鉄道の転轍手、使用人頭のような職業―に、一九二〇年までに彼女たちのような女性が一人ないしそれ以上が、この本の中に含まれていたに違いなかった。(2)

集計調査によれば、一九一〇年代までに女性に開かれていた仕事の範囲は、工場労働者から外科医に至るまで、農場労働者から大学の学長に至るまで及んでいた。そしてそれには、近代の西洋社会で通常、男のために取って置かれた沢山の職業を含んでいた。建築士、大工、石切職人、輸送トラックの運転手、郵便配達人、刑事、銀行員、葬儀屋がそうである。さらに、一世代前の人なら聞いたことのない仕事―速記者、タイピスト、訓練を受けた看護師、デパートの店員―が、今や女たちの前に現われた。

有給の仕事の世界と女性との関係におけるとても大きな変化が、世紀の転換期までに起こっていたことは明らかである。支配的文化が、アフリカ系アメリカ人女性をひ弱すぎて、あるいは高潔すぎて、家庭外で働くことは無理だと規定したことは一度もなかったことで、彼女たちは有給の職に就き続けた。他方、白人女性は拡大しつつある労働力の方へますます多くが流れて行った。手に入る仕事の多くは、一九世紀の間中、女たちが有給か無給のどちらかで、すでにやっていた仕事と根本的に違ってはいなかったが、女たちに、あるいはいくつかの女たちの集団に、新しい機会もあれば、新たに入手できる機会もあった。二〇世紀の最初の二〇年間で、女性の大学入学者数が、公立で千パーセント、私立で四八二パーセント分増加した。(3)牧師・法律・建築・医学・写真・教育・看護・歯科医療・編集や新聞の仕事として統計調査の中で定義された女性の代表的な職業は、一八七〇年の六・四パーセントから、一九〇〇年の一〇パーセントへ、そして一九二〇年の一三・三パーセントへと増加した。店員・セールズウーマン・速記者・タイピスト・簿記係・レジ係・会計係として雇われた女性は、一八七〇年の〇・八パーセントから一九一〇年の九・一パーセントへ、そして一九二〇年の二五・六パーセントへと上昇した。(4)女性、とりわけ中流階級の白人女性が、進歩の時代の間に、有給の労働力に流れ込んで行った数にあまりにも目を見張るものがあったので、歴史家ウィリアム・オニールは、女性が労働力として参加したこの革命的とも思える出来事を、「近代の女性史における最も意義深い出来事」と呼んだ。[5]

しかし、この変化を私たちはロマンチックに見なすべきではない。賃金を得るために働いていた殆どの女性は、伝統的に女らしい仕事、それゆえに当然のことながら低い賃金の、低い地位の仕事に限定されていた。一九一〇年に、アメリカにおける召使い、洗濯人、女性服の仕立て人、女性用帽子の販売人、下宿屋や宿泊所の管理人のほぼ九割は女性で、その彼女たちは残りの非農場労働力の一六パーセントを少し上回っているにすぎなかった。[6] 働く女たちの大多数が、うんざりするような、ひどく給料の安い仕事に就いていて、殆どの者が有給の経済との関係について意義ある選択の道がなかった。殆どの黒人女性は、その仕事をしたい、したくないに関係なく、大人になってからはずっと有給の労働力にとどまらざるをえなかった。経済的な人種差別により、一人だけの収入では家庭を維持することが困難であったり、不可能であったりしたからである。逆に、殆どの白人女性は望む望まないに関係なく、学生時代から結婚するまでの間だけ、働くのを許されていることを知った。彼女たちは結婚するとすぐに、夫・両親・子供・財産の世話といった家庭内での、女性の伝統的な無給の仕事に全時間を費やすことを期待されていたからである。その上、威信ある仕事に参加することは、多くの男たちから妬みを買って反発を食らった。例えば、一九一〇年に女性の医師の数が九〇一五人だったのが、一九二〇年には七二一九人にはっきり減少したのを見るとよい。この落ち込みは、男の働いていない、女が動かしている組織で訓練を受け続けないで、男が訓練を受けている病院という男の世界に女が進出しようと決心を固めたこととまさに一致している。[7]

しかし、もしそこに問題があったとしても、大きな興奮もそこにはあったということであった。アメリカの女たちの夜明けを告げる新しい世界についての楽観主義には、世紀転換期の感情の高ぶりが見られた。エリザベス・スチュアート・フェルプスが一九〇一年に女たちに向けて公表した、文筆以外のことをしなさいという忠告は、実際的な面を伝えている。中流階級のアメリカ女性は、世紀転換期頃には、少なくとも理論上は、他のことをしようと思えばできたから、なにがなんでも物書きをと考えることはなかったのである。[8]

しかし、彼女たちは筆を執った。そして作家としての彼女たちの最大の関心事の一つは、まさに変化する世の中のこと、そしてフェルプスによって仄めかされている素晴らしい選択の機会とされている。実にそのような執筆活動は二〇世紀への転換期、大ざっぱに言えば、一八九〇年代初期から一九二〇年代中頃までの、アメリカ女性による真面目な小説の急激な増加の根底にあるものの一つである。文学史家たちはそうした動きを今や一貫した歴史的展開だと見なし始めている。(9) 一九〇〇年代初期までに―確かに一九一五年までに、選択の自由、葛藤、欲求不満、矛盾、欺瞞、可能性などが非常に複雑な形で入り混じったものに、数多くのアメリカの若い女性は直面した。多くの女たちは母親や祖母たちが送った比較的落ち着いた、伝統的な生き方をもはやできなくなっていた。新しい女性についての、一般に受け入れられている支配的文化のイデオロギーによれば、女性がみずから決断する新時代がすでに到来していた。このイデオロギーは、依存や追従といった古くからの慣行から解放された二〇世紀の入り口の所に立っていたアメリカ女性、つまり新しい女性は、経済的に、社会的に、性的に、政治的にみずからのアイデンティティを作り上げることができる、と主張した。

世紀転換期に起こったような、劇的な社会変化があったどのような時代にも、異なる視点が競い合い、ぶつかり合う。私がこれから論じようとする作品は、一九一〇年代までの新しい女性のテーマに関する見解や見方が、いかに広範囲に渡っているかについて、なんらかの示唆を与えてくれる。ウィラ・キャサーの小説『ひばりの歌』(一九一五年)とメアリー・オースティンの『才女』(一九一二年)は、二人の白人中流階級の新しい女性が、個人的な職業上の成功を求めて奮闘する姿に焦点をあてる。ジェシー・フォセットの一九二〇年の中編小説『眠りから覚めた者』は、対照的にキャサーやオースティンの主人公とは全く違って、新しい女性の理想―個人主義的価値にというよりも、共同社会の価値に根拠を置いた理想―に到達した若い黒人女性をたどる。一九一六年に書かれたアンジェリーナ・グリムキの劇『レイチェル』は、フォセットが到達する理想から始まり、その理想を使って、白人の人種主義の浸透的・破壊的な力をあばくものと言えるだろう。さらにまた、ウォートンのペシミスティックな、一九〇五年のベストセラー小説『歓楽の家』と十数年後の短編小説『夏』(一九一七年)で、主流をなす中流階級白人新女性の理想の生活を、社会階級が最も上のアメリカ白人女性も社会階級が最も下のアメリカ白人女性も、どちらもが手に入れられないことをウォートンは意義深くも考察する。結局、選集『ミセス・スプリング・フレイグランス』（一九一二年）の中の新女性に関するスイ・シン・ファーの物語は、この場合には中国系アメリカ人の観点から、二〇世紀初め頃の自民族中心主義と、主流である白人アメリカ人の新女性に対する理想への階級的偏見に直接、挑戦する。(10)

他のテクストは、ここで私が関心を持っている観点とはまったく異なる観点であるばかりでなく、私が概略を述べた観点を例示するために選ばれている。私の選んだ作品は殆ど論じ尽くされてはおらず、私の結論も唯一可能な結論でもない。この論文での私の目的は、六人の重要な進歩の時代の女性作家—それらの作品は、その当時、広く行き渡っていた論争のいくつかを提案している—によるテクストを並置することである。あまりにもしばしば、新しい女性のことが説明される時、彼女についての討論が無視されている。二〇世紀への転換期の理想的な白人の娘と言える特徴は、郷愁にふけるように呼び起こされている。身体的に力強い、高学歴の教育を受けた、性的にも大胆な、中流階級の白人女性—彼女たちは一九二〇年代には、はねっかえり娘《フラッパー》に堕落した—は、強い権力を持つ白人男性によって、アメリカ憲法修正第一九条につけられた残酷な値札としてしか説明されていない。(11)事実、中流階級の白人の理想は、多くのアメリカ女性にとって解放であった。しかし、同時に、一九一五年までに新しい女性の他のタイプが発展していて、そのすべてが白人だったということではない。白人中流階級の典型的な特権が、時々、アメリカにおける女性の団結や自由を促進してきたというよりも、むしろ制限をしてきたと論じられるのはもっともである。

『ひばりの歌』の女主人公は、その当時、最もふつうに彼女を明確に言い表していた一般的なイメジャリーとして興味を引く新しい女性像を提供する。スィーア・クロンボーグは知的で、創造的、肉体的にたくましく、意志強固な、そして自信に満ちている。彼女はしっかりと自活して、個人としての彼女の素晴らしい才能をちゃんと発揮している。

過去との関係を絶って、スィーアは独り立ちし、新しい生活に踏み出す。『ひばりの歌』をそんなに読み進まないうちに、若い男が彼女に言う—「君に代わってひどい目にあう人たちが今後ずっと、大勢でてきそうだ」と。彼女はすぐさませっかちに返答する――「それは馬鹿げたことよ、レイ……誰だって、独りでぶつかっているの。そしてうまくいったり、失敗したりしているの」[12]と。キャサーの小説が一九一五年に書き記している大きな変革は、一八一五年頃と較べると、この物語で他に頼らず成功したり、失敗したりするのは、「誰もが」女性だという点である。みずから作り出すという基本的なアメリカの夢――自力で出世するという理想――が、一人の女性によって演じられる。スィーアは他の人たちの援助や支援を受けるが、結局は自活する。そしてオペラ歌手として彼女が成し遂げる成功は、彼女によるところが大きいに違いない。キャサーの描く才能ある勤勉な新しい女性は、個人として、一人の自立した俳優として、果敢に生きていくことを許されている。彼女は大きな経済的・個人的な成功を収めるのである。

こうした勝利は簡単に得られるものではない。彼女の母（鋭い先見の明と決意のある女性）と一家の友人アーチィ医師（そっけないスモールタウンで途方に暮れていた、才能ある敏感な男性）の激励がなければ、たとえどんなに才能があっても、スィーア・クロンボーグはコロラド州ムーンストーン（キャサーが『ひばりの歌』の一九三二年版の序文（vi）で言っているように、「独善的で、自己満足の、全く無知そのものの田舎町」）を多分、抜け出すことはないであろう。スィーアは野心があるから、そこから逃亡する。そして他の者たちは彼女を信頼している。それにここが非常に重要な点なのだが、彼女が逃げるのは、女性にもやり遂げることのできる、達成できる世界へのドアが開いているためである。彼女にはどこか行くべき場所がある。彼女は歌手として喝采され、高給をもらうゆえに、自立心が強い芸術家として舞台に立てる。確かに彼女は懸命に働くに違いなく、強い孤独感と落胆を切り抜けて生きるに違いない。芸術家の生活はとてもきついから、彼女は時折、今の生活を断念しようと考えることもある。他の女性と違って、彼女は結婚して家族を持つことができない（結局、中年になってようやく彼女は結婚することになる。それは子供を産める時期が終ってからのことである）。そして彼女は人生の殆どを列車、汽船、ホテルの部屋、レストランで過ごすことになるが、それでもこうした人生が彼女には開放されて<ruby>い</ruby>る。

勤勉、才能、それにわずかばかりの幸運によって、スィーア・クロンボーグは、一世紀前の、いや半世紀前の、いかなるまともな白人女性であっても、殆どの者が手に入れられなかったもの――自立した生活、社会的偉業、私的にして個人的な満足、および自己満足を手に入れることができた。この小説の終わりで、スィーアの若い頃の先生や彼の妻が、彼女が歌うのを聞いて、妻が突然鋭い口調で言う――「彼女がどんなにあなたの恩恵を被っているかわかっているのかしら」と。すると彼女の夫は即座に応えて、「彼女は私に何も負ってはいない……他人に迷惑をかけないでやってきたんだから」(569) と言う。『ひばりの歌』で、スィーアは報酬を得て、成功するのは当然である。キャサーの一九一五年の小説（彼女は女性についての最初の小説『おお、開拓者たちよ』で、その二年前にすでに同じストーリーを書いていた）は、原型的なー からたたき上げのアメリカ男性ではなく、たたき上げのアメリカの新しい女性を大々的に取り上げたものである。

同様に、しかしもっとリアリスティックにではあるが、『才女』（『ひばりの歌』の三年前に刊行された）のメアリー・オースティンは、小説の中で、成功した白人中流階級の新しい女性の自立した人生を描く。新しい女性としてみずからを創造し、それで生き抜いて行こうとするオリヴィア・ラティモアの闘いは、スィーア・クロンボーグのそれよりも複雑である。作品のタイトルである才女――素晴らしい女優になる才能に恵まれた女性――オリヴィアが、多くの外的・内的苦難に立ち向かう姿をオースティンは描く。オリヴィアにとって、新しいものになりたい、つまり彼女の個人としての充分な創造的可能性を実現したい、そして彼女自身の個人的な野心を最後まで辿りたいという願望は、社会が彼女によせる期待――彼女はこれまでそうした社会の期待を自分の考えに取り入れていて、将来はまともな白人中流階級プロテスタントの女性として、夫の野心・精神的欲求を支え、自分たちの子供を産み育て、家をやり繰りすることに彼女の人生を捧げよう――とじかにぶつかりあう。芸術家として身を立てたいという願望と愛を手に入れたい（それは彼女にとって、結婚の一部となることを意味する）という願望を一つに結びつけるための手本となるものが彼女にはない。彼女が小説の後の方で述べるように、「私が育った社会の理想は、私の構想の敵役なのだ[13]」。

その結果、オースティンの描く新しい女性は、女優としてかなり成功はしたものの、孤独で、相反することで気持の揺れが激しく、しばしばうろたえる。彼女の妹は彼女に刺激を受ける。彼女はオリヴィアに言う――オリヴィアのような女たちのお蔭で、「いたる所で、女たちは自分たちの人生を生きる勇気を得て……あなたのような女たちが多ければ多いほど、彼女たちは圧迫されたり、虐待されたりすることがそれだけ少なくなるの。あなたがいつも持っている自由を手に入れたいと、私たちみんなが意識して運動をしているの」（451）と。しかし、オリヴィアは彼女の妹の熱意を殆ど共有していない。彼女は自分が運動や共同体の一部を形成しているとは見なしていない。「私は他の人たちのことなどちっとも考えていないわ。そこに他の人たちがいることを、少なくともそれが誰であるかを知ってさえいない。私は籠に入れられたリスみたい。動き回っているのは、動き回らなきゃいけないからなの」（451）と。

『ひばりの歌』のキャサーのように、『才女』の作者は、白人中流階級の新女性の力を個人として、彼女の可能性を創造的な人として、独力で自立した生活を組み立てる彼女の権利を、そして彼女の成功を公共の領域で社会に貢献する人としてほめたたえる。しかし、作者オースティンは新女性が出くわしたはずだと作者が想像する苦痛と孤立とを強調する。『才女』はオリヴィアの物語の中心に、異性愛と意義ある仕事との間に存在する深い、解決できない葛藤をすえる。また本作品は、オリヴィアに対する他の女たちの妬みや敵意、そしてその結果として生じる女たちのコミュニティからの疎外を認める。『才女』において新しいということは、『ひばりの歌』のそれに劣らず刺激的なものである。新しいということは、それほど気楽なことでも、楽しいことでもないし、重大な損得のないものである。

しかし、どちらの小説も一般的ではない。スィーア・クロンボーグもオリヴィア・ラティモアも新しい女性「という同類のもの全体」ではなく、二人の白人の新しい女性を表している。第一に、移動することのできる自由—それはこれらのヒロインたちが、アメリカの中で行きたい所ならどこにでも行けるように、泊りたいホテルにはどんなホテルにも泊まれるようにしている（そのことはスィーア・クロンボーグのようなヒロインが、アリゾナの砂漠をパンサー・キャニヨンまで独りで移動することを可能にしている自由であることは言うまでもないが）—は、黒人のヒロインの場合には、極端に制約されているし、実際には多分、ありえないであろう。二つ目に、彼女たちが手に入れる役は、アメリカの黒人の演技者には門戸が閉ざされてきたと言えるだろう。歴史家ポーラ・ギディングズが指摘するように、黒人芸術家マリー・セリカは世紀転換期のヨーロッパでなら歌えたであろうが、キャサーの新女性ができるようには、その当時のアメリカの一流の劇場で、一流の歌手として舞台に立てなかった。一九〇二年の『カラード・アメリカン・マガジーン』の記事で、セオドア・ドルリーは、マダム・セリカが「世界の偉大な歌手に較べて勝っている」と述べている。にもかかわらず、「アメリカの現在の人種問題の情況ゆえに、マダム・セリカは殆どを海外で—そこで最大の成功を収めている—暮らしている」[14]。要するに、キャサーやオースティンが新しい女性について、それらの小説中で褒めたたえている成功の類は、黒人女性たちにとっては無縁のものであった。

主流をなしているアメリカの機会と自由から黒人女性を排除している点、それに加えて新しい女性それ自体が内に持っている白人の理想という最も普及していた考え方にある欠陥—例えば、その理想はしばしば特権的で、自己中心的な、白人男性の理想をただ複製しただけのものである—が、ジェシー・フォセットの小説の主要なテーマを形成している。特に彼女の最初の小説『混乱がある』(一九二四年)—それは白人が支配権を握る舞台芸術の世界で、人種差別と闘う中流のアフリカ系アメリカ人女性に焦点をあてる—で、主流となっていた白人新女性の理想が、彼女には近づき難く、制限されていることをフォセットは劇化する。さらにまた、『クライシス』(「全米黒人地位向上協会」の公的刊行物)に三回連載の形で一九二〇年に現われたフォセット最初の長編小説『眠りから覚めた者』は、アメリカ新女性の定義に関係している。それは一人の若い中流階級の黒人女性の歩み—苦痛に満ちた歩みではあるが、腐敗したアメリカ白人の価値観との一体感から逃れて、黒人の共同体の中で新女性としてみずからを創造する成功の歩み—の物語である。

エイミー・ボールディンは愛情深い黒人の家庭で育っている孤児である。まだ一七歳(スィーア・クロンボーグがシカゴに向けて家を飛び出した年齢、またウォートンの『夏』のヒロインも同年齢で自立しようと試みる)で、エイミーは逃げ出す。彼女は肌がとても白くて、白人として通用するから、彼女は白人ばかりの所に居を定めることができる。作品のタイトルが暗示するように、『眠りから覚めた者』は無意識と意識の世界を考察する。フォセットの小説は、悪夢のような白人世界にエイミーがしばし逗留した昏睡状態のような現実とアメリカ黒人の世界に最後は深く関わる、すっかり目を覚ました意義深い現実とを鋭く対照化させて私たちに突きつける。

作者が『眠りから覚めた者』の中で、エイミーに与える白人の国アメリカでの体験によって表わされる教訓的な人生行路は、人の生き方を例示する。まず、エイミーは三九歳のゾーラ・ハリソン（疲れ切った、現代的な白人のニューヨーカーで、たくらみにかけては相当な女性）とたまたま付き合うようになる。ゾーラは「良家の生まれだが、貧しい娘であった。芸術を勉強したいと思い、金持ちの男と計算づくで結婚し、四年後に計算づくで離婚し、元夫から扶養手当をせしめて、目下、ニューヨークに住んで勉強していて、人生を思う存分、楽しんでいる」[15]。彼女の望みどおりに自由にできる、それって、とてもいけてるじゃない。最新の風変わりな流行に歩調を合わせ、その気まぐれを満足させるゾーラは、『ひばりの歌』の自力で成功するというアメリカ的なテーマを反響させるその主張の中に、自己中心的な性向（「〈誰だって自分のことだけを考えているのよ〉と彼女は快活に言った」）を加えて、エイミーに向かって、洗練された流行の先端をいくモラリティを要約する。彼女は無頓着に続けて、「例えば、私はあなたに興味があるわ。それはなにも慈善のためというんじゃなくて、私が寂しいからよ。それにあなたは魅力的で、可愛いし、私の話に退屈してないから。しばらくは、そうね、半年か一年、私と住むのがいいわね。一人で住むのも二人もたいして費用は違わないから。お互いが飽きたら、あなたはいつだって出て行ったらいいんだから」（Aug. 171）。利己主義と他に対する責任の意識が殆どないというのが、ゾーラ（一九二〇年代のF・S・フィッツジェラルドなら、どうにも抑えきれないと思ったはずの女性で、フォセットの描いたこの女性は、その華麗な先駆者であった）にとっては、ごく普通のことであった。そしてエイミーは、悲惨なことに、この近代の白人女性の忠告―「とにかくあなたは富と結婚しなきゃいけない。そうすれば、いつだって離婚なんかできるんだから」（Aug. 171）―に従う。

必ずしもゾーラの予見どおりにはいかなかったものの、エイミーは結婚して、離婚に至る。ある黒人を私刑から救うために、エイミーは彼女の富裕な白人の夫に真実を言う―彼女も黒人なんだと。すると、衝撃を受け、憤慨した彼は彼女を離縁するが、何か月かして彼は戻ってくると、もう一度同居しようと提案する。しかし、それには彼女を愛人として、という条件をつけた。この醜い申し出は最後には暴力になる。エイミーのかつて結婚していた権力を持つその白人の相手は彼女を殴る。その強打によって、人種差別と白人男性による性的略奪や性的利用とが結びついていることを、彼女は残酷な形で、いやというほど思い知らされる。

彼女が［殴られて］倒れた時、「くろんぼ」と彼は彼女を呼んだ。「くろんぼ、くろんぼ」、もう一度「くろんぼ」と呼んだ。「彼は私を無条件で軽蔑した」と彼女は不思議そうにつぶやいた。「私が黒人だったから。でも彼は私を必要とした」。（Oct: 271）

人種差別が彼女の論点ではない、彼女はなんとなく人種差別問題の及ぶ範囲を超えている、といった主張をもはやすることはできない。エイミーは目覚める。

すっかり目ざめた、この新しい人間エイミーが今、どうしてもやらなければならないことが『眠りから覚めた者』で具体的に挙げられ、素描のような形で残されている。彼女は白人のふりをすまいと決意する―「私は黒人であるから、黒人の中で生きて行くつもりである」（Oct: 272）―そしていつの日か彼女が「黒人と共に働き、彼らを援助」（Oct: 274）できるように、他人に頼らないで、仕事をやって行こうとする。彼女は産みの親を知らず、それゆえ彼女が「本当に」黒人なのか、そうでないのかを知らない。しかし、その問い自体が見当違いである。フォセットのヒロインは黒人であることの方を選択する。彼女は一つの倫理に、一つの世界観に共鳴しようとする。それはアフリカ系アメリカ人を白人と見なさないというものである。そして彼女がみずからを新しい女性にするものは、そうした選択の情況の中である。

徐々に彼女は一つの決心に達した。世の中の人間は二つに分かれている。一方には権力に対する飽くなき欲望が、鋭敏さと知性が、まったく残忍なまでの誇りがある。他方には、なるほど野心はあったが、それは謙虚なやさしさに修正され、信頼する気持があまりに強すぎて、分別がないと言えるほどに揺るぎない忠誠心となっていた。この世の中のすべての利点は、前者に生じる。しかし、苦々しい気持など持たずに、彼女は後者を選んだ。彼女は黒人であることを望んだ。黒人であることを希望した。（Oct: 273）

私利私欲はもはやエイミーの展望を明確に定めない。目覚めた彼女は大人の女性の定義の根拠を、自己にではなく、コミュニティに置く。

エイミーは懸命に働き、お金を稼ぎ（できれば白人の影響下から外れて（Oct: 274））、才能を伸ばし、独立独行を身につけるであろうが、それらの行動がすべて彼女自身を前進させるために機能するわけではないにしても、彼女を前進させるばかりでなく、彼女の民族の幸福に役立ち、寄与するであろう。自己犠牲的では殆どないエイミーは新たに見つけた目標にうきうきしている。彼女は他の人の役に立つ新しい女性になることを断念してはいない。彼女は共同体間の反個人主義的倫理に従って、新しい女性を再定義している。「世界の一市民、それが私のなりたいものである」と彼女は宣言する（Oct: 274）。事実、共同体に関心を向けた新しい女性のこの概念は、ジェーン・アダムズやエマ・ゴールドマンといった社会活動家たちに加えて、世紀転換期の少数の白人女性によっても共有された。黒人の共同体の内部におけると同様に、白人の共同体の内部においても、絶対的な影響力を持つ一つの定義づけも存在しなかった。しかし、フォセットの視点に立つと、共同体に焦点を合わせた概念は、アフリカ系アメリカ人の女たちにとって、個人的にも社会的にも唯一可能な理性のある道徳的選択であった。黒人でありながら新しい女性でもあるということは、集団としての幸福とその人個人の幸福とが連動しているということを理解することである、とエイミーは認識するようになる。

アンジェリーナ・グリムキが『レイチェル』を書く一〇年以上も前に、レスター・A・ウォルトンは『カラード・アメリカン・マガジーン』の記事で、「舞台というのは表現の手段であって、その手段によっていくつもの考え方―真実であれ、嘘であれ―が広められる。舞台では、多くの意見が形づくられる」と主張した。そして彼は明確に予言し続ける、「舞台は結局の所、真実の適切な光に照らされて、黒人を一般大衆よりも重要視する点で、主要な要因の一つになるであろう。これまで何年もの間なされてきたように、フットライトの前で嘲笑される代わりに、どれが役立ち、有益な性質を持つことになるか、一つの考え方が明確なものになるであろう」[16]。一九一〇年代の反私刑キャンペーンの一部として、「全米黒人地位向上協会」がアンジェリーナ・グリムキに『レイチェル』を書くように依頼した背後には、確かにそのような考えがあった。

グリムキの『レイチェル』は、『眠りから覚めた者』と同じ年（一九二〇年）に刊行されたが、書かれたのも、初演も『レイチェル』の方が四年早い（一九一六年）。『レイチェル』は多くの点で、フォセットの物語が中断した所から、再び始まっている。その物語の中心にいるのは、自信ある魅力的なアフリカ系アメリカ人新女性である。しかし、グリムキが提示するその物語は、楽観的な形で終わってはいない。『レイチェル』は、アメリカの白人がアフリカ系アメリカ人新女性の存在を容認しないことに、作者の怒りと悲痛を表現している。

『レイチェル』は、活気ある新女性像―元気いっぱいの、自信があり、教養ある、野心的なレイチェル・ラヴィングで始まる。中流階級の一致団結した一家で育った彼女は、自分のエネルギーと教育の成果をコミュニティの仕事に注ぐ覚悟ができている。彼女が居間の入り口の所に立っている姿に、私たちはまず出会う。「皮ひもで縛った四、五冊の本を左腕に抱えている。右手には楽譜の巻いたもの持っている。帽子は左耳の上の所でねじれ、髪は巻き髪となって顔のあたりまで垂れている。彼女が部屋に入ってくると、あふれんばかりの生命・健康・喜び・若さが一緒に持ち込まれる」(17)。この若い女性の目下の野心は、学校で教えること。教師の職に就くために、勉学に励んで、家政学の学位を取得した。それから母―彼女が想像できる最もやりがいのある、重要な仕事―にもなりたいと思っている。しかし、人種差別がそこに立ちはだかって、彼女はどちらの目的も実現できなくなる。

レイチェルは母、兄トムと暮らしている。トムは黒人新女性としてのレイチェルの置かれている情況をぶっきらぼうに、はっきり表現する。「（ゆっくりと、頭の中で考えていることを声に出して言うかのように）人々が神の正義について話しているのを耳にする―レイチェルは家政学の卒業生である。クラスでの成績が良く、殆どの娘たちは、彼女より序列が下なのだが、学校での地位は上である。……俺たちの教育は、俺たちに大して役に立っていないようだ。俺たちは成功することを許されていない。俺たちの皮膚が黒いからだ」(41-42)と。その後、レイチェルが友人の質問―「レイチェル、学校から励ましの言葉が何かあったの。あなたに対する希望の言葉が」―に応える。

レイチェル　なにもないわ。これからだってきっと。今ではそれもわかっている。トム［彼は電気技師としての訓練を受けてきた］と同じように、私にもチャンスなんてないのよ。黒い肌をした私たちみんながそうであるように。（50）

この劇でアフリカ系アメリカ人新女性の野心は、無駄なものだし、彼女の受けた教育は役立たないものであった。二〇世紀初期の黒人女性に開放されていた数少ない職業の一つである教師になる準備をしているが、彼女が職を得られないのは、人種差別の結果として、あまりに多くの黒人女性が、あまりに少ない職業に就きたいと思っているからである。[18]『レイチェル』で進歩時代の新女性の理想―充分な教育を受け、小奇麗に装った、非常に有能な若い働く女性―は残酷な冗談である。彼女は必要な資質を備えているが、人種差別主義のアメリカは、彼女に家にいて、裁縫の賃仕事をやるように命じる。

母になりたいという彼女の願望も同様に被害を受けている。彼女の意気込みの表われは、今日、とまどうくらいに情緒的だという印象を私たちに与える。彼女はある時、目を閉じて、「この世のあらゆる素晴らしいものの中で最も素晴らしいものは、まさに（そ､っ､と､さ､さ､や､く､よ､う､に､）母になること」（12）と言う。しかし、グリムキの言わんとするところは、センチメンタルではない。この劇の展開の中で、レイチェルは父親と異父（母）兄弟が私刑に会ったことを知る。彼女は愛する隣人の少年ジミー・メイソンが人種差別で彼の最初の教訓を得る時、どうすることもできずに、ただ見守るだけである。七歳の子供エセル・レーンの出来事に、彼女は黒人に対する白人たちの強い偏見が、他の人たちの意見を受け付けないほどに、凝り固まった信念となっているのを目の当たりにして、それが黒人の少年たち全体に及ぼす最悪の影響を突きつけられたような気持になる。その結果、劇の結末でレイチェルは、母になることの夢を悲痛な気持ちで捨てる。子供を苦しめようとしているこの世の中では、結婚も、子供を産むこともしないでおこうと彼女は決断する。グリムキの劇の結末は悲劇的である。レイチェルはジミー、彼女の家族、コミュニティに身をささげようとするが、教える喜び、愛する男性と結婚して、子供を育てる喜びを知ることはないであろう。アメリカの人種差別は、並はずれた才能と達成を果した新女性レイチェル・ラヴィングを否定する。有意義な有給の仕事に就いて、結婚し、母親になる（中流階級の白人女性にとっては、とてもありふれたこと）という彼女が自力で創造したいと思うごく普通の大人の生活を、アメリカの人種差別は否定する。

『レイチェル』の中で、グリムキは黒人の誇りを主張すると同時に、白人による現状の人種差別を黒人の皆殺しと呼ぶ新しい女性像を使用する。レイチェルが生きているということは、ブラック・アメリカの強さと決断力を示すことであって、人種差別に押しつぶされないことを証明している。しかし、彼女が教師の仕事にも就けなければ、「普通の」異性愛の大人の結婚および母になることの選択もできないということは、新しい女性の主流のイデオロギーが、確固とした人種差別主義であることを暴露する。レイチェル・ラヴィングには新しい女性への選択肢はないのである。実際に、『レイチェル』では、未来が見えてくるという言葉は、すべのアフリカ系アメリカ人には、より良い未来ではなく、より悪い未来という意味でしかない。エセルの母親が厳しく言うように、また劇中で繰り返される文句がその気持を表しているように、進歩の時代の主流の人たちにあてはまる、アメリカで手に入れられる無限のチャンスと自由といった宣伝文句とは裏腹に、「事態は毎年、悪い方、悪い方へと進んでいる」（57）のである。

キャサーやオースティンの新しい女たちが享受した類の成功を収めた自己実現から人種差別がレイチェル・ラビングを締め出したとするなら、社会階級―もしそれがなければ、全く違った一九〇五年の小説（『歓楽の家』）と一九一七年の小説（『夏』）となったであろう―もウォートンの白人女性主人公に対してほぼ同じことをする。[19]『歓楽の家』のリリー・バートは、有閑階級の女性としてあまりにも完全に作り上げられてきたので―彼女の自由と経済支援とを交換する結婚という株式取引所で、交渉によって彼女自身の価格を取り決めることになる、そういう結婚を彼女はそもそも望んでいないのだが―結婚以外に、他のどのような方法をもってしても自活のできない女性である。「装飾品になるように育てられてきた」[20]彼女は、実際の経験も役に立つ教育も身に着けていない。女性用の帽子店で働いて生計を立てようとしても、そこで継続して雇ってもらえるに必要な技能と持久力を欠いているために、首になる。新しい女性の正反対であるリリー・バートは自由と自己決定を切望しながら、最後には死をむかえる。アメリカの支配階級は、階級の頂点にいる女たちに彼女たちの人生を自由に決断させるつもりなどない、というイーディス・ウォートンの主張をリリーは二〇世紀の初期に具現している。

いくらか自由があるように思える女たちが、『歓楽の家』には二、三人いる。キャリー・フィッシャー、ガーティ・ファリッシュ、ネティ・ストラザーである。しかし、この女たちは新しい女性ではない。キャリー・フィッシャーは未亡人で、お金持ちの引立てと支援にまったく依存している。ガーティ・ファリッシュは自立した生活をし、世の中に出て役立つ仕事をしているかもしれないが、彼女の生活は退屈で、くすんでいて、愛がない。ネティ・ストラザーはリリーよりもたくましく、世の中での経験も多いが、経済的に余裕がなく、独身でない。『歓楽の家』はアメリカの支配階級が、その階級内で、ないしはその階級外で、それがどんなに真に革新的な方法であっても、新しい女性の理想を許すことはないことを描いたものである。彼女の階級―その階級はウォートンによれば、アメリカを支配している階級である―の完全な所産であるリリィは、この小説の後半で、「人間の形をした最高級の商品でしか(412)ない、ということに気づく。自由に憧れながらも、彼女は一つの目的―富める人たちの特権と権限をひけらかすために[21]―のために、完璧に、宿命的に作り上げられてきた。

それより一〇年以上後に書かれ、社会階級のもう一方の端に焦点を当てた『夏』は、アメリカの新しい女性の理想と現実のギャップについて、同程度にペシミスティックである。「私はあらゆるものをなんと憎んでいることか[22]」、とチャリティ・ロイヤルは、この小説の冒頭で二度も言う。そしてウォートンの反抗的なこの一七歳の娘は、マサチューセッツ州、ノース・ドーマー(彼女が後見人ロイヤル弁護士と一緒に暮らしている息の詰まるような小さな町)から脱出したいと願っているが、出て行けないように運命づけられている。

レイチェル・ラヴィングのように、チャリティ・ロイヤルは若く、健康で、元気いっぱいである。レイチェルとは違って、チャリティは教育を受けていない。もともと貧しく、気力を落とした、山住まいの人の娘である彼女は、中流階級白人の弁護士の被後見人として、ノース・ドーマーに住んでいるのであろう。しかし、この娘はすっかりやる気を失くした彼女の母親と同様に、独力で自立した生活を作り出すといった心の準備などはできていない。ノース・ドーマーには競い合う価値のある何らかの仕事があったにせよ、チャリティは学校をひどく嫌い、売りにできるこれといった技能などない。世紀転換期の頃のアメリカの輝かしい新女性は、まるでイギリスの女王と同じくらいに、文化的に沈滞した田舎のマサチューセッツに住む人たちからは、かけ離れた存在である。チャリティは平均的な、快活で、知性的ではない、若い白人の、アメリカのスモールタウンに住む女性である。ウォートンによれば、新しい世界が女たちに門戸を開いているといったアメリカの楽観主義が広範囲に行き渡っていたが、彼女の人生の選択幅は、二世代前にそうであったものと同じで、広くも、良くもなってはいない。チャリティはハッチャード・メモリアル・ライブラリーの机―町の人間は殆ど誰一人としてそれを利用する気にならない―に向かって、女性は伝統に従うようにという一九世紀のベストセラー（『ランプ点灯具』一八五四年）の、擦り切れた本に糸を通して巻きつける修繕作業をしている。それが伝えるイメージは強烈である。二〇世紀の始まりの何十年間で、チャリティ・ロイヤルのようなスモールタウンの若い女性の、選択可能なものをその小説がいかに記述しようとも、最近のどんな新女性の話以上に、そんなほこりまみれの本は、新しくした方が良い、とウォートンは暗示する。

チャリティは脱出を夢見る。彼女が新しいものになりたい、新しい選択をしたいことは明らかである。しかし、そのどちらも思いつかない。自分が妊娠していることを知ると、彼女には四つの選択肢があることがわかる。そのどれもが、従来からあるものである。その若者に彼女との結婚を迫る。中絶手術をする。隣町に引越し、売春婦になって、赤ん坊と二人きりで生きていく。彼女の後見人であるロイヤルと結婚する。これらは伝統的な家父長的結婚の馬鹿げた再現である。彼女は四つ目の選択をする。ロイヤルはきっと彼女をやさしく遇するであろう、と私たちは信じ込まされる。彼もノース・ドーマーで、孤独であり、ふさぎ込んでいて、チャリティの若さと仲間関係を重んじている。にもかかわらず、この結婚はチャリティ・ロイヤルの人生の終わりを象徴的に特徴づけることになる。結婚式の間、彼女に聞こえているのは、その前の晩の彼女の母の葬式のことだけである。「聖職者が聖書を読み上げ始めると、わびしい山小屋で、前日の夜に立っていたミスター・マイルズの記憶がぼうっとした状態の彼女の頭に蘇ってくる。そして前日の死の場面のあの忌まわしい音声と同じ聖書の文言を読み上げている」。(206)『夏』の終わりで、一七歳のチャリティ・ロイヤルは、妊娠して、彼女にとって思い出せる限りの間は父親の役割を文字通り果たしたその男と結婚して、相変わらずノース・ドーマーに留まっている。

『夏』が一九一〇年代後半に刊行される頃には、多くのアメリカ人たちにとって、新女性像はすっかり流行遅れと思えるくらいに馴染みあるものになっていた。実際、早くも一八九六年に、エレン・グラスゴーの小説は、マクミラン・アンド・カンパニーからの出版を拒絶されていた。「新女性物」というのは、「むしろ最近では、もううんざり」という理由からである。しかし、チャリティ・ロイヤルにとっては、新女性の供給過剰というようなことはありえない。彼女が気づいている唯一の新女性は、彼女が妊娠した時、助けを求めて頼ることになる女医である。その女医はチャリティがどういう人間かについて、殆ど何も理解していない。マークル医師は横柄な態度で、中絶を忠告する。チャリティは中絶―チャリティの立場に立つと、中絶は彼女から大切なものを不当に取り上げる行為に映る―と言われ、憤慨する。田舎の貧困やスモールタウンの慣習に閉じ込められた、貧しい、教育を受けていない、若い白人の女性にとって、彼女の人生の選択は一世紀前と変わらず、一九一七年になっても少しも新しくなっていないというのが重くるしい真実なのだ、とイーディス・ウォートンは『夏』で伝えている。

スイ・シン・ファーは、「アメリカに住む中国人女性」(一八九七年)の始めの所で、「遠い昔に、ある中国人女性が二つに分かれたスカートを考え出した。だからそれは〈新女性〉が考え出したものではない」と言明している[24]。この主張は詳しく説明されてはいない―ここでのファーの目的は、ただ刺激を与えるだけのものであることは明らかである―が、西洋の白人フェミニズムが、自民族中心主義であるとする彼女の論点は明白である。世紀転換期の敵意に満ちた反中国の人種差別感情にもかかわらず、みずからを中国人と見なすことを選んだ中国人と西洋人の混血女性ファーは、西洋のフェミニズムの主張と目的を、非常に批判的な目で見ている。特に、彼女の多くの短編を収めた一九一二年の『ミセス・スプリング・フレイグランス』が例示するように、ファーは中国系アメリカ人のコミュニティに関するシリアスなフィクションをアメリカで刊行しようとした中国系の最初の女性であった。彼女はアメリカ白人の新女性について、強硬な意見の持主であった。

それらの意見には様々なものが入り混じっていた。新女性は多くの点で素晴らしい―勇敢で、善意があり、みずから進んで学ぼうとする、とファーは『ミセス・スプリング・フレイグランス』で暗示している。しかし、新女性は軽率で、うぬぼれていて、それゆえにしばしば破壊的なくらいに、自民族中心主義的でもある。

『ミセス・スプリング・フレイグランス』における中国系アメリカ人女性の自己定義の主要な障害物は、社会的・性的偏見から解放されている白人女性―彼女たちはアングロサクソン系アメリカ人と中国系アメリカ人のジェンダー関係の、基本的な文化の違いに気づいていない―の鈍感さである。「新しいものの知恵」と「パウ・ツウのアメリカ化」は、中国人妻の視点から、未婚の白人新女性と既婚の若い中国人男性の友情関係を示す。そのような友情関係が、アメリカ人女性からはまったく「やましいところがない」と理解されているのは、それが性的な関係ではないからだが、友人の殆どいない、「男女の友情関係が殆ど知られていない土地出身[25]」の中国人女性には、そうした関係もかなりの嫉妬心と公然の恥ずかしさという感情を生み出すだけである。この二つの物語に白人新女性が登場し、善意から中国人男性との彼女の友情を主張することは、アングロ［非ラテン系の白人アメリカ人］のフェミニズムの傲慢さに対するスイ・シン・ファーの批判を鋭くするだけである。自由・解放・精神の高揚感、これらの持つ価値や考えが、すべての人たちに受け入れられていることをあたり前のことだと受け取っているこれらの女たちというのは、一体どういう人たちなのか。

白人新女性の自民族中心主義は、侮辱的だというだけではない。それはまた深く反フェミニズム的でもある―フェミニズムが女たちの間でお互いを援助しあうことを含むのが当然だと解されていればだが。「新しいものの知恵」で、美しく自信のあるエイダ・チャールトンは傲慢にも、自分は世慣れていて教養があり、リベラルな白人であるから、どんな隔たりも当然、埋められると考えている。無意識的な特権をみなぎらせながら、彼女はパウ・リン（彼女や彼女のおばが力になってきた中国人男性の妻）を訪問する。「このアメリカ人女性は、もちろんその中国人と会話を交わすことはできなかったが、エイダは美しい一束の花を彼女のそばに置くと彼女の手を握り、にこやかな目で彼女を見下ろした。人種の違いに不安もなく、多くの友人の愛を受け、選ばれた仕事をしている幸福感に浸っているエイダの頭に、中国女性の夫がエイダのおばの援助を受けているがゆえにその妻パウが、すべてを苦々しく感じ取っているという疑念がよぎることはまったくない」。(66)

スイ・シン・ファーはアングロサクソン系新女性が、変化することのできる能力を持っていることに自信のほどをのぞかせる。エイダ・チャールトンと「パウ・ツウのアメリカ化」に登場するエイダ・レイモンド(エイダ・チャールトンに相当する)は、彼女たちが中国人女性の夫の力になってきたがゆえに、その中国人女性に苦痛を与えてきたことを、この二人の女たちはそれぞれが知り、自分の責任を認め、彼女の友人である中国人男性に彼の責任を突きつけるようになる。しかし、この自己認識は「新しいものの知恵」では遅すぎたと強調するのは重要である。パウ・リンは彼女の夫とエイダ・チャールトンの行動にとても動揺し、その子供が大人になって彼の父親のように、アメリカ化されるのを見るくらいなら、たった一人の子供の生命を奪う方がましだと考える。

スイ・シン・ファーにとっての問題点は、選択であることが私には明瞭に思える。人が彼女たちにそうあって欲しいと望む望まないに関係なく、選択は彼女たちがなりたいもの、ならなければならないものに彼女たちをすることを可能にする。彼女はアングロの新女性を称賛することはまったく可能である。実際、未婚の、自活する、働く女性としてのスイ・シン・ファーは、一九〇九年の『独り立ちの人々』での、彼女の自叙伝風の素描「欧亜混血人《ユーラシアン》の心理的作品を出発点として」で明らかにされているように、経済的自立・物理的可動性・意味のある仕事の追求・性的な自己定義の権利といったような沢山の近代西洋のフェミニズム原理に従って、彼女の生活を組み立て、生きてきた。彼女の物語が暗示していることだが、彼女が認めないものは、それらの価値観—つまり、「他よりすぐれている」とされている価値観—が人々に、そして特に女性(彼女は無知だと、発達が遅れていると、あるいは劣等だと、崇高さや教育が必要であると自称「よりすぐれた」他の人たち—男からも女からも—から見なされている)に与えている苦痛であった。

『ミセス・スプリング・フレイグランス』における寛容さに賛成する論拠は、「劣った女」の中で生き生きと現われる。「劣った女」で、スイ・シン・ファーは階級的偏見を非難し、新女性の理想の排他的な構築よりも、包括的な構築に賛成する。「劣った女」は二人の白人新女性から成る。一人は中流階級上のエセル・イブブルックで、充分な教育を受け、世才と高い教養の持主であり、参政権の会合で、たびたび雄弁な演説を行う。もう一方のアリス・ウィンスロップはタイトルになっている「劣った女」で、労働者階級のたき上げであり、男に対する彼女の考えは、政治的に少しも正しくない。働く女性としての彼女の経験から、「男たちからの抑圧や圧迫」(37)に対して、彼女がどのような行動を示してきたかについて、参政権の大集会で話をして欲しいと頼まれても、アリスは断らねばならない。彼女はその男たちのことが好きで、彼女と一緒に働いてきた彼らは味方、友人であって、敵ではないと見なす。この物語の二人の年上の白人の女たちは、アリスを労働者階級の人間で、政治的にうぶだと批判するが、他の新女性エセル・イブブルックと主役のミセス・スプリング・フレイグランスはアリスを褒める。まったく単純な人を演じるミセス・スプリング・フレイグランスが白人女性たちの一人に向かって、「ミセス・メアリー・カーマンさん、……あなたは私の夫を、アメリカ人がよく口にする〈一から自分の力でつくり上げた人〉だからと褒めて下さっているわね。だったらあなたはなぜ劣った女を褒めないの。彼女だって、そういう自分を自分でつくり上げたんですのよ」(43)という。

しかし、中流および中流上の階級の、白人新女性の理想に対するスイ・シン・ファーの最も強い異論は、「中国人と結婚した一白人女性の物語」、そしてその続編である「彼女の中国人の夫」に現われる。最初の物語で、「私は働く娘—速記者をやってきた」(111)とその主人公は述べる。やがて結婚がとりわけ彼女の心に訴えかけたのは、自分の時間を家庭で料理をし、家事を切り盛りし、裁縫をすることで過ごせるからで、そのために職場を喜んで去ったのであった。しかし、彼女の白人の夫は、より進歩的な考え方を持っていた。「彼は……社会主義的な文学も新思想の文学も乱読する読者であった。女性の参政権は、彼の特別の趣味の一つであった」(112)。彼は伝統的な妻に対して軽蔑を示し、彼女を「あまりにも軽薄な人間」と見なしている。さらに、「仕事の能力が目立ち、進取の気性のある女たちのことを取り上げた新聞記事に、彼はしばしば私の関心を向けさせようとしたものであった。賢い女性の管理職なんて私は褒めないとかつて彼に言ったことがあった。私はそういう女たちのことを通常わかっていたし、知り合いの他の女たちもいたから。世の中の下働きの人たち（普通の働く女性）ほどには、優しさがなく、寛大でなく、役に立つ人たちでは決してなかった。これに対する彼の返答は、私が嫉妬深くて、子供っぽいというものであった」(112-113)。

「劣った女」の場合のように、階級は「中国人と結婚した一白人女性の物語」の場合も主要な問題点を形づくっている。白人女性の白人の夫は、新女性の理想に関して、冷たく、経営者的で、反家庭的だとして彼女をしつこく悩ませる。この理想は「普通の働く女性」としての彼女には訴えかけない。経済的な問題から、家庭の外で働かざるをえないが、学歴上の問題から、うんざりするような仕事しかできない労働者階級の女性にとって、家庭にとどまることの意味は、家庭にとどまらざるをえないが、できれば家庭を離れられたらと望んでいる中流、ないし中流の上の階級の女性にとっての意味とは、すっかり違った様相を帯びている。しかし、ヒロインの白人の夫（リベラルな白人男性で、傲慢さに満ちた人）は、ひどいことに彼の妻の階級観にも、彼女の個人的性質にも尊重を示せない。彼は離婚の法廷で、彼女が速記タイピストとして働きたがらないとして、彼女を非難する。「〈お前みたいな他の女たちがその仕事をこれまでやってきたし、現在もそれをやっている〉と彼は言い返した」。それに彼の妻は返答する—「私よりもおそらく優れた他の女性がそれをやってきて、今もやっている。……しかし、どの女性もみな同じだというのではない」(118)。それがスイ・シン・ファーにとっては、重要な主張である。すべての女性が同様ではない。自由とは異文化間で、異なる階級をこえて、個人個人で違いを認めるということである。いかに行動し、考え、夢を見るべきかを女たちに告げることは—誰がそれを告げるにしろ、その忠告がいかに善意のあるものであろうと—重苦しい気持ちになる。

中国人の夫を持つ妻は、事実上、奴隷であったと主張したその時代の一般的な白人の固定観念とは対照的に、スイ・シン・ファーの描く白人女性は、彼女の白人の空論的な夫と別れて、かつてミセス・ジェイムズ・カーソンの時代に感じていたよりも、多くの自由と幸せをリウ・カンギとの結婚で享受している。リウ・カンギが完璧な人間でないことを、「彼女の中国人の夫」のナレーターはいち早く認める。彼は短気で、「生まれつき傲慢」で、容易に嫉妬心を起こす（138）。政治的には正しいが、我慢ならない彼女の白人の夫とナレーターが経験した言葉の虐待と絶えずやる気を失わせることとを較べると、これらは小さな欠点である。白人男性の傲慢さと性的攻撃に対するスイ・シン・ファーの怒りが、しばしば『ミセス・スプリング・フレイグランス』の中国人の男たちの非写実的に理想化された描写を彼女に表現させた。世紀転換期のアメリカに住むことを許された中国人の圧倒的多数が、男だったから、彼らは白人の人種的偏見の主たるターゲットとなった。中国人の男性像を退化した獣として対抗させたいと明らかに思っているスイ・シン・ファーは、黒人女性に用意された反人種差別主義の課題とフェミニズムの課題の典型的な矛盾点に陥っていて、信じられないほどに理想化された中国人男性の描写をしばしば提供する。

スイ・シン・ファーはここでは白人たちを正面から攻撃するのだが、リウ・カンギについては家庭への愛着、思いやり、世間話、小さな子供たちの養育をさげすむというより、喜んで受け入れるといった男らしさを具現していると描く。ナレーターは説明する―「つまらない問題や悩み事であっても、私は中国人の夫の所に持って行けた。時折、女たちが話したがるように、私も夫と過去と未来のこと、宗教の神秘、生と死のことを話すことができた。彼は私とそのようなことを論じ合うようなことはしないということはなかった。彼と一緒にいて、落ち着かない気持になったり、当惑したりしたことは一度もなかった」（132-133）。リウ・カンギは妻が耐えている日常の欲求不満やストレスを真面目に受けとめる。「私は真剣で心配そうな彼の顔を見ることができる。ある日、うっかりして仕事中の刺繍にインクをこぼしたからである。彼が夕方に帰宅した時、疲れて、気分のすぐれない私に気づいておれば、彼は自分で料理を作っただろう。そして料理に取りかかると、コックとしての腕前を見せびらかして楽しんだことと思う」（133）。この男性が彼の養子になった白人の娘に慕われているというのも頷ける。「彼は娘と遊ぶのを大いに楽しんでいた。指で彼女の髪をカールさせたり、飾り帯を結んでやったり、多くの男たちならそっぽをむくはずの、あらゆる単純なことをしてやっていた」（136）。

彼女の白人の夫とは対照的に、彼女の中国人の夫に関して恐らく最も重要であるのは、ナレーターが性的に圧倒されて、たちうちできないと感じさせられていない点である。ジェイムズ・カーソンは「私を冷たい、無情な、大理石の影像のようだと言って、絶えず非難した」（134）と彼女は説明する。この二度目の結婚ではセックスが含まれているが、それに基づいてはいないという強い印象を我々は得る。ナレーターとリウ・カンギは多くの点で、親密であることに気づくが、恐らく性的な意味は最もどうでもいい点である。スイ・シン・ファーの主張が、保守的ではないと強調することは重要である。避妊、信頼のできる治療法、性病の治療が広く普及する以前の時代には、性をあまり強調しないことは、変化しつつあった中流階級白人のイデオロギーにかかわらず、しばしば女にとって自由がそれ以後の時代より、少なかったというよりむしろ多かったということを意味した。[26]

二〇世紀初期のアメリカにおける象徴としての、また社会的現実としての、新しい女性に関するこれら六人の女性作家たちの異なる見方は、私たちに何を伝え、何を教えてくれるのか。

まず、私が少しばかり並べ立てたフィクションが明らかにするように、世紀の変わり目には新しい女性は一人ではなく、沢山いた。これらの模範は女性の自己決断を正しいと認めるような、いくつかの基本的な点で意見の一致を見ている。しかし、彼女たちは他の基本的な点―人種差別、階級に対する偏見、女たちによる女たちへの抑圧、女たちにとっての性革命の不利な点、人間の最も重要な価値としての個人主義の危機、こうしたものについての認識―では大いに異なっている。新女性について女たちの間で意見の意義深い違いが見られた。新女性はどういう人になれるのか、なれないのか。新女性はどんな価値を明確に表すべきか。どのような点が問題となっているのか。

次に、これらの模範の唯一のものである中流階級白人新女性―通常、非常に個人主義的であり、人種差別、階級差別、他の女たち、特に黒人の女たちへの、女性みずからの搾取および圧迫にしばしば気づかなかった、あるいは少なくとも無頓着であった―の理想が進歩の時代の間に、その姿が最も一般に普及された版となり、それ以来、その頃の新女性として大切にしまわれてきたという事実が、私たちをためらわせる。どういうわけで、この特別の新女性が女たちの間で、分裂―この分裂はすべての女たちの権限に不利に働いている―の一因となってきたのかと問うことは重要である。教師志望のレイチェル・ラヴィングの雇用を阻んでいる人種差別は、白人男性からの人種差別であるばかりか、白人女性—彼女たちのいく人かは、確かにまさに学校の中で特権的な、そして権威ある立場の新女性であり、そういう人たちもレイチェルを締め出した—からの人種差別でもある。彼女（パウ・リン）の息子の父親のように、彼が大きくなってアメリカに帰化するのを見るというよりも、息子の殺害にパウ・リンを駆り立てる自民族中心主義は、白人男性に根ざしているのではなく、白人女性、しかも中流階級の新女性（彼女は抑圧する彼女自身の特権と権限に気づいていない）に根づいている。妊娠したチャリティ・ロイヤルを医学の助けから追い払う冷酷さや軽蔑は、男性医師からではなく、女性医師—確かに素晴らしい医学上の教育を受け、業績のある新女性—から発せられている。二〇世紀の転換期に女性作家が提供した一般白人中流階級のフェミニズムのイデオロギーへのこれらの異論は、それから半世紀以上も経つが、いまだにその重要性を失っていない。

進歩の時代に称賛された主流をなす白人新女性の理想は、そこに含まれたもの—多くの女たちに、これまで享受してきたよりも多くの自由への関わり—のために重要視されている。[27] 一九二〇年代になると、多くのアメリカの若い女たちは、自分たちの手に入る新女性の理想—その理想は少なくとも意義のある経済的・社会的・性的・政治的自主性の可能性を提供した—をすでに持っていた。社会的・性的偏見から解放された白人新女性の、一般に支配していた文化の像は、アメリカが第一次大戦に参戦する前の年月で、非常に多くのアメリカの若い女たちに本当の変化の見込みを示唆した。しかし、主流の白人の理想も、その頃の多くの女たちが指摘したように、その理想に欠落しているものがあった—人種差別と階級差別とがアメリカにおいて、すべての女たちの真の自由が生じることを阻んでいる原因であるジェンダーの不平等の問題と事実上、密接に関係していることへの理解が欠けていた—ゆえに、依然として重要である。ウィラ・キャサー、メアリー・オースティン、ジェシー・フォセット、アンジェリーナ・グリムキ、イーディス・ウォートン、スイ・シン・ファーのような作家たちのテクストを並置した時、私たちが行う対話や討議から、新女性についての女たちの見方が実に複雑で、さまざまであることがうかがえた。

註

(1) Edward Francis Harkins, *Famous Authors* (*Women*) (Boston: L. C. Page & Co., 1901), 25, 26. この本は *Little Pilgrimages Among the Women Who Have Written Famous Books* というタイトルでも刊行された。その姉妹編 *Little Pilgrimages Among the Men Who Have Written Famous Books* が1902年に刊行された。

(2) Joseph A. Hill, *Women in Gainful Occupations 1870 to 1920: A Study of the Trend of Recent Changes in the Numbers, Occupational Distribution, and Family Relationship of Women Reported in the Census as Following a Gainful Occupation*, Census Monograph 9 (Washington, D.C. : United States Printing Office, 1929), Table 115, pp. 164-165.

(3) William H. Chafe, *The American Woman: Her Changing Social, Economic, and Political Role,1920-1970* (New York: Oxford University Press, 1972), 89.

(4) Hill, *Women in Gainful Occupations*, Tables 32 & 29, pp. 42, 40.

(5) William L. O'Neill, *Everyone Was Brave* (Chicago: Quadrangle Books, 1969), 147.

(6) Hill, *Women in Gainful Occupations*, Table 42, p. 62.

(7) 統計資料については、ibid., p.52を参照。女性の医学教育が男女別々のものから、統合されるようになった、この歴史的な変化についての分析としては、Virginia G. Drachman, *Hospital with a Heart: Women Doctors and the Paradox of Separatism at the New England Hospital, 1862-1969* (Ithaca: Cornell University Press, 1984) を参照。

(8) ものを書くことは一九世紀中頃のアメリカで、ちゃんとした中流階級白人女性に開かれていた主要な職業であったといった具合のすぐれた論考として、Nina Baym, *Woman's Fiction: A Guide to Novels By and About Women in America, 1820-1870* (Ithaca: Cornell University Press, 1978) および Mary Kelley, *Public Stage: Literary Domesticity in Nineteenth-Century America* (New York: Oxford University Press, 1984) を参照。

(9) 例えば、私の論考 *Conflicting Stories: American Women Writers at the Turn into the Twentieth Century* (New York: Oxford University Press, 1991) を参照。

(10) これらの作家に関する最近の優れた批評がある。例えばCatherについては、Sharon O'Brien, *Willa Cather: The Emerging Voice* (New York: Oxford University Press, 1986). Austinについては、Esther Lanigan Stineman, *Mary Austin: Song of a Maverick* (New Haven: Yale University Press, 1989). Fausetについては、Carolyn Wedin Sylvander, *Jessie Redmon Fauset, Black American Writer* (Troy, N. Y.: Whitson, 1981) および、Deborah E. McDowell, "The Neglected Dimension of Jessie Redmon Fauset," in *Conjuring: Black Women, Fiction, and Literary Tradition*, ed. Marjorie Pryse and Hortense J. Spillers (Bloomington: Indiana University Press, 1985) : 86-104. Grimkéについては、Gloria T. Hull, *Color, Sex, and*

Poetry: Three Women Writers of the Harlem Renaissance (Bloomington: Indiana University Press, 1987), chap 3. Whartonについては、Elizabeth Ammons, *Edith Wharton's Argument with America* (Athens: University of Georgia Press, 1980) および Cynthia Griffin Wolff, *A Feast of Words: The Triumph of Edith Wharton* (New York: Oxford University Press, 1977). Sui Sin Farについては、Amy Ling, *Between Worlds: Women Writers of Chinese Ancestry* (New York: Pergamon Press, 1990). また、これらの五人の作家、キャサー、フォセット、ウォートン、オースティン、スイ・シン・ファーについて、上記で言及した私の書 *Conflicting Stories* の中で詳細に語っている。

(11) *Disorderly Conduct: Visions of Gender in Victorian America* (New York: Oxford University Press, 1985) は、多くの点で優れたものであるが、この本の中での新しい女性についての Carroll Smith-Rosenberg の論考は、この不充分な所を例示しているように私には思える。

(12) Willa Cather, *The Song of the Lark* (Boston: Houghton Mifflin, 1943), 155. 原文からの引用は、今後、この版による。この版はペーパーバックで利用でき、キャサーが一九三七年に行った改訂を含んでいる。

(13) Mary Austin, *A Woman of Genius* (New York: Doubleday, Page & Co., 1912), 461. テクストからの引用はこの版による。

(14) Paula Giddings, *When and Where I Enter :The Impact of Black Women on Race and Sex in America* (New York : Bantam, 1984), 137 ; and Theodore Drury, "The Negro in Classical Music ; or, Leading Opera, Oratorio and Concert Singers," *The Colored American Magazine* 5 (September 1902): 326を参照。*The Colored American Magazine* と *The Crisis* は、二〇世紀はじめの（つまり一九〇〇年から一九二〇年まで、それにそれ以降の）黒人俳優、演劇への投機的事業、演奏者についてのかなり多くの情報を含んでいると、ここで言及しておくべきであろう。

(15) Jessie Fauset, *The Sleeper Wakes, The Crisis*, 20 (August 1920): 171. テクストからの引用はこの版による。この版が *Crisis* の八、九、一〇月号に掲載された。*The Sleeper Wakes* は Oxford University Press Schomburg Library of Nineteenth-Century Black Women Writers volume *Short Fiction by Black Women, 1900-1920*, ed. Elizabeth Ammons (New York: Oxford University Press, 1991) でも入手でき、こちらの方が入手しやすい。

(16) Lester A. Walton, "The Future of the Negro on the Stage," *The Colored American Magazine* 6 (May and June 1903): 442.

(17) Angelina Grimké, *Rachel, A Play in Three Acts* (1920, The Cornhill Co.; rpt. New York: Arno Press, 1969), 3. テクストからの引用はこの版による。

(18) 世紀転換期のアフリカ系アメリカ人女性と仕事に関する優れた論考については、Giddings, *When and Where I Enter*, それに Jacqueline Jones, *Labor of Love, Labor of Sorrow: Black Women, Work, and the Family from Slavery to the Present* (New York: Basic Books, 1985) を参照。

(19) 後続する Wharton についての考えの、もっと詳細な展開に関しては、私の論考 *Edith Wharton's Argument with America* の特に二章 "The New Woman" と五章 "The War" を参照。

(20) Edith Wharton, *The House of Mirth* (New York: Scribner, 1905), 480. テクストからの引用はこの版による。

(21) リリーがこの小説の終わりで認めるように、「私は他人に依存するような生活をしないことと言われたことは殆どない。私は人生と呼ぶ巨大な機械の中の、単なるネジや歯車にすぎなかった。そしてそれから身を引いたら、私は他のどこであっても役に立たないことがわかった」。(498)

(22) Edith Wharton, *Summer* (New York: Scribner, 1917), 4, 7.

(23) E. Stanly Godbold, Jr., *Ellen Glasgow and the Woman Within* (Baton Rouge: Louisiana State University Press, 1972), 38 を参照。

(24) Sui Seen Far (Sui Sin Far), "The Chinese Woman in America," *Out West Magazine* 6 (Jan. 1897): 59.

(25) Sui Sin Far, *Mrs. Spring Fragrance* (Chicago: A. C. McClurg & Co., 1912), 56. テクストからの引用はこの版による。

(26) アメリカでの産児制限と性に対する考え方の変化との関係についての優れた論考は、Linda Gordn, *Woman's Body, Woman's Right: A Social History of Birth Control in America* (New York: Grossman, 1976) に見い出せる。

(27) 例えば、Leila J. Rupp による "Feminism and the Sexual Revolution in the Early Twentieth Century: The Case of Doris Stevens," *Feminist Studies* 15 (Summer 1989): 289-309 という典型的な白人中流階級の新女性の事例研究を参照。

邦訳　イーディス・ウォートン、佐々木みよ子・山口ヨシ子(訳)『歓楽の家』(荒地出版社、一九九五年)

新しい女性とニュー・セクシュアリティ
——メイベル・ドッジとニース・ボイスの著作と人生に表わされた葛藤と矛盾

エレン・ケイ・トリムバーガー

アメリカの二〇世紀初期の新しい女性は、モダニズム運動で中心的な役割を果たした。モダニズム運動は自己を経験のレベルに開放—経験が合わさって新しい、独創的な総体が可能になる—することを強調した。[1] 新しい女性は意義深い仕事・愛・セクシュアリティを一つに結びつけることによって、自己実現を達成しようとするものであった。そのような個人の目標は、グリニッチ・ヴィレッジに集まったフェミニスト、フロイト学派の人、社会主義者、ボヘミアンな運動によって、政治的に明確に表現された。非常に充足感のある男女の個人的な人生は、これから始まる新しい社会に抱く彼らの急進的なヴィジョンの一部であった。

しかし、グリニッチ・ヴィレッジの急進主義の渦の中にいる二人の女たちの人生と書いたものを検討すると、これらの目標を結びつけることには、問題のあることがわかる。性の解放は女たちにとって、特に困難であるように思えた。新しいセクシュアリティの理想は、男たちによってしばしば定義され、親しい関係を求める女たちの願望、創造的な仕事に必要な自律性を求める女たちの願望とぶつかった。親しい関係に必要とされる個人的能力—性的パートナーと持つことになる深い心理学的共有—は、個人の強いアイデンティティ感（それは女たちが常に他を養育するというよりも、自分自身の仕事をすることを可能にしてくれる）を達成するために必要な能力と矛盾しているようにしばしば思えた。私がこれから検討しようとする女たちは、自分たちが直面した矛盾を充分には克服できなかったが、セクシュアリティ・親密な関係・満足のいく仕事を一つに結びつけようとする努力は、彼女たちの探求に新しい政治の様相を与えた。

グリニッチ・ヴィレッジにおける男と女の主義・主張の衝突は、個人的なものでも、単発的なものでもなかった。そうした衝突は、コミュニティ—そこでは、個人的な生活が公共の場で論じられた—の内部で続いた。多くの自叙伝、エッセー、劇、小説の中で、ヴィレッジの女たちや男たちは、公平で満足のいく結婚や個人的関係の中で、男女の関係・親密な個人関係・仕事が、一つのまとまりのあるものとして結びついていることを明確に表現した。(2) 彼らは一夫一婦主義について、男と女とでは考え方に違いがあることを、つまり強い女と男の関係における自律性と依存についての不安を、もし男女がともに満足のいく仕事を持っているならば、誰が家事・保育・養育の責任を持つのかについての意見の不一致を論じ合った。

私生活の中で行われている闘いに関する、このおおっぴらな議論は、新しい政治問題を明確に示した。個人的な生活についてのこれらの議論は、はっきりしたイデオロギーの中で、はっきり表現されたことはなかったし、労働・産児制限・選挙権の問題と重要さの点で、ひけをとらない政治問題として合法性を与えられてもこなかったが、にもかかわらずそれらは一九六〇年代の新左翼やフェミニズムのイデオロギーの中心となった個人的生活の政治学を予め示していた。

私たちはこの衝突に関与している経済システム、政治システム、社会の階層化のシステムの力のアンバランスを変えようとする試みに期待している。メイベル・ドッジとニース・ボイスの闘いは、親密な男女の関係を変えようと試みる際の、衝突の必然性を例証する。それは個人的関係の失敗というよりも、むしろ歴史的・文化的な制限内での、個人的な力を示しているであろう争いである。二〇世紀初期のこれら二つの聞き逃された声を再発見し、彼女たちの心の葛藤を再検討することで、より歴史的で、より私的な面の少ない観点から、私たちは私たち自身の闘いを見ることになろう。

＊＊＊＊＊＊＊＊＊＊＊

メイベル・ドッジ（一八七九—一九六二年）とニース・ボイス（一八七二—一九五一年）は作家で友人、グリニッチ・

ヴィレッジの最も著名な新女性の二人であった。メイベルは「性的に解放され、自己決定的で、彼女の運命を制御していた」[3]。ニースは目立たない方法で、伝統的な女らしさとはきっぱりと決別した。四人の子供を育てながら、多作の作家になったのだから。しかし、自分のペースで、二人とも「女性の」役割にこだわったことで、最もよく知られていた。メイベルは一九一三―一四年に、グリニッチ・ヴィレッジに過激な知識人や政治活動家のために有名なサロンを開いた金持ちの女主人としてよく知られていた。ニースは、過激なジャーナリストであったハチンズ・ハプグッド（ヴィレッジの有力者の一人）の妻としても知られていた。二人とも外見は「女らしかった」。ニースは赤毛、緑の目、申し分のない服装で、とても静かな人であった。メイベルは美人でこそなかったが、最新の流行のものを着て、男性の創造性に霊感を吹き込むミューズとして存在した。

しかし、二人の女性ともに、他の点ではまったく「男性的」であった。ニースは極度に自立心の強い人で、野心的、わがまま、洗練されていて、冷笑的であった。メイベルはニースを勇気のある、断固とした、短気ではあるが、決断力のある人と述べた[4]。メイベルのエネルギー、知性、経験することへの強い欲望は、彼女のコミュニティの人たちからは、はっきりと「女らしくない」と見なされた。メイベルはその自叙伝の中で、彼女の三番目の夫である芸術家モーリス・スターンが、彼女に「〈君はプロシアの将校のような歩き方をする〉[5]」と言った、と誇らしげに報告している。加えて、二人とも抱えている難題には程度の違いはあったが、自律的なアイデンティティを自分でつくりあげることに強く打ち込み、作家としての創造的な仕事にしっかりと定着していた。

ニースは小説家で、劇作家であった。彼女の小説は中流階級の女と男の間に、新しい形の親密さを創造することの困難さを描いた。彼女の最初の小説『先駆者』（一九〇三）―彼女の両親の結婚を小説の中で再創造したもの―は、資本家の企業が個人的関係に及ぼす破壊的な影響を証明した。彼女のその後の小説は、彼女の同世代の結婚と個人的な関係を扱った。二〇世紀初期の他のフェミニズムの小説家たち（イーディス・ウォートンやケイト・ショパン）のように、ニースはロマンチックな伝統を捨て、個人の生活を非常にリアリスティックな、暗くさえある作風で描いた。ニースの小説『絆』（一九〇八）、一九一五年の劇『貞節』と夫との共作劇『ぶつかり合う者たち』はみな、異性愛の親密な間柄での強烈な闘いを描いている。ニースの小説では、争い事は何一つとして解決されない。幸せな結末も、悲劇的な結末もそこにはない。ただ終わることのない闘いがあるだけである。[6]

『絆』はニース自身の結婚生活での葛藤を小説化したものである。この小説は若い夫婦バジルとテレサ――両者ともに芸術家で、中流階級の上層に属している――に焦点をあてた。結婚はしているが、別居状態にある。別居はいぜんとしてヴィクトリア朝的で、その後の二〇世紀の夫婦の標準とは全く異なっている。夫と妻は別々の寝室と活動領域を持っている。

テレサとバジルの関係で新しいのは、彼らの結婚生活で、深い心理的な親しい関係をつくろうとしたことである。彼らはお互いに対する自分たちの肯定的ないし否定的感情について絶えず話し、他人の魅力について語り、賛美者からのラブレターを互いに見せ合う。そして二人は嫉妬を認める。二人の間の性的な情熱が小説でおおっぴらに論じられることは少し抑えられているが、それが間接的なテーマである。彼らの関係のこの強烈さは、それが葛藤を引き起こす時ですら、彼らの結婚の肯定的な要素として描かれている。しかし、この強烈さはまた、テレサにとって新しい葛藤を生み出す。バジルへの感情的依存である。それは彼女の個人的自律性を蝕み始める。テレサは自分の無力感と闘う。彼女は自分自身の浮気の可能性をつくりだす。それは性への欲求や親しい関係を求める欲求を満たすためではなく、バジルの不倫に対抗するためであった。このように仕返しをすることでしか、彼女がバジルと育ててきた性的・心理的強烈さを支えられないのであろう。そうしなければ、彼女自身のアイデンティティを失うことになるのである。

ニース・ボイスのこのようなテーマの追求は時代に先んじていた。『ニューヨーク・タイムズ』の短い論評では、この本が「言い争い、喧嘩をし、神経にさわり、絶えず人を悩ます」二人の若い芸術家の結婚にまつわるものであると書いた。『ネーション』の匿名の批評家は、「芸術の周辺を風変わりな様子でしがみついている、どのような大きな都市でも目にする、知的な面から見ると実にくだらないことばかり言う、情緒的には〈浮浪者〉のような、そういうものに真剣に注意を払うとは、我々の民衆の文学も女性化されてきたことの前兆なのか」とたずねた。最も否定的で、女性差別をする批評は、『ダイアル』でのウィリアム・モートン・ペインのものであった。

人生に分別のない要求をし、自分が見つけたいと思っているほどには、その人生に心かき立てるものが少ないとわかって、自分は不幸だとする神経症的な若い女性に私たちは少しばかり飽き飽きしている。彼女みずからの感情のことで気を病み、ついには彼女の全道徳的精神が弱まる。この種の女性の典型的な例は、『絆』のヒロインに見出せる。この作家の鋭敏な才能が、もっと価値あるテーマ、つまりもっと平常な生活とより緊密な関係を帯びたテーマに使われていたら、と私たちは思うばかりである。(7)

互いの背信行為におけるこの夫婦の包み隠しのない、お互いの体験とそれが引き起こす嫉妬をなんとか切り抜けようと彼らがしている点には、評論家の誰一人として言及しない。一九八〇年に、一女性が二重基準を無視して、男たちのやっていることを摸倣するというのは、知的な、芸術家的な仲間たちの間ですら、まだ受け入れられていなかった。

ニースの『貞節』(プロヴィンスタウン・プレイヤーズによって上演された最初の劇)は、以前に恋人同士だったモイラとレックス(メイベル・ドッジとジョン・リードを大まかにモデルにしたもの)の出会いを中心にしている。貞節と不貞という問題に焦点をあてたこの劇は、ニースの結婚の中心的葛藤でもあった。モイラはレックスとの恋愛関係を拒む。彼女は彼との恋愛に夢中になって、彼女自身の関心や友人を犠牲にしてしまうからである。心変わりしない関係のために支払う代償は、もはや彼女には受け入れられない。しかし、彼女はレックスの貞節についての考え方—多くの他の女性を愛して、時折は彼女の所に戻ってくる—を拒みもする。ニースの小説では、たいていそうなのだが、意見のぶつかり合いに対する解決策はない。男が貞節で、女は男とは別の独自の独立した存在であることを失わない、という関係をニースは思い描いているが、こうしたことが達成できると彼女が考えているのは、無駄なことである。

『貞節』の場合のように、『ぶつかり合う者たち』は不倫についての概念の違い、不倫への願望の違いについての、夫婦間での対話である。彼女はこれまでよりも多くの自律を望んでいる。彼の方は彼女が自分にもっと関心を持ってほしいと思っている。彼の肉体的な不貞と彼女の精神的な不貞をめぐっての嫉妬で、二人は口論する。

メイベル・ドッジはニース・ボイスよりも行動力のある人であったが、彼女の書いたものも注目に値するものであった。彼女の行動も文筆活動もともに、「過去の精神的・心理的束縛[8]」から男女を解放しようとするものであった。彼女は一九一三年のアーモリーショーのための資金調達者の一人であったし、織物に従事する労働者たちによるパターソンのストライキを支援するために、マディソン・スクエア・ガーデンで大勢の労働者の野外劇を考え出した人である。女性平和党の支持者、ハースト紙の週一度のコラムで、フロイト心理学を早い時期で普及させた人、『マッシズ』の委員会メンバーで、寄稿者でもあった。一九一六年と一七年に、メイベルは『マッシズ』に二つの短編—ある男のためにのみ生きた、女のアイデンティティ喪失を中心に描いたもの—を発表した[9]。

第一次大戦中の、強さを増す保守勢力の政治情勢とグリニッチ・ヴィレッジの仲間集団の崩壊によって、落胆したメイベルは一九一八年に、ニューメキシコ州のタオスに引越し、そこで彼女はネイティブ・アメリカンの文化や公共の建物を保存し、著名な近代の芸術家や作家（ジョージア・オキーフやD・H・ロレンスを含む）をサウス・イーストに引きつける運動を始めた。彼女の四巻本自叙伝『私事の思い出』は、一九二四年に書き始められて、一九三〇年代に刊行され、世評も良かった。また本書は、二〇世紀はじめ頃の文化的・個人的な変化についての最も重要な解釈の一つとして、今なお読まれている。

表面上、ニースとメイベルの性的、肉体的関係に関わる経験は、近代の異性を愛する女性の、二つの極端なタイプの具体的表現である。ニースの結婚歴は一度であった。多分、彼女の唯一の性的パートナーであったであろう夫のハチンズは、何度も浮気を繰り返し、真剣な「情事」も一度あった。真剣だったこの時には、さすがの彼女も夫を見捨てようかと思った。他方、メイベルは四度結婚をし、男と何度も浮気をした。若い頃には、短い間だったが、レズビアンの経験もあった。

これらの異なった個人史にもかかわらず、似かよったぶつかり合いや矛盾点が、彼女たちの書いた物に現われている。彼女たちは深い心理的な共有と結びついた性的情熱を求めながらも、それを恐れるのは、その強烈な関係の中にいて、彼女たちが子供を養育する女性という伝統的な役割に退く時、時々、自己喪失を経験するからであるというのがその理由の一部である。この傾向に気づいて、彼女たちは強烈な異性愛の関係と満足のいく仕事の両方を手に入れようとした。しかし、その努力がより難しいものとなったのは、知的な男たちがそうした女たちに示した反応の仕方が原因していた。彼女たちの「女らしくない」その能力、鋭い知性、そして感傷に流されない点、こうした点に引きつけられた男たちは、これらの女たちが自分たちを母が子供を扱うように扱ってくれることを望んだ。しかし、女たちがそれに渋々同意しようが、抵抗しようが、男たちは息苦しくなったり、脅威を感じたりして、彼女たちよりも伝統的な、大抵の場合、もっと若い女性との情事の方に逃げた。時々、女たちは相手の男の非一夫一婦制に合わせようとしたが、しかし、こうしたことは彼女たちが人と人との結びつきに求めた心理的な親密さとセクシュアリティの組合せを、その根底から削り取っているように思えた。性的に相手構わず交わる男に対して、「養育する」母の役割を果たすにしても、あるいは愛人／妻の役割を果たすにしても、メイベルとニースは女性の性的／情緒的な欲求が満たされないことに、彼女たちの創造的な仕事が妨げられ、彼女たち個人のアイデンティティが危険にさらされることに気づいた。彼女たちの人生をもっと綿密に検討するなら、彼女たちの仲間（仲間ではあるが、この男たちは彼女たちを同等な者としては受け入れなかった）である男たちとの性的関係によって生み出された葛藤の例を挙げて説明し、詳述することになろう。

ニースとメイベルの家族背景と育ちについての伝記的素描から始めようと思う。彼女たちが成熟した人間としての関係を持つようになった心理的・歴史的・文化的資料を分析するためである。

子供時代

自叙伝の中で、ニースもメイベルも自分たちの子供時代を孤独で、親の愛情が欠落していたと記憶している。しかし、彼女たちがそれに対処した方法は、彼女たちのその後の生きる力と自立のための土台づくりを確かなものにした。ニースはインディアナ州のフランクリンに、五人の子供の二人目として生まれた。社会生活に向かない、いくぶんペシミスティックなニースの性格は、彼女が六歳の時に、インフルエンザが原因で、彼女の兄弟姉妹が相次いですべて亡くなったこと、その後まもなくして生まれた赤ん坊の死、こういうことがあってからの母親の引きこもりが原因しているとニースは思った。こうした死について口にすまい、ニースに対しても感情を表に出すまいとしていた両親。ニースは表情のさえない家族の中で、独りで時間を過ごす子供となっていった。

ニースは父親を敬服した。父と較べて厳格で、ニューイングランド生まれの母とは対照的に、彼は活動的で、社交的なアイルランド人であった。しかし、彼はよそよそしい人でもあった。ニースが十歳の頃（一八八〇年代のはじめ頃）に、父親（以前はミルウォーキーで本を出版していた）は、ロサンジェルスの郊外の大牧場を買った。ここでニースは孤独な生活を送り、自然と読書を友とした。一八八五年頃、父親は共同で『ロサンジェルス・タイムズ』を設立したことで、一家は市内に引っ越すことになった。この新聞が成功したことで、一家は一時的に裕福になったが、ニースはこの中産階級的家庭（今では二人の女の赤ちゃんも生まれ、家族も大きくなっていた）を深く嫌った。内にこもるようにして、ニースは十代の若者向けの物語や詩を書いた。その中のいくつかを父が彼の新聞に掲載してくれた。いつも奮闘していた父は、まもなくライバル紙『ロサンジェルス・トリビューン』を買収したが、不動産投機にも手を出すようになっていた。この投機の失敗で、彼は家や新しく手に入れた財産の殆どを手放すはめになった。ロサンジェルスに家族を残して、彼はコロラドで採掘の思惑買いをしたが、まもなく家族をみなボストンに移住させると、そこで彼は『ボストン・トラベラー』と社会主義の雑誌『アリーナ』の部分的な利権を買った。

メイベル・ギャンソンはニューヨーク州、バッファローのある裕福な家庭に生まれた。両祖父は資本家で、産業資本家の第一世代の一人として、かなりの社会的名声と富を築き上げていた。メイベルの父は一八七〇年代のバッファローにおいて、六〇人の大金持ちの一人で、彼の富と名声は相続された。メイベルの伝記作家ロイス・ルードニックは、ギャンソン家の個人的な結婚の不幸が、いかにメイベルに影響を及ぼしたかについて、はっきりと描いている。

彼女の父親は法律の教育を受けたが、働いたことのない、無力な男であった。メイベルの弱い父、ニースの不在の父という点については、稀なことではなかった。第一次大戦以前の、八八人の著名な、グリニッチ・ヴィレッジの人たちについての考察で、彼らの三分の二が、「父親の不在、ないしは父親の存在感が驚くほど弱い[10]」といった特徴ある家庭で育っていることが判明する。ミセス・ギャンソンは夫よりも強く、決断力があったが、冷酷で、思いやりがなく、まったく自己中心的な人であった。人生を訪問、狩猟、ディナー・パーティに委ねる以外に、エネルギーや才能の創造的はけ口が彼女にはなかった。「母親が私に対して自然な衝動からするキスや微笑、父親からの何かそれめいたものへの兆候なるものなどの記憶は一切、何もなく、ただあったのは、陰気な顔つきと怒号だけであった[11]」。

メイベルはニースと同じように、自分の殻に閉じこもるようになった。「子供の頃、私のいる所に人の気配はなかった。私を取り囲んでいたもの、それは閉所で、人の出入りする方法とてなかった。私の両親は、はるか、はるか後ろにいる、うす暗い、くすんだ人影のように思われた。彼らを私の人生という旅の一部にはできそうになかった。私は独りで旅立たねばならなかったし、いつも独りであった[12]」と彼女は言った。メイベルもニースも、自分たちの感情面で本来必要なはずのものが、満たされなかった子供時代から、いくぶんかの自主性と個人的な精神力を救い出したが、何かを育んでいくための能力は損なわれた。多分、メイベルの家族（特に、彼女の父親）は、ニースの家族よりも機能障害を起こしていたから、メイベルはニースより自己意識が希薄で、男に対する不信感は強かった。

十代の頃

若い頃のニースもメイベルも、ニューヨーク市で出会った大都市の因習にとらわれないインテリに心引かれた。加えて、メイベルはヨーロッパの知的な世界を経験していた。一八歳の時、二人は結婚を拒否して、ジャーナリズムの仕事に憧れた。

ニースは大学には行かなかったが、ロサンジェルスで彼女より年上の作家・芸術家・ジャーナリストのグループと親しくなり、彼らと本や政治について長い時間語り合った。一八九〇年頃のボストンで、『アリーナ』と関係のあったインテリたち（社会主義者やフェミニストであった）と出会って、ニースはまず政治に興味を持つようになった。彼女の父親が一家をニューヨークに引っ越させたことで、ニースは真剣に物を書くようになった。彼女は自分の書いたストーリーを雑誌に売り、他の若い女性作家やジャーナリストと親しくなった。二七歳で『コマーシャル・アドバタイザー』のたった一人だけの女性記者となり、家族の下を去って、ワシントン・スクエアのホテルに移り住むことになった。すでに十代の時、結婚はしたくない、とニースは決めていた。彼女は未刊行の自伝で自分のことを（三人称で）書いた。「子供が彼女の興味の対象となったことは少しもなかった。また、彼女が結婚の中で目にしていたごたごたや口論も彼女には何ら興味はなかった。……他の人たちの不倫を観察し、それを書くことの方がずっとよかった[13]」。

多分、上流階級のやり方に調子を合わせようとするために生じる、より大きなプレッシャーのために、メイベルが職業に携わったのは束の間で、彼女はニースよりも若くして結婚した。一八歳で社交界に彼女が初登場した時、アーサー・ブリスベーンは彼女に、人生をどのようにしたいと思っているのか、とたずねた。「その有名なハースト新聞社オーナーに、バッファローで結婚したくもなければ、そこにとどまっていたくもない、と彼女は言った。彼女は〈生きて、もっと多くのことを理解し、生きていれば、それに必然的に伴うことを感じとる〉ことを望んだ。彼の新聞関係の仕事で彼女が働けないものかどうかを打診したところ、〈彼は少し笑ったように思う。彼女を押さえつけているバッファローとあらゆる束縛を離れようとしているのに、そのための何の準備もせず、そのための訓練も受けず、それでいて彼の新聞関係の仕事には就きたがっている、この若い女性を彼はまのあたりにして、笑ったのだと私は思う。その当時、女性はそういう類いの仕事には就いていなかった[14]〉」。ちょうどその頃、七歳年上のニースが、ニューヨーク市の新聞社で仕事をしていた。

結婚

ニースとメイベルは、明らかに結婚を否認していたにもかかわらず、それぞれ一八九九年と一九〇〇年に結婚した。ニースは二七歳で、自立して主体性をすでに確立していた。彼女はその前途に意見の衝突がいくぶん待ち受けていることに気づいていた。一方、メイベルの方は二一歳で、結婚以外に他に選択肢があるという確信はなかった。

一八九八年にニースはハチンズ・ハプグッド（新聞社の同僚）に出会った。中西部のビジネスマン一家に生まれたハチンズはハーバード大を卒業し、よく知られた急進的なジャーナリスト、エッセイストで、社会的弱者、標準から逸脱した人、過激な人―移民、反抗者、売春婦、盗人―に対して共感を示した民族誌学の研究で有名であった。ハッチの方は一目ぼれであったが、ニースの方はそうではなかった。二人はとても異なるパーソナリティを持っていて、二人の永久の関係が可能であることを疑っていた、という点で友人たちの見方は一致していた。ハチンズはニースとは違って、社交的で、しきりに経験を熱望しており、交友関係に天分を持っていた。温かく、感覚に訴えるところがあり、生きることへの熱意にかけては、しばしば子供のような面があった。ハッチは最初、メイベルと友人になった。彼は広い範囲に及ぶ政治的・社会的階級の背景から知識人や活動家たちを引きつけ、彼女が五番街のサロンを設立する上で彼の存在は役立った。

ハチンズはニースに熱心に求愛したにもかかわらず、彼らの関係には見込みがないことを知った。一八九八年に母親に宛てて、彼は手紙を書いている。

僕にとって、他のいかなる女性よりもずっと大きな存在であり続けた女性が、ニューヨークにいます。私たちは婚約しているわけではないし、そうならないことは、殆ど確かなことです。彼女はいわゆる「新しい女性」で、野心的で、精力的、勤勉で、彼女を知る私の友人からは多かれ少なかれ好かれてはいません。彼女に結婚する考えはありません。とにかく僕とは。[15]

しかし、ニースの心を引きつけたのは、二人の違いであった。特に、ハチンズの温かさと楽しむことへの才能であった。彼女が未刊の自伝で言っているように、「それは彼の中にある温かい生活の質、楽しむことへの才能、楽しむことへの願望、他を楽しませたいという願望であった。彼は喜びを愛した。面白い相手で、とても楽しい……分別を欠き、予期しない、意外なところがある。人生は楽しく、変化に富んでいて、豊かであるべきだし、実際そうであった、と彼は主張した[16]」。

ニースとハッチは結婚した。夫婦別姓で執筆活動を続けるというニースの申し出をはっきり納得した上でのことであった。まもなく二人とも、フルタイムの新聞の仕事から去った。それから一〇年後に、ニースは四人の子供を産み、この夫婦はそれぞれ四冊の本、沢山の記事、ストーリーを書き、出版した。ハプグッドの父親から入手できたまあまあのお金で、働かないでも暮らせたし、お手伝いも雇えたが、夫と妻の両方ともが同等に創作力に富むというのは、やはりありふれたことではなかった。彼らの創作力は、彼らの生活が常に動き続けていたことを考えると、さらに一層、印象強いものがある。小さな子供を引き連れて、この家族は常に移動していた。一九〇三年にヨーロッパに六か月、一九〇四年にシカゴ、一九〇五年にニューヨークに戻ると、一九〇六年から一九〇九年の間にイタリア、スイス、パリに行き、一九〇九年にインディアナポリス、そして一九一〇年にはニューヨークに戻ってきた。

ニースは結婚二年目の、予想外の妊娠に動転した。母になれば、自律性と仕事に支障をきたすと彼女は思っていたからである。同年の一九〇一年に、ベアトリス・ウェッブ（イギリスの社会主義者で、社会研究家）は日記に、子供は産まないことにしているが、産めば、少なくともしばらくの間は、私の精神状態がだめになってしまうだろうから、と書き記した[17]。しかし、ニースは文筆活動を続け、まもなく彼女の子供にとても愛着を覚えるようになった。特に長男と一緒にいると、ハチンズと一緒の時には感じたことのなかった親密さや安らぎを覚えた。彼女の小説『絆』で、ヒロインのテレサが言う――「彼［夫］と私は他人……結局のところ、私は永久に外部の人間、彼は私には見ず知らずの人でしかないということ。だが、この子は本当に私のもの。これから先もそう。きっと私を慰めてくれる、私のもの」[18]。ニースが仕事のために必要とした自律性と対立したものは、母としての責任ではなく、妻としての責任であったことを明らかに示すさらなる証拠が彼女の手紙に見出せる。

メイベルの最初の結婚相手は、愛してもいない、バッファローの上流階級の青年であった。この男性は狩猟中の事故で亡くなった。結婚して最初の年で、メイベルはまだ二二歳になっていなかった。彼女は赤ん坊の息子と後に残された。ニースとは違って、メイベルは妊娠を望んでいた。しかし、母になることは嫌がっていた。まもなく裕福なアメリカ人のエドウィン・ドッジと結婚した。彼とはパリで出会った。今回も、愛していない相手との結婚であった。一九〇五年から一九一二年にかけて、夫と息子の三人でフローレンスに住んだ。美しい別荘を飾り立て、社交的行動や皇族とのつきあいに加えて、ヨーロッパやアメリカの偉大な芸術家、俳優、作家、音楽家たちをもてなした。しかし、フローレンスで暮らした年月の間に、メイベルがしたことの何一つとして、彼女を満足させたものはなかった。彼女がドッジと別居して、アメリカに戻り、グリニッチ・ヴィレッジの主動者になって初めて、その仕事ぶりに感嘆できる男性に出会えた。男性としての魅力に彼女は心引かれただけでなく、彼こそが彼女の愛の理想であった。三四歳の時、八歳年下のジョン・リードの愛人となった。

ニースとハチンズのように、メイベルとジャックも対等の協力者として出会った。パターソンのストライキを支援するための、一九一三年のマディソン・スクエア・ガーデンの野外劇での協力を通じて、互いに引かれるようになった。メイベルとジャックの関係は、ハチンズとニースのそれとは大いに違っていた。彼らは恋人同士として同棲していたが、結婚はしていなかった。そして二人の関係は二、三年しか続かなかった。しかし、これらの関係で、ニースとメイベルが経験した葛藤は、とても似ていた。彼女たちはこれらの問題を互いに、また手紙で論じ合い、ニースはそれらを自分の芸術のために使った。

セクシュアリティと自律性

セクシュアリティと親密さとを満足のいく形で結びつけたいとするメイベルの、そしてニースの闘いは、グリニッチ・ヴィレッジの急進的な下位文化の情況内に見られるに違いない。性と愛についてのヴィレッジの人たちの考え方は、アメリカ一九世紀の自由恋愛の伝統、二〇世紀初期のヨーロッパの性科学者の研究、それにフェミニズムに頼った。

自由恋愛の理想は、自由思想家フランシス・ライトによって、一八二〇年代のアメリカでまず提案された。彼女は一八世紀の自由意志論と一九世紀のユートピア的社会主義を促し、組織された宗教・奴隷制・結婚に反対した。この始まりから、一九世紀後半の小さな急進的運動により、入念に仕上げられ、「自由恋愛とは、乱れた性関係、つまり多くの性的相手とのセックスではなく、結婚というよりもむしろ愛が、性的関係の前提条件であるべきだ、という信念をさす[19]」。自由恋愛者は愛のない結婚生活を送る女たちの性的奴隷制度を、商業化された実際の売春のセックスとほぼ同じで、「合法化された売春」と呼んで非難した。

しかし、多くの自由恋愛者たちは結婚に反対したにもかかわらず、長い間、一夫一婦主義の関係を取ってきたし、別のもっと素敵な愛する人ができたという理由だけで、長期間つき合ってきたパートナーのもとを去る「連続単婚制」と呼ばれるようになっていたものを実際に行っている者もいた。実際、法律で認められた結婚と関係がない精神的な結合としての、男女の自由恋愛観は、大部分の社会で普及するようになっていたロマンチックな結婚の理想とは、それほど違っていない。結婚へとつながっていく求愛の期間中、恋人たちは「愛を溶け合わせる」、「神聖なキス」、「楽園に入った魂」、「最愛の人たちの親交[20]」といった言葉を使って、彼らの性的欲望を表現したり、昇華したりした。

グリニッチ・ヴィレッジの人たちは、自由恋愛というこの遺産から沢山のものを引き出した。男女にとって対等の男女間の表現が重要であることを、男女間の関係にとって唯一の道徳的基準は愛であるということ（結婚でも肉欲でもお金でもない）を、愛のない結婚は拒否すべきであるということをである。しかし、それは歴史上、早い時期のアメリカの思想家たちに直接、影響されたというよりも、むしろヴィレッジの人々はヨーロッパの知識人たちの書いたものの中で、自由恋愛の考え方に影響を受けたのである。一九〇五年から一九一五年の間に、ヴィレッジの人たちは、イギリスの医師ハヴロック・エリスの『性の心理学』や『男と女』、彼の友人エドワード・カーベンターの『愛の成熟』、スウェーデンのフェミニストであるエレン・ケイの『愛と結婚』を読んでいた。例えば、ケイは「ますます感情のこもった感覚に訴えるもの、そしてますます感覚に訴える感情のこもったもの……結婚による結びつきにおいては、心は感覚を裏切らないし、感覚も心を裏切らない[21]」という根拠に基づいた関係を主張した。ケイにとっても、いかなる性愛関係の道徳も、それが個人の生活［の価値］を高めるかどうかによったのであって、それが結婚へとつながるかどうかによったのではなかった。いく人かのグリニッチ・ヴィレッジの人々は依然として魂の出会い（メイベルやニースの夫ハチンズはこれらの言葉を使った）といった精神的な言葉を使用した。しかし、フェミニズムとフロイト主義の両者から影響を受けた多くの人たち（メイベルやハチンズを含む）は、心理的に密接なつながり（オープンな、深い、正直なコミュニケーションを持つ能力）を性愛に必要な付随的なものと強調した。

一九世紀の女性運動は、ロマンチックな情熱の神秘性を取り除き始めていた。女性の権利を主張していた人たちの大多数は、女たちにとってのセクシュアリティの危険性ばかりに目をやっていたが、この運動の二、三のリーダーたちは、性教育を、性的なことを秘密にしないことを、そしてロマンチックな感傷に基づいた関係ではなく、対等なパートナー間での理解に基づいた関係を主張した。しかし、男女問題の先を見据えていたリーダーたちも、性的な情熱が女たちを家庭への愛着に戻し、女たちが公共の領域でもっと大きな役割を達成しようとする努力を妨げることになりかねないと恐れた。一八七〇年に、エリザベス・ケイディ・スタントンは、平等主義の結婚といえども、個性を阻止すると警告した。「これらの夫婦は、互いをこっそり探り、互いに暴君ぶりを発揮して結婚生活をしている。それはこれまでに行われてきた奴隷制度のうちで、最も捉えにくい形である。なぜならそれは互いの同意に基づき、また自分に能力がないとする互いの取り決めに、対等の関係の当事者たちの充分な譲歩と矛盾してはいなかったので、一見、とても公平であるように思える[22]」。

一九一〇年頃には、グリニッチ・ヴィレッジのフェミニストたちは、それ以前と比べ、性的情熱を恐れるという気持はすでに薄らいでいて、少なくとも理論上は、女は重要な仕事をこなしながら、また個人のアイデンティティを維持しながら、満足のいくセックス、心理的親密さ、母性、これらを同時に実行することが可能であると信じていた。歴史家ナンシー・コットは、新しいフェミニズムには、性的表現が重要であることを、はっきりと表現している。「経済的選択と異性愛の愛情行為を対等に結びつける」というヴィジョンが、「一九一〇年代のフェミニズムには不可欠であった。……フェミニストたちは、それ以前のいかなる女性の権利の擁護者が割り当てたよりも、情熱的な異性愛の愛情に、今までよりも解放的な意味と価値を割り当てた。性的欲望を健康的で喜ばしいことと見なしながら、自由な女性なら、政治的表現、あるいはプロの専門知識の領域におけるとまさに同じように、性欲の領域でも対等な者として男たちとたちうちできると彼女たちは信じた[23]」。

グリニッチ・ヴィレッジの女性ばかりでなく、男性もこの理想を自明のことと見なした。男性は「キスをし、話しかけ」られる「娘」を、しかもそれが同一の「娘」であることを望んだ[24]。そのような女性は、家庭の領域内に隔離されているはずはなく、芸術・文学・政治への関心を共有したに違いない。男たちにとっても、二つの魂を融合して、一つの統一体にするという、少し以前のヴィジョンは、深いコミュニケーションの理想―それは、二つの明らかに異なる自我を高めた―に取って代った[25]。かくして、男女の愛情行為の新しい理想が、それより少し前の、精神的意味を付与されたセクシュアリティというフリー・ラブを基準とするものに取って代わり始めた。

個人的な関係を発展させること、職場の同僚である女たちとの満足のいく異性関係や心理的な親密さを統合すること、これらを文化的に強調することは、ヴィクトリア朝時代の労働観［勤労を善とする倫理観］を断って、確立した組織の成功を拒否している男たちに訴えた。仕事はもはや自己像を作り上げる上での中心ではなくなっていたから、女たちがもっと仕事に関わりたがっているという考えは、男たちにはすぐには脅威とならなかった。しかし、女にも男にも最初、考慮されていなかったものは、男がより大きな権力と特権を握っていた社会に埋め込まれていた関係の中で、性・愛・仕事の公平な統合を成し遂げることが困難であるということだった。この性別の違いによる不平等は、「男女同権主義」の男たちが、女たちの新しい仕事を促すというよりもむしろ、女たちを彼女たちの個人的な発展に関わらせることによって、自己中心的な方法で、新しい異性愛の理想を解釈することを容易にした。話かけられるというより、自分の方から話しかける女にはたして男は性的に引きつけられ、そういう女を愛することができるものだろうか。

一九一五年のハチンズ四六歳の誕生日のために、ニースは二人の関係に触れて、ハチンズに捧げる詩を書いた。ニースがハチンズに初めて引きつけられたのは、肉体的な魅力と彼が彼女に切り開いてやった世俗的関心事の組み合わされたものに基づいていることを、ニースは明らかにした。

あなたの目は輝いて、熱烈だった
そして私の小さな部屋に飛び込んできたあなたは、まるでつむじ風のように……
人生は生きるに値する、
いや、それは素晴らしい作り事、美しい作り事だと、私に信じさせたがっていた
私はそれを否定して、人生を憎んでいる、と言った。
そして出て行って、とあなたに言った
でも、あなたがいなくなってしまったら、私はきっととてもがっかりしたはず
あなたは私をとても喜ばせてくれたから
あなたの手の形、耳の形、
そして肩と接合している首の太さが好きだった
（大きな耳、細い首の男は好きになれそうにない、心がどんなに美しくとも）

あなたの心も美しかった
それが好きだった
温かくて、鋭敏なところが
あなたの肉体のように[26]

彼女の小説の中でのように、この詩でニースは時々、精神的な言葉を使って、性的魅力を正当化した。しかし、彼の「魂」への彼女の言及は、多分、彼女自身の省察という以上に、ハチンズのヴィクトリアニズムへの譲歩であろう（ハチンズは彼の自叙伝を『近代世界のヴィクトリア朝の人』と呼んだ）。メイベルは彼女の自叙伝で記している――「彼の魂のことを果てしなく彼は話し続けたが、［ニースは］その話を信じてはいなかった[27]」と。さらにその詩の中で、ハチンズの「魂」は彼の肉体に直接、結びついていて、それが非常に直接的な、非ロマンチックな言葉で述べられている。

ニース以上にメイベルは、セクシュアリティに精神的意味を与えた。肉体に身をゆだねることは、それを聖なるものだと訴えることによって、正当化されねばならなかった。「最も完全な肉体的結びつきがあっても、その基礎となる感情面での慰めがなければ、それは充分ではない。お互いに心を開放して、話しかけなければならない。さもなければ、どんなに愛の感情をほとばしらせたところで、悲しみは深まるばかりだし、徒労感がつのるばかりである」。しかし、メイベルは彼女の性体験をニースよりも、直接的に表現した。彼女はモーリス・スターンについて語っている。

彼の力強い、しかし、かなりあたりの柔らかな手が、私の体をくまなく動いて、体の形を判断している。それはまるで彫刻家の手がしそうな素振りである。彼の指の先端は、その感覚にというよりも、形の方に関心が強い。その先端は、いつも観察に余念がない。興奮気味の抱擁が終わるや、彼の心にこみ上げてきた芸術のことを考え

るあまり、抱擁のことは忘れられたものとなる。彼は自分の仕事のことを話し始める。(28)

ニースの場合もメイベルの場合も、似たような世俗的関心で男たちが言い寄ってきたが、最初は抵抗した。彼らが彼女たちに心引かれた時ですら、そうであった。ニースは同じ詩の中で書いている。

ある夜、あなたが私の寝室の中に入ってきた
その時、私は寝室の鏡の前で、帽子を被ろうとしていたところだった
それからあなたは私のベッドに座って、私の腰のあたりに腕をまわし
かすれた声で言った
「そのドアに鍵をかけろ―馬鹿なことはするなよ――」
しかし、私は笑って、鍵をかけなかった
私は馬鹿なことをしたのだった―
なぜあなたは強く主張しなかったの
そのために私たちは少なくとも一年は無駄にした

ニースは後になって考えてみると、男性との性的関係に控え目だったことを後悔したが、男性の方が「強く主張する」べきで、また男性の方が性的主導権をとるのは当然であると思った。そのような女性の受動性は、ぐずぐずしているヴィクトリア朝時代の理想であっただけでなく、ヨーロッパの性科学者ハヴロック・エリスによって主張されもした。女性は満足のいく性生活に男性と同等の要求する権利を持っているが、女性のセクシュアリティは受身的で、男性によって目覚めるものに違いないとエリスは信じていた。若者は衝動的に男に変貌したが、娘はキスをされて、女になったに違いないと彼は思った。(29) ニースはまた、言い寄ってくるハチンズに抵抗したが、それは彼女の個人

的・創造的自律性が脅かされるのでは、という恐怖心からであった。「彼は精神的生活と肉体的生活とを結びつけた。……しかし、それらを結びつけることは、彼女にとっては容易ではないだろうと彼女は感じていた。女は肉体的生活と家族の生活の要求に容易に圧倒されるだろうと彼女は感じた。ハチンズはきっと過重な要求をする人で、中途半端なものでは彼が決して満足しないことははっきりしていた[30]」。

グリニッチ・ヴィレッジの知識人や活動家たちが言い寄ってきた時、メイベルも心配になってきた。彼女に対する彼らのセクシュアリティは、彼女を一人の人間として真剣に見ていないことの結果なのでは、と恐れたからである。独り身の、離婚した女という彼女の情況から、人は「ふしだらな行動や威厳を欠く、わがままになりがちな徴候」を彼女に見ているのでは、と思うとメイベルは我慢できなかった。メイベルは性に目覚める以前に、ニースのような作家としての経験がなかったために、ニースよりも不安な気持でいた。「私たちの中の何かが、男は強く、成熟していて、私たちよりもすぐれた人であって欲しいと思っている。だから私たちは男を称賛するのであろう。そういうわけで、私たちは男の虜になっても、ある程度、自分を慰められるのである。……しかし、私たちの中の別の何かが、男は私たちより劣っていて、弱い者であって欲しいと望んでいる。だから男に対して優位に立つことで、男たちを手に入れるばかりか、もう一度、私たちの魂をも手に入れられるかも知れない[31]」。

メイベルは男に体を許さなかったことで、かなりの影響力を男に及ぼすことができた。ジャック・リードやモーリス・スターンに関しては、メイベルは長い間、この男たちの性的な要求に抵抗した。それは彼らとの強烈な心理的関係を失わないためであった。それに加えて、メイベルは創造的な男たち（ハチンズ、ウォルター・リップマン、カール・ヴァン・ヴェクテン、D・H・ロレンス、アンドルー・ダスバーグ、ロバート・ジョーンズなど）との深い、知的で個人的な関係の殆どに、女としての特徴を出さないようにしていた。メイベルが彼女の回想録を書く（彼女の五〇代に書かれた）際の、主な動機の一つは、男たちを巧みに操作しようとする彼女の試みが、自滅的だと示すことであった。メイベルは他の女たちに自分のことを許して欲しいと求め、将来は自分とは違った行動を彼女たちにとって欲しいと願った[32]。彼女の自己洞察力と自己批評は、彼女が一九世紀の世界とは違う、かなり先の世界に生きた人であることを示している。
メイベルが創造的な男たちとの性的関係を恐れていたのは、根拠のない空想ではなかった。彼女がリードと、その後はモーリスと愛人関係になった時、ニースなら決してそうはならなかったが、メイベルの場合には、彼らに夢中になるあまり自分を見失ってしまった。リードの愛人になるということは、彼女みずからのエネルギー、自律性をすべて投げ捨てることを意味した。その結果、彼が他のいかなるものであれ、興味を持つことには、彼女は我慢ができなくなった。

私の興味のないものに彼が興味を示すのを見るのは嫌なことだったし、教会を見ることに彼の注意が向けられ、彼の興味が私から離れてしまうのも嫌だった。……メキシコやロシア、それに極地で起こっている出来事を、朝刊紙が伝えているのを読んで、リードの心臓の鼓動が、私の鼓動以上に、速く反応しているように思えた。そういうのも私は嫌だった。私は不幸に生まれついていると思った。……彼が外出する時には、いつも見捨てられたような、惨めな気持になった。まるで永久に彼を失くしたみたいな気持になるからだった。

メイベルがモーリス・スターンと性的な関係を持つ以前、彼女は意識的に彼を画家から彫刻家に変えようとした時、彼に対して傲慢な態度を取った。しかし、二人が愛人関係になると、力は彼女の方から彼の方に移動したようにメイベルは感じた。「彼は私の力を弱め、私が今までにないほどか弱い小鳥のように思われた[33]」。雑誌『マッシズ』に掲載されたメイベルのストーリーの一つが、創造的な男としか暮らせない女の空虚さと破壊性とを認めている。彼女は彼を憎むようになった。男に依存しているがゆえに、また自分に創造性が欠けていたがゆえにである[34]。
メイベルがリードやスターンに心を奪われ、自分を失っていた時、彼らとの関係から生じる葛藤によって、仕事ができなくなっていた。彼女は精神分析療法にすがったが、彼女個人の本来の姿を取り戻すための解決法は、男女関係をやめること、結婚当事者同士に関わるあらゆることから距離を置くことであった。リードとの関係が終わると、メイベルは落ち込んだ。彼女は「男性との接触―その接触によって、単独な存在として自分が実在しているように思えた―によって、励まされ、支えられるということはもはやなかった」からである。しかし、まもなく彼女は彼女本来の力とアイデンティティを取り戻した。「リードから解放されて、私の力が再び蘇り、私のタンクに貯えられ、それが私の体に行き渡るようになった。それまでは、その力が彼の方に与えられていたのだが、多分それが彼には強すぎたのだろう。彼には毒となっていた。そのため彼は私から離れて、自己を救済する必要があった[35]」。

仲間の男性との強烈な性的関係の中で、メイベルが経験した自己喪失に対する彼女の解決策は、セクシュアリティを拒絶することではなく、異なる種類の男性―心理的、ないし知的な面での類似性がない男性―を相手に選ぶということであった。一九一七年に、ニューメキシコ州タオスに引っ越してから、彼女は屈強なプエブロ・インディアンのトニー・ルーハンと恋をし、結婚した。彼とは殆ど話をしなかったが、強い精神的絆を二人は共有した。こうした、これまでほど人間関係が強烈でない相手とメイベルは彼女個人の自律性を維持し続け、作家として彼女独自の表現スタイルを確立した。

代理母としての強い女

グリニッチ・ヴィレッジの急進的なサブカルチャーにおいてすら、知的・芸術的才能を持つ女たちを含めた女たちは、主に母親らしい性質のために、依然として評価された。ヨーロッパの性科学者（女に対して、平等の性的表現を主張した）は、男らしさと女らしさが生物学的に基礎となっていて、女は母親となる特別の必要性と能力を持っていると信じていた。ハヴロック・エリスは、「女は子を産み、その世話をする。男は必要なものを供給する。その領域が重なり合いがちな所ですら、依然として男女の役割は継続する」と書いた。エリス、カーペンター、ケイはみな、女の権利を支持したが、家庭という領域外で仕事をしたいとする女たちの願望や欲求を力説するフェミニストたちを批判した。カーペンターはそうした女性を強い女の本能、つまり母性本能を持たない者として、気質的に「男っぽい」、

「教養が先走りする」として、固定観念化した。女が家庭外で働き、なおかつ母親でもあるというのは不可能であるとケイは信じた。子供の生まれた女性は、少なくとも十年間は継続して家庭外の仕事を休むことが必要であろう。母性というものは、小説を書いたり、芸術作品を生み出したりするよりも、創造性を働かせるずっと重要な手段だと彼女は書いた。エリスはまた、女たちの創造性が、本職の創造的能力の中心に位置しているとも見なした。「女たちの脳はある感覚の中に、子宮の中にある」[36]と彼は言った。

二〇世紀の最初の十年間のヨーロッパ滞在で、メイベルはエドワード・カーペンターのいう原初の母についての考え（それはフロイトの考え方と古代の原型を結びつけたものである）を取り込んだ。伝統的に、原初の母は赤ん坊を産み、男の創造性と才能を吹き込んだ。カーペンターは新女性を、子供を育てるのではなく、彼女の仲間を育てたと見なしている。男はいろんな所に出かけ、彷徨したあげくに、女の所に戻ってくる—「彼のバランスを取り戻すために、彼の人生の中心を見つけるために、外の世界での新たな征服のためのエネルギーとインスピレーションを蓄えの中から引き出すためである」[37]。

母親であるという考えは、しばしば女たちにとって心引かれるものであった。子供ばかりでなく、大人の男性をも「母として世話をすること」は、女にとって確かな力の源のように思われた。女の作り出した知的・芸術的仕事に対して、彼女の仲間の男たちが感じたほどには、報いは少いと感じたからである。しかし、創造的・知的・政治的な手腕—この手腕を彼女みずからが求めているのだが—を持った男を母として世話することは、そのような能力を持つ彼女に与えられた資格、達成感を容易に傷つけてしまう。その上、みずからを母なるものと見なし、あるいは彼女の愛人によって母なるものと見なされているというのは、対等なパートナー間での性的情熱の発展を邪魔した。

メイベルより八歳年下の少年のようなジャック・リードの方は、メイベルによって彼の創造的欲求が育まれることを期待し、メイベルの方はそれに応えた。リードが自著『メキシコの反乱』を彼の母に捧げた時、メイベルは言葉にこそ出さなかったものの、怒り心頭に発していたことを思い出した。ぼんやりとではあったが、自分こそが彼の母親でありたかったからである。リードが新しい愛人との関係を終わらせて、メイベルのところに戻ると、「彼はいたずらをして家に帰り、母親にいたずらの内容をみんな話して聞かせる無邪気な少年みたいであった。こうして彼は再び家庭に戻った。狩人が山から家に戻るように[38]」とメイベルは述べている。リードが病気をし、メイベルが彼を看病した時にだけ、彼女は見事に母親の役割を果たすことができた。「病気で寝込んでいる」人は、「未だ発達のしていない幼児のような状態に戻った」のである。しかし、たとえ男たちが応じたとしても、原初の母であるという状態は、実際には彼女が望んだものではないことにメイベルは気づいた。「そう、私は自分自身のためにリードを自分のものにしたと思った―しかし、それはすぐに終わってしまう喜びであった。望んでいたと思ったものが手に入るや、もうそれは欲しかったものではなくなる。ある男がまったく不利な情況下にあって、能力を発揮できず、負けを認めた時、もはや男とは言えなくなる。となれば、相手の降参によりも、相手と闘うことの方に人は満足するということになるのではないか[39]」。メイベルは相手の男性が支配できる、とりわけそのような支配が彼女の創造性を犠牲にしている時には、その男性とは性的な関係にはなり得なかった。

ハチンズ・ハプグッドもまた、ニースから子供のように扱われたいと望んでいた。結婚前にニースからハッチに宛てた手紙で、ニースはしばしば彼を「可愛い坊や」と呼びかけ、いくつかの手紙で、「いい坊やになるのよ」、「いい子になるのよ」、とニースは促した。ハチンズはこの言葉が気に入り、この言葉をニースに言わせようと仕向けた。彼は『ある愛人の物語』の中で、「最初から彼女の態度の一部は、子に対する母の態度であった。彼女への私の欲求は強くなり、そのため私が彼女に対して時々示す子供が哀願する時の魅力を身につけた。そして彼女の子供たちが彼女の方にやって来ると、私の方がそれよりもっと彼女の子供みたいになった。そして一見、矛盾しているみたいだが、私の肉感的要求も強くなった。そうした要素が母親の愛になくはないからである。そして一つの強い感情が減じないで、別の強い感情がつけ加わるのである[40]」と言っている。

ニースに対するハチンズの主たる不満は、ニースがハチンズをまるで幼児を育てる時のようにかまわなかったことにあった。「僕は一目ぼれだった。どうも僕のことなんか、彼女の視野には入っていない。時々、思うことがある―結婚して、一緒に暮らして一五年になるが、どうも彼女の目には僕のことなど映っていないんじゃないかと……僕が彼女の実人生の一部であったことが果たしてあったのか。周期的に繰り返される殆ど耐え難いばかりの僕の孤独感は、彼女のよそよそしさのしるし、彼女の無関心さの表れによるのか」[41]。ハチンズは彼の自叙伝的な書『ある愛人の物語』の中で、絶えずニースを批判し、刺激をして、彼女がもっと彼のことに気を遣うようにと詳細に述べている。この夫婦の共作『ぶつかり合う者たち』の中で、ニースは彼の奮闘ぶりを述べる―「私への愛のためにあなたは一五年もの間、私に暴君ぶりを発揮し、私を悩ませ、私にがみがみ小言を言い、私の邪魔をし、私の時間と体力を奪い、人間性の善を表わす偉大な作品を私が完成するのを阻んできた。あなたはのべつ幕なしに不平を言って、平穏と平和を求める私の魂を踏み潰してきた[42]」と。

これらの対話の台詞をニースが書けたということは、彼が彼女の魂を押し潰してきた、という彼女の主張が偽りであることを証明する。少なくとも彼らが四〇代になるまで、もっとかまって欲しいというハチンズの要求にニースは抵抗した。もしニースが本当に彼に折れて、彼の望む母親の役を果たしていたら、彼は自由を奪われることを恐れて、逃げ出し、永久に戻ってはこなかったであろう。大人の異性を愛する男性にとって、母子の絆と結びつけて考えられる親密さの理想は、母親との幼い時期での融合を呼び起こす。それは非常に楽しいことだが、その威圧するような感じは、自律性と自己の限界を脅かす[43]。ニースに依存しようとする彼の感情は、浮気によって何らかの自主性を得ようと彼を仕向けているんだとハチンズは気づいた。彼の浮気の相手は母親のように彼を支配できる女性ではなく、「美の損なわれた不完全な者」であった。ハチンズはニースにこれらの「ロマンチックな冒険」のことを―ジャックがメイベルに言いたかったように―言い、女たちに承認してもらいたかった[44]。「正直で隠し事をしない」という近代のイデオロギーは、「母親の」承認を得たいという少年ぽい欲求を支持した。

ハチンズがニースを、ジャックがメイベルをそのような母性という面から見たいという欲求は、女たちが自分たち自身の性的欲求を主張しようとする能力を阻害した。これは性関係で相手を選ばない彼らに関する彼女たちの葛藤に特に明白になる。

不義

ジョン・リードとモーリス・スターンは、ハチンズがニースに対して貞節でなかったように、メイベルに貞節でなかった。三人の男たちはみな習慣的に他の女たちに対して気がありそうな様子で気を引いて、セックスをしたが、若い頃に彼らが学んだ行動は、ヴィクトリア朝時代の二重基準と近代の性に関する急進主義によって是認されていたものだった。

グリニッチ・ヴィレッジの性の規範を形づくった自由恋愛の伝統は、乱れた性関係を擁護したわけではないが、それは一夫一婦主義に対して道徳的・文化的支持を殆どしなかった。「自由恋愛」は、夫婦のうちの一人が一夫一婦主義を望み、他方が一人以上の人と恋愛をする「自由」を望んだ時、その夫婦に対して何らのアドバイスも与えなかった。一夫一婦制を望んだ女性は、古風だとか、世慣れていないとか、抑圧されている、と容易に呼ばれたであろう。彼女の夫（あるいは男性愛人）が、彼自身もやっていることだが、他の男性との性関係を試みる自由を彼女に与え、それを実行に移したからと言って、彼らの愛や互いの関係に影響は出ないと主張したからである。メイベルとニースはまさにそういう立場に立たされていたのである。

ニースもメイベルも、それぞれがハチンズ、リードと一緒にいた頃、他に愛人を作るチャンスがあった。そしてどちらの男性ともに、彼女たちに愛人を持つようにと勧めたが、この二人の女性は、性的にも心理的にも強烈な関係に深く関わっているからと、他に愛人を欲しなかった。彼女たち二人は、ハチンズやリードの背信行為に深く心を傷つけられていた。一九〇七年のハチンズに宛てた手紙で、ニースは自分の気持にはっきりと気づいていた。「あなたに対する私の愛は永続的なのです。それは私の中では最も深いものです。しかし、ある意味で、女性に対するあなたの興味を私はひどく嫌悪しています。私がそれに苦しんだからです。他の女性に対するあなたの情欲のことを考えると、いつも私は苦しくなってきます。たとえ私の理性があなたのあらを探さずとも。でも、それは本能からであって、それが傷つけるのです。すべてが悲しく、ひどいことなのです。でも、私たちはみな、毎日、それを冗談めかしてしまうのです」[45]。

メイベルもまた、リードの背信行為について彼女の理性と感情の間で矛盾を感じていた。メイベルとニースの二人は、パーソナリティの違いと異なる婚姻史にもかかわらず、黙って泣き寝入りをしたヴィクトリア朝時代の妻を拒否した。しかし、自由になった新女性として、男たちからいかに彼らの「自由」を彼女たちは奪うことができたのか。一九一三年のニースに宛てた長い手紙で、メイベルは彼女の観念的な混乱について苦悩している。

女の心の奥底にあるこの不可避性―この性質が女に対して、彼女たちの心の平和のために、男にいわゆる「貞節」であらせようと要求するように仕向け、女を駆り立てるのだが―とは何なのか。そして貞節が守られなければ、この不可避性が働いて、愛を苦しいものにするのか。……なぜそれは女を苦しめ、その間ずっと身悶えさせるのか。リードと私が別れることになったのは、このためだった。……私がリードをまだ愛していなかった頃は、「割り込んでくる他者の」パーソナリティのことを―今の状態とは違った人になって欲しいと願うことは間違いであることを―充分に論理的に私は話をした。しかし、今ではそれがまったく違っていて……彼の「自由」と幸せが、私の自由と幸せとは対立した関係にある、と私は彼に言う。私が彼を愛していて、彼に他の女性がいるなら、私は幸せであるはずはないからだ。それはよいことではないからだ。愛する価値がないからだ。女はいつも男に貞節を求めてきた―もし女が男に求める条件を緩和しないとすれば、男は変化し、貞節な人間になるのだろうか。あるいは女は男に貞節を求めることに打ち勝てるのか。この戦いで勝利を収めるのはどちらか。どちらに勝利が行くと思われているのか。……不幸を良いとは思っていないのに、なぜ私は不幸であることを受け入れるべきなのか。しかし、彼のような歳の人に、経験することの一部を断念してほしいと求める権限が私にあるのか。そして衝動を抑制することを良いとは思っていない彼に、抑制してほしいと頼む権利が私にあるのか。……私には他の人間を強要する権限などないという感情に何となく戻っていく。私たちは二人とも個人で―このことについては二人は違った感じ方をしている―それだけのことである。彼にとって性的な意思表示は何ら重要性を持たないが、自由に行動しようとする彼の権利を侵害することは、何よりも重大なことである。私たちは両方が正しいのか、両方が間違いなのか。そしてそのような事の結末はどうなるのか。どちらのしかたであっても、それは愛を殺すと私には思える。このことはとても基本的なことである。それはフェミニズムが扱う問題なのか。どちらか一方の側に権限があるのかどうか今なお私はなにも知らない。……すべての女たちがこのことを経験するということを私は知っている。でも、女たちはこのことを経験し続けなければならないのか。男たちにこれらのことを「させて」いるのは、私たち女だと思われているのか。男って変われるものなのか。一夫一婦制は一夫多妻制よりも優れているのか。進むよりもとどまることの方が、不幸をさらに悪化させるのか。あなたはどう考える。……とにかく自由ってなんなの。(46)

メイベルはリードの浮気をやめさせようと二年間苦労したが、ついにそれも諦めて、彼のもとを去った。『貞節』という劇の中で、ニースはリードの背信行為に対するメイベルの解決法を詳細に記録した。メイベルがその関係に終止符をうてるというその能力をニースは明らかに称賛した。劇中モイラは「貞節のない愛に私は苦しんでいる。私はハーレムの頭《かしら》になどなりたくない」と言う。モイラというキャラクターは、ニースとメイベルが共有していた考え方を表現したものである。「僕は本質的に君に貞節だったじゃないか。僕は他の女たちのことを気まぐれに好きになったかも知れないが、そのつど君の所に戻って来たじゃないか(47)」とレックスが言う時、彼は彼女たちとは正反対の、男の立場を表わしている。この台詞はそっくりそのままハチンズの貞節観でもあった。ハチンズはこうした考え方をニースに押しつけようとした。ニースはハチンズと少なくとも一七年間(一九〇一―一九一八)このことで闘ってきた。その間、彼は浮気を続けたのである。彼女はそういう情況と闘って、結婚を持続させたのであるが、個人的な自律性や女性の欲求に対して大きな犠牲を払ったのである。ニースの奮闘ぶりをさらによく見てみると、新しい性衝動に組み込まれたジェンダーの不公平を詳しく知ることができる。

彼らの結婚二年目の、ニースの最初の妊娠中に、ハチンズは彼が「因習的な恋愛」と呼んだものを始めた。しかし、彼はヴィクトリア朝時代の先祖とは違って、ニースにこの恋愛のことを伝え、彼らの関係を深める手段として、彼女にも恋愛を試しにやってみろよと促した。彼は結婚以外の領域での、彼の性探求的欲求を正当化するために、不倫の魅力に訴えるという目新しい方法を使った。「彼女が他の男と親密な関係になるというのは、私の心底からの願いであった。僕はここに、彼女と僕とのもっと大きな社会的関係の情況の一つを、二人の会話や共通の人生のもっと豊かな材料の一つを見た(48)」。

ニースはハチンズのセクシュアリティになんとか順応しようとした。一九〇四年か一九〇五年に、彼女は他の男たちと浮気を始めた。しかし、それを夫に打ち明けた。ハチンズはとても嫉妬し、暴力を振るいもした。『絆』の中のニースも、『ある愛人の物語』のハチンズも、彼の嫉妬の激しい反応を強調している。嫉妬を誘発することで、ニースは彼女のヒロインのテレサのように、恨みを晴らした。彼女は彼の性的魅力をかきたて、彼の浮気を許すことができた。

数年後(一九〇八―一九〇九)、ハチンズのいっこうに止まない浮気に対抗するかのように、ニースはハチンズの大学の旧友と真面目な恋愛関係を持った(だが肉体関係は多分なかったであろう)。一九〇九年の、ある友人に宛てたハチンズの手紙で、ニースは二人の男と、そしておそらく二つの家族と二重の生活をしたい、というロマンチックな気持ちになっている、とハチンズは不満を述べた(49)。同手紙は続けて、ハチンズの嫉妬がいかに彼を因習的で、エゴティスティックで、独占欲の強い夫―彼は妻として、母としての義務をニースに無理やり押しつけたがっていた―に変えたかを詳しく証明している。

『ある愛人の物語』は、ニースがどうしてハチンズのもとを去ることができなかったかを詳述する。彼が強要したことで、彼女は他の男性との関係を終わりにしたが、その時、彼女はノイローゼになってしまった。その間、ハチンズが子供たちの世話をし、ニースが健康を取り戻せるように、看病の手伝いをした。

この二人の結婚生活での、こうした葛藤のすべては、二人が一九一〇年頃にグリニッチ・ヴィレッジの仲間たちとの集まりに参加する以前の出来事であった。メイベルや他の者たちが、ニースに魅力を感じていた男たちのことを口にしていたが、ニースが精神的不貞を続けていたとか、彼女が肉体的関係を試してみようかという気になっていたという証拠は見あたらない。しかし、ハチンズにはヴィレッジでの生活の中で、少なくとも二度の女性問題はあった。それはそれ以前に彼が述べたものよりも長引いたものであった。ニースは再び傷ついたが、今回は性の解放と言うヴィレッジの理想に影響を受けていたので、彼の考え方――妻に対する愛は、肉体的不貞によって脅かされるものではない――を受け入れようと彼女は努力した。ニースとしては、彼の女性問題の重大性を最少に見積もり、冷静な超然とした態度を取ろうとした。ニースはメイベルに次のように書いている。

あなたの有名な質問――「なぜ私たち女は、男に一夫一婦主義を望むのか」――について、私は答えなきゃね。私たちって、それを望んでいるのかしら。男たちがそれを望まない限り、なぜそうなって欲しいと私たちは望むのかしら。ならないものに、なぜなってと望むのかしら。多分、私たちは不倫の最中の現場をつかまえることの興奮を好むのよ――それに彼らのその言い訳がとても面白い。絶対浮気をしない男、こんな男のことを議論して何になるというの――そんな男なんていやしないのに[50]。

実際には、ニースはこの態度を持続できなかった。一九一五年の一一月か一二月のある時、ハチンズはある女性を好きになった、とニースに手紙を書いた。「だからルーシーに恋していると白状してるですって！　私が恋をしてるなんてあなたに言おうものなら――きっとあなたのことだから、ため息をつき、すすり泣いて、悪態をつくに決まってるんだから！[51]」とニースは返信した。ニースはこの浮気をやむを得ないものとして受け入れようとしたが、ハチンズがルーシーといつ、どこで会うかに制限を加えようとした。ルーシー・コーリアと彼女の夫は、メイベルの友人でもあったから、ニースはこの問題について、メイベルに明るい口調を装って手紙を書くことに努めた。

しかし、ニースの本当の気持は、より否定的だったことを他の手紙が明らかにしている。ハチンズとその女性の浮気をめぐる手紙を何年もしてから読み直して、ニースは再びメイベル・ドッジ・ルーハンに手紙を書いた。「私はなんて高潔だったことか。なんと相手を見下していたことか。そしてもちろん、いつだって私はそんな類のことには無縁の人間だった」[52]。事実、彼の乱れた性関係は、彼女自身のセクシュアリティを蝕んでいた。ニースは一九一六年のハチンズに宛てた手紙で、このことを認めた。

あなたの不倫行為（非常に早い時期に始まっている）が、私の中にあるあなたに対する本能的な感情を傷つけていること、私はそのことについては、分別を持ちたいと思ったこと、それゆえあなたのしたことについては、もっと超然とした気持でいたいということ（というのはもしそうしなければ、もっと私は傷つくだろうから）に私は気づいている。……私たちは二人ともが間違っていると考える方が、私たちの気持を楽にすることになろう。私たちの関係について言えば、私たちは二人とも、無知で、不注意で、先々のことを気にしない人間だと思う方が[53]。

この時に至るまで、セクシュアリティと親密さに関する葛藤が、ニースの創造性を、そしてハチンズの創造性をかき立てた。それがニースの殆どの、そしてハチンズの書いたいくらかのもののテーマであった。しかし、そのいっこうに止むことのない不安は、ニースのエネルギーを奪い取っているように思えた。この後、ニースは殆ど出版をしなかった。一方、ハチンズは二冊の主要な自伝を出版し続けた。

ハチンズの方も変化がなかった。一九一七―一九一八年に、ハチンズはヴィレッジの若い既婚女優と浮気をした。一九三〇年代に書かれた彼の自伝で、ハチンズはその浮気について触れ、女優の夫は彼をたたきのめすと脅したと語った。対照的に、「深く感じることのできる、美しいニースはそれを完全に理解して、夫の行動に異議を唱えるようなことはなかった」[54]とハチンズは言った。この頃の残っているわずかな手紙は、それとは反対に、ニースが怒ったことを示している。しかし、同時に、彼の浮気は自分にも一部責任があるとニースは思っていた。一九一八年のハチンズに宛てた手紙で、「昔、デンマークの私の友人ローラが、〈あなたは良いお母さんにはなるでしょうが、良い恋人にはなれそうにないわね〉と言ったのを憶えている。彼女の言ったことは当たっていたと思う。私はあなたのような恋愛に関する想像力は持ち合わせていません──だから私はあなたが望んでいるものには、たとえなりたくとも、なれるはずはありません」[55]とニースは書いている。感心なことに、ハチンズはその後、自分がいかにニースを傷つけてきたかに気づいたのである。

彼女の最も深い所にある情熱は、築き上げることであった。彼女は自分の方からこの関係に導いたと感じる必要があった。彼女の個人的な仕事、彼女の書いたもの、これらが本来の彼女であるというのが、彼女の感じ方であった。それはみな彼女自身のしていることであった。私たちの関係が、私でなくて、彼女の築き上げたものだと彼女が感じられていたら、彼女は私をもっと愛していたであろう……彼女はくどかれる方よりも、くどく方を望んでいた！[56]

男が女よりも権力を持っていた社会では、男の気まぐれが男女間の権力の不均衡を増した。開放結婚［互いに婚外交渉を認める結婚形態］に参加しようとしたニースが、その不公平を正すことができなかったのは、彼女が女性の欲求を主張するというよりも、男性のセクシュアリティに自らを合わせていたからである。メイベルもまた、モーリスにしがみつこうとした。彼の浮気を受け入れることによってではなく、そこから他の女たちを取り除くことによってである。モーリスが一九一五年（あるいは一九一六年）のプロヴィンスタウンの一夏の間、ニースと浮気をし始めた時、メイベルはハプグッド家の人たちに関する不満をでっち上げて、六か月間、彼らと会うのをやめた。メイベルはモーリスが変わりそうにないことにまもなく気づいた。

メイベルはニースがやったようには、男の定義した性の解放に順応しようと夢中になることはなかった。しかし、メイベルは最後には、ネイティブ・アメリカンのトニー・ルーハンと結婚した。そのことは一九世紀中葉のアメリカの中産階級に特徴的な、別々の領域の結びつきと多分、そんなに違ってはいなかった。メイベルは自律性を保ちながら、これまでより強い自我感を発展させたが、彼女は性的衝動を失っていたのかも知れない。一つの手がかりとなるものが、ジョージア・オキーフの絵画の展示品について、一九二五年にメイベルが書いたとても敵意のある（未刊行の）批評に見られる。オキーフははっきりとメイベルにその批評を書いてほしいと頼んだ。メイベルなら、「男には書けないことを書けるだろう……女にしか説明できない、女たちについてまだ探求されていないことがある」とオキーフは思ったからである。メイベルを怒らせたのは、オキーフが官能性を開けっぴろげにした点であった。メイベルの伝記作家ロイス・ルードニックがメイベルの批評を分析している。「彼女にとって基本的な性本能を限界を越えて発展させようと頑張っていた頃、メイベルはオキーフの一見したところ大げさな生殖器崇拝に嫌悪を感じた」[57]。

二、三年間は、メイベルは近代的関係と言える葛藤と不安定な状態から逃れて、満足していたが、トニーの長い沈黙と知的関心の欠如に、間もなく彼女は退屈するようになった。一九二二年以後、メイベルはコスモポリタン・センターズで毎年、一年の一部を過ごし、多くの一流の作家・芸術家・知識人を、短期間あるいは長期間タオスに引き寄せるために、彼女のお金、もてなし、魅力、知性を利用した。トニーとメイベルは彼の不倫、彼女の時折の浮気にもかかわらず、一緒に暮らした。多分、積極的な個人的絆、プエブロ文化への彼女の共感、そしてそうしたことがアングロ社会で養育された疎外感を癒し、元の状態に戻してくれたからであろう。しかし、この結婚は近代の理想―強烈で、心理的に対等な、男女による共有―に基づいてはいなかった。

結論

数人の著名な文化史家、特にクリストファー・ラッシュやT・ジャクソン・リアーズは、第一次大戦前のグリニッチ・ヴィレッジ社会の人たち（メイベルやニースを含む）の生活や書いたものを、コミュニティのつながりの崩壊や男の権威の崩壊から始まって、ついには政治行動の価値の低下という結果になって、どうしても自分自身のことに最大の関心を払うことに焦点を合わせようとしていることを特徴づけた[58]。

対照的に、ニースとメイベルが男たちと闘い、彼女たちの性の葛藤について話しあって過ごした時期を、新しい性の政治学の始まりだと私は見なしている。二〇世紀初期のフェミニズムは、性的にも、仕事の面でも満足を感じている新女性を思い描いたが、メイベルやニースのような女たちが、彼女たちの個人的な関係の中で経験した苦痛を取り上げ、それを使って、一般大衆の運動にまでかきたてる方法をフェミニズムはまだ見つけていなかった。彼女たちの個人的な関心事は、メイベルやニースに政治の価値を低く評価させたというのではなく、政治運動（フェミニズムですら、女性の選挙権、労働闘争、産児制限、職場での女性の昇進に焦点を合わせた）は、彼女たちが彼女たちの関係の中で、コミュニティの中で経験した問題について論じることはなかったということである。

ニース、メイベル、そして同世代の他の多くの女たちが、個人的な実現を追求したことは、二〇世紀のその後に展開していくことになる個人の人生の政治学を予示した。彼女たちの追求は、孤立した個々の闘いではなく、比較的結束力のあるコミュニティ内部で続けられたものであった。一九一五年における文化的な瞬間は、個人の表現や成長を促す創造力のあるコミュニティのそれであった。しかし、このコミュニティの文化、とりわけその性的な文化は、男の経験の覇権によっていまだに定義されていて、いまだフェミニズム批評に支配されていない。

私たちの文化では今やフェミニズム的な要素が強くなっているが、私たちのコミュニティではそれが今までより弱くなっており、私たちの個人的な闘いは、しばしばこれまでに劣らず困難になっている。同時代のフェミニズムは女たちに個々の男たちのもとを去るように支援し、女たちにレズビアンになるようにと支援する時もあるが、私たちは異性愛のフェミニズム的政治の発展を待っている。そうした政治によって、男を相手にした女の闘いは、孤立した個人の闘いを今よりも少なくするであろう。その間、私たちはメイベル・ドッジやニース・ボイスの例から個人的な精神的支えを得ることができる。彼女たちは絶望をどうにか処理し、因習的な従属にノスタルジックに戻って行くことなどせず、彼女たちの闘いを高貴なものにする方法で妥協する。平等主義的な関係の中で、意義深い仕事と愛とを探し求めることは、政治に無関心なことではなく、はかないことでもなく、自己中心的なことでもない、と彼女たちの例が示している。彼女たち同様に、二〇世紀の中心的な文化の葛藤の中で、私たちは親密な間柄ではあるが、ぶつかり合う者同士であることに変わりはない。

註

(1) Daniel Joseph Singal, "Towards a Definition of American Modernism," *American Quarterly* 39, no. 1 (Spring 1987).

(2) 例えば、Ellen Kay Trimberger, "Feminism, Men and Modern Love," in *Powers of Desire: The Politics of Sexuality*, ed. Ann Snitow, Christine Stansell, and Sharon Thompson (New York: Monthly Review Press, 1983), 131-152; Mabel Dodge Luhan, *Movers and Shakers* (1936; rpt. Albuquerque: University of New Mexico Press, 1987); Mary Austin, *No. 26 Jayne Street* (Boston: Houghton Mifflin, 1920) を参照。

(3) Lois Rudnick, *Mabel Dodge Luhan: New Woman, New Worlds* (Albuquerque: University of New Mexico Press, 1984), ix.

(4) Luhan, *Movers and Shakers*, 133.

(5) Ibid., 373.

(6) *Enemies* と *The Bond* の短縮版が、私の編集した本 *Intimate Warriors: Portraits of a Modern Marriage 1899-1940* (New York: Feminist Press, 1991) で再版されている [上記詩二編、手紙も収められている]。ニース・ボイスの他の小説としては、*The Folly of Others* (1904), *The Eternal Spring* (1906), *Proud Lady* (1923) がある。彼女は息子 Boyce との関係および一八歳という若さで亡くなったことについての自叙伝的記述 *Harry* (1923) も刊行した。彼女は雑誌に発表した沢山のストーリーで、これら同じテーマを追求した。その多くが Hapgood Collection (Beinecke Rare Book and Manuscript Library, Yale University) に集められている。

(7) *New York Times*, 13 June 1908, 335; *The Nation*, 7 May 1908, 427; *The Dial*, 16 Aug. 1908, 91.

(8) Luhan, *Movers and Shakers*, x.

(9) "A Quarrel" は *The Masses* 一九一六年九月号、"The Parting" は一九一六年一〇月号、"The Eye of the Beholder" は一九一七年一〇月号に、それぞれ掲載されている。

(10) Kenneth Lynn, "The Rebels of Greenwich Village," *Perspectives in American History*, 3 (1974): 366.

(11) Mabel Dodge Luhan, *Background* (New York: Harcourt, Brace & Co., 1936), 23.

(12) Ibid., 265.

(13) Neith Boyce, "Autobiography," p. 75 (the Hapgood Collection, Beinecke Rare Book and Manuscript Library, Yale University).

(14) Rudnick, *Mabel Dodge Luhan*, 22 で引用されている。

(15) Hutchins Hapgood から彼の母親に宛てた一八九八年五月一五日の手紙 (the Hapgood Collection, Beinecke Rare Book and Manuscript Library, Yale University)。

(16) Boyce, "Autobiography," 75.

(17) Webb は Ruth Brandon, *The New Women and the Old Men: Sex and the Woman Question* (New York: W. W. Norton, 1990), 109 で引用されている。

(18) Neith Boyce, *The Bond* (New York: Duffield & Co., 1908),

145.

(19) John D'Emilio and Estelle Freedman, *Intimate Matters: A History of Sexality in America* (New York: Harper & Row, 1988), 84. Hal D. Sears, *The Sex Radicals: Free Love in High Victorian America* (Lawrence, Kans.: Regents Press, 1977) も参照。

(20) D' Emilio & Freeman, *Intimate Matters*, 161, 84.

(21) Ellen Key, *Love and Marriage* (New York: G. P. Putnam's Sons, 1911), 20, 23.

(22) "On Labor and Free Love: Two Unpublished Speeches of Elizabeth Cady Stanton," edited and annotated by Ellen DuBois. *Signs* 1, no.1 (Autumn 1975): 266. William Leach, *True Love and Perfect Union: Feminist Reform of Sex and Society* (New York: Basic Books, 1981); Ellen DuBois and Linda Gordon, "Seeking Ecstasy on the Battlefield: Danger and Pleasure in Nineteenth Century Feminist Sexual Thought," *Feminist Studies* 9, no.1 (Spring 1983): 7-25 も参照。

(23) Nancy Cott, *The Grounding of Modern Feminism* (New Haven: Yale University Press, 1987), 45.

(24) 急進的な雑誌『マッシズ』のジャーナリストで、ニースやメイベルと同じグリニッチ・ヴィレッジの仲間であったフロイド・デルは、彼の自叙伝的小説 *Mooncalf* で、この見解を述べた。私の記事 "Feminism, Men and Modern Love" を参照。

(25) Niklas Luhmann, *Love as Passion: The Codification of Intimacy* (Cambridge, England: Polity Press, 1986) を参照。

(26) "To H. H. at 46," Hapgood Collection (Beinecke Rare Book and Manuscript Library, Yale University) の中の未刊行の詩。

(27) Luhan, *Movers and Shakers*, 46.

(28) Ibid., 428, 377.

(29) Sheila Rowbotham and Jeffrey Weeks, *Socialism and the New Life: The Personal and Sexual Politics of Edward Carpenter and Havelock Ellis* (London: Pluto Press, 1977), 169 で引用されている。

(30) Boyce, "Autobiography," 159.

(31) Luhan, *Movers and Shakers*, 58, 228.

(32) Ibid., 375.

(33) Ibid., 217, 424.

(34) Luhan, "A Quarrel."

(35) Luhan, *Movers and Shakers*, 286, 319.

(36) Rowbotham & Weeks, *Socialism and the New Life*, 112, 170, 171; Key, *Love and Marriage*, 217, 228.

(37) Edward Carpenter, *Love's Coming of Age* (New York: Mitchell Kennerley, 1911), 40-41.

(38) Luhan, *Movers and Shakers*, 257, 354.

(39) Ibid., 229.

(40) Hutchins Hapgood, *The Story of a Lover* (New York: Boni & Liveright, 1919), 89.

(41) Ibid., 7, 63.

(42) Neith Boyce and Hutchins Hapgood, *Enemies, The Provincetown Plays: Second Series* (New York: Frank Shay,

1916), 105.

(43) 女性が母として世話をすること、男女のセクシュアリティの組み立て、この両者の関係についての理論的論考については、Nancy Chodorow, *The Reproduction of Mothering* (Berkeley: University of California Press, 1978), part 3 ; Dorothy Dinnerstein, *The Mermaid and the Minotaur: Sexual Arrangements and Human Malaise* (New York: Harper & Row, 1976), chap. 4を参照。

(44) Hapgood, *Story of a Lover*, 173.

(45) NeithとHutchinsの間でやり取りのあった手紙は、Hapgood Collection（Beinecke Rare Book and Manuscript Library, Yale University）に所蔵。

(46) MabelとNeithの間でやり取りのあった手紙は、Luhanないしは Hapgood Collection（Beinecke Rare Book and Manuscript Library, Yale University）に所蔵。

(47) Neith Boyceの劇*Constancy*の原稿は、Hapgood Collection（Beinecke Rare Book and Manuscript Library, Yale University）に所蔵。

(48) Hapgood, *Story of a Lover*, 158-159.

(49) Mary Berensonに宛てた手紙（Berenson Collection, Beinecke Rare Book and Manuscript Library, Yale University）。

(50) 一九一五年一二月の手紙（Luhan Collection, Beinecke Rare Book and Manuscript Library, Yale University）。

(51) Lucy Collierはジャーナリズムを勉強していたSmith Collegeの大学院生であったが、社会福祉指導員であったJohn Collierの妻として最もよく知られている。彼は二〇世紀初期にニューヨーク市で、国民の会館を創設し、移民たちが自分の国の文化を保存するのを手伝った。コリアーはルーズベルトの行政当局でアメリカインディアン問題の委員となった。それはメイベルが彼にネイティブ・アメリカンの苦しい情況について関心を持たせてからのことであった。

(52) NeithからMabelに宛てた一九四一年の手紙（Luhan Collection, Beinecke Rare Book and Manuscript Library, Yale University）。

(53) Letter in Hapgood Collection, Beinecke Rare Book and Manuscript Library, Yale University.

(54) Hutchins Hapgood, *Victorian in the Modern World* (Seattle: The University of Washington Press, 1972), 430.

(55) Letter in Hapgood Collection, Beinecke Rare Book and Manuscript Library, Yale University.

(56) Hapgood, *Story of a Lover*, 175.

(57) Rudnick, *Mabel Dodge Luhan*, 234-235.

(58) Christopher Lasch, *The New Radicalism in America: 1889-1963* (New York: Vintage Books, 1965) ; T. Jackson Lears, *No Place of Grace: Anti-Modernism and the Transformation of American Culture, 1880-1920* (New York: Pantheon Books, 1981).

［訳者追加 Carol DeBoer-Langworthy（ed.）, *The Modern World of Neith Boyce: Autobiography and Diaries*（Albuquerque: University of New Mexico Press, 2003)］

邦訳　エレン・ケイ、小野寺信・小野寺百合子（訳）『恋愛と結婚』（新評論、一九九七年）
邦訳　エドワード・カーペンター、寺澤芳隆（訳）『愛の哲學』（創元社、一九五二年）
邦訳　ナンシー・チョドロウ、大塚光子・大内菅子（訳）『母親業の再生産―性差別の心理・社会的基盤』（新曜社、一九八一年）
邦訳　ドロシー・ディナースタイン、岸田秀・寺沢みづほ（訳）『性幻想と不安』（河出書房新社、一九八四年）
邦訳　T・J・ジャクソン・リアーズ、大矢健・岡崎清・小林一博（訳）『近代への反逆―アメリカ文化の変容一八八〇―一九二〇年』（松柏社、二〇一〇年）
邦訳　ジョン・リード、野田隆・野村達郎・草間秀三郎（訳）『反乱するメキシコ』（筑摩書房、一九八二年）

第三章

新しい心理学

ジョン・C・バーナム

一九一五年において、新しい心理学とは、主にジークムント・フロイトの教えを、またフロイトが精神分析と呼んだものを意味した。伝統的な意識せる心の観点からばかりでなく、原始的で退行的な心の傾向（間接的にしか意識に入ってこない）の観点からも、人間の思考や行動を解釈することがいかに可能であるかをフロイトは示していた。その後、一九二〇年以後、無意識的で、自然発生的な、生理学的機能（条件反射のような）といった、新たにつけ加わった解釈が、新しい心理学の見出しの下に含まれるようになった。しかし、一九一五年になって、フロイトの考え方として人々が理解したものが、新しい心理学を形成したのである。[1]

新しい心理学は知識人を引きつけた。彼らは古い体系化に不満であったし、彼らの内面の知覚および感情と彼らが生きている社会的な世界および自然界との関係に魅せられていたからである。アメリカの思想家の中で、形式主義に反抗—概念を形づくることと調査・探求といった古くからある境界線を壊すこと、知的区分・学問分野と社会的集団の間にある境界を解体すること—しているように見えたのは、一般的な知的運動の一部の人たちであった。反抗は世界を見る上で、特に人間と組織や機関を見るための新しい方法を見つけるのに役立った。[2] このセクションで、これから説明することになるのだが、フロイトは理性・意図・意思といった伝統的な考え方を壊した。彼の考え方は、それゆえ形式主義の根底を危うくする上で主要な力となった。

一つの観点からすると、フロイトの仕事は、一九世紀の主要な傾向の頂点を示した。自然はもはや神秘的なものではないことをますます証明した科学を手段にすれば、この世界を支配できるかも知れないという考え方を、アメリカのインテリたちは熱烈に信奉した。稲妻は電気であった。病気は細菌が原因であった。一九〇〇年には知識と科学技術のお蔭で、人間は自然を抑制し、巧みに扱える―あるいは少なくとも理解できる―驚くべき能力をすでに獲得していた。

人間は獣である、というダーウィンの提言の結果、人間を理性的存在であるとする伝統を支持する人たちは、人間が理性の源であるだけでなく、変則的でコントロールできない行動の源でもある、という事実も突きつけられた。もっと悪いことに、理性的な自己としばしば食い違う感情を、自分たちの中に人々は見つけることになった。「人間の経験は根本的に非理性的である」[3]と私たちは信じなければならないのか、と哲学者で心理学者でもあるウィリアム・ジェイムズが一九〇九年に自問した。一九世紀後半の、ますます非宗教的になっていく世界では、原罪といったような神学的な説明を持ち出して、理性的な存在だと一般に考えられている人間のことを、非理性的存在だと説明しようとしても、それはもはや充分な説明にはなっていない。こうした情況のなかで、多くのアメリカ人が、非理性的な思考と行動を分かり易くして、その意味を理解し、それを思い通りに扱う（そうできればと願っていた）方法をフロイトの考え方に見つけた。

図１（前列左から）フロイト、G. S. ホール、C. ユング。（後列左から）A. ブリル、E. ジョーンズ、S. フェレンツ。クラーク大学での講演で。

人間はほんの幾分かだけ進化した動物である、というダーウィン以後の考え方以外に、他の知的な面での変化があった。多分、最も重要な一九世紀の変化は、一個人の魂―それは精神の作用ばかりでなく、彼あるいは彼女のまさに存在を含んでいた―についての考え方に関係していた。長い間、科学の影響下にあった生理学者、医者、そしていくらかの心理学者は、形式的な精神物理学の還元主義―つまり、人間の思考や行動を多分、もっと単純な物理的なプロセスの観点から説明しようとする試み―に向かいがちであった。最初は神経系、そして反射神経、それから最終的に人間の体の中のすべての現象は、単純に物理学的・化学的に説明し尽くされる。アメリカの知識人は、しばしばリアリティについての想像力を持っていて、そこでは魂は「実際に」生理学的な、あるいは化学的な出来事から成っていた。そしてそれはその当時の殆どの知識人が同意していた機械的な連合心理学にまさに似た点のある物理的な面から作用していた。(そのような思想家は、思考作用というものを、数知れない一連の考え――「テーブル」が殆どの人々に「椅子」を連想させるように、それは自動的にお互いを意識の中に呼び込む――の集合であると想像した)

しかし、思考を心理的な、あるいは生理的な面から、そうした機械的な電話交換局型だとするのでは、情緒面での生活をそう容易には、長くは依然として説明しきれなかった。さらに重要なことに、それでは催眠状態、多重人格障害、信仰治療［医薬によらず祈禱と信仰による治療］、精神錯乱といった多くの異常な現象を説明することができなかったということである。感覚・感情・意志を扱う伝統的な学問的心理学も人間の非理性的な行動の根拠をうまく説明しきれなかった。[4]

還元主義とはまったく違った信念だが、同じように影響力の大きい信念であったロマンチックな個人主義の信念もまた、かなり多くのアメリカの思想家たちに深く影響を及ぼした。二〇世紀始まりの進歩の時代のロマンチックな個人主義者にとって、主観的な感情は特に重要であった。この動向の一つの意義深い徴候は、当時、盛んであったクリスチャン・サイエンス［病気は神の教えの体得・信仰により癒されると説く、メアリー・ベイカー・エディの創始した宗教］の運動の他に、自然発生的な、会派に属さない新思想の運動であった。新思想は主観的経験を強調することによって、基本的に個人の魂を神の魂と結びつけようとする試みであった。新思想および同種のロマンチックな個人主義は、ある党派心の強い人が言うように、「経験した事実をもっと充分に説明し、同時に人間の魂の深い憧れを満足させ」ようとした。そのような思想家たちは、共通の信念――それぞれの個人は才能を持っているが、それが活用されていないし、可能性を秘めてはいるが、それがまだ実現されておらず、そして正しい考えをすることは、その個人の自己実現による充足感へとつながるであろう――を明確に述べ、それを広めた。新思想の主唱者ジョン・B・アンダソンが一九一一年に言ったように、人は「魂の神秘的な力を実際に利用」して、人生において最適な条件で役目を果たしていると考えることができた[5]。

新思想の擁護者たちは、一つのまとまった精神という考えを保持することよりも、思考力についての考えや人間の本当のより良い自己の潜在性を売ることの方により成功した。ヴィクトリア朝時代の知識人たちは、自分自身が選択―それ以前の世代では、選択というものが強く感じられなかった―しなければならないことに気づいた、と文学史家はずっと前から指摘してきた。神は存在するのか。どんな政治の形態が正しいのか。本当の審美的原理とは何か。人生には個々の選択のための、とても多くの選択肢が可能性として開いているが、ヴィクトリア朝の人たちは先例のない強烈な内的葛藤状態にあることに気づいた。そして一つのまとまった精神、つまり一人の人間の考えは、もはや容易には主張ができなかった[6]。一九一五年の世代が成長していた雰囲気はそのようなもの―その人間には、多くの相反する選択の種類があり、多くの科学的、そして多分、精神的要素、逆説的に言えば、一人の人間の内部に多重人格さえ存在する―であった。

自己が断片化されたものであると理解されると、本当の自己とは一体何なのかという問いが、文字通り湧き上がってきた。殆どのアメリカの思想家たちにとって、その問いはもはや分かりきったことではないからだ。ちょうどこの頃、ジークムント・フロイトは人間の心理に関する彼の研究結果を公表し始めた。その中で、彼は本能的衝動と機制、そして無意識の過程について語った。自由意志のような他の現実性や問題は言うまでもなく、本当の自分のことに関心を持っている思索家は、それゆえ精神分析の考え方に目をやるであろうことは必然であった。フロイトがたった一度だけアメリカを訪れて間もなくの一九〇九年に、「フロイトが患者の心の層の下にある層を見通すように、臨床の患者をその無限の忍耐で、詳細に追跡調査を行っていることを、フロイトの精神分析理論に依拠する文学に強い関心を持ってきた人たちは知っている」とある批評家が『アメリカン・ジャーナル・オブ・サイコロジー』で記した[7]。

馴染みのある観点からフロイトを見る

アメリカ人がフロイトのことを耳にした時、彼らはフロイトが言っていることを概念的に理解するために、なじみのある言葉づかいをした。彼らはフロイトの考えをしばしば誤解し、歪めた。そしていくぶん似かよった同時代の考え—特に、催眠術と関係した潜在意識で起こっていることについての考え—で、フロイトの考えを薄めた。フロイト自身は彼の考えを体系化するにあたって、伝統的な考えを使った。特に、思考過程は観念連合によって進行する、とフロイトは信じた。そして彼は他の人たちと同様に、人間は動物である、ということをチャールズ・ダーウィンから学んでいた。それゆえフロイトの貢献は、獣の本能や道理のわからない感情を、機械論的な連合心理学にあてはめることがどれくらい可能であるかを示すことであった。本能的要求が意識的な思考や理性的な行動をいかに歪めたかを理解するための実際的な手段を彼は提供したので、彼の考えは第一次大戦前と大戦後の何十年間、異常な成果を収めていた。第一次大戦前のアメリカ人は環境説［個人・社会の発達は遺伝的素質よりも、むしろ環境によって規定されるとする説］と科学—それらは人間の感情と行動面での非理性の変則的で厄介な証拠に加えて、自然を支配したいという願望を強調した—を背景にしてフロイトを学んだ。

心理療法の一つの手段としての精神分析のお蔭で、一人の人（心理療法士）がもう一人の人（患者）に深い考察を必要とする方法で、影響を及ぼすことができた。環境を変えることによって、世界を改善できると信じた改革者たち（多くの知識人を含む）は、二つの異なる方法で、新しい精神療法の力によって霊感を与えられた。精神療法の成果により、心の病理は遺伝するというペシミスティックな説を信奉することが、実は誤りであると証明されたのは明らかである。そしてフロイトの洞察力でもって人々を教育することで、個々の人たちを治療できるのであれば、世の中全般が似たような類の教育で、より良き場所に生まれ変わるであろう。「人間がその環境を支配するにますます見事に適するように[8]」精神分析が力を結集することになる、と戦前の一評者が記した。

フロイトの考えは、アメリカの知的な生活の多くの面に入ってきた。後続する二つの評論の、より明確な背景を提供するために、アメリカ人がフロイトについてどのように学んだかを手短に私は記述することになる。精神分析は医学の分野での一理論、一方法であって、一〇年代後半になって初めてアヴァンギャルドの知識人によって取り上げられた。私は一九一五年に起こっていたことに特別の注意を払うことになる。精神分析の地位はとても変化したので、知識人たちにとって、精神分析がそろそろ個人的に重要なものになっていい頃であった。それから私は殆どの思想家たちが最初に出くわす定型化した表現を記述することになる。人間の行動における隠された動機という考え—特に性的な動機がそれである。隠された動機とは、リアリズムや自然主義の文学におけるように、知識人たちが実行の可能な現実を探そうとする、実のところは、本当の自分を探そうとする行為の一部であった。精神分析はこの探求に理解—私たちの感情と認識のうち、どちらが正当な根拠があるかをいかに私たちは知るか—と客観性の両方を与える。結局、最近の、最も新しい、最も近代のものを求めようとするアメリカ人の飽くなき探求心に注意する必要がある。

精神分析について学ぶ

一般に知識人たちは、臨床心理学の専門分野での最新の成果を常に承知していた。例えば一九一五年に、傑出した神経学者ピアース・ベイリーは、精神分析学者オットー・ランクの著書『ヒーローの誕生神話』を、医学誌にではなく、『ニュー・リパブリック』(進歩的知識人の主な政治的文学的機関誌)で論評した。サンホード・ギフォードが彼の論文で記しているように、医者と文学者の特有な結びつきが、この時代には非常に重要であった。しかし、それより前から、異常心理学に文学者や一般の知識人が関心をよせるという伝統があった。催眠術、信仰治療、他の特異現象は様々な種類の文学の読者を含め、一九世紀後半の思想家たちには、馴染みのあるものだった。そして生理学に関心が向いていた大学の心理学者たちですら、学生や一般の要求が、学者たちに感覚や思考に関する狭い実験ばかりをやっていないで、夢、精神の病気による忘却、自分で自分がコントロールできないために、意図していないのに、知らず知らずに字を書くこと、後催眠暗示［催眠が解けた後に効果が出る暗示］のような不可解な現象を研究対象にするように強いていることに気づいた[9]。

特に一九〇八年頃に始まったのだが、二、三のアメリカ人がフロイトの発展させていた考えの説明―主に専門的な説明―を公表し始めた。フロイトは不可解な現象を伝統的な心理学がしたよりも、ずっとうまく説明する心理学的なシェマ［現実世界を認知するための心理的枠組み］を考え出していた、と彼らはしばしば論評した。しかし、かなりの間、フロイトの仕事についてのこれらの意見は、殆どのアメリカの知識人たちには、あまり重要なものではなかった。それから一九一五年の間に、博識のアメリカ人の認識の中で、精神分析の位置が重要なものに変化していった。

一九一五年という年は、他の年と何が異なっていたのか。マックス・イーストマンがその年、『エヴリボディーズ・マガジーン』で公表した大衆化（「人の心の中を探り、体を治療する」や「ミスター、えー、あのー、彼の名は何でしたか」）を画期的な出来事として指摘する歴史家もいる。もう一つの主要な大衆化は、一般の雑誌『グッド・ハウスキーピング』に現われた。雑誌の普及率のサンプルをより幅広く取って、『リーダーズ・ガイド』で索引の付けられてあるフロイトと精神分析に関する記事数が、一九一五年に劇的に増加したことに気づいたという歴史家もいる。一九一五年に、その数は一〇倍に急増した。それに加えて、二冊の重要な本が現われ、それが一般読者向きとなった。ジェイムズ・ジャクソン・パトナムの『人間の動機』とエドウィン・B・ホルトの『フロイトの願望』がそれであった[10]。

何かが一九一五年に起ころうとしていたことは、はっきりしている。多くの批判的なアメリカ人の思考の中で、精神分析はとても重要視されるようになっていて、彼らはこのテーマに関して活発に公表し、編集者や読者―彼らが精神分析を賛美しようが、批判しようが―が受け入れているのを知った。精神分析の考えを学ぶことは、優れた思想家の間では緊急な事柄となった。沢山の証拠がフロイド・デルの回想を確かなものにする―「精神分析について知っていたその頃の誰もが、そのテーマの伝道者のようなものであったし、グリニッチ・ヴィレッジ界隈で、精神分析についてあまり知らないなんて人は誰もいなかったはずである[11]」。

知識人なら気づいていただろうが、学会などでの発表の量が変化しただけでなく、質も変化した。その何年も前の教養ある一般人でも、医者が神経病の治療に導入していた新しい方法のことをすでに本で読んで知っていた。公表されたものの多くは、医学における新しい種類の業績について、また専門的処置、精神療法（それにはしばしば精神分析を含んでいた）の発展に関する臨床医による報告であった。ある作家がフロイトの何らかのアプローチなら、誰でもに適用できるかも知れないと、ほんの時折、提案したが、一九一一年の『フォーラム』で、エドウィン・M・ヴァイアも読者たちに自分たちの夢の中の生活を覗き込んでみてはと提案している[12]。

一九一五年に起こり始めていたものは、かなりの数のアメリカの思想家たちが、精神分析と精神分析的な考えを、彼ら自身の世界の一部にしようとしていたということである。その結果、精神分析は専門家―彼らはそれを受動的な患者に適用ができた―の手にかかると、単なる新しい手段以上のものになった。フロイトの考えの詳細な内容が、アメリカの知識人たちにますます重要で、個人的に適切なものになるにつれて、彼らの書くものが変化していった。まだ若かった急進主義者のウォルター・リップマンは一九一五年に、医学についてては素人だが、フロイトに関する医者たちの論争に、もはや中立のままではいられないと発言した。その結果は、あまりにも大きいものだったので、医学の領域を越えてしまった[13]。

その後、一九三〇年代とその後において、精神分析はもう一度、主に医学の専門―教育を受けた専門家から、精神科の治療を受けているという馴染みのある象徴を帯びた―に戻った。しかし、一九一五年という時期には、精神分析は一般的な知的現象となった。フロイトの仕事はそれゆえ、ハイ・カルチャーの残りの先駆者となるアヴァンギャルドが存在したその時代の刺激的な一面を生み出した。あらゆる「進歩的な」考えに反対した一九一四年のある悩める批評家は、「オカルティズム、シンボリズム、キュービズム、未来派、モダニズム……それに問題劇［社会問題などに対する作者の立場を世間に訴えようとするもの[14]］」のような望ましくないと見なしたその頃の他の革新的な考え方とともに、彼が精神分析をリストアップした時、みんなが知っていることを明確にした。

隠された動機

アメリカのアヴァンギャルドの作家たちの仕事の中で現われてきた新しい心理学の最も目立った面は、プロヴィンスタウンの劇『抑圧された願望』で例示されているように、隠された動機という考え方であった。その当時の人々は、隠された動機を精神分析の一部であると見なしたが、その考えが新しいものでなかったことははっきりしている[15]。それでは、フロイトが新しい洞察を提供したという意味とは。

アヴァンギャルドのメンバーはたいてい、社会主義が大部分のアメリカ知識人の考えていることの重要な点になっている頃に大人になった[16]。第一次大戦前の時代の自意識の強い反抗者たちの多くが、マルクスを多少は知っていた。そして特定の人々の隠された動機―一般的に、ある人の行動が彼および彼女の経済的利益をいかに反映しているか―を探ろうとすることが、進歩的な考えを持っている人たちの間では、それゆえ刺激的な会話の決まり文句であった。これはぞんざいな直接的な類の還元主義、つまり所与の問題の表面上の動機や合理性を否定して、それに代わってその行動を資本主義体制下で他を利己的に利用しようとする人のせいにすることであった。例えば、その時代のロックフェラーの慈善は、しばしばそのような観点で特徴づけられていた。

経済的動機についてのこれらの精神分析の多くは、ウォルドー・フランクがかつて私に指摘したように、その人が気づいていない動機―真に隠された動機―を含んでいた。だからある進歩的な考え方をする人なら、彼および彼女の金銭的利益のために、不注意な行動をしたといって別の人を非難するであろう。この種の思考は、これら同じ思考の人たちがフロイトの隠された動機の多様性を取り上げる契機となった。劇を通じての精神分析の大衆化を予想して、一九一六年にフロレンス・カイパー・フランクが記しているように、性心理の決定論が、人間の事柄を解釈する際に経済的決定論に取って代わるということがまったく可能であった[17]。

フロイトは隠された動機の概念に二つの要素をつけ加えた。まず、隠された動機は、人は全能である、人はあらゆる本能を満足させるという願望を含めて、経済的なこと以外に多くの点で利己的であることをフロイトは示した。実際、その当時の人々は、精神分析が還元主義—そこでは、あらゆる人間の動機は、何らかの点で性的なものとなる—を意味すると考えがちであった。早くも一九一四年に、『カレント・オピニオン』の編集者たちは、「精神分析は、いかにしてこの世の中の人たちの頭を性でいっぱいにしてきたか」というタイトルの記事を掲載した。性的な内容とセクシュアリティの象徴は、精神分析思考の支持者および批判者の注意をそらした。例えば『ネーション』で、ウォーナー・ファイトは、ユングの「五〇〇ページあまりの支離滅裂で、卑猥な」本と呼んだ。精神分析療法のことを書いた人たちは、あらゆる主張を「〈昼間は暖かい〉とか、〈これは椅子です〉といった秩序ある」ものにしたわけではなく、「動機の表現を性的であるばかりか、近親相姦的なものにもした」[18]とファイトは続けた。プロヴィンスタウンの人たちのような、進歩的な思想家たちは、性的な内容に興味をそそられ、心を奪われただけでなく、不快に感じたりもした、とフレッド・マシューズは指摘している。彼らはこうした材料が及ぼす予想される影響を探った—もしフロイトが重要視する点に基本的に誤りがないとすれば、どうなるだろうか。

しかし、フロイトの最も類まれな貢献は、心理学的機制—それによって、隠された動機が人の思考や行動に影響を及ぼし、またその機制によって別の人がその思考や行動を分析して、原初的で幼児的な動機を見つけ出すために、それらを還元できるであろう—を提供したことであった。その当時の機制は、圧縮（そこでは、一つ以上の考えや動機がつぶされて、一つの表現となる。例えば、子供が先生を「ママ」と呼んでいる）と象徴化（そこでは例えば、夢の中でヘビと尖塔が秘密裡に、その夢想者の心の中で陰茎を表していた。あるいは一つの空席は誰かが亡くなっていたことを意味した）といったようなものを含んでいた。精神分析を始めたアヴァンギャルドの人たちの心にとても強く訴えたのは、行動や思考を解く、明白でないこれらの手がかりを見つけることであった。その時代の知識人たちは、彼らが科学者のように求めていた捉えどころのない現実の正体を明らかにするための、実際的な方法をフロイトがすでに考え出していたその可能性を受け入れたのであった。ある時、ウォルドー・フランクは、信仰復興運動家のビリー・サンデーの成功が「転換機制—本能的願望を、禁じられている表現から遠ざけて、偽装されてはいるが、禁じられていない表現に向けること。セクシュアリティをあからさまに抑制することは危険である。そのためにその情熱を地獄の恐怖に変え、〈旅に出ること〉（伝道すること）によって、あなたの心配を飲み込むのである。アルコールで酔っ払うのは、非経済的である。だから信念を表明して、神様で酔っ払うのである」[19]―の無意識の使用にあると主張した。

人々がしたことを、その人々にそれをするように仕向けたものについての新しい洞察は、アメリカの知識人たちに重要な影響を及ぼした。シャーウッド・アンダソンはプロヴィンスタウン・プレイヤーズが設立される二年前（彼がまだシカゴ・ルネサンスのグループの知られていない若い作家であった）、それがどのようなものであったかを覚えていた。

私たちは……あり余るほどの大胆さを持っていた。フロイトが見出されたのは、その頃であった。若いインテリたちはみな、お互いの、会う人たちみんなの精神を分析するのに忙しかった。フロイド・デルは精神分析によく通じていた。私たちは夕方になると、誰かの部屋に集った。ところで、私はフロイトを読んだことはなかったから、……自分の無知をとても恥じていた。デルは私たちの周辺でよく見かけた。……人の心を分析するなんて話を聞いたのは初めてであった。デルの口からは精神分析に関する話が湧き出てきた。……そして今、彼は私たちの心理分析を始めていた。デルだけでなく、そのグループの他の人たちも心理分析をやりだしていた。彼らは私の心を分析した。通りを行く人たちの心も分析した。[20]

本能とセクシュアリティ

フロイトの考えは、さらに他の関連した知的な動向へと少しずつ動いて行った。二〇世紀初期のアメリカの思想家たちは、本能と意志という点から、行動を説明しがちであった。意志は馴染みのある、伝統的なもので、その時代の個人主義に、また自己改善や自己発展―それは、その当時の個人の成功およびコミュニティの成功のための、アメリ力の原動力の一部であった—の信条に合っていた。意志は、新しい思潮である神秘主義同様に、進歩的な改善をしようとする良心の中心的なものであった。[21] 隠された動機は、意志のまさにもう一つの形—無意識の形、つまり潜在意識の形—を構成した。そして一旦、有害な動機が発見されたら、その有害な動機に対抗して、意識的に意志の力を使うことができた。対照的に本能は伝統的なものではなかった。

本能というものは、もともと動物の属性であって、人間の属性ではなかった。しかし、二〇世紀になるまでに、アメリカの心理学者ウィリアム・ジェイムズのような重要な人物が、人間の本能について語っている。気持《フィーリング》［理性に対する感情を表す一般語］という古い心理学の部門は、独立した［強い、高まった］感情《エモーション》に取って代わられつつあった。影響力の強かったイギリスの作家ウィリアム・マクドーガルのような思想家たちが、この強い、高まった感情というものを本能的な活動の心理学的な面だと明らかにした。一九一五年までに本能についての最も重要な、そして見事な理論の一つが、ジークムント・フロイトの理論で、彼は本能的衝動（それらの多くは、性的なものである）が、隠された自己の主要な面を構成している、と主張した。[22]

フロイトの考えが、より広められるようになるにつれて、ロマンチックな愛とセクシュアリティについての新しい考えとの関係が、ますます多くの思想と関心を生み出した。ヴィクトリア朝時代の社会で発展をみたように、愛は結婚が壊れないようにしておくための接着剤、一夫一婦制が両パートナーにとって個人的に履行しようとしている約束を保証するための接着剤となるものであると信じられた。セクシュアリティに対してこれまでより包み隠しのない態度が増してきたのは、家族の結束を強めるためだけでなく、性病の広がりを減らすためにも、結婚をより満足のいくものにしたいと改革者たちが思ったからである。性について隠し立てをしないことと性的な欲望を満たすことが増えたことは、より信頼のできる自己表現を手助けした、と思っていた急進主義者もいれば、フロイトは理性的な動機をしばしば卑しい感情的な衝動に還元しがちである、と思っていた思想家たちもいた。視点がどうであれ、スーザン・グラスペルやジョージ・クラム・クックのような博学な知識人たちは、たとえどんなにちゃんとしたものであっても、いかなる行動も性的な動機に帰せられると見なした。「宗教の相違点をなしている本質は、性的エクスタシーに常に還元できる」[23]と一九一四年にセオドア・シュローダーは書いている。

新しいリアリティの探求

しかし、隠された動機という観点から、また本能とセクシュアリティという観点から考えることだけが、知識人として、フロイトの仕事を受け入れたことの全部ではなかった。精神分析の考えは、グリニッチ・ヴィレッジや他の所で、別の理由（特に、非常に正確で満足のいくリアリティを探求することの一部として）でもアメリカの思想家たちの心に訴えた。フロイトの考えを受け入れることに伴って、心理学は芸術家や作家たち―彼らは性質、特に人間の性質についての彼ら自身の考えが変化しつつあることに気づいた―の仕事で重要な役割を果すようになった。社会科学者が人間の心や性格に科学的にアプローチする方法を探していたのと同じように、芸術や文学で実験している人たちは、上辺を描くだけでは満足できず、その内部に入り込んで行き、潜在している要素を発見する方法を探し求めていた[24]。

非常に信頼のおけるリアリティを探求するために、精神分析を使う二つの基本的アプローチがあった。一つは、恐らく明らかになってはいない「本当の自己」を明るみに出すために、隠された動機を辿ることであった。もう一つは、はっきりと真実を見る上で障害となっているものからみずからを解放しようとすることであった（客観性を得ると呼ばれるようになったもの）。もし隠された動機を明るみに出せるとすれば、それらの影響を多分、補償できる、あるいはそれらに打ち勝てるであろうからである。

本当の、隠された自己の中の都合の悪い要素が、いかにその人の意識せる自己に対して正当化されなければならないかをフロイトは示した。多くの思索家たち、特に一九世紀後半の思索家たちは、人間が自分自身に正直でないと暗示した。自己正当化を（精神分析の言葉を使えば）「合理化する」ことは、プロヴィンスタウンの世代に特に馴染みのある方策であった。彼らはヴィクトリア朝時代の人たちからそれを学んだ。ヴィクトリア朝時代の彼らの主要な関心事の一つは、偽善であった。だから利己的で、称賛に値しない行動は、自己正当化によってすっかり隠された。さらにずっとショッキングな類の偽善を見分けるために、新しい心理学を使うことは、それゆえヴィクトリア朝時代の中流階級の息子や娘にとって、自然な行動であった。第一次大戦以前に、「ショッキングな」精神分析的解釈と見なされたものは、例えば、単純な嫉妬や欲求不満から無意識に生じた誰かの行動をとがめる目的で、殆どきまって最も道徳的な方法で、偽善の仮面を剝がそうとするものであった。[25] 偽善の仮面を剝がそうとする動機が、『抑圧された願望』では目立っている。

この動機と緊密に結びついていたのは、非常に科学的な——恐らくより客観的な——視点を持つことによって、心理学的・社会的リアリティを、より明瞭に把握しようとする思索家たちの試みであった。「私たちは隠されていたものを意識という明るみに引っ張り出し、それを記録し、その位相を比べ、その歴史に注目し、実験し、誤りについて熟考し、私たちの意識生活はもはや平凡な玉虫色ではなく、粗暴なものを飼い慣らしていく、次第に力強いやり方になっていることに私たちは気づく」とウォルター・リップマンは書いた。精神分析療法は、人が不快な事実に直面するのを手助けすることによって、問題を解決するために科学の力を明確に示すことができたし、それを示した。しかし、精神分析の理論が吹き込んだ盲信が、グラスペルとクックによって風刺の対象にされたというのは、多くのことを物語っている。[26]

精神分析——「新しい」心理学

グラスペルとクックが一九一五年に新しい心理学ブームにすでに批判的でありえたという事実は、その心理学が人間の情況について、重要な一連の考えを提示するという点で、影響を及ぼす状態に向かってかなり進んでいたことを暗示している。これらの新しい考えは、アメリカ文化で起こっている刺激的な変化の不可欠な部分であった。ある時、批評家たちが同時代の演劇を、その時代の重要な考えや問題点を満たしていないという理由で批判した時、進歩の時代の主動者や活動家は、精神分析ならきっと創造的思想家たちを世界を揺り動かすような新機軸へと導いてくれるだろうと期待した。実際に一九一五年春に、自意識の強い革命誌『マッシズ』で、ある批評家が記しているように、精神分析は一つの基準を設定した。ゴードン・クレイグ［演出に新機軸を打ち出したイギリスの舞台美術家］の演劇書は、「その分野では、フロイトの理論と同じくらいに革命的」[27]であった、とその批評家は言った。改革者たちは古い形式や伝統から離脱する目的に加え、新しい形式や新しい伝統を導入するためにも反抗的な考えを使ったのである。

プロヴィンスタウン・プレイヤーズや他の知識人たちが、フロイトの仕事とそれに関連した新しい心理学に興味を示したのは、こうした様々な影響力を背景にしていた。[28] 例えば、芸術の場合のような他の思潮とは違って、アメリカの思想家たちがはっきりと示した精神分析への熱意は、ヨーロッパ大陸からの輸入でもなければ、イギリスに由来する伝統的な知的指導から引き出されたわけでもなかった。むしろアメリカ人はフロイトに対して独特の好みを示した。世紀の転換時期の非常に多くのアメリカ人たちが、近代の文明に関して非難した神経症的な病弱さを説明するのに、例えば、精神分析を使った。その特定の理由がたとえ何であれ、フロイトの新しい洞察力に国家全体が関心を示していることを、その当時の多くの人々は気づいた。旧世界および新世界の知識人たちを知っていたレオ・スタインは、一九一七年に精神分析について、「精神分析がより賢明で、より思慮深い文明の中心においてよりも、ここでの方がずっと容易に受け入れられつつある理由の一つが、全体的に見て、受け入れることの方が受け入れないことよりも毒されることが少ないからだと私たちは感じている。それが私たちの最重要部分を深く引き裂くものであるよりも、むしろ新しい興味ある分野での発見だと思っている」と意見を述べた。[29]

プロヴィンスタウンのグループは、近代の思考を発展させるにあたって、精神分析が大きな可能性を秘めているとはっきり理解した。[30] ギフォードとマシューズがそれぞれの論文で示しているように、フロイトはプロヴィンスタウナーや他のアヴァンギャルドの知識人たちを、人間の行動を見る際の、深く新しい方法に導こうとしていた。彼らはフロイトの考えを懐疑的な気持ちで試してみたが、その考えを真剣に捉え、その基本的考え方をかなり自分たちのものにした。それはスタインがまさに述べたように、「新しい興味ある分野での発見」であった。プロヴィンスタウナーがフロイトを知って、彼に反応を示した時、彼らはより多数のアメリカの知識人を導いただけでなく、その代表ともなった。

第一次大戦後、フロイトの教えを学びたいというアヴァンギャルドのフロイト熱が続いて、一九一五年に始まったフロイトの大衆化は、他の教養ある人々の部分へと広がりを見せた。最初、拡大を見せた精神分析への一般的関心は、多くの思考するアメリカ人たちの自己愛的傾向を一層強めるのに手を貸した。一九二〇年代の終わりまでに、いくつかの文化のリーダーたちは、ますます組織化され、調整の図られた都市社会で、個々人を操作するのに役立てようとして、精神分析の持つ洞察力を利用して、その可能性をすでに探り始めていた。[31] 二〇世紀の中頃に、新しいアヴァンギャルドの世代は心理療法の矛盾点—心理療法は障害を軽減することはできるであろうが、同時に社会構造を変えられるというよりも、その組織に調和するように人を変えることができるであろう—を探り始めた。

註

（1）新しい心理学という言葉は、一九一五年という年を考えると、実際に時代錯誤的である。その言葉を名づけ、定義した本が、A. G. Tansley, *The New Psychology and Its Relation to Life*（London: G. Allen and Unwin, 1920）である。John C. Burnham, *Paths into American Culture; Psychology, Medicine, and Morals*（Philadelphia: Temple University Press, 1988）五章を参照。

（2）H. Stuart Hughes, *Consciousness and Society; The Reorientation of European Social Thought, 1890-1930*（New York: Alfred Knopf, 1958）. 形式主義に反抗する伝統的な説明の1つである最近のものにDaniel Joseph Singal, "Modernist Culture in America: Introduction," *American Quarterly* 39（1987）: 5-26がある。

（3）William James, *A Pluralistic Universe: Hibbert Lectures at Manchester College on the Present Situation in Philosophy*（London: Longmans, Green, 1909）, 211.

（4）早くも一八九〇年代に、アメリカ人は「新しい」心理学の機が熟していることに気づいた。しかし、制限された意識の心理学は、識者にはほんの一時凌ぎにすぎないことがわかった。かなりの数の人たちがフロイトの仕事を学んだ時、本当に新しい心理学が出現したと彼らは思った。John C. Burnham, *How Superstition Won and Science Lost: Popularizing Science and Health in the United States*（New Brunswick: Rutgers University Press, 1987）とりわけpp. 85-95を参照。

（5）John Herman Randall and John B. Andersonのことが、Richard Weiss, *The American Myth of Success: From Horatio Alger to Norman Vincent Peale*（New York: Basic Books, 1969）, 130, 133で引用されている。

（6）Burnham, *Paths into American Culture*, 特に1章。

（7）Merle Curti, *Human Nature in American Thought; A History*（Madison: University of Wisconsin Press, 1980）. この本はまたアメリカ文学の多くを要約してもいる。Francis Jones, in *American Journal of Psychology* 21（1910）: 169.

（8）Carl Rahn, review of White, *Mechanisms of Character Formation*, in *Psychological Bulletin* 14（1917）: 327.

（9）例えば、Curti, *Human Nature in American Thought* 特に一〇章を参照。Pearce BaileyによるRank, *The Myth of the Birth of the Hero*, in *New Republic* 2（1915）: 160-161の書評も参照。例えば、同じ年の、同じ雑誌に掲載の別の著者Philip Littell, "Books and Things," *New Republic* 2（1915）: 186は、まるで誰もがほのめかしの文脈を理解するかのように、何気ないやり方で無意識の願望に言及している。例えば、Leonard T. Troland, "The Freudian Psychology and Psychical Research," *Journal of Abnomal Psychology* 8（1914）: 405-428を参照。

（10）Max Eastman, "Exploring the Soul and Healing the Body," *Everybody's Magaziine* 32（1915）: 741-750, and "Mr. Er-er-er—Oh! What's His Name?" *Everybody's Magaziine* 33（1915）: 95-103. Max Eastman, *Heroes I Have Known, Twelve Who Have*

Lived Great Lives (New York: Simon and Schuster, 1942), 263は、彼の記事が「[フロイトの] 理論と治療法についてアメリカで最初の一般大衆向けの解説」となった、と彼は信じている。Peter Clark Macfarlane, "Diagnosis by Dreams," *Good Housekeeping Magazine* 60 (1915): 125-133, 278-286. Gisela J. Hinkle, "The Role of Freudianism in American Sociology" (doctoral diss. University of Wisconsin, 1951), 10 ; cf. *Recent Social Trends in the United States: Report of the President's Research Committee on Social Trends* (New York: McGraw-Hill, 1933), 397. James Jackson Putnam, *Human Motives* (Boston: Little, Brown, 1915); Edwin B. Holt, *The Freudian Wish and Its Place in Ethics* (New York: B. W. Huebsch, 1915). そのリストに Isador H. Coriat, *The Meaning of Dreams* (Boston: Little, Brown, 1915) を加えることもできるであろう。Nathan G. Hale, Jr., *Freud and the Americans: The Beginnings of Psychoanalysis in the United States, 1876-1917* (New York: Oxford University Press, 1971), 397, 417. 一般大衆への普及についての年毎の記述が、John C. Burnham, "Psychoanalysis in American Civilization Before 1918" (doctoral diss. Stanford University, 1958), chap. X に出ている。

(11) この Floyd Dell の部分は Frederick J. Hoffman, *Freudianism and the Literary Mind* 2d ed. (New York: Grove Press, 1957), 58 に引用されている。

(12) 例えば、[G. Stanley Hall], "Twentieth Anniversary of Clark University," *Nation* 89 (1909): 284-285; "Psychoanalysis, Getting at the Facts of Mental Life," *Scientific American Supplement* 71 (1911): 256 ; Edward M. Weyer, "The New Art of Interpreting Dreams," *Forum* 45 (1911): 589-600. Burnham, "Psychoanalysis and American Civilization," chap. X ; Hale, *Freud and the Americans*, chap. XV. 例えば、その頃、知的な大衆は天文学者が巨大な新しい望遠鏡を通して見ることのできたものを知った。専門家や研究者の特殊な、とっつきにくい仕事の報告は、それゆえ精神分析の最初の大衆化の模範となった。*Current Literature* 50 (1911): 167-169 で掲載された精神分析に充てられた記事は、「新しい心理学の世界からの医療報告」と呼ばれていた。

(13) Walter Lippman, "Freud and the Layman," *New Republic* 2 (1915): sup. 9-10. 私が論じている大衆化のタイプにおいては、興味本位のものといったものは殆どなかった。それはインテリではないにせよ、博識な読者を対象にして、主にインテリによって書かれた。一九二〇年代になって初めて、より広範な一般大衆に対する大衆化が重要になった。

(14) John C. Burnham, "From Avant-Garde to Specialism: Psychoanalysis in America," *Journal of the History of the Behavioral Sciences* 15 (1979): 128-134. F. X. Dercum, "An Evaluation of the Psychogenic Factors in the Etiology of Mental Disease," *Journal of the American Medical Association* 62 (1914): 756.

(15) Burnham, *Paths into American Culture*, chap. 5.

(16) Dorothy Ross, "Socialism and American Liberalism:

"Academic Social Thought in the 1880's," *Perspectives in American History* 11 (1977-1978): 7-79.

(17) Florence Kiper Frank, "Psycho-Analysis: Some Random Thoughts Thereon," *The Little Review* 3 (1916): 15, 17. James Oppenheim, *War and Laugher* (New York: Century Co., 1916), 60は、とりわけ説得力のある例を提供している。

(18) "How Psycho-Analysis Has Obsessed the World with Sex," *Current Opinion* 46 (1914): 441-442. Warner Fite による Carl G. Jung, *Psychology of the Unconscious* の批評、*Nation* 103 (1916): 127.

(19) Waldo Frank, "Valedictory to a Theatrical Season," *Seven Arts* 2 (1917): 365. 例えば、機制は一般に受け入れられている説明の中心的な位置を占めていた。William A. White, *Mechanisms of Character Formation: An Introduction to Psychoanalysis* (New York: Macmillan, 1916).

(20) Sherwood Anderson, *Sherwood Anderson's Memoirs* (New York: Harcourt, Brace, 1942), 243-245.

(21) Weiss, *The American Myth of Success*. Burnham, *Paths into American Culture*, 特に一四章。

(22) 特にHamilton Cravens, *The Triumph of Evolution; American Scientists and the Heredity-Environment Controversy 1900-1941* (Philadelphia: University of Pennsylvania Press, 1978); Burnham, *Paths into American Culture*, 四章を参照。

(23) Theodore Schroeder, "The Erotogenic Interpretation of Religion: Its Opponents Reviewed," *Journal of Religious Psychology* 7 (1914): 23; 明らかに誤りと思えるものには訂正がなされている。

(24) 例えば、一九一五年という年は、Nancy E. Sankey-Jones (*Theodore Schroeder's Use of the Psychologic Approach to Problems of Religion, Law, Criminology, Sociology and Philosophy, A Bibliography* 2d ed., [Cos Cob, Conn.: n.p., 1922], 2) によって、シュローダーの仕事が「フロイト的な」視点の「仕事にはっきりと変わっている」と指摘された年であった。二〇世紀初期におけるリアリティの一般的探求は、Richard Wightman Fox and T. J. Jackson Lears, eds., *The Culture of Consumption: Critical Essays in American History, 1880-1980* (*New York: Pantheon Books*, 1983) の、Richard Wightman Fox and T. J. Jackson Lears による"introduction," xiii-xv の中の、一つの重要な情況の中で正しく理解されている。全体の情況は、Curti, *Human Nature in American Thought* に載っている。

(25) 伝統的な解説は、Walter E. Houghton, *The Victorian Fame of Mind, 1830-1870* (New Haven: Yale University Press, 1957) の一四章である。一般的には、Burnham, "Psychoanalysis in American Civilization," 336-338, 376-380 および Hale, *Freud and the Americans*, 421-433 を参照のこと。Cf. Richard C. Cabot, "Veracity and Psychotherapy," *Psychotherapy* 1 (1909): 32-33.

(26) Peter Novick, *That Noble Dream: The "Objectivity" Question and the American Historical Profession* (Cambridge: Cambridge University Press, 1988) は、この問題の最新の知

的な歴史を含んでいる。Walter Lippman の *Drift and Mastery: An Attempt to Diagnose the Current Unrest*（New York: Mitchell Kennerley, 1914）は、同時代の典型的な文書であった。引用は二六九ページからのもの。

（27）例えば Waldo Frank, "Valedictory to a Theatrical Season," *The Seven Arts* 2 (1917): 366-367 を参照。"R. J."［恐らく Robert Jones のことであろう］in *The Masses* 10 (May 1915): 16 を参照。

（28）W. David Sievers, *Freud on Broadway: A History of Psychoanalysis and the American Drama*（New York: Hermitage House, 1955）, 55-56 は、精神分析は『抑圧された願望』の一か月前に、Clare Kummer の *Good Gracious, Annabelle* という喜劇の中で、連想試験という形で、アメリカの舞台に実際に現われた。

（29）*Comparative Studies in Society and History* 24（1982）: 531-610 の比較に基づく論考を参照。Leo Stein, "American Optimism," *Seven Arts* 2（1917）: 90. もちろんスタインはこの頃にはすでにプロヴィンスタウンにいた。Mabel Dodge Luhan, *Movers and Shakers*（New York: Harcourt, Brace, 1936）, 406.

（30）もっと広い文脈での提案が、Arnold Goldman, "The Culture of the Provincetown Players," *Journal of American Studies* 12 (1978): 291-310 で行われている。

（31）とりわけ Catherine Covert, "Freud on the Front Page: Transmission of Freudian Ideas in the American Newspaper of the 1920's"（doctoral diss. Syracuse University, 1975）と Burnham, *Paths into American Culture*, 五章を参照。

邦訳　ウィリアム・ジェイムズ、吉田夏彦（訳）『多元的宇宙』W・ジェイムズ著作集六（日本教文社、二〇一四年）

邦訳　スチュアート・ヒューズ、生松敬三・荒川幾男（訳）『意識と社会―ヨーロッパ社会思想　一八九〇―一九三〇年』（みすず書房、一九九九年）

邦訳　R・W・フォックス＆T・J・J・リアーズ、小池和子（訳）『消費の文化』（勁草書房、一九八五年）

邦訳　オットー・ランク、野田倬（訳）『英雄誕生の神話』（人文書院、一九八六年）

アメリカにおける精神分析の受容（一九〇八―一九二二年）

サンフォード・ギフォード

Ｅ・Ｅ・カミングズが「マサチューセッツ州ケンブリッジのその若い女性―誰もその女性にあのフロイトの願望を言及していなかったように思える」[1]―について書いた時、彼は一九一五年に刊行された、Ｅ・Ｂ・ホルトの『フロイトの願望と倫理におけるその位置』という一般的によく知れ渡っていた精神分析の書の一つに言及していた。しかし、「リビドーに疎くて、ラドクリフ大学で学習課程の段階にあったある若い女性」の母親は、カミングズの固定観念に反して、ホルト教授からリビドーについて、恐らく多くを学んでいたのだろう。彼は一九〇三年に人気のあった実習教本の作者として、多分、彼女の母親の心理学のインストラクターだったのだろう。ホルトはまた、カミングズの父親（ユニテリアン派の牧師で、ハーバード大で人気のあった社会学の教授）の学究上の同僚でもあった。ホルト教授はカミングズがほのめかしたような、フロイトの性の信奉者では決してなく、精神分析を流行らせた人であり、モラリストでもあった。ウィリアム・ジェイムズの弟子であったホルトは、一九〇九年にクラーク大学でフロイトの講義を聴講し、「心理学の鍵穴にぴったり合う最初の鍵」[2]を私たちに与えてくれたという理由からフロイトを称賛した。

精神分析が歴史的な研究の対象になってから、まだ二〇年にもならない。バーナムの一九六七年のモノグラフが出るまでは、アーネスト・ジョーンズによるフロイトの伝記（一九五九年）とオバーンドルフによるアメリカの精神分析の歴史（一九五三年）があるだけである。[3]ジョーンズもオバーンドルフも共に精神分析家で、彼らが記述している出来事に参加したことの利点と欠点とを合わせ持っている。それゆえフロイトがマサチューセッツ州、ウスターのクラーク大学創立二〇周年記念日に講演をした一九〇九年九月七日という日に私たちが馴染みあるのも、バーナム、ネーサン・ヘール、それに続く他の精神分析史家のお蔭である。[4]

精神分析にとって、クラーク大学でのフロイトの講演は、アメリカ近代絵画史にとっての一九一三年のアーモリーショーに匹敵するものであった。ヴァージニア・ウルフが近代の感性の変化を求めて提案した、しばしば引用される変わり目の時機にもう間もなくなろうとしていた。「一九一〇年一二月に、あるいはその頃に人間の本性は一変した」。しかし、アメリカの精神分析史には、一九〇九年のクラーク大学二〇周年に先行する一塊の意義のある日が存在する。

フロイトの考えが最初に温かく受け入れられたのは、精神分析が暗示による、多くの人気ある精神療法の一つにすぎない、という嘘の憶測に基づいていたからである。精神療法の動きは、精神分析それ自体と同様に、シャルコーや他のフランスの神経学者—彼らは催眠術によって、ヒステリーを治療した—の仕事から発展したものであった。精神療法の動きは、世紀転換期に最も人気があり、ニューイングランドで特に熱心で、中でもJ・J・パトナム、モートン・プリンスのような医学界のエリートの間で、ジョシア・ロイス、ウィリアム・ジェイムズのような哲学者や心理学者の間で最も盛んであった。暗示による精神療法は精神分析に取って代わるまで、独自のアヴァンギャルド性を作り出していた。

アメリカでフロイトが温かく受け入れられたというのは、皮肉なことであった。アメリカはフロイトの好きではなかった国で、事実、アメリカに対しては前々から強い偏見を持っていた。これらの偏見の中には、彼の消化不良の責任をアメリカの料理のせいにする時のような馬鹿げたものもあれば、アメリカ人は性的に抑圧されているとして、また頭の中はお金儲けのことでいっぱいだとして、アメリカ人に対する一九世紀のヨーロッパ人の月並みの態度を反映した偏見もある。[5]しかし、アメリカ人の通俗化好みと見境のない折衷主義好みに対するフロイトの懸念は、大衆紙の「ニュー・ジャーナリズム」の手法に基づいて、増大されたことがわかった。その「改革の時代」に、ますます十分に教育を受けた大衆が、多くの情緒面での必要性のために—神経症の「治療」（暗示による精神療法がすでに行っていたことだが）のために、性解放のために、ほぼ完全な政治体制のために—精神分析の治療を求めた。私たちがやがて見ることになるように、フロイトは精神分析に倫理的判断とより良い社会をめざす理想郷的願望を明らかに免除していた。しかし、私たち自身が思い描いているフロイトを再創造しようとする努力の中で、バーナムが記すように、「フロイトは精神分析の代理人というよりもむしろ、その当時流行っていた他の考え方……環境保護主義、性科学、神経症の心因性の病因学理論の代理人となった。……フロイトの弟子たちは、しばしばフ、ロ、イ、ト、の仕事を信じたというよりも、その進展を、精神療法を、近代世界を信じた[6]」。

一九〇九年のクラーク大学でのフロイトの講演の前触れ

アメリカでフロイトが注目されるようになったのは、ブロイアーとフロイトの『ヒステリアの研究』に関するウィリアム・ジェイムズの好意的批評に、またロバート・エデスのシャタック講演「ニューイングランドの病人」におけるフロイト理論の称賛にまでさかのぼる。ハヴロック・エリスは一八九九年にフロイトを表敬訪問し、自動筆記［テレパシーなどにより無意志的または無意識に字や画をかくこと］に関するガートルード・スタインの研究への言及とともに、沢山の引用を彼の『性の心理学研究』に取り入れている[7]。ジェイムズ自身は、彼が「心を治療する運動」と呼んでいたものと同様に妥当な心霊現象として、ブロイアーとフロイトの「カタルシスの方法」から信仰治療とクリスチャン・サイエンスに至るまでの、心の治療と暗示についてのあらゆるやり方を受け入れてきた。いかにも彼らしい楽観主義で、ジェイムズはこれらの運動の俗受けを「実用の成果」と見なし、「周到に考え抜かれた人生哲学への、アメリカ人の唯一はっきりと独創的な貢献が、実際の治療学ととても密接に固く結びついているという事実ほど、アメリカ国民の特徴の、極端なまでに実用的傾向をうまく示したものはなかった[8]」と書いた。

ジェイムズのかつての教え子であるG・スタンリー・ホールは、クラーク大学の学長であったばかりでなく、ジェイムズがすでに創造していた実験心理学という新しい分野の指導者でもあった。青年期に関するホールの不朽の著作[9]は、フロイトに好意的に言及していた。そして彼は心理療法の主張を前進させるために、クラーク大学二〇周年祝賀会にフロイトを招待し、講演をしてもらった。フロイトに宛てた手紙で、ホールは一九〇七年にピエール・ジャネがアメリカを訪れたことに、そして暗示の心理学に関する彼の講演が「もっぱら身体の、および神経学の基本原理から、より心理学的な基本原理に至る病的心理学を学ぼうとしている、より若い世代の学生」にいかに影響を及ぼしてきたかに言及し、「あなた自身の研究結果および視点についての簡潔な説明は、極めて時宜を得ているだろうし、それに多分ある意味でアメリカにおけるこれらの研究史に一時代を画すものとなると私たちは信じます」と書いた。[10] ホールは心理療法やセクシュアリティの科学的研究を奨励することに関心を持っていた以外に、フロイトの考えが社会的・政治的改革へと導くことができるのでは、と多分、彼は期待していたのだ。

ウィリアム・ジェイムズは、もう一人の彼の教え子ジェイムズ・ジャクソン・パトナムと一緒にクラーク大学の講演に出席した。ボストンで精神療法運動のリーダーとして、パトナムはマサチューセッツ・ジェネラル・ホスピタルでヒステリー治療に関する考え―「フロイトの精神分析による治療方法についての意見」[11]―をすでに公表していた。パトナムの論文には、フロイトの「浄化法」［抑圧された情緒を吐き出させること］の影響があり、それは英語で書かれた最初の精神分析の論文と呼ばれるにふさわしいものである。フロイトみずからがパトナムを「精神分析に興味を示した最初のアメリカ人」[12]と呼んだ。パトナムが精神分析の懐疑的な同調者から精神分析「運動」の信奉者に変化したのは、一九〇八年にモートン・プリンスの家で彼がアーネスト・ジョーンズに会って以後のことであった。クラーク大学での講演後、パトナムはフロイトとユングをアディロンダックのキャンプ場に招待した。そして彼とフロイトとの文通が、一九一八年にパトナムが死ぬまで続いた。[13]

パトナムとジョーンズの両方が出席した一九〇九年の早夏の重要な会合は、九月のクラーク大学での講演に先立って行われた。アメリカ治療学会のこの第一回会合は、フレデリック・ゲリッシュ、モートン・プリンス、心理療法運動の他のリーダーたちによって組織された。プリンスが暗示による心理療法について感情あふれんばかりの開会の辞を述べた。そしてパトナムは治療へのフロイトの新しい貢献を熱っぽく語った。ジョーンズはフロイトの最新の理論について非常に詳細に説明し、「精神分析」を暗示による他のすべての心理療法とはきっぱりと区別をした。患者の積極的な参加を勧め、自分の方から積極的な手出しはしない精神分析医と、権威主義の催眠術師およびその催眠術師の消極的な「テーマ」とを対照化して、ジョーンズはいかに自由な連想が、「殆どあらゆる点で、暗示による治療の逆」であるかを論証した(14)。

精神分析協会のはじまり

クラーク大学でのフロイトの講演後、生まれたばかりの精神分析運動の最初の組織が確立された。ウィーン、チューリッヒ、ベルリンで最初のヨーロッパ精神分析学会が催されてから、ほんの二、三年後のことである。ジョーンズは一九一一年に、パトナムにアメリカ精神分析協会の会長になってくれるように説得した。A・A・ブリルは、これより二、三か月前に、ニューヨーク精神分析学会を設立していた。国際精神分析協会内に別個の主体性を保つためであった。

ニューヨークでは、精神分析への関心がウォーズ・アイランドにあるマンハッタン州立病院の若い精神科医の集団から現われていた。一九〇二年から一九〇九年にかけて、ここの所長であったアドルフ・メイヤーは、彼らの関心を掻きたてた。この若い精神分析家たちは、ブリル（彼は一九〇八年にチューリッヒで、カール・ユングと一緒に研究し、その夏にアーネスト・ジョーンズとフロイトを訪ねている）に率いられた。

一九一〇年にボルチモアのジョン・ホプキンズ医科大学で、新しくフィプス診療所がアドルフ・メイヤー氏を所長として診療を始めた。ワシントンD.C.で、ウィリアム・A・ホワイトは、セイント・エリザベス病院で、熱心な若い精神分析医の集団を率いた。パトナムは一九一四年に最初のボストン精神分析学会を創設した。アメリカの精神分析学会は、お互いに違っていて、その地域の事情やリーダーのパーソナリティによって、その形が作られていった。パトナムとブリルは、年齢や経歴の面で非常に違っていたが、彼らは揺るぎない楽観主義と精神分析の「目標」を促進させるための、限りないエネルギーを共有していた。パトナムは著名で風変わりなヤンキー一族の出身であった。彼は極度に控え目で、謙虚であったが、その科学的な業績のゆえに非常に敬われていた。彼が一九〇八年にジョーンズに出会った時、すでに六二歳になっていたが、一九一八年に死ぬまでに二〇本以上の精神分析の論文を公表し、医学関係の集まりでたゆまず講演を続けた。

対照的に、中央ヨーロッパからやって来たユダヤ人移民のブリルは、一九〇八年にチューリッヒ大学の精神科病院のユングを訪れた時、三四歳であった。ブリルは無一文でやって来て、ニューヨークのロワー・イースト・サイドに独りで暮らし、チェスやマンドリンを教えて自活して、なんとか医学校を出た。彼はユダヤ人の宗教的伝統を拒絶し、フレデリック・ピーターソン（チューリッヒでユングと一緒に研究するようにと忠告し、指導的役割を果した神経科医）に父親のような良き助言者を見出していた。ブリルはとりわけ率直で、気の置けない、非常に人づき合いのよい人で、イースト・サイドに住む移民の訛と外見を控え目な形ではあるが持っていた。冗談を好み、寛容さに事欠かない彼は、生まれついての精神分析運動のリーダーで、精神分析に関係しなかった人たちの間でも広く称賛されていた。

パトナムもブリルも熱心なフロイト派の人であったが、二人とも創始者と較べると、典型的な違いがあった。オバーンドルフや他のニューヨークの精神分析者のように、ブリルは素人の精神分析療法に対するアメリカ人の反感を共有していて、精神分析を精神医学と一般医学の一部にしようとした。パトナムは非医学的な精神分析に偏見はなく、臨床の心理学者L・E・エマソンをマサチューセッツ・ジェネラル・ホスピタルのメンバーに任命した。フロイトと較べてパトナムの違いは、パトナムが倫理的考慮および彼自身の新ヘーゲル的理想主義を精神分析の理論に取り入れようとして、うまくいかなかったことでもわかるように、哲学的だった点である。(15) フロイトもアーネスト・ジョーンズもそれには確信的でなかった。

フロイトとの手紙のやりとりによると、パトナムはくじけないで彼の倫理的理想を追求していた。そしてアメリカの無垢とヨーロッパの経験といった特徴ある出会いの中で、フロイトはやさしく彼をからかった。精神分析療法を受けてきた精神分析医がいまだに「完成した人間とは程遠い所にいる」というのはどうしてですか、とパトナムがたずねたところ、フロイトは返答した――彼みずからが、ボストンのわが親愛なる友人よりはるかにずっと原始的だし、内気だし、気高くない。……精神分析医を含め、人間はくだらない存在だ、と私はいつも心に深く刻み込んできたが、なぜ精神分析療法を受けた人間が、実際にそれまでより良くなって当然ということになるのだろうか。精神分析療法は人格の調和をもたらす方向に向かうが、その療法自体が善良さをもたらすわけではない。あらゆる悪徳は、はっきりわからないようなものから、無知から発生する、とソクラテスやパトナムは思っているようだが、私はそうは思わない。心からの理想を一つ一つ精神分析が実現するように人が求める時、人は精神分析療法にあまりにも大きな負担を課していると私は感じている。[16]

パトナムに宛てた別の手紙で、「他人の行動によって傷つけられている時ですら」、その人たちを傷つけないようにしているという意味で、フロイトは自分を「非常に道徳的な人間」であると見なしていることを認めた。しかし、彼はこのことになんらの誇りも認めず、この種の「社会的道徳性」についての説明となるものがないと言った。性の道徳について、「社会が—最も極端な場合には、アメリカ社会が—定義するように、［それは］私にはとても卑劣なことのように思える。私は今よりずっと自由な性的生活を支持する。しかし、私はそのような自由を殆ど利用したことがない」とフロイトは書いた。それに返答して、パトナムはフロイトを納得させようとした—「あなたは私と同じだけ自由意志と宗教を信じている」、そして「完成した精神分析療法であれば、理論上は、完全な人間ができあがることになろう」と言って。[17]［傍点追加］

フロイトがアメリカ化される

かくして一九世紀の理想主義と疑似信心深さの中で、フロイトはあらゆるユートピア的な目標を明らかに否認していたけれども、彼は人間が完成可能であると信じてすらいて、実際のところ楽観主義者であったとパトナムは主張した。最もフロイトに通じている弟子の一人であったパトナムが、そのような解釈をすることができるのであれば、他のアメリカ人たちは彼らが信じたがっていることを、フロイトの仕事にさらにもっと見つけそうであった。バーナム、ヘール、その他の人たちから私たちが学んできたように、アメリカ人たちはフロイトを、(一)環境説論者として、(二)あらゆる心の病気の治療に関して楽観的な治療士として、(三)性の改革、政治の改革の支持者として見なした。彼らが切望しているこれらの仮説のそれぞれには、いくぶんかの真実味があったが、アメリカのフロイトの弟子たちが信じたがっていたものよりは、ずっと少なかった。

(一)**環境説**　精神分析は、子供時代の神経症のトラウマ的理論で、またそれ以後の人生において心の病気を突然引き起こす「偶然の要因」の中で、人生の中での出来事が個人の発達に及ぼす影響を強調した。遺伝的にそれになりやすい体質に加えて、トラウマと人生体験を強調することによって、フロイトは一九世紀ヨーロッパの器官説を主張する人たちや「遺伝的悪化」の擁護者に慎重に反対していた。しかし、フロイトはまた生得的なものとそれ以後に経験するものの両方の重視を主張し、その両者間の永続的な関わり合いを提案した。

(二)**治療に関する楽観主義**　暗示の心理療法がすでに証明していたように、神経症は治療可能で、「治す」ことすら可能であろうという仮定にフロイトの理論は基づいていた。しかし、フロイトは常に最初の考え方—重度の精神障害には精神分析療法を施すことは不可能である—に固執した。なぜならこの精神障害の転移の妄想的歪曲は変わらないはずだからである。ユングを含むスイスの精神分析医の中には、そしてフロイトのアメリカの弟子たちの多くは、この制限条件を受け入れることを拒んだ。ワシントンD．C．のセイント・エリザベス病院のウィリアム・A・ホワイトは、あらゆる心の病気(慢性の統合失調症を含む)に熱心に精神分析療法を適用した。

(三)**性の改革、政治の改革**　フロイトは「文明化された」社会での性道徳の制限が、神経症の発生率を増加させると信じた。しかし、彼は性改革の活発な主張者では決してなかった。なぜならフロイトは神経症を文明化の必然的な結果であり、また私たちの最も高度な文化ができあがった、その源だとも見なしていた。しかし、アメリカ人が精神分析に魅せられたもう一つ別の要素は、社会的・政治的病気を治療したいという願望であった。めったに述べられることのなかったこの目的は、精神分析療法を受けてから後、幻滅した人の説明からしばしば推測することができる。フロイト自身は一九二〇年代の彼のその後の文化評論までは、彼の理論を政治問題に適用したことはなかった。フロイトが人間の性質や人間のペシミズムをよくは思っていなかったこと、人間は完全なものにはなりえないというフロイトの信念、これらのことはフロイトの中で常に変わることがなかった。

フロイトは性の改革者としての気質を欠いていたが、神経症の症状の形成に性的抑圧が中心的重要性を持つがゆえに、性の改革者だと必然的に称賛された。ブロイアーとフロイトの、精神分析以前の『ヒステリアの研究』の中では、抑圧された性的衝動は身体的症状に「転換され」た[18]。これらの著しい麻痺は、抑圧された願望や忘れられたトラウマ的出来事を明るみに出すことによって和らげられた。フロイトの『夢判断』は、その理論を症状の形成から夢・冗談・言い間違え—これらは潜在的な無意識の衝動を明らかにするために分析される—といった正常な心理学へと広げた。フロイトの『性の心理学の三つの評論』は、幼児のセクシュアリティの概念を、人間の発達の正常な段階に加えて、普遍的な段階でもあるとして提示した。ハヴロック・エリスの『性の心理学研究』はしばらくの間、フロイトその人が書いたものよりも広く知られていた。そこでエリスは広範囲に渡ってフロイトを引用していた。こうして一般のアメリカ人の心の中では、フロイトは性の改革と性教育のゆえに、エリスの味方、支持者として考えられていた[19]。

フロイト自身はこの時期に、性に対する社会的態度の変化を唱道しているように思える唯一の論争的な論文「〈文明化された〉性道徳と近代の神経過敏」を書いた。この論考は、フォン・エイレンフェルスの書『性の倫理』—それは一夫一婦制と二重基準について一九世紀の偽善を攻撃した—を支持した論評として始まっている。この時代の他の医学のモラリストのように、「〈文明化された〉道徳」が性の活力を枯渇させ、生き延びていくための私たちの能力を進化の過程で減じた、とフロイトは信じた。都市部の神経症患者の父親たちが、「素朴で健康的な田舎の環境に住んでいた粗野だが、元気な一族」から離れて、都市にやって来た、と彼は仮定した。そして彼らは自力の努力によって、より高い文化のレベルに彼らの子供を育てた、と仮定した。フロイトはビンズワンガーやクラフト・エビング（彼の時代の伝統的な精神科医）に言及することによって、都市対田舎の決まり文句を支持した。彼はアメリカ人ジョージ・

ビアードを「近代の神経過敏」を引き起こす都市生活の影響を認めた最初の人だとして引用した。多分、アメリカはフロイトの暗示した言い方だと、「お金と財産を際限なく追及し」、進歩した科学技術、特に電話や電信によって、これらの都市の情況を極端な所まで押し進めたのだ。「文明のもたらした有害な影響は、文明化された民族〈あるいは階級〉の性的な生活に、彼らに広く行き渡っている〈文明化された〉性道徳によって、概して有害な抑圧を及ぼすことになる。……一般的に言って、私たちの文明は本能」〈攻撃的で、性的な本能〉「を抑圧することの上に作り上げられている」とフロイトは続けた[20]。

「〈文明化された〉道徳」に反対する立場のフロイトの道徳観は、ハヴロック・エリスや性の改革の他の普及者たちには、実に魅力的なものであった。フロイトの評論は翻訳され、一九一五年に『アメリカン・ジャーナル・オブ・ユロロジー』で再版され、一九三一年に再びユージニックス・パブリケーションから小冊子として出版された。クラーク大学でのフロイトの講演に出席していたエマ・ゴールドマンは、性の抑圧を取り除くことになれば、結局、女性の知的劣等性と考えられているものを打ち消すことになろう、という楽観的メッセージをそこから持ち帰った。彼女がその後一九三一年に書いたように、「完全な自制という独断的で、非常に有害な断言は、恐らく男女の心の面の不平等も説明している。かくしてフロイトは非常に多くの女性の知的劣等性の原因が、性の抑圧のために彼女たちに押しつけられた、思考することへの抑制によるものであると信じている[21]」。

ゴールドマンのこの一節は、フロイトの一九〇八年の評論―そこでフロイトはマービアスの理解（「女性の〈生理的な面による知能の低さ〉」）に反論した―の中でのほぼ言葉どおりであることがわかる。「多くの女性が間違いなく知性面で劣っているのは、性の抑圧によって余儀なくされた思考の抑制にまでさかのぼれる、と私は考えている」とフロイトは書いている。このことによって、娘や若い女性は「性の問題に非常に好奇心があるけれども、その問題に関係することを」を彼女たちに禁じるような教育上の考え方のことを彼は言っている。そうした教育は、「そのような好奇心を女らしくないとして、また罪深い性質の表われだと非難することで、彼女たちを恐がらせる。このようにして彼女たちは怯えて、どんな思考の形からも遠のいて行く。そして彼女たちは知るということの価値を失うことになる。

思考の禁止は、性の領域以外の領域にも広がっていく[22]」。

ドイツ語と英語で幅広く読書をしていたエマ・ゴールドマンは、講演旅行でヨーロッパに戻った。それは急進的な思想の何が新しいものかを探す研究の旅でもあった。一九〇七年から一九〇八年にかけて、彼女はドイツの雑誌『セクシュアール・プロブレーム』に掲載されたフロイトの評論を読んでいたのかも知れない。この雑誌は、これより先に刊行されていた『母性保護』(文字通り「母親の保護」、「母であることを保護すること」)という雑誌を継続したものである。一九〇六年にゴールドマン自身が創刊した刊行物『マザー・アース』には、このタイトルの反映がある(本人は春との詩的連想から、このタイトルをつけたと説明した)。

これに先立つ一八九六年に、ゴールドマンはウィーン(そこで、彼女はミセス・E・G・ブラディという偽名で、助産術を学んでいた)で、フロイトが医学生向けに行った講演を聞いた時、フロイトに感銘を受けていた。ゴールドマンがウスターのクラーク大学で再びフロイトの講演を聞いた頃には、彼女自身はエリオット・ホワイト師の快適な芝生からアナキズムに関する講演をしていた。フロイトの語るドイツ語がわかるという強みを持っていた彼女は、「フロイトの頭の冴えとわかりやすい話し方」を称賛した。「大学の角帽にガウンといった堅苦しく、尊大な」、もったいぶった教授たちの中で、フロイトが「普通の服装に、控え目な引っ込み思案といってもいいくらいであったが……小人物ばかりの中の巨人のよう[23]」に彼女には見えた。こうして彼女はフロイトをプロレタリアートとほぼ見なすことができた。パトナムがフロイトを真の信奉者のように思えたように。彼女は回想録の他の所で、フロイトの理論の中に彼女の必要としているもの—性の抑制を取り除くことによって、女性の知的劣等性をなくす方法—を見つけたと書いている。

精神分析の三つの初期経験

ヨーロッパの急進主義者で、独学のエマ・ゴールドマンには、フロイトの女性理論のわかりにくさはなかった。それは恐らく、女性は知的・情緒的に不利な立場を社会から課されていて、社会の変化を受けやすいとフロイトが見なしていたからであろう。そしてそれは、マービアスや他のドイツの神経学者が主張した女性の生まれつきの劣等性という生物学的理論を否定する考え方であった。私たちの知る限り、ゴールドマンは精神分析を個人の問題として受けとめる必要性を感じていなかった。グリニッチ・ヴィレッジのインテリの他のメンバー（ゴールドマンは彼らの間では馴染みのある人物だった）[24]から入手した、三つの内観的な精神分析の報告が我々の手元にある。三つとは、メイベル・ドッジ・ルーハン、フロイド・デル、それにマックス・イーストマンである。三人はみな個人的に葛藤をかかえ、助けを求めていたし、急進的な政治活動に関わってもいたが、一人イーストマンだけが精神分析による政治的啓発の希望とその後の彼の幻滅を認めた。

これらの精神分析療法を受けている人たちのうちで、最も著名な人物はメイベル・ドッジ・ルーハンで、五番街二三番のその有名なサロンは、精神分析、近代芸術、世界産業労働者組合、それに他の急進的な運動を宣伝する上でとても影響力があった。説明に定評のあるリンカーン・ステファンズは、彼女の水曜の夜会（一九一五―一六年）のことを書いた。

私たちの何人かが初めて精神分析のこと、そしてフロイトとユングの新しい心理学のことを耳にしたのは、そこでであったし、それは次のようなもの―いくつもの議論の中で、ウォルター・リップマンが導いてくれたものだが、精神分析と新しい心理学は、人間の心というのが、無意識の抑圧によって歪められている、という考え方に私たちを導いた―であった。……フロイトと彼の影響についての話以上に、メイベル・ドッジのサロンでの談話ほど熱のこもった、しかし平静で、きわめて思慮深いものはなかった。[25]

メイベル・ドッジの二つの精神分析療法についての説明は、彼女の回想録『有力者たち』の第三巻に収められている。[26]彼女のニューヨークの名士の集まり（サロン）の全盛期（一九一三―一五年）―その頃、ブリルが彼女の水曜「夜会」で話をした―に彼女はフロイトについて学んだ。またペヨーテ［ウバタマから採れる幻覚剤］に関する恐怖体験について、手短にスミス・エリー・ジェリフに彼女は助言を求めた。しかし、自分から精神分析療法を求めておきながら、五番街のアパートを手離すと、クロトン‐オン‐ハドソンの農場に引っ越してしまった。彼女は長い間続いている葛藤を話し合うために、ジェリフを選んだ。つまり画家モーリス・スターンとの悩ましい関係を彼女は解決できないでいたからであった。ジェリフの想像力に、象徴、神話、体を使っての表現に関するその淀みのない彼の話しぶりに、たちまち彼女は魅せられてしまった。

週三回、ジェリフの診療所を訪れることは楽しいことだった。彼はおもしろい直観を持った、思索的な気質の人だった。彼が私の本性の働きにますます注意を向けるにつれ、奇妙な霊的出来事が起こり始めた……私は自分のことについてのあらゆることばかりでなく、モーリスのあらゆることも告げることができた。私は穏やかに、自足的になっただけでなく、私がニューヨークから戻ってきて、彼が臆病な恐怖心と悩み事にとらわれ、じっとしているのを見た夜には、彼に対して優越感をすら感じた。(27)

現代の読者はジェリフの知的に分析されたコメントが、目を見張るくらいに淀みなく流れ出てくる様子にきっと驚くであろう。彼の患者がこのアプローチをことのほか好んでいたことを考慮に入れてもである。「私の魂がジェリフと議論するための、興奮させるようなテーマを与えてくれるのを見守るのは面白いものであった。何かが下の方から不意に湧いて現われ、会話をうまく続けていったものだ―彼と私は話を追いかけまわすようにして、何時間も話をした」(28)。さらにもっと驚いたのは、ジェリフが農場での彼女のパーティに出席し、彼女の大の親友に面談して、彼らが精神分析に関心を持つように積極的に仕向けるなどして、一種の家族療法に関与をしたことである。

ドッジが鬱状態と不安から素早く立ち直り、スターンが「彼から私が自由になったことで、私が変わったことに気づいた」という彼女のうれしそうな主張にもかかわらず、彼女の治療法は、いぜんとしてスターンとの関係を中心とするものであった。ジェリフは「私たちを無理やり引き離そう」としていると彼女は思ったが、他方、彼女がスターンに影響されないで、自立するように、彼女が独力で決断できるように、と彼は望んでいるだけだ、とジェリフは異議を申し立てた。「私を苦しめている人を失う気にはなれない」とか、「モーリスが私にとって有害であると［ジェリフに］告白したことは一度もない」とドッジみずからが認めた。結局、一年くらいして、「あれこれ考えをめぐらすことが楽しいものでなくなると、あの以前の意欲の減退感と鬱状態がまた戻ってきた[29]」。一九一六年の春に、メイベル・ドッジは精神分析療法を中止して、エマ・カーティス・ホプキンズ（メアリー・ベイカー・エディのかつての弟子）に助けを求めた。ミセス・ホプキンズはクリスチャン・サイエンスを離れて、信仰治療という非常に神秘的なやり方に向かっていた。ホプキンズは西四四番通りにあるイロクォイ・ホテルでその治療法―摘みたての花で満たした暗い部屋の中で診療は行われていた―を行っていた。ジェリフによる精神分析治療の間ですら、ニーナ・ブル（ミセス・ホプキンズの教え子）と一緒にドッジは、こうした治療に関わる集まりにも時折、出ていた。

プロヴィンスタウンでの一夏が終わって、ドッジはブリル（当時、アメリカで最もよく知られていた精神分析医）のさらなる精神分析療法を要求した。彼女はブリルのアプローチが非常に違ったものであると思ったが、それは彼女の日常の生活を規則正しくし、適した仕事を選択するための、実際的で常識的な計画であった。ブリルは彼女の願望を無視して、彼女の「非常に悪いエディプス・コンプレックス」の話をした。「〈そのことを気にすることはない〉。〈あなたが夢を見ることを私は望んでいます。沢山の活動がちゃんとできるように、あなたの人生を組み立ててほしいと思います。それにあなたがここにやって来る時には、いつも少なくとも一つは夢を持ち込んでほしい〉とマホガニーの机に彼女と向かいあって座ってブリルが言った」。「組み立て」という言葉を使って、彼は「〈計画をし、それをちゃんと実行し……絵を描いたり、文章を書いたりするというのはどうですか。あなたにとっては居心地がこの国では良くないような気がします。大勢の人と一緒にあなたは仕事をすべきだと思います。間違っているかもしれませんが、多くの人があなたの最善の生活条件となってくれると思います[30]〉」と言おうとしたのである。

彼女がどこに住むべきか、人生をどう過ごすべきかについて、二人はいつ終わるともわからない議論を続けていたが、ドッジはすぐにブリルを気に入り、彼の誠実さを信頼するようになっていた。彼女がジェリフと楽しんできた「興味深い思索」を断念したことをとても後悔したが、現状の世界に順応するようにというブリルの重視をしっかりと受け入れた。「行動することに大賛成だったブリルに反して、ジェリフは思索的で、精神や頭を使った遊びを本来、良い捌け口だと見なした。それが絵で表現されるか、書きとめられるか、明確に述べられるかして、人とその動きからなる何らかの生活のパターンができあがらなければ、明らかに何の価値もなかった」。「以前、五番街二三番に住んで、運動・連盟・組合・夜会といったものと関わった生活は、私には完全に適応したものであった[31]」。

「抑圧は無意識のもので、治療できるのは、昇華だけである」、そして「神経症の患者は、世の中のどんなことであれ、やり遂げた唯一の人である」とブリルは信じている、と彼女は結論づけた。彼女はこれらの問題を論じようとした。そして昇華は「副産物で、その主たる機能は、美や非常に豊かな生活を創造することではなくて、人々を精神科病院に入れないでおくこと」かどうかを彼女はたずねた。ブリルは彼女に「賢くなって、彼に夢を話そうと」するのをやめるように言った。躁鬱病ならば、「自分で直す」ことができるかと彼女がたずねると、これはジェリフの診断だとそれとなく言い、ブリルは話をさえぎって、「〈もう沢山だ。おしゃべりをするために君はここに来てるんじゃない[32]〉」と言った。

「精神分析療法の中立性」に邪魔されることなく、ブリルの活動的手法は、すばやくドッジを新聞のコラム欄担当という公共の役割へと導いた。それは『ニューヨーク・ジャーナル』のアーサー・ブリスベーンとの彼女の友愛のお蔭であった。ブリスベーンから一週に「二、三回のちょっとした大衆読者欄」の担当を彼女は依頼されて、「私の書きたいテーマに基づいて書いた記事一つに対して、三〇ドルの報酬をもらった![33]」。編集者ブリスベーンは精神分析医ブリルよりもずっと指導的であった。そしてドッジは間もなく広範囲に渡って人気を得た。母性愛、働く女たちの役割、その日の他の問題についての彼女の意見が、ハースト紙で国中に配信された。彼女は農場を去ることもなく、ジャーナリストとして働くことができた。彼女にはその都市がぴったりだという確信をブリルは持っていたが。それにブリルは彼女とモーリス・スターンとの関係に無頓着であったように思える。しかし、しばらくしてから彼女は「私の鬱状態がなくなり、まったく健康な状態にあるのに、何のために働いている」のかしらと思うようになった。ドッジはブリルを「なだめる」ためにコラム欄を書いていると、またブリルの影響下で、彼女は自分の確信のいくらかを失って、「必要以上の緊張で（傍点追加）、私の生活からたくさんの生彩[34]」がなくなっていった、とドッジは結論づけた。言い換えると、彼女の苦痛がなくなり、楽にはなったものの、独創性が少なくなった。彼女はミセス・ホプキンズとの「治療」の再開ばかりでなく、ブリルの軽蔑していた彼女の宗教的・神秘的な信仰をブリルに知られないようにした。

ドッジは一九一七年八月にモーリス・スターンと結婚した。そして彼の不貞行為をめぐって、もう一つ別の衝突があってから、彼女は彼を南西部地域の調査に行かせた。ちょうどその時、彼女は病気になった。「不可解な痛みに襲われ、喉の左側が腫れていた。甲状腺のあたりが」。彼女はだんだん夢を見なくなった。それでブリルは精神分析療法の中断を提案した。この恐らく心身相関の症状は、ミセス・ホプキンズによって送り込まれた女マッサージ師―彼女が触れると、「その痛みが寝かしつけられるようになった」―の体の看護によって、すぐに消滅した。ドッジは次に、ブルックリンの霊媒（ドッジはこの霊媒の噂をアデール・ルウィソンの家で耳にしたことがあった。ルウィソン家の人間の中にブリルの患者がいたこともあって）に相談した。この霊媒師は冷淡な若い女性で、彼女は失神すると、ドッジ―彼女はアメリカインディアンに取り囲まれ、年長の方の男たちに導かれていた―の幻影を見た[35]。

ドッジはまもなく自分自身の夢を見た。その夢の中でスターンの顔（ハンサムな顔立ちとあまり馴染みのない東洋的表情をしていた）は別の顔―「緑色の葉がその顔を取り囲んで、きらきら、ぎらぎら光っていて―浅黒い顔、かなり離れた両の目……アメリカインディアンのような顔は、私にはまじない［アメリカインディアンの間で、治癒に効力があると信じられた超自然力］のような影響力を及ぼした……私はため息をついた。そしてどうか私の罪を浄化してください」―に入れ替わっていた。それからまもなくの一九一七年一一月三〇日に、彼女はスターンから熱烈な手紙を受け取った。それは「あなたは人生に目的というものを望みますか[36]」という文言で始まっていた。それから彼はニューメキシコの美しさ、アメリカインディアンとその文化―それはアメリカのアメリカインディアン事務局の無神経さに脅かされている―を救うにあたっての、彼女の考えられる役割をほめそやした。メイベル・ドッジはまもなく彼と行動を共にし、タオスで余生を過ごすことになって、アメリカインディアンの文化を救う活動や多くの他の文学的・文化的計画に従事した。

メイベル・ドッジが二度受けた精神分析療法から、どれだけのものを効能あるものとして利用していたかを、彼女が公表している内観から判断するのは難しい。鬱状態と自発的に活動できない状態といったひどい症状を軽減するためなら、どのような形の治療にもとても敏感に彼女は反応したようである。そしてブリルの指導の下で、新聞のコラムニストとして短いが、ちゃんと仕事をした。しかし、「誰のために彼女はこれをしているのか」を自問することで、「自発的に物事にあたり」にくく、また「男の子たちが主導権を握って物事を提案する」[37]のを待ちにくい、といった彼女の子供時代の情況にさかのぼることになる。これは一九世紀の社会が、上流階級の娘たちに押しつけていた「期待された」受動性を誇張した形のもののように思えるけれども、ドッジの終生変わらなかった問題―満足のいく人間関係と永続的な職業上の役割に関するもの―はもっと複雑であった。両親がお互いに相手に対して愛情がなく、彼女に対しても愛情がなく、そういう両親と彼女の関係が非常によそよそしく、彼女が情緒的にも孤立して育ったことに気づいていた。彼女は素人の芸術愛好家ではなかった。立て続けに目的に専念する彼女のその姿は、誠実で注意を引くものであったが、生きている間に何度も新しい独自性を彼女は再創造しなければならなかった。まさにこれらの特性ゆえに、彼女はその時代の文化的変化の基準になってはいるが、初期の精神分析療法の効能のための正当なテストケースにはなっていない。現在の精神分析医であれば、そのような短期間の精神分析療法から意義のある結果を誰も期待しないであろう。

しかし、一九三〇年代まで短期間の精神分析療法はごく一般的に行われていて、ジェリフとブリル両者の療法のスタイルは、一〇年二〇年後でも、一般に受け入れられている精神分析の習慣との他の相違点を明らかにする。

精神分析を受けている人の次の二つの例―彼らは自分たちの経験を公表している―フロイド・デルとマックス・イーストマン[38]は、メイベル・ドッジをよく知るグリニッチ・ヴィレッジやプロヴィンスタウンの「小ルネサンス」で著

名な人物でもあった。デルが『マッシズ』の編集者であった一九一五年に書いたように、

精神分析はベルクソンと世界産業労働者組合以来、知的な話し上手による最大の発見である。ニーチェ以後、これほど興味をそそる主張はなんら現われていない。精神分析は科学として、この二〇年あるいはそれ以上もの間、静かに続いている。しかし、洗練された会話の話題として、精神分析はワシントン・スクエアの胸ときめかす仕事場—そこでは精神分析がキュービズム、イマジズム、ハヴロック・エリスにすぐさま取って代わった—で、しばらく前に初めて日の目を見た[39]。

デルはアイオワ州、ダヴァンポート出身の中西部人だった。彼は一九一三年にシカゴからグリニッチ・ヴィレッジにやって来た。当時のシカゴは、ハリエット・モンローの雑誌『ポエトリー』、カール・サンドバーグ、セオドア・ドライサー、シャーウッド・アンダソンなどの作品、ルイス・サリバンやフランク・ロイド・ライトの新しい建築術などで「小ルネサンス」が進行中であった。シカゴでデルはすでに精神分析のことを耳にしていて、アンダソンにフロイトの理論に関心を持つように促していた。ニューヨークでデルは戦前の『マッシズ』やプロヴィンスタウン・プレイヤーズに積極的に関わった。

デルは一九一七年に、ヴィレッジの急進主義者たちの間で人気のあったドクター・サミュエル・A・タナンバウムと精神分析療法を始めた。「〈文明化された〉社会の性道徳」の悪影響についての考え方で知られている彼は、売春婦とのセックスで起こり得る治療法の価値を提案した。これはブリル—精神分析療法は性的禁欲の状態で行われるべきである、というフロイトの信念を彼は再び強調した—のような精神分析医を含む多くの医者にショックを与えた。タナンバウムは「後にフロイトの理論全体を拒絶したが、その当時、彼は正統派であった[40]」とデルは書いた。

デルは自分が精神分析をやりだした理由については、殆ど書かなかったが、子供時代の多くの思い出を蘇らせる小説と取り組むことで、また言葉の「連想」の手法に精通していたことで、精神分析にかかわる心構えをしていたと思

っていた。「それに抵抗して時間を無駄遣いする情況にはなかった。……思い出・夢・連想が、止むことのない奔流となって、私の中からどんどん流れ出てきた[41]」とデルは主張した。彼の精神分析医は、何の説明もせず、彼の夢判断を彼一人に任せた。

ぼくがすごいマザー・コンプレックスの持主で、ナルシシストに加え、かなりの無意識のホモセクシャルで、様々な他の恐ろしそうな特徴を持っていることも、彼はぼくに伝えなかった。ぼくは自分のそういうことをすべて知っていて、彼に言った。なのに彼はぼくの私生活に何らの忠告も与えなかった。精神分析療法を受けている間は、不倫による恋愛関係を持つべきではない、という考え方はぼく自身が考え出したことであった[42]。

デルは精神分析療法の結果について、彼がものを書くことにこれまでより大きな自信をいかに持てるようになったかを、結婚に伴う責任をいかに受け入れられるようになったかを、熱を込めて書いた。その精神分析療法は「よく中断され、完了することはなかった」ものの、それは彼に少なくとも「新しい世界観」以上のものを与えてくれたと思った。「これらの精神分析的な考えは、文学、批評、教育、愛、家族生活、子育てに影響を及ぼし」、新しい歴史認識の基盤を与え、「マルクス的な考えに取って代わるのではなく、それに補足したのである。ここにはコペルニクスやダーウィンやマルクスの考えと同じだけの重要な考えがあった」。こうした見解の変化とともに、デルは彼がこれまで書いたよりも良いものを書き、彼の心の中に新しい幸せや自信を見つけたことに気づいた。「私の性格が作り直されることはなかったが、……普段の活動の中でそれを目にすることができた。……私は思いもよらない動機に気づかない犠牲者ではなかった。私はやがて行うことになる多くの愚かなことをした時でも、今までよりも幸福だったし、自由であった[43]」。

精神分析療法の治療のためになる、特に抑圧が取り除かれた時に現われる新しい心霊のエネルギーに近づく方法に関して、これほど雄弁な証明書を書いた患者は殆どいない。デルのコメントは精神分析を扱った文学についての知的な読み方を暗示し、彼が自由な連想によって、子供時代の記憶の回想を重視していることが、彼の精神分析医としての手法と同じほど、彼自身の関心を反映しているであろう。タナンバウムは初期の精神分析医のうちで最も急進的で、最後には離反者となったが、精神分析医としてのタナンバウムの中立性、彼が注意深い静かな聴き手であったこと、その説明的でないスタイルなどをデルが強調していることから判断すると、近代の基準では、非常に正統的な精神分析療法を行ったということになる。

三例目のマックス・イーストマンは、『マッシズ』の編集長であった。はじめは精神分析療法の最も強い擁護者で、彼の回想録で、精神分析的心理療法前のことにも興味ある一瞥を向けている。フロイトは彼の先生で、「少なくとも代理をたてた、わが聴罪師」(44)であった、とイーストマンは書いた。イーストマンの両親は、二人ともプロテスタントの聖職者で、彼の母はイーストマンが一九一四年にジェリフと精神分析療法を始めるずっと前に、ブリルとすでに相談をしていた。

イーストマンは以前に二度、治療を受けた経験があった。一回目は神経過敏による背中の痛み(そのために彼は大学を卒業して、一年半の間、身体障害状態になった)での居住治療であった。これは一九〇六年、キングストン・オン・ザ・ハドソンにあるドクター・サラーズ・ニュー・ソート・サナトリアムでのことである。イーストマンがそこでの療法を、「実利的な心を持ったクリスチャン・サイエンス—暗示による治療法、心霊現象、教会というものを持たない宗教、まったくの楽観的見方によって世界を支配しようとする企てなどが入り混じったもの—によく似たもの」(45)と述べたのは適切であった。道徳的な精神的高揚に加えて、イーストマンは催眠術と降霊術に出会ったばかりか、ロザンナという名の美しい女性看護人にも出くわした。彼はロザンナを好きになり、彼女を催眠状態の恍惚感に導いた。その状態の中で彼女は二つのパーソナリティを持ったが、彼女が彼のことを好きになった時、彼は怯えるようになった。

彼の二回目のサナトリウム体験は、メイン州ベセルでのもので、著名なジョージ・ゲリング医師による治療で、前回と同じ背中の症状が原因であった。ゲリング医師は、メイン州ポートランドのフレデリック・ゲリッシュ(催眠術による彼の劇的な治療は、暗示という精神分析前の心理療法の実例となった）の弟子であった。ゲリッシュは一九〇九年（その頃、ジョーンズとパトナムはフロイトの理論を語り合っていた）に、アメリカ治療学会の会長であった。ゲリッシュとゲリング、その後オースティン・リッグズは、ニューイングランドの伝統である「医療心理療法」をロバート・エデス、リチャード・キャボット、ジョゼフ・プラット、それに他の内科医、外科医たち—彼らは催眠術、集団療法、「道徳の再教育」[46]によって、神経症を治療した—が立ち上げるのを手伝った。複雑な、障害をもたらすような神経症的症状を持つ患者たちは、感謝を示し、この励ましとなるような雰囲気について話したり、言葉で表現したりした。そのことは、ロバート・ヘリックの小説『宿屋の主人』（一九一五年）—それはベセルでの、ヘリックのゲリング医師との体験に基づいている—の中で書かれている。

イーストマンにとってベセルでの治療は、詳細な自分史—彼は自分史をかなり詳しく書き、論ずるよう求められた—で始まった。それからゲリングは「インテリがみな持ち合わせている不完全な神経組織」の診断をし、イーストマンが健康にはならないかも知れないが、有益な人生を送れるようになるだろう、と予後［病気の経過と結末の見通し］を示した。この後には臭化ストロンチウムという鎮静剤の服用とゲリング医師による枕元への巡視が続いた。医師の「しわがれた、やさしい声」は「健康というよりも安らかさと我慢強さを〈暗示し〉」たものであった。それから強制された活動と休息といった、きつく計画された長い療法の後、イーストマンは自分の苦痛が「潜在意識に突き刺さっている考え、強迫観念以外にない」ことを確信するようになった。[47] イーストマンはその方法の単純さを記している。それは母親の道徳上の命令—「よく考えて、思い切って相手を傷つけ」ようとすることで、そこでの対立に対処しなさいという命令—を彼に思い出させた。にもかかわらず、三か「月間の驚くほど幸せな日々」の後、彼の症状は治まった。昼寝をしたいという習慣的な欲求が、なかなかなくならなかったことを除いては。[48] 彼は一九〇七年元旦に、ニューヨークで自分の生涯の仕事を始めるためにベセルを離れた。

イーストマンはゲリングを「慢性的病弱の生活から私を救ってくれた人」[49]と呼んだが、彼のその後の精神分析医スミス・エリー・ジェリフに対しては、そのような称賛をしなかった。イーストマンは一九一三年から一九一四年にかけての冬の間に、ベアトリス・ヒンクル医師（イーストマンは彼女とはキングストンのサラー医師のサナトリウムへの短い答礼訪問中に出会っていた）の提案で、ニューヨーク市のジェリフに助言を求めた。イーストマンは最初の妻アイダ・ラウと生まれたばかりの娘との、この上なく幸福な数年の結婚生活の後、罪悪感、鬱状態の長引いた苦痛、二人の関係を破壊しつつある奴隷状態の恐怖に落ち込んでいた。彼はこの苦悩の原因を些細な不貞（この不貞については、すでに妻に告白していた）のせいにしたが、それが苦悩の原因とおぼしきことを妻にも親密な彼の妹クリスタルにも話せないでいた。しかし、ヒンクル医師に対しては、「複雑にもつれた思考と感情のかたまりを……吐き出し」、彼女（チューリッヒで、カール・ユングは彼女の師であった）のことを「熱心な精神分析医」と述べている[50]。イーストマンはヒンクル医師に彼の精神分析をしてほしいと思っていたが、彼女は男性の分析医を推薦し、彼をジェリフ（ブリル以後では、多分、ニューヨークで最もよく知られた精神分析医）に委ねた。

イーストマンは週四回のセッションで、「今日からすれば、とても安い謝礼で」精神分析療法を受けることを許された。彼は一九一四年の冬と春の数か月間、それを続けたが、「その運命的な夏……アイダと私が、プロヴィンスタウンに向かうニューヨークの知識人たちの徒歩旅行に加わった［時］」に精神分析療法を断念した。彼はジェリフを丸みを帯びた体つき、心の温かい、親しげで、活動的な医師で、驚異的な人だという記憶があり、知識で縫い目がはち切れそうで、真実だと証明のなされていない考えをすぐに信じ込む（フロイト派の人たちに違いないが）……人と説明している。彼はとうとうとまくしたて、私は静かに聴いていたので、そこは診療所というより講義室に似ていた。私はその当時、英語で入手できるフロイトとフロイトに関するあらゆる本を読んだ。そしてその頭の回転の速いフロイトの信奉者と項目ごとにその学説を繰り返して予行演習をし、再び精神治療の素人ではありながら、専門家のようなものになった[51]」。

イーストマンはジェリフのことを気に入り、「フロイトが〈感情転移〉［子供の時以来ある人に対して持った愛情を別の人に置き換えること］と呼ぶ特有の愛着」を感じたと主張したが、彼の精神分析療法は、お説教がましい、知的に分析されたレベルにとどまっているように思えた。「私の問題が、学習というこの離れ業によっては解決されなかったのは言うまでもない」。子供時代の新しい記憶は見つけ出せなかった。そして彼の夢から現われた無意識の内容はみな、現実のもののように、もっともらしいように思えた。つまり、「ホモセクシュアリティ、母親固着、エディプス・コンプレックス、エレクトラ・コンプレックス、劣等複合、ナルシシズム、露出症、自己性愛、〈男性的抗議〉〔受身的女性的役割を拒否する意識的・無意識的な態度〕、私は幼児の固着というものを聞いたことがなかった。そして私の性質の中に、それが後に残って影響を及ぼしているとは思わなかった」。こうした受け入れ準備ができていたために、精神分析療法に「大きな〈抵抗〉を示さな」かった、とイーストマンは主張したが、「精神分析療法によって解放された人たちは、自分の本当の性質を誇らしげに語りたがったが、私の本当の性質に直面した時の、治療上の苦痛[52]」を彼はそれまで経験したことがなかった、と不満を言った。

ジェリフよりももっと懐疑的な精神分析医が担当してくれていたら、イーストマンが自分のことについてもっと多くを理解する手助けをしてくれたかも知れないとイーストマンは思った。イーストマンはジェリフから「フロイトの心理学について学んだ」だけであった。ジェリフは「考えをあまりにもしゃべりすぎであった」。イーストマンの急進主義を、父親に対するエディプス・コンプレックス的反発の現われとするジェリフの解釈は、あまりに単純すぎるように思えた。ブリルとのその後の相談―そこで、ブリルはイーストマンの強い「母親固着」と彼の妹への愛着を指摘した―が終って、「ブリルがジェリフと同程度に、理論的に説得力に欠けると私には思えたが、ブリルには人に対する直観的な神経のこまやかさがあって、そのことが彼を診療所の長にしている。その上、彼ら二人には、寛容さとやさしさがあって、それがフロイトの学説をアメリカで高いレベルにもたらした[53]」ことにイーストマンは気づいた。

ドッジ、デル、イーストマンに関するこれら三つの説明には、ブリルとジェリフについての彼らの描写―特にジェリフの言葉数の多い、知的分析者としての描写―にある程度の一貫性がある。イーストマンはドッジのように、ブリルを今後もう一人の精神分析医になりそうな人物として助言を求めすらした。そして彼の自叙伝の中で、ブリルを共感的に描いている。しかし、イーストマンは徐々に精神分析から顔を背けた。恐らくそれはイーストマンが求めていた社会的葛藤への理解をフロイトが与え損ねたからであろう。精神分析に関心を持っていた最も初期のニューヨークの知識人だったウォルター・リップマンが、フロイトの昇華の理論を社会的・政治的葛藤に適用しようとしたことは明白である。「私たちの衝動をタブー視しないで、それを別の方向に変えなければならない……その前提は、あるゆる強い欲望は何らかの洗練された表現が可能である、ということである」。リップマンは一九一二年の夏の間に──この頃、彼は『夢判断』を英訳していたアルフレッド・クトナーと田舎家を共同使用していた──精神分析に興味を持つようになった(54)。

同じ急進的な仲間たちのうちで他のメンバーは、一九一二年にフォーダム大学で連続講演をしていたユングの方により強い影響を受けていた。多くの初期の精神分析医を含めて、アメリカの一般大衆は、ユングがリビドー理論と訣別し、一九一四年に国際精神分析の運動と最終的に縁を切ってからも、フロイトとユングの違いを無視しがちであった。ジェリフは一九二〇年代の半ばまで、ユングに共感を示していた。そして素人の彼の助手の数人が、ユングの精神分析治療を受けていた。ユング学説の著名な信奉者ベイアートリーサ・ヒンクルが、『セブン・アーツ』(その頃の重要な文化誌)の編集者だったジェイムズ・オッペンハイムに精神分析治療を行った。オッペンハイムは結局、ユング派の心理療法士になった。一九一九年に、ニューヨーク精神分析学会の会議録によれば、オッペンハイムは「医師免許を持たずに医療行為をしている」、つまり素人の心理療法士が開業しているということで、「偽医者」として学会から非難されたとある(55)。

ここは、一九二〇年代を支配し、現在まで続いている素人の精神分析療法をめぐって、激しい論争をする所ではない。しかし、精神分析療法の教育に適しているのは医者だけであるとする私たちの主張を、フロイトは「医学的固着」と呼んだが、そうした「固着」は、アメリカの精神分析をヨーロッパの精神分析運動から区別する主要な特徴であった。一九一九年にオッペンハイムを非難したことは、精神分析の教育における新しい、しかし、より保守的な時代の先触れであった。アメリカ生まれの精神分析医が、ヨーロッパとの関係を再び樹立した時、彼らはベルリンに新しい精神分析教育研究所があることに気づいた。これは規制をさらに重要視し、教育の基準をより精巧に仕上げて、精神分析の組織の変化を特色づけた。その過程は当然起こるべきことであったし、今後の精神分析の質のためにも重要なものであったが、その即時的効果は、初期の精神分析学者、急進的な政治的人物、モダニズム運動の作家や画家たちの間での活発な相互作用を抑えることであった。

一九二〇年代においてヴィレッジの知識人たちがフロイド・デルのように、より保守的になる、あるいはリップマンやマックス・イーストマンのように、総じて精神分析から顔を背けるという一般的な傾向もそこにはあった。若い急進主義者たちの初期の楽観主義、そして手に負えない社会問題に対する解決策を精神分析に見つけようとする彼らの真剣な希望は、振り返ってみると、素朴なことのように思えるかもしれない。しかし、彼らの精神分析への熱意や熱中は、本心からのもので、単なる流行というだけではなかった。中産階級の保守的な人々にショックを与えたいとする健康的な願望は、初期の精神分析者たちが共通して持っていたものであった。精神分析の次の世代のリーダーとして後に続いたブリルやジェリフのような定評のある精神分析者は、興味本位から、また世間の目を引くために、フロイトの理論の中の性的要素を利己的に不当に利用したと非難されることは滅多になかった。それどころか、アメリカの精神分析者は、神経症の性的病因をあまり重視しないと言って、また安全な、著しく「実用的」な適用として芸術や科学における「昇華」を強調しすぎるとして非難された。

精神分析を一般に普及させた二人のアメリカ人―アンドレ・トリドンとセオドア・シュローダー

初期の真剣な精神分析者とその急進的な弟子たちに加えて、フロイトの性的な理論を不当に―彼らの衝撃価値を、また彼らの自己宣伝を目的として―利用した日和見主義者たちもいた。これらのセンセーショナルな普及者たちも精神分析療法士として仕事を始め、一般大衆を前にして講演し、みずからを精神分析医と呼んだ。その中にはアメリカの精神分析療法運動のメンバーや初期のアメリカ精神分析医がやったように、精神分析に関するベストセラー本を書いた者もいる。それは学術刊行誌に精神分析の論文を公表するヨーロッパの習慣とは対照的であった。アメリカでのこうした類の大衆化は、フロイト理論の折衷主義、通俗化、そしてその希釈化と歪曲化を行うアメリカ人の能力について、フロイトの最悪の懸念を確認するものであった。これらの「無謀な」精神分析家は、素人の精神分析に対するアメリカ人の反感を過度に強調する役割を果した、と数ある分析史家たちの中でも、とりわけヘールはほのめかしてきた。[56] セオドア・シュローダーとアンドレ・トリドンという二つの手短な例を挙げれば、この現象の多面性―前者は変人で、品行方正とほぼ言ってよい人物、後者は厚かましく評判を得ようとする人物であった―を説明するには充分であろう。

シュローダーは言論の自由連盟（エマ・ゴールドマンのような急進主義者が、一般大衆に講演する権利を保護するために、一九一一年にリンカーン・ステファンズが創立した）で積極的に活動した弁護士であった。宗教的偽善の敵（自称）として、シュローダーはできるだけ沢山の衝撃的な価値で宗教の信憑性を失わせる目的で、精神分析を使った。彼は「宗教の性的感情の覚醒」、「再生、性、聖霊」といった論文を書き、そのうちの一つは『精神分析批評』（一九一三―一九一四年）の一号[57]で公表されている。「宗教の猥褻さ」について絶えず語りたいという欲求が、シュローダーの中で強くなってきたために、ステファンズは次のような告白をするはめになった―「私はシュローダー以外のすべての人たちの言論の自由の価値を信じる[58]」と。

アンドレ・トリドンは一九〇三年の二五歳の時、ニューヨークにやって来たフランス人移住者であった。ヘールによれば、彼は「つやのある黒い顎鬚をたくわえ、申し分のない服装をし、仮装パーティ（デルが『マッシズ』で、異教徒の大夜会として組織化していた）用に彼の足の爪を金ぴかにしたものであった」。トリドンはアナキスト・フェラー・スクールでエマ・ゴールドマンと一緒に仕事をしたと言われていたが、彼女の回想録にはトリドンへの言及はなく、トリドンの書いたゴールドマンの伝記にも言及はない。またトリドンは彼の担当した自由恋愛の章でゴールドマンを引用していないし、彼女への言及もしていない。[59] トリドンはフロイトの一九〇八年の論文「〈文明化された〉性道徳と近代の神経過敏」をDr.ウィリアム・J・ロビンソン（医療の改革者で、英語で性教育に関する本を最初に刊行した性教育の擁護者）のために翻訳をしたのかも知れない、とヘールは示唆している。

シュローダーは話しだしたら抑制のきかない人であった。そしてトリドンは驚くほど口が達者なうえに、器用な作家で、一九一九年から彼が早くして亡くなった一九二二年の間に、精神分析に関する本を六冊出している。彼は自分をニューヨークの法医学学会の、またウィーンのアドラー派の精神分析学会の一員だと思っていた。彼はロマンチックな愛、ベルクソンのエイラン・ビタール［生の躍動。ベルクソンが「創造的進化」で用いた有名な用語］、宗教、因習的な道徳を認めず、行動主義［客観的に観察しえる行動のみを研究対象とする心理学説で、アメリカの心理学の主流をなした］やいかがわしい内分泌学はもちろんのこと、あらゆる精神分析理論を見境なく信奉し、精神分析治療を努力の要しないものと述べたことで、彼の書いた本はとても評判となり、バーナード・デ・ボトによれば、「ソファーというソファーをみな診察室」にしたと言われたほどである。ヘールが簡単明瞭に結論づけたように、トリドンは「精神分析をグリニッチ・ヴィレッジ、自由恋愛、産児制限、正体の暴露、社会主義と見事に結びつけて考えた。そのことにショックを受けたフロイト派の医師たちが、まもなく素人では精神分析者にはなれないことがわかるような手段を講ずることになったことは、なんら不思議なことではなかった[60]」。

センセーショナリズムに対する嫌悪は、素人の精神分析に対する充分な反対の論拠にはならなかった。トリドンのような偽医師ははっきりそれと見分け易いし、精神分析の施設に入るのを許されることもめったになかったからである。皮肉なことに、ニューヨーク精神分析学会から会員として認められなかった人たちの中には、ユング派のジェイムズ・オッペンハイムやルイーズ・ブリンク（ジェリフから精神分析の治療を受け、その教育を受けた）のような評判のよい素人の精神分析療法士も含まれていた。

結論

戦後の年月はとても保守的な時代の到来を告げたので、初期のニューヨークの精神分析者とグリニッチ・ヴィレッジの知識人は、一九二〇年代の間に互いに疎遠になった。医学と精神医学内の少数グループの精神分析の動向は、依然としてかなり革命的なオーラを保っていて、正統ではない弟子たちを引きつけ続けた。しかし、最初期の精神分析者たちの風変わりな個性も、彼らの活気にあふれた言動や純朴さとともに、組織を求める欲求に屈服した。新しい規則や規定の下で、ブリルは科学的なちゃんとした評価に至る道だと彼が信じているものに基づいて、ニューヨーク精神分析学会を導こうとしていた。このことは医療機関が、精神分析を受け入れることを意味した。ブリルが素人の精神分析、素人の精神分析療法士を阻止するための再び新たな取り組みをしたことは、アメリカ生まれの人たちの偏見を強め、アメリカの精神分析とヨーロッパの精神分析の裂け目を広くした。

グリニッチ・ヴィレッジの知識階級はどうかと言うと、それには政治的急進主義者およびアヴァンギャルドの画家たちを継続して含んでいたが、ジョン・リードは死んでおり、エマ・ゴールドマンは国外追放との戦いに負け、他の者たちはマッカーシー主義［証拠の裏づけのない、または疑わしげな証拠を基にして行われる反国家的行為の告発］に似た、戦後の政治的抑圧の雰囲気に苦しんでいた。三人の精神分析者―その自己記述を私たちは検討してきたが―のうちで、イーストマンとデルはより保守的になったし、メイベル・ドッジは「タオス砂漠の端」に引っ込んだ。それぞれが治療の役立つ結果を報告しているが、デルが恐らく最も熱意が感じられる明確な表現をしている。しかし、三人ともみな精神分析から目をそらし、他の関心事に移って行った。その当時の急進主義的な編集者ジェイムズ・オッペンハイムはユング派のフルタイムの心理療法士になった。

臨床例は殆どないが、初期のアメリカの精神分析の概説は、限られたものであったに違いない。三人の精神分析治療には、スタイルの上で目立った個々の違いがあった。そして近代の精神分析の習慣とは著しく違っていた。三人のうちで、タナンバウムは政治的に最も急進主義的であったが、後年に因習的なスタイルに最も近づいた。彼は比較的口数の少ない精神分析医で、自由連想を促し、彼自身の解釈を控え目にした。ジェリフの圧倒的な言葉数の多さは、かなりの知的分析と気ままな理論的推測とあいまって、現在の習慣とはほど遠く、こんなに早い時期にあっても一風変わったものに思える。ジェリフの治療の個人的スタイルに関するドッジの説明と、イーストマンの説明に見られる一貫性からすると、それが彼の精神分析医としての個人的パーソナリティによって呼び起こされたものではなかったということがそれとなくわかってくる。

現在の精神分析の習慣と当時のそれとが驚くほど違っていたのは、ブリルの精神分析を受ける患者の人生決断に（ドッジの場合には、日常生活の細々とした点にまで立ち入って）彼自身が直接関わって治療するというブリル（当時のアメリカの一流の精神分析医）の「積極的な方法」であった。「精神分析の中立性」という伝統的なやり方をこのように無視することは、ドッジの説明によれば、「彼の患者の昇華を巧みに扱う」一つの手段としての理論上の根拠によるもので、ブリルによって明らかに正当化された。そのようなアプローチは、治療士としてのブリルの有効性に役立ったかもしれない。多くの仲間たちはそうした有効性にコメントをしてきたが、そうした方法は精神療法には馴染んだものであっても、精神分析の領域に属したものではなかった。この方法がブリルの偏愛したものであったこと、そしてドッジが影響力の強い助言者を必要としただけでなかったこと、こうした点がルウィソン家の人たちによって確かめられている。ルウィソン家の人たちは、ブリルが何十年にもわたって、あちこちに顔を出して家族の助言者の役割をいかに果たしたかを思い出す。ブリルはこの家族の数人の精神分析をしたり、彼らの治療をしたり、学校、職業、さらには休暇のプランに関する意思決定にいたるまで活発に関わった[61]。

精神分析医がまだ検討をしていない治療がとても沢山あったので、感情転移の分析にまで殆ど注意が払われていなかったことを、現代の精神分析医なら驚きはしないであろう。当時も今も、精神分析の過程の一般的に受け入れられている基礎の部分となっているのは次のような点である—患者の幼い頃の両親への愛着が、精神分析医とその患者との関係において、いかに再現されているかを理解することである。しかし、ブリルに公正を期して言えば、ブリルに関するドッジのその後の、未刊行の著作（一九三七—一九四八年）での説明は、ブリルの方法をまったく違った形で記述している。「私たち二人の間には大きなマホガニーのテーブルが……まるで城壁のように立ちはだかり、あらゆるものをとてもよそよそしいものにしていた」という言葉でドッジは始めている。彼女は夢判断を強く彼が主張したことを再び思い出し、彼の「はっきりした、冷静な方法」と「すべての答えは、その人自身の中にあることを」彼の精神分析を受けている人みずからが「発見する」[62]まで待つブリルの限りない我慢強さをドッジは強調する。要するに、彼女は二〇年後の彼を、つまり一九三七年に彼女がニューヨークに戻って来てからの彼を、非常に伝統的な精神分析医として、その治療においては、無口な面ととやかく言わない面が増したこと、積極的な面と押しつけがましい面がより少なくなったと描写している。ブリルが変貌をとげたのか、それともドッジがブリルを違うふうに受け取るようになっていたのか、そのあたりのことについては確実なことは言えない。

アメリカでの精神分析の最初の受容を要約すると、精神分析にアメリカ人が極めて熱くなったのは、一部はアメリカ全体として、それへの本当の必要性にどの程度基づいていたか、また一部はそれがこうあってほしいと願っている誤解にどのくらい基づいていたか、を私たちは見てきた。本当の必要性は、神経症の実際の治療のためと無意識の動機づけの理論のためであったが、その両方ともが暗示の精神療法によって部分的にすでに達成されていた。願望的な要素は、性のタブーを廃止し、より良い政治システムの可能性を創造するという点で、フロイトを実際よりも活動的な社会改革者として見たいという欲求を含んでいた。精神分析の理論には、その両方の将来性があったが、フロイトは性革命の活動家でもなかったし、フロイトの信奉者たちが望んだような、人間は完成可能なものであると信じた夢想家でもなかった。

マルクスの社会主義、女性参政権、アヴァンギャルドの絵画と一緒に、フロイトの考え方をモダニズムの形態として受け入れようとする傾向は、ヨーロッパにおけるよりもアメリカにおいての方が目立っていたのだろうか。恐らく同じ種類のアメリカ人は、常に同じ種類の急進主義に引きつけられていたのであろう。クエーカー教徒とスウェーデンボルグ派の人々が奴隷制廃止論者で、マルキストが菜食主義者、絶対禁酒主義者で、「進歩的な」芸術家や作家が、「進歩的な」政治志向の傾向があったようにである。言い換えれば、初期のアメリカのモダニストは、自己認識という内に向かうものと、社会を変えるための政治行動という外に向かうものとの間に何らの矛盾も認めなかった。

こうしたことは、ヨーロッパの精神分析の第一世代によりも、アメリカの場合に多くあてはまる。フロイト自身は、世界を変えることと心の中を探ることを、ほぼ正反対の試みと見なしていた。学生の頃、フロイトは最初、政治活動に心引かれていた。彼の級友で、ドイツの指導的な社会民主党員となった「若きライオン」ハインリヒ・ブラウンをフロイトは羨ましがっていた。フロイトが医学を研究する決心をしたことは、哲学・ダーウィンの進化論・神経解剖学・催眠術を経て、無意識の発見につながるもう一つの道に曲がって入って行くように思えた。これは彼の同窓生で、社会主義のリーダーとなったヴィクター・アドラーやシオニズムの父と呼ばれたセオドア・ヘルツルとは違った方向であった。

一九〇八年から一九二〇年代の初期にかけてのアメリカにおける精神分析の第一世代は、これまで見てきたように、モダニストや政治的急進主義者の関心を引いたが、他方で、一九二〇年代のアメリカの精神分析医は、それまでよりも保守的になった。それとは正反対のパターンが、ウィーンでは広まっていたように思える。ウィーンではフロイトを含む初期の精神分析医が、政治的に中道派より僅かに右にとどまっていた。一九二〇年代に、オットー・フェニケルやジークフリード・ベルンフェルトのような二、三のウィーンの「政治に関心のある精神分析医」が、新しい教育研究所やより急進的な政治的・文化的環境に魅せられて、ベルリンに移動した[63]。精神分析のこれらの急進的な傾向は、ナチズムによってヨーロッパ大陸で消滅したが、一九三〇年代のイギリス文学の急進派の人々が、マルクス理論とフロイト理論の統合を探求し続けた[64]。そうした努力は、スターリン主義と第二次大戦が起こったことで、日の目を見なかったが、その目的は、フロイトの反ユートピア的理想にもかかわらず、一九六〇年代でのように定期的に蘇っている理論的理想として生き残っている。より公正な社会内で「より完全な人間」を求めての、その最終的な願望充足は、一九一五年にモダニズムの芸術家たちやグリニッチ・ヴィレッジの作家たちにそれが吹き込んだとまさに同様に、何らかの場所や時代で、常に繰り返すであろう統合、つまり別々な考えを結びつけて一つの完全なものにしたいということへの憧れである。

註

（1）E. E. Cummings, *Collected Poems* (1923; New York: Harcourt Brace, 1938), 201.

（2）E. B. Holt, *The Freudian Wish and Its Place in Ethics* (New York: Henry Holt, 1915), vii.

（3）John C. Burnham, *Psychoanalysis and American Medicine: 1894-1918*, Psychological Issues Monograph (New York: International Universities Press, 1967); Ernest Jones, *The Life and Work of Sigmund Freud*, 3 vols. (New York: Basic Books, 1953, 1955, 1957); C. P. Oberndorf, *A History of Psychoanalysis in America* (New York: Harper & Row, 1953).

（4）Nathan G. Hale, Jr., *Freud and the Americans: The Beginnings of Psychoanalysis in the United States, 1876-1917* (New York: Oxford University Press, 1971); *James Jackson Putnam and Psychoanalysis* (Cambridge, Mass.: Harvard University Press, 1971); and Peter Gay, *Freud: A Life for Our Time* (New York: W.W. Norton, 1988).

（5）Gay, *Freud*.

（6）Burnham, *Psychoanalysis and American Medicine*, 214.

（7）Josef Breuer and Sigmund Freud, *Studies on Hysteria*, Standard Edition 2 (1893-1895); Roobert T. Edes, "The New England Invalid," *Boston Medical and Surgical Journal* 133 (1895): 53-57, 77-81, 101-107; Havelock Ellis, *Studies in the Psychology of Sex*, vol. 1 (1897-1910; rpt. New York: Random House, 1936).

（8）William James, *The Varieties of Religious Experience* (1902; New York: Random House [Modern Library], 1929), 94.

（9）G. Stanley Hall, *Adolescence* (New York: D. Appleton, 1904).

（10）Hale, *Freud and the Americans*, 208で引用されている。

（11）James J. Putnam, "Recent Experience in the Study and Treatment of Hysteria at the Massachusetts General Hospital: With Remarks on Freud's Method of Treatment by 'Psychoanalysis,'" *The Journal of Abnormal Psychology* 1 (1906): 26-41.

（12）Freud, Preface to J. J. Putnam, *Addresses in Psycho-Analysis* (London: Hogarth Press, 1921), iii.

（13）Nathan G. Hale, Jr., *James Jackson Putnam*.

（14）Frederick H. Gerrish, ed., *Psychotherapeutics* (Boston: Badger, 1909), 101.

（15）Putnam, "Recent Experience."

（16）Hale, *James Jackson Putnam*, 187-188で引用されている。

（17）Ibid., 189, 195.

（18）Breuer and Freud, *Studies on Hysteria*.

（19）Freud, *The Interpretation of Dreams, Standard Edition* (1900), 4: 1-338; 5: 339-625 (London: Hogarth Press, 1953) ;*Three Essays on the Theory of Sexuality, Standard Edition* (1905), 7: 135-243; and Ellis, *Studies in the Psychology of Sex*.

（20）Freud, "'Civilized' Sexual Morality and Modern

Nervousness," (1908), *Standard Edition* 9: 182, 185.

(21) Hale, *Freud and the Americans*, 270で引用されている。

(22) Freud, " 'Civilized' Sexual Morality," 199.

(23) Emma Goldman, *Living My Life*, 2 vols. (New York: Alfred Knopf, Dover Edition, 1970), 455.

(24) Arthur F. Wertheim, *The New York Little Renaissance, Iconoclasm, Modernism and Nationalism in American Culture, 1908-1917* (New York: New York University Press, 1976) を参照。

(25) Lincoln Steffens, *The Autobiography of Lincoln Steffens* (New York: Harcourt, Brace, 1931), 655-656.

(26) Mabel Dodge Luhan, *Movers and Shakers* (Albuquerque: University of New Mexico Press, 1985; originally volume three of *Intimate Memories*). 以下, *MS*として引用する。

(27) *MS*, p. 439.

(28) *MS*, p. 445.

(29) *MS*, p. 467.

(30) *MS*, p. 505.

(31) *MS*, p. 505.

(32) *MS*, p. 506.

(33) *MS*, p. 507.

(34) *MS*, pp. 511-512.

(35) *MS*, pp. 532-533.

(36) *MS*, p. 534.

(37) Lois Rudnick, *Mabel Dodge Luhan: New Woman, New Worlds* (Albuquerque: University of New Mexico Press, 1987), 16で引用されている。

(38) Floyd Dell, *Homecoming, An Autobiography* (New York: Farrar and Rinehart, 1933), 293-295. 以下, *H*として引用する。Max Eastman, *Enjoyment of Living* (New York: Harper and Brothers, 1948). 以下, *EL*として引用する。

(39) Wertheim, *The New York Little Renaissance*, 71で引用されている。

(40) *H*, p. 293.

(41) *H*, p. 294.

(42) *H*, p. 295.

(43) *H*, p. 294.

(44) Wertheim, *The New York Little Renaissance*, 70で引証されている。

(45) Hale, *Freud and the Americans*, 246で引用されている。

(46) Lawrence S. Kubie, *The Riggs Story: The Development of the Austen Riggs Center for the Study and Treatment of the Neuroses* (New York: Paul B. Hoeber, 1960); Edes, "The New England Invalid"; Sanford Gifford, "Medical Psychotherapy and the Emmanuel Movement in Boston, 1904-1912," in *Psychoanalysis, Psychotherapy and the New England Medical Scene, 1884-1944*, ed. G. E. Gifford, Jr. (New York: Science History Publications, 1978).

(47) *EL*, p. 259.

(48) *EL*, p. 260.

(49) *EL*, p. 261.
(50) *EL*, p. 490.
(51) *EL*, p. 491.
(52) *EL*, p. 491.
(53) *EL*, pp. 492-493.
(54) Wertheim, *The New York Little Renaissance*, 72で引証されている。
(55) Minutes of the New York Psychoanalytic Society, 1911-1933, p. 27.
(56) Hale, *Freud and the Americans*. ヘールの1987年の未刊行の時期のものには、いくつかの新しい興味深い個人情報（1987年の私的交信）が加わっている。
(57) Theodore Schroeder, "The Wildisbuch Crucified Christ. A Study in the Erotogenesis of Religion," *Psychoanalytic Review* 1 (1913-14): 129-148.
(58) Hale, *Freud and the Americans*, 271で引用されている。
(59) Goldman, *Living My Life*; Richard Drinnon, *Rebel in Paradise: A Biography of Emma Goldman* (Chicago: University of Chicago Press, 1961); Tridon, *Psychoanalysis and Love* (New York: Brentano's, 1922).
(60) De VotoはNathan Hale, unpublished chapter and personal communication, 1987で引用されている。
(61) Virginia L. Kahn and Joan Simon, personal communications, 1989.
(62) Luhan, "Psycho-Analysis with Dr. Brill," typescript, 10 pp., Mabel Dodge Luhan Papers, 1937-1948, Beinecke Rare Book and Manuscript Library, Yale University, pp. 1-5.
(63) Russell Jacoby, *The Repression of Psychoanalysis: Otto Fenichel and the Political Freudians* (New York: Basic Books, 1983) を参照。
(64) R. Osborn, *Freud and Marx, A Dialectical Study* (London: Victor Gollancz Ltd., Left Book Club Edition, 1937) を参照。

邦訳　ハヴロック・エリス、佐藤晴夫（訳）『性の心理』全六巻（未知谷、一九九五―一九九六年）
邦訳　ピーター・ゲイ、鈴木晶（訳）『フロイト』（みすず書房、一九九七―二〇〇四年）
邦訳　アーネスト・ジョーンズ、竹友安彦・藤井治彦（訳）『フロイトの生涯』（紀伊国屋書店、一九六九年）
邦訳　エマ・ゴールドマン、小田光男・小田透（訳）『エマ・ゴールドマン』（ぱる出版、二〇〇五年）
邦訳　ジー・スタンレー・ホール、中島力造ほか（訳）『青年期の研究』（同文館、一九二一年）
邦訳　アンリ・ベルクソン、竹内信夫（訳）「創造的進化」新訳『ベルクソン全集4』（白水社、二〇一三年）
邦訳　ウィリアム・ジェイムズ、桝田啓三郎（訳）『宗教的経験の諸相』（岩波書店、一九六九年）

新しい心理学とアメリカ劇

フレッド・マシューズ

二〇世紀最初の何十年間は、男女の性質と責任についての、彼らと他者との関係および彼らと社会と呼ばれている一般化された他者との関係についての、信念の主要な再評価の舞台となった。この再評価の中心の一つは、プロヴィンスタウン・プレイヤーズの初期の仕事における新しい劇の表現方法、新しい感性、新しい道徳律の具体化であった。プロヴィンスタウンの瞬間《とき》は、少数だが、影響力のあったアメリカ人の中核を形成していた人たち―彼らは自分たちを「インテリ」と見なし、慣習的な信念や慣例を批判の凝視にさらさねばならないとする論理的思考で判断する男女と見なしていた―の思考（そして感情）における危機と変化の一時点であった。新しい劇の心理や倫理に対するその姿勢とそれより十年前の通俗的な劇のそれらとを較べることによって、プロヴィンスタウンの瞬間の新しさを私たちは明らかにすることができる。人間の性質についての新しい見方を理解するためには、まず、古い方の心理学の精神の力を感じなければならない(1)。

ヴィクトリア朝の時代およびエドワード朝の時代の劇は、一八世紀の新古典主義から、そして最終的にはアリストテレスから引き出された一連の心理学的仮定を利用していた。この世界観では、社会的慣習がパーソナリティの非常に重要な基礎をつくり上げていた。仕事を遂行する際、意志を行使することによって、適切に自分の考え方に取り入れられ、それが固まって習慣となった社会的因習が、一人一人の作り上げる「キャラクター」の基礎となっていった。パーソナリティは、前社会的な衝動を社会が容認しているパターンに向けることによって築き上げられた一つの建物であった。一九世紀には心理学の一つの固定した体系というものはなかったが、一般的な方向性と馴染みのある（それがたとえ不正確であるにしても）言い回しの語彙が存在した。それはキリスト教の神学と道徳哲学とが混じり合ったものから引き出されたものであった。精神、つまり自己は能力、つまり知力、自分の判断に基づいて解釈するという習慣的なやり方、そして経験に反応するという三つの部分からなっていた。基本的な能力とは、理性、経験を正確に理解する力、そしてそれに信頼できる判断力を形成する力であった。情、心、つまり情愛、そして意志、行動力である。こうした言葉は、一九世紀の終わりに心理学がアカデミックな学問分野になるにつれて色褪せていったが、自己を適切な刺激と意識的な努力によって組み立てられるものとして見るという—こうした面は一般的な思想の中で、また学校で教わる心理学で依然、強力であった[2]。

この心理学という二〇世紀初期の影響力のあった表現方法は、ミシガンの社会学者チャールズ・ホートン・クーリーによって提供された［他者という］鏡に映る自己の理論であった。クーリーにとって、「人が有している自我感情」は、「自分」が重要な他者の目に「どのように」映っているのか［どのように評価されているか］に関する「想像力」によって形づくられる。

その他者のキャラクターと影響力—私たちは自分たちというものをその他者の心の中に見る—によって、大きく違ってくる。私たちは正直な人の前では、ごまかしているように見えることを恥じ、勇敢な人の前では、臆病に見えることを恥じ、洗練された人の前では、下品に見えることを恥じる、といった具合に。私たちは常に想像する。そしてその想像を共有する時、他者の心を判断する。

成長する自己は、重要な他者の思慮深い意見から包括的な個人的理想をつくり上げることで成熟した。他者に対して敏感さが継続することは、極めて重要であった。他者の反応を気にせず、他者に「うちとけず、内に向かう心」は、「ひどくしつこい自己中心癖」—それは「好色、強欲、心の狭い冷酷な野心、狂信」、そして時々は犯罪といったものを通じて表現されるであろう—をはっきりと示す。これは目立って社会的な心理学であった。主要な人間味のある精神の力は、安定した、反応の良い行動パターンを形づくるために、他者の期待を自分の考え方に取り入れるからである(3)。

ヴィクトリア朝時代の劇は、検閲時代のハリウッド映画のように、登場人物が善人であるか悪人であるかがはっきりしていなければならなかった理由を、この心理学の理論は説明する。演劇は単なる娯楽ではなかった。演劇は社会化し、しかも適切な社会化を維持していく一つの手段であって、それが強烈な感情表現および対立関係を伴うというまさにその理由で、影響力の大きいものであった。一九〇六年のラングドン・ミッチェルの洗練された成功作について、ある批評家は社会喜劇―それは必要な真実なるものをからかいだしている―が、ますます巧みさを増していることに気をつけるように警告した。「『ニューヨーク式の考え方』は、最新のものだが、……ミッチェル氏のような紳士は、恐らく表現手段を思いのまま使える権限を有難いとは思っていない。それゆえ彼らが意図する善良な人たちを理解できないで、人々の心の中に悪の種をまくことがないように、表現手段の使い方には非常に慎重で……あらねばならない、とじっくり考えたりはしない」。

『ライフ』の批評家が示しているように、プロヴィンスタウン・プレイヤーズが生まれる以前は、道徳律が固定していたことを評者たちはくよくよ気にしていた。そのような道徳律に対する異議が、自国の作家たちからというよりも、イプセンのようなヨーロッパの批評家から主に出ていた。しかし、自国の劇作家たちは通常あいまいな立場を取っていて、道徳的な慣習というものは共感を持って、好意的に押しつけられることが必要だと強く主張した。共感をするというこのテーマは、一九〇七年のクライド・フィッチのヒット作『真実』―この劇は道徳の絶対的原理について、従来の見方を転換させようとする一女性に共感を広げながらも、その原理を注意深く肯定したものである―の中心にあるものであった(4)。

フィッチの人気のあったヒット作は、伝統主義者にはその最終的意味であるもの、つまり夫婦の貞節を永久に必要なものであるとして受け入れるという点で、三つの劇作品―それらの並置は個人的なモラリティに対する態度の発展を明らかにする―の最初の作品である。フィッチの劇では、ヒロインのベッキーは決して無害な浮気女というわけではなかったはずだということは思いもよらないことである。彼女の夫なら違った風に考えるはずだという彼女の認識は、彼女が道徳的に成長することを、確実に成熟することを手助けする。オーガスタス・トマスの一九一一年の『男が考えるように』は、女性の自己表現の権利へのイプセンの要求に対する返答である。ここでの不倫は明らかにありうることである。しかし、その弁明が生き生きと描かれ、結局は夫婦の貞節の必要性と個人の平凡な幸福に社会学的に賛成する論拠の重圧に押しつぶされることになる。プロヴィンスタウン・プレイヤーズの創設者の一人、スーザン・グラスペルは、彼女の一九三〇年の劇『アリソンの家』で、この新しい鋭い感性を充分に実現させる。この劇では四つほどの異なる家族のメンバーが、忠誠に対して逆らうという情熱のジレンマから異なる道—その道は禁欲的な貞節から公然と見捨てられることに至るまで幅がある—を歩むことの損失と利益を具体的に表現する。三つの劇はみな、その時代の他の劇とともに、混沌とした都市世界で、永続性と安定への関心を示す最終的な表現として、離婚の問題が二〇世紀の最初の三分の一の間に、いかに象徴的なものになっていたかを暗示する。[5]

オーガスタス・トマスがこのテーマで劇を書こうとしたことは、貞節という問題が一九一一年頃には、教養のある芝居好きにとっては、すっかり重要なものになっていたことを示している。五四歳になり、最も成功した演劇の名匠の一人だったトマスには、抜け目なく計算されたメロドラマとローカル・カラーの劇を支持してくれる同世代の人たちがいた。一八九〇年代の急進的な労働者びいきの劇を「売り込む」努力に失敗してからは、特定の俳優の才能にぴったり合うように考え出された役づくりで（それは有名人志向のブロードウェイの舞台では、ありふれた習慣であった）、まさに観客が望んでいるものを与える技を完全なものにしていた。『男が考えるように』は、いくつかの点で、とりわけ世俗化されてはいるが、道徳的には伝統主義のユダヤ人医師シーリグをその代弁者である主人公として登場させている点で、依然として魅力的な資料である。優しく、ものわかりはいいが、広く認められた基本原則を頑として聞き入れないといった点もあるシーリグ医師は、社会的安定に必要とされる信頼を保持する時に、その機能の観点から二重基準の擁護をする。

シーリグ　エリナ。（間）がたがた音をたてて走る列車の音が聞こえるだろ。

エリナ　ええ。

シーリグ　この広大な陸の上を、沢山の列車が毎日、正確に決められた時間に出発し、到着している。これは女、い、い、の世界だからだ。太陽とほぼ同じように頼りになる大きな蒸気船……すべてのものは、男が女を信頼していることから生まれる原動力によって動いている。女に対する男の信頼という……昔から続いているこの世界は、愛によって一致協力している……

ミセス・シーリグ　女に対する男の愛ではありませんわ。

シーリグ　その通りだ。そして男に対する女の愛というのでもなくて、男女の愛―子供に対する男女の愛によってだ。男は子供のために働く。男は子供が自分の子だと信じているから。……そこに道徳の二重基準が生まれる。女の純潔という輝かしい基本原理の上に、世の中の幸福が成り立っているからだ(6)。

シーリグが二重基準を弁護するのは、因習的な道徳に具体化された実際的な知恵―それはエドマンド・バークとデイヴィッド・ヒュームのような一八世紀の保守的な哲学者によってなされた主張で、二〇世紀半ばの実用的な社会学で新しい花を咲かせることになる―に基づいている。観客の反応に敏感だったトマスが、道徳上の絶対的原理に賛成するとても保守的な論拠を使ったのは示唆に富んでいる。文明は私有権に依存し、その相続は合法性への信頼に依存しているとする結合論理を彼は暗に含ませておいた。最も親密な人間関係の完全な状態が損なわれるならば、すべてのことが崩壊するであろうとするこの強い主張は、たぶん今では親しみにくいものに思えるであろう。それでもなお、世紀の変わり目の不安定と暴力は、家族の崩壊によって助長された人間関係の、ますます強くなる不安が部分的に原因してきたとする今日の保守主義者たちの主張を私たちは思い出すであろう。

「解放運動」の必然的結果、離婚というテーマ、そしてその離婚の結果と目されているもの、これらに対するオーガスタス・トマスの激しい非難は、社会的・性的偏見から解放された道徳上の新しいきまり―それがプロヴィンスタウンの劇を支配することになる―が既にブロードウェイに現われていることを暗示する。このきまりをジョン・バーナムは「ナルシシズム的」と呼び、私は「解放運動的」と呼んできたものである。それらのラベルは異なる見解を暗に示すけれども、私たちは同じ一匹のゾウのいくつもの面に名前をつけているように思える。それはロマンチックな自己実現の要求で、他者を精神的苦痛から護るために、用心深い自己抑制を要求するというのではなく、衝動によって行動することへの要求である。「ロマンチック」という言葉は、混乱を引き起こすかも知れない。解放を主唱する人たちは、しばしばヴィクトリア朝時代の人々のロマンチシズムを激しく非難したからである。この語はロマンチックな理想主義という意味であり、より「低次」の性衝動のエネルギーを、より「高次」の、つまりより「文化的」目標に向ける（昇華させる）ことへの信念、自己犠牲の必要性とその高貴性への信念を持つという意味である。しかし他方で、ロマンチックな解放の支持者たちにとって、はかりしれない犠牲を伴ってしか感情は抑えられないと言うのが真相である。そのことは絶望に至るものではないにせよ、重苦しい気分にさせる。「本当の自己」は注意深く幾層にも塗り重ねられたようにして自分の考え方に取り入れられた社会通念にあるのではなく、愛と創造性を求める根深い個人の欲求にある。

一九二〇年代の一〇年間で、主観的な経験―夢、記憶、忘却、苦しい考えを抑圧すること（これらは一九〇九年のクラーク大学でのフロイトの講演によって一般に普及した）―に対する関心がブロードウェイの舞台に現われた。デイヴィッド・ベラスコの『帰ってきたピーター・グリム』は、抑えつけられた子供時代の記憶を蘇らせようとすることを中心に展開する。パーシィ・マッケイの『かかし』は、登場人物の自我理想と世間に見せている自己との悲劇的な対照性を提示する。アーサー・ホプキンズの一九一二年の『太った子牛』は、フロイトのタイプの精神療法を直接的に扱っている。レイチェル・クロザーズは男女間の道徳、女性の経済的自立の問題について、いくつもの「議論する劇」［彼女の代表作『彼と彼女』はその典型］を書いた。[7]

初期のプロヴィンスタウンの劇は、「社会的慣習からの解放の」世界観がいかに深くアヴァンギャルドの演劇に浸透していたかを明らかに示す。アヴァンギャルドの演劇では、平凡な体制順応的社会からの知識人たち自身の疎外感によって、解放の世界観は強められた。シカゴ、グリニッチ・ヴィレッジ、プロヴィンスタウンの自意識の強い若い知識人たちは、社会の安定といった抽象的理想に服従すべきであるとする有無を言わせぬ一方的要求に対して、人間としての即座の怒りの感情の真相と現実を主張した。一九六〇年代が私たちに思い出させるように、社会通念へのこうした反抗は、アメリカの文化の中で継続する一つの傾向となるが、それはまず一九世紀のロマン主義運動にはっきりと表現された。

多くの若いインテリ（プロヴィンスタウン・プレイヤーズのジョージ・クラム・クックを含む）たちにとって、ロマン主義の解放の典型はフリードリッヒ・ニーチェで、彼の書いたものが英訳され、一九一〇年頃にH・L・メンケンや他の批評家たちからの論評を呼び起こした。スーザン・グラスペルはクックとプレイヤーズを立ち上げる直前頃に、ニーチェがクックに及ぼした影響のことを記している。ニーチェは「トルストイ、イエス、ブラウニング夫妻から、わが魂を救ってくれた」とクックは言った。つまり、礼拝の道徳律、感傷性、自己抑制から救ってくれたのだと。『この人を見よ』は特にクックには大切な書であった。その声高な警句は、抑圧、順応主義、そしてその結果として生じるキリスト教を信仰する中流階級の不寛容に反対して、勝ち誇ったような、罪意識のない自我を擁護した。可能性の限界を試そうとするニーチェの解放されたパーソナリティの理想は、クックの古代ギリシャへの愛を予想させた。ニーチェとクック両者にとって、ホメロスの時代の貴族社会は、統率力のある、「真実を語る」卓越した一つの雛形であったが、キリスト教はそれを警告、追従、偽善といった奴隷道徳よりも下位に置いた。実際、私たちが新しい心理学という言葉づかいをクックに適用しようとすると、フロイト、ユング、行動主義の心理学者たち、あるいはその後のアメリカ化された精神分析―それは環境に適応することを前提として考えることを力説した―に言及するというよりも、むしろニーチェに言及することの方がしっくりいく。ニーチェとフロイトの間には、重要なつながりがあった。フロイトはニーチェを彼の偉大な予言者であると認めた。しかし、通俗的な精神分析に対するクックとグラスペルの馬鹿にしたような態度は、ニーチェの超越とフロイト学派の人たちの、より分析的で、治療的な立場の違いを反映している。(8)

一九一〇年代の知識人たちにとってニーチェの存在が目立っていたことは、彼らの「モダニティ」を暗示しているし、また「モダンな」道徳的・社会的信念と彼らが支持した芸術の分野での、より馴染みのあるモダニズムの考え方との関係性も暗示している。既存の考え方に基づかない幾何学、アインシュタインによって象徴される物理学の転機、ベルクソン、ウィリアム・ジェイムズ、ホワイトヘッドのような哲学者たち、これらすべてのことや人たちは、「ものごとは見かけ通りのものである」(それは一九世紀の間ずっとアメリカで支配的であった考え方で、大学で教えられていたスコットランドの常識哲学によって安定を保っていた)という大多数の合意を解体する上で役立った。同時に、ダニエル・ボースティンが指摘したように、近代の都市では教育を受けた者に一般的な人間性に関する伝統的な考え方を捨て、多文化のロマンチックな概念と取り替えるように強いた。また科学の分野と同じように、それは芸術の分野で古典的な形式至上主義を捨てることを容認するように関係者に心の準備を迫った。近代都市生活の感覚に訴える経験は、モダニズムを吹き込み、普及させる上で役だった。マンハッタンは急進主義的な経験主義のウィリアム・ジェイムズの存在論の証拠となった。そこでの絶えず変化する刺激は、彼ないし彼女が秩序を発見するのではなく、秩序を押しつけていることを観察者に気づくように仕向けた。芸術上のモダニズムの本質は「解体」—音楽の分野の調性、絵画の分野の古典的遠近画法のような、伝統的な審美的原理をぶち壊すこと—で、様々な種類の自意識強く考え出された個々の基準に取って代わられることになった、とキャサリン・クーは論じている。形式の点から言うと、うわべだけのリアリティの「模倣」は、基本的な材料—それはヴィクトリア朝時代の、古典的な趣味によって要求された「完成した」芸術品をこれまで作り出してきた—の独創的な並置に取って代わられた。シェーンベルクの一二音技法から、カンディンスキーの幾何学形式(リアリティの最終的要素)の創造的並置へ、そしてジョン・マリンのニューヨーク市の経験的要素の変幻極まりないコラージュに至る解体と作り直しは、自意識の強いモダンの本質的な方法となった(9)。

芸術の場合のように道徳原理の場合にも、モダニティはいつも見慣れている固まって変化しないように見えるものを解体することを意味していた。その結果、それは混ぜ合わされた個々の要素の不安定な変化の過程に取って代わられることになった。永遠の道徳的真理—その真理を全体の一部として含めることは、成熟したパーソナリティにとっては必要なことなのだが―を信じることが拒まれると、自らの存在を感じ、認めている個人は、家族やコミュニティといった永久のネットワークの中で一時的なつながりを得ようとするよりも、つながり自体を最終目的としているようになった。しかし、しばしば確立した社会という固まって変化しようのない重量のものを「解体し」たいとする情熱的な衝動には、より純粋な、もっと本物のコミュニティを作り直したいという、解体の場合と同じくらい情熱的な願望がそこには働いていた。例えば、ジグ・クックはプロヴィンスタウン・プレイヤーズを、中産階級の大衆から分離した特別の活力を与えるコミュニティと見なした[10]。

モダニズムのセンシビリティは、伝統的な心理学に根本的な価値変更を必要とさせた。充分に実感されるパーソナリティであれば、感情や才能の最も内なる核心を表現することのできるものであろう。その重要な核心を抑えつけることは、その魂を殺すことであり、周囲の情況に同調するだけになるからである。この観点からすれば、クーリーの鏡［他者］に映る自己は、可能性を否定するぞっとするもので、それは不安な模倣を生み出すものでしかない、際限なく続く内面を映し出す鏡の間なのである。ここで私たちはモダニズムのモラリティと新しい心理学という言い回しで要約されるような様々な運動とのつながりを認めることができる。知識人たちの間で最も親しまれていた新しい心理学の二つの要素―フロイト、そして腺という観点からパーソナリティを説明する理論―は、まだ社会生活を営んでいない時期の、あるいは人生の非常に早い時期に固まった人間の核心の部分に重要性を置いた一九世紀の主流の考え方を認めなかった。新しい心理学の一般大衆向けの説明者は、人間の主要な欲求は隠されている、つまり表面に現われて見えるというよりも、自己の中「深くに」あると強調しがちであった―それはなじみのあるロマンチックな正反対のものを反響している仮定である。精神分析はもちろん一つの心理過程《メカニズム》として―見えない「コンプレックス」、つまりそらされた感情の力の心理過程を提供した。そしてこの心理過程は文化的に是認された抑圧の原因と犠牲の両方を説明した[11]。

初期のプロヴィンスタウン劇は、新しい心理学と新しいモラリティを表現し、しばしばそれらをパロディ化した。エドナ・ミレーの『アライア・ダ・カーポ』で、みんなの中で最もウイットに富んだピアロウは、社会主義者や人道主義者の心の内にあるコンプレックス、つまり無意識の中にある抑えつけられた感情を「暴く」。昇華のアイデンティティの役割を果す二人は、『ニュー・リパブリック』を忠実にむさぼり読んだ進歩主義の人たちの古い方の世代によって大事に育てられた。

ピアロウ　そんなに俺の近くに立つな。俺は社会主義者になったんだ。人間性は好きだが、人間という集団は大嫌いだ。コランバイン、手袋をしろよ、お前の手は冷たいぞ。

コランバイン　私の手は冷たくないよ。

ピアロウ　確かに冷たい。だからショールで身体を包まないと。それに火のそばに座れ。

コランバイン　ねえ、私はそんなことしないからね。ティーカップに入れたスプーンみたいに熱いのに。

ピアロウ　コランバイン、俺は博愛主義者なんだ。博愛主義者だとわかっているのは、気が落ち着かないからだ。金切り声など上げるなよ。そんなことをすれば、お前にとっては事態がそれだけ悪くなるぞ。(12)

プロヴィンスタウン劇で使われた新しい心理学の最も生き生きした、しかし、最もアンビヴァレントな使用は、この劇団を創設した夫婦、ジグ・クックとスーザン・グラスペルによるものであった。この二人の書いたものには、特別な歴史的価値がある。それはめったにないくらいの直接的な治療的要素、彼らみずからの経験に対する二様に解釈できる反応のゆえである。アイオワ州ダヴァンポート―そこでクックの最初の妻は、クックが一日一回髭を剃らなかったことを、精神的虐待の証拠として引き合いに出した―の厳格な束縛から苦労して逃れた後、彼らはまもなく「おしゃべりの多さ」（グリニッチ・ヴィレッジの人々が夢中になっていた言葉数の多さのために話がもつれ、ややこしくなった）を真の解放というよりも、むしろ新しい類の気詰りと考えた。こうして生まれたものが、『抑圧された願望』であった。この劇を「取るに足りない喜劇的風刺」とする最近の記述に異論を唱えるのは難しいが、審美的な判断でその歴史的重要性を覆い隠すべきではない。人気を高めたフロイトの機制《メカニズム》［ある反応を生じる一連の心的過程の結合］

の使用によって、また努力を要しないことや無益なことへのその辛辣な風刺の使用によって、この劇は知識人の間に、精神分析崇拝の影響力の証拠を提供する。また小劇場グループの間での精神分析の継続的な人気は、「人の心理を読む」フロイト心理学が中流階級の部分にさらに広がっていることを暗示している。この劇は精神分析の考え方が、解放の手段というよりもむしろ罪悪感を表現する手段となっているといった具合の、そっけない例で始めている。フロイト支持で、社会的因習から解放された妻ヘンリエッタは、心身の調子を狂わせている夫に「スティーブ、コーヒーのせいじゃないわ。コーヒーがどうのこうのという問題じゃないの。問題なのは、あなた自体なの」と言う。スティーブは「お腹がおかしいのかも」と渋々認める。ヘンリエッタは「お腹ですって！　おかしいのはお腹じゃなくて、あなたの潜在意識なの」と軽蔑するように応える。フロイト風に言えば、物事の真相を見抜く力に対して抵抗を示すことは、それが正確である証拠と解釈される。スティーブが自分の病気を拒んでいることは、その病気の根がいかに深いかを示している。[13]

『抑圧された願望』のプロットは、シカゴ出身のヘンリエッタの純真な妹―彼女は「意識下で」彼女の義理の兄スティーブンを恋している―を中心に展開する。メイベルの気分がなんとなく優れないこと［不定愁訴］を感じ、その「心理を読もう」として、ヘンリエッタはまず、彼女に大胆になるようにと促す。精神錯乱を避けるためには、抑圧された願望を無意識に行動に表わさなければならない、とヘンリエッタは主張する。二つの明らかに異なるフロイトの概念、つまり意識的抑圧と無意識的抑圧の融合は、意識のある意志という恐らく古い方の心理学から生じているのであろう。もし何かが「そこに」、自己の中にあるならば、理性と意志がそれを明るみに出すことができるであろう。姉は妹に意識下の性的衝動を同様に抑圧することによって、ほぼ精神錯乱にまで追い込まれた別の女性の例を持ち出す。

ヘンリエッタ　メイベル、この抑圧された願望をそのままにしておくと、メアリー・スノーを精神科病院送りにさせるようなことになるのよ。あなたは因習を破るくらいなら、彼女を精神科病院送りにした方がまだましだとするような考え方しか持っていないの?

メイベル　それにしても、人はいつもこうした恐ろしい抑圧された願望を持って生きてきたのかしら?

ヘンリエッタ　そう、いつもね。

スティーブ　しかし、それらの願望に気づいてまだ日が浅いんだ。

ヘンリエッタ　それら抑圧されたものが、当の本人に与える害のことに気づいたのがつい最近のことなの。だから、自由な、正気の人たちは自分たちの抑圧されたものを処理しなければならないという事実に面と向かう必要があるの。

メイベル　(きっぱりと)シカゴでは、そういうことが行われているとは思わない。

ヘンリエッタ　(メイベルを降参させようとする所作)生きている性的衝動《リビドー》—精神のエネルギーの中心のことだけど—が、硬直化した道徳上の決まりと衝突している場所では、どこであれ「そういうことが行われている」。そういうものは文明がある所なら、どこでも起こっているということ。

壁が消えていくというスティーブの夢は、建築家としての彼の職業における「自信の喪失」を示している、とヘンリエッタは説明を続ける。しかし、スティーブとメイベルはプロの精神分析医ラッセル医師(伝えられるところによると彼は違った解釈を提示するらしい)に相談する。スティーブの抑圧されている願望は、夫を尻に敷くヘンリエッタから荒野に逃れることである。一方、「雌鶏よ、進め」(Step, hen)と命じられるメイベルの夢は、スティーブン(Stephen)の名に関する意味論の劇である。彼の姓はブルースター(Brewster)で、彼女は彼が彼女にとっての「雄鶏であって」("be rooster.")欲しいと望んでいる。この劇は隠された動機を探すことに懐疑的な評価で終わっている。これまで抑圧されてきたものを知ることは役に立つ。しかし、時々、願望は実現されないままであるはずだ。抑圧された願望を行動に移すことは、非常に多くの犠牲を伴うであろう。それが他の人たちの人生を崩壊させる場合には。願望達成を強調したければ、子供時代のナルシシズムに退行することである。(14)

『抑圧された願望』は新しい心理学がその影響を経験した人たちによって再解釈される傾向を示す。その新解釈は通常、ナルシシスティックな解釈、あるいは解放運動的な解釈（抑圧された感情を行動に移すことは、健康にとても重要である）を修正するか、その実際的な意味の異なる解釈—これらの考えをジョン・バーナムは「社会統制」と呼び、私は「治療上の」解釈と呼んできたもの—に取って代わった。この新しい解釈で最も重要な事実は、他者の存在と他（者）性で、他者は私たちには重要であるに違いない。だから自己表現は、他者の必要性に気づいていなければならない。この新解釈は多くの知識人たちの成熟の過程の様々な段階で起こった。『抑圧された願望』はその過程がすでに始まっていた最初の証拠の一つである。クックとグラスペルは新しい心理学をそのようなものとして嘲笑しているのではなく、トーク心理療法の見せかけだけの解放に対して、またナルシシズムにまで押し進められる解放の危険性に対して嘲笑したのである。その本当の目新しさは、新しい類の自己監禁—知識人みずからが作り上げた概念上の獄舎に、知識人たちが自発的に罠にはまり込む（それはヴィクトリア朝時代の慣習と同様に閉じ込められている）—といった形で、フロイトを通俗的に解釈して、それを安易に使用して提示することにあるのかもしれない。

解放がナルシシズムに向かった顕著な例が、もう一つの初期のプロヴィンスタウンの一幕物、ペンドルトン・キングの『コカイン』に現われる。この劇で麻薬中毒患者ノーラは、ジョー（彼女の愛人で、詐欺師）に一緒に死んでほしいともちかける。「ジョー、私たちとても楽しくやってきたわ。およそ世の中で知る価値のあることはみんな私たち知ったわ。丘を下るなんてことはしないことにしようよ。頂上まで達したんだから。これで終わりにしましょう」。決断力に欠けるが、彼女より冷静なジョーは抵抗を示す。彼はこの先、新しい楽しみがないだろうという点にはあまり確信が持てない。しかし、彼の抵抗は、見込みが殆どないのに、闘わねばならないとするヴィクトリア朝時代の信念に由来しているわけではない。これまでの古い方の心理学と道徳律という観点からすると、ノーラの心中の提案は不倫以上にはるかに不道徳なものである。作者は恐らくノーラのロマンチシズムとジョーの男の自信（代わりの電車はいつだってやって来るんだから）の両方を嘲っていたのであろう。ただし、その嘲りは『抑圧された願望』の場合ほど明白ではないが。グラスペルもクックも一九一五年頃には、すでにそれほど若くはなかった—クック四二歳、グラスペル三三歳か三九歳〔六年間のこのずれは、グラスペルの生まれた年が一八八二年説と一八七六年の二説があることによる〕―というのは重要なことかも知れない。どんな利益にも、それに伴う損失はつきものでありがちだと慎重に考えるだけの余裕がこの二人にはあった[15]。

抑圧された感情をロマンチックな行動へと変化させることに対するグラスペルの、そして（恐らく）クックの懐疑心は、新しい心理学の解放主義的解釈から治療に関する解釈、すなわち現存の社会秩序に「順応しようとしている」悩める個人に関係した解釈に至る動きの解明に役立つ。さまざまな異なる説明がもっともらしい。恐らくそれらの説明はどれもがそれぞれの役目を果している。社会学的に言えば、人類の触角である芸術家や知識人は、新しい考えに最も素早く反応を示しがちである。他方、精神科医やソーシャルワーカーのような専門職の人は、組織内に克服しなければならない変化を求めない性質を持っていて、それゆえに彼らは前者よりゆっくりと、しかしより永続性をもって新しい考えを組み入れる。新しい考えについて、最も若い集団がたいてい最も熱烈な、あいまいでない解釈をするのに対して、老齢集団はそれぞれが互いにいくぶん異なった解釈をするであろう。グラスペルとクックは巧みなアイロニーを実例で示す。そしてより多くの経験を積んだ人たちは、そのアイロニーで最新の明白な説明をしようとする。彼らには新しい考え、およびそれが感情の満足に及ぼす影響にうまく対処する機会がこれまであった。そして他者は他者のままであり、抑えつけられることなく、のびのび行動することは、満ち足りた平和な気持につながるものではなく、孤立の状態に至るものであるという理解を組み込んだ心の統合状態に到達しようとする[16]。

実際、若い知識人たちのいくらかは、最後には新ヴィクトリア朝的な伝統主義（オーガスタス・トマスの主義に、そんなに似ていなくもない）に戻った。フロイド・デル（ダヴァンポートの出身で、クックより若かった、クックの才能ある友人）は、彼の回想録（彼が四五歳の一九三三年に刊行された）で、魂を欠いた社会で、クックはみずからの「失敗」を、真の成功だとして失敗崇拝に変えることで、失敗にもっともらしい理由づけをしていると手厳しく語った。クックの思いこがれていた英雄的なギリシャでの、彼の伝説めいた死後、沢山の作品をものしたグラスペルは、劇と小説の両方で、二つの極―解放と順応―の調和（彼女の世代の人たちが生きていく上での中心的ジレンマを表現したバランス）

をとろうとした。グラスペルの晩年の劇は、もう一つの中心的関心—それは解放および順応に緊密に関係していた—をはっきりと示した。

初期のプロヴィンスタウン劇の殆どは、ジェンダーの役割や男女間の生まれつきの違いとされているものの扱いに関して、まったくそれまでの伝統に従っていた。思い切って言うと、解放は男たちだけのためのものであった。女たちは家庭の領域に縛られていたことで、当然、欲求不満であったが、決定的な特性では男より優れていたものの、生まれつき男とは違う存在と考えられていた。グラスペルは伝統的な定義づけに我慢ならなくなっていたが、だからと言って、それらの定義が全面的に間違っているという確信があったわけでもなかった。そしてこうしたどちらとも決めかねている*彼女の心の状態が、彼女の劇に活力を与えている。最も初期の、最も有名な劇『ささいなこと』は、「理性的」で公共的な男の世界に対して、敏感で家庭的な女らしい細部にこだわる「ささいな」世界、こうした伝統的な二分法を受け入れている。ささいなことに共感できる者しか犯罪を解決できないということ、それに男のいらだちに加えて微妙な差異と関係性に男が無神経であることが、男たち自身の意向をくじいたと示すことによって、この劇は形勢を逆転させる。一つのメッセージをそこから引き出さねばならないとすれば、生まれつきが原因なのか、育ちが原因なのかは検討されていないが、男性とは異なる心の志向が存在していて、女性のやり方に対する共感と全体論［現実の基本的有機体である全体が、それを構成する部分の総和よりも存在価値があるという理論］は、男性論理の還元的で、分裂してばらばらになろうとするやり方の重要な補足物となっているように思えるだろう。

最も徹底したモダニズムの劇である『境界線』（実験に意欲をかき立てられていた頃の、第一次大戦直後に舞台化された）で、グラスペルは才能豊かな女性科学者を創造することによって、彼女のどちらとも決めかねる状態に充分な幅を与えた。グラスペルのこの女主人公は理解し、表現しようとする欲求を阻む障壁を押し返そうとするが、最後には他者との意思疎通を果さんとする能力を通り越して、狂気と暴力の世界に入って行ってしまう。主人公クレアは新しい品種の植物を創造したいと思っている。そのことは自然種との境界線をこわすことになろう。それは文法の決まりを破ることで、真の表現を見つけ出したいという願望とまさに同じである。『境界線』はメアリー・シェリーの『フランケンシュタイン』にさかのぼるジャンルのものに属していて、表現主義的な映画『カリガリ博士の箱』［奇抜この上ないこの作品の初上映は一九二〇年二月のベルリン］と直接の類似点を持っていた。しかし、女性プロメテウスに焦点をあて、［目的達成のために］決められたカテゴリー［分類・認識などを支える根本的枠組］を壊す犠牲を払うということを中心テーマにしている点は、狂気の方向に動いていくのを阻むルールと限界の再是認を示唆する。[17]

限界を超えたいという欲求と、そのために支払わねばならない代価との葛藤をめぐるグラスペルの表現で最も穏やかなものは、一九三〇年にピューリッツア賞獲得により、少しの間、彼女に全国的な関心をもたらした劇であった。その『アリソンの家』は、エミリー・ディキンソンの生きていた間と死後、とりわけエミリーの世間の評判をコントロールしようとするディキンソン一族と指定遺言執行人の長い間にわたる努力に基づいている。文学の後継者たちによる反対意見によって、グラスペルが「アリソン」を彼女みずからの若い頃のホームグラウンドであるアイオワ州のミシシッピー河岸に舞台を再設定したのは明らかである。それは一族への忠誠といった伝統的な慣例と自己実現へのモダニズム的要求とを互いに対抗させている心動かす作品である。モダニズムが最善の方針を取り、道徳的に正しいと思われて、社会的に受け入れられるには、大きな犠牲を払う必要があることは、はっきりと認識されているのだが、他方、グラスペルの方も、罪悪感や孤独を感じ、傷ついたり、追放された一族を描く中で、高い代価を払っての自己表現を明らかにしている。自己への責任と自己を育んできた愛情のこもった、用心深い、あら探しの好きなコミュニティへの責任とを、何の代価も払わずに調和させようとしても、それは無理であろう。グラスペルが賢明なところを少し見せてくれる対話で暗示するように、歴史のルールというものは変化するものであり、道徳律も衣服の流行と同じように、やがては廃れる時が来るであろう。それでも暗に示されているメッセージは、近代の都市世界では、窮屈な伝統的コミユニティの世界に順応しないで生きようとすれば、それに伴う苦痛を減らすために、より大きな我慢強さが必要になりそうだということのようである。[18]

この結論は、近代化の理論家たちにはあたり前のことであったにしても、性急で楽観的であったかも知れない。その論点は今なお有効である。実際、二〇世紀の後半は、一九世紀の終わりに歴然としてきた知的葛藤の再現であったように思える。ビート族は一九六〇年代に、ロマンチックな解放運動の爆発の前兆となったが、それは同じ時代の政治的な積極的行動主義としばしば不安定に混ざり合った伝統的な役割の出現であった。解放された表情豊かな自己崇拝は、教養あるアメリカ人たちの間で、強い残留物を残してきたが、その崇拝はまた社会の安定が依存している昇華への脅威として、それを見てきた人たちの間で強い反発を引き起こしてきた。クエンティン・アンダソンはエマソン、ホイットマン、ヘンリー・ジェイムズのような典型的にアメリカ的な作家たちに彼が見つけた「インペリアル・セルフ」［他を支配したいという飽くなき欲望を持ち、他を犠牲にして欲望を満たそうとするが、その欲望をどこで止めてよいか、そのすべを知らない、止み難い欲求］の未熟さについての力強いフロイト批評を書いた。クリストファー・ラッシュのような才能あるマルキストたちは、「ナルシシズムの文化」を、わがままな消費者の社会を変えるために必要とされたはっきりとした目的意識のある行動ができない、弱い、ちりぢりになったパーソナリティを生み出したとして非難している（彼ならミレーのピアロウを引用したかもしれない）。一般的には、世論調査委員が新伝統主義と呼んできたものである「家族の価値」という名の下で、個人的解放とその結果としての新生活様式の創造に対して示した嫌悪である。この復活した文化的保守主義は、学校が独断的に一つの道徳律だけを教えるべきであるというモダニズムが退けた道徳原理と心理学に逆戻りする。主流の価値が人間性の構造に「加えられる」からである。多元的共存の価値を教えることは、相応しい人格形成には脅威となる。影響されやすい若者は、彼らが読んだものから有害な信号を受け取るであろうからである。[19]

この新伝統主義の力から興味深い問題が生じる。プロヴィンスタウナーがロマンチックな解放を崇拝していた明らかな影響にもかかわらず、彼らについてどのような意見が、二〇一五年の百周年記念の頃までに、支配的になっているだろうか。スーザン・グラスペルが一九三〇年頃にはすでによく知っていたように、「彼女の時代の歴史家は誰もが」現在の心配事に影響されたフィルターを通して、意義ある過去を再解釈し続ける。私たちの世紀末が始まるにつれて、その傾向が明らかに影響力を増してきていることを考えれば、二一世紀の哲学の枠組は、クックが高く評価したニーチェによってではなく、アリストテレスやトマス・アクィナスによって決められるかも知れない。そしてプロヴィンスタウンの瞬間《とき》は、創造的解放の引火点としてではなく、二〇世紀の苦悩を一層、強めるのを手助けする普遍的な価値に対する退行的反抗として現われるかも知れない。支配と解放、古典主義とロマンチシズムとが交互に継続していく中で、倫理様式の車輪が再び回転していくかどうかは、まだわからない[20]。

註

（1）プロヴィンスタウンのその瞬間《とき》の一般的な文化的情況については、Henry F. May, *The End of American Innocence: The First Years of Our Own Time, 1912-1917* (New York: Alfred Knopf, 1959）を参照。

（2）一九世紀の非宗教的な心理学の二つの主要な組織的原理である連合主義（associationism）とファカルティ理論に関しては、Gardner Murphy and Joseph K. Kovach, *Historical Introduction to Modern Psychology*（New York: Harcourt Brace Jovanovich, 1972）, 28-37, 58-59, 164-172 を参照。この人格形成の理論を使った優れた伝記—それは文学が孤独な自己に及ぼした影響を強調している—は、Robert Davidoff, *The Education of John Randolph*（New York: W. W. Norton, 1979）である。この理論に固執して、二〇世紀初期の精神衛生運動にまでなったことに関しては、Fred Matthews, "In Defense of Common Sense: Mental Hygiene as Ideology and Mentality in 20th Century America," *Prospects* IV（1979）: 459-516, 特に 475-479 を参照。

（3）Charles H. Cooley, *Human Nature and the Social Order*, rev. ed.（1902; New York: Scribner, 1922）, esp. 182-185, 392-395, 412. クーリーの理論が一九世紀の一般の人々の意見を成文化したその大きさは、一八六五年の Frederick Douglass のコメントに見ることができる。「男というものは、主に他の人々の評価から自分たちの可能性の確信を引き出している性質のものである」。Jean Matthews, "Race, Sex, and the Dimensions of Liberty in Antebellum America," *Journal of the Early Republic* 6（Fall 1986）: 289 で引用されている。

（4）Mitchell の劇についての評は、一九〇六年一一月二九日の『ライフ』誌に掲載されている。それが John Gassner, ed., *Best Plays of the Early American Theatre: from the Beginnings to 1916*（New York: Crown Publishers, 1967）, xl に引用されている。Fitch の *The Truth* が Gassner, *Best Plays*, 485- 510 にリプリントされている。フィッチの経歴と彼の最後の劇 *The City*（それはビジネス倫理についての真剣な批評を盛り込んでいる）については、Arthur Hobson Quinn, *A History of the American Drama: From the Civil War to the Present Day*. Vol. 2: *From Augustin Daly to the Death of Clyde Fitch*（New York: Harper, 1927）, 特に 289-293 を参照。

（5）William O'Neill, *Divorce in the Progressive Era*（New Haven: Yale University Press, 1967）; Susan Glaspell, *Alison's House*（New York: S. French, 1930）; Augustus Thomas, *As a Man Thinks*（New York: Duffield & Co., 1911）; Donald N. Koster, *The Theme of Divorce in American Drama, 1871-1939*（Philadelphia: University of Pennsylvania Press, 1942）.

（6）Thomas, *As a Man Thinks*, 147. トマスはかつて有名だったアメリカの劇作家のうちで、恐らく最も忘れられた人であろう。観客を喜ばせる彼の戦略が災いしたことと彼の言葉に魅力が欠けていたことによるものであろう。しかし、彼の劇のいくつかには、フィッチやミッチェルの劇よりも幅広い視野と感情に訴える強い力がある。Quinn, *History* およびトマスの回想記 *Print of My Remembrance*（New York: Scribner, 1922）を参照。

（7）John C. Burnham, "The New Psychology: From Narcissism to Social Control," in *Change and Continuity in 20th Century America: The 1920s*, ed. John Braeman et al.（Columbus: Ohio State University Press, 1968）, 351-398 を参照。解放主義の読み方と治療に関する読み方との比較・対照については、Matthews, "In Defense of Common Sense," 461-462 を参照。Rachel Crothers に関しては、Brenda Murphy, "The American Discussion Play: The New Woman Meets the Popular Audience," paper, American Studies Association, San Diego, 1985 を参照。Belasco, MacKaye, Hopkins については、W. David Siever, *Freud on Broadway: A History of Psychoanalysis and the American Drama*（New York: Hermitage House, 1955）, 41-48 を参照。Hopkins の *The Fatted Calf* は残存していないとシーバーは記している。シーバーの分析はこの劇の批評に基づいている。

（8）ヴィクトリア朝時代の昇華に関するロマンチックな理想主義の正体を暴くリアリストとしての、若い知識人たちの自己像については、Sophus Keith Winther, *Eugene O'Neill: A Critical Study*（New York: Random House, 1934）, 3-12 を参照。「誇張した希望と偽の価値が付きまとうロマンチックな理想」に反対して、人間の動物性というダーウィンの観念をオニールは取り戻した。クックにとってニーチェの重要なテクストは、*Ecce Homo*（『この人を見よ』）であった。*Basic Writings of Nietzsche*, ed. Walter Kauffman（New York: Modern Library, 1968）, 673-793, 特に 674, 709-712, 728, 747, 784, 790-791 を参照。ニーチェへのクックの熱烈な反応については、Susan Glaspell, *The Road to the Temple*（New York: F. A. Stokes, 1927）, 134-148 を参照。心理学的な見方と哲学的な見方を Roger Scruton は結びつけて考えている。「個人はその個人を完成させ、制限を加える慣例化した形態において初めて、自由や自己実現を達成するとするヘーゲルの主張に」ニーチェは「反発した」とスクルートンは記している。*A Short History of Modern Philosophy : From Descartes to Wittgenstein*（London: Routledge & Kegan Paul, 1981）, 191.

（9）Katherine Kuh, *Break-Up: The Core of Modern Art*（Greenwich, Conn.: New York Graphic Society, 1965）, esp. 11-15. 似たような、しかし、社会的にはもっと根拠のあるモダニズムのヴィジョンは、Marshall Berman の生き生きした *All That Is Solid Melts into Air*（New York: Simon and Schuster, 1982）から現われる。Daniel Boorstin, *Lost World of Thomas Jefferson*（Chicago: University of Chicago Press, 1948）, 246-248.

（10）「近代の」意識については、Walter Kaufmann, *Hegel*（Garden City: Doubleday, 1965）, 154-157 を参照。パリから広がったソーシャル・タイプのロマンチックな両極性については、Cesar Grana, *Bohemian versus Bourgeois: French Society and the French Man of Letters in the 19th Century*（New York: Basic Books, 1964）, and Richard C. Miller, *Bohemia:*

The Protoculture Then and Now（Chicago: Nelson Hall, 1977）を参照。「主流をなす」価値に反抗する者およびその価値の批判家としての自意識の強い「知識人」について、より幅広い情況での価値ある記述は、Lewis Coser, *Men of Ideas: A Sociologist's View*（New York: Free Press, 1970）である。「知識人」が「ボヘミアン」と部分的に重なるというこの感覚は、近代の慣用法の中で、恐らく最もありふれているであろう。しかし、理念型の「知識人」は、グリニッチ・ヴィレッジの解説者というよりも、系統的な哲学者の方に似ているとEdward Shilsは展開する。Shils, *The Intellectuals and the Powers, and Other Essays*（Chicago: University of Chicago Press, 1977）、特に3-23を参照。

（11）Burnham, "New Psychology"; F. H. Matthews, "The Americanization of Sigmund Freud: Adaptations of Psychoanalysis before 1917," *Journal of American Studies* 1, no. 1（Fall 1067）: 39-62.

（12）George Cram Cook and Frank Shay, eds., *The Provincetown Plays*（Cincinnati: Stewart & Kidd, 1921）, 49.

（13）それがコミュニティの基準を破ったという理由で、髭を剃らないことを精神的虐待としたことについては、Floyd Dell, *Homecoming: An Autobiography*（New York: Farrar & Rinehart, 1933）, 161を参照。グラスペルの生き生きした回想録*The Road to the Temple*は、クックは熱中すると、他の事には上の空になってしまうことに加えて、人の心をつかむ魅力（カリスマ性）が彼にはあったことを伝えている。Robert Sarlósの*Jig Cook and the Provincetown Players*は、信頼できる研究である。しかし、Helen Deutsch and Stella Hanau, *The Provincetown: A Story of the Theatre*（New York: Farrar and Rinehart, 1931）は、同時代の人たちから見た話としての価値を持っている。クックについては、特にix-xi, 3-47, 53-55を参照。*Suppressed Desires*: Cook and Shay, eds., *Provincetown Plays*, 11-13からの引用。この劇の審美的質についての意見は、グラスペルの仕事の価値ある論議とあわせて、C.W.E. Bigsby, *A Critical Introduction to 20th Century American Drama, vol. 2: 1900-1940*（Cambridge, England: Cambridge University Press, 1982）, 20-35で述べられている。

（14）Cook and Shay, eds., *Provincetown Plays*, 21.

（15）Ibid., 88-89.

（16）Burnham, "New Psychology." この解釈はグラスペルの*Road to the Temple*および*Provincetown Plays*ではっきりと示された考えに基づいている。

（17）個々の女性の「性質」、文化の表現方法、文化の志向についてのグラスペルのアンビヴァレンスは、現在に至るまで反響しているし、論議と研究をこれからも生み出すことになりそうである。Carol Gilliganの仕事に関するシンポジウム、Linda K. Kerber et al, "On *In a Different Voice*: An Interdisciplinary Forum," *Signs: Journal of Women in Culture and Society* 11（Winter 1986）, 304-333を参照。初期のプロヴィンスタウン劇において、性別によって役割が期待されていたという相対的な因習性は、とりわけLouise Bryantの*The Game*—この作品で［ライフという名前の、ダンサーの］女の子は、［デスという名前の、詩人の］若者（社会の因習から解放されている）の仲間で、支えとなることになっているが、自立した芸術家とか個人というのではない―に見ることができる。また、Neith Boyce の *The Two Sons*―この劇で、母親は固定観念にあてはめたように、彼女の息子が「敏感」で、「芸術的」であるよりも、「男らしい」方が頼もしいことに気づく。*Provincetown Plays, Series One* (New York: Frank Shay, 1916), 28-45；*Provincetown Plays, Series III* (New York: Frank Shay, 1916), 145-169 を参照。グラスペルの人生と作品に関して、Arthur E. Waterman, *Susan Glaspell* (New York: Twayne, 1966) ―この研究は、クックが現われてから、生き生きしてきたとグラスペルを見下したような傾向が強いが、役立つ書である［訳者追加　二〇世紀の終わり頃から二一世紀にかけてのグラスペル研究には目を見張るものがある。スペインやドイツ、それにフランスの研究者たちの著書も加わって、さらに活況を呈している。今やウォーターマンの研究はかすみつつある］―とフェミニズムの運動に影響を受けた最近の再評価とを比較することは有益である。目下の中心的な研究は、思慮深い序論をつけたC. W. E. Bigsby, *Plays by Susan Glaspell* (Cambridge, England: Cambridge University Press, 1987) である。ビグズビーの *Verge* (19-23) に関する解説は、非常に洞察力に富んでいる。クックは男を理性の持主として、また女を利他的な感情の持主として―グラスペルはそれを疑問視していたが、否認してはいない―理解するという伝統的な見方をしていた、とビグズビーは記している。デルがクックを冷笑していたこと―そのことは、自分とは違った考えを受け入れないことが、「成熟」の基準に組み込まれていることを明らかにする―が、*Homecoming*, 263-264 に記されている。

(18) Susan Glaspell, *Alison's House*. グラスペルの仕事に関する最近の論考 Michael Goldman, "The Dangerous Edge of Things," *Times Literary Supplement* (5-11 February 1988), 139 は、この劇を軽視した一つの見本として見なせる。

(19) Quentin Anderson, *The Imperial Self: An Essay in American Literary and Cultural History* (New York: Alfred Knopf, 1971). Christopher Lasch, *The Culture of Narcissism* (New York: W.W. Norton, 1979). 特に宗教的な新伝統主義［伝統とより新しい要素を結びつけ、伝統的な方法を復活させようとする考え方］に関しては、Robert Wuthnow, *The Restructuring of American Religion: Society and Faith since World War II* (Princeton: Princeton University Press, 1988), 特に173-215を参照。根本主義［宗教のテクストを文字通りに解釈しようとする厳格な信心に特徴づけられた考え方］の復活の根底にある主要な動機は、道徳的で政治的ですらあり、すべての人たちによって共有された「定められた」世界観の確信は、一九六〇年代のロマンチックな多元的共存主義によって異議が唱えられた、とウスナウの資料は強く提案している。

(20) Allan Bloom, *The Closing of the American Mind* (New York: Simon and Schuster, 1987) の受けた非常に多くの売り上げと一般に好意的な批評は、（リベラルな知的思想の本拠と

いう以外に）プロヴィンスタウンの作家と知識人たちが擁護したリベラリズム的なモダニズムに対する反動の幅をそれとなく示している。モダニズムに対する非常に筋の通った攻撃は、イギリス人で、ネオ‐アリストテレス主義の哲学者ロジャー・スクルートン―彼は個人の発展を支持するものとして、伝統、慣習、それに偏見すらをも必要だと主張する―の仕事に見出される。Roger Scruton, *The Meaning of Conservatism*（Totowa, N.J.: Barnes & Noble, 1980）. esp. 135-139.

邦訳　シー・エチ・クーレー、納武津（訳）『社會と我―人間性と社會秩序』（日本評論社、一九二一年）

邦訳　F・ニーチェ、川原栄峰（訳）『この人を見よ』ニーチェ全集一四（理想社、一九八〇年）

邦訳　キャロル・ギリガン、生田久美子、並木美智子（訳）『もうひとつの声―男女の道徳観のちがいと女性のアイデンティティ』（川島書店、一九八六年）

邦訳　L・コーザー、高橋徹（訳）『知識人と社会』〔原題 *Men of Ideas*〕（培風館、一九七〇年）

邦訳　クリストファー・ラッシュ、石川弘義（訳）『ナルシシズムの時代』（ナツメ社、一九八一年）

邦訳　アラン・ブルーム、菅野盾樹（訳）『アメリカン・マインドの終焉』（みすず書房、一九八八年）

＊〔訳者補足〕「この決定的でないという問題は、グラスペルの書き物の不明瞭さに由来するものではなく、現代的な考え方に関する彼女自身の不確かさから来ている。彼女は劇中、自らと議論し、新しい考え方についての賛否を個人化し、天秤にかける。なんらの解決・解答も得られない。（p.53）演劇は葛藤を提示するものであって、解決を提示するものではないと彼女は信じていた。（p.38）」（Susan Kattwinkel, “Absence as a Site for Debate,” *New England Theatre Journal* 7）

第四章

新しい芸術

マーティン・グリーン

新しい芸術と本書の他の論題とを較べた時、いくつかの相違点を強く感じるところがある。多分、これらはまず、もう一つ別の場所、別の時に設定された先例から、つまり一九一三年の近代芸術のアーモリーショーの力強い歴史的存在から引き出せる。一九一五年のプロヴィンスタウンは、新しい芸術が提示された場所としての一九一三年のニューヨークに重要性を奪われたに違いない。二つ目に、新しい芸術家たちが反抗するには珍しいくらいに弱みのある、すぐそれとわかる敵である文字通りの芸術家協会《アカデミー》（ナショナル・アカデミー・オブ・デザイン）の存在があった。新女性の領域のように、変化の意識がより広がりをみせ、反抗する対象である敵が変化きわまりない領域もあれば、新しい演劇のように、一九一五年のプロヴィンスタウンが、他のいかなる場所や時代にも劣らず、歴史的な最重要点であるとする充分な主張をした領域もあった。

芸術家協会はアメリカにおいては、パリのサロンに相当するエリートの保守的な組織で、この組織に新しい画家たちはみな反抗したに違いない。一八二五年以降、ニューヨーク・アカデミー・オブ・デザインが存在してきた。そのメンバーの何人かが一八七七年に離脱をして、自分たちをソサエティ・オブ・アメリカン・アーティスツと呼び、一八七八年には自分たちの展示会を催した。しかし、古い組織の力はあまりに大きくなりすぎていた。反抗者たちは反抗方針が実行不可能であることに気づき、一九〇六年に彼らは元の組織と再び一つとなり、その結果ナショナル・アカデミー・オブ・デザインができた。

そのアカデミーの準会員という肩書きは威信を支えた。そしてそのメンバーは無期限に継続ができた。年に一回の展示会で、どの作品を展示すべきかを決定する審査員団は、審査から自分たちの作品を免除する白いカードを持っていた。彼らの美学の信条は、構図、人物像研究、色より線画の重視、過去の基準を使う、こうした点に信念を置いていると要約できる。もし私たちが偉大なルネサンスの伝統の絵画との関係で、これらの指針を解釈するならば、これらの画家が「近代芸術」を創造することからいかに遠く離れていたかを、私たちは十分にわかるであろう。

その概念を文化史の視点から定義してみよう。(1) フランスで始まり一九世紀の半ばに、芸術家たちは中産階級の市民の美的感覚との共謀から、また中産階級の美的感覚の起源から、自分たちの芸術を解放したいという欲求を感じた。社会主義の革命と同じ歴史的事実に反応して、またそれらの事実に歩調を合わせる方法を採りながら、画家たちは彼らの社会に反抗した。

芸術は伝統的に組織の儀式化した生活を美化し、それに威厳をつけ、高めるためにそれまでは使われてきた。桂冠詩人や公式の画家、即位式の音楽を作曲する人などがそれに関わった。これらの芸術は、博物館、コンサートホール、劇場で提供された。こうした場所には、大統領や市長、公式の招待客用の特別席が用意されていた。それは将軍や司教のためにパレードやコンサートが行われるのとまさに同じである。そして視覚芸術家たち（彼らは例えば作家以上に、後援者・大邸宅の持ち主・大統領・大金持ちと関係が深い）は、権力と特に緊密な関係を持っている。彼らは所有することの結果として生じるあらゆるもの、つまり盗み・ペテン師・認証・収集・警備といったものとの関わりを持たねばならない。彼らの芸術は財産（しばしば市民の、ないしは国家の財産）である。では、どうやって政界の支配者に仕えなくてすむか。どうやって彼らの神にではなく、自分の神に仕えるか。

モダニズムの芸術家たちは、芸術の領域内での反乱によって束縛から自由になった。それはハイ・カルチャーの内部に敵の飛び領土をつくるクーデターであった。ピカソとマチスは鑑定家としての中産階級の人には理解のできない、侮辱的な絵を描いた。この二人は中産階級の人たちの視覚を取り上げたと人は言うかもしれない。少なくともピカソとマチスは、中産階級の人たちにとって視覚に訴える美学の安心させる楽しみに―絵の楽しみに加えて、風景や男女の魅力を楽しむことに―毒を加えたのである。これは中産階級とその支配、アトリエの代表者、ルネサンスの伝統、ギリシャとローマの遺産と戦うゲリラ戦であった。ある意味で偉大な才能は、大人や市民を受け付けず、子供や原始人や狂人と同盟を結び、支配的なジェンダー、支配的民族、支配階級と対立関係にあった。それらはリアリズムの否定によって、リアリティを否定した。これが一九一三年のアーモリーショーでアメリカに到達した芸術であった(2)。

このセクションでは、ミルトン・ブラウンが、アーモリーショーとアーモリーショーがアメリカの収集品に、アート・ギャラリーに、批評家と現役の芸術家に、全般的にアメリカ人の美的感覚に及ぼした影響について詳しい話を書いてくれている。彼は私たちに近代芸術をことごとく、学術的な説明（過去のその遺産とその分岐的な理論）として、その特徴を思い出させてくれ、少なくとも展示品のために払った代償に表わされたように、アメリカ人の好みとフランス人の好みとのまったく驚くべき違いを示す。

新しい芸術という言葉遣いは、もちろん攻撃的な標語で、伝統と何らかの形で手を切ることを歓迎するというしるしである。オディロン・ルドンからブラックに至る芸術家の多様性、キュービズムから表現主義にいたる学派の多様性、ピカソのような一個人の作品の時期の多様性について私たちが考える時、否定的に定義する以外に、どのようなやり方であっても、新しい芸術を定義する望みを捨てることになるだろう。新しい芸術は、肖像画法・風景画法・祭壇の飾り絵・神話の場面といった偉大なルネサンスをベースにした伝統の継続ではなかった（それとも、なかったと言われていた）。

近代の芸術を論ずる際に生じる二、三の用語を定義することは役に立つ。もちろん多くの対立する定義がある。これらはピーターとリンダ・マリーの『芸術と芸術家の事典』から書き直されたものである(3)。あらゆる抽象芸術の生みの親であるキュービズムは、印象主義の純粋に視覚的な効果を、形式と色の非常に知的な概念形成と交換しようとしたブラックとピカソの努力に由来している。これら二人の芸術家はセザンヌの後に続いたが、平面上の絵の面の調和と形式の分析、それらの相互関係についての考えをさらに発展させた。こうして実際に、彼らは対象物のいくつもの見方を重ね合わせた。

シンボリズムはまず第一に文学の概念であったが、ゴーギャンと彼の友人たちは、装飾的で、かつ抽象概念の形を描き始めた。その際、鮮やかな色を使い、黒い線によってそれらを分けた。ルドンはこの個人的で、空想的な面を発展させた。野獣派とは一八九九年以後の二、三年間、マチス、ドラン、ヴラマンク、ルオー、それに二、三の他の画家たちの仕事に適用される言葉である。その仕事は単調なパターンでまとめられた、どぎつい色彩とゆがんだ形を特徴とした。オルフィズム［一九一二年頃キュービズムから発達した技法で、華やかな色彩を用いて、抽象的な中に叙情性を強調する］が一九一三年にアポリネール［フランスの詩人・小説家］によって芸術として定義されたが、それはその芸術家によってしか与えられないものであった。最もよく知られたオルフィストであるドローネの作品で、色の方が形よりも支配的となった。ファン・ゴッホとムンク［『叫び』を描いたノルウェイの国民的画家］の仕事に由来している表現主義は、ドイツとスカンジナヴィアで最も強力であった。二つの表現主義のグループは、青騎手派とディブリュッケ派であった。彼らの作品は線と色のゆがみを使って、強い感情を伝える強い調子の、「表現に富む」様式を創造した。

これらの用語のもう二つが、アメリカの芸術の記録保存館のニク・マダモにより役立つように定義されている。シンクロミズムは完全に抽象的、ないし半ば抽象的な色のデザインを支持する主義であった。セザンヌやミケランジェロといった様々な出所に影響を受けたシンクロミズムは、アメリカ人のスタントン・マクドナルド・ライト、モーガン・ラッセルによって一九一三年のパリで明確にその考えが述べられた。ダダ（イズム）は一九一六年にチュリヒで始まった芸術の国際的な運動で、完全なニヒリズム、幻滅、文明への嫌悪に特徴があった。第一次大戦の産物であるダダは、反理性、反審美性、道徳観念のないことを美化した。冷笑的で反抗的なダダイズムの詩人や芸術家たちの中には、トリスタン・ツサーラ、ルイ・アラゴン、ハンズ・アープ、マン・レイ、マックス・アーンスト、マルセル・デュシャンがいた。

新しい芸術というのは、そのようなものであった。私たちは完全に取って代わられた種類の絵を忘れないようにすべきであろう。古い芸術、それは一九一三年の二、三日の間に、何十年も古いものになってしまった。二つの種類のものが、文化史家には特に興味深いと私には思える。ケニヨン・コックス（伝統的なものと訣別したアーモリーショーの鋭い批評家）とジョン・ホワイト・アレクサンダー（ナショナル・アカデミーの会長）によって描かれた壁画、それにジョン・スローンと彼の仲間たちによるリアリスティックな都市の画法である。二番目のグループには、ロバート・ヘンリ、アルバート・グラッケンズ、ジョージ・ラクス、エヴェレット・シン、これらの人たちはみな伝統という好ましくない影響力とパリのモダニズムという外国の影響力、どちらに対しても反抗をしたがっていた。彼らはニューヨーク・リアリストともアッシュカン・リアリストとも呼ばれた（アッシュカン派はそれから何年か経って、彼らに適用された呼び名であった）。

その当時のパリの画家たちのように、アッシュカン・リアリストたちは、美の概念と芸術の概念に関する中産階級的な美的感覚の支配をぶち壊したがっていた。そして彼らは主に新しい俗悪なテーマ、作風の力強さを主張し、礼節に背くような新しいテーマを導入することによって、それを実現しようとした。しかし、彼らはパリのモダニストたちとは違い、視覚に訴えるリアリズムを目ざし続けていたから、芸術のまさに概念を変えて、一般大衆の視覚を支配するというモダニストたちの計画に沸き立っても、得るものはなかった。

ロバート・ヘンリは一八九一年に、ヨーロッパ旅行から戻っていて、彼のまわりに芸術に関心を持つ若い人たち（さきほど名を挙げた人々）を集めた。彼らはみな新聞や雑誌に絵を描いて、「普通の人」を満足させるような方法で出来事を描くことを学んだ。彼らは『パンチ』の芸術家キーンとリーチを勉強していた。それからヘンリは彼らをより野心的なフランスやスペインの芸術家（ゴヤとドーミエ、ゴイスとガヴァルニ）に引き合わせた。アッシュカン・リアリストたちは殆ど全部が、一八九五年頃にニューヨーク市に移って行き、そこで自分たちの芸術をもっと真剣に考えるようになった。彼らはニューヨークの庶民（彼らの多くは、英雄的なものとは無縁の現実に生きる移民たちであった）を描きたがっていた。スローンの絵の一つは、ゴミ入れの中にコルセットを見つける老女を描いたものである。しかし、彼らはまたアメリカの画家と彫刻家の協会―この協会は近代芸術のアーモリー国際展示会を組織した―の創設に参加した。彼らはその当時、アメリカの芸術のアヴァンギャルドで、彼らの主張を促進するために、そのような展示会に期待した。事実、それは彼らを歴史に委ねた。ヨーロッパの画家は、これまで彼らにまさっていたからである。

壁画家たち（そして愛国的な彫像をつくる彫刻家たちのような彼らの味方）は、アッシュカン・リアリストほどには明確にアヴァンギャルドではなかった。しかし、彼らが一九一五年にどうしようもないほどに古風に見えていた理由はどうしてかと訊ねてみるのは、いぜん興味のあることである。その答えは、彼らの芸術が公共的なものであることに関係がありそうに思える。そのテーマとその場所の点で公共的で、大きな公共の組織（市民的、産業的組織）に依存していた。それは政治的な意味で必ずしも保守的とかエリート主義的とかいうのではなかった。労働者の英雄、革命の英雄を祝うには適していたが、それは公的なものであった。そういうものとして、それは仮面劇や野外劇の運動―それは芸術の伝統とアメリカのデモクラシーの儀式とを和解させようと努めた―によく似ていた。野外劇の理論家であったパーシィ・マッケイは、実際にジョン・ホワイト・アレクサンダーの友人で、称賛者でもあった（マッケイの一九一二年出版の本、『市民の演劇』は、アレクサンダーに捧げられていて、彼を「芸術家の市民」と称えている）[4]。ジョン・リードのパターソンのストライキを取り上げた野外劇が示したように、野外劇は壁画に似て、リベラルな、あるいは急進的な可能性すら持っていた。とりわけ新しい芸術の最も強い要求の一つは、公共的なもの、公的なものから関心をそらすことであった。

新芸術が一九一五年頃に、多くの関心を引きつけた理由の一つは、当時の美学の急進主義が、何らかの点で、政治の急進主義と関連しているように思えたことである。しかし、その関連は不確かであった。そこには少なくとも三つの議論するべき問題点があった。芸術は一般大衆の役にたたねばならない、と政治の急進主義者たちはしばしば考えた。芸術は審美的な問題という点で、それ自身の革命性を持っていなければならない、と芸術家たちはしばしば考えた。新芸術は、社会に革命をもたらすであろう、と信じている人たち（それはスティーグリッツに代表される）がいた。

二番目の二つのグループには、政治の言葉はしばしばあまりに俗物的（芸術に無知）で、あまりに表向きの（選挙のレトリックにおけるように）要素が強かったので、審美的な意味では急進的でないように思えた。これは政治的な急進主義と審美的な急進主義とがつながりを持つ際の、悩みの種となった問題点の一つであった。例えば詩で言うと、ジョン・リードの冒険の詩の多くは、まるでラドヤード・キプリングの詩なのではないかとまごつかせるくらいである。世界産業労働者組合の唱歌集の匿名の詩は、信じ難いくらいにキプリング―彼は言葉の点で、その当時の誰でも知っている偉大な芸術家で、冒険を帝国主義の神話にしていた―的な性質を持っているとは見なせなかった。強力になった新しい芸術の傾向の一つは、いかなるそうしたレトリックに対しても非常に敵対的であった。もちろん二〇年後のスペイン市民戦争は、モダニズムのような類の周知の芸術を呼び起こすくらいの、政治問題に関する左翼的団結を引き起こした。しかし、一九一五年に、キュービストや他の人たちは、少なくとも伝統的に扱われてきた自然や人の形状から顔を背けたのと同様に、政治のテーマや表現様式から顔を背けた。それは彼らがアーモリーショーで新しい絵画を目にした時、とても多くの一般大衆が裏切られ、侮辱されたと感じた理由である。(プロヴィンスタウンには、その後まで後期印象派の人たちは殆どいなかった。新しい芸術が後期印象派に到達するのにゆっくりであったからである)

他方、新しい芸術の親密な味方は、敬虔な社会奉仕によって依然として熱意を吹き込まれた。マルセル・デュシャンの友人で後援者のキャサリン・ドライアーは重要な例で、私の本『一九一三年のニューヨーク』の中で論じられている。レベッカ・ズーリエは『マッシズ』の芸術家たちが、特に最初に労働者階級の中で、偉大な芸術には文化的な価値があるという認識を広めるためにした試みに言及し、またイギリス人ウィリアム・モリスとウォルター・クレイン(彼らは壁画画家と共通なものを持っている)にこれらの芸術家たちが恩義を受けている点にも言及している。左翼の人たちのこの種の社会的敬虔は、慈善家たちの社会的敬虔が徐々になくなっていた後も、生き延びてモダニズムを悩ませた。

しかし、ごく近い将来に勝利を収めることになっていたのはキュービズムで、他の形態のモダニズムは、それと較べて勝利を収める程度は小さかった。このことは当たり前の事実ではない。感情をもっと多く、エネルギーをもっと多くはっきり示す他の種類のモダニズムの方が、アメリカ人の好みに合いそうに見えたであろうからである。しかし、ミルトン・ブラウンが指摘するように、キュービズムは「まったく新しい世界―その世界はその当時の産業労働者の生活に視覚的に似ていなくもない―を創造したように思えた。…… [その] 明らかな知的制御と技術的正確さ」により、キュービズムはすぐに好評を博した。キュービズムは事実、「伝統的なもの」と意義深いことにしばしば関係していたために、ある種の保守的な性格を持っていた。

　エドワード・エイブラハムズは彼の評論の中で、芸術におけるモダニズムと文化的用語・政治的用語における革命との間には、深いつながりがあることを私たちに気づかせてくれる。「私は常に革命家である」とアルフレッド・スティーグリッツは言い、エイブラハムズによると、「いわゆる共産主義者の殆どの者より、革命的な意味で、自分はずっと行動的」であるとスティーグリッツは主張した。ビッグ・ビル・ヘイウッドのような政治のリーダーは、これを馬鹿げたことと見なしたが、スティーグリッツは「経験の自由」を求めることに加えて、「その語の最大限の意味での正義」を求めていると言って、キーワードの一つを主張すらした。スティーグリッツの哲学には、三つの基本的考え方が要約されていた。そのうちの二つが美学論では、かなりよく知られている。自分自身を充分に表現したいというこの芸術家の欲求。それに多元主義、つまり画家と絵画の愛好家、その両者に開かれた沢山の選択可能なものがあることが望ましいということであった。しかし、スティーグリッツの三つ目の基本的考え方は政治的で、「世界を変えようとする運動」である。エイブラハムズの判断によれば、この約束が根拠のないものであったということであるが、それは誠実で、人に伝わるもので、新しい芸術を形成している基本的な考え方の一つであったということでもある。

　新しい芸術がみずからを形成する時、それはまた古い芸術も形成することになる（古いものは背後に残されている）。そしてロバート・ヘンリやジョン・スローンの周りに群れをなしていた、むさ苦しい、平凡な通りの風景を描いていた画家たちは、彼らが築き上げていたアヴァンギャルドの地位に自分たちが取って代わっていることに気づいた。しかし、新しい考え方や新しい評判に異議をとなえながらも、これらの画家たちは同じ方向の実験を始めた。恐らく最も目立っていたのは、スチュアート・デーヴィス（『マッシズ』の芸術家で、社会的リアリスト）で、ミルトン・ブラウンの記すところによれば、彼はアーモリーショーで完全に向きを変えられた。彼はモダニズムの異議申し入れによって、利益を得ることになった彼の友人たちすべての一人であった。

　レベッカ・ズーリエが言うように、大体において『マッシズ』のグラフィック・ルックは、常に「同時代のモダニズムの芸術とは別の出所を持って」いて、その周辺で起こっていた芸術的変化の殆どに敵対的であった。一つの説明は、キュービズムが厳しい、頭を悩ませるインテリ向きの面を持っていたということであるが、一方で、この雑誌の論説は、「革命を享受する」ことを宣言し、寄稿者と読者の両方に対して嘲るような、風刺的な自由を勧めた。風刺は芸術の自由と「大衆に語りかけること」といった目的がしばしば相反するという問題を調停した。このことは彼らの冒険的な企てを、風刺的な歌、風刺漫画、世界産業労働者組合のスローガンと結びつけたことに加えて、かなり幅広い伝統的なアメリカのユーモアともつないだ。これらの芸術家たちは、スローンから温かい感情の重要性を、ヘンリからは素早い自筆の素描と「あからさまな描線」の技術を学んだ。しかし、新しい芸術は他の価値に関心を持っていた。

新しい心理学、新しい女性、新しい政治、新しい演劇という情況の中に、一九一五年の新しい芸術を置いて見ると、一つの合流を目にする。あるゆる知的分野の隅々からやって来た人たちが一つになって、変化を要求した。大いに共通点を持っていた、あるいは持っているように思えた政治の分野の、芸術の分野のいくらかを変える要求をである。しかし、それからたった二、三年しか経っていないのに、それまでとはそれる走路を政治的な、そして美学的な急進主義が走り始めると、分散が始まっていくのを目にする。例えば、一九一五年以後の時代の、最も影響力のあった芸術家の一人であったマルセル・デュシャンは、政治には最も関心の薄い一人でもあった。そしてダダとシュールリアリズムがデュシャンとより強く結びつけて考えられたが、それに加えて、彼の影響力は多くの運動―未来派、メカニズム主義、プリシジョニズムといった具合に様々に呼ばれた―に感じられた。彼と彼の友人たちは、都市・工学・機械学的形態と結びつけて考えられるスピードと物理的力に対するアイロニックな礼賛をしたと言われるかも知れない。こうした中で、また芸術そのものの概念に逆説的な激しい非難を加える中で、彼は芸術と政治を結びつけようとする試みから離れていこうとしたばかりか、新しい芸術内部の多くのグループからみずからを切り離していった。

デュシャンを別にすれば、スティーグリッツはアメリカにおいて近代芸術の自然化を他の誰よりも主唱した人であろう。自分たち独自のモダニズムのスタイル―アメリカ的な主題を新しい方法で受け入れる―を発展させ続けたのは、マーズデン・ハートリー、マックス・ウェーバー、ジョン・マリン、アーサー・ダヴ、チャールズ・ダムース、ジョージア・オキーフといったスティーグリッツのかつての弟子であった画家たちであった。スティーグリッツは形式主義者で、形と感情の全くの等価性を信じた。このように、彼の考えはロンドンのブルームズベリィのグループの考えに似ていなくもなかった。クライヴ・ベルの「意味のあるフォーム《シグニフィカント》」［美学の感情を喚起するものはすべて「意味のあるフォーム」という一つの性質を共有し、その性質は、線、形状、色、他の感覚上の属性の間での意味のある関係性と定義される美学理論］という考えは、スティーグリッツの考えにとても似ている。彼はブルームズベリィがやったように、これに幾分プラトン的な理想主義を結びつけた。彼にとって芸術は創造性であった。芸術はそれ自体で目的であり、すべてを正当化する目的である。そして彼はブルームズベリィ以上に、才能ある、実験的な視覚芸術家を励ますための実践的なプログラムにこの主義を変えた。これらの芸術家のうちで最も目立った一人は、ジョージア・オキーフで、後にスティーグリッツの妻になった。しかし、デュシャンの場合がそうだったように、オキーフの場合も、芸術と政治の間で認められた逸脱の現象がすでに注目されたが、それに加えて、芸術の世界で作用している分散という遠心力が存在したことを私たちに示している。

そのような遠心力は、メイベル・ドッジが一九一七年にニューヨークを離れたことによって表わされた。その後、数人のアヴァンギャルドの芸術家たちが、後を追ってニューヨークを離れ、タオスの彼女の周辺に移り住んだ。彼らはニューメキシコの風景に、またプエブロ文化に、都市では餓死していたように思えた共同体の信仰の復活を見つけ出していた。神聖なものについての意識は、スティーグリッツが創造するための目的を持って、モダニズムに関心を向けたものの一つであった。そしてジョージア・オキーフはニューメキシコを我が家にした芸術家の一人であった。しかし、スティーグリッツ自身はニューヨークに留まった。彼のギャラリー二九一は、マルセル・デュシャンの外聞の悪いレディメード［芸術的価値あるオブジェとして評価され展示される既製品］の小便器を展示した。この小便器は素朴な伝説「泉《ファウンテン》」（モダニズムには非常に異なる傾向のもの）によって、「芸術に変化した」。

こうした逸脱と分散が、私たちの言う急進主義の人たちとのつながりを終わりにしたし、そのことがそれに関係した人たちにもたらした部分的に政治的な権限付与をひどく台なしにした。これは単に「新しい」という言葉、「新しい」という概念を使うというだけの問題ではなかった。沢山の古い嘘が暴かれ、沢山の束縛が解かれ、沢山の無知や欠点が克服された、という一般的な意味がそこにはあった。死と病気、軍隊と爆発物、刑務所と工場といったような紛れもない事実すらもが、一般的な同意の撤回によって、内部から弱められていくであろう――何らかの勇敢な精神に否定されたり、反抗されたりするだけだと、それらは崩壊するであろう、と彼らに感じさせる力の意識がそこにあった。

スティーグリッツはアメリカにおいてそうした権限付与の意識を持った代表者であった。メイベル・ドッジはもう一人の代表者で、ガートルード・スタインはそれなりに三番目の代表者であった。しかし、これは単にアメリカだけの現象ではない。アメリカではより長く続きはしたけれども。それがとぎれたのは、一九一三年から一五年までの間の二年間だけのことであった。イングランドでは、第一次大戦勃発の結果として、その裂け目は底なしの深みとなり、一九一五年にはD・H・ロレンスやE・M・フォスターは彼らが以前に持っていた力や将来性の意識を失っていた。

しかし、ほんの少しでもフォスターの小説『ハワーズ・エンド』（一九一〇年）を思い出す人なら、ニューヨークの芸術家たちが彼らの都市に感じたまさにそのように、芸術的主題としてのロンドンの意味が明確に述べられていることに気づくはずである。ジョゼフ・ステラのブルックリン橋の絵やレベッカ・ズーリエがスティーグリッツのグループの「超高層ビル群へのうっとりした賛歌と夜のコニー・アイランドへの興奮」と呼んだもののより良い準備段階のもの、それに相当するものを他のいかなる小説にも見出し難い。デュシャン、フランシス・ピカビア、アルベール・グレーズ、ジーン・クロティなどアメリカ人でない人たちは、未来の都市としてのニューヨークに、また人生を征服しつつある機械に、この逆説的な熱狂を生み出すリーダーたちであった。しかし、フォスター自身は彼の小説で方針として定めたようにはロンドンについて書くことはできなかった。彼は彼の力の源を田舎に、自然に見つけた。タオスの芸術家がしたように。また、彼のもっと偉大な同時代のD・H・ロレンス――メイベル・ドッジはロレンスをタオスに呼んで、彼女のロマンチックな主義を広める手伝いを要請した――がしたようにである。こうして一九一五年以後のアメリカの絵画で起こった裂け目とか分散が、イギリスの書き物でも起こった。

依然として私たちには問題が付きまとっている。つまり国家主義対国際主義、政治的急進主義対審美的急進主義、純粋芸術の必要性対幅広い支持者の必要性、テーマとしての大都市の主張対地方の情況と文化の主張。こうしたことすべては、国際的に働いていたのと同じ大きな力が、一九一五年のプロヴィンスタウンで表面化していたとする主張をよりもっともらしくしている。

註

（1）Martin Green, *New York: 1913*（New York: Basic Books, 1988）を参照。

（2）これらの論点を充分に論じたものとして、Daniel Singal の "Towards a Definition of American Modernism," *American Quarterly* 39, no. 1（Spring 1987）: 7-26 がある。

（3）Peter and Linda Murray, *A Dictionary of Art and Artists*（New York: Praeger, 1966）.

（4）Percy MacKaye, *The Civic Theatre*（New York: Mitchell Kennerly, 1912）.

邦訳　ピーター＆リンダ・マーリ、大島清次ほか（訳）『西洋美術事典』（美術出版社、一九六八年）

アーモリーショーとその余波

ミルトン・ブラウン

二〇世紀の初期に、新しい芸術の情報をパリからアメリカに持ち帰ったアメリカの芸術家たちの世代は、その後、アメリカの芸術が現われ、やがて成熟し、自立していくための基礎固めをした。その当時、アメリカの芸術は自己満足という海の真只中で、凪《なぎ》に出くわし止っていたが、高まりつつある芸術の地位を確信して、その長所を拡大することにばかり関心が向いて、それがすでに見当違いになっているということに気づいていなかった。沖合で新しい風が吹きそうなのに、そのことに気づかないアカデミックな芸術家たちは、美術展覧会・賞・選挙・競売・作品の依頼といったいつもと変わらない、おきまりの仕事を続けていて、自分たちの作品を外国の仲間たちのものと較べていた。外国の仲間たちも同様に近視眼的で、似たようなお決まり仕事に関わっていたが、自分たちのやっていることは、価値のある仕事だと思っていた。しかし、世紀の転換期後、芸術の決まったやり方や成功を求めることに不安を感じたり、不快感を持ったりする芸術家もいた。この人たちは自分たち自身や自分たちの時代を定義する新しい方法を求めていた。新しい精神が、二〇世紀と、新しい科学や科学技術と、社会学・心理学・教育・性についての新しい考え方と関連して感じられた。

しかし、芸術の分野で急進的で革命的ですらあった変化の多くが、一九世紀最後の頃のヨーロッパですでに起こっていたのだが、そのことはアメリカでは殆ど知られていなかった。二〇世紀の最初の一〇年間で、パリにいたアメリカの芸術家たちは、後期印象派、野獣派、キュービズムに気づきだしていた。彼らはアカデミックな知識やサロンでの展示には、もはや満足していなかった。一九〇五年、フラーラ通り二七番地のリオとガートルード・スタインの

図2　プレンダーガスト『ケープ・アン』（1912-1914年）。水彩。

アパートは、アメリカの芸術家たちのためのサロンになっていたし、ニューヨークではアルフレッド・スティーグリッツが、リトル・ギャラリーズ・オブ・ザ・フォト・セッションを開いた。一九〇八年には、「ジ・エイト」がマクベス・ギャラリーで、グループとして初めて一度だけ展示をした。スティーグリッツはロダン、その後マチスの絵をそれぞれ展示した。そしてマックス・ウェーバーは、新しい主義を持ち帰ったアヴァンギャルドの芸術家の最初の人であった。インディペンデント・アーティスツの展示会が一九一〇年に、有名なアーモリーショーが一九一三年に、それぞれ催された。一九〇七年にセザンヌを見出していたモーリス・プレンダーガストは、アーモリーショーの頃にはすでに野獣派のような絵を描いていた。（図2）これらがアメリカ美術界の、少しずつだが、革命的な変化のすべての歩みであった。

二〇世紀のアヴァンギャルドの芸術運動にアメリカが関与した年月日を押し戻そうとする傾向が近年、ますます強くなってきているし、その関与を革新的なものとして確立しようとする試みすらある。しかし、ヨーロッパのテーマをアメリカ風に変形することは、それ自体は魅力のあることだが、アーモリーショー以前のモダニズムの国際的な発展の中で、そうしたものが主要な役割を果すと主張することは殆どできない。世紀転換期以前のパリに行っていたアルフレッド・マウラーの後には、彼より若い世代の人々が続いたが、その中には永久にパリに住みついて、アヴァンギャルドの芸術運動に関与する人もいれば、その住みついた人を通じて、その「運動」に関わる人もいたが、どちらにせよ彼らはパリの主要なモダニストたちの仕事と出会うことになり、彼らが目にしたもの、耳にしたものから明らかに影響を受けた。それでもなお、アーモリーショー以前に、パリの人たちの基準からアヴァンギャルドと見なせるようなものは、それらの中には殆どなかった。

アメリカがモダニズムに関与することになったのは、アーモリーショーにまでさかのぼる。アーモリーショーは、今では神話の地位にまで到達しており、若くしてできあがった伝説の感すらあるが、あらゆる伝説と同様に、その出来事の事実は、遠い過去に見失われているように思える。しかし、すべての神話のように、それは私たちの意識にじかに影響を与え、その心像にいまだとても生々しく、それに大がかりなものでもあったので、伝説と実際の出来事とを見分けるのは困難である。

アーモリーショーで、とても重要な役割を果たしたウォルト・クーンは、このショーから二五年後に、あらゆる時代の叙情詩的な物語に関する英雄の概略を書き留めるという「吟遊詩人」の役割を果たした。他の書き手たちの場合は、書き手がその物語に文学的潤色をし、個人的な解釈を付けたけれども、一九三八年に刊行された小冊子『アーモリーショーの物語』で、彼が概略を書いた神話の基本的パターンに、多くを書き加えることのできた者は誰もいない。芸術史的にそれを再創造するために、私たちがたとえ何をしようとも、将来きっと神話を装ったアーモリーショーを私たちは思い出すであろう。

一九一一年一一月の下旬、マディソン・ギャラリーで作品を展示していた画家のジェローム・マイヤーズ、エルマー・マクレイ、それにウォルト・クーン、そのギャラリーの管理者で画家でもあったヘンリー・フィッチ・テイラーが、アメリカの芸術家の苦境と作品展示の際の課題を論じた。彼らは数回会合を持ってから、その後、「アメリカの画家と彫刻家の協会」（AAPS）として知られることになる新しい会を発足させるにあたって、それに賛同する芸術家グループを招待して、その会への参加を促した。一九一二年一月二日に彼らは役員を選んだ。会長にJ・オルデン・ウィア、副会長にガトスン・ボーグラム、経理担当にエルマー・マクレイ、幹事にウォルト・クーン。そのまさに翌日、新聞がその新協会の構成を伝えると、欠席をしていて選出されたウィアは、ナショナル・アカデミー・オブ・デザインへの激しい非難に加えて、新協会を辞退した。これは予期せぬ深刻な打撃であったが、一週間もしないうちに、新しい協会の中の古参のメンバーの一人、アーサー・B・デーヴィスが勧められて、ウィアの代わりを務めることになった。

デーヴィスを選出したことで、アーモリーショーの開催が可能になったばかりでなく、結局、その特徴を決定づけることにもなった。デーヴィスはアメリカ一流の画家の一人として、疑問の余地のない地位にあり、裕福な女性の後援者たちと役立つ関係を持ち、芸術の必要な知識や洗練された趣味を持ち、引っ込み思案の性質にもかかわらず、組織の運営手続きに関しても確かにきちんと把握していた。この展示会を最終的に芸術的な性格に、しっかりとした形のものにもっていけたのも、ひとえに彼のお蔭であった。

デーヴィスはその後、アーモリーショーを進歩的なアメリカの芸術の展示という元々のプランから、ヨーロッパの急進主義のための素晴らしい催しの日に変えたという理由で、非難をされた。しかし、その発端から関係していた意図は、その作品を生み出した国がたとえどこであれ、生きた芸術を展示するということであった。メンバーの多くはこの理想に対して口先だけ賛同していただけで、「ジ・エイト」展示会、つまり一九一〇年の「インディペンデンツ」の方針に沿った、しかし、ずっと規模の大きなものを思い描いていた。彼らはニューヨーク市二五番街のレキシントン・アヴェニューの六九番レジメント・アーモリーを賃借りした。そこで同時代の芸術を大がかりに展示したいと考えていた。デーヴィスがゾンダーブント展示会(当時、ケルンで流行っていた近代の芸術展示会)の目録を目にした、その年の晩夏になってようやく、次の重要な手段が講じられた。デーヴィスは「このような展示会を開催できたらいいと思います」[1]と一筆書き添えて、ノヴァスコシアに絵を描くための旅行に行っていたクーンに、その目録を送った。クーンはデーヴィスに電報を打って、汽船の予約をした。彼はケルンに着ける船に乗れたことで、なんとか展示会には間に合った。

展示会が終わるというその日にケルンに到着したクーンは、それが取り壊されている段階にはあったものの、なんとかそれを観ることができた。クーンは自分の目にしたものに刺激されて、似たような物を集めるために、ニューヨークに向かった。そしてハーグ、ミュンヘン、ベルリンを訪れ、商人と接触し、借金の手はずをつけた。パリで、ついに彼はアルフレッド・マウラー、ジョー・デイヴィドソン、ウォルター・パークと会えた。彼らはみな、手を貸してくれたが、特にパークはクーンに商人や収集家ばかりでなく、最も新しい芸術および最先端を行く芸術家たちに会わせてもくれた。彼らは一緒になって、フランスの芸術の最も斬新な見本を寄せ集める仕事に励んだ。一〇月の下旬に、クーンはその仕事がかなり大変で、彼らだけでは扱いきれないことに気づいた。彼は電報を打ってデーヴィスに助けを求めると、デーヴィスはすぐさま、一一月初旬のパリにやってきた。二人はそれからの一〇日間を死にもの狂いで働いた。そしてすべてをやり終えると、彼らはパークにその協会のヨーロッパ代表として管理を任せ、グラフトン・ギャラリーでの「第二回後期印象派展示会」(著名な美術評論家ロジャー・フライが主催した近代美術の展示会)をロンドンに観に行った。彼らはその展示にはいくぶんがっかりしたが、自分たちの望んでいたもの(特に、その展示会の呼び物であったマチス関係の絵画)をそこに見つけ、それらを自分たちのものにも含めるように手はずを整えた。一一月二一日に、彼らは歓喜して船で帰国した。

彼らがアメリカに戻って間もなくして、彼らの二月の展示会の中心は、アメリカの一般大衆がまだ漠然としか耳にしたことがない、ヨーロッパの最も急進的な芸術の素晴らしいコレクションになるだろう、と彼らは報道関係に伝えた。それから五〇〇を超える外国の作品を扱い、アメリカの見本のほぼ二倍の数の作品を集め、アーモリーを型どおりのギャラリーに変え、展示品を吊り下げ、カタログを準備して、それを印刷してもらい、そのような展示会を開催するのに必要な、もっとずっと細々したいつ終わるとも知れないような仕事をやり終える、といったほぼ超人的な仕事が待っていたのである。そのすべては、自発的参加で、大いに献身的に、この協会の会員全員である二五人の芸術家というこの小集団でなされたものである。彼らの中には、事の成り行きに必ずしも満足していなかった者もいたが、そのことで彼らにできることは殆どなかった。

その展示会が一九一三年二月一七日の夕方にオープンした時、何千人もの招待客が、これ以上は無理というほどアーモリーに詰めかけ、目も眩むばかりの展示品にもてなされた。アーモリーの広い空いた空間は、複雑に込み入った部屋に変えられ、それぞれの分割された部分は、黄麻布で覆われ、観葉植物で飾られていた。その辺りすべてはまばゆいばかりに照明があてられ、半球状の形をした布製の飾りリボンで覆われていた。連隊をなしたバンドが、そのレパートリーの曲をラッパで鳴り響かせ、気品のある服装をした群集が興奮してどよめいた。ジョン・クイン(2)が短い演説をした。そして近代芸術の国際展示会の幕が正式にあいた。

催しとしてのその展示会は大評判となった。報道陣の取材は広範囲にわたり、「アメリカの画家と彫刻家の協会」とそれが成し遂げた仕事を大いに褒めあげた。その展示会は、「奇跡的なこと」、「あっと驚くようなこと」、「どんなことがあっても見逃せない催し」(3)と歓呼して迎えられた。批評家が報道記者から引き継いで初めて手厳しい批評が飛びかい始めた。彼らはマチスには毒舌を吐き、キュービズムの画家たちには嘲笑を浴びせた。アーモリーショーで展示された「狂気じみた」芸術は、その町の話題となり、そのことが知れ渡るにつれて、それを観に来る人の数が急に増えた。ニューヨークは芸術的な円形広場となり、それを見逃そうとする者はいなかった。

どのくらいの人がニューヨークで、その展示会を観たのかを正確に言うことは難しい。時間の経過に伴って、入場者の数が増える傾向にあったが、およそ七万五千人というのが、当たらずとも遠からずの推測であろう。最初の二週間の入場者数は、圧倒的な数ではなかったが、首尾一貫して世間の注目を浴びたことが役に立った。その数は、クライマックスとなった最後の週に至るまで増え続け、ある新聞は最後の日には、一万二千人のお客があったと報じた。三月一五日の土曜の夕べには、バンドの演奏に合わせて歓喜に満ちた自然発生的なスネーク・ダンスが、アメリカの芸術の重要な催しに幕を引いた。会のメンバーである芸術家と批評家のために行われたシャンペンによる夕食会は、その成功を祝してのものであった。

そのコレクションはその後、次なる場所シカゴへと向い、シカゴのアート・インスティテュートで三月二四日から四月一六日まで展示された。それは外国の部門の殆どに加え、厳選された、代表的なアメリカの作品で、全部でおよそ五〇〇点の展示物からなっていた。シカゴは前もっての世間の注目に刺激をされたが、偏狭にも防御的なところがあったので、敵対的な「疑い深い」態度をとった。その一般的な興奮は、シカゴ・アート・インスティテュートのアート・スクールの人たちが結束して、ギャラリーの展示を嘲笑し、学校全体の学生をあおって、シカゴで近代の芸術を説明しようとしていたウォルター・パークを批判したのはもちろん、マチスやブランクーシの人形を作って、火あぶりにするといった行動にけしかけられたものであった。マチスの描いたヌードの足指が六本だったとされていることは、この新しい芸術が嘲笑されるほど格下げするに十分なことであったが、ほぼ二〇万人の人がこの展示会にやって来た。

外国部門の見本を二五〇点くらいに減らしたコレクションは、次にボストンに移った。ここでは四月二八日から五月一九日まで、コプリィ・ホールで展示された。展示会としては、このボストン会場が三つの場所の中で最も良かったとクーンは思った。しかし、ボストン会場では実際のところ、興味をかきたてられることはなかった。ここでの展示会は、財政的にも、世間の注目という点でも成功ではなかった。他の都市では、全体的に、あるいは部分的に、成功を求めて騒ぎたてたが、今回はそれを煽り立てた者たちも、この仕事ももうすでに終わっていて、ウォルト・クーンの言葉を使うと、「ボストンでちょん切る」決定を下そうと感じていた。

「アメリカの画家と彫刻家の協会」は、アーモリーショーの素晴らしい成功後、そのまま存在し続けることはなかった。それは別の展示会を催すこともなく、不和を生じて会は分裂してしまった。その不和は、翌年、メンバーの八人が抜けてしまったことで最悪の事態になり、一九一六年の最後の借金清算がやっとだった。しかし、純粋に物理的な観点からしても、つまりアーモリーショーの組織といい、三都市でおよそ三〇万人の観客に見せたその展示品といい、極めて重要な偉業であったのだが、その芸術的成果を私たちが重視する時、その物理的偉業の方は時々、見逃される。

アーモリーショーは、この国でこれまでに催された最大の芸術の展示会ではなかったかも知れないが、それが最も重要なものであったことは疑いない。もちろんそのような出来事が文化に及ぼした影響を正確に評価することは難しい。しかしこの場合、新しい芸術の劇的な提示は、公共的世界と芸術の世界の両方に衝撃を及ぼしたのはきわめて明らかなため、その重要性が過大評価されているということにはならない。それがいまだに私たちの記憶にとどまっているという事実は、その衝撃の強さを十分に証明している。ヨーロッパの芸術の、奇妙な、そして革命的な発展の噂が、いくぶん早めにこちらの岸にたどり着いていた。アルフレッド・スティーグリッツが一九〇八年から五年間、五番街のフォト・セッション二九一ギャラリーで彼の役目を果していた。このギャラリーはアメリカ、少なくともニューヨークに外国および自国のアヴァンギャルドの作品を提供した。何人かのアメリカの芸術家たちは、外国で勉強している間に、自分たちのための新しい運動を発見し、その言葉（新しい運動）を持ち帰っていたけれども、この兆しの認識、新しい方向性の認識は、ニューヨークの芸術界のかなり少数の集団に限定されていた。アーモリーショーの重要性は、それがこれらの要素をすべて収集し、それを壮大な計画として整え、一般大衆にそれを観るようにと促したことにある。

展示会そのものは、まず規模が驚異的な大きさで、大規模な彫刻を含めて一三〇〇点の芸術作品でアーモリーを満たしていた。また、それは新しい、革命的な芸術の斬新な展示で、このような規模のものは、これまでアメリカでは見られなかったものである。それは多分、芸術の分野でマスコミ報道をねらった最初の、大きな規模のイベントであった。しかし、それ以外に—めったに思い出されない事実だが—「近代芸術」の発展についての、首尾一貫した、かなり広範囲にわたる、「学究的」とも言える公開であった。この展示会は一つで二つを兼ねていて、急進的な外国の作品が、アメリカの芸術のいくぶん異例の大きな集団に埋め込まれていた。その意図は、外国のみならず、アメリカの最も斬新な作品を展示することであったが、アメリカで進歩的と見なされたものであっても、それがヨーロッパの革命的な芸術とは、殆ど関係性がなかった。結果的に、我らが批評家は、「アメリカの健全さ」と「誠実な腕前」に対して「神に感謝した」が、ヨーロッパ人がその人気をさらった。[4] 少なくともある批評家は、その展示会の意味がよく理解されていれば、私たちは「我々の画家たちの偉業にもう少し感情を表出して、自己満足をして」いるであろうといったコメントをするように仕向けられた。

ヨーロッパの作品を選択した人たちが、ちょっと覗き込んだ部外の初心者だったという点を考えると、その選択結果は注目すべきことであった。後になって考えてみると、私たちは明らかなずれをそこに認めることができるが、その当時の情況では、その選択は優れていた。もしアメリカに文化的遅滞［物質文化の進展に即応しない精神文化の発展の遅れ］が、本来的なものとして存在すると見なすなら、アーモリーショーは一つの驚くべき偉業である。その展示会の唯一の弱点は、ヨーロッパの芸術実験の全般に馴染みがなかったことの結果というよりも、むしろ判断のミスとか、切迫した事情によるものであった。主催者はドイツ表現主義について、少なくとも幾分かは知っていたし、ヴアシリー・カンディンスキー（図3）とアーンスト・カークナーを含めることさえしたが、その運動は派生的なもので、重要ではないと彼らは見なした。他方、未来派の人を含めるつもりで、新聞・雑誌への参加を彼らは知らせたが、未来派の人たちは結局、排除されてしまった。もしかすると、彼らはグループとして展示すると言い張ったことが理由だったのかも知れない。フランス学派が中心であると判断されたことには、疑う余地がない。こうした考え方には、殆ど議論の入り込む余地がないし、この部分に重大なミスもなかった。野獣派の絵画には、マチス、アルベール・マルケ、ジョルジュ・ルオー、アンドレ・ドラン、モーリス・ド・ヴラマンク、ラウール・デュフィを含んでいた。キュービズムの絵画の中には、パブロ・ピカソ、ジョルジュ・ブラック、アルベール・グレーズ、フェルナン・レジェが入っていた。アンドレ・ド・サゴンザック、オートン・フリーエス、ロジェ・ド・ラ・フレネー、マリー・ローランサンのような、あまり急進的でない、急進性のより少ない画家など広い範囲にわたっているばかりか、オルフィズムの画家ロベール・ドローネの作品も彼らは展示した。フランスの部門は、広範囲に渡っていて、ゾンダーブント展示会とかグラフトン展示会より前進的で、最新の作品（定評のある急進的な画家たちのいくらかの作品ばかりでなく、フランシス・ピカビア、デュシャン-ヴィヨン兄弟、コンスタンティン・ブランクーシのような、これまでに聞いたことが殆どないような人の作品もある）を含んでいた。

図3　カンディンスキー『即興画』#27（1912年）。油彩。

ヨーロッパ部門の配置は、アーサー・B・デーヴィスの発案によるものであった。歴史的に区切られている部分は、近代芸術の正統性を確立するために一部は計画されたが、主に近代芸術の発展を説明するためであった。彼はそれに相応しい実例をいつも持っていたというわけではないが、アングルからドラクロワ、コロー、ドーミエ、クールベ、印象派の芸術家、後期印象派の芸術家を経て、二〇世紀の芸術に至るフランス絵画の発展を辿るのが彼の意図であった。彼の分類や系統的論述のいくらかについては、議論の余地があるかも知れない

図4　セザンヌ『ロザリオを持つ老婆』（1896年頃）。油彩。

図5　ゴッホ『サン-レミの山々』（1889年）。油彩。

が、基本的に彼の提示は、今日、私たちが受け入れているような近代芸術のストーリーと一致している。

近代美術の「巨匠」セザンヌ、ファン・ゴッホ、ゴーギャン、スーラは、たとえ共感されなかったにしろ、全体的に見て、真剣に扱われた。しかし、批評家の中には、彼らの絵は十分に私たちを満足させる形で描いてはいないと不満を述べる人もいる。セザンヌの『ロザリオを持つ老婆』（一八九六年頃の制作）（図4）―今、ロンドンのナショナル・ギャラリーで四万八千ドル―が、その展示会で最も高い値段の近代作品であった。パークは億万長者である実業家ヘンリー・C・フリックにそれを買うよう説得することに成功一歩手前まで行った。しかし、美術品売買業者ジョゼフ・デュヴィーン（彼はこの実業界の大立者に「巨匠」を売るつもりでいた）は、彼を説き伏せ、買うのを思い留まらせたように思える（それは売れなかった）。セザンヌは批評家たちから、たいして才能のない、不器用な狂信的世捨て人のように一般的には言われていた。それでも、彼のことを中傷する人たちですら、彼の絵にはある生まれつきの能力があることを、いやいや認めた。耳をちょん切ったといった細かなものをすべて含め、彼の人生の、ぞっとするような多くの話のゆえからだろうが、ゴッホ（図5）は狂人として、どんなに良く言っても、情熱的な素人であると言える。しかし、彼の表現の、感情面での強烈さを否定することは困難である。ゴーギャン（図6）が批評面での激しい非難の殆どを呼んだのは、多分、彼が妻と家族を捨て、南洋諸島の原住民に混じっての、彼の非道徳的な行動の話が報じられたこととともに、彼の絵のヌードとエキゾチシズムとが混ざり合ったことによるものであろう。彼は堕落したほら吹きだと激しく攻撃された。セザンヌとゴッホはとても純真だったから、不誠実になれない人間というのが明らかにわかった。彼らは単に無能だったということにすぎない。他方、ゴーギャンの構想と色使いによる壮麗な美しさを殆ど否定できないであろう。それと較べて、スーラは比較的無傷のままで助かっている（彼の代表作は、小さな絵二枚だけである）。多分、彼の仕事は印象主義にあまりに接近していたので、肉太字体のダッシュよりもむしろ小さなドットに信念が偏っていて、動揺させることがあまりなかったからであろう。彼らすべて、とりわけセザンヌは、渋々ではあっても、重要な芸術家として新しく認められた。

しかし、アーモリーショーの、偉大で思いがけない「発見」は、オディロン・ルドン（図7）であった。彼の謎めいた幻想的作品は受けがよく、彼のことを「すごい」と強調していたデーヴィスとクーンの判断の正しさを示すことになった。アヴァンギャルドの芸術家すべてのうちで、彼は最も報道陣に受けが良かった。普通の人には難解な彼のシンボリズムやエキゾチックな形態も、批評家を悩ませているようにも思えず、名画家と彼は称賛された。その理由は多分、彼の作品の色彩の魅惑的な性質、詩的で神秘的な内容が、詩的色調主義を重視したジェイムズ・A・M・ホイッスラーとアーサー・B・デーヴィスの好みに訴えたのであろう。ルドンは出品者たちの中では抜きん出て成功した人で、彼の仕事はまずアメリカで、その後フランスでびっくりするくらい受けが良く、しかもそれは彼がまだ生存中の評価であった。彼の絵画一三点、複製画二〇点が、アーモリーショーで売られた。デュシャン－ヴィヨン兄弟は、批評家の受けは好意的ではなかったものの、ルドン以後、売上高では最もよかったことが判明した。レイモン・デュシャン－ヴィヨンは展示会で、彼の彫刻四作品中、三作品を売った。マルセル・デュシャンは彼の絵画四枚全部を売ったし、ジャック・ヴィヨンは彼の絵画九枚全部を売った。

図6　ゴーギャン『邪悪の心』（悪魔の言葉）（1892年）。油彩。

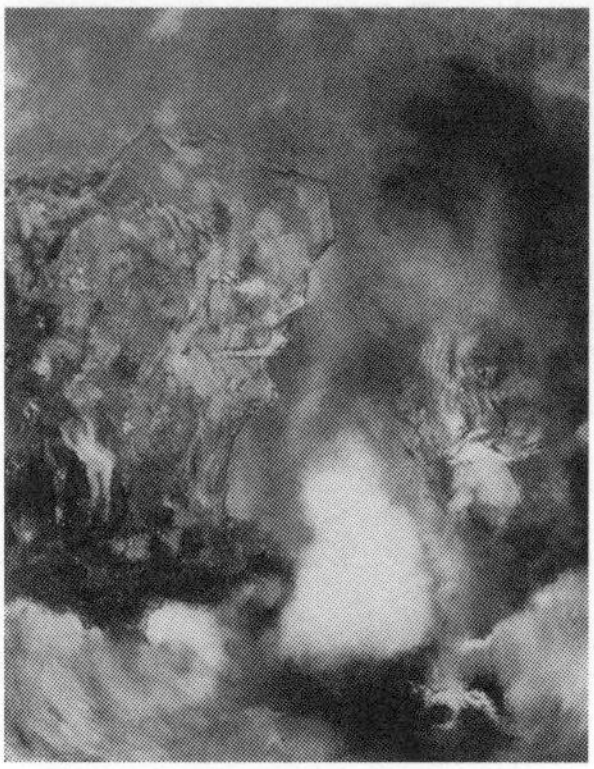
図7　ルドン『ロジェとアンジェリカ』（1910年頃）。パステル。

図8　デュシャン『階段を降りる裸体』No. 2（1912年）。油彩。

図9「階段を降りる非礼な者」（地下鉄のラッシュアワー）。

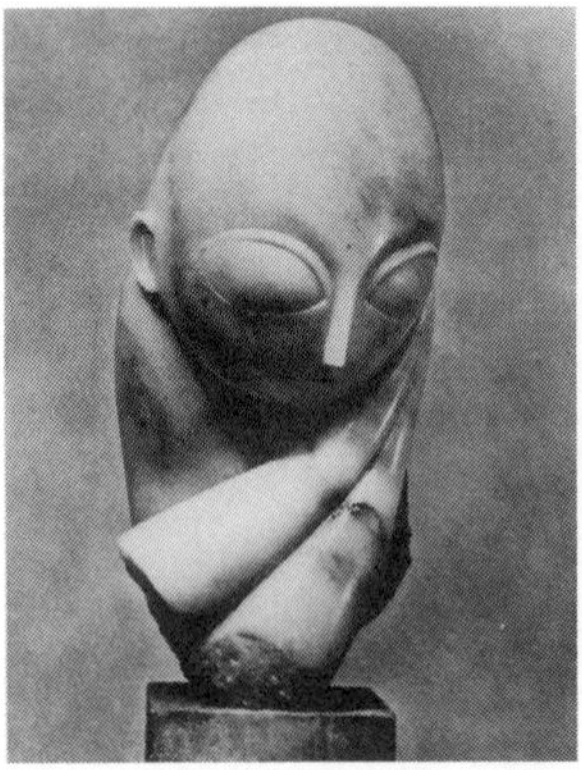
図10　ブランクーシ『ポガニー嬢』（1912年）。石膏。

私たちはかつてアメリカに衝撃を与えた芸術に今では慣れっこになっている。この展示会で身代わりとなって責任を負った人たちの多くは、一流の有名画家として知られるようになった。一般の大衆にはきっとそうなるであろうと、前もって知らされていたことではあるが。この展示会の醜聞は、デュシャンの『階段を降りる裸体』（図8）で、それは冗談を言う人たちのお気に入りのからかいの的となった。それは「屋根板工場での爆発」、あるいは「階段を降りる非礼な者」（図9）と説明された。ヌードに気づいた者には賞品が贈られ、コマーシャルソングが書かれ、風刺漫画が描かれ、人々はじっと見つめて、くすくす笑うようになり、誰かがそのヌードは女ではなくて、男だと判断した。[5] ブランクーシの『ポガニー嬢』（一九一二年、図10）もまた、嘲笑を受けやすいものであった。そして「レディ・エッグに宛てた詩」というタイトルの詩で、他の誰かが上辺だけの情熱を吐露した。しかし、アメリカの批評家たちの最も重要な的は、間違いなくアンリ・マチスであった。誰一人として、マチスが受けたほどの、ずたずたに引き裂かれるような批判的な攻撃を受けた者はいなかった。それは怒った、ひどく不快な、凶暴さという点でほぼ精神疾患的であった。多分、マチスは同時代の芸術家たちすべての中で、最も完全に代表的人物であったから、（展示された選ばれた作品は、彼の最も偉大な作品のいくらかを含んでいた）彼の芸術が与えた衝撃はことのほか強かった。彼のスタイルは形態のゆがみ、それに理解できないことに、色の使用に一貫性がない点を特徴としていた。野獣派は感情の激しさに特徴があるが、それはアメリカ人の好みには合わなかった。マチスは一般にそれまで受け入れられていたそれとわかる芸術の形式、裸体画、静物画、肖像画、風俗画、象徴的テーマ、こういったものをすべて根底から露骨に削り取ろうとしていた。彼の芸術はアメリカ人の目には、わがまま極まりない無礼、すべての審美的基準の否定と見えたようである。一般大衆が目にしたものは、マチス晩年のとても多くの人に受けている、うっとりさせるような感覚に訴えるものではもちろんなく、より革命的な彼の若さから生み出された荒々しいまでの因習打破の作品であった。（図11）

マチスとは違って、伝統という要塞を攻撃していた、いわゆる「無秩序と破壊の天才」であるキュービズムの芸術家たちは、まったく新しい世界を創造したように思えた。そしてその世界は同時代の産業生活と目に見える類似点がなくはないものであった[6]。結果としてキュービズムは、たとえ容認されたとまではいかなくとも、少なくともより寛容な扱いを受けた。キュービズムの明らかな知的なものの支配と技巧上の正確さは、後期印象派や野獣派の画家たちに通常、向けられていた無能さの告発を防いだ。それは場合によっては、知性の豊かさが過剰であるとか、機械的な描写であるとして、キュービズムへの批判を招くことにすらなった。ピカソは『女とマスタードの壺』（図12）のような、断片的キュービズムの時代遅れの実例によって、キュービズム芸術家の一人であるとされている。ところが、一九一三年までに、ピカソとブラックはすでに分析的キュービズムを超えて、コラージュ技法に入り込んでいて、総合的キュービズムの初期段階にあった。少なくとも『キューベリックのポスター』（図13）のブラックは、より新しさを出していた。キュービズムのグループにはまた、有名な『バルコニーの男』（図14）が代表作のグレーズとレジェが含まれる。アレクサンダー・アーキペンコは、第一次大戦中に破壊されてしまった『家族生活』（図15）を含む四つの大きな彫刻作品をつくっている。アーモリーショーの大きな驚きの一つは、ピカビア（図16）に注目が向けられたことであった。彼はピカソやブラ

図11　マチス『青い裸婦』（Biskraの思い出の品）（1907年）。油彩。

図 12　ピカソ『女とマスタードの壺』（1910 年）。油彩。

図 13　ブラック『ヴィオロン』（キューベリックのポスター）（1912 年）。

図 14　グレーズ『バルコニーの男』（Dr. Morinand の肖像）（1912 年）。

図 15　アーキペンコ『家族生活』（1912 年）。この彫刻は破壊された。

ックのような国際的な評価を受けていなかったが、展示会での彼の絵画は、寸法の点でも色彩の点でも他よりも目立っていたために、キュービズムに何らの知識もなかったアメリカの観客にとって、彼はこの運動の重要人物のように見えたはずである。そして彼は批評で、この表現形式の最も重要な代表としばしば扱われた。

アーモリーショーの衝撃は、アメリカの芸術の平穏な自己満足を粉々にした。一般大衆が目にしたものは、安心させるというよりも、ショッキングな新しい芸術であった。そして「いかさま師」、「狂人」、「退廃的人間」とののしられ、罵倒され、からかわれた。報道関係や大衆は笑い、批評家たちは自分たちのそれまでの基準が崩れ去ってしまい、激しい非難をそれに向けたが、まったく無駄であった。アーモリーショーはその任務を果していた。『ニューヨーク・グローブ』のある批評家は「アメリカの芸術は、今後二度と、以前と同じものには戻らないだろう」と推測したが、推測通り戻らなかった。(7)

図16　ピカビア『泉のほとりでのダンス』（1912年）。油彩。

第一に、ナショナル・アカデミー・オブ・デザインへのとどめの一撃が伝えられた。アカデミーは二度と真剣に受けとめられることはなくなった。若い方の芸術家たちは確かに、アカデミーで展示されるものに、あるいはそのメンバーに選ばれることに、もはや興味を示さなくなった。アカデミーは偏狭で、冒険心がないと明らかにされ、全国的組織としてのそのイメージはつぶされてしまった。報道関係はとてもアーモリーショーを喜んだ。その展示品がとても生き生きした記事材料を提供してくれたし、大衆はそのお祭り気分に浮かれていたからである。しかし、アーモリーショーの殆どすべてがアメリカの芸術家たちに影響を及ぼした。すでにその新しい傾向に関わりを持っていた人たちは、自分たちが将来やって来る波の一部であるという確証を強く持った。初めて将来を目にした若い世代の人々や女たちは、方向性を変えなければという気持にさせられた。

売り上げで言うと、アーモリーショーは文句なしの大当たりであった。

およそ四万五千ドル（現在のインフレ価格のずっと前）が、約二五〇点（約一〇〇点の版画作品を含む）の売り上げから得られた。そのうちの約二〇〇点が外国のもの、約五〇点がアメリカのものだった。奇妙なことに、アメリカの作品の値段の方が、ヨーロッパのものよりずっと高かった。特に驚くべきことは、最も進歩的な作品（キュービズムの作品を含め）の殆どが、売り切れたということである。

一夜にして、アメリカは近代芸術の市場と化した。クーンの言っていることに納得したジョン・クインは、同時代の芸術に初めて思い切って飛び込んでいった。シカゴの法律家アーサー・ジェローム・エディは、クインより僅かに大胆さを発揮した。展示会で作品を買った今や良く知られている収集家の中には、リリー・P・ブリス、ウォルター・アレンズバーグ、アルバート・C・バーンズ、スティーブン・C・クラークがいた。メトロポリタン・ミュージアム・オブ・アートは、一作品（『丘の上の救貧院』）に対して最も高い値段、六七〇〇ドルを払った。アメリカの美術館が購入したセザンヌの最初の作品であった。アルフレッド・スティーグリッツがカンディンスキーの『即興画』を購入し、サンフランシスコの取り扱い業者フレデリック・C・トレイが、デュシャンの『裸体』の現物を見ないで買った。

行き詰まりが打開された。人が買おうとする場合、誰かが売る必要があったが、近代の芸術を専門に扱う新しいギャラリーが急に現われ始めた。一九一三年一二月に、以前バーテンをやっていて、芸術家たちと親しかったチャールズ・ダニエルが、アメリカの同時代の芸術を展示するギャラリーをオープンした。翌年の初めの頃、それまで展示会を援助していたスティーブン・ブルジョアは、「年をとった、近代の巨匠たち」の作品を扱うギャラリーをオープンした。これらのギャラリーや二九一ギャラリー、近代のものをいくらか展示してきたホルソム・ギャラリー、「ジ・エイト」を展示したマクベス・ギャラリーといった、より古いギャラリーは、新しい競争相手を持った。モントロスは今までよりも進歩的な芸術を展示し始めた。キャロル・ギャラリーは、ジョン・クインが出資者となって、それに加わった。またウォルター・アレンズバーグに支援され、マリアス・デ・サヤスに管理されたモダン・ギャラリーも加わった。後期印象派はなんとか努力して、他の都市の美術館やギャラリーでの展示に漕ぎ着けた。ピッツバーグのカーネギー・インスティテュートは、アメリカの後期印象派の人たちだと主張する作品の小規模の展示会を開いたし、クリーブランドのテーラー・ギャラリーは、「後期印象派」のものと銘打った展示会の宣伝をした。ニューヨークでは、アメリカの近代芸術家の作品がナショナル・アーツ・クラブやガマット・クラブ、リベラル・クラブ、サム・ボックス・ギャラリー、コスモポリタン・クラブといった、それより小さな、こぢんまりとして気の許せるギャラリーで展示会が行われた。こうした新しい雰囲気、芸術家たちにとってのこれらの新しい好機は、アーモリーショーに対するまったく直接的な応答であった。

アメリカのモダニズムを広く世間に知らせようとして、スティーグリッツとウィラード・ハンティントン・ライト（雑誌『フォーラム』の執筆者で芸術の批評家であり、シンクロミズムの画家であるスタントン・マクドナルド・ライトの兄弟）は、他の数人と「フォーラム展示会」（アンダソン・ギャラリーにて、一九一六年三月一三日から二五日まで開催）を組織した。この展示会は、「良いお手本」の「選りすぐり」だと公表された。そしてアメリカのモダニズムの良いものと悪いものをしっかり区別し、アーモリーショーの時よりも親しみのある、扱いやすいフォーマットでそれを提示した。展示者は主にスティーグリッツのグループとダニエル・ギャラリーから選ばれた。その際に重視したのは、抽象性、つまり「純粋な」芸術であり、主題と「リアリズム」の拒絶であったことははっきりしていた。恐らくライトが関わっていたから、シンクロミズムの影響が強く示されたのであろう。その展示会はアーモリーショー以来、アメリカの画家がやってきていたことの一つの表われとして重要であった。

アメリカの芸術の急進化は、一九一七年のインディペンデンツ展で頂点に達した。フランスのアンデパンダン展を手本にしてつくり上げられ、進歩的な芸術を安定した足場に置き、アーモリーショーの成功と競い合わせようとの意図で、三八州から一三〇〇人の芸術家たちによる二五〇〇作品が展示されたが、彼らの能力は様々で、表現様式もまったくまとまりに欠け、混乱した状態を呈していた。マルセル・デュシャンの小便器（*Fontaine* というタイトル、R・Mutt の署名入りで提出された）のあきれた出品ですら、この展示会―アメリカの第一次大戦参加による興奮の中で見失われてしまった―が統制困難で、平凡であったことを包み隠すことは殆どできないことであった。とにかく、アメリカやヨーロッパでは、この頃にはすでに国立の、美術院の、公認の展示会、あるいは行政機関の支配を受けない展示会は、すべて時代遅れとなり、美術館や商業的なギャラリーが、同時代の芸術の新しい会場となった。

モダニズムの最初の波は、アーモリーショー後の十年間に、アメリカの芸術界を襲った。そしてモダニズムの影響力とそれが至る所に顔を出すことを無視することはできなかった。アーモリーショーは、そのスローガンとして、「新しい精神」を持っていた。そしてその新しい精神は近代の精神となっていた。ニューヨークのアヴァンギャルドの芸術家たちは、二つの芸術の極のまわりに群がった。アルフレッド・スティーグリッツの二九一ギャラリーとアレンズバーグ・サロンである。この二つは互いに排他的でもなければ、不快な存在でもなく、職員と人間関係を共有していた。[8] そこに所属している人たちにこれらの仲間が及ぼした影響は、多くの場合、非常に重要であったが、アーモリーショー以後の年月におけるモダニズムの発展は、より一般的でそのような境界線を越えた。二九一ギャラリーもアレンズバーグの仲間たちも、審美的観点から一体化した活動をしていなかったし、その参加者も表現様式的に同種というのでもなかった。アメリカにおけるモダニズムの発展は、厳密にそれと定義のできる様式に従ってはいない。それは恐らくヨーロッパのモダニズムの歴史が圧縮されて浸透するような形で、アメリカにやって来たことが理由の一部であろう。殆どのアメリカの芸術家は、あまり重要でない意味合いのものには参加したかも知れないが、より最近の成果には参加してこなかった。マチスのクラスに参加したからと言って、野獣派に属する人間だったということではない。ピカソのクラスに参加したからと言って、キュービズムに同調する生徒であったということではない。かくしてアメリカ人は、かなり独創的変種や個人的な表現形式を発展させはしたが、本質的に独創的ではなく、折衷主義であった。個々のアメリカの芸術家を野獣派、キュービズム、未来派のどれかにあてはめようとするのは不可能だし、実際、確実な根拠のあるものでもないが、アメリカの芸術家たちに及ぼした様々なヨーロッパの傾向の影響を辿ることは可能である。

この時点で、アメリカのアヴァンギャルドの芸術家たちが、ヨーロッパのモダニズムについて持っていた知識は、戦前の海外で見たもの、アーモリーショーや二九一ギャラリーで見たものに主に制限されていた。彼らは戦後になるまで、再びヨーロッパを訪れることはなかったからである。彼らは野獣主義、キュービズム（主として分析的キュービズム）のことを知っていたが、一九二〇年代までドイツ表現主義のことは殆ど知らなかった。アメリカにおいて野獣派の影響が制限されていたのは、恐らくその不合理性を、「自然のまま」を、単純化を受け入れるためには、一定の審美的な知的洗練を前提条件としたからであろう。マウラーやウェーバーは、野獣派、とりわけマチスから派生した人たちであったことは、かなりはっきりしている。マウラーは人生の晩年期でのキュービズムの評論を除き、野獣派の感性に最も近づいている。ウェーバーは短期間だが、マチスと勉強を共にしていて、彼がアメリカに戻る前の初期の仕事は、このフランスの巨匠に負うところが大であったが、この時期の彼はキュービズムに心が奪われていて、彼が野獣派のカリグラフィ［文字を形象化した、特に毛筆による描線］のようなものに戻るのは、一九三〇年代になってからのことである。マリンは彼の構図の緊張状態を描く際に、特に感情と仕上がり具合が近似している点で、野獣派との強い類似性を示したが、彼は本質的に叙情性のある画家で、常にキュービズムの侵入を受けやすい状態にあった。（図17）

図17　マリン『海のスケッチ』（1917年）。紙面に水彩と木炭を使って。

コンラッド・クレイマーとマーズデン・ハートリーだけは、ドイツ表現主義と何らかの関係があった。ハートリーは一九一三年にドイツに行っていて、ミュンヘン[9]で「青騎手」グループと一緒に展示会をし、ベルリンのギャラリー「嵐」でも展示会を開いた。彼は「青騎手」の仲間たちと親しい関係にあって、彼ら、特にカンディンスキーからの影響を明らかに受けている。彼がその当時、描いていた軍人の絵は独創的なものではなく、他から引き出されたものである。しかし、それは同時に、ドイツ表現主義の独創的にして、非常に個人的な変種であった。（図18）

あらゆるモダニズムの表現形式のうちで、キュービズムは最も影響力が強く、真に広く浸透した一つの運動であった。野獣派の情緒的で直感的な面とは対照的

図18　ハートリー『ドイツ人将校の肖像』（1914-1915年）。油彩。

に、その明白な合理主義のゆえに、キュービズムはアメリカ人に訴えかけたのかも知れない。同時に、楽観主義がアメリカの文化に根深く浸透していたために、アメリカの芸術家たちは、ダダのニヒリズムや未来派の社会的暴力に反応することができなかったのであろう。キュービズムは物質的な同時代の世界の基礎となるものを、本質的真実なるものを探ろうとしているように思え、科学者と似かよった足場に何とかして芸術家を置こうとしていた。キュービズムの影響が最も大きかった時期は、アーモリーショーから第一次大戦終わりまでであった。キュービズムは一九二〇年代の間に、プリシジョニズムという形でアメリカに馴染むか、単純に姿を消すかした。一九三〇年代の抽象芸術の成長は新しい情況、様々な影響下から生じ、新しい芸術家集団に影響を及ぼした。

多くの芸術家がキュービズムの実験をしていた（その実験をやっていなかった芸術家の名を挙げるのは、殆ど不可能である）このより早い時期に、一般の表現様式は、さらなる可能性を求めて論理的究明をするというよりも、キュービズムの要素の漸進的同化の方向に、あるいはそれの究極の拒絶の方向に向った。デュシャンもピカビアも、キュービズムからすでに抜け出していて、ニューヨークでの彼らの存在は、アレンズバーグの仲間の芸術家たちに特別の影響を及ぼしたが、彼らはオーソドックスなキュービズムよりもむしろ機械的な処理やダダイズムを伝えた。

ジョン・マリンは、すでに指摘されてきたことだが、野獣派に非常に直観的に関係していたが、彼のキュービズムへの関与は深く、継続的ではなかったにせよ、少なくとも断続的ではあった。それは彼のより早い時期の仕事であるカリグラフィの装飾や彼のその後の仕事である平面図構造に、そして絵の表面部に関して絶えず変化している空間的関係にも見られる。他方、マックス・ウェーバーのキュービズムへの関わりは、まったく短い（一九一三―一九一九年）ものだったが、完全で、それに驚くほど精通していた。（図19）アメリカに戻ってからのウェーバーの最も初期の仕事は、明らかにマチスの影響下にあったが、彼はやがて友人アンリ・ルソーの原始主義に霊感を与えられた。しかし、アーモリーショーの後、彼はたちまちのうちにキュービストになった。まずはアナリティカルな段階［形態の組合せに重点を置いたキュービズム初期の一傾向］で、そして次に一九一五年にはすでにシンセティックな段階［総合的キュービズムのことで、キュービズム後期の一傾向］に関わっていた。こうしたことはすべて一九〇八年以後、海外には行かずに、アメリカ国内にいてのことである。この時期の彼のキュービズムの作品は、主観的世界の一貫性の点で、表現形式への意識、個人的な表現方法の点で、まったくユニークである。未来派の要素を取り入れることが非常に早くから始まっていて、彼のキュービズムの時期の絵画に、正統派でない外観を与えている。

マーズデン・ハートリーがキュービズムと密接に関係していたことは、彼のドイツ時代の絵画にも明らかであったが、彼が一九一五年にアメリカに戻ってから、短いが、興味深いキュービズム期をプロヴィンスタウンで過ごした。画家としての生涯を通じて、彼にはいくつかの面が残存した。しかし、彼は基本的に表現主義者で、強迫衝動―それが明白で中心的な時もあれば、不可解なくらいに周辺的な時もあった―に応じて変化する情緒的で、詩的な画家であった。その当時、そこにはウォルト・クーン、モリス・カンター、アンドルー・ダスバーグ、ヘンリー・リー・マクフィー、ウィリアム・ゾーラークのように、キュービズムとの出会いが一時的なものにすぎなかった人たちがいた。

図19　ウェーバー『チャイニーズ・レストラン』（1915年）。油彩。

アーサー・G・ダヴはアメリカ美術史のこの時代に特別重要な位置を占めている。彼は抽象の方向に断固として進んで行った最も早い時期の人である。『抽象的なもの』（一九一一年、図20）と呼ばれた一連の六つの小さな絵画は、カンディンスキーと同じように、その道をたぶん前進したのであろう。ダヴの早い時期の労作は、カンディンスキーの仕事との類似性がある。ダヴはパリにいた頃そこで、

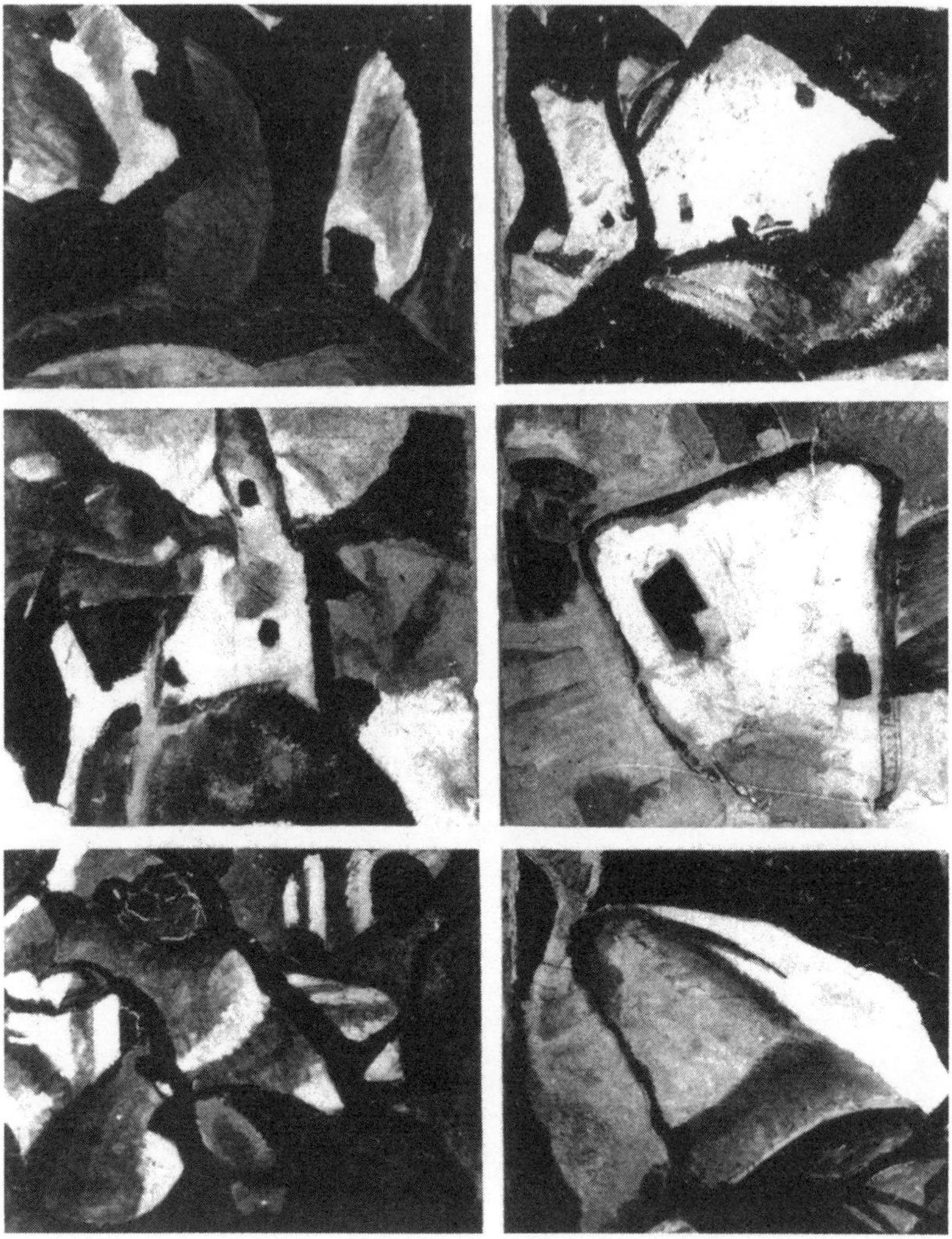

図20　ダヴ『抽象的なもの』Nos. 1-6（1911年？）。

また二九一ギャラリーでの展示会でも、野獣派やキュービズムの仕事を知ったに違いないが、その受けた影響の性質やダヴの抽象に向かう発展の特定の段階は明らかではない。彼と抽象との関わり合いは、常にとても個人的なもので、自然に基づき、色と表現形式では詩的で喚起的で、完全な非具象性を避け、ヨーロッパでのキュービズムの支配権やその発展の範囲外にとどまっていた。彼の後期の、キュービズムから引き出されたコラージュの実験においてすら、彼は審美的な扱いを象徴的な提示に、ダダイズムの視覚に訴えるだじゃれ風なものに変えた。ダヴは個人的なヴィジョンを維持し、表現方法や流行が変わっても殆ど影響されることがなかった。彼の晩年では、色はそれまでより鮮やかで、力強くなり、表現形式はより抽象性を帯びるようになった。彼の芸術は国際的な抽象の主流からは常に外れた所にとどまっていて、それゆえしばしばとりわけアメリカ的だと受け取られてきた。

ジョージア・オキーフはスティーグリッツの側近となった最後で、最も若い芸術家であった。中西部出身の彼女は、学生・芸術家・教師といった多彩で、苦労した経歴を持っていた。彼女が受けた主要な影響は、アーサー・ウェスリー・ダウ（コロンビア大学教員養成学部の、非常に影響力のあった美学者で教師）からのものだったようである。一九一五年に、彼女がある程度までやり終えていたものに不満だったので、一連の斬新で空想的な抽象的木炭画を新たに始めた。それらを彼女はある友人に送り、友人がそれをスティーグリッツに見せた。こうして二人の終生変わらぬつながりが始まった。彼は集団の展示会でその絵を展示し、一九一七年には彼女の最初の、女性一人の展示会の機会を彼は彼女に与えた。それは二九一ギャラリーで展示されることになった最後であった。オキーフの初期の作品は、非常に独創的で個人的、全体的に最も一貫して抽象的であった。しかし、それらはとても多くの他のアメリカの芸術家たちに影響を及ぼしたヨーロッパのアヴァンギャルドとの、それと見分けのつく関係はないように思える。ダヴ（彼と彼女は互いの称賛を長く共有した）のように、彼女の表現形式はとても個人的なままであり、それとわかるほどにアメリカ的である。しかし、彼女の色彩の幅は、ダヴのそれのように素朴ではなくて多彩で、シンクロミズム［時代の異なる事件を一つの絵の中に示すこと］との何らかのつながりを暗示する。一九一六年の最も初期の水彩画は目立ってシンプルで、抽象的なものだが、翌年の水彩画はサウス・ウエストの風景とのはっきりした関連を明らかにする。こ

図21　オキーフ『ブルー・アンド・グリーン・ミュージック』（1919年）。油彩。

の初期の頃の最も印象的な画法は、一九一八年から一九一九年にかけての鮮やかな色の抽象画である。例を挙げると、『オレンジ・アンド・レッド・ストリーク』や『ブルー・アンド・グリーン・ミュージック』がそうである。（図21）それらはしばしば音楽的なものと説明されてきたし、そのタイトルもそのような解釈を暗示するであろう。それらのリズミカルな効果は明らかである。それらはまた空間での強い立体的な動きを伝える。そのことは再びシンクロミズムとの何らかの関係性を暗示するかも知れない。

図22　デーヴィス『ラッキー・ストライク』（1921年）。油彩。

スチュアート・デーヴィスはキュービズムの作風で仕事をしているアメリカ人の中で、恐らく最も独創的で創意に富んでいた。そして彼は最後には、基本的なやり方によって真正な形に変えた。デーヴィスはアシュカン派の信奉者で、急進的な雑誌『マッシズ』の寄稿者であったが、アーモリーショー（彼は四枚の水彩画をそこで展示した）がきっかけとなって、彼はまったく向きを変えてしまった。彼はやがて実験期に入って行くが、その頃には、いくぶん目的の定まらない状態で、分析的キュービズム、野獣主義、疑似的コラージュの段階の―それはポップ・アートの原初のようなものに発展した（図22）――一連の機械装置を使ったきらめくような抽象画、プリシジョニズムへの迂回を経て、ようやく一九二〇年代終わり頃から一九三〇年代の初期にかけて、彼の成熟した表現方法の第一段階に到達した。しかし、こうしたことの殆どは第一次大戦後に起こっている。

シンクロミズムは、パリで二人の若いアメリカ人画家モーガン・ラッセルとスタントン・マクドナルド・ライトによって、一九一三年に始められた短命の芸術運動であった。第一次大戦直前・戦中・戦後の時代に、似通った抽象的作風の仕事をしていた他のアメリカ人画家の中には、パトリック・ヘンリー・ブルース、アーサー・バーデット・フロスト・ジュニア、ジェイムズ・ドーハティ、アンドルー・ダスバーグ、モートン・シャムバーグ、ジョゼフ・ステラ、トマス・ハート・ベントンがいた。シンクロミズムはオルフィズムの派生物、あるいは少なくともそれに関連したものとして説明されてきた。ラッセルとライトはロベール・ドローネと彼の仕事を知っていたが、シンクロミストたちは、似たような思考方法で、また新印象主義の色彩理論やセザンヌ後期の水彩画に似たような資料の研究から、オルフィズムから独立して発展してきたにちがいないという証拠がある。

図23　ラッセル『コスミック・シンクロミー』（1913-1914年）。油彩。

図24　ライト『コンセプションはシンクロミー』（1915）。

シンクロミズムは元々、具象的なイメジャリーに起源があるために、その作品は一般に考えられているほど抽象性は薄いのだが、時々、達成された抽象性の程度は、より最近の抽象絵画の先駆者として継続した意義の説明となっている。シンクロミズムがオルフィズムに似ていることに明らかに気づいていたラッセルとライトは、オルフィズムの色彩は単なる装飾的なものにすぎないと主張し、それ以上多くを語らなかったが、当時の批評家たちは、その違いがわからなかったのである。（図23・24）

一九一四年ニューヨークのキャロル・ギャラリーでのシンクロミズムの画家たちの展示会は、他のアメリカの画家たち、とりわけジェイムズ・ドーハティ、アンドルー・ダスバーグ、トマス・ベントンにかなりの影響を及ぼした。モートン・シャムバーグの抽象画は、他とは無関係に発展したようである。ジョゼフ・ステラもまた、シンクロミズムのカラー抽象画との強い類似性を示している。アーサー・B・デーヴィスは、特に壁画装飾

『ダンス』（一九一五年）で、この表現形式に一時的だが関与した。

A・B・フロストとパトリック・ヘンリー・ブルースは、ラッセルのように、一九〇七年から一九一一年の時期に、ガートルード・スタインとレオ・スタインによって、パリのモダニズムの環境に最初、導き入れられた。しかし、ラッセルとライトは、カナダの画家アーネスト・テューダー＝ハートと独自の色彩理論を追求しているうちに、フロストとブルースはドローネのアトリエで親友となった。特に、ブルースはフランス人に認められ、美術展覧会に彼が出品したことで、批評家たちから称賛された。一九一三年に、『秋の美術展《サロン・ドートンヌ》』に触れて、アポリネールはピカビアの絵とブルースの『作品』、この二つが最高だと書いた。フロストは一九一四年にアメリカに戻ると、色彩の強烈な抽象画を唱えて、画家たちを誘った。ブルースはパリにそのまま残ったが、六つの大きな制作物である『作品』（図25）を持って、ドローネの活動範囲から離れた。その六つのうちの五つを、ソシエテ・アノニム(10)のために、キャサリン・ドライアーが購入した。そして今はイェール大学のアート・ギャラリーにある。これらの大きなカンバスには、そのきらめく色の配合と滝のように落ちるダイナミックな縞模様や半円が描かれ、それが並はずれていて、ピカビアのより早い時期の抽象画の作風をいくぶん思わせる。

アメリカで最も急進的な形でモダニズムを表明したものは、ニューヨークで仕事をしていて、一時的に国籍を離脱したフランスの芸術家たちの作り上げた作品であった。デュシャンとピカビア（ちょっとの間ではあったが、グレーズとジャーン・クロティもそれに加わった）は、将来性のある国としてのアメリカに強い関心を持った。ニューヨークのあとアメリカの先進科学技術が、モダニティの現われであると称賛された。デュシャンがアメリカにやって来た時、彼はすでに野獣派、キュービズム、未来派の段階を通過していて、後にダダイズムと呼ばれるものの込み入った問題を探求していた。分析的キュービズムの本来的に機械主義的で、構成主義的で、プリシジョニズム的な特徴に彼が興味を持ったことで、『階段を降りる裸体』（一九一二年）の機械主義的な幻覚法から『大鏡』（一九一五―一九二三年、図26）の機械主義的構成主義へと変化していった。彼自身の展開ということで言えば、デュシャンはキュービズムの「操作」をたどって、アイディアの操作に向かい、やがてダダへと向かった。しかし、機械主義が美術の分野でアメリカに根づくようになったのは、他の誰でもなく、恐らく彼によるものであろう。

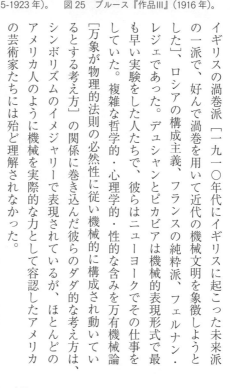

絵画における機械的な表現形式が、アメリカのこの時代に現われることを人は期待したものであった。未来派はそれらが暗示する意味を意識して、このような表現形式を使った最初であった。機械的な表現形式をその後使ったのは、イギリスの渦巻派［一九一〇年代にイギリスに起こった未来派の一派で、好んで渦巻を用いて近代の機械文明を象徴しようとした］、ロシアの構成主義、フランスの純粋派、フェルナン・レジェであった。デュシャンとピカビアは機械的表現形式で最も早い実験をした人たちで、彼らはニューヨークでその仕事をしていた。複雑な哲学的・心理学的・性的な含みを万有機械論［万象が物理的法則の必然性に従い機械的に構成され動いているとする考え方］の関係に巻き込んだ彼らのダダ的な考え方は、シンボリズムのイメジャリーで表現されているが、ほとんどのアメリカ人のように機械を実際的な力として容認したアメリカの芸術家たちには殆ど理解されなかった。

図25　ブルース『作品III』（1916年）。

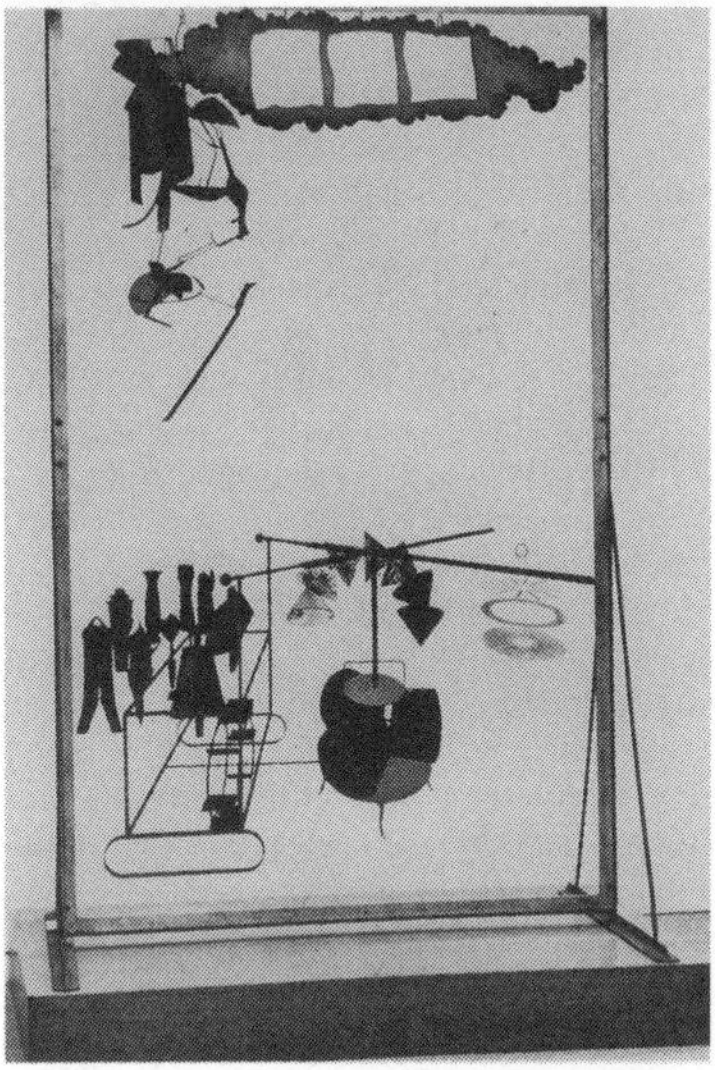
図26　デュシャン『大鏡』（1915-1923年）。

　主要な例外は、マン・レイとジョン・カバート（後者は一九一八年過ぎまで、伝統にとらわれた表現方法を捨てることはしなかった）であった。デュシャンから大きな影響を受けたマン・レイは、エアブラシ［圧縮空気で塗料・インクを吹き付け、絵を描く器具］のような技術を使った実験ばかりでなく、機械的表現形式の実験も始めていた。レイの『綱渡り芸人に彼女の影がつきまとう』（一九一六年、図27）は、デュシャンが一九一五年

図27　レイ『綱渡り芸人に彼女の影がつきまとう』（1916年）。油彩。

図28　シーラー『抽象性—木の形』（1914年）。

から描き始めた『大鏡』に明らかに関係がある。他方、モートン・L・シャムバーグは彼の死の少し前に、ピカビアと殆ど同じくらい早くに、しかし、ピカビアとはまったく違ったイデオロギー的な立場で、機械をテーマに取り入れたように思える。シャムバーグはヨーロッパの彼の同時代人の複雑な審美的・心理学的態度をとらなかった。ただ、『神』（一九一八年頃の作品）は、留仕口《とめしぐち》用定規と排水管の防臭弁とから構成されていて、デュシャンの『泉』*Fontaine*（一九一七年）—それはその年の第一回アンデパンダン展で、かなりの不快感を生み出した—に対する反応であるのはかなり明らかである。シャムバーグは機械的な世界を現状だとして受け入れ、それが豊かな新しい源—理論的な論文の源ではなく、芸術のインスピレーションの源—であることに気づいた。彼の芸術は機械の美的性質を形に表わし、理想化された純粋さで機械的な表現形式を描き出して、現代科学技術の最初のすぐれた旗手となった。そしてそこにはロマンチックなペシミズムもなければ、ダダイストの知的関わり合いもない。しかし、機械の機能や工程を私たちが理解していないということは、ダダイズムの残留物ということかもしれない。

シャムバーグが彼の親友チャールズ・シーラーにどれほどの影響を及ぼしたかは、評価のしにくい所だが、シーラー（その名はプリシジョニズムとほぼ同義語になっている）は、その当時、主としてシンクロミズムやキュービズムの実験を依然としてやっていた。（図28）一方、チャールズ・ダムースはセザンヌ／キュービズムの段階を経ようとしていた。彼もまた機械的な表現形式やダダに関する本の好みをデュシャンから得ていた。一九一七年頃の彼の初期の、最初のプリシジョニズムの水彩画は、表現形式の単純化と歪みのない様式への強い意識を示している。すでに人目を引いていたのは、ダムースの審美的なダンディズム［一九世紀末に流行した技巧的・情緒的一傾向］で、このダンディズムはその後、彼に産業界からその粗野な部分を取り去らせ、建築の表面部分をきちんと並置させることで、繊細な美しさを発見することになった。（図29）アメリカの芸術に機械のつくりだす像が現われ出す中で、殆ど注目されなかったのはドイツ出身のオスカー・ブルームナーで、彼は産業界を個人的に変形して、明るい色調で、印象的な形式を用いて、非常に早くから独自な展開をさせていた。ジョゼフ・ステラもまた産業的テーマを扱う際、いくぶん独自な追求をしているが、彼の考えを元々、未来派から引き出していて、産業界や機械の描写よりも、情緒的な相当物を創造することに独創的に関わったことがその理由であろう。アーモリーショー後、ステラの最初の仕事『光の戦い、コニー・アイランド』（一九一三年、図30）は、明らかに未来派に関係が深いが、彼はその後、未来派の運動性のある面から、『橋』（一九一八年）の場合のように、メカニズムの運動性のより少ない（しかし、本質的に動的ではあるが）描写に向かった。

図29　ダムース『パリの大型客船』（1921年）。油彩。

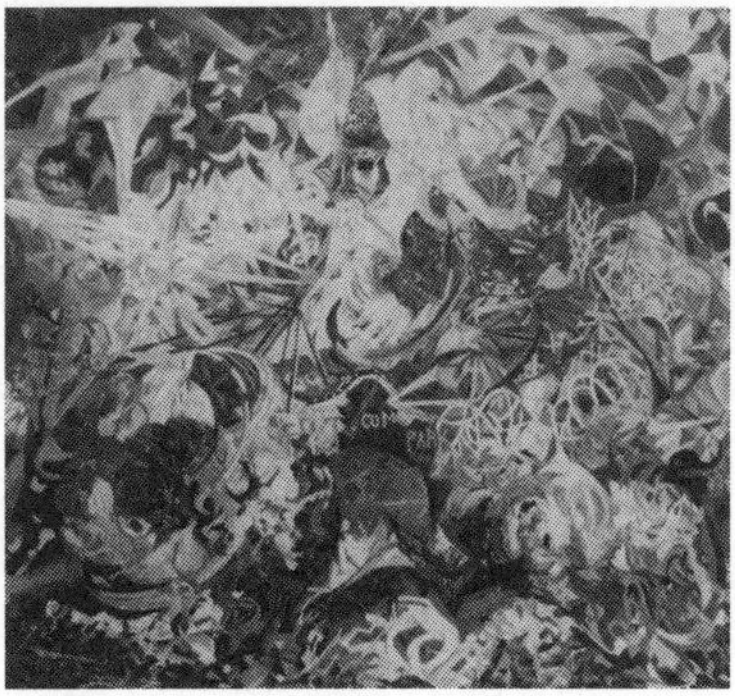
図30　ステラ『光の戦い、コニー・アイランド』（1913年）。

プリシジョニズムはアーモリーショー後の時代に現われた一つのはっきりそれとわかる、表現様式的に一貫した、独創的なアメリカの様式で、キュービズムの機械的処理とキュービズムそのものに馴染むようになったこと、この二つの要素が合体して生まれたものである。この表現様式の起源は、セザンヌやキュービズムの形式の探求にまで遡ることができるであろうが、それは産業上の、また機械的な機能主義の概念と密接に関わり合いを持つようになっている。空間における形をプリシジョニズム的に単純化し、合理化することは、機械生産と機械的正確さの審美的な等価物である。プリシジョニストにまでなった殆どの芸術家は、キュービズムの段階を経験した。抽象の所で長くぐずぐずしている者は誰一人いなかった。しかし、一つの運動体としてのプリシジョニズムは実際には、一九二〇年代にぴったりのものである。

戦争が終わったことで、アメリカは経済の拡大と世界的な強国の時代に入った。一九二〇年代は文化的国家主義の新しいうねりと政治・経済状態の「常態」への復帰の舞台となった。「常態」への復帰は政治・経済のみならず、ヨーロッパの芸術についても同様なことが言えた。アメリカ的エトスとアメリカ的テーマの探求、それにリアリズムのリバイバルの中で二〇年代は表現された。新しい芸術の形式を極端な形で実験する時代はもう終わって、アメリカの芸術はその立場を強固にし、同化吸収したり、馴染ませるといった時代に入り、一九三〇年代—いずれ劣らぬ最重要問題が芸術の方針と形式を変えた時代—の経済的・社会的・政治的危機までそれが存続することになった。

註

（1）Milton W. Brown, *The Story of the Armory Show*, rev. ed. (New York: Abbeville Press, 1988), 65を参照。The Walter Kuhn and the Walter Pach Papers, Archives of American Art and the Elmer MacRae Papers, Hirshhorn Museum and Sculpture Garden, Smithsonian Institution には、アーモリーショーに関係する複写でない元の文書が最も沢山、資料として残っている。

（2）John Quinn は近代芸術の著名な収集家であった。

（3）Brown, *Armory Show*, 108-109を参照。アーモリーショーを計画したAssociation of American Painters and Sculptors（アメリカの画家と彫刻家の協会）の幹事として、Walter Kuhn は新聞の切り抜きから、この展示会の批評をするべく、派遣された。これらの批評—その抜粋はこの論考の至る所で引用されている—は、Walter Kuhn Papers の切り抜き帳の中に見出せる。

（4）Ibid., 10.

（5）Ibid., 136-137.

（6）Ibid., 172.

（7）Ibid., 109.

（8）Walter C. Arensberg は近代芸術の著名な収集家であった。近代芸術への関心を共有する仲間たちの集まりは、主としてダダイズムの芸術家たちとやがてPrecisionists になったより若い人たちのグループから成っていた。西五七番通りのアレンズバーグの仕事場は、文学や芸術の主要な急進主義の人たちにとってのサロンとして役だった。彼は自由詩を書き、De Zayas が経営していたModern Gallery といったような芸術上の実験に財政上の援助をした。スティーグリッツと関心を共有した仲間たちで著名だったのは、後期印象派の画家Marsden Hartley, John Martin, Arthur Dove, Georgia O'Keeffe であった。

（9）*Der Blaue Reiter*（『青騎手』）は、ドイツでWassily Kandinsky とFranz Marc が創設した表現主義の芸術家たちの協会であった。その第一回展示会がミュンヘンで一九一一年一二月から一九一二年一月まで催された。

（10）Société Anonyme は一九二〇年にKatherine Dreier がマルセル・デュシャンの援助で創設した国際協会。ドライアーはアヴァンギャルド・アートの重要な推進者で、近代芸術への理解をアメリカ人に促すためにこの協会を設立した。

邦訳　ミルトン・W・ブラウン、木村要一（訳）『アーモリー・ショウ物語』（美術出版社、二〇〇六年）

アルフレッド・スティーグリッツの信念とヴィジョン

エドワード・エイブラハムズ

「二九一ギャラリーで起こっているすべてについての、本当の歴史を誰かが書き記してくれることを願っている」とエドワード・スタイカンが、一九一三年一一月にアルフレッド・スティーグリッツ宛ての手紙で書いた。「アメリカの発展の中で、君が最も重要なことの一つを形づくっていると私は本当に思っている」[1]とも書いた。今日では理解しにくいであろうが、一九一三年にスタイカン、スティーグリッツ、それに多くの仲間の芸術家や批評家は、二九一ギャラリー（ニューヨーク市のグリニッチ・ヴィレッジの北へ二、三ブロック行った五番街の、四階の小さな美術ギャラリー）が、この国の運命を変えることができるであろうと信じていた。しかし、一九一七年四月にアメリカが第一次大戦に参戦して後、二九一ギャラリーは、以前に四年と言う短い年月だが保有していた、と彼らが思っていたアメリカの生活を再定義する力を持ってはいないという点で、両者は同意見であった。この国の生命に息吹を与える芸術のヴィジョンによせる彼らの信頼は、もはや手に入れられないかもしれない（それはまた実際、過度に素朴に見えるかもしれない）が、たとえその非常に創造的な時が短い間だったにせよ、それが現に存在したことに変わりはなかった。

スタイカンは一九一七年以降、彼のより早い時期の空想をあざ笑い、商業的な写真撮影でかなりの大金を稼ぎ、名声を博し続けた。一方、スティーグリッツの方は、彼らの創造性は彼の生涯でもう二度と生み出されることはなかろうと知って、二九一ギャラリーでの彼の活動をノスタルジックに振り返った。二〇年後の大恐慌中—多くの作家が急進主義を再定義し、その文化的な表現を、ベン・シャーンの絵画やウォーカー・エバンズの写真術の場合がそうであるように、アメリカの情景の冷静な描写につなげようとしていた時—ですら、スティーグリッツは自分の立場を守った。一九三五年にアメリカ作家連盟（階級意識の感覚をアメリカの文化に注入したがっていた左翼組織）の委員長であったウォルドー・フランクが、この運動体への参加をスティーグリッツに断わられて、失望を表明した時、スティーグリッツは「私はいつだって革命家なのです[2]」と強い口調で言った。

芸術と社会の変化の関連性を再検討していた三〇年代の殆どの知識人たちとは違って、スティーグリッツは彼の視点を考え直そうとはしなかった。芸術だけしか社会を解放する力を持っていないと彼は考えた。彼にモダニストのヴィジョン（それは今世紀のはじめに利用された）を与えた泉は乾上ってはいなかった。一九三五年に、文化的な貢献によって創造的な男女は、新しい世界を自分たちのためばかりでなく、みんなのために確立できる、と三〇年前と同じように彼はいまだに信じていた。スティーグリッツは自分を「革命家」と呼ぶのを正当化した。これらの個人は、伝統的な社会や型にはまった表現に抑えつけられていなければ、個人的自由や社会の変化に基づいた本当の革命を、彼の仕事の主な目標や主な目的を切り開くことができるであろうと彼は考えているからである。かくして彼は「いわゆるコミュニストのほとんどよりも、革命的な意味で、ずっと〈積極的〉」であると自分を見なしていた。スティーグリッツの目には、ほとんどのコミュニストはデザインこそ新しいが、材料の方は相変わらず古臭いものを要求する技師のように見えた[3]。革命的な文化に至る方法は、ライフという材料の状態を変えることにある、と左翼の新しい指導者が主張したとしても、スティーグリッツがこれまで何年もの間、主張してきたように、競い合う芸術形式、多様な表現手段、新しい生活様式、近代の生活に神聖なものを再導入すること、男女の間の新しい関係、こうしたものだけが意味のある変化を導くことができるであろう、と彼は主張した。

アーモリーショー以前に、近代の芸術をアメリカの一般大衆に導入した重要な人物であるスティーグリッツが、「革命家」であると主張できるのも、もっともなことであろうと言えるのは、彼が実際にモダニストであったからである。自己表現、文化の多元共存主義への関わり、新しいコミュニティの発展—それらが充実した形をなしていれば、芸術に基づいた（芸術のための芸術ではなくて、彼がよく口にしたように、人生のための芸術）新しいナショナリズムに着手することになるであろう—が、二〇世紀になって、制度やしきたりが発展し、それが強固になって、人間らしさが失われることになっていったと彼は思っているが、それを新しい方向に向けることができるであろう、と彼は信じた。他の「文化的モダニスト」（ランドルフ・ボーンが一九一八年に彼らをこう呼んだ）のように、スティーグリッツは文化の刷新によって社会の再生をもたらし、集合的解放と個人的表現との間に本来的にある衝突を和解できるような、明確な形で考えついた計画がなかったのは、不幸なことであった。むしろ彼は自分の「信念とヴィジョン」だけに頼って、世界を変えようとした。アメリカの芸術の世界で、「信念とヴィジョン」は革命を生んだが、スティーグリッツや彼の友人たちが述べた文化の革命を、信念とヴィジョンの力だけで打ち立てることはできなかった。ジョン・リード、マックス・イーストマン、ランドルフ・ボーン、それに他の多数の人たち―スティーグリッツは、こうした人たちと合流して、「叙情的左翼」（世界をペンや絵筆や新しい出版物で変えようと夢見た進歩の時代の、結びつきの緩かった文化的急進主義者たち）を組んだ―のように、スティーグリッツは彼の夢を実現し損ねた。

「革命家」であるというスティーグリッツの主張は、一九〇七年から一七年までの、主に二九一ギャラリーでの彼の活動に基づいている。（図31）写真家で、画家でもあったエドワード・スタイカンの助けを得て、スティーグリッツは写真術を芸術として展示するために、一九〇五年にリトル・ギャラリー・オブ・ザ・フォト－セッション（後に二九一と呼ばれることになる）を設立した。正当な芸術形式としての写真術を発展させた草分けであったスティーグリッツは、まず彼のギャラリーと新しい雑誌（同時に『カメラ・ワーク』という雑誌を創刊した）を絵画や彫刻が提供してきたように、写真術であれば、独創的な自己表現に至る手段を提供してくれるであろう、という彼の意図を引き立ててみせるものとして想い描いていた。

そうした冒険的企ての成功、失敗が、依然として写真術の称賛者や批判者によって論じられている間に、スティーグリッツは「写真術のための闘い」に手早く勝利を収めた。彼はこのジャンル―写真は、カメラマンの個人的なヴィジョンを映し出しているだけでなく、二〇世紀最初の十年間の、近代のアメリカ人の人生に関する私たちの見方を形成してきた―の歴史で、最も劇的で、個人的に最も表現豊かな写真を撮ることで勝利した。例えば、『春の夕立』（一九〇一年、図32）のような物悲しげな写真は、ニューヨーク市の春のひんやりとした、心地よさを感情に流されることなく表現している一方、カメラマン自身の憂鬱な感覚をもとらえている。同様に、近づいてくる機関車が、重苦しい黒い煙を上空の灰色の雲の中に吐き出しているスナップ写真『男の手』（一九〇二年、図33）は新しい、攻撃的な都会の文明が急速に発展する雰囲気を表わしている一方で、それはまた芸術家自身のセクシュアリティの感覚を伝えてもいる。

図31　スティーグリッツ。この自画像は真面目で周囲の人たちからは幾分距離を置き、瞑想気味の芸術家43歳の自己意識を呼び起こす。

図32　スティーグリッツ『春の夕立』（1901年）は、自分の人生に方向性と目的とが欠けていると感じた時の、彼の憂鬱な自己意識を表現。

しかし、スティーグリッツはまもなく、写真だけを見せるというのでは、アメリカ文化を再び活性化するという、これまでより大きな彼の目的を達成できないであろうと気づき、彼の関心を他の芸術形式に向けた。水彩画家パメラ・コルマン・スミスが、彼女のプリミティブな、象徴主義の線画を展示してもらえないかと一九〇七年に彼に頼んできた時、彼は直ちに同意した。伝達媒体を変えたからといって、伝えるメッセージまで変わるわけではない、と彼は記している。スティーグリッツにとって、それらは「誠実に目的を目ざすこと、誠実に自己表現をすること、因習だけが専ら支配している世界に誠実に反抗すること[4]」を意味した。スミス自身は彼女の作品をアメリカ文化への批評と考えていた。「恐怖がこの国を支配している。一人一人が自分自身についての大きな恐怖を、信ずることの恐怖を、考えることの恐怖を、することの恐怖を、存在することの恐怖を、行動することの恐怖を持っているように私には思える[5]」と展

図33　スティーグリッツ『男の手』（1902年）は、都会の新しい産業界が急成長している雰囲気を説明する。

図34　スミス『青猫』（1907年）。主観的な世界の秘密を明かそうとした象徴主義の水彩画が、芸術家の目的を共有しているスティーグリッツの心をとらえた。

示物の目録に書いている。しかし、スミスの水彩画は、一九世紀の象徴主義の絵画に根づいているために、二九一ギャラリーを観にやって来た人たち、そしてそれらを買った人たち、これら多くの中産階級の観客に、ショックも不安すらも与えなかった。（図34）

実際にスミスの展示物は、その後に続くことになる際立っていて刺激的な、一連のアヴァンギャルドの絵画や彫刻の展示物の、かなり不吉なものの始まりであった。一九〇八年からアーモリーショーの行われた年である一九一三年の間に、スティーグリッツはロダン、マチス、ロートレック、セザンヌ、ルソー、ピカソをアメリカの観客に紹介した。観客はこれらの画家が切り開いた視覚革命に心の準備がまったくできていなかった。（図35・36）批評家たちは激怒し、ダウンタウンにあるスティーグリッツのギャラリーが一般大衆に展示した挑戦を美術協会はひどく嫌った。のちにスティーグリッツの妻になるジョージア・オキーフほどの知覚の鋭い人でも、一九〇八年の二九一ギャラリーに展示されているロダンの絵は、「単なる落書きにすぎない」[6]と思った。ジェイムズ・ハニカー、J・E・チャンバーレイン、ケニヨン・コックスといった批評家たちは、ヨーロッパの後期印象派の画家たちを「狂人」、「精神異常」、「ぺてん師」と呼んだ。保守的なロイヤル・コーティーサズによれば、近代の画家は芸術や社会の秩序の法を破って、「世の中を混乱状態に陥れ」ようとした[7]。少なくともこの点について、スティーグリッツは同意した。

スティーグリッツの背景を知れば、新しい芸術を彼が正当に評価するに至った過程を我々が理解する上で役立つであろう。彼はニューヨークのイースト・サイドにある心地よい家庭で育った。この家では、芸術と文化が、家族の生活の不可欠な部分であった。実業家で、日曜画家であったスティーグリッツの父親は、事実、お気に入りの芸術家たちに財政援助をすることで、彼の息子に手本を示した。彼の場合、それはドイツ人の風俗画家フェイドー・エンキーであった。父親はビジネスと文化をうまく結びつけていたのだが、息子はいくらかは芸術のもっとすぐれた後援者として、父親を凌ぐために、両者を対立的なものにしようとした。スティーグリッツはまた、標準的な社会基準を受け入れない人であった。例えば、子供の頃に好きな色は黒だと言い、大人になってからはいつも「根なし草状態に」あると感じていると主張して、いかなるグループにも属さなかった[8]。上品な社会から拒絶された彼は、審美的な基準にはまったく関わっていなかった。特に、芸術は装飾するか、精神を高めるかのどちらかであるべきだが、確かに文化的な感受性に挑戦すべきではない、という考え方に彼は関わっていなかった。芸術の中の革命的なものを正当に評価し、支持できるその能力は、彼がヨーロッパで受けた教育によっても培われた。スティーグリッツは一八八一年から一八九〇年までの間、ドイツで九年間を過ごした。そこでは学生として、また若い写真家として、一九世紀後半の新浪漫主義のドイツ文化にどっぷりとつかった。個人と超自然的な世界とを結びつけて、人間の精神（ドイツ人たちの言い方だと、ガイスト）を解放しようとするゲルマン民族的関心は、スティーグリッツが将来、抽象的芸術と文化批評へと進出するための知的基礎を用意した。

　同程度に重要なことだが、一九一〇年にスティーグリッツは三つの互いに関係のある基本的な考え方―これが彼をアヴァンギャ

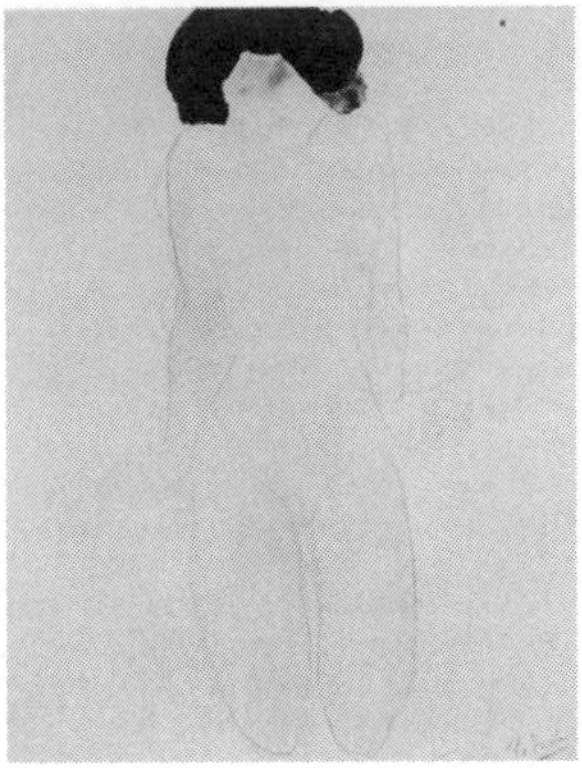

図 35　ロダン『跪いている娘―線画 No. 6』（日付なし）は、その表現方法と内容の両方でアメリカの観客に衝撃を与えた。

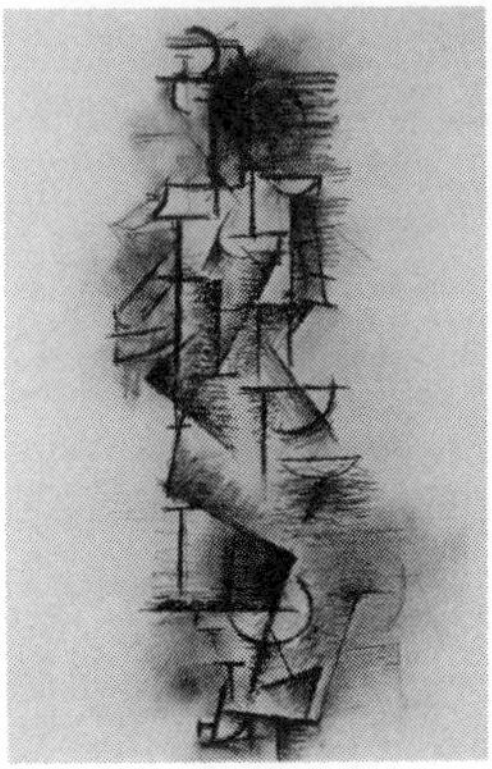

図 36　ピカソ『ヌード』（1910年）。スティーグリッツがアメリカでのピカソの最初の展示会で、水彩画と線画のうちの一枚としてこの線画を購入した。

ルドの代表者にした―をすでに展開していた。まず、彼は自己表現の必要性と正統性とを繰り返し強調した。近代化が社会的・経済的な領域で、加速度を伴う勢いで先に進むにつれて、自己表現はますます私的で個人特有の主観的な反応になっていった。二つ目に、彼は一つの思想の学派や一つの表現様式を支持することを拒み、基本的な主義、つまりはっきりと定義された文化的な基準に頑なに固執するのを避け、芸術や社会についての伝統的な堅苦しい概念を非難する方を好んだ。そうした考え方のゆえに、彼は根本的に新しい多元共存主義的な準拠体系―それはあらゆる分野で、芸術の新しい形式を進んで受け入れる結果となった―を取り入れることになっていった。そして最終的に最も重要なことだが、彼は世界を変えようとしている運動に貢献していると思ったのである。

写真家としての正真正銘の自己を明確に表現する方法を求めたスティーグリッツは、伝統という枠組みからの解放を求める他の芸術家たちを支持する方向へと動いて行った。彼が新しい後期印象派の、線・色・スペースを使っての実験を好意的に受け入れたのは、それゆえ当然のことであった。芸術家の文化的最重要問題は、自分自身を表現することである、とする彼の基本的な信念は、やがて諸芸術におけるモダニズムの革命をスティーグリッツが支持することへとつながっていった。「なぜ芸術家が何をすべきかを芸術家に伝えるべきなのか」と彼は一九一三年に修辞疑問でたずねた。「彼が仕事をしている時には、あなたのことや私のこと、他の誰のことも考えてはいない。彼は自分の心の中にある何かを表現したいという欲求を満足させようとしているだけである[9]」。要するに、スティーグリッツが個々人の差異を認識したことにより、新しい近代の芸術家は、心の中に目を向け、感じたままを表現することによって、見たものをリアリスティックに描いただけの人たちとは違って、フロイト以後の世界の性質をより力強く、正確に伝えることができることを彼が理解できるようになった。

スティーグリッツは、パリのアヴァンギャルドに関して、そしてまもなくニューヨークのアヴァンギャルドに関しても、リアリスティックな描写が、芸術家の新に発見した内面の生活を表現する能力の点で、行き詰まりに達していたことに気づいた。だから彼は、彼の言う「心理学を研究するための、素晴らしい実験室[10]」として二九一ギャラリーを計画した。精神を犠牲にしても、現実を最優先することを強調した科学の時代には、進歩的な芸術家は、文明―それに彼らは疎外感を感じているのだが―に挑戦するためには、社会が美しいと見なしているものについて、何らかの方法を見つけ出して、常に先を行っていなければならなかった。自然を摸倣しないで、また二九一ギラリーの批評家マリアス・デ・サヤスが、「空想的なシンボリズム」と呼んだものに頼らずに、宇宙の神秘を理解するために、一九世紀後半のヨーロッパの芸術や詩の労作―とりわけ愛と死を扱い、明確に示された、しばしば古臭いシンボルを使ったもの―に言及しながら、センセーショナルなものを伝達するために、自立した表現形式の能力をはっきりと示すことによって、モダニストならきっとそれができるであろう、とスティーグリッツは主張した。[11]

たとえスティーグリッツがモダニズムの芸術認識に傾かなかったにしても、彼の多元共存主義的な姿勢は、少なくともそれを真剣に考える方向に彼を向かわせたであろう。彼は一九〇二年―その頃、彼は最初のフォト・セッションの展示（そこでは、彼は写真の焼き付けと現像のあらゆる方法を意識して受け入れた）の手はずを決めた―以降、文化の多元共存主義の信条の実験を行ってきた。後になって彼は実際にそれをするのだが、あらゆる表現形式に人の目が触れられるようにと、その時、彼は主張した。『カメラ・ワーク』―それは彼の編集方針の下で、その当時の主要な近代の芸術誌となった―で、彼はあまりにもしばしば少数反対意見を公表したので、この雑誌の「方針は……我々がそれを承認しようがしまいが、いかなる視点、いかなる考え方も掲載することにある[12]」と指摘せざるをえない、と彼は感じた。近代芸術がニューヨークの主要なギャラリーで成功を収めたと思えた一九一五年に、スティーグリッツは冗談めかして記している―「もし最悪の事態になって、ナショナル・アカデミー・オブ・デザインのメンバーが彼らの絵を展示する場所が他に見つからなかったら、私はナンバー二九一ギャラリーを彼らに喜んで使わせてあげよう」と。[13]

にもかかわらず、スティーグリッツは自己表現それ自体が目的であるとは見なさなかった。多元共存主義との関わりもまた、彼をモダニストにはしなかった。三番目の構成要素―芸術の分野での彼の努力は全体として、その世界で革命的な影響を与えた、という彼の基本的な確信―のみが、彼の世界観をあるべき場所に保つくさびの役目を提供したのである。「私たちが自分たちの仕事に信念を持ってきたこと、明確な目標を持ってきたことが、私たちの力となってきた[14]」としばしばスティーグリッツは言った。それを定義してほしいと言われた時、「私たちは自由な経験と正当性を得ようと奮闘していると言えば、それでもう十分だ」[15]と強い口調でしばしば反応した。スティーグリッツの頭の中では、自由と正当性とのつながりが、彼がしばしば言ったように、「芸術と人生は同義語である」[16]という彼の揺るぎない信念にあった。そしてその二つが本当に同じものなら、自己表現に頭の中を集中させることは、芸術のための芸術にうつつをぬかす行動ではなく、人間の仕事の中で本当に重要なものを生み出すことのできる高貴な努力と言える。

だが、芸術が社会を生き返らせることができれば、アメリカの芸術家たちはヨーロッパのやり方を摸倣することはできなくても、彼らの仕事がアメリカでの生活を表現し、形づくることに期待をかけることはできることを意味した。アメリカ人は彼らの「文化的な謙遜」を拒否して、その代わりに「新しいアメリカの国家主義」を考案すべきである、と一九一四年に提案した批評家ランドルフ・ボーンのように、また一九一六年に彼らの月刊誌『セブン・アーツ』をその新しい国の文化を表現することに捧げたその編集者ジェイムズ・オッペンハイムやウォルドー・フランク、ヴァン・ウィック・ブルックスのように、スティーグリッツはアメリカの芸術家たちの成長を促すことで、もっと効果的に彼の目標を推進できると判断した。[17]最も先を進んでいたヨーロッパの芸術を持ち込んで以後、アーモリーショーに続いて、彼は逆説的なことに、殆ど専らアメリカの芸術家たちのスポンサーになる決心をし、アメリカ最初の近代の画家たち—ジョン・マリン、アーサー・ダヴ、（図37）マーズデン・ハートリー、スティーグリッツの未来の妻ジョージア・オキーフ—のパトロンで、助言者となった。芸術家の仕事は、彼や彼女が住んでいる場所に根ざしているべきである、とスティーグリッツはウォルト・ホイットマンと考え方を同じくしていた。そして彼は新しい表現形式であれば、アメリカの生活を急進化できるとして、彼の同時代人たちと張り合った。一九一四年に彼が書いたように、「この国での私の全人生は、実にアメリカ国民を少しずつ蝕んできた恐ろしい毒と闘うことに捧げられてきた。アメリカ人として私は、至る所で牛耳っている偽善に、近視眼に、構成の欠如に、事実上の愚かさに憤慨した[18]」。

スティーグリッツが近代芸術をアメリカに持ち込んだ時、彼は革命に着手しようとしていると考えた。ますます非宗教的になってきている時代に生きながら、彼は以前の世代が宗教のために取っておいた権限や目的を芸術創造の行為につぎ込んだ。彼のカメラが新しい機械時代の産物である、というのは逆説的であるにしても、科学と科学技術の新しい時代の中で、自分が場違いな人間だと感じている、としばしば彼は記している。このことが、アメリカで初めて近代芸術を展示したことに加えて、スティーグリッツが一九一二年から一六年の間に、二九一ギャラリーでアメリカの観客に子供の芸術とアフリカの彫刻を持ち込んだ理由でもあった。子供の創造性や「原始的」民族の創造性は、理性的な社会（彼はこの理性的な社会には対抗せざるをえないと感じていた）から抑圧されてこなかったことを、彼は他のロマンチストたちと共に信じた。だが結局は、リアリスティックな表現という畏敬の念を抱くような、知覚的な障害を突き破るためには、スティーグリッツが芸術家や近代芸術のために、自分の考えを信頼したのと似た信頼を必要とした。「私が〈二九一〉というこの小さな場所を切り回して、もう七年になるが、その間、切り回せなかったのが二日だけ。その間に一六万人ほどの人たちがここにやって来て、アメリカやヨーロッパの比類のないものを彼らは見せられた。いわゆる展示物の背後には、壁に掛けられているまさにそのものよりも大きいものがあることを、多くの人たちがわかり始めている。それこそアイディアであり、精神である。しかし、その意味を理解していそうな者は殆どおらず、ひょっとしたらこういうことかな、と考える人は一握りである[19]」。

図37　ダヴ『象徴化された自然No. 2』（1911年）。彼はアメリカの風景について、正しい認識を伝達する抽象の原理を探求した最初のアメリカの画家。

いくぶん暗い調子で、スティーグリッツは彼の提案した革命が最終的に失敗したことに言及した。もし彼が新しい急進的な文化へと道案内をする予言者である（そのような人間でありたいと思っていた）なら、少数の人にしか理解できないような言葉で先導したであろう。そしてもし彼らがそれを理解できれば、彼らはスティーグリッツの情熱的なレトリックの中に、二九一ギャラリーの理想主義的な原理を行動計画―もしそれが実現していたら、モダニストたちが待ち望んでいた社会の変化が起こっていたであろう―に移すという方法（といってもその方法を決して明瞭に懐いているわけではない）を見い出すであろう。残念ながら、芸術的な自己表現の権利が社会に充分に受け入れられたにしても、文化的な多元的共存の主義が保守的な合意の防壁になったにしても、後期印象派の「抑えられない強い感情を表現する人たち」の絵画がそれらを収納している博物館よりも値打ちがあったにしても、スティーグリッツや他の文化的急進主義者たちが、かつて近代芸術に見た革命的な将来性を思い起こす人は殆どいないだろう。

二九一ギャラリーで展示された最後の芸術作品の一つに、マルセル・デュシャンの小便器がある。彼はそれを「レディメード」と呼んだが、デュシャンは、R・マットのペンネームで、一九一七年にインディペンデント・アーティスツの展示協会にその作品を提出した。その協会は、提出されたものはどんな作品であれ展示すると約束してくれていたが、選考委員会は、デュシャンの「泉」（ファウンテン）をけしからんとは言わないまでも、不適当だと拒絶した。「リチャード・マット訴訟」は、間もなくアメリカ芸術界の有名な裁判事件となった。「マット」は「そのオブジェのための新しい考えを創造していた」から、価値のある作品を提出したとデュシャンは異議を唱えた。[20]「泉」（ファウンテン）を提出する際に、デュシャン―彼はその後、「レディメードの概念」は、「彼の仕事の中から生まれた最も重要な一つのアイディアであったのかも知れない」と主張した―は、多元的共存主義を限界ギリギリにまで押し進めた。[21]一つの想像力に富んだ行動で、彼は芸術と人生の間のいかなる差異もなくし、批評の正当性を完全に拒絶し、彼自身の自称決定権に注意を向けさせた。デュシャンは強く執着するものがあるから、それを選択するということ以外に、絶対的な芸術の基準、価値、習慣などなにもない、と実際に言っていた。

スティーグリッツは、その当時、デュシャンを理解した数少ない人の一人であった。デュシャンの主張と二九一の目ざすものとの関連を知ったスティーグリッツは、「泉」（ファウンテン）を二九一ギラリーに移動させた。彼は一九一七年四月に、そこに「レディメード」を展示し、後世の人々のためにその写真を撮った。

予告なしとはいえ、小便器の相応しい展示から一か月もしないで、二九一ギャラリーはそのドアを閉め、『カメラ・ワーク』は永久に出版をやめ、アメリカの芸術の歴史の一章を終えた。

二九一ギャラリーと『カメラ・ワーク』の終焉の直接の原因は、一九一七年八月の酒類醸造販売の禁止の始まりであった。スティーグリッツのギャラリーや出版物への財政支援は、大部分がブルックリンの妻の実家の醸造所から得られる妻の安定した収入に頼っていた。アメリカが第一次大戦に参戦して後、アルコール飲料を製造する目的で貴重な食糧を使うことを政府が禁じたことで、スティーグリッツは彼の実験を終わりにしなければならなかった。「私の家族と私はひどい打撃を受けている。あまりにひどいので、二九一と『カメラ・ワーク』を断念せざるをえません」[22]と彼は出版社のミッチェル・ケナーリーに宛てて五月に手紙を書いている。

この手紙は、二九一ギャラリーを運営し、出版物を出すためには、お金が重要であることをスティーグリッツが認めた数少ないものの一つであった。しかし、禁酒法だけがアメリカのアヴァンギャルドの支援を干上がらせたかのように暗示するのは不正確であろう。スティーグリッツの財政状態がたとえ悪化していなかったにせよ、アメリカが参戦してからというもの、一九一七年四月以前に彼がやっていたような形で仕事を継続していたというのは、信じられないようなことであっただろう。二九一ギャラリーや『カメラ・ワーク』は、芸術が独力で社会を変えられるであろう、という信念のもとに成立していたが、戦争のめざすものが国家の社会的目的をはっきりと示すと、彼はもはやその信念―今では、それもこれまでよりも明確につくり詰めいてきた―を持続できなかった。私たちみんなに共通した大きな戦争に直面して、モダニズム―それは社会的信頼と最も急進的な自由の定義に基づいている―は影響力を失ったもののように思えた。スティーグリッツみずからが、この戦争が実際、何を意図してのものか理解するのに大いに苦しんだが、一九一七年という年は、彼の夢が終わりを迎えたことを記した。ウィルソン大統領が戦争宣言をしてほんの何か月か後に、「もちろん時代的背景を持つこの戦争は、私がこの何年もの間、乗り越えようとして乗り越えられなかったあらゆる弱点部分を際立たせている」[23]と彼は嘆いた。

これより前に、マリアス・デ・サヤスは、一九一四年九月にたまたまパリにいて、アヴァンギャルドの息づいている世界に、今回の戦争の及ぼす影響がどういうものであるかを知った。「私はフランスを、特に悪い状態のパリを去った」と彼はスティーグリッツに宛てて書いている。「戦争が始まってからと言うもの、あらゆる知性が一掃されたように思える。この戦争は多くの近代の芸術家を、そして間違いなく近代芸術を殺し（kill）てしまうだろうと私は思う。もし近代芸術が殺されなかったら、近代芸術は人類を魅了した(killed)ことだろう」[24]。デ・サヤスの最終の短信は、依然としてその世界―モダニズムが人の心を捉えて離さなかったとデ・サヤスとスティーグリッツが考えていた世界―をもう一度きちんとまとめようとする圧倒するような力を映し出している。

芸術が(たとえ比喩的な意味であれ)人を魅了できるという考えは、芸術家は実際にはいかに無力であるかを戦争が決定的に証明しているように、ますますそれへの存在の意味を信じ難いものとなっていた。彼の「信念とヴィジョン」から生まれた歌が、戦争の音楽を響かせるドラムによって、掻き消されてきたことを認めながら、スティーグリッツは一九〇五年以降、彼が導いてきたその生活の終焉を示すために、一九一七年四月に象徴的な自殺の何らかの合図をしなければならないと感じた。彼はいまだ所有していた『カメラ・ワーク』の多くの部数を、もし誰かが値下げした値段でそれらを買わなければ、処分すると脅した。『カメラ・ワーク』を売ることに成功した彼は、『カメラ・ワーク』の代わりに『二九一』(一九一五年と一九一六年の二年間で、一二号まで刊行した実験的な雑誌で、彼の怒りと絶望の対象であった)を選んだ。イェール大学のアルフレッド・スティーグリッツ・アーカイブの中の、あたりさわりのない一通の手紙は、『二九一』の終焉を無言のうちに証言する。

ニューヨーク、グリーン・セイント　七〇
アメリカン・ウエイスト・ペーパー商会　様

紳士諸君
別便にて、「二九一」と呼ばれている書類の一部をあなたに送ります。この書類を数百ポンド持っていて、これを処分したいと思っています。この書類一ポンドについて、どれだけ払ってもらえますか。
ご返事をお待ちしております。

敬具

ニューヨーク、五番街　二九一
一九一七年四月一二日
アルフレッド・スティーグリッツ

この投売りで、彼は五ドル八〇セントを受け取った。およそ八千部の雑誌が製紙の原料に化けた[25]。

原始的な儀式と調和させて、スティーグリッツは『二九一』を廃棄することは、彼のヴィジョンの再生につながるだろう、と確かに期待した。彼のヴィジョンはとても劇的に、変更のできないくらいにアメリカの文化を変質させていた。戦争後、彼は他のギャラリーをオープンしたが、二九一と較べると、それらは芸術の世界の周辺を構成しただけで、新しい芸術家を生み出したりはしなかった。確かに、彼も一九一七年以後、革命的・抽象的な写真に相当する一連のものを含めて、彼の最も優れた写真をいくらか撮った。にもかかわらず、たとえどんなに大胆な魔術的儀式を以ってしても、近代の芸術が新しい社会を創造するというこれまで果されてこなかった約束を取り戻すことはできないであろう。

註

Alfred Stieglitz Archive はコネチカット州、ニューヘブンのイェール大学の Beinecke Rare Book and Manuscript Library にある。

（1）Edward Steichen から Alfred Stieglitz に宛てた手紙（一九一三年一一月）。Alfred Stieglitz Archive.

（2）Alfred Stieglitz から Waldo Frank に宛てた手紙（一九三五年七月六日）。Alfred Stieglitz Archive.

（3）Ibid.

（4）"The Editor's Page," *Camera Work* 18 (April 1907): 37.

（5）Pamela Colman Smith catalogue, *Alfred Stieglitz Scrapbook*, no. 4. 64, Alfred Stieglitz Archive.

（6）*Georgia O'Keeffe: A Portrait by Alfred Stieglitz*, intro., Georgia O'Keeffe (New York: Metropolitan Museum of Art, 1978), n. p.

（7）Royal Cortissoz, "The Post-Impressionist Illusion," *Century Magazine* 85 (April 1913): 813.

（8）Alfred Stieglitz, *Mental Photographs: An Album for Confessions of Tastes, Habits, and Convictions* in the possession of Frank Proser of Lake George, N.Y. ; Alfred Stieglitz, "Thoroughly Unprepared," *Twice-A-Year*, 10-11 (Fall-Winter 1943): 249.

（9）Marius de Zayas and Paul B. Haviland, "A Study of the Modern Evolution of Plastic Expressionism, 291" (1913): 17 で引用されている。

（10）Alfred Stieglitz から Heinrich Kuhn に宛てた手紙（一九一二年一月一四日）。Alfred Stieglitz Archive.

（11）Marius de Zayas, "Modern Art in Connection with Negro Art," *Camera Work* 48 (October 1916): 7.

（12）"Editorial," *Camera Work* 14 (April 1906): 17.

（13）Marius de Zayas, "How, When, and Why Modern Art Came to New York," *Arts Magazine* 54 (April 1980): 112 で引用されている。

（14）Alfred Stieglitz から George Davidson に宛てた手紙（一九〇九年四月一〇日）。Alfred Stieglitz Archive.

（15）Agnes Ernst, "New School of the Camera," *New York Sun*, 26 April 1908.

（16）Alfred Stieglitz から Spencer Kellogg に宛てた手紙（一九一三年一一月一七日）。Alfred Stieglitz Archive.

（17）Randolph Bourne, "Our Cultural Humility," *Atlantic Monthly* 114 (October 1914): 506. *Seven Arts* は一九一六年と一七年に一二回出版されたが、ついに第一次大戦が反戦雑誌に資金不足をもたらした。新しいアメリカの文化を表現する目的のために捧げられたこの雑誌は、とりわけ Sherwood Anderson, Randolph Bourne, John Dos Passos, Kahlil Gibran, Paul Strand のものを掲載した。

（18）Alfred Stieglitz から Fritz Goetz に宛てた手紙（一九一四年一一月一三日）。Alfred Stieglitz Archive.

（19）Alfred Stieglitz から R. Child Bayley に宛てた手紙（一九

一二年四月二九日）。Alfred Stieglitz Archive.

（20）*Blind Man*, 2 (May 1917): 5.

（21）Arturo Schwarz, *The Complete Works of Marcel Duchamp* (London: Thames and Hudson, 1969), 39で引用されている。

（22）Alfred Stieglitz から Mitchell Kennerley に宛てた手紙（一九一七年五月一七日）。Alfred Stieglitz Archive.

（23）Alfred Stieglitz から Paul Strand に宛てた手紙（一九一七年八月一八日）。Alfred Stieglitz Archive.

（24）Marius de Zayas から Alfred Stieglitz に宛てた手紙（日付なし）。Alfred Stieglitz Archive.

（25）Alfred Stieglitz, "The Magazine *291* and the Steerage," *Twice-A-Year*, 8-9 (Spring-Summer 1942, Fall-Winter 1942), 135を参照。『二九一』のめったにない完全版は、今では何万ドルもの値打ちがある。

［訳者追加　邦訳　ピーター・コーネル・リヒター（解説）、甲斐義明（訳）『ジョージア・オキーフとアルフレッド・スティーグリッツ』（岩波アートライブラリー、岩波書店、二〇一〇年）］

『マッシズ』とモダニズム

レベッカ・ズーリエ

「隠し立てをせず、身の程知らずで、生意気。真の目的を探して、硬直と独善が見つかれば、必ずそれに批判を向けた雑誌」『マッシズ』は、その類まれで驚くべき時代を特徴づけた実験と反抗の精神を具体的に表現した。(1) プロヴィンスタウン・プレイヤーズとも結びついた多くの芸術家や作家たちを擁した『マッシズ』は、うまく作り出された特大判の芸術雑誌に、文化・政治・詩・経済理論・絵・労働者に関する新情報が並び、それらが一つに調和して掲載されていた。風刺漫画と書き物のテーマとして、新しい女性・新しい政治・新しい心理学・新しい文学を、編集者たちはウイットと冷静さで以って探求した。

しかし、こうした急進的なものの融合した中で、新しい芸術はどこに存在したのか。『マッシズ』はこうした冒険的企てを「改革の雑誌ではなく、革命的なそれ」と説明した芸術家によって創刊されたが、一九一一ギャラリーやアーモリーショーで見られ（ジョージ・クラム・クックの劇『表現方法を変えろ』でパロディ化されている）た「革命的」な新しい芸術は、『マッシズ』の紙面には居場所が殆ど見つからなかった。この雑誌の特色あるグラフィック・ルックは、同時代のモダニズムの芸術とは違う出所があった。この雑誌は、刊行されている間、その周辺で起こっている芸術の変化の殆どに敵対する態度を取っていた。この一見、異常とも思えることは重要なことである。一九一五年に活発であった文化的興奮は、あらゆる分野でまったく同じように現われたわけではなかったことを示しているからである。さまざまな傾向と集団が関わっていたが、そこには意見の対立と不一致が見られた。『マッシズ』の芸術についての顚末からは、文化の瞬間《とき》に固有の矛盾点のいくらかがそれとなく見えてくる。

一九一一年に創刊された『マッシズ』が最初に取った姿は、一九世紀のキリスト教的社会主義に芸術的に、また知的に根づいていることを明らかにした。その編集者たちは成功している商業的作家、挿絵画家、風刺漫画家たち（彼らは小説や詩、芸術で「大衆」に訴えながら、アメリカの読者にヨーロッパの労働者の協同組合の活動を一般に知らせる社会主義運動を支持した）の支持を得た。一つの理想的な協力的社会へと向かう平和的で、発展的な進歩という一九世紀のヴィジョンと調和しながら、この雑誌はより良い未来への展望を喚起することを意図した教訓的記事や分かり易い絵を紙面に載せた。チャールズ・ウインターの『啓蒙』は、こうしたアプローチを示している。

トルストイやゾラの物語の翻訳と並んで掲載されているとても高潔な像は、芸術の理想を道徳的に精神を高揚させるものだと明らかにする。『マッシズ』の初期の編集者は、もしプロレタリアートが偉大な芸術作品を認識することを教えられたら、これらの作品は結局、有益な影響を及ぼすことになろうと想定した。そうした彼らの心がけは、労働者の合唱団を作ったり、労働者階級の人々の住む近辺で博物館から借り出した展示品を並べたり、セツルメント施設を使って巨匠の絵の複製を配ったりする同時代の改革者たちの活動に似ていた。[2]「大衆」を偉大な文化の伝統にさらすという目的を持った―そしてコニー・アイランドやティン・パン・アレー［ポピュラー音楽業界］といった人気のあった商業文化への非難を暗に示して―そうした活動は、新しい芸術を特徴づける実験や新機軸の試みに対しては殆ど支持にはならなかった。

その崇高な意図にもかかわらず、『マッシズ』の最初期の版は、一般の人たちからの支持をあまり得られず、発行して一四か月後に廃刊に追い込まれた。この雑誌が一九一二年の終わりに再編成された時、その割付は編集方針とともに変化した。蘇ったその雑誌の背後で動機づけとなった力は、ヨーロッパの左翼の風刺的な雑誌をモデルにして作られた雑誌―それは特大の判に、大胆な風刺漫画や政治的論評を掲載した―を求める芸術家たちのグループの存在であった。これらの芸術家たちの中には、始めから『マッシズ』と密接な関係にある者もいたし、質の高い再生力と注意をそらさない宣伝で、彼ら自身の雑誌を創造し、操作するための機会を求めて加わった者もいた。復活した『マッシズ』に寄稿した芸術家や作家のほとんどは、大衆向きの雑誌で働いて生計を立て、商業的なジャーナリズムの要求にはうんざりしていた。グラスペルが同時代の劇について言ったように、商業雑誌の記事は市場によって確立された決まったやり方に応じて「パターン化」されていた(3)。いく人かの芸術家たちの商業主義に対する憤りは、社会的不公平の認識と同じくらい強く、それが彼らに資本主義に対する疑問を懐かせ、社会主義へと向わせたのである。アート・ヤングは、資本主義の出版界を売春宿だと示す風刺漫画―そこでは出版社という売春宿の女将を任されている編集者と様々な作家たちが、依頼人である大広告主に仕えている―の中で、こうした批評を表わした。（図38）

図38　ヤング「新聞・雑誌記事の自由」。『マッシズ』4号（1912年12月）。

伝統的な階級制を壊そうとして『マッシズ』の職員は、芸術家や作家が保有している株によって、労働者所有の協同組織としてこの雑誌の構造改革を提案した。それによって芸術家を労働者と、また労働者を所有者と見なした。彼らは編集者の職を共同のものとし、毎月一回の会合で、みんなの投票によってそれが実行された。こうしたプロセスを経ることによって、寄稿家たちには他の新聞・雑誌が提供しなかったもの―編集上の決定に関して芸術的なものが完全に支配し、自分たち以外の誰にも応えなくてよい自由―を提供してもらった。右派・左派どちらの雑誌であれ、芸術の伝統的な使用に対して憤慨していた芸術家たちには、前もって選ばれていたテクストの補助的なものとしての挿絵の配置がとりわけ魅力的だとわかった。『マッシズ』の美術は書き物の役割とは分離しているが、対等の役割を果していて、それにひけをとらない空間を占めていた。作家たちの方も慣例にとらわれない、個人に特有の、商業的に実現不可能な、あるいは政治的に「不穏当な」材料を公表する絶好の機会に応じた。ジョン・リードは挑発的な声明で、『マッシズ』の率直な方針を述べている―「私たちは次の点を除いて、何らかの行動方針に傾倒することはしない―私たちはまさに私たちの好きなように『マッシズ』を扱う……アメリカには、雑誌の決まり文句で独りよがりに並べ立てたものには、うんざりしている、明敏で元気な一般層の人たちが大勢いる。私たちがしたいことは、そういう人たちに対して吹いてくる爽やかな風になることであろう、と私たちは信じて疑わない(4)」。

「私たちのしたいことをし、誰とも和解したりはしない」と約束することによって、『マッシズ』は商業的な新聞・雑誌にばかりか、アメリカの社会党の出版物にも異議を唱えた。既成の出版業界は名誉棄損の訴訟でそれに反応を示したが、他方、左翼の批評家は『マッシズ』を軽薄、折衷主義、ボヘミアニズムだと言って非難した―教会を激しく非難し、自由恋愛を擁護する雑誌が、どうして労働者階級のアメリカ人を代表しているなどと主張できるのかと。目的の矛盾を解決することはできなかったが、編集者は主義として「自由な雑誌」という彼らの理念にこだわった。彼らの広範囲にわたる好み、「たとえどこにそれが書かれていようとも、独断」への不信が、『マッシズ』を他のアメリカの左翼の人々の、一つの目的にだけ邁進する発行物と区別し、結局、この雑誌の長持ちする生命力の一因となった。社会主義の雑誌『理性への訴え』―一九一〇年代に『マッシズ』よりずっと多くの発行部数を売り上げた―は、今では殆ど歴史的な興味くらいしかないが、『マッシズ』の風刺漫画の方は、的を射り続け、多くの散文が楽しく読める。

『マッシズ』が社会の変化に関与したこと、集団で物事を決定したこと、芸術の自由と同じくらいに重要であったのは、職員がそのこと自体をまともに取りすぎない関与の仕方であった。社会党の殆どの刊行誌の信心深い、ユーモアのない調子とは対照的に、『マッシズ』の編集者たちは、「革命を楽しむこと」を宣言した。この雑誌のメンバーは読者を奮い立たせようとしたというよりもむしろ、読者を憤慨させようとした。『マッシズ』のユーモアは編集者たちの考え方―いかなる革命もウイット、娯楽、創造的表現で満たすべきである―を証明するものである。しかし、ユーモアは不正を攻撃し、論争の刺激に使われる時、力強い政治的手段として役立つであろう。『マッシズ』に対して起こされた有名な訴訟の多くは、その風刺漫画を検閲しようとすることから始まったものである。風刺は『マッシズ』が「大衆に訴える」際に、しばしば矛盾する目的を両立させる一つの方法を提供した。そうする一方で、風刺はその芸術家たちに「私たちがしたいと思うこと」をする自由を提供した。風刺はその読者が権威というものに疑問を持つように仕向けた。ユーモアと政治的論評の組み合わせは、長い間のアメリカの伝統の一部で、彼らの冒険的な企てを風刺的な歌や漫画、世界産業労働者組合によって使われたスローガンにつないだ、とその編集者たちは記した。(5)

この雑誌の対決的な調子に合わせて、作り直された『マッシズ』に現われたその芸術は、より早い時期の編集者および他の保守的な社会主義の刊行物の編集者に好まれた、力強い労働者たちの寓話的な姿から出発した。その風刺的な漫画は、もっとずっと広い範囲の社会的関心を表現した。直接行動に出る世界産業労働者組合の戦術を弁護しながら、『マッシズ』はその最も強力な風刺漫画のいくつかを、コロラド州ラドローでのストライキ中の鉱夫の大虐殺に関する世間を騒がせる報道を含めて、労働運動に充てた。ジョン・スローンの一九一三年の風刺漫画「キリスト教徒よ、やれるものならやってみろ」は、ニューヨークで失業中の男たちを組織しようとしたアナキストのリーダー、フランク・タナンバウムの運動を記念したものである。それは創作意欲をかき立て、その後、『同時代人』という戯曲ができあがる。社会党の、より保守的な立場から離れることで、『マッシズ』は人種差別についてははっきりと反対の立場を取った。それは、「ジョージアにて」（図39）の私刑を描いたロバート・マイナーの表紙の絵に象徴されている。女性の低賃金に抗議をし、参政権運動を支持する絵に新女性が現われた。（図40）『マッシズ』は経済的平等を、「アダムとイブ、本当の話」を描くジョン・スローンの一連の風刺漫画で見られるように、女性の内的性質の考慮―時々、理想化されたが―と結びつけた。女性についての絵や記事の多くは、男性によって寄稿されたものだったが、職員には女性のフェミニストが少数いた。ジャーナリストのイネ・ヘインズ・ギルモア、プロヴィンスタウンの住人メアリー・ヒートン・ヴォース、今ではすっかり忘れられているが風刺漫画家のコーネリア・バーンズがそうであった。近代の女性についてのバーンズの皮肉っぽい見方は、「ねえ、わずかなお金を借りなきゃいけないにしても、私は経済的に自立してみせるわよ！」（図41）というタイトルの、二人の自称フェミニストについての彼女の絵に見られる。『マッシズ』は第一次世界大戦初期に、断固として参戦反対をした際、社会党の伝統主義に異議を唱え続けた。主流の新聞編集者に仕事を拒絶された芸術家たちは、力強い反戦の風刺漫画を寄稿した。同時に、『マッシズ』は、グリニッチ・ヴィレッジの基本的道徳観を示す慣習のパロディ（図42）、聖なる雌牛への気まぐれな侮辱、「老母の伝統」などと一緒に、社会風刺を掲載した。

芸術の自由というこの雑誌の約束はまた、この雑誌の政治目的に共感し、魅力的なフォーマットで再生された自分たちの仕事ぶりを見る機会ができたことに感謝した美術家たちに、明らかに今話題の訴えかけるだけのものがなくて

図 40　ウィンター「戦闘的な人」。『マッシズ』4 号（1913 年 8 月）の表紙。

図 39　マイナー「ジョージアにて—南部の紳士がその優越を証明する」。『マッシズ』6 号（1915 年 8 月）の表紙。

図 42　グリンテンカンプ「彼—俺がアナキストで自由恋愛者だと知ってたかい。彼女—まさか！　てっきりボーイスカウトかと」。『マッシズ』8 号（1915 年 12 月）。

図 41　バーンズ「ねえ、わずかなお金を借りなきゃいけないにしても、私は経済的に自立してみせるわよ！」。『マッシズ』6 号（1915 年 3 月）。

も、絵を寄稿したいという気にさせた。ジョー・デイヴィドソン、アーサー・B・デーヴィス、エイブラハム・ウォルコヴィッツ、パブロ・ピカソといった画家たち（すべてが一九一三年のアーモリーショーの参加者）から人物スケッチが時折、寄贈されたが、それらは検閲に反対するロバート・マイナーの風刺漫画における強い女性像に対して、皮肉にもきしゃでロマンチックな対《つい》になっていた。そのような対照的並置―それは「『マッシズ』のヌード画」に対するよく知られた嘲りをついには引き起こした……「そんなヌード画が労働者階級にどう役立つというのだ」―は、芸術的自己表現についてのこの雑誌の支持、それに芸術を楽しむという行為は、有閑階級に制限されるものではないだろうという期待がなかなか消えることはないという点を考えると、まったく理解のできるものである。結局、『パンとバラ』[6]を『マッシズ』に掲載してほしいと要求したのは、他ならぬ世界産業労働者組合の作詞家であった。

その折衷的な内容にもかかわらず、『マッシズ』はフルタイムで働く編集委員会に属する芸術家や漫画家たちの努力によって、首尾一貫して視覚的な効果をあげた。その編集委員会の男女の殆どは、大きな影響力を持つ先生で、画家でもあるロバート・ヘンリと一緒に勉強をしてきていて、その素早い自筆のスケッチ、「真剣な」その線、下層民の生活をほめたたえる（マンハッタンの下層の労働者階級の近辺で、彼らが探し出そうとしたテーマ）のに使われる芸術上の、リアリズム形式への熱の入れようを共有した。彼らの関心は彼らをアッシュカン派として知られた芸術家のグループと結びつけた。彼らはみな新聞で仕込まれ（その頃、新聞は写真ではなく、芸術家のスケッチを掲載していた）、ヘンリと仕事を共にし、ニューヨークの街の生活に基づく芸術を創造した。ジョン・スローン（アッシュカン派の芸術家で、その指導的役割を果した『マッシズ』の芸術部門の編集者に相当する人）は、この雑誌の芸術関係の多くの基調を定めた。彼の描いた表紙の絵「つらい仕事からの帰り」（図43）は、その頃の彼の絵や版画に近いものである。また職員にはジョージ・ベローズ、スチュアート・デーヴィス、ヘンリー・グリテンカンプ、グレン・コールマンなどがいたが、その当時のアッシュカン派の芸術家としての名声を誰もが発揮していて、似たような様式で仕事をしていた風刺漫画家も数人いた。日常の人々をつつましやかに共感的に描いた絵は、意図した読者の風紀を正すことも、読者を見下した調子で話すこともなく、この雑誌の政治的な見方とよく一致している。その絵とジャーナリズムのつながりは、「大衆」に訴えかけるであろうと編集者たちが多分、考えていた人気のある資料を彼らに与えた。他方で、それは雑誌の挿絵の伝統を絶つことになった。

偉大な一九世紀フランスの風刺漫画家オーノーレイ・ドーミエへの『マッシズ』の称賛が、ヘンリからも現われた。世紀転換期の信奉者たちは、人間味ある同情と道徳的憤慨を一つに結びつけられる彼をあがめた。左翼の風刺漫画家たちと伝統的な美術批評家たちは、ドーミエが純芸術の真剣さによって、風刺漫画を変化させたという信念で結びついていた。「彼の石版用の鉛筆と雑誌の安物の紙で」偉大なことをやり遂げた芸術家の手本は、ギャラリーの壁から芸術を取り外し、それを一般大衆の所に持っていく一つの方法を提案した。(7) 最新の再生方法を使って、ドーミエのクレヨンの技巧効果をうまく表現しようと、スローンは印刷工に加えて、写真凸版を作る人とも一緒に仕事をして、石版のパリパリ感と色調の微妙な差異を生かした絵を再現した。

図43　スローン「つらい仕事からの帰り」。『マッシズ』4号（1913年7月）の表紙。

図44　デーヴィス「ジャージー市での肖像画」。『マッシズ』6号（1915年7月）。

ドーミエの影響とスローンの新しい技術に励まされて、『マッシズ』の芸術家たちは、ロバート・マイナーの力強い風刺漫画（彼の同僚ケネス・チャンバーレインの言い方をすれば、「大きく、黒い残忍なもの」）から、スチュアート・デーヴィスのニュージャージーでの黒人の生活を描いた表現主義的な絵（図44）にいたる不穏な力の心象を生み出した。(8) クレヨンによる表現方法は、『マッシズ』の芸術家たちの多様な関心を一つにし、それまで「純」芸術と社会風刺、ないし政治抗議とを通常、分離していた境界線を越えるように仕向けた。アッシュカン派の芸術家ジョージ・ベローズは、イースト・サイドの波止場で遊んでいる少年たちの特徴的な姿を描いたが、中産階級の欠点を鋭く批判したドーミエに似たよ

図 45　ベッカー「春の先触れ」。『マッシズ』8 号（1916 年 5 月）の表紙。

図 46　デーヴィス「すごいよ、マグ、あたいたちが雑誌の表紙を飾るなんて」。『マッシズ』4 号（1913 年 6 月）の表紙。

うな絵も描いた。その後、南部の人種主義についての心動かす告発の絵、「ジョージアでの祈り」では、石版にクレヨンで描かれた陰と表現主義的な線とを有効に使っている。同じ頃、プロの風刺漫画家モーリス・ベッカー（彼はヘンリの授業で「ドーミエの信奉者」になったことを思い出した）は、激しい反戦のメッセージを伝えるためのクレヨンの手法から、「春の先触れ」[9]（図45）というタイトルのついた、町の通りで売り歩く人の絵でのやさしいアイロニーへと切り換えができた。ドーミエの手本は、これらの種類のイメジャリーのそれぞれに霊感を与えた。

『マッシズ』の芸術家たちをさらに結束させたものは、資本主義の雑誌の芸術に対して共有していた彼らの憎しみで、それは営利目的のカバーガールによって象徴されていた。人気のあった挿絵画家ジェイムズ・モンゴメリー・フラッグの描いた入浴中の美女は、第一次大戦中にフラッグが彼の有名な「あなたに夢中」のポスターで使った戦術であることを明らかにしている。どちらの姿も見る人の注意を引いた。『マッシズ』の芸術家たちにとって、カバーガールは資本主義の力を象徴していた。それは商品を売るために、挿絵入り広告でいっぱいの雑誌を売るのが目的で、芸術をそしてそれとなく性的魅力を利用したのである。スチュアート・デーヴィスは、ホボーケンで注意して見た二人の女性の絵に基づくパロディ、「すごいよ、マグ、あたいたちが雑誌の表紙を飾るなんて」（図46）で、それに反応した。故意に性的魅力がないようにクレヨンの手法で仕上げたデーヴィスの絵は、商業芸術の深みのない表現を嘲ったのである。

憤慨した読者は、そのような絵を「下品だ」とか「粗野だ」と呼び、「人生の陰の部分を」この雑誌が「執拗にくどくど言う」ことに驚いた。ある読者が、「なんでもありなんじゃないんですか」と問いただすと、イーストマンは、『マッシズ』は伝統的な雑誌を支配してきた〈タイツをはき、色合いのついたキューピッドの画像の、当てにならない娘〉の像に代わるものを提供した」と反論した。[10]「ごみ缶とホレーショウ通りでスカートを引っ張り上げる娘の絵」の政治的効果をめぐって、論争が荒れ狂ったが、これらの絵は資本主義の出版物、社会主義の出版物の双方で、労働者の伝統的な描写に対して意義のある挑戦をしたと言っていい。[11]特定の細部を描き、一見、何気ない表現をしているようであるヘンリー・ターナーの描く建設工事現場の労働者は、社会主義のプロパガンダで好まれている理想化された人物像とは大きく違って、世界産業労働者組合の風刺漫画で提示されている事情通の労働者にずっと近いものである。(図47)スローンは「私の目にしたままの人生」の姿を描いたのであって、そこにはいかなる特定の政治的メッセージもないことを述べたが、ニューヨークの貧しい人たちの仕事中の、また遊んでいる姿を描いた『マッシズ』の絵は、新しい労働者のイメージを提供した。それは労働者を見下ろした調子で話すのではなく、「娯楽、教育、より生き生きした類のプロパガンダで[12]」「大衆に訴え」ようとするこの雑誌の約束を果たすもう一つの方法を提案した。

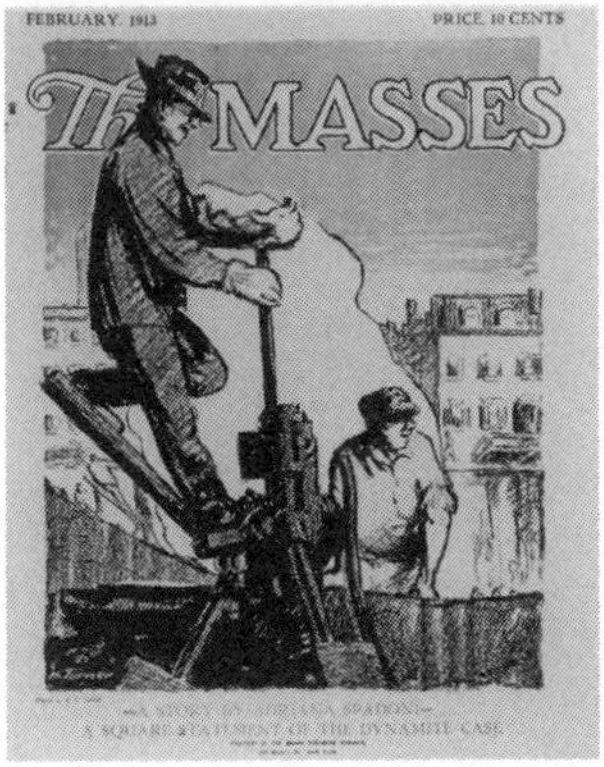

図47　ターナー『無題』(「労働中の男たち」)。『マッシズ』4号(1913年2月)の表紙。

『マッシズ』は多くの芸術の伝統に異議を唱えたが、首尾一貫してモダニズムの、非写実的な芸術や文学を掲載することを嫌った。一九一五年に『ポエトリー』誌は、T・S・エリオットの『J・アルフレッド・プルフロックの恋の歌』を掲載したが、『マッシズ』の詩のページには、「ランとタチアオイ」という表題がついていた。アーモリーショーへの『マッシズ』の唯一の反応は、「三次元の少しばかりの攻撃」(図48)というタイトルのついた、キュービズムへのジョン・スローンの風刺であった。スティーグリッツのグループに所属していた芸術家たちは、『マッシズ』の職員とはならなかった。時折、絵を寄贈していたモダニストたちは、伝統的な具象的作品を提供しがち

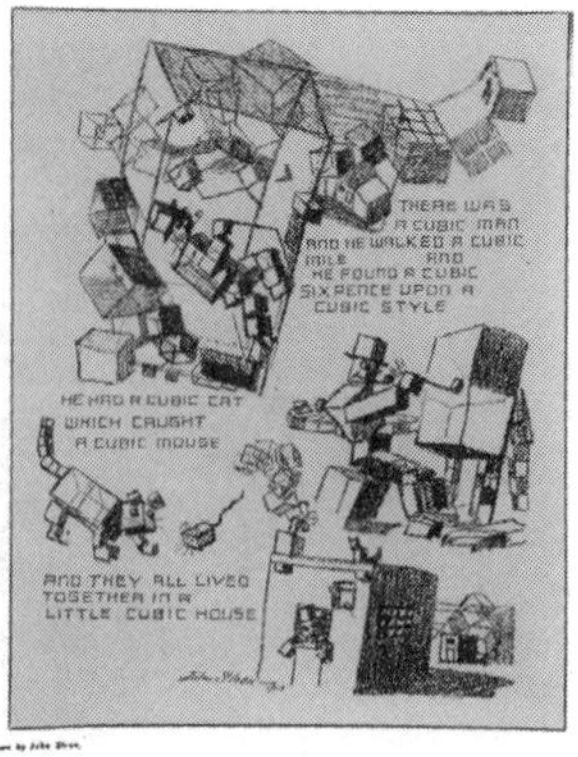

図48　スローン「ニューヨークの国際展示会で、キュービズムの絵が話題になっていることで、多すぎる考察がもたらした三次元の少しばかりの攻撃」。『マッシズ』4号（1913年4月）。

であった⑬。

　こうした芸術上の境界線が引かれた理由は、編集者たちの美的感覚と関係があるのかも知れない（イーストマンと文学の編集者フロイド・デルは、自由詩の良さを評価できなかった）し、一九一五年のニューヨークの政界・インテリ界・芸術界を特徴づけていた社会集団の中での軋轢に一部、関係があったのかも知れない⑭。例えば、スティーグリッツとヘンリはお互いをライバルと見なしていたようで、お互いの企画に加わらないように弟子たちに伝え

図49　ジョン・リード。

ていた。『カメラ・ワーク』と『マッシズ』の両方に作品を掲載している芸術家は殆どいない。しかし、両グループのメンバーは他の情況（アナキストのフェラー・センターで、メイベル・ドッジのサロンで、政治資金集めの催しで、そしてもちろんプロヴィンスタウンで）では交流した⑮。プロヴィンスタウン・プレイヤーズを表しているウィリアム・ゾーラークの幾何学風ポスターを背景にして、書斎で仕事中のジョン・リードを示している一枚の写真（図49）は、『マッシズ』の忠実な支持者の中に、新しい芸術を楽しんでいた者が少なくとも何人かはいたことを暗示している。さらに、『マッシズ』の芸術家たち自身が、近代絵画の動向に一様に共感的ではなかったということではない。一九一五年には、スローン、ベローズ、デーヴィスは、非写実的な色、いびつな空間、他の表現主義的傾向を彼らの絵ですでに実験していたが、『マッシズ』には写実的な絵だけを提供し続けた⑯。『マッシズ』の編集者たちは、モダニズムに敵対しているとか、モダニズムのことを知らないというよりも、近代の芸術と書き物とが同じ雑誌に掲載されるというのは、なじまないという理解を暗黙のうちに共有していたようである。

『マッシズ』がモダニズムを拒絶した主な理由は、モダニズムが進行中の政治闘争に参加する目的と労働者階級の人々の心に訴えるような現実的なユーモアを使う目的とが、一致しないように思えたことである。新しい芸術の擁護者はモダニズム運動を一部の人にしか理解できない、個人特有のものだとして、「感情に訴える」絵—線と色との調和が作り出してくれる楽しみを求めて、線と色だけの構成による絵—として、その人の内的な自己の表現であると説明した[17]。

　同時代の都市生活を写実主義的に表現するという点に仕事の本拠を定めたアッシュカン派の芸術家とは違い、アメリカの後期印象派の人々は、静物画、人物スケッチ、肖像画、風景画といった伝統的なテーマに戻り、自分たちの知覚したものや感情を表現するために、色彩・表現形式・画風を変えた。プロヴィンスタウンの芸術家B・J・O・ノードフェルト（『表現方法を変えろ』では、ボードフェルトに名を変えている）は、ニューイングランドの水浴びをする人の描写に、明るい色彩の絵具とセザンヌのような実体感表現法《モデリング》を使っている。（図50）チャールズ・ダムース（ジグ・クックの劇では、若い後期印象派の画家マーマデューク・マーヴィン役を演じた）は、一九一五年頃にプロヴィンスタウンで描いた水彩画の表現形式に歪みをつけることで、表現に富むものを作り上げた。マーガリート・トムソン・ゾーラーク（一九一六年以後、プロヴィンスタウン・プレイヤーズで活動をしていた）は、野獣派に創造的刺激を与えられた色彩から装飾的なパターンへと彼女の風景画の見方が移動した。他方、彼女の夫ウィリアム・ゾーラークはゴーギャンの例にならって、より純粋な表現手段を探して、民衆の、つまり「素朴派の」芸術を究明した。（「素朴な彫刻の精神で描かれた」絵を見て、マーマデュークが称賛する—「申し分なく素朴な手法です」—のは、似たような考えに刺激を受けてのことである[18]。

図50　ノードフェルト『浜辺の人物像』（1916年）。油彩。

　スティーグリッツは彼の弟子たちに自分たちの芸術の領域における感情および想像力の新しい可能性を探求するように励ました。二九一ギャラリーで展示した画家たちのうちで、ジョン・マリン、チャールズ・シーラー、アルフレッド・マウラーは、野獣派の色彩と画風を自分たちの絵に使った。一方、ジョージア・オキーフとアーサー・ダヴは、純粋な抽象主義という直観的な表現形式を探求するために、後期印象主義を越えていった。マーマデュークが「この絵は何かを象徴しているというわけではなく、描かれている通りのもので、なにも真似ておらず、まったくの創造です」と説明した時、恐らくジグ・クックは自分たちの仕事のことを考えていたのであろう。

そのような妥協しない主観性は、その時代の心理学、個人の自由、アナキズムとの関係性を補完したが、一般読者とコミュニケーションをはかりたいとする『マッシズ』の試みに真っ向から反対した。芸術についての二つの全く相反する見方は、ロジャー・フライ（この批評家の書いたものは、二〇世紀の殆どの者にとって、モダニズムのアメリカ的な認識を決定づけた）の言葉に明白である―「芸術は、現実の生活からは分離した、創造的な生活の一つの表現、一つの刺激である……芸術には道徳的責任なるものはない。それは実際の生活の義務を負う必要のあるものから解放された一つの生活を表している」(19)。この専ら芸術のための芸術哲学は、芸術と政治の間の建設的な相互作用の可能性を妨げているように思えるであろう。

一九一五年頃のアメリカのモダニズムの他の動向は、『マッシズ』で表現された芸術観と人生観からさらに遠のいて行った。キュービズム（マーマデュークが「私のパリ時代の主題」と呼んだもの）は、多くのアメリカ人信奉者に創造的刺激を与えた。マーズデン・ハートリーの『プロヴィンスタウン・アブストラクション』（図51）は、幾何学の原理に従って、帆船の形状を説明しようとする一つの試みを示す。キュービズムは「あまりに個人的傾向に差があるために、芸術家自身が思うほど他の人たちに簡単には理解できるものではないように見える……何も伝わっていない芸術は、何も表現していないのであるから」と同時代の批評家たちは不満を言う。こうした見方は、グラフィック・アートの役割を説明するジョン・スローンのそれとは対照的である。「絵を描くことは、人間特有の言語のようなもので、人間と人間の間の一つの伝達方法であり……心と頭によって眺められたリアリティである。そのグラフィック・アーティストは人間の重要な記録をしている」。「個人の内面を描いた」芸術と表現されたものがちゃんと理解される芸術との間には、強い不一致のあることは気づかれているが、そのことこそスローンがアーモリーショーで目にしたキュービズムの仕事に対して、彼が最初に強い興味を抱かなかったことの説明になるかも知れない。[20]

『マッシズ』が出版されていた頃、未来派はアメリカの報道界からキュービズム以上に熱心な取材を受けた。イタリアの未来派の作品がアメリカで展示される以前ですら、アメリカの観客は空間とスピードを融合させることを主張する複製画を目にし、過去を破壊することを主張するインタヴュー記事や声明文を読み、同時性の概念と芸術作品の迫力についての筋の通った説明を耳にした。[21] スティーグリッツのグループの芸術家たちは、超高層ビル群へのうっとりした賛歌と夜のコニー・アイランドへの興奮で反応を示した。しかし、『マッシズ』はそのような近代の科学技術が生み出した像を避け、コニー・アイランドの桟橋で話す水浴者たちの、またニューヨーク市の最も古い居住地の狭い通りや近隣での、うちとけた眺めに専ら注意を向けた。科学技術は侵入してきたものとか、脅威を与えるものとしてしか見えてはいなかった。アート・ヤングの風刺漫画は、高層ビル群を「貪欲な商業主義」と、「効率」を不吉なエンジンと、第一次世界大戦を資本主義の機械が最終的に生み出したものと見なした。歴史を懐古趣味だと非難した未来派の論客とは違って、『マッシズ』の作家たちは、社会を作り直そうとする非常に空想的な要求の中においてすら、トマス・ペイン、パトリック・ヘンリー、そして最初の反抗者「同志イエス」[22]の名を呼び起こすことによって、自分たちを急進主義的な伝統と結びつけようと苦心した。

図51　ハートリー『プロヴィンスタウン・アブストラクション』(1916年)。ボール紙の上に油彩。

人間観・機械観・歴史観がぶつかり合う点も、『マッシズ』とニューヨークのダダイスト[23]という活気のあった仲間集団とを分離させることとなった。この二つの集団のメンバーは他の背景では交わりがあった。モダニズムの詩人ウィリアム・カーロス・ウィリアムズが、彼の詩の本 *Kora in Hell*[24]［内容不明のため、訳語を与えないでおく］の口絵として、スチュアート・デーヴィスのグロスターの絵（それは『マッシズ』に掲載された絵とまったく似ていた）の一つを選択した。しかし、これら二つの接近が『マッシズ』の紙面で偶然的に起こったはずはない。ダダイズムの雑誌『二九一』の、伝統に敬意を払わないウイットは、伝統的な信心に対する『マッシズ』の非難に時々、似ている点はあったものの、この社会主義の雑誌はダダの超然とした様子、その暴力性、そして恐らくその自由を共有できなかった。女性の人物に対して強い好みを持っていたとすれば、『マッシズ』の編集者たちは「裸の状態にある若いアメリカ娘の肖像」と分類表示された中心的人物の機械的な絵を掲載しなかったであろう。そして彼らは不可知論を公言したけれども、「神」という表題のついたモートン・シャムバーグの配管設備の組み立ての像よりも、扇動者キリストの像の方を好んだ。(25) 今一度、行動することに価値があるとする信念によって、人間を押しのけるような芸術を、一般の人々は拒絶すると言い張る芸術家たちと行動を共にした。

その頃に起こっていた変化から見て、細々とした観察のできる世界にしっかり定着し、また形式主義の抽象性への共感がそれ相応に不足していたことに起因して、『マッシズ』が一貫して写実主義の芸術を支持していたことは、殆ど反動的なことのように思える。新しい世界を思い描こうとする試みの一部として、新しい視覚に訴える言語を探求した同時代のヨーロッパのユートピア運動の芸術や書き物と較べると、この雑誌ははっきりと想像力の欠けたものに思える。(図52) オランダ、フランス、イングランド、ドイツ、それに一九一七年の革命以前のロシアで仕事をしていた抽象的な芸術家たちは、自分たちを国際的なアヴァンギャルドであると見なしたが、軍事的な意味で、社会を未来へと導く「突撃専用部隊」だとも考えていた。(26) エドワード・エイブラハムズが示したように、スティーグリッツは社会の進歩に関わって芸術家の果たす役割について似たような考えを持っていた。しかし、いくつかの意味で、『マッシズ』の芸術は他のいかなるアメリカのモダニズムよりも、ヨーロッパのアヴァンギャルドの中心的主義のもう一つのもの—芸術と生活との間にある障壁物をなくすという考え方—により接近していた。

アヴァンギャルドについての最近の論議によると、形の上での刷新と急進主義的な社会変化の間の想定される関係に疑問が出始めている。メイベル・ドッジとハチンズ・ハプグッドは、アーモリーショーの芸術的影響を、「反抗」の一般精神の一部と見なしたが、その後の作家たちは芸術上のモダニズムのいくつかの面には、保守的な社会的影響があった[27]と述べてきた。ロジャー・フライが雄弁に擁護したように、また多くのアメリカの芸術家たちが喜んで受け入れたように、芸術を他からは分離した一つの領域と見なす考え方は、芸術の自治、つまり芸術の「独立」という伝統的にエリート主義的な考え方―こうした考え方は、いかなる美学の活動も「社会的には重要でない」ということの権限を暗に与える―を永続させる。これらのモダニストたちが以前の表現方法に異議を唱えた時、現在行われている論争が進行し、真にアヴァンギャルド的な運動が、「芸術のしきたり」そのものを「攻撃すること」によって、現存の社会秩序に対して非常に脅威的な異議を提起した[28]。

すでに描かれてある画布の上にピカソが新聞の切り抜きをくっつけた時、あるいはデスティール運動［モンドリアンなどの抽象絵画運動］に関わっている芸術家たちが、画架上の絵から原型的な環境を創造することに目を転じた時、彼らは「芸術を人間の生活の習わしに溶け込ませる」―つまり、芸術を現実の世界に引き戻し、日常的なものを芸術的な手段で変化させる―という急進的な目標に基づいて行動をした。政治的人物を茶化し、最後には通りでの暴動になるドイツのダダの表出方法は、見る人を受身的な観察者というよりも、積極的な参加者として携わるという関係になる任務を果たした。その方法は『マッシズ』が読者を積極的な批評に関わらせるために、風刺を使用したのと似ていなくもない（風刺漫画を見て笑うことにより、その読者は社会問題にコメントをしたのである）。これらのアヴァンギャルド運動の目的は、革命後のロシアで充分に達成された。ロシアでは抽象画で覆われた列車が、田舎の方にもメッセージを伝え、びっくりするほどの多くの人々が公共の野外劇に参加し、彫刻作品がモスクワの通りを見せびらかして歩き、芸術家たちは新しい社会の建設に協力した[29]。

図52　マレーヴィッチ『芸術絶対主義（シュプレマティスム）の作品―赤の正方形と黒の正方形』（1915年）。油彩。

意義深いことに、ヨーロッパのアヴァンギャルド運動の殆どは、「小雑誌」という形であれ、大量に配布されたポスターという形であれ、グラフィック・アートにひどく依存し、近代の活版印刷術やグラフィック・デザインの発展に永続的な貢献をした。[30] ドーミエを例として引き合いに出した『マッシズ』の編集者たちのように、アヴァンギャルドの芸術家は、機械的に複製されて一度に大量に分配される画像が、「オリジナルの」芸術作品より質の劣った模品と見なされる必要はなく、「芸術のための芸術」といった伝統的な考えにつきまとう神秘性を解体する一方で、新しい観客に対して新しい方法で利用できる芸術の新しい表現形式をつくるために、そうした考え方が整理されるはずだと気づいた。こうした考えはスティーグリッツの『カメラ・ワーク』―ギャラリーで展示されるように作られた芸術写真の複製を掲載した―を含めて、型にはまった芸術雑誌の習慣とは好対照を示した。旧ソ連のポスターやダダのモンタージュ写真のように、『マッシズ』の絵は掲載を意図してのものであった（その「オリジナル」は製作の過程で、しばしば変更され、無駄になるということはあったが）。『マッシズ』に掲載されたものが、真の「オリジナル」ということであった。

しかし、手法面での、手段面での、社会観での類似性があるにもかかわらず、同時代のヨーロッパのアヴァンギャルド運動が抽象的な表現形式を信奉している一方で、『マッシズ』は具象的な芸術を掲載し続けた。多くのヨーロッパの芸術家たちは、オランダの画家モンドリアンの信念―表現形式こそが普遍的で絶対的なもの（垂直線、混じりけのない色、幾何学の法則）に変えるという信念が、局所的相違を超えることによって、人間を一つにし、より良い世界の方向に向かうことができるであろう―を共有していた。これらの考えはボルシェヴィキ革命後に実行に移された。その時は、州から資金提供を受けた芸術家たちは、字の読めない人たちに意思疎通を図ろうとして、抽象的なポスターを企画し、様々な人たちに国の目的意識を吹き込んだ。しかし、ヨーロッパの芸術家たちが、新しい社会は新しい意識を、新しい視覚言語を要求すると信じていたのに対して、『マッシズ』はその芸術を現存の物質の世界と結びつけようとした。『マッシズ』の芸術家たちは、純粋に幾何学的表現形式に基礎を置いている人たちの芸術の夢を共有できなかった。改訂された『マッシズ』が理想的な労働者を描くために、伝統的な決まり文句を拒絶したのとまさに同じように、『マッシズ』は空想的モダニズムの普遍的な抽象性に抵抗した。

彼らのヒーローであるウォルト・ホイットマンに負けまいとする『マッシズ』の芸術家たちは、目に見える事項に大きな喜びを感じていた。彼らは小さな細目、日常の出来事、庶民という観点から自分たちのテーマを無限の個人と見なした。彼らは一九二〇年代のロシアの構成主義者［構築性を重視し、叙情性や幻想性を斥ける］たちが支持した考え方―抽象芸術を使って、見る人を混乱させ、それによって彼らにショックを与えて、代わりの体制を想像させるという考え方―を信奉したはずもなかった。(31) そうしない代わりに、彼らは絵を描くことを「コミュニケーションの手段として……現実を心と頭で見るもの」というスローンの信念の方を選んだ。このアプローチはアメリカの左翼の多面的な背景および『マッシズ』の文化の瞬間と関連している。一九世紀と二〇世紀の両方にまたがっている『マッシズ』は、アメリカの労働運動の日々の行動に、ドーミエや近代のニューヨークに、心理学的探求や何気ないユーモアに加えて、マルクス主義理論とプラグマチズムの哲学の方に目を向けていた。

『マッシズ』の芸術を支えた芸術と政治の間の、理論と実践の間の、個人の表現と集団的目的の間のバランスは短命のものであった。(32) 一九一六年には特定のプロパガンダ的な「メッセージ」を持たない芸術を掲載することの価値に関してすでに論争が起こっていた。そして写実派の芸術家の殆どがその職員をやめた。彼らはプロの政治風刺漫画家―彼らはヨーロッパで段階的に拡大していた戦争にアメリカが巻き込まれることに抗議する活動に励んでいた―と取り替えられた。全般的にそれ以後、掲載された非政治的な画像は、ニューヨークの通りを捨て、笑っている女の画像や牧歌的な風景画に退いていった。メイベル・ドッジの愛人モーリス・スターンが寄稿したヌードの絵は、後期印象派の作品とさえ呼べるであろう。(図53)「この階級闘争はあなたの詩を確かに台なしにしている」(33) というジョン・リードの悲しげな意見は、多くの人たちの頭の中では、芸術と政治が別々の分類になったままであること、芸術と暮らしを一体化させようとするリアリストの努力は、もはやもっともらしくないように思えたことをほのめかす。

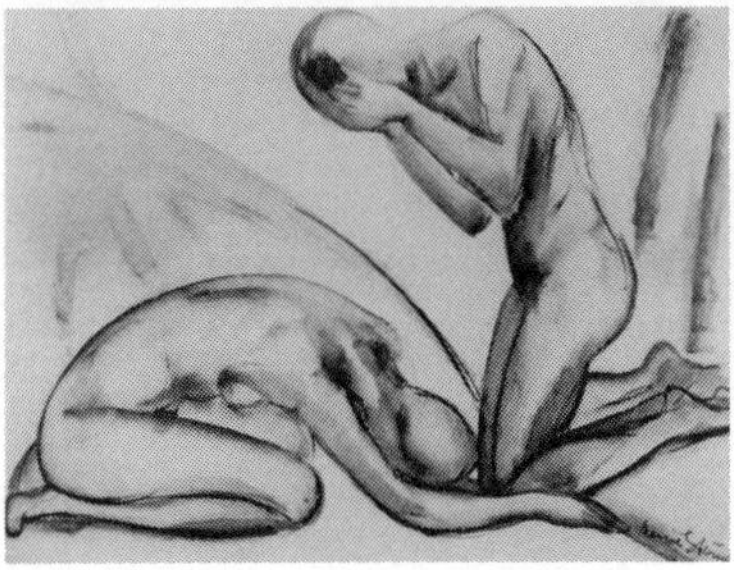

図53　スターン『無題』(「女性の姿」)。『マッシズ』9号（1917年4月）。

『マッシズ』が例示した芸術の可能性と闘争は、それ以後ずっと続いた政治的芸術の性質をめぐるアメリカでの論争を特徴づけてきた。一九二〇年代の短い期間、後継の雑誌『ニューマッシズ』は、自らを「アメリカの実験の雑誌」と説明し、ロシアのアヴァンギャルドのグラフィック・アートから技法を取り入れた結果、一九三〇年代の社会主義リアリズムの方針の下で、具象的芸術に戻ったにすぎなかった。十年後、『パーティザン・レヴュー』の芸術家や作家たちは、進歩的・抽象的・解放的な芸術だけが、どのような政治運動も擁護しようとしなければならない「自由」を具現できるであろうと論じた。この考え方はそれ以後、明白に政治的内容を持つどのような芸術の審美的価値も否定するのに使われてきた。[34] 今日、芸術家や歴史家たちは抽象性、象徴化、プロパガンダ、「純粋」芸術、それにアヴァンギャルドそれ自体の意味を論じ続けている。これらのその後の議論から考えると、ジョン・スローンが労働者の統計資料を読み、世界産業労働者組合員のリーダーであるビッグ・ビル・ヘイウッドが近代芸術の性質を論じた一九一五年に、『マッシズ』が達成した総合体は、さらにもっと注目に値するように思える。

註

（1）引用は一九一三年三月から刊行の始まった『マッシズ』のあらゆる号の表表紙の内側に印刷された社説で述べられているもの（言葉づかいの点では時折、ヴァリエーションがある）から。

（2）一九世紀の終わりにおける芸術の慈善的な後援については、Russell Lynes, *The Tastemakers: The Shaping of American Popular Taste* (New York: Harper, 1955), 157-161 および Thomas Bender, *New York Intellect: A History of Intellectual Life in New York City, from 1750 to the Beginnings of Our Own Time* (New York: Alfred Knopf, 1987), 217-219 参照。

（3）Susan Glaspell, *The Road to the Temple* (New York: Frederick A. Stokes, 1927), 248.

（4）Reed の未発表の原稿から取った彼の主張（一九一三年頃。Reed Papers, Houghton Library, Harvard University)。Eastman により改訂されたこの主張は、前記の註（1）で引用された社説の基礎を形づくった。Rebecca Zurier, *Art for The Masses: A Radical Magazine and Its Graphics, 1911-1917* (Philadelphia: Temple University Press, 1988), 37-38 参照。

（5）『マッシズ』におけるユーモアについての Max Eastman の論考は、彼の自叙伝 *Enjoyment of Living* (New York: Harper, 1948), 416 参照。世界産業労働者組合の資料の選択については、Joyce Kornbluh, ed., *Rebel Voices: An I.W.W. Anthology*（Ann Arbor: University of Michigan Press, 1964）参照。

（6）マサチューセッツ州ロレンスでの一九一二年のストライキ中に書かれた歌詞。Kornbluh, *Rebel Voices* を参照。

（7）Daumier 展の批評。*New York Times*（一九一三年二月九日）。

（8）Richard Fitzgerald による Kenneth Chamberlain との面談から引用（10 August 1966, typescript in the Library of the University of California, Riverside）。

（9）Becker は Richard Fitzgerald, *Art and Politics: Cartoonists of the Masses and Liberator*（Westport, Conn.: Greenwood, 1973), 104 で引用されている。Chamberlain, Davis, Becker がプロヴィンスタウンで夏を過ごした。

（10）引用は編集者への手紙と返事からのものである。*The Masses* 7 (December 1915): 20 and 8（April 1916): 25 を参照。Eastman の記事 "What is the Matter with Magazine Art?" は、*The Masses* 6 (January 1915): 12 に掲載されたが、その後 *Journalism vs. Art* (New York: Alfred Knopf, 1916) というタイトルで発行された。

（11）"Clash of Classes Stirs 'The Masses,'" *New York Sun*, 8 April 1916 で引証された Art Young との面談からの引用。この記事は『マッシズ』の芸術家たちがストライキを行っていた頃に掲載された。"Ashcan school" という言葉の起源に関しては、Zurier, "Picturing the City: New York in the Press and the Art of the Ashcan School, 1890-1917" (Ph.D. diss., Yale University, 1988), pp. 1-3 参照。

（12）伝統的な労働者階級のイメジャリーについては、Patricia

Hills et al., *The Working American* (ex. cat., District 1199, National Union of Hospital and Health Care Employees, 1975) と Harry R. Rubenstein, "Symbols and Images of American Labor": (1) "Badges of Price" and (2) "Dinner Pails and Hard Hats," *Labor's Heritage* 1 (April and July 1989): 36-51, 34-49 を参照。Sloan の絵と彼が『マッシズ』のためにした仕事との関係は、Patricia Hills, "John Sloan's Images of Working-Class Women: A Case Study of the Roles and Interrelationships of Politics, Personality, and Patrons in the Development of Sloan's Art, 1905-16," *Prospects* 5 (1980): 157-196 で論じられている。引用は "Editorial Notice," *The Masses* 4 (December 1912): 2 からのもの。

(13) 例えば、上で言及した Walkowitz, Davidson, Davies, Storrs, Picasso の絵を参照。

(14) イーストマンの詩の好みについては、彼の記事 "Lazy Verse," *New Republic* 8 (9 September 1916): 138-140 とアンソロジー *Enjoyment of Poetry* (New York: Scribner, 1913) を参照。デルについては、Arthur Frank Wertheim, *The New York Little Renaissance: Iconoclasm, Modernism, and Nationalism in American Culture, 1908-1917* (New York: New York University Press, 1976), 36-37 を参照。

(15) Ferrer Center のことは、Paul Avrich, *The Modern School Movement* (Princeton: Princeton University Press, 1980) と Francis Naumann, "Man Ray and the Ferrer Center: Art and Anarchy in the Pre-Dada Period," *Dada/Surrealism* 14 (1985): 10-30 で述べられている。Henri と Bellows が教え、スティーグリッツが講義をし、Chamberlain, Minor, Becker といった芸術家たち、Ben Benn, George F. Of, Man Ray といったモダニストたちがそこで学んだ。Ashcan school の芸術家とスティーグリッツのグループのメンバーは、アーモリーショーやフォーラム（一九一六年）、Independents（一九一七年）展の準備では協力して働き、People's Art Guilde (Zurier の *Art for The Masses* で論じられている）の活動に参加した。プロヴィンスタウン・プレイヤーズと最も関わっていた『マッシズ』のグループのメンバーは、芸術家たちというよりも作家たちであった (Sloan や Davis は休暇用の場所として Gloucester の方をむしろ好んだ)。プロヴィンスタウンで活動していた芸術家の殆どは『マッシズ』に掲載されることはなかった。

(16) Peter Morrin et al., *The Advent of Modernism: Post-Impressionism and North American Art, 1900-1918*, ex. cat. (Atlanta: High Museum of Art, 1986), 80-81 で複製されている Davis の絵を参照。Bram Dijkstra, *Cubism, Stieglitz, and the Early Poetry of William Carlos Williams* (Princeton: Princeton University Press, 1969), 74-76 で論議されている複合的な視点から描かれた絵、一九一五年の夏に Gloucester で製作された Sloan の絵 (e.g. Fassett's Cove, Kraushaar Galleries)、Mahonri Sharp Young, *The Paintings of George Bellows* (New York: Watson-Guptill, 1973), 99 で複製されている Bellows の絵 *Matinicus Harbor, Late Afternoon* も参照。

(17) Morrin, *Advent of Modernism* およびイギリスの批評家

Roger Fry、ガートルード・スタインの兄弟 Leo Stein. アメリカの収集家で批評家の Arthur Jerome Eddy が書いた近代芸術に関する影響力のある書物を参照。引用は Eddy, *Cubists and Post-Impressionism*（Chicago: McClurg, 1914）, 11 からのもの。『マッシズ』の文学の編集者フロイド・デルは彼の社説 “What Does It Mean?” *The Masses* 8（April 1916）で、類似した意見を述べている。

（18）Nordfeldt は Judith Zilezer の評論 “The Dissemination of Post-Impressionism in North America : 1905-1918” in *Advent of Modernism*, 27 で論じられている。彼の仕事は pp.138-41 で説明されている。Demuth, the Zorachs, Benn の仕事の例としては、*Advent*, pp.82-83, 180-183, 60-61 を参照。Barbara Haskell, *Charles Demuth*, ex. cat.（New York: Whitney Museum of American Art, 1988）および Marilyn Friedman Hoffman, *Marguerite and William Zorach, the Cubist Years: 1915-18*, ex. cat.（Manchester, N. H.: Currier Gallery of Art, 1987）も参照。こうした出版を教えてくれた Tessim Zorach に感謝する。

（19）Fry, “An Essay in Aesthetics”（1909）, reprinted in *Vision and Design* rev. ed.（1920; London: Oxford University Press, 1981）, 15.

（20）引用は J. N. Laurvik, *Is it Art?*（New York: International Press, 1913）, 13 からのもの。Henry R. Poore, *The New Tendency in Art: Post Impressionism, Cubism, Futurism*（Garden City: Doubleday, 1913）も参照。Sloan の発言は、一言一句そのままの形で Helen Farr Sloan によって書き写されたものから取られている。それは Helen Farr Sloan Library（Delaware Art Museum, Wilmington, Delaware）に預けられている。晩年になって、スローンはキュービズムを「芸術の基本と創作技法……に戻った」と認めるようになった。Sloan, *Gist of Art: Principles and Practise Expounded in the Classroom and Studio*, comp. Helen Farr Sloan.（1939; rev. ed., New York: Dover, 1977）, 44 を参照。

（21）John Oliver Hand, “Futurism in America: 1909-14,” *Art Journal* 41（Winter 1981）: 337-342 を参照。Andre Tridon は未来派をアメリカの読者に説明する最初の記事を書いた人だが、一九一一年と一二年の最初期の『マッシズ』の stockholder であった。社会主義の雑誌 *New Review* 1（December 1913）: 964-970 に掲載された Louis C. Fraina の記事 “The Social Significance of Futurism” も参照。

（22）Leslie Fishbein が Zurier, *Art for The Masses*, 20-25 の Introduction の中で、『マッシズ』における宗教の役割を論じている。

（23）ニューヨークのダダについては、William Agee, “New York Dada, 1910-30,” *Art News Annual* 34（1968）: 104-112 を参照。*Dada/Surrealism* 14（1985）の特集号、および Dickran Trashjian, *Skyscraper Primitives: Dada and the American Avant-Garde, 1910-1925*（Middletown, Conn.: Wesleyan University Press, 1975）も参照。

（24）Davis と Williams については、Dijkstra, *Cubism, Stieglitz,*

74-76（Davis は *The Masses* 7［December 1915 and January 1916］で、より伝統的な見方を用いている二つの関連ある絵を掲載した）。Joan Sloan はワシントン・スクエアのアーチ形建造物の最上階で、Marcel Duchamp と一緒に過ごした大騒ぎした夕べを記念して、*Arch Conspirators* というエッチングを表現した。この作品は Peter Morse, *John Sloan's Prints: A Catalogue Raisonne of the Etchings, Lithographs, and Posters*（New Haven: Yale University Press, 1969）, 209 で論じられている。Society of Independent of Artists の会合および Mabel Dodge と収集家 Walter Conrad Arensberg が後援した夜会は、この二つの集団が接触する別の点を提供した。Sloan, Bellows, Eastman が Arensberg のマンションでの夜会に出席したことについては、Rudolf E. Kuenzli, "Introduction," *Dada/Surrealism* 14（1985）: 1 を参照。

(25) 雑誌『二九一』5-6（July-August 1915）に掲載された Francis Picabia による絵および Schamberg の彫刻（一九一六年頃）は、今は Philadelphia Museum of Art のコレクションにある。

(26) Daniel Robbins, "From Symbolism to Cubism: The Abbaye of Creteil," *Art Journal* 23（Winter 1963-1964）: 111-216; Hans L. C. Jaffé et al., *De Stijl: 1917-1931, Visions of Utopia*, ex. cat.（Minneapolis: Walker Art Center, 1982）; Valerie Fletcher, *Dreams and Nightmares: Utopian Visions in Modern Art*, ex. cat.（Washington: Hirshhorn Museum and Sculpture Garden, 1983）. イギリス渦巻派運動の刊行物 *Blast*（1914-1915）とドイツの *Blaue Reiter Almanach*（1912）の Wassily Kandinsky による評論も参照。Linda Nochlin は彼女の論文 "The Invention of the Avant-Garde: France, 1830-80." *Art News Annual* 34（1968）: 10-19 で、その言葉づかいの起源をたどる。

(27) Mabel Dodge, "Speculations," *Camera Work*（June 1913）: 6; Hapgood, "Art and Unrest," *New York Globe*, 27 January 1913. 次の論考は、Peter Bürger, *Theory of the Avant-Garde*（1974; Minneapolis: University of Minnesota Press, 1984）に大変感謝している。Renato Poggioli, *The Theory of the Avant-Garde*（1962; Cambridge: Harvard University Press, 1968）は、より早い時期の解釈を提供している。歴史的な観点については、Donald Drew Egbert, "The Idea of 'Avant-garde' in Art and Politics" *American Historical Review* 73（December 1967）: 339-366 を参照。

(28) Bürger, *Theory of Avant-Garde*, 35, xxxvi, 22.

(29) 引用は Bürger, *Theory of Avant-Garde*, 49 からのもの。芸術によって人生を変えようとするアヴァンギャルドの例として、Anatole Kopp, *Town and Revolution: Soviet Architecture and City Planning, 1917-1935*（1967; rev. ed. New York: Braziller, 1970）, Nancy Troy, *The De Stijl Environment*（Cambridge: M.I.T. Press, 1983）さらに *Art Into Life: Russian Constructivism, 1914-1932*, ex. cat.（Seattle: Henry Art Gallery and Rizzoli International, 1990）を参照。

(30) Ida Katherine Rigby, *An Alle Kunstler! War—Revolution—Weimar*, ex. cat.（San Diego: San Diego State University, 1983）; Szymon Bojko, "Agit-Prop Art: The Streets Were

Their Theater," in Stephanie Barron, ed., *The Avant-Garde in Russia, 1910-1930: New Perspectives*, ex. cat.（Los Angeles: County Museum of Art, 1980）, 74-76; *Art for the Masses: Russian Revolutionary Art from the Merrill C. Berman Collection*, ex. cat.（Williamstown: Williams College Museum of Art, 1985）.

（31）Yves-Alain Bois, "El Lissitzky: Radical Reversibility," *Art in America* 76（April 1988）: 161-181.

（32）これらの問題点とそれらの影響についての議論が、Zurier, *Art for the Masses* でさらに論じられている。

（33）Dodgeは一九一五年の夏にSterneとプロヴィンスタウンで過ごした。二人はスターンの絵が『マッシズ』に掲載されて二、三か月後の、一九一七年八月に結婚した。Reedは Eastman, *Love and Revolution: My Journey Through an Epoch*（New York: Random House, 1964）, 107で引用されている。

（34）一九三〇年代、四〇年代については、James Gilbert, *Writers and Partisans: A History of Literary Radicalism in America*（New York: Wiley, 1968）; Serge Guilbault, *How New York Stole the Idea of Modern Art: Abstract Expressionism, Freedom, and the Cold War*（Chicago: University of Chicago Press, 1983）を参照。また、Francis Frascina, ed., *Pollock and After: The Critical Debate*（New York: Harper & Row, 1985）には記事が集められている。

第五章

新しい演劇

アデル・ヘラー

文学であれ、造形美術であれ、労働運動であれ、自然に湧き上がってくる衝動が古い形式や伝統をほぐし、からからに乾き堅くなった地面にダイナマイトを仕掛けようとするのは、みずみずしい花をそこに咲かせるためである。

——ハチンズ・ハプグッド　『ニューヨーク・グローブ』（一九一三年一月二七日）

一九一五年には、あらゆるものが「新しし」かった。新しい詩歌が、新しい芸術が、新しい教育が、新しい女性が、新しい政治が、新しい心理学が、『マッシズ』や『セブン・アーツ』のような新しい小雑誌が現われた。イサドラ・ダンカンは古典的なバレエの形態との関係を絶った新しいダンスを踊った。フランク・ロイド・ライトは新しい建築様式を設計した。*その様式はそのスタイルをアメリカの風景から得たものであった。一九一三年のアーモリーショーのスローガンは、「新しい精神」であった。これらの新しい運動の中で、アメリカの演劇はどのあたりに位置していたのだろうか。

一九一二年に「小ルネサンス」が、まず作家ヴェイチェル・リンゼイとシャーウッド・アンダソンが率いた詩の爆発的とも思える人気によってシカゴで生き返った頃、ブロードウェイのプロデューサーであったデイビッド・ベラスコは、ロマンチックな喜劇『知事夫人』の最終幕のために、設備のちゃんと整った、すぐに対応のできるチャイルズ・レストランを舞台上に再現した「アメリカで最初の全国規模のダイニング・チェーンの一つであるチャイルズ・レストランのキッチンを舞台上に作り、俳優たちは劇中で、実際に料理をしたり、食事を作ったりした」。ユージーン・オニールの父親ジェイムズ・オニールは、ロマンチックなメロドラマ『モンテ・クリスト伯』の巡業版で、空威張りのエドマンド・ダンテス役で、その連続公演の二五年目を迎えていた。一九一三年にアーモリーショーがニューヨークの通りでばか当たりをしていた時、『わが愛しのペグ』がブロードウェイの大ヒットとなり、記録破りの六〇三回公演を達成しつつあった。

一九二〇年代には、演劇が「私たちにとって必要なもの[1]」にすっかりなっていたことは明らかであった。近代劇の創造的衝動が、ブロードウェイ（その当時のアメリカを支配していた伝統的で、商業的な演劇の象徴）によって前に進められていないことも同様に明らかであった。スーザン・グラスペルはその回想録で、その当時の商業演劇がグリニッチ・ヴィレッジの若きインテリたちに及ぼした影響を簡潔に、雄弁に要約している。

私たちは観劇に行って、殆どの場合、これだったら、どこか他の所に行ったらよかったという気持で劇場を後にした。ブロードウェイは相も変らず、好奇心をそそるものはやっていなかったが、それでも繁盛していた頃であった。雑誌の記事のように、劇は型にはまっていて……観客をはっとさせたり、ぞくぞくさせて目が離せないような所にまで……話題を広げるようなことはめったになかった。当時の劇場の入場料はそれほど高くはなかった。座席料を支払ってしまえば、事はすっかり終わったということだ。関心がしっかりと何かに向かうということはなく、ただうんざりした気持が強まっていくばかりだった。観客には想像力がある、とジグは言った[2]。

二〇世紀以前のアメリカの演劇とドラマ

スーザン・グラスペル、ジョージ・クラム（ジグ）・クック、それにプロヴィンスタウン・プレイヤーズの他の創立者たちが、当時の主流の演劇に想像力が、知的な糧が、挑戦する意欲が、感動させるものが欠如しているとはっきり述べた時、彼らは安全とありきたりの殻を破るような冒険を敢えてしてこなかった二〇〇年に及ぶアメリカ演劇の伝統に反抗していたのである。それはヨーロッパのテーマや形式の主として模倣と言える伝統、一般大衆の好みに迎合した伝統、社会問題とか人間の情況―そういう問題以外であれば、劇が終る頃までには、すっかり解決されてしまうものであった―とかいう見方を提示することのない伝統であった。

一八世紀のアメリカ演劇は、依然としてとてもイギリス的で、アメリカが独立を勝ち取ってからも、その状態がとても長く続いた。ルイス・ハラムは一七五二年にロンドンからアメリカに送られた最初の、ちゃんと組織された演劇一座を管理・運営した。一座はウィリアムズバーグ、ニューヨーク、フィラデルフィア、チャールストン、ジャマイカで二四の劇作品をレパートリー方式で上演した。「アメリカ的な」ものが出てきそうな二、三の手がかりを見つけるのに、そんなに長くはかからなかった。入植者たちが近づきつつある革命のために軍隊を結集させ始めた時、ハラムの後継者であるデイビッド・ダグラスは、彼の一座の名をカンパニー・オブ・ロンドン・コメディアンズから、アメリカン・カンパニー・オブ・コメディアンズにすぐさま変えた。それらは上演されたレパートリーと同じくらいにイギリス的なものではあったのだが[3]。

この国家はまだとても若く広大なために、一般的にはっきりそれとわかるアメリカ的なテーマには事欠くけれども、アメリカの観客に紹介して大きな成功をあげられるだけの、いくつかの容易に確認できるキャラクターの種類がそこにはあった。ヤンキー、アメリカ・インディアン、移民、カーボーイ、川船頭がそれである。ロイヤル・タイラーの『対照』(一七八七年)は、プロの手によって上演された最初のアメリカの喜劇であった。それはアメリカ人の書いた、アメリカ人の視点による、アメリカ人のキャラクターを使った、アメリカの俳優によって演じられたものである。そこでの人の良い田舎者タイプの、気の置けない徳は、洗練されたヨーロッパの、ファショナブルな都会人の垢抜けしたずる賢さと対抗して描かれている。タイラーの功績は、舞台にヤンキーと彼らの価値を示す形容詞の名前を持つ、他の登場人物を登場させたことである。マンリー大佐は善良な市民が学ばなければならないことを私たちに教えてくれる。それに対してビリー・ディンプルは上辺だけの、都市の上品さの代表である[4]。喜劇はその当時のアメリカの精神を最もよく捉えた。シリアスな劇がその時代のアメリカの表現としてどんな形であれ食い込むには、依然として時期尚早であった。

一九世紀のアメリカ演劇は、自国のアイデンティティを探し求めて、国家の成長と発展を扱った。西部で辺境が開拓された場所には、アメリカの舞台もそれに伴うように移動した。俳優たちは納屋で、集会場で、醸造所で、郡庁舎で、テント小屋で、地下室で、ホテルのダイニング・ルームで、粉ひき場で演技を始めた。舞台装置を積み込んだ演芸船［川沿いの町々を巡業した蒸気船］が、一〇〇年以上もの間、ミシシッピー川を定期的に往復し、喜劇風の寸劇、曲芸、一人芝居、即興演奏、寄席演劇などとともに、『ハムレット』から『酒場での十夜』に至る様々な劇を提供した。一八四三年に始まった、手と顔を焼きコルクで黒くした白人コメディアンが、「黒人に扮した」ミンストレルショー（それはアフリカ系アメリカ人奴隷のステレオタイプを不当に利用した）で観客をもてなした。(5)

大西洋沿岸の劇場の数も増えた。最初イギリスは新しくできた劇場のために、俳優を供給したが、徐々にアメリカのレパートリー劇団が創設されていった。数人の著名な、そして幾人かの知名度の低い俳優や舞台監督は、アメリカを彼らの永久の棲家にしようと決心した。ローラ・キーン、ミセス・ルイーザ・ドルー、ブース家の人たち、ジェファーソン、ウォラック一族は、アメリカ演劇の中心部の一部を形成した人たちであった。(6)

一九世紀の中葉に産業発展が進むにつれて、中流階級の人々がすごい勢いで増えてきた。彼らは使えるお金は持っていたが、大部分は教養のない人たちで、演劇を娯楽の源と見ていた。演劇には、やじられる悪者、喝采を受ける主役、笑いの対象となる喜劇的人物、観客の心の琴線に触れるロマンスがあることを彼らは知った。一九世紀の初期には、劇の題材はおもにアメリカ・インディアン、アメリカ革命、時代衣装を着て演じられるロマンスが扱われた。田舎を舞台にした喜劇や都市を風刺したもの—たいていはバラッド・オペラのスタイルであった—が当時は人気があった。一九世紀の半ば頃には、ファース、ミステリー形式のメロドラマ、歴史的ロマンス、家庭の喜劇がすっかり観客のお気に入りとなっていた。(7)

鉄道網が拡大するにつれて、地方の劇団から抜け出したヨーロッパのスター俳優やアメリカ人俳優は、他のレパートリー劇団と共に、短いが、より頻繁に出演するために、鉄道を使って移動した。出し物にスターが出る時には収益が増加した。ほどなくしてスターは数人の脇役を連れて来て、彼らと一緒に演じた。スターに率いられた俳優の一団が、レパートリー劇団の演技に取って代わるのに、さほどの時間はかからなかった。スターはとても強力な存在となった。彼らはより高い賃金を要求し、どの劇作品を上演するかを決定し、川沿いの都市や鉄道沿線の都市の巡業地域を定めた。(8) ニューヨークで劇場を経営してみると、一つの劇団によって上演されるレパートリー方式の劇からよりも、一つの人気のある劇のロングランからの方が、実入りの良いことがわかった。さらに、ブロードウェイでの最初のロングランの後、ヒットした劇が元のままの完全な形で、主要都市にて演じられることもあれば、ブロードウェイ上演が、依然として相当数の観客を引きつけている間は、急いで編成され、リハーサルを済ませた「複製された劇団」が地方(そこでは、「ニューヨークから直行」と宣伝されていた)に送り込まれることもあった。ブロードウェイはヒット作とスターの陳列棚となった。『モンテクリスト伯』は、一人のスターが五〇年間、演じた。『アンクルトムの小屋』は、ブロードウェイでのヒット作として、また八〇年以上も続いた利益の上がる巡業として、その記録を保持した。旅回りの『アンクルトムの小屋』の劇の上演(「トム・ショーズ」と呼ばれた)の様々な版が、同じ都市で時々、演じられ、互いに競い合った。(9)

一八八〇年頃になると、アメリカの三五〇〇の都市に、およそ五〇〇〇の劇場がすでに存在していた。(10) 国内に蜘蛛の巣のように張り巡らされた鉄道網は、一〇万マイル以上にも達していて、ヒット作とスターとが多くの劇場を活性化させた。アメリカにおける確立された演劇の経済形態としての、成功した巡業システムとブロードウェイのロングランも加わって、意欲的な劇場組合が、一連の劇場の支配権を握って、どの劇団が、どこで、どんな表現手段で、どんな条件で、上演することになるかの命令を下すようになるまでに、そんなに時間はかからなかった。ウォルター・イートンが記しているように、「もしできれば、実験をしたいとか、その魅力に限定して、なにか素晴らしいことをしたいと思っている野心的な俳優とかプロデューサーなら、どちらかができるだけうまく、自分の責任において、それをしなければならなかったし、貧乏な劇場の場合にしばしばそうであったが、それを断念しなければならないこともあった」[11]。一八九六年頃には、殆どすべてのアメリカの劇場は、劇場組合によって支配されていた。演劇ビジネスは、大金を生む活動になっていて、大ヒットが最も重要な目的であった。

アメリカの劇が演劇の主題に関する、また性格に関する可能性を真剣に試すようになり始めたのは、二〇世紀になってからのことである。この発展のプロセスで、より早い時期の二つの劇に注目すべきである。ダイオン・ブーシコウの『オクトルーン―ルイジアナでの生活』（一八五九年）は言及に値する。この作品はこれまで検討されたことのない異人種間の混血という社会問題に、とても軽くではあるが、言及しているからである。ジェイムズ・A・ハーンの『マーガレット・フレミング』（一八九一年）は、イプセン的なヒロインと女たらしのその夫を大胆にもリアリスティックに描くという方法で、主題の内容と性格付けとを前進させた。夫の情事と彼の非嫡出子のことを知って、ショックを受けたマーガレットは、緑内障を患っていたが、目が見えなくなる。この劇の最終場面で、彼女はフィリップを再び受け入れることには同意するものの、彼女の私室［セックスの場所としての寝室］に彼を入れるということはしない。妻の行動と夫の行動の二重基準の問題に関して、彼女は彼と対決するが、その当時は公にこの問題を論じる風潮にはなかったのである。「もし―私の方が―不倫をしていたとしたら、どうなっていたかしら[12]」と彼女は彼に尋ねる。

この劇は議論を引き起こす題材を扱ったけれども、そのテーマは結婚と家族についての、因習的な中産階級の基準の範囲内で扱われた。『マーガレット・フレミング』の上演を擁護したウィリアム・ディーン・ハウエルズとハムリン・ガーランドは、演劇は単なる娯楽ではすまされないものでなければならない、と信じていたし、演劇は社会改革を促し、社会の価値ついてアメリカ人の意識を高めるための主要な力として機能できる、とも信じていた。一八九一年、ハウエルズとガーランドはその時代よりも先を進んでいたのである。これらの問題ともっと公然と対決し、男女間の関係について深い同情を持って書くには、新しい世代の劇作家たちを必要とした[13]。

新しい演劇のルーツ

それは「生長している植物にも似た、有機的なもの」であったというのは、メアリー・ヒートン・ヴォースがプロヴィンスタウン・プレイヤーズの始まる兆しを述べた時の表現である。(14) プレイヤーズに参加した人たちの手紙や郷愁にふける彼らの回顧録から、プレイヤーズが出現した時の記事—それらには殆ど事実らしいものはなく、しばしば矛盾している—を私たちは目にする。このグループが劇を上演する決心を固めたのは、自然発生的なものだったように思えるが、それがどういうわけか、壮大な神話の大きさを帯びてしまっている。しかし、演劇を共同社会の活動として選んだことは、少しも不可解なことではない。それはむしろ時宜を得た、このグループの才能に合ったもので、そういう事情下では理に適っていた。

それよりもっと強い神話は、近代のアメリカ劇はユージーン・オニールから始まったと主張する。プロヴィンスタウン・プレイヤーズを正当に評価することを軽視してきた多くの学者や演劇史家たち(彼らは一九一六年にオニールの才能を発掘する以前も発掘してからも、プロヴィンスタウン・プレイヤーズを軽視した)が、さらにその軽視を強め、オニールからその正当な履歴を奪ってきた。(15) そのことはまた、プレイヤーズとオニールの両方を形づくるのに役立ったアメリカ文化と外国の複雑な影響力を無視することへとつながっていた。プレイヤーズをその当時の時代という文脈に置くことによって、またプレイヤーズの影響力と演劇的な業績のいくらかに注目することによって、私たちは近代のアメリカ劇の方向を変える上で役だった、そのプロセスへの、もっとはっきりした理解を得ることができる。

二〇世紀への転換の時期に、「新しい」演劇が発展することを可能にし、プロヴィンスタウン・プレイヤーズの誕生の基礎を用意した最も重要な条件とは何だったのか。彼らはヴァン・ウィック・ブルックスがアメリカ劇の、あるいはアメリカ演劇の歴史において、「使うことのできる過去」と呼んだものを持っていなかったことを私たちは見てきた。しかし、彼らは劇の伝統を創造するにあたって、主要な役割を果たした。その伝統は才能を育み、その伝統が芸術家仲間や一般の大衆に伝えられ、それが今度は将来の世代の人たちに遺産として伝えられた。ヘンリー・メイによれば、一つの伝統に挑戦するためには、その前にすでに伝統を私たちは持っていなければならない。彼らはどのような伝統を使ったのか。[16]

一八八〇年代の後半に、アウガスト・ストリンドベリーは、新しいリアリズムと劇・上演・演出法の統一に基づいた演劇の自由を求めて、人々にすぐ行動するようにと促す高らかな呼びかけを発した。

無能、偽善、愚行以外のものならなんでも入る余地のある自由な劇場をつくろう！……そこでなら、恐ろしいものを見て、ショックを受けることができる、異様なものを見て、笑うことができる、これまで神学の概念、審美的な概念のベールに包まれてきたものが、私たちの前で明らかにされても、恐怖で尻込みせずに、人生をちゃんと見つめることができる。[17]

一九世紀後半のヨーロッパでは、劇作品を上演する劇場がまだ存在していない頃ですら、劇作品を生き生きしたものにする俳優がまだ存在していない頃ですら、上演を統合する演出家がまだ存在しない頃ですら、そして上演に反応を示す観客がまだ存在していない頃ですら、リアリスティックな劇を書いている劇作家がいた。それから一八八九年のパリで、アンドレ・アントワーヌは他の所では上演されえない劇の試演の場として、自由劇場をオープンした。アントワーヌはその劇団にアンサンブル演出のリハーサルをし、自然主義風の演技スタイルを探求し、リアリスティックな劇の魅力を高めるための演出技法を使った。彼は自由劇場を私的な劇場として始めたが、それは会費制方式に基づいていた。会費制の観客という確実な後援によって、上演に必要な資金を生み出すため、また新しいリアリスティックな劇の観客を育てる手助けをするためであった。この会費制の観客は、当時、新しい方法、新しい演目を試すにあたって、共同責任を有した。アントワーヌの劇場は、トルストイの『闇の力』、ハウプトマンの『職工』、イプセンの『亡霊』と『野鴨』、ストリンドベリーの『令嬢ジュリー』の舞台を提供した。この劇場はベルリンのオットー・

ブラウムの野外舞台の、ロンドンのＪ・Ｔ・グレインのインディペンデント・シアターの、スタニスラフスキーのモスクワ・アート・シアターの、アメリカの小劇場の、それぞれモデルとして役だった[18]。

その当時のヨーロッパで、理論家アドルフ・アピア、舞台意匠家ゴードン・クレイグ、それにマックス・ラインハルトによって導入された「新しい」上演術は、演劇の上演方法を永久に変えたし、劇作家が新しい作劇術を発展させることを可能にした。照明と道具立ては、それまでよりもはるかに表現力豊かに使われた。彼らの上演術は、それぞれの劇に特有の意匠や演技といったあらゆる要素の融合したものを含んでいた。それ以前は女優であれば、彼女を実物以上に引き立たせるために、トランク一杯の衣装を持ち込んだであろうが、照明、道具立て、他の俳優の衣装、その真正性についての言及はなく、室内の様子は歴史的正確さを欠いていた。舞台装置に使われた木は、通常はたまたま在庫があったものである。しかし、「新しい」上演術だと、道具立ては「絵ではなく、心象」であり、背景ではなく、周囲の情況であった。道具立てが暗示的であれ、象徴的であれ、抽象的であれ、それはその劇作家によって霊感を与えられ、その俳優によって命を吹き込まれて、その劇に関心が集中された[19]。

プロヴィンスタウン・プレイヤーズが始まった時からの舞台装置意匠家であったロバート・エドマンド・ジョーンズが現われたことで、アメリカの舞台意匠の芸術が、その能力を発揮することとなった。ジョーンズはベルリンで、マックス・ラインハルトと一緒に研究をしていて、「全体劇場《トータルシアター》」についての彼の全体的理解と深く関わった。彼が一九一四年にアメリカに戻ると、アナトール・フランスの一幕劇『口のきけない妻と結婚した男』（ニューヨーク・ステージ・ソサエティのために、ハーリー・グランヴィル‐バークにより演出された）の舞台意匠を担当してほしいと頼まれた。そこでのジョーンズの成功によって、彼はアメリカにおける舞台意匠の最前列についたばかりでなく、それが他の舞台意匠家に強い刺激となり、過去の古臭いその概念を振りほどいていった[20]。

ヨーロッパでの演劇実験の意識が、アメリカに伝わると、その意識はブロードウェイに不満を持ち、自分たちの新しい形態を実験したい、自国の舞台で社会問題・芸術・政治・性的な慣習をリアリスティックに扱う劇を上演したい、とする若い反抗者たちの想像力をつかんだ。一九一五年以前に、イプセン、ストリンドベリー、ハウプトマン、それに他のリアリスティックな劇作家の劇のブロードウェイ上演が、いくつもばらばらに行われていたが、利益本位の劇場では、それらの作家の上演は短命に終わり、ミニー・マダーン・フィスクやアラ・ナジモヴァのようなスターをなだめるだけのために、上演されたと言われた。

アベイ・プレイヤーズは、一九一一―一九一二年のアメリカ巡業に必要なきらめきとして、イェーツ、シング、レディ・グレゴリー、レノックス・ロビンソンの劇を提供した。シングの『西の国の伊達男』がニューヨークで開幕した時は、騒動まで起きた。そのレパートリー公演を全部観たユージーン・オニールは、インタヴューで、「私に機会といえるものをほんのちょっと与えてくれたものと言えば、アイルランドの劇団を観たことくらいだった[21]」と語った。この一年後、アベイ・プレイヤーズがシカゴで上演した時、ジグ・クックとフロイド・デルがその観客の中にいた。この二人はこの劇団―扱った劇は、アイルランドの生活のリアリズムに深く根づいていた―のアンサンブル演出と上演スタイルに深く感銘を受けた。芸術的目的を持ち、社会的目的も備えた国立劇場を創造しようとするアベイ・プレイヤーズの努力は、プロヴィンスタウン・プレイヤーズの目的に類似しているであろう。「もしアイルランドの劇団が存在しなかったら、プロヴィンスタウン・プレイヤーズは存在しなかったであろうというのは、十分にありえることです。アイルランドの生活のリアリズムに深く根づいていたという点が、アメリカの生活のリアリズムに深く根づいていたと置き換わることを彼［クック］は望んでいた。真の感情を謙虚に表すのに邪魔になる舞台の慣例などない[22]」とスーザン・グラスペルは書いた。

民族的な劇場が、移民の数が頂点に達した二〇世紀初めの何十年もの間、ニューヨークのロワー・イースト・サイドで繁盛した。演劇を上演することで生まれる活力、観客の社会生活、共同社会での生活で、これらの劇場が果たした重要な役割も、やがてプロヴィンスタウン・プレイヤーズを形成することになる男女に深い影響を与えた。

民族的な演劇は、いくつもの役割を果した―観客に手ごろな値段で娯楽を与えたこと、翻案や翻訳によって古典劇および同時代の劇を紹介したこと、アメリカ化する代理人として役だったこと、禁酒・産児制限・平和主義・女性の地位といった社会問題に観客が触れることができたことである。民族的な演劇はまた社会生活の焦点としても機能し、個人と家族が交わって、話し、食べ、旧友を見つけ、新しい友人に出会うことができた。[23] すでに確立された文化の中心、ヨーロッパの考え方が入ってくる主要な港であるニューヨークは、アヴァンギャルドの作家・画家・改革者・移民（特に、東ヨーロッパからのユダヤ人）たちが融合することで、絶えず豊かな環境を作り上げていた。彼らはロワー・イースト・サイドに移り住んだ。ヴィレッジャーズが彼らに心ひかれたのは、彼らが自分たちと違っていたから、彼らの「価値観は馴染みのあるものだったが、それらが強化され、新しい、刺激的な象徴で覆われ[24]」ていたからであった。

馴染みのあるものとは、進歩への、道徳の理想主義への、より良い生活の夢への、その夢を手に入れるために進んで努力することへの、そして学ぶことへの願望であった。違っていたのは、そこに登場する人たちの配役であった。大胆不敵なアナキスト、労働組合の組織拡大担当者、タルムード［ユダヤ教の律法とその注解］の学者、けばけばしい衣装の俳優、ショールで頭を覆った敬虔な女たち、熱烈な社会主義者、働き過ぎの小売店主、衣類を作っている若い理想主義者をそれは含んでいた。[25] ヴィレッジの反抗者たちにとって、ロワー・イースト・サイドはそれ独特のドラマと面白さを持っていた。通りは人々で、そして手押し車を引いて、商品を売り歩く行商人で激しく脈打っていた。また、あるゆる政治信条を持った人々が集まって、お茶の入ったトールグラスのことで真剣な議論や白熱した論争を交わすカフェがあった。そしてそこには活気あふれる演劇があった。

その当時の主だった年代記作者の一人であったハチンズ・ハプグッドは、彼の著書『貧民街の精神』（一九〇二年）の中で、イディッシュ語の演劇について広範囲にわたって書いた。彼はまた新聞『コマーシャル・アドヴァタイザー』にイディッシュ語劇の評論を書いた。ニース・ボイスは、民族的な演劇がヴィレッジャーズの人たちに対して意味したことの本質的なものを、彼女の自叙伝の中で、うまく言い表している。

イディッシュ語の演劇は素晴らしい。……私はイディッシュ語はわからなかったが、その劇の趣旨は辿ることができた。……観客は生き生きして、互いに反応を示していた。ブロードウェイの演劇よりも遥かに少ない資金で、外国の演劇がより良い上演を生み出した、と私は思った。ハウプトマンやズーダーマンのドイツ劇もかかっていたし、シェイクスピア劇のイタリア語訳が、心わくわくする操り人形劇が、長々とした中国劇が、続けて幾晩も演じられた。そして観客が大声を上げて反応を示す、不穏なイディッシュ語によるメロドラマがあった。そこには豊かで、充実した、真に迫った人生の流れというものがあった。(26)

プロヴィンスタウン・プレイヤーズは、アマチュアの劇団であったが、彼らは作家として、ジャーナリストとして、画家として認知―それは新しい演劇上の冒険を企てる彼らに充分に役立った―されていた。それに加えて、数人の者がすでに劇を書いていたか、ヴィレッジでの演劇活動に関わっていた。

一九一三年に、ヘンリエッタ・ロドマンは、再編成されたリベラル・クラブ（「新しい考え方に関心のある人々のための出会いの場所」）を、マクドーガル・ストリート一三七番地の褐色砂岩の建物でオープンした。そこは討論、「秘密のダンスパーティー」、「異教の大夜会」と呼ばれた資金集め、詩の朗読、議論、レクチャー（産児制限から、単税［一種類の財だけに課税する制度］や「新しい」演出法に至るまで）などを目的としたもので、ヴィレッジの生活の中心地となった。ポリー・ホリデーとヒポリト・ハヴェルは、その下の階でレストランをやっていて、安い値段でおいしい食べ物を提供した。メンバーのうちの二、三人が、自分たちの小さな劇グループを形成して、独創的な寸劇を上演した。プロヴィンスタウン・プレイヤーズの創立メンバーになるつもりであったフロイド・デルは、『八百万人の女たちが望んだこと』、『理想主義者』、『完璧な夫』を書き、演出した。リベラル・クラブの会員の中には、その後、ワシントン・スクエア・プレイヤーズとプロヴィンスタウン・プレイヤーズで積極的に活動することになる多くの人たち（ジグ・クック、スーザン・グラスペル、マックス・イーストマン、アイダ・ラウ、ハチンズ・ハプグッド、ニース・ボイス、メアリー・ヒートン・ヴォース、ジョン・リード、アルフレッド・クレイムボーグ、チャールズ・ダムース、ハリー・ケンプ、フロイド・デル、エドナ・セイント・ヴィンセント・ミレー、出版業者フランク・シェイ、テディ・バランタイン、ステラ・バランタイン、ルーシー・ハファカー、アプトン・シンクレア）がいた。

戦前の文化的急進主義を示す二つの頂点と言える出来事―アーモリーショーとパターソンのストライキを扱った野外劇―は、過去との決別を示し、「事態の好転を求める強い願望の傾向」を表明するものであった。パターソンのストライキを扱った野外劇は、はっきりそれとわかるように、演劇の領域に属していた。月刊誌『インディペンデント』は、それを現在の野外劇と呼び、同時に劇の原点に戻った「私たちの劇で新しいもの」とも呼んだ。[27]上演されたものには六つの挿話があったが、ストライカーみずからが演じたそれらは、ジョン・リードを思わせるものであった。一五〇〇人のストライカーたちが、その催しでは俳優となった。彼らはスローガンを書いた横断幕を手に、歌いながら、五番街を北へ、マディソン・スクエア・ガーデン―そこでは一万五千人の見物人が彼らに喝采を送った―まで行進をした。メイベル・ドッジによると、「ボビー」ジョーンズはそれを「ゴードン・クレイグ的な出来事」にすることを主張した。行進が舞台から座席を通り、入り口を通って、ガーデンに向かう道筋からは障害となるものが除去されていたが、こういう道筋を通ったのは観客の参加を促すためであった。[28]殺されたストライカーの葬列が、道筋を進んで行く上演中のある地点まで来ると、観客の中の何人かが座席を離れて、俳優―ストライカー―弔い人の列の背後に加わった。

その後、プロヴィンスタウン・プレイヤーズのメンバーになる数人とこのグループの親友が、この野外劇に参加した。ジョン・リードがこの催しを演出し、上演を手がけたロバート・エドマンド・ジョーンズがプログラムの表紙のデザインもした。ジョン・スローンは舞台装置を担当した。メイベル・ドッジが必要な資金調達を助けた。ハチンズ・ハプグッドは、諮問委員会としての役割を果した九〇人のヴィレッジャーズ集団を率いた。ジグ・クックとスーザン・グラスペルは観客の中にいた。

この催しの芸術性に対する反応は、一般的に好意的であった。「人生がいつの間にか過ぎ去っていき、ある単純な芸術形式ができあがる」と『ニューヨーク・グローブ』の彼の記事で、ハチンズ・ハプグッドが書いた。彼は質を変化させることを「偉大な」ことで、「殆ど先例のない」ことと受け取っていた。他の新聞は、野外劇を「一つの新しい芸術の形態」で、「目を見張らせるもの」と呼んだ。確かに、それは社会問題に応えた演劇であった。スーザン・

グラスペルはそれを「労働者の最初の劇」と呼んだ。その野外劇を観た者であれば誰でも、「労働者の集団が一つになって集団の感情を最大限に爆発させて、その不当な行為を劇化した」あの夜のことを忘れられるなら忘れてみろとランドルフ・ボーンは挑んだ。「新しい社会的な芸術が、純粋に人を興奮させるような新しいものが、アメリカの世界に存在するという考え方を、その野外劇が人の心に深く刻みこんでくれた[29]」と彼はつけ加えた。パターソンのストライキを扱った野外劇は、共通の理想を表現するために、集団で一つの仕事をすることから滲み出てくるジョージ・クラム・クックの演劇の夢に近いものであった。

新しい演劇の始まり

世紀転換期に現われた小劇場運動は、一九二〇年代にこの国中にさっと広まったルネサンス的文化に重要な役割を果した。本書の次の評論でメアリー・C・ヘンダーソンは、今日では殆ど忘れ去られたアメリカ演劇社会史の一時代を記録している。最も重要な芸術劇場［実験的な劇を上演する劇場］・独特な雰囲気や味・上演が、挿絵やテクストによって強調されていて、それによって読者がそのイメージを見て、それらがその当時の文化的生活とのつながりを理解できた。

プロヴィンスタウン・プレイヤーズに先行する二つの芸術劇場は、私たちの議論では特別の考慮に値する。それはそれらの革新的な上演のゆえに、また彼らは危険を冒してまでアヴァンギャルド劇を上演したという事実のゆえに加えて、それらはこの国でリアリスティックな劇の観客を創造する上で役立ったからでもあった。一九一二年に、モーリス・ブラウンは「これまで倉庫に使われていた空き部屋[30]」の裸舞台で、シカゴの小劇場をオープンした。この劇場で、彼は同時代のヨーロッパの劇作家（ウィリアム・バトラー・イェーツ、アウガスト・ストリンドベリー、バーナード・ショー）の激しい言葉を用いた、風刺的な劇にばかりでなく、エウリピデスにもアメリカの観客を引き合わせた。ヨーロッパの独立劇場の仕事に霊感を与えられ、この国でのアベイ・プレイヤーズの最近の上演に刺激され、その当時のシカゴで起こっていた芸術が、同時発生的に激しく沸き上がり、それによって活力を与えられたブラウンとその妻（女優のネリー・ヴァン・フォルケンバーグ）は、「両者ともに燃えて」、商業演劇が提供しなかった劇を上演した。二人はまた、彼ら自らの革新的な考えや手法を、リアリスティックな劇や古代ギリシャ劇を近代風に再解釈したものに適用することを望んだ。

エウリピデスの『トロイの女たち』（一九一二年）の彼らの上演（将来のプロヴィンスタウン・プレイヤーB・J・O・ノードフェルトによる舞台装置、ブラウンによる演出）は、ギルバート・マリーの詩の翻訳が広く世間の注目を引きつけた。ブラウンの上演にいたく感銘を受けたジグ・クックは、プロヴィンスタウン・プレイヤーズと古代ギリシャの演劇とを結びつけて考える責任を負った。こうしてクックはプレイヤーズに、伝統を創造するための基礎として役に立つ「使える過去」を提供した。「原始的集団の共通の宗教的目的と情熱―そこからディオニュソスの舞踏が生まれた―に取って代わるべきものが何もなければ、新しい生き生きした劇は、どのような民族からも生まれない[31]」。

シカゴの小劇場は忠実な信奉者を持っていて、その影響力が遠くまで及んでいた。ユージーン・V・デブス、リンカーン・ステファンズ、クラレンス・ダロウ、エマ・ゴールドマン、ミセス・ハヴロック・エリス、セオドア・ドライサー、ハーレー・グランヴィル－バーカーは、定期的に足を運んでいた。ジグ・クック以外にも、ロレンス・ラングナー、エドワード・グッドマン、ワシントン・スクエア・プレイヤーズの創設者フィリップ・モーラー同様に、フロイド・デルも顔を出していた。シカゴの小劇場は、それが存在した五年間で、一三〇の劇を上演し、そのうちの五五の劇は以前に上演されたことのないものだった[32]。ブラウンの関係した演劇は、ワシントン・スクエア・プレイヤーズとプロヴィンスタウン・プレイヤーズの両方にとって、触媒として役に立った。

ワシントン・スクエア・プレイヤーズは、語り草になっているように、まずリベラル・クラブでロード・ダンセイニーの『きらびやかな出入り口』（一九一四年）の即興的な上演で活気づいた。この劇作品が何部かたまたま書棚に置いてあったこと、またロバート・エドマンド・ジョーンズがそれを上演するために、たまたまそこに居合わせ、そしてエドワード・グッドマン、ヘレン・ウエストリー、フィリップ・モーラーなどがたまたまそれを上演したいと思った[33]。こうした話が本当であるかどうかは、重要なことではない。ワシントン・スクエア・プレイヤーズが、リベラル・クラブのメンバーによって創立されたことを私たちは知っているからである。ロレンス・ラングナーは、新しい演劇集団を結成させたがっていて、彼の友人の二人であるフィリップ・モーラーとエドワード・グッドマンを説得して、この彼の冒険的な企てに彼らを加わらせた。他の創立メンバーの何人かはプロヴィンスタウン・プレイヤーズの著名な人たち、とりわけジョージ・クラム・クック、スーザン・グラスペル、フロイド・デル、マックス・イーストマン、アイダ・ラウ、テディ・バランタイン、ローシー・ハフフェイカー、ジョン・リードであった。

ワシントン・スクエア・プレイヤーズの定めた芸術方針は、「芸術的価値」のある劇を上演することであった。その際、アメリカの劇を優先して上演するばかりでなく、商業的興行主から無視されてきたヨーロッパの作家の作品を上演すること、という項目も加わった。この集団は一九一五年二月一九日に、五七番通りの住宅地区にあるバンドボックス・シアターで、ロレンス・ラングナー、エドワード・グッドマン、モーリス・メーテルリンクの一幕物三つでオープンした。そのシーズンには、さらに四つの出し物が上演された。翌シーズンには、一週あたりの上演回数を増やし、入場料を五〇セントから一ドルに値上げをして、俳優や劇場の職員の給料、劇場の賃貸料の支払いに役立てた。第三シーズン目には、これまでより大きな建物、ブロードウェイのコメディ・シアターを借りた。そのシーズンの終わりには、全部で六二の劇を上演し、ほぼ半分がヨーロッパの劇作家のものであった。

その頃のヴィレジャーズの間では、新しいアメリカの文化的なアイデンティティを築き上げることへの関心が強くなっていた。それはヨーロッパの芸術や文学を手本にして作られていたが、ヨーロッパに頼っていたわけではない。『セブン・アーツ』という雑誌は、文化的国家主義をまっ先に擁護した一つであった。ワシントン・スクエア・プレイヤーズの上演するヨーロッパの劇作家の作品の数のことが気がかりだったウォルドー・フランクは、『セブン・アーツ』に書いた記事の中で、抗議の声をつけ加えた。

アンドレイエフ、ウェーデキント、ロマンといったこれら反抗の精神は、私たちには当てはまらない。彼らは私たち自身のものである農地を苦労して耕すことによって、そこに到達したのではなかった。彼らのことに熱中するというのは、彼ら同国人にとっては、ごく自然な成長である。しかし、アメリカ人にとっては、それは危険なごまかしである。私たちには耕すための自分たちの農地がある。私たちにはヴィジョンを持って探求し、どんなもんだと得意になれる私たち自身の現実がある。

ワシントン・スクエア・プレイヤーズは、一九一八年に解散した。プロの上演基準を維持することに伴う高いコストと戦争が災いしたというのが、その理由であった。その後まもなくして、ロレンス・ラングナーに統率されたこのグループの創設者たちは、シアター・ギルド—それを彼は「成長した小演劇(34)」と説明した—をスタートさせた。

ワシントン・スクエア・プレイヤーズは、一流の劇作家を見つけなかったが、このグループは新しい演劇の出現に多く貢献した。このグループが育てた俳優の中には、ローランド・ヤング、キャサリン・コーネル、ロロ・ピーターズ、マーガレット・モーワー、マージョリー・ボネガット、フランク・コンロイ、ヘレン・ウエストリーがいた。舞台意匠家ロバート・エドマンド・ジョーンズやリー・シマンソン、ロロ・ピーターズはこのグループに励まされたし、ゾーイ・アトキンズ、ユージーン・オニール、スーザン・グラスペル、ベン・ヘクトといった劇作家の作品がこのグループによって演じられた。

ワシントン・スクエア・プレイヤーズとプロヴィンスタウン・プレイヤーズはともに、小さな演劇グループとして共通点を多く持っていたが、実践と哲学の二つの面の重要な違いもそこにはあった。ジグ・クックがワシントン・スクエア・プレイヤーズを辞めた時、この劇団が彼の満足いくほど実験的ではなかったし、アメリカの劇作家を育てることにそんなに関心もなかったということを、彼はそれとなく知らせた。彼の不満のいくらかは、個人的なものでもあったかも知れない。グラスペルとクックの共作『抑圧された願望』は、原稿審査委員会によって、「あまりに特別な」ものとして上演を断られていた。

プロヴィンスタウナーたちは商業的価値のことは考えないで、新しいアメリカ劇のための実験演劇を創造した。上演された劇は、「成功」とも「失敗」とも見なされることはなく、実験の「成果」とだけ呼ばれた。道具立ては最小限度のもので、経費は低く抑えられていた。ロレンス・ラングナーは、この二つの劇団の他のいくつかの相違点を指摘した。

プロヴィンスタウンは……私たちのグループよりも、その背後に作家たちの非常に個人的な表現があった。そのため、それは観客よりも作家を育てる傾向があった。……プロヴィンスタウンの方は、率直に言って、劇については実験的であった。一方、ワシントン・スクエア・プレイヤーズは、ブロードウェイの劇と健全に競い合うような上演を試みていた。ワシントン・スクエアの集団は、芸術的演劇対商業演劇という問題と闘った。この集団は商業的な呼び物と競争して、「ブロードウェイの」コメディ・シアターでその劇を上演しようとした。[35]

プロヴィンスタウン

ジョージ・クラム・クックは、空想家で、「人に刺激を与えて、最初の実験へと駆り立てた主たる人」、プロヴィンスタウン・プレイヤーズの創設者で、精神的指導者であった。本書の評論で、ロバート・サルロスは、クックを「ルールを破り、ルールを作る人」と性格づける。クックは芸術家や作家たち―人生を変える芸術の力についての彼らの確信は、クック自身のものと同時性のものであった―からなる共同社会によって生み出される演劇というものを夢に見ていた。演劇の模範と霊感の力は、常にギリシャ的なもので、それが芸術と芸術の間の相互関係に焦点があてられることになっていった。「芸術はお互いの発展を促す」とクックは言った。「ダンサーは空間で彫刻の姿勢を創造し、調子に合わせて、それらの姿勢を連続するメロディーの音色のように、リズミカルに流れるような一つ一つの動作に変えていく。私たちの頭の中は、絵画が音楽に似たものでなければならない、という考え方にすっかり支配されている」[36]。ロバート・サルロスは、評論の中で、この概念がジグ・クックによって日常の演劇の慣行へといかに変えられていったかを指摘している。

ジグはその指導力、パーソナリティ、演劇への貢献度のゆえに、称賛も批判もされてきた。エドナ・ケントンはジグを「演劇の実験に全面的に打ち込んだたった一人の人」と呼んだ。ジグは「古い陳腐な伝統に、商業演劇に、安っぽい人工的な舞台に対して反抗の精神を表している」とユージーン・オニールが言った。一方、フロイド・デルは公然とジグのやり方を批判し、ジグの個人的失敗感について、デルの回想記の中で、嘲るように書いている[37]。他者の変化を促す才能のあった人、空想癖のあった人、インスピレーションの湧き出てやまない源であった人、といった彼の面は、客観的なもので測るには向いていない。クックを現実離れした人、支離滅裂な人と見なしている人たちもいる。しかし、彼は創造的にして異質な人たちからなる集団―この人たちは、彼が導いた組織の中で、組織によって、組織のために劇を書いた―をうまく一つにまとめ上げた。

プロヴィンスタウン・プレイヤーズは、初期の実験演劇―それはシリアスな芸術の形態としてのアメリカ劇を確立するのに役立った―の中で、最も貴重なものの一つを創造した。劇団のメンバーが書いた劇は、その時代の動揺を反映していて、はっきりとアメリカ的な発言を持った演劇を生み出した。ジグ・クックが「自国の劇を演じるための自国の舞台」の創造を促した時、彼は彼の世代の他の文化の反抗者たち―彼らは上品な伝統といった時代遅れの考え方ややり方を、アメリカの生活を再活性化することのできる新しいアメリカの芸術や文学と取り替えることを要求した―と大いに足並みを揃えていた。「最も素晴らしい文化とは、民主主義の持っている可能性であることを私たちが証明することである」とジグはみずからと仲間たちについて書いた[38]。

彼らの集団による活動を最初に、うすうす感づいていたことが、ハチンズ・ハプグッドから彼の父親宛ての、一九一五年七月七日に書かれた手紙に見出せる。その手紙で、プロヴィンスタウンでの、その前夜のニース・ボイスの『貞節』の朗読会のことにハプグッドは言及している。「昨晩、私たちはここで、数人の人たちを相手に、才気あふれるこの一幕劇を朗読しました。私たちは全員、この劇を気に入りました。私たちはこの作品を演じるつもりです。というか、登場人物は二人しかいないので、ニースとジョー・オブライエンが演じて、あとのみんなは観客と言った方がいいかもしれません」[39]。九日後、この劇はグラスペルとクックの共作『抑圧された願望』と組み合わされて、ハプグッドのイースト・エンドの浜辺の小別荘の居間で、私たち友人仲間を対象に演じられた。ロバート・エドマンド・ジョーンズが両作品の演出にあたった。『貞節』については、ソファーとカラフルなクッション、ベランダに通じる両開きの戸の両側にランプが一つずつある舞台で、背景にはロング・ポイントの湾と灯台がある。『貞節』が終ると、観客は椅子の向きをぐるっと回して、『抑圧された願望』―ジョーンズは、そのために道具立てをグリニッチ・ヴィレッジのアパートに改めた―を観た。

上演から二日後、ニース・ボイスは義理の父に宛て、彼女の劇の初演を説明する手紙を書いた。

私たちがこっちに来て一か月も経ったなんて信じられないくらいです。ここでは時間がとても速く経ちます。……過ぎてゆく一日一日を自分なりに評価しています。ここでの生活が気に入っています。何も変わったことは起こりません。毎日が似ている感じで……私たちは……周囲の人たち……ベイアード・ボイアソン、メイベル・ドッジ、「ボビー」ジョーンズなどと楽しくやっています。それに友人もここには常にいます［メアリー・ヒートン・ヴォース、ジョー・オブライエン、ウィルバー・ダニエル・スティール］。私が木曜の夜に生まれて初めて舞台に立ちましたと言ったら、きっとあなたは面白がられることでしょう。私が劇を書いて演じることで、この人たちを感動させています。私の書いた作品の一つで、演劇シーズンが始まったのです。［舞台は］海を背景に、色はオレンジとイエロー。夜十時にその演劇を上演しました。本当に素晴らしいものでした―場面が、という意味ですが。私の演技をとてもほめてもらいました……あなたにもっと興味深いことを伝えられたらいいのですが―しかし、先程も言いましたように、ここでは何も変わったことは起こっていません。[40]

翌朝、メアリー・ヒートン・ヴォースは、彼女が所有していた遊歩桟橋を、魚を入れておく二階建ての倉庫とそれより小さめの二つの建物と一緒に、劇を提供してくれる興奮気味の人たちに譲った。そして彼らはそれを劇場に変えた。二つの出し物―一幕の劇を二つ―が、夏の残りの間に上演された。最初の出し物は、ハプグッドの浜辺の小別荘で上演された劇の再演で、二つ目の出し物は、ジョージ・クラム・クックの『表現方法を変えろ』とウィルバー・ダニエル・スティールの劇『同時代人』であった。

ヨーロッパにおけるアヴァンギャルド演劇の開花と一九一五年におけるプロヴィンスタウンのグループ出現の間の、二〇年余りの間隔は、アメリカ劇が文学的な芸術形式に発展するための、重要な準備期間を提供した。まず、ヨーロッパの「新しい劇」がアメリカにたどり着き、予約に基づいた小劇場を通じて、観客を獲得するための時間が必要とされた。アメリカ人がヨーロッパのアヴァンギャルド劇の観客を吸収し、その人たちをアメリカ劇の観客として創造して初めて、彼らはオニールの実験劇の準備ができたのである。

一九一六年の夏に、ユージーン・オニールが初めてプロヴィンスタウンにやって来た時、それは偶然のタイミングであった。彼は一六の劇をそれまでに書いていたが、一つも上演していなかった。それに対してもう一方のプロヴィンスタウナーは、上演するための新しい劇をとても見つけたがっていた。オニールが必要としていたものは、仕事を続けるための実験室―そこは彼が失敗のできる場所、刺激と励ましの雰囲気の感じられる場所であった。彼はブロードウェイやワシントン・スクエア・プレイヤーズに劇を提出していた。しかし、相手方はみなそれらを拒絶していた。[41]それでオニールには、五年間の「人生経験を積んだ」後、劇を創作するための正規の教育を受け、それから劇を創作して、上演するというのが論理にかなった歩みであった。本書の結びの小論で、バーバラ・ゲルブは、アメリカの一流劇作家の一人としてのオニールの成長と発展にとっての、プロヴィンスタウン・プレイヤーズの重要性を論じている。

オニールに一流の劇作家としての才能を見い出したことに奮起して、プロヴィンスタウンでの二度目の夏の演劇の成功に元気づけられ、自分たちはより広い観客層に自分たちの実験を継続できると確信したプロヴィンスタウン・プレイヤーズは、ニューヨークで彼らの活動を続ける決心をした。このグループの誰一人として、実際には決まりや規約を望まなかったが、移動したり、新たに拡大するような企画にともなって、それなりの規則を持っておくのが最善だろうと大多数の者たちは気づいた。一九一六年九月四日に波止場劇場で行われた会合で、二九人が新たに命名されたプロヴィンスタウン・プレイヤーズの活動的なメンバーとして署名し雇われた。活動的なメンバーというのは、劇の上演に向けて「書き、演じ、上演し、労働を提供し」ようとする人であった。その「クラブ」には、役員二人、座長一人、幹事兼会計係一人を置くことが決議された。その会合の議事録がルイーズ・ブライアントによって署名され、承認された。そしてその規約に関わる仕事が委託された。

翌日の晩、グループは再び会合を持ち、その規約が承認された。活動的なメンバーというものに加えて、準会員（上演のシーズンの前払いをする人々）、クラブ会員（一つの上演だけの切符を買う資格のある人々）もそこには存在することになろう。規約の代わりに決議が行われたのは、このグループの哲学と仕事のやり方に関係したもので、その決議案は次のようなものであった。（一）「プロヴィンスタウン・プレイヤーズの最大の目的は、ブロードウェイに対抗して、本物の芸術として、文学として、劇として価値あるアメリカの劇作品を生み出すように奨励することである」。（二）「そのような劇は、商業的な価値とは無関係に考えられるべきである。こうした演劇は金銭的利益を得るために上演されるべきではないからだ[42]」。

その遺産

ユージーン・オニールの抜きん出た業績が仮になくても、プロヴィンスタウン・プレイヤーズの偉業は、かなりのものであった。プロヴィンスタウンでの二回の夏、グリニッチ・ヴィレッジの六シーズンの間、彼らは観客に四七人のアメリカ劇作家による九七の独創的な劇を上演した。社会的・文化的関心と個人的価値とのつながりに彼らが関わったばかりでなく、プレイヤーズのアンサンブル演出法による演技、集団のみんなが一緒になって作り上げ、上演のあらゆる要素を統合するといった創造的機能に彼らが焦点をあてるという点が、ワーカーズ・ドラマ・リーグ、ニュー・プレイライツ・シアター、グループ・シアター、フェデラル・シアター・プロジェクト、それにその後の演劇集団（リヴィング・シアター、サンフランシスコ・マイム・トループ、今日のオフブロードウェイやリージョナル・シアター）のような劇団の先例を確立した。二、三の例を挙げれば、クリホード・オデッツ、エドワード・オールビー、リリアン・ヘルマン、テネシー・ウィリアムズ、アーサー・ミラーといった劇作家は、その集団が確立した劇の伝統の中で書き続けたのである。

プロヴィンスタウン・プレイヤーズは、最も重要な意味を付与するものとして、俳優よりも作家や演出家を重要視することによって、また芸術上のことを考える以外、他のすべてから解放された雰囲気を劇作家に与えることによって、アメリカ演劇の遺産に他の方法で貢献した。ヨーロッパの「小劇場」には、観客の予約というシステムがあって、世界的名声をはせた劇作家を育んだ。自由劇場ではイプセンとストリンドベリー、フライエ・ビューネ（野外舞台）ではズーダーマンとハウプトマン、モスクワ・アート・シアターではチェホフ、トルストイそれにゴーリキー、インディペンデント・ステージ・ソサエティはバーナード・ショーといった具合にである。プロヴィンスタウン・プレイヤーズもユージーン・オニールとスーザン・グラスペルの作品の議論の場を提供することで、彼らを育てたのである。もっと最近では、伝統に従う演劇集団は、すぐれた劇作家を支援し続けてきた。サークル・レパートリー・カンパニーはランホード・ウィルソンの作品と、グッドマン・シアターはデイヴィッド・マメットの作品と、それぞれ結びつけて考えられている。プレイライツ・ホライズンはウエンディ・ワサースタインやクリストファー・デュラングの作品を励ましているし、イェール・レパートリー・シアターはオーガスト・ウィルソンの作品を引き立てて見せてきた。

「使える過去」を突きとめ、創造することにより、プロヴィンスタウン・プレイヤーズは、近代のアメリカ劇における革新的な演劇の実践と実験の継続的な伝統の道を開いた。

註

(1) Hutchins Hapgood, *A Victorian in the Modern World* (New York: Harcourt, Brace, 1939), 394.

(2) Susan Glaspell, *The Road to the Temple* (New York: Frederick A. Stokes, 1941), 248.

(3) Ethan Mordden, *The American Theatre* (New York: Oxford University Press, 1981), 5を参照。

(4) Mary C. Henderson, *Theatre in America* (New York: Harry N. Abrams, 1986), 45を参照。

(5) Kenneth MacGowan and William Melnitz, *The Living Stage* (Englewood Cliffs, N. J.: Prentice-Hall, 1955), 388を参照。

(6) Ibid., 375.

(7) Mordden, *American Theatre*, 7, 8.

(8) MacGowan, *Living Stage*, 371, 381.

(9) Ibid., 387; Henderson, *Theatre in America*, 24.

(10) MacGowan, *Living Stage*, 371, 383.

(11) Walter Prichard Eaton, *The Theatre Guild: The First Ten Years* (New York: Brentano's, 1929), 18.

(12) Arthur Hobson Quinn, *A History of the American Drama* (New York: Appeton-Century-Crofs, 1936), 140.『ニューヨーク・タイムズ』に掲載された劇評からの抜粋は、C.W.E. Bigsby, *A Critical Introduction to Twentieth Century Drama* (Cambridge: Cambridge University Press, 1982), 2で引用されている。

(13) Henderson, *Theatre in America*, 60を参照。

(14) Mary Heaton Vorse, *A Footnote to Folly* (New York: Farrar and Rinehart, 1935), 129.

(15) Charles Lock, "Maurice Browne and the Chicago Little Theatre," *Modern Drama*, 31 (March 1988): 106を参照。

(16) Van Wyck Brooks, "On Creating a Usable Past," *Dial* 64 (April 1918): 337-341; Henry F. May, *The End of American Innocence* (New York: Alfred Knopf, 1959), 250.

(17) Kenneth MacGowan, *Footlights Across America* (New York: Harcourt, Brace, 1929), 26で引用されている。

(18) J. L. Styan, *Modern Drama in Theory and Practice* (Cambridge: Cambridge University Press, 1981), 31-32を参照。

(19) Robert Edmond Jones, *Dramatic Imagination: Reflections and Speculations on the Art of the Theatre* (New York: Duell, Sloan and Pearce, 1941), 24-25, 27.

(20) Henderson, *Theatre in America*, 204を参照。

(21) Arthur Gelb and Barbara Gelb, *O'Neill* (New York: Harper & Row, 1960), 150で引用されている。

(22) Glaspell, *Road to the Temple*, 218.

(23) Maxine Seller, *Ethnic Theatre in the United States* (Westport, Conn.: Greenwood, 1983), 6-9を参照。東ヨーロッパからの大移動のあった四〇年もの間、Lower East SideのYiddishの演劇に関する予備知識については、Irving Howe, *World of Our Fathers* (New York: Harcourt Brace Jovanovich, 1976), 460-496を参照。そしてイディッシュ語の演劇の非常

に広範囲に渡る歴史については、Nahma Sandrow, *Vagabond Stars: A World History of Yiddish Theatre*（New York: Harper & Row, 1977）を参照。

(24) May, *End of American Innocence*, 283.

(25) Ibid., 283.

(26) Neith Boyce, "Unfinished Autobiography," TS, p.4, Boyce Papers, Beinecke Rare Book and Manuscript Library, Yale University.

(27) Martin Green, *New York, 1913: The Armory Show and the Paterson Strike Pageant*（New York: Scribner, 1988）, 11, 204. パターソンのストライキに関する貴重な予備知識としては、John Reed, "War in Paterson," *The Masses* 5（June 1913）を参照。その野外劇の考えがいかにして生じたかについての情報については、Robert A. Rosenstone, *Romantic Revolutionary: A Biography of John Reed*（New York: Random House, 1975）, 126-130を参照。またMabel Dodge Luhan Collection（Beinecke Rare Book and Manuscript Library, Yale University）の"Paterson Strike"と題されたMabel Dodge Luhan's scrapbookも参照。『ニューヨーク・グローブ』に掲載された野外劇の記事からの抜粋については、Hapgood, *A Victorian in the Modern World*, 351-352を参照。

(28) Mabel Dodge Luhan, *Movers and Shakers*（New York: Harcourt, Brace, 1936）, 204.

(29) Hapgood, *A Victorian in the Modern World*, 351-352; Glaspell, *Road to the Temple*, 250; Randolph Bourne, "Pageantry and Social Art," MS, p.6, Bourne Collection, Columbia University, New York, N.Y.

(30) Maurice Browne, *Too Late to Lament; An Autobiography*（Bloomington: University of Indiana Press, 1956）, 120.

(31) Edna Kenton, "The Provincetown Players and the Playwrights' Theatre, 1915-1922," MS, p.3, Elmer Holmes Bopst Library, New York Universityで引用されている。ケントンによれば、ジグ・クックとニース・ボイスは、共同でこの主張をまとめた。Arnold Goldman, "The Culture of the Provincetown Players," *Journal of American Studies* 12（December 1978）: 297も参照。

(32) Browne, *Too Late to Lament*, 377.

(33) Oliver M. Sayler, *Our American Theatre*（New York: Brentano's, 1923）, 77.

(34) Waldo Frank, "Concerning a Little Theatre," *The Seven Arts* 1（December 1916）: 164; Lawrence Langner, *The Magic Curtain*（New York: Dutton, 1951）, 75.

(35) Langner, *Magic Curtain*, 102.

(36) Glaspell, *Road to the Temple*, 245で引用されている。

(37) Edna Kenton, "Provincetown and MacDougal Street," in *Greek Coins, Poems by George Cram Cook*（New York: George H. Doran, 1925）, 21-22; オニールの伝記作家Barrett Clarkに対して1924年にオニールが語っている。Barrett Clark, *Eugene O'Neill, the Man and His Plays*（New York: Robert M. McBride, 1929）, 43; Floyd Dell, *Homecoming*（New York: Farrar and Rinehart, 1933）, 254-255, 262-267.

*Homecoming*の書評で、ハプグッドはクックに関するデルの叙述を「まったく不適切だ」と言及している。この書評は*New York Globe*に書き、彼の自叙伝で抜粋されている。Hapgood, *A Victorian in the Modern World*, 315-316.

(38) Glaspell, *Road to the Temple*, 225で引用されている。

(39) Hutchins Hapgoodから彼の父Charles Hapgoodへの手紙(一九一五年七月七日付)。Hapgood Papers, Beinecke Rare Book and Manuscript Library, Yale University.

(40) Neith Boyceから彼女の義理の父Charles Hapgoodへの手紙(一九一五年七月一七日付)。Boyce Papers, Beinecke Rare Book and Manuscript Library, Yale University.

(41) Louis Sheaffer, *O'Neill, Son and Playwright* (Boston: Little, Brown, 1968), 323.

(42) プロヴィンスタウン・プレイヤーズの組織に関する情報は、"Minute Book of the Provincetown Players, Inc. From September 4, 1916 to November 8, 1923"; Theatre Collection of the New York Public Libraryから得ている。Helen Deutsch and Stella Hanau, *The Provincetown: A Story of the Theatre* (New York: Russell and Russell, 1959), 16-17, 33-39を参照。

* [訳者注]「フランク・ロイド・ライトは、〈嘘の〉装飾や見せかけを剥ぎ取り、加工されてない木、ガラス、石のような〈本物の〉材料を使い、沢山の窓とドアを使って内部と外部の境界を取り除くというモダニズム的やり方で、アメリカの建築を作り直す仕事に多忙であった」(D・J・シンガル「アメリカン・モダニズムの定義にむけて」p.18)。

ブロードウェイに背を向けて
――アメリカの芸術劇場の始まり（一九〇〇―一九二〇年）写真でたどる小論

メアリー・C・ヘンダーソン

劇場は文化のるつぼである。そこは人間同士が親しく交わる所である。社会一般の精神が形成されるのは、この劇場という場所なのだ。

―ヴィクトル・ユーゴー

一八八七年の秋、パリのガス会社の若い社員が、エミール・ゾラ原作の物語に基づく短い、まったくリアリスティックな劇（彼が所属していたアマチュア演劇集団によって上演を断られてきた作品）を上演するために、エリゼ・デ・ボザール三七番地の小さな劇場のドアを開けた。その若い男はアンドレ・アントワーン、その劇は『ジャック・ダムール』*で、その小さな劇場は熱烈な創始者によって自由劇場と名づけられた。この極めて重要な出来事から何年かして、あるフランスの批評家が思い出を語った―「レインコートを着た善良なマギが、みすぼらしいが、光輝く飼葉おけを探しだす様子を私たちは目にする。この飼葉おけの中で、老いぼれた、かつて溺愛した劇が再び生まれることになっているなんて！」。

アントワーンのちょっとした冒険は、予想もしなかったほどの成功であることがわかった。それはヨーロッパ中の似たような実験的芸術劇場の創造の引き金となった。そして今度は、その芸術劇場が西洋の近代演劇・戯曲の時代の幕を開けた。ロシアのモスクワ・アート・シアターからアイルランドのアベイ座に至るまで、北ヨーロッパのイプセンから南ヨーロッパのピランデルロに至るまで、ヨーロッパの伝統的な演劇はその根底から揺れ動いた。演劇のあらゆる面で新しい理論が展開し、野火のように広がって、徐々にその当時の主流の演劇に移動していった。

アメリカでは、アントワーンと彼の模倣者たちが前進した後を、アメリカの知識人たちが熱いものを懐いて追いかけた。ボストンでウィリアム・ディーン・ハウエルズとハムリン・ガーランドは、一つの戯曲、一人の劇作家、一つの劇場を見つけた。そして一八九一年に、二、三日でチッカリング・ホールで彼らは自分たちの「自由劇場」を作った。そこでの出し物は短命の上演で終わったが、ジェイムズ・A・ハーンの『マーガレット・フレミング』(中流階級の夫婦間の不貞の結果を妥協せずに扱った劇)であった。しかし、その頃はまだアメリカに純粋な芸術劇場運動が現われるための機は熟していなかったし、アメリカ演劇史のこの頃には、そのための基盤がはっきりと見えてもいなかった。ブロードウェイおよび主要な都市の劇場街には薄っぺらなスターの乗り物が押し寄せていたが、アメリカのそれ以外の劇場は、「ブロードウェイから直行」(実は、地方向けに間に合わせのものを取り混ぜて作った、粗悪なメロドラマの急ごしらえの上演だが)と銘打って宣伝した地方公演によって、質が低下しつつあった。

これまでのものに代わる演劇に向けての第一歩となる覚つかない足取りは、二〇世紀の夜明けとともに、予期せぬ場所から現われた。ハルハウス(シカゴのスラム街にあるセツルメント施設)の創立者であるジェーン・アダムズとエレン・ゲイツ・スターは、下層階級の人たちが行く劇場のくだらないメロドラマやバラエティ・ホールの趣味の悪い雰囲気から、無学な貧しい者を引き離す最良の方法は、ハルハウスでの劇活動に彼らを関与させることであった。一八九三年に劇部門が最初の本格的な上演をした。一八九九年には、みずからの劇場を持った。一九〇〇年になると、その最初のプロの演出家ローラ・デインティ・ペラムをむかえた。ミセス・ペラムは自分の引き受けたものを統率のよくとれた一座に徐々に形づくっていった。こうしてこの集団はシェイクスピアに加えて、ショー、ピネロ、イプセンを上演できた。しかし、ハルハウス・プレイヤーズの目ざすものが、いぜんとして社会問題にとどまっていて、芸術的なものではなく、アマチュアの領域を越えたことは一度もなかった。

ハルハウス・プレイヤーズの実験の成功は、何度も他から見習われた。ニューヨークでは、ヘンリー・ストリート・セツルメントがアリスとイレーヌ・ルウィソンの気前の良さによって、セツルメント・ハウスからアマチュアの活動を受け継ぎ、一九一五年にはその活動を品のよい小劇場ネイバーフッド・プレイハウスに移動させ、興味深い

図54　ポートマントウ・シアター（ニューヨーク、1915年）。

実験劇場を創り出すために、プロとアマの要素を混ぜ合わせた。同じ年に、スチュアート・ウォーカーはマンハッタンのロワー・イースト・サイドのクリスタドラ・セトルメント・ハウスを使って、小さな移動可能な劇場の実験を始めた。この移動式の劇場は、一〇個の大きなボール箱に舞台の照明装置、舞台背景の空幕、舞台装置を詰め込んで、二、三時間で屋外であれ、屋内であれ、舞台の設置ができた。ウォーカーの劇場は一九一六年のある雪の多いクリスマスの夜に、その存在を正当化した。彼は彼のポートマントウ劇場を作り上げると、マディソン・スクエアの公園のベンチに座っているホームレスの人や生活困窮者に上演を見せた。（図54）

社会的・文化的な力としての演劇の中に、アメリカの田舎が侵入してこなかったわけではない。アルフレッド・G・アーボルドがファーゴにある北ダコタ農業大学の教員になった時、彼の学生たちやその家族たちの殆どは劇を観たことがないことを知った。一九一四年に彼は管理棟の使われていない部屋を引き継ぐと、「文化を農業に」入れようというはっきり決まった目的で、リトル・カントリー・シアターを創設した。彼は劇を上演し、演出しただけでなく、北ダコタ州全体に演劇活動の組織網を確立し、劇・野外劇・催し物を上演するために、彼みずからと大学の資金を農夫や田舎の人々に提供した。彼の仲間フレデリック・コークもノースカロライナで同じことをしていて、一九一八年にチャペル・ヒルのカロライナ大学を本拠地にして、カロライナ・プレイメーカーズを立ち上げた。それは以後ずっと、ちょっとした国立の公共の施設となってきた。（図55）

それらと同じくらい称賛していいことは、これらの小劇場はこれまでの演劇の形態と慣例に革命的な概念を導入するためというよりも、教育的・文化的・社会的目的の一手段として劇を利用したということである。それは国中の知識人の小さな集団が、より雄弁で、より永続的なブロードウェイに対して反抗する形で存続した。二〇世紀の最初期に発展した芸術劇場は、沢山の共通点を持っていた。それらはみな、新しい形態の演劇を創造したいという願望が強迫観念にまでなった熱意の持主が創立したものなのであった。それらはみな、ささやかに始まり、かなりきつい財政事情の下で存続し、寄付金に頼り、寄付を求める時もあった。演劇を変える、劇の形態・内容・上演の実験をするという熱のこもった声明書ですべてが始まった。多くの人たちは、アメリカ社会とその特徴についての劇を書こうとする劇作家を援助することによって、真にアメリカの演劇を激励したいと思った。その劇の描写が真実であれば、その作家が罵っていようが、称賛していようが構わなかった。殆どの者はヨーロッパから流れ着いた思想や考え方―フロイト、コミュニズム、抽象芸術、フェミニズム、労働組合主義、自由詩、自由恋愛、新しい文学―に大きな刺激を受けていた。

彼らはみな間に合わせの場所を使って、彼らの劇を上演し始めた。こうしたことは彼らの創意工夫や想像力が試されるこの上ない試練の場となった。幸運なわずかのものが、品の良い小劇場へと徐々に変化していったが、こうした劇場はその地域の住民が顧客となり、また献身的な慈善家の力によっても、計画され、建てられたのであった。これらの集団は若さと熱心さが特徴で、芝居の好きな常連と芝居を熱望し、関心を示した人たちとが同じくらいの強さで芝居に引きつけられた。この時代の小劇場の使命が達成されると、殆どの小劇場は静かに解散していった。小劇場の成功そのものが、小劇場の破滅を招いたのである。

図55『ペギー』の一場面（カロライナ・プレイメーカーズ、1919年)。

その時代に発展の可能性を秘めていた演劇組織として今日見なされている集団は、イギリス人俳優モーリス・ブラウンと彼のアメリカ人の妻エレン・ヴァン・フォルケンバーグが、一九一二年に立ち上げたシカゴ小劇場であった。二人は懐の最もさみしい時に、ミシガン通りのファイン・アーツ・ビルディングの四階の奥の部屋を賃貸し、そこを、よく言われるような切手ほどの大きさの舞台と九一人分の座席数しかないちっちゃな劇場にした。舞台意匠家C・レイモンド・ジョンソンは印象主義的な道具立てを使い、ちょっとした奇跡的演出術を行った。舞台は色と光の中で洗われるかのようで、その上演の詩的雰囲気を高めた。その演劇はシカゴやこの国中の他の演劇に一つの創造的刺激となった。

一九一〇年代にニューヨークのグリニッチ・ヴィレッジは、若い知識人や芸術家にとって憧れの地となり、あらゆる種類の実験に満ちた地域となった。一九一四年から一五年にかけての冬に、一書店の奥の部屋で、みずからをワシントン・スクエア・プレイヤーズと名のった一つの演劇集団が、独創的な一幕劇を上演し始め、アドルフ・アピアとゴードン・クレイグによって明確に述べられたヨーロッパの演出法を実行に移し始めた。(図56)この集団は結局、奥の部屋から出て、まずバンドボックス・シアターに、その後、劇場地域にあるコメディ・シアターに引越した。一九一五年にプロヴィンスタウンでメンバーの二、三人が偶然一緒になり、そこで彼らは自分たちの実験を続けることに決めた。彼らは上演する価値のあるメンバーの一幕劇四つを見つけ、それらを遠慮がちに上演し、それからそれを再び経験するために、翌夏会うことに同意した。(図57・58)

図56　ロレンス・ラングナー作『もう一つの出口』の一場面(ワシントン・スクエア・シアター、1916-1917年)。

一九一六年の夏、彼らはユージーン・オニールの劇に偶然に出会った。そしてカリスマ的なジョージ・クラム(ジグ)・クック指導の下、新たに形成されたプロヴィンスタウン・プレイヤーズは、活動の舞台をグリニッチ・ヴィレッジに移した。彼らはマクドーガル・ストリートに我が家を見つけ、(二つの場所で)六年間、驚くほどの偉業を達成した。しかし、やがてやって来る避けようもない熱意の衰え、主要メンバーの不満、そして始まりを見せた才能の枯渇が間違いなく近づいていた。集団のほとんどは似たような通過儀礼を辿ることになった。(図59・60－64)

ニューヨーク市が新しい大変革の興奮に沸く多くの最前線にあったというのはもっともなことだと思われる。ニューヨークには、ミセス・エミリー・ハプグッドとロバート・エドマンド・ジョーンズの後援による最初の黒人の芸術劇場であるニグロ・プレイヤーズができた。またそこにはバトラー・ダヴァンポートが八年間にわたる冒険的な企て

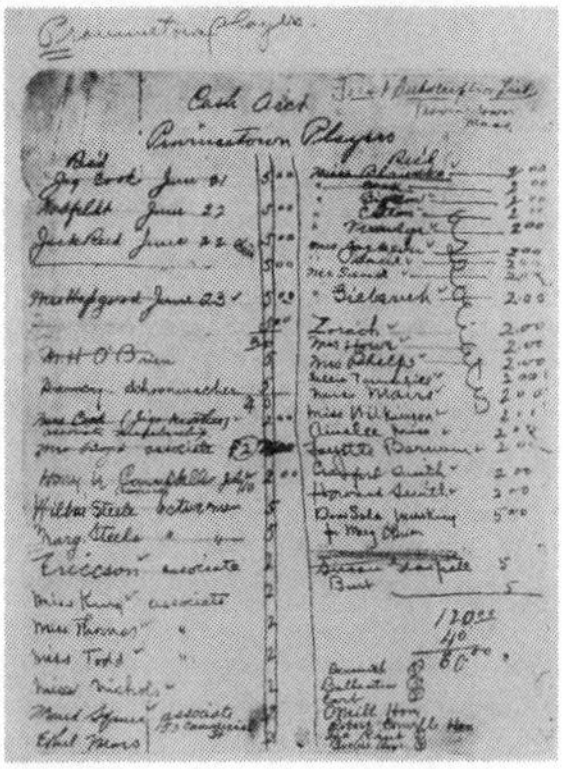

図58　最初の寄付申し込み人名簿（プロヴィンスタウン・プレイハウス、1915年）。

図57　ブラーンシュ・スティルソン作の波止場劇場（プロヴィンスタウン）の木版画。

図60　ニース・ボイスとハチンズ・ハプグッド共作『ぶつかりあう者たち』の一場面。結婚の試練を描いた劇。

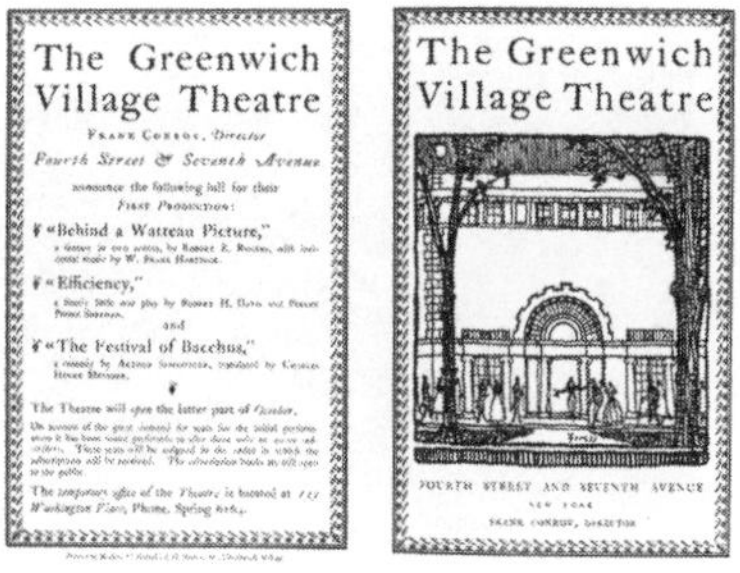

図59　グリニッチ・ヴィレッジ・シアターのプログラム（1917年）。

図 61　プロヴィンスタウン・プレイハウス（ニューヨーク市、1918 年）。

図 62　オニール作『カージフめざして東へ』の舞台準備。

図 63　クック作『アテネの女たち』の一場面（1918 年）。アリストパネスの『女の平和』のテーマを焼き直した真面目な作品。

図 64　エドナ・ヴィンセント・ミレー作『アライア・ダ・カーポ』の一場面（プロヴィンスタウン・プレイハウス、1919 年）。

を、大衆への公益的事業にする決心をかためて、最初の入場無料の劇場が生まれた。（図65）さらにそこには商業演劇であれば聞いたことがないような、削除されていない長さの劇を上演するために、西四四番通りに急に新しく発展した劇場地区の真中に、小さな素敵な劇場をウィンスロップ・エイムズが建てたが、それが最初の高級な芸術劇場であった。アメリカ最初の都市の世界主義は、実験集団が彼らの夢を形作り、それを実現させることを容易にしたが、逆に彼らが目的を満たしたり、インスピレーションが尽きてきた時には、それら集団が姿を消すことも容易であった。

シカゴが小劇場運動の発祥地で、ニューヨークがその最大の偉業を達成した故郷であったとするなら、この国の残りの部分は、この時代にアメリカ第一の都市と第二の都市に負けてなるものかと頑張った。デトロイトでは、美術工芸協会が一九一六年にサム・ヒュームの指導の下での演劇活動に資金を出した。ボルチモアのヴァガボンド・プレイヤーズは、この劇団のメンバーの一人であった若いH・L・メンケン作の劇を上演した。（図66）ボストン、フィラデルフィア、クリーブランド、マディソン、パサディナ、ロサンジェルス、それにイリノイ州ゲールスバーグには、注目に値する小劇場が存在した。（図67）一九〇〇年から一九二〇年にかけての波乱に富んだ時代の間に、アメリカの殆どの州にも、少なくとも一つは熱心なアマチュアの劇団があった。その

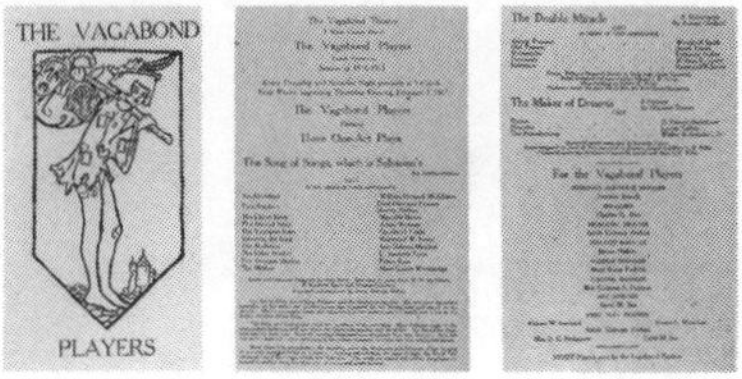

図66　ヴァガボンド・プレイヤーズのプログラム（ボルチモア、1916-17年）。

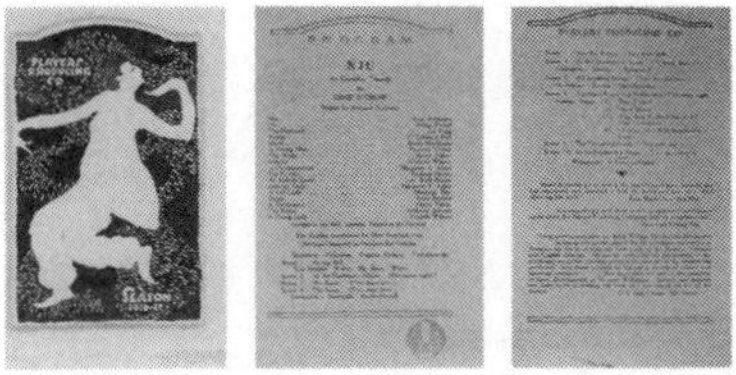
図67　ロサンゼルスの小劇場のプログラム（1916年）。

図65　彼の劇場の外に立つダヴァンポート。彼はすべてアマチュアの出演者によって古典劇やこれまで試みられたことのない劇を上演するという方針で自由劇場にする決心をした。

時代の終わりには、国中に千を超える小劇場が存在した。

その小劇場はアメリカの演劇の方針を変えた。彼らがユージーン・オニール、ポール・グリーン、エルマー・ライス、ロバート・シャーウッド、スーザン・グラスペルといった人たちの才能を見つけ出しただけで功績があるとされるならば、彼らはその使命を充分に果たしたと言える。しかし、彼らはその後の何十年間で、アメリカを世界の演出法の最先端に置いた才能ある舞台意匠家たちの一世代にいくつもの機会を与えもした。ロバート・エドマンド・ジョーンズ、クレオン・スロックモートン、リー・シマンソン、ノーマン・ベル・ゲデス、アリーン・バーンスティーン、サム・ヒューム、リヴィングストン・プラット、C・レイモンド・ジョンソンなどが芸術劇場運動から出てきて、才能は制限なくあるが、資金が限られている情況の中、小さな舞台の上で、道具立てと照明で何ができるかを実証した。結局、小劇場は彼らの実験を観てくれる観客を作りだした。堅いベンチに座らせられて、ひどい不快を感じながら、それでも我慢しようとしてくれる観客をである。観客はどんな間に合わせの場所（家畜小屋、屋根裏、地下室、酒場、オフィスビル、個人の家―そして少なくとも見捨てられた漁具置き場）であっても、またどんな天候の時であっても、演劇の一つの輝かしい瞬間に居合わせる機会を求めていたのである。

＊邦訳　エミール・ゾラ、朝比奈弘治（訳）「ジャック・ダムール」（『水車小屋攻撃』所収、岩波書店、二〇一五年）

Bibliography

Arvold, Alfred G. *The Little Country Theatre*. New York: Macmillan, 1923.

Browne, Maurice. *Too Late to Lament*. London: Victor Gallancz Ltd., 1955.

Cheney, Sheldon. *The Art Theatre*. New York: Alfred A. Knopf, 1925.

Coad, Oral Sumner, and Edwin Mims, Jr. *The American Stage*. Vol. 14, *The Pageant of America*. New Haven: Yale University Press, 1929.

Deutsch, Helen, and Stella Hanau. *The Provincetown: A Story of the Theatre*. Reprint of 1931 edition. New York: Russell & Russell, 1972.

Dickinson, Thomas H. *The Insurgent Theatre*. New York: B. W. Huebsch, 1917.

Green, Harriet L. *Gilmor Brown: Portrait of a Man and an Idea*. Pasadena, Calif. : Burns Printing Co., nd.

Hewitt, Barnard. *Theatre U.S.A.* New York: McGraw-Hill, 1959.

Hughes, Glenn. *A History of the American Theatre*. New York: Samuel French, 1951.

Langner, Lawrence. *The Magic Curtain*. New York: E. P. Dutton, 1951.

"The Little Country Theatre," *Century Magazine*, July 1915.

Macgowan, Kenneth. *Footlights Across America*. New York: Harcourt, Brace, 1923.

Mackaye, Constance D. *The Little Theatre in the United States*. New York: Henry Holt, 1917.

McCleery, Albert, and Carl Glick. *Curtains Going Up*. New York: Pitman, 1939.

Perry, Clarence A. *The Work of the Little Theatres*. New York: Russell Sage Foundation, 1933.

Pollock, Channing. "Great Oaks from Little Theatres," *Green Book Magazine*, February 1917.

Shalett, Sidney M. "B. Davenport Et Cie," *New York Times*, 31 March 1940.

Sherwin, Louis. "Have You a Little Theatre in Your Town ?," *Metropolitan Magazine*, March 1917.

"The Theatre That Comes to You," *The Theatre*, July 1916.

ジグ・クックとスーザン・グラスペル――ルールを作る人、ルールを破る人

ロバート・K・サルロス

創造的な人々（芸術家、科学者、思想家）に典型的だと見なされている特徴の中には、礼儀をわきまえた行動といった一般に容認されている基準を嘲る傾向、「確立された制限枠を超えよう」とする野心、ルールに反抗して、それを破りたいという願望がある。[1]アヴァンギャルドの馴染みのある概念は、この主張に一致するものである。論争の的になる問題に明らかに関連性がなくても、芸術の実験は通常、一般大衆にショックを与えようとする故意の試みと見なされる。

『リトル・レヴュー』の畏れを知らない編集者マーガレット・アンダソンが、「アナキズムと芸術は、まさに同じ理由で、この世の中に存在する」[2]と書いた時、第一次大戦頃のアメリカの激動の時代を表すのに、この考えをとても適切に彼女は表現した。アヴァンギャルドに関係のある個人やグループは、しばしば疑いの目で見られ、彼らが実際にそうであったか、自分たちのことをそのように見なしたかにかかわらず、彼らに「ボヘミアン」（かつてはジプシーと同義語）とか、「赤」（革命と同義語）と代わるがわるレッテルが貼られたりしたのは、何ら不思議なことではない。芸術を革新しようとする人たちによってばかりでなく、「既成」の芸術を守り抜こうとする「体制側」の人たちによっても、しばしば無視されたのは、現在の芸術の慣例を擁護する人たち、攻撃する人たちの間で、相互の影響関係に頼っているという事実である。

プロヴィンスタウン・プレイヤーズは、一般にそのような名称に確かにぴったり合っている。プロヴィンスタウンでの一九一五年夏の間の不完全な始まりから、一九二二年春のマクドーガル・ストリート（グリニッチ・ヴィレッジの

中心であるワシントン・スクエアに隣接している）における公共的活動の急な休止までの、その混沌とした存在の中で、アマチュアであると公然と自ら認めたこの小劇場は、アメリカ演劇の商業的伝統と、二〇〇〇年以上もの間、西洋の演劇が経験してきた基本的で創造的なやり方に真っ向から反抗して、自分たちのやり方で進んで行った。[3]

一つの演劇集団（その仕事の大半は、マンハッタンで創造された）なのになぜ、自分たちの劇団をプロヴィンスタウン・プレイヤーズと呼ぶことを強く主張したのだろうか。その答えは、画家マーズデン・ハートリーが「プロヴィンスタウンでの、あの注目に値する、二度と起こりえない夏」と呼んだものにある。それは「重要性という点で計り知れなく、様々な点で大満足であった[4]」と彼が思っていたことである。その創造的刺激を与えられた、歓喜にあふれた一九一五年の夏に、名の知れない、無定形の、創造的集合体が存在することになった。そしてそれは冬の間の一時停止後、再開することになったが、一九一六年の夏の終わり頃には、「成長する植物のような有機物[5]」とでも言えるプロヴィンスタウン・プレイヤーズにすでになっていた。

伝説によれば、ケイプ・コッド先端の、ポルトガル人居住地とされる相当大きい土地であった静かな漁村プロヴィンスタウンが、一九〇七年に作家メアリー・ヒートン・ヴォースによって、グリニッチ・ヴィレッジのボヘミアンな住民のために見出され、そこが彼らの土地だと主張された。徐々にそこは主流をはずれた芸術家や作家たちの夏の行楽地となっていった。一九一五年の夏―二〇年後にハートリーが、強い感謝の気持ちで思い出すことになるが―芸術に携わっていたアナキスト、社会的アナキストのグループが、海辺の砂浜やプロヴィンスタウンの公園で、その集団の仲間たちと酒を飲み、話を交わすことで、第一次大戦の広がっていた幻滅感から逃れて、その傷をなんとか癒したいと思っていた。メイベル・ドッジを中心に、すでに形成されていた結びつきのゆるい仲間集団は、ドッジの腹心の友ハチンズ・ハプグッド、ワシントン・スクエア・プレイヤーズの変節漢アイダ・ラウ、風刺的な革命誌『マッシズ』を編集していて、アイダの正式な夫としてはまだ認められていなかったマックス・イーストマン、それにロシアの聖人と言われる運命にあった詩人で遊び人のジョン・リード（彼はずっとメイベルの愛人であったが、今ではルイーズ・ブライアント―彼女は将来、彼の妻になる人―に付き添っている）が含まれていた。リードはハートリーやダムースといった画家やハーバード時代のルームメイトで、舞台意匠家のロバート・エドマンド・ジョーンズの主人役を務めた。そこにはまた、スクーンメイカー夫妻（元々、政治に関心があった）、短編作家ウィルバー・ダニエル・スティール、ゾーラーク夫妻（夫は画家、妻はつづれ織りの職人）、他に占い師や思想家などもいた。

話が戦争・愛・結婚に向おうが、心理学・疑惑・苦しさに向おうが、そこでの共通点というのは、意見の対立が生じるということだった。しかし、彼らが酒を飲み、議論を戦わせ、絶望に深く陥れば陥るほど、世の中の毒に対する解毒剤が自分たちの手の届く所にあるようだという思いが、それだけ一層はっきりしてきた。彼らは他の者と一緒に創造し、お互いのために創造しなければならなかった。短編小説家のスーザン・グラスペルと夫ジョージ・クラム・クック（小説家で、以前ギリシャ語の教授であった）のコマーシャル・ストリートの家に集まって、一つになったこの反抗者集団は、多くの個人的・社会的欲求不満を、ほとんど自然発生的と言えるほどの演技を通じて、集団表現という方向に向けた。クック（みんなは彼の少年時代のニックネームであったジグと呼び、彼は残りの誰よりも達成されていない夢を多く持っていた）は、触媒というとても重要な役割を果たした。彼は他の誰よりも、この集団を始めから一つにまとめ上げていた。ディオニュソス的自然発生的集団創造への彼の信念と他の人たちの芸術的創造性に刺激を与える彼の才能は、欠くことのできない要因であったように思える。彼らの幻滅感によって団結力が強くなり、プラトンの『対話篇』とソローの「市民の反抗」、マルクスとベブレン［アメリカの経済学者・社会学者］の考え方、フロイトとニーチェ、マリア・モンテソリと共産社会主義運動のような様々な情報源に育まれて、このかなり創造性の強い集団は、劇を共同で書いて、舞台化するという方向に動いて行った。一九一六年の九月には、この集団はすでにニューヨークに移っていて、プロヴィンスタウン・プレイヤーズ（プレイライツ・シアターとしても知られていた）として旗揚げを済ませていた。

演劇史における最も意義のある行動は、反抗し、改革し、新機軸を打ち出そうとする試みであり、その分野の彼らの専門的知識を土台にして、そういう試みをしたいというたいていの個人の行動である。しかし、プロヴィンスタウン・プレイヤーズは、彼ら自身の反抗的活動の根拠を、その無知を誇らしげに告白し、その結果としての演劇の伝統に対する挑戦に置いている。非常に稀な組織体であるそれは演劇を集団的創造性として表わした。そこでは劇作家として一時的に役目を果す人が代表となる。この熱心なアマチュア集団では、その活動的なメンバーが、劇作家、俳優、舞台意匠家、舞台係、脚本の採否判定のための脚本顧問閲覧者、業務管理者を代わるがわるやることを期待され、要求もされたし、メンバーの台本が上演を任されて舞台化されるように提案もした。殆どの劇が一幕物で、そのうちの三作か四作が通常、計画され、「出し物」として上演された。こうしてこの協力過程の下での輪番式交替の機能が、理屈の上では、ずっと働いていた。商業的考慮よりも芸術的考慮の方が優先されていなかったら、これらの劇の殆どは舞台にかからなかったであろう。

実際に、プレイヤーズは芸術の革新による紛れもなくアメリカ的な演劇表現の追求を、まったく既成概念を打破したアナキズムの活動と結びつけた。だからと言って、このグループのすべてのメンバーが、意識的に政治的左翼であったとか、熱心な芸術の、そして社会の偶像破壊者であったというわけでもない。むしろ彼らは、広く行き渡っている基準に一致していようがいまいが、そんなことには関係なく、自由に、個人的な芸術表現を―支援してくれる一般大衆の前で、しかも財政的なことには気にせず―追求したいという願望によって主として結びついていた。創造的で私的な生活のあらゆる面で反抗を明確に示した人々の傍らには、因習的で実利的なアメリカの価値と調和した形で働き、生活し、子育てをする人たちがいた。反抗者ですら異なる道を選択した。ことあるごとに感情を害しようとする者もいれば、静かに流れる川は深い［本当に考えの深い人や豊かな感情の持ち主は、外面はもの静かだ］とする考え方に従う人たちもいた。

体制順応に強い圧力をかけると同時に、体制を受け入れようともした、といったプロヴィンスタウン・プレイヤーズ内部のこうしたパラドックスは、恐らくこの集団の理論家で創始者でもあった芸術家夫婦（クックとグラスペル）によって最もよく例証されるであろう。クックが伝統的な考え方ややり方に、しばしば激しく攻撃を加えたのに対して、グラスペルは一般に容認されている規範を成り立たせているその土台を微かに削り取った。そのためずっと後になるまで、そのことに気づかれなかったということもしばしばであった。彼らはそれぞれの創造的領域において、ユニークな貢献を果したことがこれまで認められてきた。スーザンはプレイヤーズ出身の中で、ユージーン・オニールに次いで、最も意義のある劇作家だと常に見なされている。ジグはその終焉の原動力―死の先駆者・死の権化・死の使者、これらすべてを一人で兼ねていた―であったばかりでなく、この小劇場の異論のない原動力でもあり、その精神の化身で、支持者としても認められている。

クックという激流の真只中で、がっしりした岩としてグラスペルが機能していたことは、プロヴィンスタウン・プレイヤーズという組織体の歴史の中でも、この夫婦の芸術上の協力（グラスペルの方が多くの、ずっとすぐれた作品を生み出していたといった明白な証拠があるにもかかわらず）の点でも、十分には信じられてこなかった。集団としての集合的創造面で、スーザンの役割分担が、実際より少なくしか理解されていなかったために、ジグのそれより少なくしか語られていないとすれば、その原因の一部はそれぞれのパーソナリティの違いによるものである。そのパーソナリティが、彼らの本質的に異なる芸術上の業績に加えて、集団内での彼らの名目上の役割と機能する方法を主に決定づけていた。

劇団の誕生に関わって彼が果した役割のゆえに、また全般的な雑用に継続して関係した彼の行動のゆえに、クックは一九一六年九月に、はっきりと劇団の形が整えられた（ユージーン・オニールを見出したこと、その結果としてニューヨークに移動することになり、それに備えたこと）時、プレイヤーズという組織の座長に選ばれた。他方、グラスペルは四年後に経営委員会のメンバーに加えられるまでは、この劇団の役職に就かなかった。自分自身が創作するよりも、他の人たちの創造性に刺激を与えることの方に力を入れた（「あまりに寛大であったので、芸術家としては彼のためにはなっていなかった」[6]）ジグとは違って、スーザンはみずからの創作に必要な時間を努めて確保した（彼女はそんな風にして何年もの間、これまで生計を立ててきた）ことが、このようなことになった理由の一つであった。しかし、彼女はプロヴィンスタウン・プレイヤーズ（それがケープにあれ、ヴィレッジにあれ）の構造上の基本部分であるこの種の社会生活の方も気に入っていた。グラスペルの創造的な仕事も仲間の酔っ払いたちの友情から刺激を受けた。そしてジグと親しくつき合った結果として、晩年の彼女はアルコール依存症になり、他の人たちのアルコール中毒やニコチン中毒に同情するようになっていた。[7]

グラスペルは特に一九一八年の秋にグリニッチ・ヴィレッジのマクドーガル一三九番地に引っ越してから、また秘書（実際には営業部長）としてM・エリナー・フィッツジェラルドが就任してから、劇場経営の面で援助をした。[8] グラスペルはプロヴィンスタウンの「出し物」（プログラムは通常、一幕物が三つから成っていて、二回の長い週末に連続上演された）にいつも決まって姿を見せる頼もしい出席者であったが、作家としてあるいは女優として、相変わらずこの劇団の頼みの綱になることになっていた。オニールはプロヴィンスタウン・プレイヤーズが上演した中で、他の作家の誰より多くの台本を持っている唯一の劇作家であったが、その設立にあたっては積極的な役割を果たしたものの、この劇団の組織の運営には参加しなかった。彼はこの劇場の上にある「クラブ・ルームズ」（「クリスティンの部屋」として知られてもいた）で時間を過ごすことはあったけれども。

ジグがリーダーとしての役割を果たす上で、そして恐らく伝説めいた尽きることのないインスピレーションのほとばしりを、とても強力な芸術的「成果」にまとめあげる上でも、スーザンの支え（それは明白であったが、無言のうちに行われた）は不可欠なものであった。こうした力は、三つの騒々しく、激情的な進路を見い出したように思える。疲れを知らない、集団を好む、抑制されていない、束縛から解放されたお喋り・飲酒・性的行為を。クックはこれらをディオニュソスの三つの成分の現われ――心酔、性的な儀式、演劇――として追求した。これらは慣例や死からの違った形の解放であって、彼はそれを社会的安全弁としてではなく、創造的コミュニティを造る際の、基本的材料と見なした。お喋りと飲酒については、グラスペルは潔く対処しようとしたし、彼の女遊びについても、彼女は少なくとも受け入れていたように思える。[9] クックはまた（多分、飲酒とセックスのように）[10] 瞑想と執筆（申し分のない出来というのは滅多になかったが）へと彼を導いた奮闘的で、熱心な物理的な活動に打ち込むことがよくあった。それに反して、グラスペルの磨き抜かれた文章は、強烈な内省から結実したように思える。ディオニュソスの帰依者であったジグは、アポロンの巫女スーザンによって非常に調和のとれたものとなった。

指導的任務を帯びたジグの活動の殆どは、体系的な証拠固めをめざすことに抵抗を示しているけれども、十分な証拠がインスピレーションの各々の方法の効果ばかりでなく、その事実をも確証する。[11] まず第一に、聞いたり読んだりした思い出話によれば、クックはいつまでも話し続け、意見を述べ、説き伏せ、主張をしていた（その間、彼の灰色の前髪を編んでいた）。それは結束力の強くない、創造性のある個々人の集まりを一つの集団としてまとまりのあるものにし、集団全体として創造性あるものにしようとした。「一人では劇は生み出せない。本当の劇は集団のみんなを生き生きと感じさせることからしか生まれない。一つの精神がみんなに共有され、少数の人によって、みんなのために表現される」[12]。第二に（と言っても、第一と第二は実際には殆ど分けられないのだが）、彼にとって飲酒は、ディオニュソス的共同体を造るというこの魂の活動の次なる段階であった。ハチンズ・ハプグッドは言う―

ジグの想像力の創造的性質が、最も魅力的な形ではっきりと示されるのは、多分、会話の中であっただろう。私たちの何人かが……赤ワインの瓶を傍らに置いて飲んでいる者、ウイスキーをちびりちびりやっている者、やがて穏やかな興奮がジグを中心に周り全体に広がると、図示できるようなアイディアが、彼の笑っている口から、さざ波が起きるように流れ出た。彼の目はアイディアが詩的現実と化した喜びで輝いていた。[13]

クックは「腹に入れるだけのために酒を飲む」人たちを軽蔑した。「本当に酒を飲むというのは、頭と心に関する問題なのだ」。そして集団での飲酒―それは集団の創造的機能の一部である、とジグは主張した―の分量が、マクドーガル・ストリート・シアターで増えてくると、一度ならず彼はその集まったメンバーに、おまえたちはそろそろ飲酒はやめにしろ、あの伝説的なフィッシュ・ハウス・パンチ［ラムをベースにした強いカクテル］の残りは俺に任せろと命じると、「この俺がお前たち皆を酔わせてやるからさ」[14]と宣言した。

三つ目に、若い頃のクックは、性的な行為を幾分か精神的な観点から見た。「官能的な肉体をすばやく、強く抱きしめる行為を精神の問題にしているものは、その人の全存在がそこにあるということである。私たちが精神的なものと呼んでいるそのエネルギーは、そこですべて融合し、燃えている。魂と魂とが触れて、強烈な喜びを―苦しいほどの喜びを感じる」[15]。彼のこうした初期の多情は、明らかにその強さを増していて、彼の劇『泉』(一九二一年)で表現されているものは、多分、宗教的衝動にまで昇華されている。その『泉』の中で、泉の水の流れる音が奏でる音楽は、「私はあなたであり、あなたはわたしである!」、そしてアメリカンインディアンのソーク族の酋長ブラック・ホークの泉の水を飲む若き教授が、「一人一人の魂は、他のすべての人たちと通じ合っているのか、私はある意味で、すべての人と一つになっているのか」[16]と問いを発するくらいの「深いレベルに達することを、より容易にして」いると思われていた。

二人は対照的なことに、ジグが公共的なものに関わったと同程度に、スーザンは私的なことに関わった。「彼女の天賦の才は、自己の世界を誠実に保持しながら、他者の孤独な心の世界にも入っていける能力で[あった]」[17]。その結果、グラスペルが劇団全体に対してだけでなく、劇団の多くの個々の人たち(彼女の夫を含め)への揺るぎのない支えをすることができたが、彼女の口からはっきりそれとわかる形で、彼女の意見や考えが発せられることは殆どなかった。彼女は「理想主義者と人間愛の仲裁人」[18]だと述べられてきたことについて言えば、彼女自身は理想主義者ではあったが、「仲裁人」というよりも、和解者であった。穏やかに争いを静めるグラスペルの限りない忍耐と優しさを評者たちは一般的に称賛した。クックのパーソナリティはありあまるほど豊かな事実や逸話の記述から最もよく評価されうるが、グラスペルの精神と活動に関しては、彼女の書いた物、彼女の劇、ジグについて彼女が書いた伝記、イクスペリメンタル・シアター(有限責任の会社組織)[19]—この組織は、以前に同じ敷地で演劇活動をしていたプレイヤーズの後継的存在—などについて触れた彼女の手紙をもとに判断するのが最もよい。

ジグもスーザンもともに中西部という共通のルーツを持ち、二人とも首尾一貫して規則破りであったけれども、この二人のパーソナリティと活動面での対照性は、そうたやすくは知覚できなかったであろう。それはアイオワ州ダヴァンポートの、非常に異なる家族背景で二人が育ったことから始まった。「クック・メモリアル・ライブラリー、クック・ホーム、クック・メモリアル・チャーチのある町……他方、友人関係のないグラスペルにホームと言えるものはなかった。しかし、彼の一族が体制順応的な支配階級の一部であったにせよ、ジグの教育や経歴は順調な、つまり予測可能な進路を辿ることはなかった。その当時、アイオワ市の州立大学に一五歳で入学して、年長者としてハーバード大学に行ったジグは、ハイデルベルグとジュネーブで学んだ。ヨーロッパから帰国するとすぐに、アイオワ大学とスタンフォード大学で教え、その間に結婚した。最初の小説『ロデリック・タリアフェロ』（一九〇二年）を書き出版した。再び彼は反伝統的な道を選んだ。「過度な知性が身につかないように」と大学をやめる決心をした。アイオワで文筆業と市場向け野菜栽培業を結びつけ始めた。それはお金儲けをしようとしてではなくて、多分、ソローを見習おうとする意識的な試みであったのだろう。その後の数年間、彼の書いたものの殆どは、農業雑誌めいたものに掲載されたが、出版はされていない。この時期にはまた、ジグのやみがたい、エネルギッシュな、人に伝染しやすい、公然の哲学的思索が始まった。「すべての人たちの心が人間の心として一つになる」[20]という信念が強くなっていく宗教的儀式で、彼はフロイド・デルと一緒に、モニズムの会をつくった。それは本質的に非順応主義者、自由思想家のための会であった。その会で彼はスーザンと出会った。一九〇七年のことである。彼が二度目の結婚を始める前に、彼女と強烈な友情関係を発展させていて、まもなくそれが恋愛に変わり、結局、一九一三年に、三度目で最後となる結婚へと進んで行った。彼はその頃にはすでに彼の二番目で、最後の小説『隔たり』（一九一一年）を出版していた。

一方、グラスペルの方はハイスクールを卒業すると、社交界の雑誌にコラムの記事を寄稿しながら、生まれ故郷の町の新聞の、立法に関係した記者としても働いていた。それから一八九〇年代に、この「冒険好きなダヴァンポートの娘は、無鉄砲にも大学に行ったのである」。デモインにあるドレイク大学にである。[21]グラスペルは学士の学位を手にすると、フルタイムの作家として生計を立てる決心をして、ダヴァンポートに戻った。最初の小説『征服された者の誉れ』が、彼女のヨーロッパ滞在中の一九〇六年に刊行された。「あなたのような利発で魅力的な娘がさらされている……あらゆる……誘惑に抵抗し[22]」やすくするというのが、この小説を書いた目的である。プロヴィンスタウン・プレイヤーズが発足する前に、グラスペルはもう二つ小説を書いている。『幻想を思い描いて』（一九一一年）と『貞節』（一九一五年）である。やがて彼女は劇に関心を向けるが、一九二二年まで年に二、三冊の割で、短編を出し続けた。[23]クックの死後、彼女は彼についての明快な伝記『神殿への道』を書いた。一九二八年から一九四八年に彼女が亡くなるまでの間に、ある劇〔『アリソンの家』〕でピュリッツアー賞を取り、二番目の夫と別の劇〔『喜劇的な芸術家』〕を共作し、さらに六つの小説と子供向けの本〔『昔から大切にされて、伝えられてきたお話』〕を出版した。

青年期の頃からジグは時間の経過に、その経過のしるしに、そして過去に心を奪われていた。彼は未来ですら、過去の再主張であると見なした。そのことは部分的ではあるが、彼の目論んでいた理想の都市（アメリカに新しいアテネを創造しようとする試み）と若い頃からのギリシャ訪問への憧れを説明する。「ホーマーと山、オリーブ、葡萄、魚、羊飼い、水夫、海に囲まれて暮らしながら、ギリシャのソローになったらいいじゃないか。……できるだけ早くそのようになろう」[24]。彼はアリストファネスの『女の平和』のストーリーを真剣に劇化しようとした。この劇はクックの書いた『アテネの女たち』（一九一八年）という劇に生かされて、戦争を終わらせる方法としての、女性の力と夫婦間でのセックス・ストライキを嘲笑する。クックは『泉』で必然的に生じた文体と別な形の霊感によって、ソーク族のアメリカンインディアンの空想に戻っていった。結局、クックはプロヴィンスタウン・プレイヤーズを「活力を与えてくれる最愛の共同体」に変えようとしたが、かなわず、一九二二年に念願のギリシャ―そこで二年後、彼は亡くなるのだが―への巡礼の旅をした。

ジグとは違い、スーザンはいつも自分が今後書く作品の材料を探していた。『相続人たち』（一九二一年）に登場する開拓者たちは、平和主義と反植民地主義を明らかに示す。彼女の劇の主人公はみんな（彼女の小説の大多数は）女性で、彼女たちは男の世界でしばしば「目的を遂げて」いる。彼女たちは『ささいなこと』（一九一六年）、『バーニース』（一九一九年）、『アリソンの家』の場合のように、墓の中からでも生存者たちに影響を及ぼしている。最良の時であれ、最悪の時であれ（それらは時々、分離のできないものであるが）、これらの女たちは、「生の本能と死の本能との争い」[25]に関係し、『境界線』（一九二一年）や『アリソンの家』の場合のように、前例のないものを創造することに夢中になる。

一方には騒々しさと未完成があり、他方には騒々しい深みの上に、非の打ちどころのない静かな表面があるというのは、ジグとスーザン、それぞれの創造性についての主な違いを特徴づけたものである。クックが反抗者で、グラスペルが現状を支持した、という結論は容易に引き出せるが、それは欺瞞的なものである。真実からこれほど遠いものはない。共同創造という方法で、プラトンの「活力を与えてくれる最愛の共同体」に戻る必要性をめぐって、友人や見ず知らずの人たちと社交的に、激情的に、積極的に熱弁をふるったジグに対して、スーザンはそれまで表に出ないで控え目にしていたが、見事に鍛え上げられた、深く人の心を悩ませる作品で、ついに表に出てきた。彼女の短編小説は、主として伝統的な「地方色」の類いのものだったが、「細部まで慎重に描き、巧みな性格付け」[26]を施しているがゆえに、注目に値するものである。彼女の地方的な小説は、アメリカの夢の崩壊期にある時代の固定された、保守的な秩序に反抗する中西部の登場人物の運命を実に優れた感受性でたどっている。結局、人の心に強く訴えるグラスペルの劇作品―劇作品は彼女の最高の偉業である―は、風刺的であるかシリアスであるかだが、社会の体制側とその体制にくみしない周辺側、それら両方の短所と動きのとりにくい情況とを探る。それらの作品はいつも実験的である。テーマ、プロット、人物構成の面で実験的である場合もあれば、文体や言語の使用の面で実験的である場合もある。そしてそれらはリアリスティックな様式、表現主義的な様式のいかんに関係なく実験的である。ラドウィック・ルウィソンが、「ミス・グラスペルの思考の大胆さの背後には、清教徒であることへの畏れと自己苦悩とが付きまとっている。彼女は近代の急進主義者であると同時に、ニューイングランドの学校の先生でもある。大胆不敵な思考に富む女性でもあるし、アイオワの農場の、ごく限られた空間に閉じ込められたエプロン姿の妻でもある。グラスペルはそのどちらも併せ持つ存在であり、その存在は強烈なまでにアメリカ的である」[27]と彼女の『劇集』(一九二〇年)をルウィソンが評した際に書いているように、それらの劇は、社会秩序を維持したいという気持とその根元から引き抜きたいという気持の間の緊張をたえず映し出している。

クックとグラスペルが一緒に取り組んだ最初の作劇上の冒険的な試みは、一九一五年の合作で、ワシントン・スクエア・プレイヤーズが「あまりに特別な」ものと見なした短い喜劇『抑圧された願望』であった。急に増えだしてきた自国の精神分析の実習活動を巧妙に茶化しながら、加えて二人は彼らの住む知的で、ボヘミアンな環境のちょっとした短所に愛情を込めて風刺した。様々な創立メンバーによる一連の自己風刺台本が、その例に倣った。それらの一つであるクックの巧みだが、出来栄えはぎこちない『表現方法を変えろ』では、偽りの知的態度（この場合は、近代の芸術に対して）をジグは笑っても構わないと思っているが、その洗練された対話の部分には、スーザンの助けがあったのではないかと思わせるものがある。この想定はグラスペルの最初の単独作の一幕物『ささいなこと』―これはジグの指図で、プロヴィンスタウン・プレイヤーズのために書かれたもの―によって裏づけられている。この劇は今でも批評家たちから傑作と見なされ、今もなお人気がある。その中で、作品の雰囲気、環境、プロット、殺人ミステリーに適切なキャラクターへのグラスペルの細部に至るまでの正確な注意は、鋭い、繊細なフェミニズムの風刺によって初めて卓越したものとなる。夫を殺害したと主張するその妻の隣人たちは、一連の「ささいなこと」（首を折られた鳥の描写で頂点に達する）―それは女たちの関心をあざ笑う捜査員の目には留まらない―を入念に調べ上げることによって、その動機を見つける（が、最終的には隠す）。しかし、「その女たちだって、お互いのことに気づかないできたこと」[28]もグラスペルは明らかにする。

彼女の次の台本（プレイヤーズがプロヴィンスタウンから移動後、一九一七年三月に、プレイライツ・シアターの最初のニューヨークの演劇シーズン中に演じられた）は、急進的な小雑誌『マッシズ』の職員とその仕事のやり方をめぐる明快な風刺を描いた『民衆』である。その登場人物―風刺漫画に人が予想するように―は少しも繊細な人物ではないが、依然として血の通った人間である。アイダホ出身の女の役をグラスペルが演じた際、ジャーク・コポーが、彼女の「素朴な存在感」に「彼の魂の深い所に触れた」と語ったのは、事実、この劇の中でのことである。[29]この喜劇は危機に瀕している（ほぼ廃刊に追い込まれている）前出の雑誌を扱っている。各々の編集員はその理由を知っている―その雑誌の紙面に他の作家たちの掲載する分が多すぎて、自分の掲載分が充分確保できていない［と各々が思っていて、にっちもさっちもいかなくなっている］。詩人はもっと多くの詩を掲載することを要求するし、画家はもっと多くの絵を載せたいと言い張る。ライト・タッチはもっと真面目すぎないものを望んでいるし、アーネスト・アプローチは現状でもすでに多すぎると思っている。ジョージア出身の青年、ケープ出身の男、アイダホ出身の女がそこに登場する。彼らは民衆である。彼らが編集員のインスピレーションを蘇らせる。

『そのへんでけりをつけたら』はウイットに富んだ社会風刺で、一九一七年一一月にプレイヤーズとしては二回目のニューヨークでの演劇シーズンの最初の出し物であった。家族や大学によって代表されるような中西部の人々が拠り所としている社会の規則や慣習に追随していることに異を唱えて、ジグ自身がそれに闘いを挑んだことをベースにして、グラスペルはそのプロットを作り上げた。ペイトン・ルーツはジプシーの女性と結婚する決意を固めるが、彼の家族に憤慨するほどのものがないとわかると、彼ら二人は彼の先祖の名誉を汚すような家系証明書の不利な但し書きを見つけようとする。その巧みな対話によって、反抗者たちは彼らが反抗している相手たち同様に喜劇的に描かれている。

グラスペルの最も慣例にとらわれない一幕劇、『アウトサイド』は、一二月の下旬に三番目の出し物として後に続いた。二人の精神的に傷ついた女性—ミス・パトリックは、裕福で風変わりな女性で、生きているという印を示すことができない。もう一人の女性アリー・メイヨは、質素な、たえず無言の、その土地の召使いで、プロヴィンスタウンの砂丘にある見捨てられた水泳監視所に住んでいる。（この救命所は、実際には、メイベル・ドッジが［部屋を修繕し］そこに必要な物を備え付けた。その後、［ジェイムズ・オニールが結婚の贈り物としてユージーンとアグネスのために、そこを買ったことで］オニールが居住した）自らの意志で社会から自己追放をした二人の女性、最初のうちはよそよそしいが、男たちが溺れかかっている犠牲者を救助するべく動き出すと、彼女たちは生（命）というものに接触しないわけにはいかなくなる。グラスペルは召使いという形をとった生（命）の力を、彼女の女主人の死の願望に対する勝利として与えている。この作品は、俳優ばかりでなく、舞台も象徴的な方法で扱うのが、なるほどと思わせるように構成された台本である。直線的でないプロット、原型的な登場人物、切り詰めた対話のゆえに、この作品はカミュやベケットの不条理の劇の先駆的なものと呼ばれてきた。(30)

演劇シーズンの七番目で、最後の出し物となった『女の名誉』で、スーザンは因習的なモラリティと非順応主義的な気取り屋の両方を風刺するという立場に戻っている。問題となっているその夜を彼が一緒に過ごしたという女の名誉を危険にさらさないために、殺人罪で起訴された若者は、恋人との密会をアリバイとして利用することに気が進まない。沢山の女たちがその男の無罪を進んで述べるために、みずから名乗り出るが、その囚人はうんざりして法廷で有罪を認める。

次の演劇シーズン（一九一八―一九一九年）には、グラスペル二作目の作品で、クックとの最後の共作となった一幕の喜劇『日時計』［原題は *Tickless Time*］は、時間の経過というものがジグの頭から離れないことを扱った劇である。薄らとアイアン・ジョイスに変装した彼は、太陽によって示される真の時間を支持して、あらゆる人工的な時間を刻む計時物を追放し、葬り去りたいと願っている。しかし、日時計は太陽の変化のすべての説明をしているわけではないという発見から、真の時間を刻むということにおける完全性、そしてすべての絶対的真実の追求における完全性を幻想だとあばく。

グラスペルの最初の長めの劇『バーニース』が、一九一九年三月にその後に続いた[31]。巧みなイプセン的構造―称賛されてきたのは、当然のことだが―を備えたこの劇は、『ささいなこと』の中で小規模にグラスペルが使った意外な劇的展開を成し遂げた。劇中の演技は、演技が始まる前にすでに死亡している女主人公を中心に展開し、すべての登場人物はバーニースという人物との関係を通して、明らかにされる。『アウトサイド』の場合のように、グラスペルは再び生（命）の力を取り戻すことの価値を肯定する。しかし、ここでは生き残っている、以前には価値のなかった夫に、新たな生きる意欲を与えるのは、死んでいく女性（妻）が、みずからの死に課した、その入念に仕組まれた計画である。

グラスペルの次の標準的な長さの劇『相続人たち』が、四番目（一九一九―一九二〇年）の演劇シーズンの終わり近くで現われた。それはプロヴィンスタウン・プレイヤーズを、オニールの『皇帝ジョーンズ』とともに、一気に有名にさせた劇である。特にその情況で見るなら、『相続人たち』はめざましいまでの新機軸を打ち出した劇でないことは明らかである。その斬新な面は、結局はアメリカの夢の破壊に終わることになる古い価値と新しい価値の、興味をそそる対立にある。中西部の三代にわたるプロットを通じて、その台本は「富の追求が、理想の追求に取って代ってしまった[32]」という過程を辿るものである。この劇は多様な問題―開拓者としてのアメリカインディアンの扱い、一八四八年の独立戦争からのハンガリー人亡命者の政治的継承の問題、人種主義と独立したインドを支持するヒンズー人の学生に関する自由な発言の問題、それに第一次大戦に抗議する良心的な反対者といった問題―に関係している。この作品は、「同じようなテーマを扱った（同じ演劇シーズンで、より早い上演）クックの『泉』を混乱させ、大げさにさせてしまったような類の、複雑な象徴主義」を不器用に使うといったようなことはしていない。劇の構成は伝統的なものだったが、良い上演だった『相続人たち』は、「思わずつり込まれてしまうような、心悩ませる観劇体験[33]」へと導くことが可能な作品だし、実際それを可能にした。

グラスペルが「反抗的な女性の傾向にある」、そして「主として女の自我を問題視する劇作家[34]」であるとするアイザック・ゴールドバーグの初期の認識を『境界線』（プロヴィンスタウン・プレイヤーズの、最終の一九二一―二二年の上演シーズンの最初の出し物として上演された）ほど、よく正当化するグラスペルの作品はない。この劇はグラスペルの最も強いルール破りのもので、最も明瞭に彼女のフェミニズムのテーマを扱っている。グラスペルは凝り固まったような社会的束縛から、女たちを解放しようとするだけでなく、その立場（そしてそれとなく、何らかの急進主義の立場をも打ち出している）を絶対的なものにする際の、危険をも追求する。その神経にさわる言語の使用は、しばしば一九六〇年代の人間の動きともなりうるようなものを想起させ、舞台考案者や主役女優に極端なものを要求しないではおかないこの劇は、グラスペルの最も革新的な台本でもある。

女主人公クレアは、これまで受け継がれてきた型にはまった生活と手を切り、彼女の実験用の温室（このセットは、目立った視覚的シンボルとしてここでは使われている）―これまでの植物よりも良質なわけでもないし、きれいなわけでもないが、これまでのものとは根本的に違った植物を生み出す目的で、それは使われている―と個人的な生活の両面で、「他に類を見ない、まったく独自な性質を持つもの」をやり遂げたいと思っている。トム（愛人）、ディック（友人）、ハリー（夫）という名の男たちに取り囲まれながら、彼女はその努力に対して殆ど支持は得られないし、理解も得られない。彼女は温室とねじ曲がった塔（「これまで存在したことのないどこかの石造建築に似ている」）に交互に後退する。苦労して品種改良された「エッジ・バイン」―それは「これまでの限界を超える」ように見える―が、繁殖に失敗すると、彼女はその根元から乱暴に引き抜く。彼女は植物に対してしたのと同じように、縁を切った娘エリザベスにも非情な態度をとる。彼女が娘につらくあたるのは、エリザベスが世間の考え方に盲従するからである。もう一つの実験中の植物「生命の息吹」が姿を現し、繁殖の可能性を示す。そしてトム・エッジワージィ（確かに、その象徴的な名前は、たいしたものだ）も、精神的な仲間関係の可能性を示す。トムはついに理解する—クレアの実験は、「破壊の向こう側にあるドア」を探しているのだ、ということを。しかし、トムの支援の可能性すら、クレアを窒息死させようとしていると脅かす。それを恐れる彼女は、今のままの状態を享受することになれば、新しい生命を創造することはできなくなるだろうと考える。最後の抱擁で、クレアは愛人トムを窒息死させ、狂気じみた声でささやく—「主よ、さらに近づかん。汝に、さらに近づかん、汝に」。その時、幕が下りる。

最近の批評家ばかりでなく、同時代の人たちも、この劇への困惑と理解の両方を示してきた。そしてこの作品を不完全だが、注目に値する芸術作品だと見なした(35)［クレアというキャラクターに何度も加えられた批評上の嘲りとは対照的に、クレア役の女優マーガレット・ウィッチャリーの演技が絶賛された］。グラスペルは『境界線』で劇作活動を終りはしなかったが、この作品で達成したものを、以後の作品で上回ることはなかった。彼女の次の労作『露の束縛』（標準的な長さの喜劇）は、未刊行のままである［二〇〇五年に出版されたSusan Glaspell, *The Complete Plays*[*]に収録されることになった。この劇は『境界線』と共に彼女のとりわけ重要な作品で、長い間、刊行が待たれていた］。劇中での演技は中西部に住む夫婦シーモアとダイアンサ（ドッティ）・スタンディッシュを中心に展開する。銀行の重役であり、教会委員でもあるシーモアは、ロマンチックな詩人としての秘密の生活を送ることによって、その社会的地位から生じる重荷を軽くする。ニューヨークに規則正しく出向くことで、シーモアは急進的な知識階級—彼らはシーモアを中西部の絆から解放してやろうとする—と近づきになる。しかし、ドッティは知的生活を送れることを自ら示し、彼女の夫の隠された熱望を明るみに出そうと望むが、シーモアはそれにうまく対処できない。彼は二つの世界を別々に持つ必要がある。そうすれば、彼はいつも遠くのものに憧れることができる。スーザンの最後のプロヴィンスタウン劇のテーマは価値のあるものだが、その名人芸はキーキーときしり、いつものような磨きのかかったウイットは目立って欠けている。

ジグ・クックのデルフォイでの葬儀—彼の墓を特徴づけるために、ついにアポロの神殿から石を一つ取り去ることになった—の後、グラスペルはギリシャに二年間滞在して戻って来ると、夫の詩的な伝記『神殿への道』を書いた。この伝記の大部分は、クックの農業日誌、他の未刊行の原稿、覚え書き、手紙（送った手紙と送られなかった手紙）に基づいていた。グラスペルは再婚し、二番目の夫ノーマン・マトソンと『喜劇的な芸術家』（一九二八年）を共作し、一九三〇年には『アリソンの家』—私的には当惑の種であり、公共的には宝物であるエミリー・ディキンソンの遺産をめぐる劇で、ピューリッツァー賞を獲得した—を書いた。この作品は、構成の面でも対話の面でも、それより前に書かれた作品ほどには成功していないし、実験的なものでもない。『アリソンの家』よりも、一九二一年の台本『境界線』の方が、その賞には値する。

グラスペル劇の創造性が、全盛期（一九一七—一九二一年）にあった頃、彼女はオニールと対等にあると批評家たちからしばしば見なされた。しかし、オニールがブロードウェイの勝利者になってからは、グラスペルへの世間の評価も、ジグの評判もすたれて行き、何十年もの間その状態が続いた。彼らは二人とも、アメリカ演劇を作り直すにあたって、影響力ある、他の人たちとは違った力を発揮したとして、その功績が認められていい頃である。女性の運動が、グラスペルの劇作活動の永続的な価値を再発見するのに役に立ってきた。より穏やかな形での、継続性をともなう形でのルール破りというのは、結局はより効果的である、という証拠であろう。ジグが創造的刺激を与えることにすっかり我を忘れていたことの意味合いが、スーザンを再評価する過程で、ますます認められている。それにしても上演史から判断すると、『境界線』という劇は、さらに先を行っている—私たちの時代よりも。

註

（1）Anne C. Roark は、"The Secrets of Creativity," *San Francisco Chronicle Examiner, This World*（12 November 1989）: 12（*Los Angeles Times* の紙面には、これより早く掲載されている）。最新の創造性の理論についての、一般的な概観で、彼女は芸術家や学者（Frank Barron, Mihály Csikszentmihályi, Nancy C. Andreasen, Kay Redfield Jameson）から要約し、引用している。Frank Barron, *Creativity and Personal Freedom*（Princeton, Van Nostrand, 1968）は、「言うことを聞かないことを、［心の］健康のあらわれ」（4）と見なし、「反抗は……健全なキャラクターのしるしである」（144）という所にまで、その主張を拡大している。

（2）"Art and Anarchism," *Little Review*（March 1916）: 3.

（3）私の著書 *Jig Cook and the Provincetown Players: Theatre in Ferment*（Amherst: University of Massachusetts Press, 1982）を参照。

（4）Marsden Hartley, "Farewell, Charles," in Alfred Kreymborg et al., eds., *The New Caravan*（New York: Macaulay, 1936）, 556-557.

（5）Mary Heaton Vorse, *Footnote to Folly*（New York, Farrar and Reinhart, 1935）, 129.

（6）Susan Glaspell, *The Road to the Temple*（London: Ernest Benn, 1926）, vi.

（7）Marcia Noe, *Susan Glaspell; Voice from the Heartland*（Macomb, Ill. : Western Illinois University, 1983）, 70-74.

（8）プロヴィンスタウン・プレイヤーズからすれば、いかにも逆説的な移動である。一方で、本部の変更は、慈善家の銀行員 Otto Kahn によって、資金の調達が行われた。他方で、「フイッツ」（とエリナーは呼ばれた）は、アナキストのリーダー Emma Goldman と Alexander Berkman の親密な仲間であった。

（9）私が取材訪問したり、文通によったりした、かつてのプロヴィンスタウン・プレイヤーズのあらゆる人々（Ida Rauh は除く）が、クックとラウ（彼女はこの演劇集団で、最もすぐれた女優であったという点でも、グラスペルのライバルであった）は恐らく不倫関係にあるのではないかと思われると言ったり、それをほのめかしたりした。クック夫妻が一九一九年から一九二〇年の演劇シーズンに「休暇」を取ったのは、夫妻の文筆活動の必要性に加えて、グラスペルの嫉妬も原因してのことであった、とそれとなく言われてきた。クックの時折の愛人として、Louise Bryant, Edna St. Vincent Millay, Eunice Tietjens の名を挙げる人たちもいた。

（10）最もよく知られた公的な現われとしては、『皇帝ジョーンズ』の舞台の、漆喰を塗った空幕（有名な「ドーム」）をつくったことであり、また私的な現われとしては、スーザンが心臓病を発症した時、プロヴィンスタウンの夫妻の家に、彼女のために彼がエレベーターを造ったことであった。前者については、Sarlós, *Jig Cook*, 124-128, and 204-206 を、後者については、Glaspell, *Road*, 177-178 を参照。

（11）Cook の創造的刺激を与えるような指導的任務についての、

刊行された、及び未刊行の、称賛および軽蔑的記述に基づいた詳細な論考としては、Sarlós, *Jig Cook*, 50-54を参照。

(12) Glaspell, *Road*, 194で引証されている。

(13) Hutchins Hapgood, *A Victorian in the Modern World* (New York: Harcourt, Brace, 1939), 374-375.

(14) Glaspell, *Road*, 92 and 204で引用されている。Fish House (or Provincetown) Punchの起源と作り方については、Sarlós, *Jig Cook*, 79-80を参照。

(15) Mollie Priceに宛てたCookの手紙(23 August 1906)。Robert E. Humphrey, *Children of Fantasy: The First Rebels of Greenwich Village* (New York: Wiley, 1978), 98で引証されている。

(16) Glaspell, *Road*, 288で引証されている。

(17) Nilla Cram Cookからの手紙(10 February 1976)。Noe, *Susan Glaspell*, 10で引証されている。

(18) John Chamberlain, "A Tragic-Comedy of Idealism," *New York Times* (12 April 1931): 4. Arthur E. Waterman, *Susan Glaspell* (New York: Twayne, 1966), 103で引証されている。

(19) オニール、ロバート・エドマンド・ジョーンズ、ケネス・マガウアンによって率いられたこの集団は、非公式に「三人組」として知られていた。これまでより玄人の芸術的方向をめざすことへの意見に加えて、非常にビジネスを重視した活動にも賛成の論を張ったことで、オニールと彼の様々な友人たち(その中のボスは、マガウアンであった)は、実際にジグ・クックという人間から、またプレイライツ・シアターを経営していた彼のやり方からも、距離を置こうとしていたことが、ますます明らかになった(プレイヤーズの解散と「三人組」の形成に関して、エドナ・ケントンによるギリシャへの大部な報告書は、他の活発な参加者の果たした役割に加えて、スーザンとジグが果たした役割について比類なく有益なものである)。[訳者補足 ケントンはクックの招待で、一九一六年にプロヴィンスタウンにやって来ると、一七年には劇団の重要な活動メンバーになり、二二年に劇団が上演をやめるまで、その地位を保った。彼女の劇団への熱い思いは、劇団の執行委員メンバーとして、提出された劇をすべて読んだこと、劇団が商業的方向に走らないように努力したことなどに見て取れる。劇団の成功はクックとグラスペルのお蔭だと思っていた彼女は、劇団のより新しいメンバーの間でくすぶっていた反抗(オニールのますます強さを増していった商業的成功欲にたきつけられていた)にむかむかしていた。孤軍奮闘していたケントンはクックとグラスペルにギリシャから早くニューヨークに戻り、劇団の威厳を回復してほしいといった旨の手紙を送った。ケントンにとって、『皇帝ジョーンズ』の商業的成功は、「この劇団の終わりの始まり」であった。「三人組」と闘いを続けようとする劇団の創始者夫婦の意欲は、ケントンよりも少なくなっていたようだった。Cheryl Black, *The Women of Provincetown, 1915-1922*.]

(20) Glaspell, *Road*, 10, 92, 227.

(21) Elizabeth McCullough Bray, "Panorama of Cultural Development Here in Last Half a Century," *Davenport Democrat* (31 March 1929): 4. Noe, *Susan Glaspell*, 15で引証されている。傍点は筆者。

(22) 母親からスーザンへの手紙、Noe, *Susan Glaspell*, 25で引証されている。

(23) Waterman, *Susan Glaspell*, 21-22.

(24) Glaspell, *Road*, CookはHumphrey, *Children*, 87で引証されている。

(25) C. W. E. Bigsby, ed., *Plays by Susan Glaspell* (Cambridge: Cambridge University Press, 1987), "Introduction," 11.

(26) Waterman, *Susan Glaspell*, 22.

(27) Ludwig Lewisohn, *Nation* (3 November 1920): 509-510.

(28) Bigsby, *Plays*, 11.

(29) Jacques Copeau, *Registres, I: Appels*, ed. Marie-Hélène Dasté and Suzanne Maistre Saint-Denis (Paris: Gallimard, 1972), 146. Sarlós, *Jig Cook*, 73で引証されている。

(30) Bigsby, *Plays*, 14.

(31) 一年早く、クックの『アテネの女たち』が上演されていたので、それはプレイヤーズによって舞台化された最初の長い劇ではない。その夜は前座としてベルサイユ平和条約についての、ジョン・リードのアジプロ的なファンタジーが行われたことで「満員で」あった。

(32) Bigsby, *Plays*, 18.

(33) Waterman, *Susan Glaspell*, 78.

(34) Isaac Goldberg, *The Drama of Transition* (Cincinnati: Stuart Kidd, 1922), 474.

(35) Alexander Woollcott, *New York Times* (15 November 1921): 23 ; Percy Hammond, *New York Tribune* (15 November 1921): 8 ; Ludwig Lewisohn, *Nation* 14 (December 1921): 708-709 ; Bigsby, *Plays*, 25.

邦訳 スーザン・グラスペル、山名章二（訳）「つまらぬこと」（『大妻レヴュー』28号、一九九五年）

邦訳 スーザン・グラスペル、山名章二（訳）「外側」（『大妻レヴュー』40号、二〇〇七年）

［訳者注］プロヴィンスタウン・プレイヤーズが上演する劇の選択は、定数を満たした委員会メンバーの多数決で決定されたが、その委員会を女性がほぼ半分を占め、支配していた。その構成メンバーはシーズン毎に変わったが、少なくとも二、三の影響力ある女性（ラウ、グラスペル、とりわけケントン）がきまって含まれていた。彼女たちはみなフェミニストであったから、きっとフェミニズム劇が歓迎されるのではと思われていた。

＊［訳者補足］*Susan Glaspell: The Complete Plays*. Eds. Linda Ben-Zvi and J. Ellen Gainor. Jefferson, NC: McFarland, 2010. ［入手困難だった *The Comic Artist* に、今回初めて刊行された *Chains of Dew*, *Springs Eternal*, *Free Laughter* を加えたこの『スーザン・グラスペル全劇集』は、現時点で最も充実した彼女の劇作品集である］。

ファミリー・アルバム

図68　スーザン・グラスペル。

図69　ジョージ・クラム（ジグ）・クック。

図71　（前列左から）グラスペル、ビアトリックス・ハプグッド、メアリー・ヴォース、ヒポリト・ハヴェル。（後列左から）ハリー・バインバーガー、ニース、ハチンズ、ミリアム・ハプグッド。

図70　新聞『コマーシャル・アドヴァタイザー』誌の記者として働いていた頃のニース・ボイス。

図73　マックス・イーストマン。

図72　メアリー・ヴォース。

図75　ウィルバー・ダニエル・スティール（『同時代人』の作者）。

図74　息子と一緒のアイダ・ラウ（マックス・イーストマンの妻）。アイダは女優、法律家で、彫刻家でもあった。

図77　マーガリート・ゾーラークと息子テシムを抱えているウィリアム・ゾーラーク（プロヴィンスタウン、1916年）。

図76　B. J. O. ノードフェルト。

第六章

最初のプロヴィンスタウン劇

プロヴィンスタウン・プレイハウスが創作し、プロヴィンスタウン・アート・アソシエーションで演じられた「出発点」のためのプログラム解説から（一九八三年九月）

ミリアム・ハプグッド・ドウィット

あなたがたが今晩、観ることになる劇が初めて上演されて以降、大きな変化がこの国とこの町に現われた。六八年前、プロヴィンスタウンは静かな漁村であった。避暑にやって来た数少ない人たちは、主として芸術家や作家で、彼らは自分たちの仕事を続けるのに、ここが美しくて、費用のかからない場所だとして選んだ。その当時は比較的孤立したような所で、船や列車を使うと、ニューヨークからやって来るのに、ほぼ二四時間かかった。しかし、二〇世紀の遠くにまで及ぶかなり大きな変化が、この国にさっと広まったように、変革の嵐は他の場所と同様に、この地の将来を形づくろうとしていた。そうしたものの中には絵画における近代の運動、演劇におけるリアリズム、フェミニズムの運動、そして人間の心理を科学的に究明することなどが含まれていた。

プロヴィンスタウン・プレイヤーズは、当然のことながら有名であった。この劇団が一九一六年にオニールに出発点を与える好ましい雰囲気を作り出していたからであった。しかし、一九一五年の、それより見劣りのする劇は、この偉大な劇作家オニールのための道具立てというだけではなかった。それらの劇自体が将来の可能性の種子を運んだ。それらは多くの点で始まりで、それゆえにそれらは今日、妥当なものである。この上演のための「出発点」というタイトルは、過去に言及しているだけではなく、将来に向けての、また新しい時代が始まった中で、新しい演劇が築かれることにも言及していると思いたい。

ロイス・ルードニックとアデル・ヘラー

『貞節』はニース・ボイスが彼女自身の結婚生活で、自由恋愛の問題と折り合いをつけようと苦闘したことに一部は基づいていたが、ニースの友人メイベル・ドッジとジョン・リードとの恋愛問題にも一部は基づいていた。ドッジとリードは一九一三年に不倫の関係になった。二人がパターソンのストライキをめぐる野外劇で一緒に仕事をするようになって間もなくのことである。彼らは愛人関係になるまでは、対等のパートナーとして一緒に働いたが、一旦、愛人関係になってしまうと、メイベルは古くからある女性の従属的な関係―女たちの世界は男たちの世界を中心にして展開する―に屈服した。メイベルは絶えず相手に貞節を要求するがゆえに、またリードは彼女の要求を満たせないがゆえに、二人はしばしば別れる。初めて彼が彼女のもとを去った時、彼女は睡眠剤を飲み過ぎた（この出来事はボイスの劇では遠回しに言及されている）。彼らの恋愛の他の面は、この劇ではもっと開放的に扱われている。

第一次大戦が始まった時、リードはパリにいて、そこで彼とメイベルの共通の友人だった女性にリードは恋をした。リードはその女性と結婚するつもりで、彼女を説得して夫のもとを去るように促した。しかし、二か月後、その女性へのリードの愛が冷めてしまった。一九一五年一月に、彼はポケットに金の結婚指輪を二個入れ、メイベル・ドッジが忠実に彼のことを舞台の袖で出番を待つように自分のことを待っていてくれるだろうと期待して、アメリカに戻った。しかし、ドッジは気が変わって、リードのプロポーズを断った。一九一五年七月に、彼女はハチンズ・ハプグッドに指輪をリードに返して、彼と結婚するつもりのないことをリードに手紙に書いてほしいと頼んだ。同じ七月に、ニースの劇が上演されたが、それは人生と芸術、個人的なものと政治的なものが入り組んだ形をなし、この際立った世代の人生の中に巧みに織り込まれていて、人を引きつけてやまない一例を作り上げている。

レックス（リード）が劇中で引用している「ワイニンガー」とは、オットー・ワイニンガー（ドイツ人心理学者で、一九〇八年に『性と性格』というひどく女嫌いの本を出している）のことである。『抑圧された願望』は、精神分析に取りつかれたインテリへの風刺である。ヘンリエッタという登場人物（甚だしいフロイト信奉者）は、グリニッチ・ヴィレッジの特定の人をモデルにしているわけではない。彼女はヴィレッジの知識人―彼らは身近の誰彼かまわず「心理を見抜き」たがる―を誇張したタイプの人と言った方がよい。ヘンリエッタはヴィレッジで最も関心を持たれたフロイトの考えの三つ揃い―夢の判断・隠された動機・無意識の願望―を文字通り（そしておかしいくらいに）極端にまで押し進める。プロヴィンスタウンでの会合中の「思い出話」で、ミリアム・ドウィットはヴィレッジャーズの子供の意識にまでフロイト主義が浸透していたことを思い起こしている。観客が喜んだことに、彼女は舞台の上に一枚の長い紙の巻物―それには「心理を見抜く」特殊な用語で満ちていた―を広げた。一一歳くらいの彼女とニラ・クック（ジグの娘）が、進んで聴こうとする者には「禁じられた」言葉と受け取れるものを読み上げながら、プロヴィンスタウンの本通りを行ったり来たりしていた様子を述べた。

『表現方法を変えろ』は、伝統的な芸術と近代芸術の戦う様子を喜劇風に考察したものである。ケニヨン・クラブツリー―伝統的な芸術家で、このケニヨンとこの劇の若き主人公は、絵の勉強をしていると思われている―は、その当時の二人の人物をモデルにしている。一方のケニヨン・コックスは、後期印象派の絵画への声高な批判者で、もう一人のチャールズ・ホーソンは、プロヴィンスタウンの定評ある伝統的な美術学校の校長で、伝統的な風景画を学生に教え込んでいる。ボードフェルト―反抗的な芸術家で、我々の主人公はこの人物と密かに勉強をしている―は、ブルーア・ノードフェルト（指導的な立場にあるアメリカの後期印象派の画家）をわずかに偽装してはいるものの、それとすぐ分かるくらいの人物で、このノードフェルトが実際にこの劇の初演で、ボードフェルトを演じた。マートル・ダートの特徴的性質は、おそらくメイベル・ドッジ（近代芸術の後援者で、アーモリーショーに関係した）をモデルにして造形されているのであろう。マートルが劇中で買う抽象画は、アンドルー・ダスバーグがメイベル・ドッジの一連の肖像を描いていて（それは一九一四年に展示された）、そのうちの一枚に基づいていると充分に考えられる。それらのメイベルの肖像画が、一九一四年二月八日の『ニューヨーク・ワールド』で、解説を添えて公表された。「彼女が目の前にいると、［ダスバーグは］皮膚を剝ぎ取られて、色濃い赤でありながら白く輝いているローストビーフ独特の味に胸がドキドキしているトルソーのような感じがしていたように思える。しかし、彼女から離れると、彼のゾクゾク感はなくなり、そのトルソーはまるで自動車にひかれたように、ぎゅうぎゅう詰めにされ、ぐちゃぐちゃになり、ぺちゃんこになったみたいである。

メイベル・ドッジに励まされて、アルフレッド・スティーグリッツは彼の雑誌『カメラ・ワーク』のある号を、精神障害者の芸術とモダニストの芸術の比較を扱ったものに充てる計画を立てた。ドッジがベルヴュー・ホスピタルに入る許可を求めたところ、そこの精神科医長は彼女に「芸術家は精神病棟に入院の申し込み」をすべきだ、それに「アーモリーでの展示会は、彼がこれまでに目にした中で、公然と精神錯乱を誇らしげに見せびらかした最たる証拠である」(Luhan, *Movers and Shakers*, p. 73) と思うと言った。

『同時代人』は、最初の一連の劇の中で、政治的にも演劇的にも、最も深刻で最も大胆なものである。それはまた残念なことに、私たちの時代に最も関連があるものである。一九一四年の冬のニューヨーク市で、ホームレスで失職中の男たちの窮状に創造的刺激を受けたこの劇は、教会の偽善者に反対する反抗的指導者としてのイエスと若き世界産業労働者組合の組織者（彼はホームレスの男たちの集団を教会という避難所に導き入れようとした）フランク・タナンバウムといった二人の近似性を強めるために、聖書の時代に設定されている。聖職者は警官を呼ぶ。警官は彼らを教会から追い出し、タナンバウムを逮捕する。彼の裁判は多くの注目を集める訴訟事由となる。平和を乱したとして判決が下され、彼は懲役一年の刑を受けることになる。ウィルバー・ダニエル・スティールの息子ピーターが、プロヴィンスタウンの上演のために書いた覚え書きで説明しているように、「この劇は寓意的な作品である。この劇の舞台がどこに、いつの時代に設定されているのか、はじめのうちは判然としない」。最初はとても薄暗い中で演技が展開するが、劇の終わり近くで太陽が上がって来て初めて、エルサレムが舞台であることが判明する。それまでは、対話から判断して、都市の少数民族のスラム街に設定されているという印象を強く受ける。（タナンバウムの活動、その後の裁判、世間の注目などについて、詳しくは Luhan, *Movers and Shakers*, pp. 96-116 を参照のこと）

［訳者追加　Brenda Murphy, *The Provincetown Players and the culture of modernity*（Cambridge University Press, 2005）は、以下の四作品の解説・解釈として優れたものである。また、Ozieblo, Barbara, ed. *The Provincetown Players, A Choice of the Shorter Works*. Sheffield, England: Sheffield Academic Press, 1994 は、現在、最も入手しやすい作品集である］

『貞節—対話』

ニース・ボイス

［登場人物］
モイラ
レックス

豪華で派手な部屋は、心地よい明るい色を帯びている。月の光を浴び、海が見渡せるバルコニーの奥の方の長いアーチ形の窓が開いている。その部屋の中央にある長いソファーには、明るい色のクッションが積み重なっている。

モイラが笠のついたランプの下で、机に向かい、忙しそうに書きものをしている。錦織りの直線模様の入った、とても明るい色の服を着ている。

バルコニーの下で口笛が聞こえる。彼女は顔を上げて、感度良く正午を告げる机の上の小さな置時計をちらりと見ると、にこりとして、決まり文句を書き終える。二回目の口笛が長く続く。彼女は立ち上がると、バルコニーに出て、手すりにもたれる。

レックス　（舞台裏で）モイラ。

モイラ　レックス、気づかなかったわ。ねえ、ドアあいてるわよ。

レックス　ドア、ドアが。ああ、わかった……。

（モイラがやさしく笑いながら、部屋に戻って来る。鏡をちらっと見ると、こめかみあたりの飾り輪を触って、煙草を取り、それに火をつけ、ソファーの端にもたてるようにして立って、右手の方に視線を向けている。レックスがケープとソフト帽を身に着けて登場すると、床にそれを落とす。モイラはもの憂げに二歩進んで、両手を差出して、レックスを迎える）

モイラ　ねえ、ねえ、帰ってたのね。

レックス　（すばやく）そう、帰ってたさ。
モイラ　（もの憂げに）帰ってた。とても元気そうね。
レックス　そうでもない。とても気分が悪いんだ。参っているんだ。
モイラ　まあ、だめねぇ。こっちに来て、見てあげるから。（彼をランプにさらに近寄らせ）ねえ、少し痩せたわね。でも、その方がいい。それに疲れているみたいね。でも長旅だったから。さあ、座って、リラックスしたら。（彼女はソファーにどかっと座り込み、彼を引き寄せる）
レックス　リラックスねえ。
モイラ　そうよ。リラックスするのよ。（彼の頭の後ろにクッションを軽く放って）ほら。何か食べる？　お酒は？
レックス　（陰気に）いらないよ、モイラ。
モイラ　煙草でも吸ったら。あなたのお気に入りのが、まだいくらか残っていると思うわ。向こうを調べて見て。
レックス　気にしないでくれ。（彼は一心に彼女を見つめている。つぶやく）種類は気にしないよ。
モイラ　気にしないのね。この所ずっと手元に置いてるのがあるの。じゃあ、私のをあげるわ。（彼女は屈んで、机から煙草を取り、彼にそれを渡す。彼はぼんやりとそれに点火し、まごついているかのように、彼女をしっかり見ている）
レックス　モイラ、有難う。君は元気そうだね。
モイラ　ええ、私―とても元気よ。
レックス　それに―幸せかい？
モイラ　とても忙しいの。それに―そう、かなり幸せと言うべきね。
レックス　（陰気に）それはとても嬉しいよ。（心地よさそうに彼女は煙草を吸い、彼を見つめる。彼はいらいらして煙草を吸い、彼女を見る）
モイラ　ねえ、あなた自身のことをみんな私に話して。あなたがいなくなってずいぶん経ったような気がしたけど、実際は四か月にすぎないのね……でも、実に多くのことが起こっていて。
レックス　そうだね。実に多くの事が。（突如）君に手紙を書いたよね。
モイラ　ええ、でも、手紙には……初めて知るようなことが沢山書かれていた。
レックス　そう、その通り。（立ち上がって、大股に歩いて手すりの方に行き、煙草を放り、戻って来ると、ソファーの背後に立つ）モイラ、こんな風に君が僕を受け入れるなんてことは、最も予想していなかったことだ。
モイラ じゃあ、レックス、私があなたをどんな風に迎えると思っていたの。片方の手に短剣、もう片方に毒入りの瓶を持っているとでも？
レックス うーん、わからない。でも（苦々しく）こういうのは予想していなかった。
モイラ こういうのって？
レックス 君は充分わかっているはずだ。君は僕がまるで普通の知人で、ただおしゃべりするために立ち寄っただけ、といった風に僕を扱っているけど。
モイラ いいえ、そんなことはないわ。大切な友人よ、レックスは……常に私には大切な人。
（彼女はもの憂げにもたれ、灰皿に灰を落とし、机からグレイの編みかけの物を取り、編み物を始める）
レックス 友人ね。（窓の方に歩み）四か月前に別れた時、ぼくたちは友人ではなく、恋人同士だった。
モイラ （優しく）そう。でも、あなたの知っての通り、それ以後、沢山のことが起こった。（彼女は編み物に注意を払っている）
レックス それはその……（しばらく話すのをやめ、やがて怒って彼女の方を向き）ねえ、いろんな事が起こったにしてもだ。君があんなにすっかり変わってしまうとは、どうも僕にはわからない。
モイラ （縫い目を数えながら）一、二、三……ええっと、私の大切なレックス、あなたはまったく変わったわ。
レックス （激しく言い返して）僕は変わってはいない。
モイラ （編み物を落とし、周りを見まわして、彼に目をやる）ねえ……本当は……
レックス （激しく）もちろん君の言おうとすることはわかっている。恐らく君がそう思うのは当然だ。
モイラ （冷静に）当然と思うわ。
レックス でも君にはわかってくれるだけの聡明さがあると思っていた。しかし、君の考えているくらいに僕が完全に変化したとしても、依然としてわからない点は、君がなぜ今の、このような状態にあるのかということだ。
モイラ またそのことに戻るのね。（彼女は彼に手を上げて）ねえ、レックス、またあなたに会えてとても嬉しい。さあ、座って何もかも話そう。
レックス （悲しげに）僕に会えて嬉しいって。（彼はソファーの端に座って）玄関から入れてくれるとは思わなかったよ。
モイラ　思わなかった？（突然、立ち上がったので、編み物を落とす）レックス、あなたは梯子が手に入るって期待してたわよね。
レックス　期待してないよ―
モイラ　期待してたと思うんだけど。このロマンチックな時間、あなたはボートに乗って、口笛を吹いて―にもかかわらず―あなたは梯子を探したの。わかってるのよ。
レックス　いや、違う。探してない。君は僕のことをちっともわかっていない。しかし、モイラ、それはどこへやったんだい？
モイラ　梯子のこと？（テーブルまで歩いて、引出を開け、縄梯子を引っぱり出し、ソファーに戻る）ここにあるわよ。
レックス　じゃあ―それを保管しておいてくれないか。
モイラ　ええ―思い出の品としてね。
レックス　それだけかい？
モイラ　そうよ。気に入ったのなら、それあげるわ。
レックス　僕に。
モイラ　ええ、いつかその利用法を見つけるわよ。
レックス　モイラ。
モイラ　（笑いながら）ねえ、いい、レックス、あなたはどうしようもないくらいロマンチックなのよ―それからあなたは未だに若いってこと。私なんかロマンスの時代は終わったわ。
レックス　（彼女の方に体を傾け、激しく）僕はそう思わない。君は他の誰かを愛しているんだ。君が僕に電報をくれた時から、ずっとそう思ってきた。そうでなきゃ、君がそんな風には振る舞わなかったはずだ―そんな風には。
モイラ　そんなに行儀良くはって？
レックス　君がそう言うのならね。
モイラ　そうよ、もちろん。私の振る舞いは見事だったと思うわ。しかし、その理由については、あなたは間違っているわね。私は他の誰のことも愛してないし、これからだって愛すつもりもない。そういうものとは、すべて縁を切ったの。
レックス　（和らいで、彼女の手を取り）いいや、モイラ。
モイラ　そうよ、本当に。（きちんと座り、彼女の手を引っこめて、より冷静に）電報の事だけど、他にどんなことが私にできたと言うの？　あなたはエレンのことを好きになっていたし。あなたは電報で「仲良く別れよう」と私に伝えてきたし――

レックス　それはそうだけれど、モイラ――

モイラ　（素早く）そんな時、あなたから手紙が来たの――あなたとエレンが愛し合っていて、これが最後の本当の愛で、あなたが私を愛したことはなかったと思うという内容の手紙が――

レックス　その通りだけど、モイラ。

モイラ　あなたと一緒だったことでなんと不幸であったかを――なんとよく二人は喧嘩したかを――なんと互いを傷つけあったかを――あなたは私に思い出させてくれたわ。

レックス　それはその通りだ。わかってる。でも聴いてくれ――

モイラ　それから私を見捨てることをどうか許してくれ、とあなたは私に懇願したわ――それで、私はあなたを許したの。他に私のできることってなかったもの。あなたを摑まえて置くなんてできなかった。あなたは他の女性を愛し、その女性と結婚したがっていたから。

レックス　モイラ、君が僕の言うことに耳を貸そうとしなければ、どうやって僕は君に説明ができるんだい？

モイラ　ねえ、レックス、あなたがそうしたいと言うのであれば、一晩中だって、あなたの言うことを聴いてあげるわよ……でも、あなたに説明することがあるなんて、私にはとうてい理解できない。

レックス　いいかい、でも僕にはあるんだ。君はこの件については、まったく間違った考え方をしている。

モイラ　そこのところが私には理解できないの。あなたの手紙はまったくはっきりしているわ。私に飽き飽きしていたと――

レックス　そんなことないよ。

モイラ　あなたは別の女性に恋をした。もっと若くて、もっと美しい女性に――

レックス　モイラ――

モイラ　それは至極、当然のこと。男がどういうものかって私は知っているから。落ち着かず、心の変わりやすい者。あなたはこの女性との結婚を望んでいた――図星よね。

レックス　僕の方が彼女との結婚を望んだというのではなかった。

モイラ　望まなかったって言うの？　だってそうあなた

の手紙に書いてあったわ――

レックス　ねえ、恐らくそうだった、あるいはそうだと思った。でも、本当に結婚したがっていたのは、ぼくより彼女の方だった。

モイラ　レックス、だってそうあなたは手紙に書いていたもの――

レックス　僕が彼女に恋してたことは認めるよ。そう、その通りだ。しばらくの間はね。そして彼女が望んでいることは何でもする気でいた――あの頃は。

モイラ　そう、あの頃ね。

レックス　だが、モイラ、わからないのは、君があんな風に僕を諦めてしまうことだ――躊躇なく、苦しまずに。

モイラ　でも、レックス、他にどんな――

レックス　昨年の君のことを考えると。他の女性に目をやるだけで、君はそりゃあすごい大騒ぎをした。ほんの気まぐれな冒険をしただけなのに、自殺をすると言って君は脅したんだぞ。

モイラ　そうよ――それは本当のこと――事実よ。

レックス　君が僕を愛するのを全くやめてしまったということ以外に今は何も考えられないよ。

モイラ　でも、レックス、あなたは他の女性のために私を見捨てたというのに、私に愛し続けて欲しかったとでも言いたいの？

レックス　僕は君を見捨てたことはないよ。

モイラ　まあ。

レックス　（急いで）しかし、とにかく、そのことは今の僕の望んでいる問題ではない。それは事実の問題なんだ。問題は君が僕を愛さなくなったということ。君が僕を愛したことがなかったということこそが真実だ。

モイラ　いいえ、あなたを愛したことがあったわよ、レックス。

レックス　いや、そうでなきゃ、愛することをやめてしまうはずはない。それが真実だ。「状況が変わったと知って、自分も変わるようなものは、あるいは相手が離れてしまうと、自分も離れたくなるようなものは愛ではない」＊――［シェイクスピア、ソネット一一六から引用］

モイラ　ねえ、レックス、それって本当に素敵。あなたはどうなの？　私のこと愛するのをやめたのよ。

レックス　僕は君を愛するのをやめたことはない。

モイラ　とんでもないわ。私を一度も愛したことはないと手紙に書いているわよ。

レックス　僕の書いたことなど気にしないでくれ。とても興奮した状態にあったから、そのつもりでなかったことを僕は沢山書いたんだ。エレンが僕のすぐそばにいたことを君は覚えているに違いない。そしてもちろん彼女の考え方が僕に大きな影響を与えたんだ。

モイラ　（冷静に）そりゃそうでしょう。で、彼女の考えていたことって何なの？

レックス　僕たちのは運命的な恋愛であったということ。一目ぼれして結婚し、落ち着くことになっていたということ。

モイラ　ねえ、それって確かにあなたの考え方のように思えたけど。

レックス　いいかい、エレンがすぐそこにいて、僕は影響されたんだ……僕があの時、彼女と恋愛中だったというのは間違いない。彼女は素敵な女性だった。彼女に夢中だった。

モイラ　どうして恋愛中だった—だった、と過去形を使うの？　今でも彼女と恋愛中なんでしょ？

レックス　いや、モイラ、恋愛中だとは思っていない。もちろん彼女には強い感情を懐いている—彼女は美しい。しかし、たとえ彼女と恋愛関係にあったにしろ、結婚ということになると—

モイラ　ねえ、それがどうしたの？

レックス　（急に立ち上がり、フロアをゆっくり歩く）モイラ、僕は結婚したくないんだ。身を固めるということについて言うと、ただただ固められないというより他ない。

モイラ　でも彼女とは約束したんでしょ？

レックス　約束したよ。だからもちろん彼女が要求したら、ぼくは約束を守らなければならない。でも、彼女と結婚をするにしても、身を固めるつもりはない。それだけはできない。ねえ、モイラ、聴いてくれ—（ソファーの隅に体を投げ出し、前方に体を傾け）彼女、ぼくに何を求めてると思う？　彼女と郊外の小さな家に住んで、毎晩、夕食には間に合うように帰って来て、庭で野菜を作り、東向きのベランダでうたたねする生活なんだ。ああ、モイラ。（手に彼の顔を埋める）

モイラ　ねえ、レックス、彼女のことを愛しているのであれば—

レックス　（激しい口調で）そのような人は愛せそうにない。

モイラ　ねえ、じゃあどんな風に彼女を愛すのよ？

レックス （不機嫌に）ねえ、彼女を美しい、詩的な人、性格的に少し柔軟性のある愛らしい人、というわけで愛したんだ。モイラ、君も一度、彼女と会ってみたらいい。愛らしい人だ。でも不幸な人でもあった。彼女には甘い言葉でくどくことが必要だった。くどくことがね。ある意味で彼女を愛したが、モイラ、君を愛したように愛したのではない。

モイラ 何ですって。まあ……

レックス （驚いて）僕たちが出会ってからずっと、君を愛してきたってこと君は確かに知っているよね。君のことをずっと愛しているってこと、君を愛したようには他の誰も愛せなかったってことを知ってるよね。

モイラ でも、レックス、あなたは手紙にちゃんと書いてたわ。

レックス ああ、書いたよ、手紙に……あの時には僕の言いたいことをわかるだけの心の状態にはなかったってこと、君にすでにちゃんと説明しているよ。君だって覚えているよね、君と僕とが喧嘩別れしたことを。

モイラ それがどうしたと言うの？ あの喧嘩の直後に、これまで以上に私のこと好きだって、手紙に書いていた……

レックス 確かにそうだ……でも、いいかい、僕たちはとてもひどい喧嘩をしたってことを、別れる時に―、それで僕の気持は最悪の状態になっていて。それで―

モイラ （皮肉っぽく）それで―あなたはエレンに恋をしたというのね。

レックス うん、そうだ。それは至極、自然だった、まさに最初は。しかし、今はそのことをじっくり考える時間があって、わかるんだが―僕が戻るつもりだと手紙に書いた時、僕の意図を君はどう思った？

モイラ 意図？ 意図って？ あなたは親しげに訪ねてきて、私の許しを確実なものにするつもりだったんでしょ。

レックス 許し、そう。モイラ、本当の許しをね。

モイラ そう、そうね。あなたを本当に許すわ。あなたにこれっぽちの悪意も持っていないわよ。

レックス じゃあ、モイラ、結局は、君は僕を本当に愛してくれるということだね。

モイラ 私、あなたのこととても好きよ。それにこれからだっていつもそれは変わらないと思うわ。

レックス いや、僕が言いたいのは、そういうことじゃない。君も知ってるはず。僕はこれまでいつもそうだったように、君のことを愛している。モイラ、僕は君の所に戻って来たんだ。

モイラ　でも、レックス、エレンのことは。

レックス　僕は正直言って、エレンの望み通りにするとは約束はできない、とエレンに書いたんだ。……もしエレンが今でも僕と結婚したいと言うなら、結婚してもいいが、身を固めることはできない……僕にはぼくの自由がなきゃあいけないし、恐らく僕と一緒にいたら、彼女は幸せにはなれないだろう、とも伝えたんだ。彼女にはできるだけ正直に言ったんだ—君にいつも正直に言ってきたように。

モイラ　（笑いながらも、物思いに沈んだ調子で）そう、あなたはいつも私にも同じことを言ったわ。

レックス　いいかい、僕はどちらの女性に対しても騙したことはない。僕は時々、自分の都合がいいように思い違いをしていたかも知れない—例えば、僕が君を愛していないと思った時などに。しかし、僕は現在愛しているし、これから先もいつも愛していくことを今の僕にはわかる。だから、モイラ、僕を許してくれるかい？

モイラ　私、あなたにそう言ったじゃない。

レックス　それに僕を愛してるかい？

モイラ　ある意味で、そうよ—これからだって、いつもそうよ。

レックス　いいや、ある意味では、そうじゃない。モイラ、以前の君がそうだったように。確かに君は僕を愛するのを全くやめたというわけではなかった。

モイラ　ええ、以前の私と同じではないわ。あれは病気というか、狂気のようなものだった。あなたへの嫉妬に腹を立てた……みじめな気持だった。私への貞節をあなたに求め続けたが、それは無理な相談だった。私はあの状態にはもう戻りたくない。

レックス　あの状態に戻りたくないって？

モイラ　ええ。二、三か月、あるいは二、三週間して、またあなたが—別の女性が原因で—私のもとを去るというわけ？　もうそんなのごめんだわ。

レックス　モイラ、僕はいつだって君には貞節を尽くした、本当に。これからだっていつもそうだ。僕はいつだって戻って来るはずだ。

モイラ　それがあなたの考える貞節なのよ。いつだって戻ってくるというのがね。

レックス　そうさ、いつだってだ。僕は自分の感情を抑えられなかったんだ。長い間関係を断つなんてことはできなかった。君を忘れられなかったからだ。

モイラ　あなたは簡単に私のことなんか忘れたわよ。

レックス　君のことを忘れたことは一度もない。ほぼ毎日、君に手紙を書いたじゃないか。君のことがいつも気がかりだった。君が苦しみ、傷つき、絶望して、一度は威嚇するようなことまでして見せた君のことを僕は見てきたから、わかっているつもりだ——

モイラ　自殺するんじゃないかって？

レックス　僕はあらゆることを考えた。君のことを考えて、僕は絶望的な状態にあった。とても穏やかで、寛大な君の手紙ですら、僕の不安を解消させるものではなかった。僕は君の自尊心を知ったのだ。

モイラ　それであなたは私が陽気さと諦めの仮面を被って、本心を隠していると思ったんだ。

レックス　そうだ。そして君のことを気高い人だと思ったんだ。

モイラ　そして同時に、私が他の誰かを愛しているに違いないとあなたは思ったわけ。あなたそう言ったわね。

レックス　ねえ、僕はどう考えたらいいかわからなかったんだ。それが本当のところだ。

モイラ　あなたが信じられなかった一つのことは、あなたのことを恋人として私が感じなくなっていたということだった。

レックス　そう、その通りだ。それは認める。

モイラ　しかし、そんな風になったというのは、道理にかなった、尤もなことだったとあなただって認めるわよね。

レックス　道理にかなった、尤もなことか。

モイラ　私がもし嫉妬に駆られて激怒した行動に出て、あなたに非難を浴びせ、あなたに脅威を与え、あなたを追い求め、エレンからあなたを奪い取ろうとしていても、あなたの視点からすれば、私のそんな行動も当然と思ったでしょう。

レックス　そうだ。それは君が僕を愛していることを前提にしているが。

モイラ　ねえ、レックス、私はそうは思わない。あなたがいつの日か、私を見捨てるだろうとわかったの。あなたは若くて、自由が必要だと言う。私がそれに打撃を受けたということで言えば、それはまさに打撃そのものだった。私はその変化に順応しようとしたの。

レックス　とても容易にね。

モイラ　ねえ、それももう済んだこと。

レックス　そしてそれを元の状態に戻したくはないのかい？　僕に戻って欲しいとは思っていないのかい？

モイラ　友人としては、そうして欲しいと思っている。いつだってね。愛は消えゆくものであるけど、友情は長持ちのするものよ。

レックス　愛に終わりはないよ——本当の愛なら。しかし、君はそのことについては何もわかっていない。君は僕のことを愛したことは一度もないから。

モイラ　レックス、あなたを愛したことはあるわ。私は一年間、あなたのためだけに生きたけど、幸せではなかった。私があなたにどれだけ夢中だったか。私の他の関心をすべて断念し、友人との関係を絶って、あなた以外の何も、誰も見ることができなかったってこと、あなた覚えているはずよ。あなた以外の誰にも無頓着、無関心になったの。それでも幸せではなかった。

レックス　まさにその通り。君の関心を、君の友人たちを断念して欲しいと僕の方から君に頼んだかい？　僕以外の何も、誰も見ないでくれとお願いしたかい？　君は僕から自由になって欲しい、僕を君から自由にさせて欲しい、と僕は望んだはずだよ——時々はね。

モイラ　愛し合っていれば、その二人は自由にはなれないの。どの一瞬たりとも、私はあなたに貞節を尽くした。あなたを愛していた間は。

レックス　君が僕を愛していた間はか。僕の考える貞節というのは、そういうんじゃない。

モイラ　そうよね。あなたの考える貞節は、多くの他の女たちを愛し、時折だけ戻って来る——私の所に。そういうのよね。

レックス　モイラ、君は愛というものをあまりにも厳しく考えすぎたんだ。だから君は君自身と私の手足を縛りつけた。そして今、君には愛はおしまいになっている。今、僕はいわゆる不貞を犯した人間であるがゆえに、君は僕を振り捨てるんだ。そしてそれが君の考える貞節というやつだ。

モイラ　貞節というものがなければ、愛することに私は耐えられない。貞節のない愛に私は苦しんでいる。私はハーレムの頭になどなりたくない。そう、その苦しみをもたらす愛はもうおしまいになったの。

レックス　（バルコニーに行き、外を眺めて立つ）ねえ、僕は何回、君の所に来たことか。このバルコニーに近づいたことか。その時、君は幸せだった。君はその時、僕を押しのけたくはなかった。

モイラ　それは発熱のようなものだった。本当のものは、私が今、あなたに感じるもの、温かい愛情なの——

レックス　僕はそんなもの欲しくない。以前の君に戻って欲しい。

モイラ　あなたはもう一度、私を惨めな気持ちにさせたがっている。そんなのいやよ、レックス。

レックス　（ソファーに跪き、彼女の方に体を傾け、彼女を抱く。彼女は抵抗しない）君が本気で言っているとは思えないな。僕にキスしてくれ。（彼女は彼にキスをする。彼は突然、後ずさりして、彼女を放す）君は本気で言っているんだね。もう気にするな。（彼はソファーに座り込む。彼女はもたれかかり、彼の髪を軽くなでる）

モイラ　ねえ、レックス、あなたはないものねだりをする少年そのものね。手に入らないとなると、それが欲しくてたまらなくなる。それが手に入ってしまうと、他のものが欲しくなってくる。あなたのことはとてもよくわかっていて、私の知る中であなたは最も魅力的で、面白い人だと思う。私はこれからも他の誰よりも、あなたのことがとても好きでいられると思う。

レックス　（ぱっと立ち上がると）ないものねだりか。その欲しいものというのは君だよ。そういえば君だって確かに同じくらいに移り気だ。こんな風にどうして君は変われるんだい。これまでいつもそうだったように、君を愛している僕は君の所に戻って来る。これまでと同じように。なのに君はまったく変わってしまったよ。僕に対する君の愛は、それがもともと存在したことがなかったかのように、なくなってしまった。これまでの愛を追い出す新しい愛などないと君は言うのに。そのあたりのことを僕はちゃんとわかっているんだが、その……ワイニンガーが言っているように、女は魂も記憶も持たないというのは本当である。男の貞節をとやかく言う資格なぞ女にはない。

モイラ　貞節だって。

レックス　そう、貞節。僕は本質的に君に貞節を尽くしたじゃないか。僕は他の女たちのことを気まぐれに好きになったかもしれないが、そのつど君の所に戻って来たじゃないか。

モイラ　（感心して彼を見ながら）ああ、レックス、あなたは完璧、完璧な人よ。

レックス　君は完全な女性だと本心から言えるよ。

モイラ　もうこれ以上、言うことはないわ。私たちって、お互いをうち負かしてきたわよね。

レックス （外套と帽子を怒ってひっつかみ）君のもとを離れることになろう。

モイラ でも、あなたは戻ってくるわ。

レックス 戻って来るって。（彼女の方を向き）そうなるだろう。でもしかたがないんだ。そして二人は会うことになる。

モイラ そう、そうなるのね。ところで、これをあなたに約束したわね。（梯子を持ち上げ）

レックス 君がそれを持っていた方がいい。

モイラ レックス、それはだめ。（梯子を彼の足元に落とす）

レックス 行くよ。君は僕を一度も愛したことはなかったね。

モイラ まあ、そんなことはないわ。レックス、愛したことはある。あなたが忘れてしまったのよ。

レックス 僕は何一つ忘れてない。忘れたのは君の方だ。貞節でなかったのは君の方だ。僕が君の所に戻って来ると、僕を見知らぬよそ者のように君は扱った。君は僕を追い出し、もはや僕を愛していないと言う。（彼女を激しく非難するように見て）そして僕のことはすでに許していると君は言った。

モイラ その通りよ。許したわ。

レックス もう僕を愛するのはやめる―ということなんだね。誰がそんな許しなど欲しいと思う。

モイラ それ以上のものなんて手に入らないわ。

レックス いいや。（興奮して）許すってことは、忘れるってことだ。

モイラ （度量の広さを身振りで示して）ねえ、私はもう忘れたの―あらゆることをね。

レックス （彼女に激しく近寄る動きを見せ）君はその―（立ち止まり、立ったまま互いを見つめあう）僕のことを君は移り気だとこれまで言ってきた。（下品に笑って、入り口の方に後退する）貞節ねえ。

（モイラは動かず、立ったまま彼をじっと見ている）

幕

＊『シェイクスピア詩集―イギリス詩人選（1）』柴田稔彦（編）岩波文庫（二〇一三年）訳による。

『抑圧された願望』

ジョージ・クラム・クック
スーザン・グラスペル

［登場人物］
ヘンリエッタ・ブルースター
スティーブン・ブルースター
メイベル

［一場］ワシントン・スクエア・サウスの上階にあるワンルームのアパート。奥の壁に設けられた大きな北向きの窓から、木の頂やワシントン・アーチの上部が姿を見せ、その向こうには五番街が見えている。その窓の近くに大きなテーブルが一つあって、その一方の端には堅そうな本ときまじめな科学の雑誌が、もう片方の端には建築家の製図、設計図、ディバイダー、直角定規、定規などが積んである。舞台から見て左手の方にドアが一つあり、そこから他の部屋に行ける。右手にドアの外側。朝食がテーブルに三人分用意されているが、そこに座っているのはヘンリエッタとスティーブン・ブルースターの二人だけである。幕が開くと、スティーブがコーヒー・カップを押し返し、落胆した様子で座る。

ヘンリエッタ　スティーブ、コーヒーのせいじゃないわ。コーヒーがどうのこうのという問題じゃないの。問題なのは、あなた自体なの。

スティーブ　（頑固に）お腹がおかしいのかも。

ヘンリエッタ　（嘲るように）お腹ですって？　おかしいのはお腹じゃなくて、あなたの潜在意識なの。

スティーブ　潜在意識のたわごとだっていうのかい？

（朝刊紙を取って、読もうとする）

ヘンリエッタ　スティーブ、昔のあなたはこんなに不愉快じゃなかった。確かにあなたは知らず知らずのうちに抑圧されているのよ。すっかり抑制されているわ。今のあなたは、もはや新しい考え方を受け入れられないのよ。あなたって人は精神分析について、一語たりとも耳を貸そうともしない。

スティーブ　一語たりともだって？　大いに耳を傾けてきたさ。

ヘンリエッタ　あなたは創造的な建築をしようという意欲をやめてしまっているの。だから仕事がうまく行っていないのよ。ちゃんと眠ってもいないし――

スティーブ　どうして眠れるというんだい、ヘンリエッタ。僕がどんな夢を抱いているのかを知ろうとして、君は僕を起こしておこうとするのに。

ヘンリエッタ　だって、夢ってとても重要よ、スティーブ。ラッセル医師にあなたの夢を語れば、あなたの悪いところがちゃんと先生にわかるわよ。

スティーブ　具合悪いところなんてないよ。

ヘンリエッタ　昔みたいにちゃんと話せていないわ。

スティーブ　話せてないって？　無意識に抑圧されている感情を追跡して、そんな陰気なやり方で僕のことを見ていると、何も話せないよ。

ヘンリエッタ　このいらいらは、あなたが何らかの抑圧された願望に苦しんでいることのあらわれなの。

スティーブ　少しばかりの平穏を求める願望を抑圧して、苦しんでいるんだ。

ヘンリエッタ　ラッセル先生は神経を病んでいる患者に実に素晴らしいことをしているの。先生の所に行きましょう、スティーブ。

スティーブ　（新聞をどさっと置き）いや、行かないよ、ヘンリエッタ。

ヘンリエッタ　でも、スティーブン――

スティーブ　シッー、メイベルの足音が。彼女ここにやって来るのは初めてだから、ぼくたちがひどくやりあうのはよそうよ。（彼は煙草を取り出す。メイベルが左手のドアから入ってくる。反対の側にスティーブがいるため、彼は彼女と面と向かうことになる。「素敵な」服装のヘンリエッタとは対照的に、メイベルはかなりくつろいだ服装をしている。メイベルはいわゆる丸々と太ったタイプの人である）

メイベル　おはよう。

ヘンリエッタ　よく来たわね、メイベル。

スティーブ　おはよう、メイベル。

（メイベルはスティーブに会釈すると、顔を輝かせて、ヘンリエッタの方を向く）

ヘンリエッタ　（メイベルにもたれるようにして、メイベルを抱擁する）ここに来てくれて、とても嬉しい。休んでもらおうと思って。長旅で疲れたでしょう。座って。すぐトーストを用意するわ。（立ち上がって）食べる――

メイベル　言ったはずよね、ヘンリエッタ。お気遣いご無用。朝食、頂くつもりありません。

ヘンリエッタ　（最初、ただ驚くばかりで）朝食食べないの？（彼女は座り、座っているメイベルの方に身を傾け、彼女をじっと見る）

スティーブ　（半ば独り言で）精神分析をする時の目つきだ。

ヘンリエッタ　メイベル、どうして朝食食べないの？

メイベル　（少しびっくりして）ええ、特に理由なんてない。朝食ってあまり好きでないの。そうやって体重を抑える人もいるらしいわ――（お尻に手をやる――「減らそうと」している人の身振り）朝抜きっていいのよ。

ヘンリエッタ　ちゃんと睡眠とれた？　昨晩、よく眠れた？

メイベル　ええ、ちゃんと眠ったわ。そう、昨晩は快眠だった。（笑いながら）最高におかしな夢を見たの。

スティーブ　シーッ。

ヘンリエッタ　（さらに近寄って）メイベル、どんな夢。

スティーブ　いいかい、メイベル、君をからかうことが僕の務めだと思っているんだ。ヘンリエッタに君の夢を語ってはいけない。そんなことをすれば、君が父親を殺して、母親と結婚したいという潜在的願望の持主だってことを彼女に知られてしまうよ――

ヘンリエッタ　馬鹿なこと言わないで、スティーブン・ブルースター。（メイベルに優しく）あなたの夢はどんなだったの。

メイベル　（笑いながら）私が雌鶏になった夢。

ヘンリエッタ　雌鶏ですって？

メイベル　そう。群衆をかきわけ、できる限り急ごうとしてるんだけど、なにしろ雌鶏だから、あまり速くは進めないの。きちきちのスカートをはいて走ろうとしているみたいで。ブルーのキャップを被ったなにか動物のようなものがいた。とても頭が混乱してしまったような夢で、大きな声で叫んで、私を追いかけまわす――「雌鶏、進め。進むんだ、雌鶏」、ついに私はすっかり興奮して、一歩も動けなくなるの。

ヘンリエッタ　（手の平に顎を置いて、じっと見ながら）とても興奮したって言うの？
メイベル　（笑いながら）ええ、とても気分が悪い状態で。
ヘンリエッタ　（体を後ろにそらせて、ささやく）これって重要なこと。
スティーブ　彼女は自分が雌鶏になった夢を見た。元気よく前に進めと命じられた。そして激しく動揺した。それってどういうことなのか。
ヘンリエッタ　（いらいらして、彼から目をそらす）メイベル、精神分析の知識ってある？
メイベル　（弱々しく）たいして。いいえ、そのお―（顔が明るくなる）戦争に関係のあることよね。
スティーブ　戦争とは無関係だ。
メイベル　（きまりわるそうに）新しい爆薬の名前かと思った。
スティーブ　そうか。
メイベル　（しかめ面をしているヘンリエッタに申し訳なさそうに）ねえ、ヘンリエッタ、私―私たちは知的なものに触れて生きていないの。あなたみたいには。ただボブは歯医者だけど―どういうわけか、私たちの友人で―
スティーブ　（やさしく）ああ、歯医者になろうとすれば。（窓の方に行き、立って外を見ている）
ヘンリエッタ　あの編集者のことをもっとなにかわからない―彼の名は。
メイベル　ライマン・エグルストンのことかしら？
ヘンリエッタ　そう、エグルストン。彼はいろんな事情に通じていたわね。彼とは会っていないの？
メイベル　時々は会うわ。ボブは彼のことあまり好きではないの。
ヘンリエッタ　あなたの夫はライマン・エグルストンを好きではないのね。（不思議そうに）メイベル、あなたは夫との生活まったく幸せと言える？
スティーブ　（鋭く）なあ、ヘンリエッタ―そのきき方って、ひどすぎるよ。
ヘンリエッタ　メイベル、彼との生活まったく幸せと言える？
（スティーブは仕事机の方に行く）
メイベル　ええ、幸せだと思う。ねえ、もちろん、幸せよ。
ヘンリエッタ　あなた幸せ、それとも幸せと思ってるだけ、それとも幸せであるはずだと思っているだけ？

メイベル　ねえ、ヘンリエッタ、あなたの質問の意図がわからない。
スティーブ　(積んである本や雑誌をつかみ、朝食のテーブルにそれらをどさっと下ろす)メイベル、彼女の言おうとしていることはこういうことだ。精神分析。僕の仕事机は精神分析でうめき声を出している。新しい救世主であるフロイトの本。新しい聖パウロであるユングの本。精神分析の評論―一冊二ドル五〇セントのそのバックナンバー。
メイベル　でも、それって一体、どういうもの?
スティーブ　君の知らない君の意識下の、無意識の、心と願望に関するすべてのことだ。それらが君にとても多くの害を与えているかも知れない。それが原因して気が変になるかも知れない。それにそんなことは珍しいことでもなんでもない。君は雌鶏になった夢を見ていたね―(不可解に首を振る)
ヘンリエッタ　どんな愚か者でも嘲笑することはできるわ。
メイベル　(急いで、口論を避けるために)でも、ヘンリエッタ、それがどうしたとあなたは言うの。
スティーブ　(時計を見て)ああ、ヘンリエッタがその話を始めたら。
(ヘンリエッタが次の台詞を言っている間、スティーブは仕事机にゆったりと座って、鉛筆の芯を削る)
ヘンリエッタ　それはこういうことよ、メイベル。あなたが何かを望んでいるとしましょう。しかし、それは叶えられないと思っている。それでその願望が間違っていると考える。だからそれを望んではいないと考えようとする。心があなたを保護しているの―苦痛を避けているの―禁じられていることを考えまいとしてね。でも、それは結局は同じこと。それがあなたの無意識の心の中に閉じ込められていて、あなたを苦しめるの。
スティーブ　いわば足の爪が肉に食い込んでいるようなもの―この現象が君の心の中で起こっているのさ。
ヘンリエッタ　まさにその通りよ。禁じられた衝動は、何とかしなければならないエネルギーに満ちて、そこに存在しているの。その衝動は形を変えて、あなたの意識に侵入し、正体を隠して夢の中に出て、あらゆる面倒を作り出す。極端な場合は、人を狂気に追い込む。
メイベル　(恐怖の身振りで)まあ。
ヘンリエッタ　(安心させるように)しかし、精神分析はそういう状態から私たちを救う方法を見つけ出してくれたの。あらゆる悩みの原因をつくり出している抑圧された願望というものを精神分析は意識化してくれるの。精神分析は狂気を予防し、治療する最新の科学的な方法ということ。

スティーブ　（テーブルに座ったままで）それは家族を分離する最新の科学的な方法でもあるんだ。

ヘンリエッタ　（穏やかに）分離されるのが当然の家族の場合はね。

スティーブ　例えば、ドワイト家の場合だ。メイベル、以前、君がここに来た時、彼らに会ったに違いない。ヘレンはあのやさしいジョーと明らかに平穏に、幸福に暮らしていた。ところで、彼女は精神分析医の所に行き――「心理分析」を受けた。その診断結果が、ぐさりと突き刺さり、夫と別れたいという今まで知らず知らずのうちに抑えていた願望が一気に解放される。（彼はT定規を使って、製図板上に線を描く仕事を始める）

メイベル　なんてひどいことを。ええ、ヘレン・ドワイトさんのこと覚えてるわ。でも、彼女、そんな願望を持っていたのですか？

スティーブ　まず、彼女はそのことに気づいていた。

メイベル　それで夫から去っていったというの？

ヘンリエッタ　（冷静に）そう、去ったの。

メイベル　彼の方は彼女にやさしくなかったのかしら？

ヘンリエッタ　いいえ、そりゃあやさしかったわ。

メイベル　彼は彼女に親切ではなかったのかしら？

ヘンリエッタ　いいえ、親切だったわよ。

メイベル　じゃあ、やさしくて、親切な夫のもとを去ったと――

ヘンリエッタ　まあ、メイベル。「やさしくて、親切な夫のもとを去った」って。なんて世間知らずなの――失礼な言い方だけど、それになんて保守的なの。自分のことを知ったのよ、彼女は。そして勇気を持ったの。

メイベル　私はとても世間知らずで、それに保守的かもしれない。しかし、家庭を壊してしまう新しい科学にどんな意味があるのかわからない。（スティーブが拍手する）

スティーブ　メイベルを啓発するにあたって、アート・ホールデンさんの個人秘書メアリー・スノーさんの件に言及するのを怠るわけにはいかない。彼女は雇い主への抑圧した願望のことを知らされたばかりであった。

メイベル　ねえ、ヘンリエッタ、私なにか恐ろしい気がするんだけど。私たちは自分たちのことで、そのようなことを知らない方がいいんじゃないかしら。
ヘンリエッタ　いいえ、メイベル、そういう考えはもう古いの。
メイベル　ところで彼女の雇い主のことだけど、結婚はしているの？
スティーブ　（ぶつぶつ言う）妻と子供が四人いるんだ。
メイベル　彼女が彼に対して願望があることを教えられても、その女性にどんなプラス面があるのでしょうか。そのことでできることって何もないじゃないですか。
ヘンリエッタ　そういう場合に何かができるように、古い習慣を新しい形に変えなければならないのよ。メイベル、この抑圧された願望をそのままにしておくと、メアリー・スノーを精神科病院送りにさせるようなことになるのよ。あなたは因習を破るくらいなら、彼女を精神科病院送りにした方がまだましだとするような考え方しか持っていないの？
メイベル　それにしても、人はいつもこうした恐ろしい抑圧された願望を持って生きてきたのかしら？
ヘンリエッタ　そう、いつもね。
スティーブ　しかし、それらの願望に我々が気づいてまだ日が浅いんだ。
ヘンリエッタ　そうした抑圧されたものが、当の本人に与える害のことに気づいたのがつい最近のことなの。だから、自由な、正気の人たちは自分たちの抑圧されたものを処理しなければならないという事実に面と向かう必要があるの。
メイベル　（きっぱりと）シカゴでは、そういうことが行われているとは思わない。
ヘンリエッタ　（メイベルを降参させようとする所作）生きている性的衝動《リビドー》——精神のエネルギーの中心のことだけど——が、硬直化した道徳上の決まりと衝突している場所では、どこであれ「そういうことが行われている」。そういうものは文明がある所なら、どこでも起こっているということ。精神分析は——
スティーブ　これは驚いた。ぼくは地下室に屋根を持っている。
ヘンリエッタ　地下室に屋根ですって。
スティーブ　（よく見るために腕を伸ばして設計図を持つ）それって精神分析がやることだ。
ヘンリエッタ　それは精神分析にはできないこと。私がスティーブを心配することに何の不思議があるの？彼はつい先だっての夜、夢を見たの——彼の部屋の壁が溶けてなくなり、気がつくと、森の中に一人でいるという夢を。建築家にとって、壁が彼の視界から徐々に消えていくということが、どんなに重要な意味を持っているのか、あなたにはわかっていない。その夢は、彼が仕事の能力を失ったことを象徴しているの。なにかしらの抑圧した願望があって―

スティーブ　（だめになった設計図を乱暴にフロアに投げつける）抑圧された地獄だ。

ヘンリエッタ　あなたって、実際に知っている以上に本物らしく話すのね。抑圧というものによって、私たちの心の中で地獄が形づくられるの。

メイベル　（髪を引きちぎっているスティーブを見やって）ヘンリエッタ、場所を変えた方が良くないかしら？

（彼らは立ち上がり、皿を片づけ始める。メイベルは皿を一枚落とし、割ってしまう。ヘンリエッタはあわてて近づくと、彼女を見る―精神を分析する目つきで）ごめんなさい、ヘンリエッタ。大切なスポード焼きのお皿の一枚だったのに。（ヘンリエッタがじっとメイベルを見つめ続けているので、驚き、憤慨して）ヘンリエッタ、お皿のことは、そんなに気にしないで。

ヘンリエッタ　気にせずにいられないわ。

メイベル　私、同じ物を買って弁償しますから。（間。ヘンリエッタから返答がないので、もっと鋭い口調で）ヘンリエッタ、同じ物を買って弁償しますから。

ヘンリエッタ　皿のことではないの。

メイベル　じゃあ、何のこと？

ヘンリエッタ　重大な意味を持つ軽率な失敗により、あなたはその皿を落としたの。

メイベル　ねえ、誰だって時々は、軽率な失敗をするわ。

ヘンリエッタ　メイベル、それはそうだけど、これらの軽率な失敗は、みなあることを意味しているの。

メイベル　（大声で叫ばんばかりに）それって、素敵なことだとは私、思いません。あなたが話題にしているあのメイベル・スノーさんのことを私がたまたま考えついたからにすぎません―

ヘンリエッタ　メイベル・スノーですって。

メイベル　スノー、スノー、ねえ、彼女の名は何でしたっけ？

ヘンリエッタ　彼女の名はメアリー。あなたは彼女の名の代わりに、あなた自身の名を使ったの。

メイベル　ねえ、じゃあ、メアリー・スノーね。メアリー・スノー。私、彼女の名は一度しか聞いていないのよ。だから文句を言って一騒動起こす理由がわからない。

ヘンリエッタ　（やさしく）ねえ、メイベル、名前のそういう誤りというのは—

メイベル　（必死になって）それってたいした意味はないわよね。

ヘンリエッタ　（やさしく）言葉を返すようだけど、そうじゃないの。

メイベル　でも、私、いつもそういうことってやってるわ。

ヘンリエッタ　（恐ろしくなって、びくっとして）かわいそうなメイベル、そのことを話してみて。

メイベル　何のことを？

ヘンリエッタ　あなたが幸せでないことを。あなたが別の違った人生に憧れていることを、話してみて。

メイベル　でも、話しません。

ヘンリエッタ　私、こういうことはわかっているの。ボブと暮して、彼があなたに息苦しいくらいに制限を課しているとあなたは感じているのよ—

メイベル　ヘンリエッタ、私、いつそんなこと言った？

ヘンリエッタ　あなたは知的なことには通じていないと言ったわよね。ボブとの生活全体に影響を及ぼしてきた憤りを引き起こしてきたものこそ、ボブの職業だとあなたの感情を明らかにしたわ。

メイベル　まあ、ヘンリエッタ。

ヘンリエッタ　私のこと怖がらないで、メイベル。私にショックを与えたり、あなたから私の目をそらしたりするものなんて何もないわよ。私はそのような人間ではないの。あなたが現在、手に入れているよりももっと多くのものを人生から得る必要があると私は感じていたから、あなたに今回、訪ねて来てほしいと思っていたの。私が目にしてきたこれらのことの何一つとして、私に疑いを抱かせるものはなかったわ。それは次のような組合せになってるの。朝食を食べない。（指を折って列挙する）軽率な失敗をする。別の人—その人の愛は誤って使われる—の名前の代わりにあなた自身の名前を使う。いらいらしている。表情が奇妙である。あなたらしくなく、おびえた目つきである。それに今回の夢—雌鶏の夢。今日の午後、ラッセル医師の所に一緒に行きましょう。あなたの人生全体が危機に瀕しているのかも知れないわ、メイベル。

メイベル　（あえぎながら言う）ヘンリエッタ、私—あなた―あなたは一家の中などでいつも最も利口だった。でも、これはひどい。そのようなことを考えるべきではないわ。（表情が明るくなって）ねえ、私がなぜ雌鶏の夢を見たのか、そのわけを話すわ。昨晩、シカゴでのあの頃について話していた時、私が酒に酔った雌鶏みたいに激怒している、とあなたが言ったからよ。

ヘンリエッタ　（自分の方が勝っているという口調で）あなたが酒に酔った雌鶏になった夢を見たんでしょ。

メイベル　（それを認めなさいと強制され）いいえ。

ヘンリエッタ　違うの？　じゃあ、禁酒した雌鶏になった夢を見たのよね。じゃあ、雌鶏だったから、進むようにと促されたの？

メイベル　多分、私が電車に乗ろうとしている時、彼らから「元気よく進め」と呼びかけられると、私はいつもいらいらしてしまうからでしょう。

ヘンリエッタ　違うわよ。いいこと、それってただの子供っぽい見方よ。あなたは夢の中で使われている要素だけしか見ていないわ。夢の意味を見抜いていない。それじゃあ、その意味はわからない。雌鶏のこの夢は
―

スティーブ　雌鶏―雌鶏―酒に酔った雌鶏―禁酒した雌鶏―激怒した雌鶏。（怒って飛び上がる）僕をここから出せ。

ヘンリエッタ　（急いで皿を片づけながら、なだめるように話す）ちょっと待って。あなたが落ち着いて仕事ができるように、メイベルと私は私たちの持ち物を持って、私の部屋にひとまず。（ヘンリエッタは皿を持って、左より退出）

スティーブ　（ドアの外側近くのアルコーブから帽子と上衣をつかみ、［メイベルに向かって］）僕は精神分析を受けに行くつもりだ。これから。彼女が懇意にしている、あの判断を決して誤らない医師の所に直接に行くつもりだ―この新しい宗教の聖職者に。もし彼が僕の無意識の心に関して、何ら問題はないとヘンリエッタに告げるくらいの誠実な人であれば、僕は今後、そのことについては恐らく干渉される心配はないはずだから、以後は大丈夫だろう。（ドアの所から、［メイベルに］低い声で）僕が精神分析を受けに行くことをヘンリエッタには言わないでくれ。何週間かかかるかも知れない。あんな話ばかり、もううんざりだ。（彼は急いで出て行く）

ヘンリエッタ　（もどって来て）スティーブはどこ？　い

ないの？（どうしようもない身振りで）彼がいかにいらいらしてるかわかるでしょ。まったく彼らしくないわ。ねえメイベル、私ね、スティーブのことで、もう少しで取り乱すところだった。

メイベル　彼の方だって少し取り乱しているようね。

ヘンリエッタ　ねえ、彼が出かけたのであれば、あなたはここにとどまった方がよさそうね。私の方は、書店で委員会の集まりがあるの。それで一、二時間の間、あなたを一人にしなければならない。（先程、スティーブが利用していたアルコーブから帽子を取り、被ると、肉食性の動物のように、顔を明るく輝かせながら、彼女の目は仕事机のそばのフロアに置かれたかなりの分量の本にとまる。その本は紙くずかごによって半分ほどがかくれている。そのうちの一冊を取り上げ、テーブルをぐるっと回って、それをメイベルに持っていく）ねえ、ここに精神分析の主張を最も単純に述べた本があるわ。あなたもこれを読めば、私たちはもっと知的な話ができるわ。（メイベルはその本を取って、中央後方の椅子まで行こうとして、その重さのため、後ろによろめく。一方、ヘンリエッタはドアの外側の方に行き、立ち止まると突然たずねる）ライマン・エグルストンは何歳なの？

メイベル　（すばやく）まだ四〇歳になっていないわ。ねえ、どうしてそんなこと訊くの、ヘンリエッタ。（ヘンリエッタを見ようとして、振り向きながら、メイベルは膝の上で釣り合いをとっていた本の上部の隅の方に彼女の手が動く）

ヘンリエッタ　いや、何でもない。じゃあ。（彼女は出て行く。メイベルは天井をじっと見つめる。その本がフロアに滑り落ちる。彼女はびくりとする。本を見る。次に、テーブルの壊れた皿を見る）皿が。本が。（彼女は顔を上げ、肘を膝に、顎を指関節にもたせかけて、悲しげに自問する）私は不幸なのかしら？

（幕）

［二場］（二週間後。舞台は一場と同じ。ただ、朝食用のテーブルが除去されている。最初のほんのちょっとの間、冬の午後の夕ぐれが濃くなっている。暗闇から二列になった街灯が現われ、それらが遠くの方でほぼ一つに重なっているように見える。開いた本、雑誌、書き物に取り囲まれたスティーブの仕事テーブルの、精神分析関係の物の置いてある側にヘンリエッタはいる。スティーブが元気よく登場する）

スティーブ　おい、何してるんだい？
ヘンリエッタ　リベラル・クラブの記事を書いているの。
スティーブ　君の書いているものって——
ヘンリエッタ　あなたが共感しないテーマよ。
スティーブ　ヘンリエッタ、僕は精神分析に共感できないなんて言ってるけど、確信があってのことじゃないんだ。君は精神分析にとても熱心だから、何らかの意味がなければ、僕は風呂にも入れなくなろう。
ヘンリエッタ　（高慢に）あなたには精神分析が必要だとわかっているから、その話をしたのよ。
スティーブ　君はこの二週間ほど、精神分析についてあまり触れようとしないね。精神分析への君の信念が弱くなっているということはないよね。
ヘンリエッタ　弱くなっているですって？　新しいことを一つ一つ知るにつれて、ますますそれへの関心は強まっているわ。それにメイベルのことだけど、今、彼女はラッセル医師の所に行っているの。ラッセル先生は素晴らしい。メイベルが私に語ったことからすると、私の主張が正しいことを先生の分析が証明してくれると思う。今日、雌鶏の夢に関する私の理論が、とても確かであることを知ったの。
スティーブ　君の理論とは何？
ヘンリエッタ　ねえ、ライマン・エグルストンのこと知ってるわよね。私、彼のことが気になっていて。彼に会ったことはないけど、メイベルの他の友達ほど保守的でないし、知的なのはわかっている。そして（意味ありげに）ボブがライマンを気に入ってないから、メイベルもライマンとはあまり会わない。
スティーブ　で、確かであることっていうのは何だい？
ヘンリエッタ　今日、彼の名前の第一音節に気づいたの。
スティーブ　ライという音節のことかい？
ヘンリエッタ　いいえ、エッグという音節よ。
スティーブ　エッグって？
ヘンリエッタ　（根気よく）メイベルは雌鶏になった夢を見たの。（スティーブは笑う）笑わないでよ。夢の解釈では名前がとても重要だってあなた知ってるでしょ。隠されたコンプレックス全体が、一つの意味のある音節——この卵のような——によって明らかにされるといったケースが、フロイトの理論にはいっぱいあるの。
スティーブ　雌鶏と卵といった伝統的な関係は、むしろ母性感情を暗示してはいないかい？

ヘンリエッタ　もちろん、メイベルの愛には母性的なものがあるわ。しかし、それが唯一の要素なの。
スティーブ　メイベルはこの紳士の母になりたいというのではなくて、彼の最愛の人になりたいという願望を抑圧しているんだと思うが。それについてはどうすることができるんだい？　そうなると、夫のボブはどうなるんだ？　ボブに少しひどい扱いをしてると君は思わないのかい？
ヘンリエッタ　それはどうしようもないことよ。他の皆のように、ボブも人生の現実に直面しないと。もしラッセル医師が、彼独自にこれと同じ解釈に万一、到達するなら、メイベルには現在の夫と別れるようにと忠告することを私は躊躇わないと思う。
スティーブ　うーむ。（五番街の明かりが明るくなる。スティーブが窓際まで行き、外を見る）ヘンリエッタ、僕たちここに暮らしてどのくらい経つかな？
ヘンリエッタ　えーっと、今年が三年目。
スティーブ　ぼ―僕たちは―人はここを立ち去ることにでもなれば、この眺めを懐かしく思うだろうね。
ヘンリエッタ　とても妙なことを言うのね。スティーブン、あなたがラッセル先生の所に行ってくれるといいんだけど。私が自分を抑えつけることができたから、私の恐怖が和らいできたなどと考えないで。メイベルのために、私は先生の所へ行かねばならなかったの。でも、もう―あなたは行く気はないのね。
スティーブ　僕は―（そこで話を止めて、明かりをつける。それからヘンリエッタのそばに来て、座る）ヘンリエッタ、僕たち結婚して何年になるかな？
ヘンリエッタ　スティーブン、あなたの言うことがわからない。あなたはラッセル先生の所に行かなきゃならない。
スティーブ　もう行ってきたよ。
ヘンリエッタ　何ですって？
スティーブ　（快活に）そうさ、ヘンリエッタ。心理分析をしてもらったよ。
ヘンリエッタ　ラッセル先生の所へ行って？
スティーブ　そうだよ。
ヘンリエッタ　で、先生は何て？
スティーブ　彼が言ったことに―ぼ―僕は彼の言ったことに、少し驚いたんだ。
ヘンリエッタ　（息を切らして）もちろん―めったに予期できない。でも、言って、スティーブン、あなたの夢を。それって、どんな意味だった？—

スティーブ　その意味は—その意味に僕はかなり驚いた。

ヘンリエッタ　そんなにいらいらさせないで。

スティーブ　その意味は—本当に知りたいかい、ヘンリエッタ。

ヘンリエッタ　スティーブン、あなたってほんといらいらさせるわね。

スティーブ　彼が言うには—もちろん、彼の言うことに間違いがあるかも知れないが。

ヘンリエッタ　彼に間違いはない。言ってよ。

スティーブ　壁が後退し、僕が森の中に一人で放っておかれるという夢は、抑圧した願望を示している、と彼は言ったよ。

ヘンリエッタ　そう—そうでしょ。

スティーブ　それから解放されるためには—

ヘンリエッタ　そう—解放される—

スティーブ　結婚からね。

ヘンリエッタ　（今にも泣き出しそうな顔になる。じっと見つめて）結婚だって？

スティーブ　彼—彼は間違っているのかも知れない。

ヘンリエッタ　間違っているのかも知れないですって。

スティーブ　僕は—ねえ、もちろん、そんなものを信用したことなんかなかった。君の方は自信だけはそりゃあ大いにあったようだが—

ヘンリエッタ　スティーブン、ラッセル医師がこのことをあなたに言ったというわけ。（スティーブンうなずく）私と離婚したいという願望をあなたが抑えていると先生はあなたに言ったの？

スティーブ　それは先生が言ったことだよ。

ヘンリエッタ　あなたが誰だか先生は知っていたの？

スティーブ　知っていたよ。

ヘンリエッタ　あなたが私と結婚していることを先生は知っていたの？

スティーブ　そう、先生は知っていたよ。

ヘンリエッタ　それで私から去るようにと先生はあなたに言ったの？

スティーブ　ヘンリエッタ、先生の診断はどうも間違っているに違いない。

ヘンリエッタ　（立ち上がって）先生の所により多くの患者を送り込んであげてきたというのに—（それ以上言うのを思いとどまり、冷静に再び続ける）この分析結果として、彼はどんな理由をあげた？

スティーブ　閉じ込めている壁は、結婚に関する私の感情の一つの象徴で、壁が徐々に消えていくというのは、願望が充足されることだと先生は言うんだ。

ヘンリエッタ　（大きく息を吸い）そうかしら、あなたは私たちの結婚を終わりにしたいと思っているのよ。

スティーブ　僕の心の中でそんなことが起こっていたなんて、大きな驚きだ。僕の無意識の心の中で起きていたことを知らなかったよ。

ヘンリエッタ　（かっとなって）あなたが幸せでないと先生に思わせるなんて、私のことで、あなたは先生に何を話したのよ？

スティーブ　ヘンリエッタ、僕は何も言ってないよ。彼のいまいましい巧みな推論から、そうしたものすべてを結論として得たのさ。僕は、僕としては、そういうものに反論しようとしたのだが、それは僕が自分を防御しようとしてつく嘘の一部でしかない、と彼は言うんだ。

ヘンリエッタ　そういうわけで、たった今、あなたが部屋に入って来た時の様子が、幸せそうだったんだ。

スティーブ　ねえ、ヘンリエッタ、どうして君はそのようなことが言えるんだ。僕は悲しかったのに。悲しげに語らなかったかい―先生の見解を。僕たち結婚してどのくらい経ったかとたずねただろう。

ヘンリエッタ　（立ち上がって）スティーブン・ブルースター、あなたはこのことの深刻さがわからないの？　ラッセル医師は私たちの結婚がどんなものだったかなんて知らないわよ。あなたは知っていても。あなたは一笑に付すべきだったの。閉じ込められているですって―私との生活の中に。自由の存在を信じている、とあなたは彼にちゃんと言ったの？

スティーブ　彼の診断結果は、僕には大きな驚きだ、と大いに強調して彼に言ったさ。

ヘンリエッタ　でも、その結果をあなたは受け入れたのよね。

スティーブ　いいや、決して。彼の主張に反論できなかっただけさ。僕は精神分析医じゃないから。君とじっくり話し合おうと思って帰って来たんだ。君は精神分析の信奉者だから―

ヘンリエッタ　あなたが出て行くつもりでいるなら、今晩出て行って欲しい。

スティーブ　そんな。そんなことできっこない。僕の気持も考えてくれ。それに洗濯物がまだクリーニング屋から戻ってないし。

ヘンリエッタ　今晩出て行って欲しいと言っているの。スティーブ、女性の中には、こうしたことにためらう人もいるけど、私はそんな女じゃないの。あなたを自由にしてあげる。私は精神分析を拒絶しない。精神分析は素晴らしい結果を残してきたと再度、言うわ。もちろん、誤りもしてきたけど。しかし、あなたがこの分析を受け入れるのだから――（彼女は座って、書き始める振りをする）この書類を書き終えなきゃね。私のもとを去って欲しい。

スティーブ　（困惑して頭をかきむしり、ドアの内側の方に行く）ごめん、ヘンリエッタ、僕の無意識の心のことは。

（一人になったヘンリエッタの顔からは、憤慨した様子がはっきり見てとれる――まごつき、怒っているが、気を静めようとしている。途方もないことに勇敢に耐える雰囲気が漂っている。ドアの外側が開いて、メイベルがとても興奮して入って来る）

メイベル　（息を切らして）ヘンリエッタ、あなたがここに居てくれてよかった。今一人？（ドアの内側の方を見て）ヘンリエッタ、今、誰もいないの？

ヘンリエッタ　（威厳をもって、叱るように）まさにその通りよ。

メイベル　（彼女の方に走って行き）ヘンリエッタ、彼は気づいているわ。

ヘンリエッタ　（よそよそしく）誰が何に気づいているというの？

メイベル　誰が何に気づいているかって。ラッセル医師が私の抑圧された願望に気づいているんです。

ヘンリエッタ　それは面白いわね。

メイベル　今日、先生に診察してもらったわ。私のコンプレックスを彼は充分に理解しています――驚くべき方法で。でも、ヘンリエッタ――それってとても怖い。

ヘンリエッタ　メイベル、落ち着いて。確かに、こんなに興奮する理由は何もないわ。

メイベル　いや、あるの。影響される人生のことを考えると、私を抑圧された地獄から抜け出させて、精神科病院送りから私を救い出すために、しなければならない再調整が――

ヘンリエッタ　精神科病院ですって。

メイベル　これらのコンプレックスが原因で、人々が連れてこられる所とあなた言ってたわ。

ヘンリエッタ　先生はあなたに何を言ったのよ、メイベル。
メイベル　あなたにどんな風に言えばいいのかわからないの。それってとてもひどく嫌な—とても信じられないこと。
ヘンリエッタ　信じられないようなことを聞いても、常日頃から、ちゃんと対応できるようにしておかないとね。
メイベル　ヘンリエッタ、誰がそんなことを考えたかしら。それがどうして本当でありえるのか。しかし、あの医師は私があるものに対する願望を抑圧しているとまったく確信しているの。
（ヘンリエッタを見て、言葉を続けられない）
ヘンリエッタ　メイベル、続けて。あなたがどうしても言わなければならないものに、覚悟ができていなくもないから。
メイベル　覚悟ができていなくもないですって。じゃあ、どうも怪しいと思っていたというわけね。
ヘンリエッタ　最初からね。それは始めからずっと私の考えだった。
メイベル　しかし、ヘンリエッタ、私がスティーブンにこうした秘密の願望を持っていただなんて、自分でも気づかなかったの。
ヘンリエッタ　（すっくと立ち上がる）スティーブンですって。
メイベル　私の義理の兄さんよ。私の実の姉の夫のね。
ヘンリエッタ　あなたがスティーブンに対する願望を抑圧してたっていうの。
メイベル　まあ、ヘンリエッタ、これらの無意識の自己って怖いわね。それって普段の私たちとはとても違っているように思える。
ヘンリエッタ　一体、あなたって人は、どういった正気でないことをもくろんでいるの？
メイベル　（泣きじゃくりながら）ヘンリエッタ、私にそんな嫌な言葉は使わないで。精神科病院には行きたくないの。
ヘンリエッタ　ラッセル医師は何て言ったの？
メイベル　ええっと—とても奇妙なことだけど、「進め《ステップ》、雛鶏《ヘン》」と呼びかける夢の中でのその声のことを、あなたは知っているわね。私がまだ小さかった頃、一音節の言葉で書かれた物語の本を持っていて、スティーブンという名を間違って私が読んだことに今日、ラッセル医師が気づいたの。私は昔よく、それをスーテーッープ、ステップ、ヘーン、ヘンと読んでいたの。（大げさな身振りで）ステップ・ヘンはスティーブンのことなの。（スティーブン登場。計画表に身を屈め）スティーブンってステップ・ヘンのことなの。

スティーブ　じゃあ、僕はステップ・ヘンということなのかい？

メイベル　（勝ち誇ったように）スーテーッープ、ステップ、ヘーン、ヘン、スティーブン。

ヘンリエッタ　（感情を露わに）ねえ、スティーブンがステップ・ヘンだったら、どうだって言うの。（馬鹿にしたように）ステップ・ヘン、ステップ・ヘンなんて。そんな馬鹿げた偶然の一致ぐらいのことで―

メイベル　偶然の一致ですって。でも、夢の要素にすぎないと見なすのは、子供じみているわ。夢の内容を調べてみないと―夢の意味を理解しないと。

ヘンリエッタ　あのつまらない、意味のない、一音節の遊びのために―あんな説得力のない根拠で―なんてことかしら。（声を上げて泣く）ああ。

スティーブ　一体全体どうしたいんだ？　何が起きたんだい？　僕がステップ・ヘンだとして、それがどうかした？　どんな重大な意味を持つんだい？

メイベル　（大声を上げ）私があなたに対して抑圧した願望を持っているということになるの。

スティーブ　僕に対してだって、こいつは驚いた。（力なく）どうして君はそう考えるんだい？

メイベル　ラッセル医師が科学的にそれを考え出したの。

ヘンリエッタ　そう、ステップ・ヘンはスティーブンと等しいという驚くべき発見によってね。

メイベル　（涙ぐんで）それだけじゃない―それだけじゃないの。ヘンリエッタはそのことを言う機会を私に与えてくれようとはしない。私が因習にとらわれない人間になるくらいなら、いっそ精神科病院に入った方がましだと姉さんは思っている。

ヘンリエッタ　自分の願望を抑えられないのなら、みんなしてそこに行こう。私たちは何らかの理性的な報告を依然、待っているわ。

メイベル　（涙をふきながら）名前をめぐっては、とても沢山のことが起こる。（誇らしげに）どうしてそういうことになったのか、わからない。どれもが一斉に作動して。それがヘンリエッタの名前の第一音節だったから、私が雌鶏になった夢を見た時、ヘンリエッタの身になって考えようとしていた。

ヘンリエッタ　スティーブンのことで？

メイベル　スティーブンのことでね。

ヘンリエッタ　（憤慨して）まあ。（計画表をうちわ代わりにして、あおいでいるスティーブンに怒ってくってかかる）あなたはその計画表を使って何やってんのよ。

スティーブ　ねえ、僕は考えていたんだ―君が僕に今晩、家を出て欲しいって、とても強く望んでいたことを―それでカナダまで車を走らせ、ビリーと落ち合って―ちょっと狩猟でもと考えていたんだが―

メイベル　名前をめぐっては、もっとあって。

ヘンリエッタ　メイベル、あなたはボブのこと頭にあるの―あのボブ―やさしく、親切な夫のこと。

メイベル　まあ、ヘンリエッタ、「私のやさしい、親切な夫」のことね。

ヘンリエッタ　メイベル、彼のことを考えなさい。あそこシカゴで一人で、人の歯の治療に懸命に働いている彼―あなたのために頑張っているのよ。

メイベル　ええ、でも私は目下、生きているリビドーのことを考えてるの―硬直化した道徳律とまともにぶつかり合っているリビドーのことを。それに名前がまったく素晴らしい方法で、それを証明してくれていると考えているの。これほどまでに、なるほどなあと思わせるケースは、これまで見たことない、とラッセル先生は言ってたわ。スティーブンの姓ブルースターを見てよ。夢の中で、私は雌鶏、そしてブルースター［Brewster］という名―最初の一文字［B］だけを他と切り離して読むの―そうすると、雌鶏の私が彼に向かって言うの、「スティーブン、雄鶏になって（Be Rooster）」と。

（ヘンリエッタとスティーブンは最寄りの椅子にぐったりと座り込む）

メイベル　それってまったく素晴らしいと思う。ねえ、精神分析というものがなければ、自分自身の心がどんなに素晴らしいかに気づかないでしょう。

スティーブ　（忍び笑いをする）雄鶏になって。スティーブン、雄鶏になって、か。

ヘンリエッタ　それって滑稽なことなの、あなたには？

スティーブ　じゃあ、このことに関して何ができると言うんだい。メイベルは僕と駆け落ちしなきゃあいけないとでも。

ヘンリエッタ　あなたはメイベルと駆け落ちしたいの？

スティーブ　なあ、でもメイベルの—彼女のコンプレックスが—彼女の抑圧された願望が—

ヘンリエッタ　（メイベルに近づき）メイベル、あなたはスティーブンと駆け落ちしたいと要求しているつもり？

メイベル　精神科病院送りになるなら、スティーブンと逃げた方がむしろいい。

ヘンリエッタ　メイベル、お願いだから、その精神科病院というのはやめて。あなたが心の中に隠しておいたスティーブンに対する抑圧した願望を持っていたとしても、それは今ではもう確かに隠されてはいないわ。ラッセル先生は文字通り、あなたの抑圧された願望を意識化したのよ。コンプレックスを解体することが必要だということ。それだけ。人はあらゆる抑圧した願望を満足させなければならない、などと精神分析は言ってはいないわ。

スティーブ　（穏やかな口調で）抑圧した願望がライマン・エグルストンに対するものではないとしたら。

ヘンリエッタ　（彼に食ってかかる）ねえ、スティーブン・ブルースター、ことそれに関する限り、私の解釈がこの解釈と較べて劣っているという理由を知りたいんだけど。スティーブンをステップ、ヘンだって！

スティーブ　しかし、雄鶏になってか。（一息入れ、くすくす笑いをして）スティーブン・ブルースターをステップ－ヘン　ブ－ルースター、それにヘンリエッタをヘンリエッタだって。くそっ、ラッセル医師は君に一マイル進ませたんだぞ。（彼は目をそらして、くすくす笑う）　雄鶏になってか！

メイベル　ライマン・エグルストンは、それとどんな関係があるというの。

スティーブ　ヘンリエッタによると、雌鶏である君は、卵であるエグルストンに対して抑圧した願望を持っているんだって。

メイベル　ヘンリエッタ、あなたってひどいことを言う人ね。彼が卵のようにはげていて、小さく、太っているだなんて—あなたは私のことをそのようなものと考えているということね。

ヘンリエッタ　ねえ、ボブは小さくもなければ、はげてもいないし、太ってもいないわよね。どうして自分の夫にしっかりとくっついていようとしないの。（スティーブンに向かって）ラッセル医師の解釈が、私の解釈を「一マイル先に進ませた」としたら、どうだろう。

（彼を憤慨した目で見る）メイベルはエグルストンを願望しているのではなく、あなたを願望していると言おうとしただけ。それってメイベルがあなたをどうしても手に入れたいという意味なのかしら？

メイベル　でも、あなた言ったわよね、メイベル・スノーが――

ヘンリエッタ　メアリー・スノーだけど。あなたが思っているほどには、あなたは彼女には似ていない――あなたの名前と彼女の名前とを取り替えるとはね。それぞれの事情がまったく違っているわ。メイベル、私ならあなたについてこのことを信じなかったわ。（泣き始める）私があなたをここに連れてきたのは、あなたを楽しませるためだったの。あなたが明るくなる必要があると思ったからなの。あなたにやさしくしてあげたいと思って――ところが、あなたったら――私の夫のことを――あなたは主張している――

（椅子の方に手探りしながら進む時、精神分析関係の物が置いてあるテーブルから何枚かの用紙に触れて、払いのけるようにして、床に落としてしまう）

スティーブ　（気づかって）おい、気をつけたらどうだ。精神分析に関係する君の書類じゃないか。（用紙を集め、それを彼女に差し出す）

ヘンリエッタ　精神分析の書類なんて必要ないの。そんなもの、もう飽き飽き。

スティーブ　（熱心に）本気で言ってるのか、ヘンリエッタ？

ヘンリエッタ　本気で言っちゃいけないの？　私がこれまでに精神分析のためにやってきたことをすべて見てよ――そうすれば――（涙で汚れた顔を上げ）精神分析って、一体私のために何をしてくれたというの？

スティーブ　ヘンリエッタ、君は精神分析を論ずるのはやめるってことかい？

ヘンリエッタ　やめていけない理由でもあるというの？　それが人に及ぼす影響に私が気づいていないとでも？　メイベルなどは精神分析に振り回されて気が変になりかけたんだから。（「気が変」という言葉を聞いて、メイベルはうめき声を出して、ぐったり椅子に座り、両手で顔を覆い隠す）

スティーブ　（真剣に）僕の見た夢の内容を知ろうとして、夜中に僕を起こしたりはしないと君は誓えるかい？

ヘンリエッタ　あなたの好きな夢を見て下さい。その夢の内容など気にしませんから。

スティーブ　家の図面を書こうとしているのに、病的心理学の雑誌に気が散って目障りだから、僕の仕事台からそれを片づけてくれないか。

ヘンリエッタ　（多くの心理学関係の定期刊行物をテーブルから取り除きながら）こういった病的心理学の雑誌は燃やすことにします。

スティーブ　ねえ、ヘンリエッタ、もし君が精神分析と手を切ると言うなら、僕は君と別れる理由はなくなるね。

（二人は激しく抱き合う。メイベルは顔を上げ、悲しそうに二人を見る）

メイベル　（すっくと立ち上がると二人の方に行く）だったら、この私はどうなるの？　私の抑圧した願望をどう処理したらいいのよ？

スティーブ　（片方の腕をヘンリエッタに回したままで、兄弟のようにメイベルを抱き締める）メイベル、君は願望をまさに抑圧し続けているよね。

幕

『表現方法を変えろ』

ジョージ・クラム・クック

［登場人物］
マーマデューク・マーヴィン・ジュニア　後期印象派の画家
マーマデューク・マーヴィン・シニア　彼の父親
ケニヨン・クラブツリー　アカデミック・アート・スクールの校長
ボードフェルト　後期印象派のアート・スクールの校長
マートル・ダート　仏教徒の愛人
ジョゼフス　アパートの大家で、食料雑貨商

［時］九月某日、午前九時
［場所］プロヴィンスタウン
［場面］波止場にある白い木壁のアトリエの内部。奥の壁には外側のドアが一つとアトリエの窓が一つ、観客に向かって左側の壁に寝室のドアがあり、それにはカーテンがかかっている。左後方の隅に黄色のカバーをかけた寝椅子が一つ、いくつかのオレンジ色のクッション、明るい色の細々した物がある。向日葵が群れをなすように、天井に向かって途中まで隅を占めている。正面左手隅近くに、テーブルが一つとそのそばに白い椅子が二つ置いてある。テーブルには本、パイプ、煙草、マッチ、花、棒状の未点火のロウソク、電報が散らばっている。壁には二、三の後期印象派の、額に入っていない油絵やいくつかの急いで仕上げられたと思われるグロテスクな絵――木炭や色つきのチョークを使って、太い線で人物像や顔を描いたもの――が掛かっている。右手後方隅近くには画架がある。この背後のいくぶん左の方には、奥の壁にもたせかけるようにして、多くの油絵がある。奥のドアには鋲で一枚のグロテスクな絵が留めてある。そしてボー

ル紙の上に描いた絵が床の上に置いてあるので、ドアが勢いよく開けられたりすると、その絵は殆ど隠れてしまう。

（幕が開くと、舞台には誰もいない。寝室からいびきの音。ドアにノックの音。寝室からの返事はない）

ボードフェルト　（部屋の外から）おーい、マーマデューク！（ドアが開く。ボードフェルトが折りたたんだ画架、木枠に載せた何も描かれていないカンバス、スケッチ用の道具一式を持って登場）いびきをかいてやがる。（持ち物を下に置くと、寝室のドアの方に行き、カーテンをわきに引き、呼びかける）マーマデューク。おい、マーマデューク！

マーマデューク・ジュニア　（寝室から）えっ？

ボードフェルト　今日は俺と仕事をするんじゃないのかい？　九時だぞ。どうしたんだ。

マーマデューク・ジュニア　仕事をして何になるんですか。

ボードフェルト　また飲み騒いでいたのかい？　昨晩、酔っ払ったんだな。

マーマデューク・ジュニア　そうですーぼくの最後の金でね。誰にも会いたくない。

ボードフェルト　親父はお前に資金援助をしてくれないのか？

（体は大きなオレンジ色のフェルト製の毛布にくるまれているが、脚の部分が露なマーマデューク・ジュニアが、よろけるようにして部屋に入って来る。髪は乱れ、目は狂気じみている。テーブルの上の電報をつかむと、ボードフェルトに手渡す）

マーマデューク・ジュニア　親父からのものです。

ボードフェルト　（読む）「アスアサ、クルマデソチラニツク。マーマデューク・マーヴィン」

マーマデューク・ジュニア　これ昨晩、届いたんです。

ボードフェルト　じゃあ、そろそろ着く頃だ。気を静めて、服を着た方がいいぞ。どうした？　親父さんが来たら、具合の悪いことでもあるのか？

マーマデューク・ジュニア　一か月に親父から五〇ドルもらってるんですが、この前の五月に親父のやつ、俺のパリでの作品を見て、発作を起こしたんです。こいつは立方体に取りつかれた精神異常の絵だなんて言ってね。六歳児の書いたものだってさ。そんなものにこれ以上、金は出さないって。三か月間、待ってやるから、表現方法を変えろって言うんです。親父はケニヨン・クラブツリーのもとで勉強させようと、無理やりぼくをここに送り込んだんだ。
ボードフェルト　あの長老派の美術学校のことだな。
マーマデューク・ジュニア　クラブツリーは二〇年前に、我が家族の肖像を描いたんです—まったく生気のないサロン風の絵なんですが—彼を完璧な画家だと親父は今でも思っているんです。
ボードフェルト　親父さんはお前にあんなミイラみたいな絵を描いてもらいたがってるってのかい？
マーマデューク・ジュニア　あんなものを描くくらいなら、餓死した方がましですよ。でも、それがこれからの僕がすることなんです。親父は銀行員の一家に一人の画家を持つというエリートの考え方に甘んじてきたんです—立派で、きちんとした、高価な絵を描く画家を—クラブツリーのようなね。ボードフェルトさん、あなたのような画家ではなくてね。
ボードフェルト　おい、お前は俺のような画家だとでも思っているのか。
マーマデューク・ジュニア　いいえ、僕は自由な人間です。そしてあなたは根こそぎ変えてしまう芸術院会員です。あなたが生計の手段としているその新しい美術学校のことを、あなたと同じくらいに私も高く評価してます。あなたとご一緒しながら、仕事のやり方を少しばかりなんとか学んできました。
ボードフェルト　（テーブルの上の本を取り上げ、読む）『ヨガの哲学』か。ヨガの哲学に関心があるのか？
マーマデューク・ジュニア　（上の空で）この本を借りるくらいの関心はあります。
ボードフェルト　（画架などを持ち上げ）さあ、仕事に向かうとするか。俺からお前の父親に話せば、何か役に立てるかな？
マーマデューク・ジュニア　親父は僕の作品同様に、あなたの作品にも興味は持っていません。
ボードフェルト　（ドアの所で）一か月五〇ドルを失うというのは気の毒だな。きっといつか絵を学べる日が来るさ。
マーマデューク・ジュニア　有難う。
（ドアにノックの音）
ボードフェルト　親父さんだ。じゃあね。俺にできることがあれば、言ってくれ。（彼がドアを開けると、ジョゼフス氏の姿が現われる）

ジョゼフス　（穏やかに敬意を表して）ごめん下さい、マーマデュークさんにお会いできますか？

ボードフェルト　そのお―彼は起きたばかりで、そのお―（半ばドアを閉め、マーマデューク・ジュニアに低い声で話しかける）大家さんだぞ。

マーマデューク・ジュニア　入ってもらって下さい。会った方がよさそうだな。ジョゼフスさん、お入り下さい。

（ボードフェルトは退出し、ジョゼフス氏登場）

ジョゼフス　おはようございます。お手数をかけます。瞑想するための部屋を探しておられる女性がいましてて。こう言うと、なにか妙に聞こえるかも知れませんが、彼女はお金をお持ちで。ダートさんというんですが。この栈橋の下の波音が気に入られて。裕福な人は望み通りのものを手に入れられます。彼女は素敵な方で、どなたにも分け隔てなくお話になり―高慢な振舞いもうぬぼれもありません。前金で家賃を払うともおっしゃっていて。おたくは三か月分の家賃が滞っていて。でも、次の冬までに払って下さるお考えであればー

マーマデューク・ジュニア　僕は誰にも、何も、いつだって払えません。

ジョゼフス　私の店のお客がこの夏、現金で払ってくれさえしたら―と。

マーマデューク・ジュニア　（名案が閃いて）家賃代わりに、油絵を受け取ってくれませんか。

ジョゼフス　（フロアを見回して）油絵って？　どういう油絵ですか？

マーマデューク・ジュニア　（油絵が積み重ねてある所に行き）これらの絵はどれもが、そのうちとても価値あるものになると思います。この裸で水浴びする人たちの絵を受け取って下さい。（彼は立体派のように見える裸体の油絵を画架に載せる）

ジョゼフス　これって人ですか？

マーマデューク・ジュニア　（自己満足して）素朴派の彫刻を、嘘、偽りのない精神で描き上げました。申し分なく素朴な手法です。

ジョゼフス　何ですって？

マーマデューク・ジュニア　申し分なく素朴な手法だと言ったのです。

ジョゼフス　彼らのいる所って、ひっとすると私の所有する浜辺では。ねえ、水着もつけず、あの浜辺であん

な格好は法律違反では。都市行政委員の人たちに見つかったら、ただではすまないのでは。責任を逃れる方法って何かないでしょうか？

マーマデューク・ジュニア　でも、それが人だってことが、あなたにわからなかったとすれば、行政委員の人たちだってどうすることも―。私の方から進んで彼らに教えるようなことはしませんから。（画架に別の絵を置き、一枚目の絵を画架の足元にもたせかける）それよりも、あなたにはこっちの方の絵がいいかも知れない。

ジョゼフス　その下の方の隅で、港を見ている人たちがいますよね、そこってベランダですか？

マーマデューク・ジュニア　いいえ、紫色の水しぶきが鋭い角度でかかっているという―。（それが逆さまであることに気づく。それを回転させる）この絵は何かを象徴しているというわけではなく、描かれている通りのもので。何も真似ておらず、まったくの創造です。

ジョゼフス　何ですって？

マーマデューク・ジュニア　創造そのものです。

ジョゼフス　でも、これらの絵に価値がつくようになるには、どのくらい時間が必要ですか、マーマデュークさん？　私の方は一二月に建てる私の店の方の支払いが迫っていて。それに私の債権者なら―恐らく絵など買わずに、現金で持っていたがるでしょう。

マーマデューク・ジュニア　（画架に別の絵を置いて）それじゃあ、この絵はどうです。

ジョゼフス　そ、それって、目ですか？

マーマデューク・ジュニア　目ですって？　そ、そう。世間では目と呼んでいますね。正確には―神の目ですが。あなたは神の目をお持ちですね。じゃあ、この絵をあなたの店に掛けておくといい。神の目を持つ人がすぐにも現われて、私の家賃の埋め合わせ代金を全額支払ってくれることになるでしょう。

ジョゼフス　マーマデュークさん、ああいう人たちって、多くが宗教というものを持っていません。私としてはできれば、あなたに便宜をはかってあげたいのですが、こちらにも事情というものがありまして―ダートさんから前金を受け取る必要がどうしても―。

（ドアの所にノックの音）

マーマデューク・ジュニア　親父かな。（心の準備をして）ええっと。（声をかける）お入り下さい。（ドアを開ける）

（東インドの衣服とターバンを身に着けたミセス・マ

ートル・ダートが登場。マーマデュークを見て、驚き、ためらう）

マートル・ダート　おお、ジョゼフスさん、ジョゼフスさんを探していたところです。ジョゼフスさん、この仕事場をすでにどなたかが借りているのですか？

ジョゼフス　このマーマデューク・マーヴィンさんがこれまで借りていたのですが、間もなく出て行かれることになってます。

マートル・ダート　今日の午後、ここに私の持ち物を送るつもりでしたが、これだと—

ジョゼフス　大丈夫です、ダートさん。マーマデュークさんは今朝、出て行かれる予定になっていますから。

マートル・ダート　一心にマーマデュークを、それから彼の部屋を見る。テーブルの上のヨガの哲学の本に突然気づき、素早くそこに行くと、それを取り上げ）これを読んでいるんですか？

マーマデューク・ジュニア　ええ。

マートル・ダート　（意味ありげに）私も読んでいます。これ気に入っています。（絵を見て）あなたは画家なんですね。（本をこつこつたたいて）描いているのは—これですか？

マーマデューク・ジュニア　涅槃を描いているのかって？

マートル・ダート　でも、その感情は涅槃の知識から生まれたのですよね。ただそれをほのめかすだけの芸術、それって、いいですよね。（画架の絵を見て）待って。よく見せて下さい。説明はしないで。神秘的です！　これを見てると、あの神聖な音節オーム［（インド哲学）祈禱の開始の際などに用いられる聖句］を発音したい気持ちにかられるというのはどうしてかしら。これを見ていると、ヨガの修行者が懐く無限のヴィジョンが生まれてきます。それって、へそを精神的な形として描いているのですか？　宇宙を内観するシンボルである太陽神経叢［胃の後部、腹部大動脈の前にある］。あなたはそれを描いているということに気づいていました？

マーマデューク・ジュニア　へそですって？　ええっと、そのう、もちろん、私の中にある私ですら知らないものが、そのことを知っていたのかも知れません。

マートル・ダート　この絵ほしいわ。ぜひ手に入れたい。それ売り物じゃないんですよね。

マーマデューク・ジュニア　え、ええ。売り物では、ありません。
マートル・ダート　でも、それを必要としてるんです。値段をつけるとしたら、どのくらいですか？
マーマデューク・ジュニア　（ジョゼフスに低い声で）借金、いくらでしたかね？
ジョゼフス　七五ドルです。
マーマデューク・ジュニア　ダートさん、七五ドル以下では手離せません。
マートル・ダート　（バッグを開け、ドル紙幣を取り出す）ここに一〇〇ドルあります。これで今、それをもらってよろしいか。
マーマデューク・ジュニア　この絵をこのままで？　額に入ったものでなくていいのですか？
マートル・ダート　今、すぐもらいたいの。この手で持ち帰りたい。（画架から絵を取ると、急ぐようにドアの方に進み、ドアを閉めずに出て行く）
マーマデューク・ジュニア　（じっとお金を見つめて）えぇっと、では──
ジョゼフス　お金持ちは望み通りのものが手に入ります。少し前であれば、ただで自分のものになったのに。もう動きだしてますね。
マーマデューク・ジュニア　何がですか？
ジョゼフス　絵ですよ。あの絵はすでに価値が出はじめてます。
マーマデューク・ジュニア　今回のことは、まるで夢の中の出来事みたいです。あの高貴な女性は、もしかすると夢の中にしか存在しないのかも。それともこちらの二日酔いのせいかな。（額に手をあて）ジョゼフスさん、あなたはちゃんと実体のある人に見えます。夢の中の人のようではありません。ところで、夢のようなお金だと、ちゃんと家賃を払ったような気がしません。七五ドルでしたね？
ジョゼフス　（お金を受け取り）でもそうなると、彼女には仕事場が手に入らないことになる。すぐに彼女にそのことを伝えなきゃ。失礼。（ドアを閉めないで、ミセス・ダートを急いで追いかけるようにして退出）
（マーマデューク・ジュニアが寝室の方に向き、テーブルの上のヨガの本を見て、一文をざっと読み、にこりとし、その本にキスをすると、寝室に入る。しばらくすると、マーマデューク・シニアが帽子とリンネルのダスターを身に着け、ドライブ用のゴーグルを額まで押し上げ、ステッキを持って戸口に現われる。中を覗

き込み、誰もいないとわかると、入って来る）

マーマデューク・シニア　（裸で水浴びをする人たちの絵を見て）なんてこった。（原型となっている絵を見て）慈悲深き神よ。（奥の壁の絵を見て）こんなもののために、一か月五〇ドルも送っていたとは。

マーマデューク・ジュニア　（寝室から顔を突き出して）やあ、父さん。来てたの？

マーマデューク・シニア　ケニヨン・クラブツリーは、こんなものを描くようにとお前に教えていたのか？

マーマデューク・ジュニア　（その場を去ろうとしている）すぐに着替えてくるよ。

マーマデューク・シニア　（時計を見て）一〇時一五分前だというのに、まだ起きてなかったとは。

マーマデューク・ジュニア　（舞台裏から）今朝はぐずぐずしていて。ここの人たちはちゃんと仕事についてますよ。

マーマデューク・シニア　（ぶつぶつ言う）仕事だと。お前が何の仕事をしてると言うんだ？

マーマデューク・ジュニア　朝ご飯もう食べた？

マーマデューク・シニア　（厳しい口調で）二時間も前にな。（ドアの背後のフロアの上に、男の頭を荒々しくチョークで描いたものがあるのに気づく）なんてこった。（勢いよくドアを開けると、描いたものを取り上げる。別の絵をドアの所に見つけ、ぎくっとする）なんたる悪夢だ。（いぜんドアを見つめながら、持っていた絵を後ろへ移し、裏返す。彼はボール紙の裏に書かれたマチスの描きそうな太った女の頭部と胸には目もくれず、激怒して、寝室の方を向く）人様に見せられるような、ちゃんとした絵はないのか？　こんな絵しかないのか？

マーマデューク・ジュニア　（なんとかしてワイシャツを着ようとしながら、寝室から大股に出てきて、通りすがりに握手する）父さん、まずぼくはどうしてもコーヒーを飲みたいんだ。（ドアの方に後退する）一〇分で戻って来ますから。（戸口の所でケニヨン・クラブツリーにぶつかる。彼は清潔そうな白いフラノを着て、皇帝ひげを少しはやしているが、口ひげはなく、ひも付きの折りたたみ式角縁めがねをかけている）失礼。何かご用でしょうか？

クラブツリー　マーマデューク・マーヴィンさんを探してまして。マーマデューク・マーヴィンさんをです。

マーマデューク・ジュニア　私がマーマデューク・マーヴィン・ジュニアです。

マーマデューク・シニア　（寝室のドアそばの絵をしかめ面をして見ていたが）なんと、クラブツリーじゃあないか。ケニヨン、よく来てくれた。（進み出て、握手をする）

クラブツリー　私もお会いできて、うれしいです。

マーマデューク・シニア　お前はクラブツリーさんを知ってすらいなかったと言うつもりか？　ここで彼と一緒に絵の勉強をしているはずなのに、彼とは会ったことがないというのか？　今まで会ったことがないと。なんというごまかしだ。実に卑劣極まりない――

マーマデューク・ジュニア　（威厳をもって）このことについてはすべて――朝食後に話しましょう。（マーマデューク・ジュニア退出）

マーマデューク・シニア　なんたる無礼で、えらそうなやつだ――（言葉が出ない）

クラブツリー　あの若者の行動は、さぞかしあなたを不愉快にさせてきただろうと推測します。

マーマデューク・シニア　私を不愉快にだって。あなたと一緒に勉強させようと彼をここに送ったのです。彼に会ったことはありますか？

クラブツリー　いいえ。

マーマデューク・シニア　では、彼の描いている作品を見て下さい。どうか。（クラブツリーはそれを見るために、正面を進む）こんな絵は家族の恥さらしで。（マーマデューク・シニアは画架の足元まで来て、その絵をもっとよく見る）見て下さい。（ステッキでカンバスの右下隅をコツコツ突く）こんな不快な絵に――ずうずうしくも彼の名を――私の名を――添えるなんて。（その不快さにすっかりまいり、顔を背け、テーブルの方に行くと、彼の声が突然、泣声になる）一体どうして、そんな絵を彼が描くような馬鹿なことをしたとあなたは思いますか？　どうしてそのような絵を描きたいという気持になったのでしょうか？

クラブツリー　（悲しげに絵を見つめ、ため息をつく）それは神のみぞ知るということです。

マーマデューク・シニア　（いぜん涙もろい声で）ケニヨンさん、率直にうかがいますが、これほどひどい絵はありませんよね。

クラブツリー　ありませんね。良識ある芸術上の基準をそれらは故意に破っています――基準破りを邪悪にもただ楽しんでいるというのは明らかですね。

マーマデューク・シニア　（テーブルの右の椅子にどさっ

と座り込む）あいつはどうしようもないやつだ。改心しろと三か月の猶予を与えてやったのに。その三か月も時間切れだ—ああ。（絵に向かって、万事窮すの身振りをする）表現方法を変えなければ、私からのお金はもうもらえないことをあいつには伝えた。しばし腹ペコ感を味わったら、あいつだって少しは従順になるだろう。

クラブツリー　それは無駄な治療のように思えます—治る見込みのない患者です。彼は後期印象派—実際、この種のことを教えています—の美術学校長、ボードフェルトとかいう人とつき合っています。彼らは私の生徒たちの何人かを誤った方向に導いてすらいます。

マーマデューク・シニア　たとえもう一度チャンスを彼に与えても、また同じことを繰り返すだけだろう。彼におどしをかけないといけないなあ。

クラブツリー　親たちがみな、そのような真剣な対策を講じれば、こうした不誠実な見せかけは、すぐになくなりますよ。（腰を下ろして）ねえ、昼食をご一緒しませんか？

マーマデューク・シニア　有難う。ええっと、今回の失望ですっかり精神的に参ってしまって—ケニヨンさんの方はどうですか？　どんな具合ですか？

クラブツリー　体の具合はとてもいいんですが、絵のことではひどい一年でした。（間）絵が一つも売れていません。たった一つでも売れたら、そりゃあもう上出来ですよ。

マーマデューク・シニア　絵が売れてない？　あなたの収入は毎年、何千ドルにもなっているとばかり思ってました。

クラブツリー　生活の程度を切り詰めてこなければなりませんでした。今年は白い格子の塀を新たに七五メートル作るのが、やっとでした。なのに話題になることと言えば、こうした多忙な活動ばかりで。

マーマデューク・シニア　（目新しい考えに注意を引かれ）へーえ、そうなんですか？

クラブツリー　良い美的感覚の仕事をしても、もはや世間の注目を引くことはできません。ブラスバンドでフルートを吹いている方がまだましです。（マーマデューク・ジュニアとボードフェルトが戸口に現われる）こんなまともでない作品を人々が好むわけがない—そんな作品は彼らにショックを与えるだけです。でも不幸にも—ショック後—まともな絵に対する興味を世間の人々はすっかり失くしているように思えます。これらのいわゆる後期印象派の人たちが引き起こした熱狂が――

マーマデューク・シニア　まさかこの種の絵を世間の人が買うとおっしゃっているのではないですよね？

クラブツリー　ええ。それらはちっとも役立っていないどころか、私たちをだめにしています。誰一人あんなものは買いません。

マーマデューク・ジュニア　（部屋に入ってきながら、声高に笑う）果たしてそうですかね？（マーマデューク・シニアとクラブツリーが椅子に座ったまま、鋭くその方を向く）

マーマデューク・シニア　（マーマデューク・ジュニアに向かって）それはどういう意味だ？

（ボードフェルトがマーマデューク・ジュニアを通り越して、押し入って来ると、クラブツリーの所まで進んで来る）

ボードフェルト　クラブツリーさん、私たち画家が絵の商売に損害を与えている点は、申し訳なく思います。

クラブツリー　ボードフェルトさん、絵が売れないからと言って、それであなたが本当の画家だという絶対的に確実な証拠にはなりませんよ。

マーマデューク・ジュニア　（ドアを閉めて）その通りです。あなたの絵を買う人が時々はいますから。

マーマデューク・シニア　どうやってあんたはそんな知性の閃きを得たんだい？

ボードフェルト　絵を描くことよりも売ることの方に関心が強いということ自体、その人が画家ではないことの確実な証拠です。

マーマデューク・ジュニア　（突然、陰気になって）ぼくのことを言ってるんですか？（気落ちして、ドアにもたれる）

マーマデューク・シニア　この紳士に会うのは初めてだ。

クラブツリー　（彼とマーマデューク・シニアが立ち上がると）マーヴィンさん、ボードフェルトさんです。

マーマデューク・シニア　ボードフェルトさんに言いたいことが―収入は絵の売れ行き次第だというのに、売り上げに関心がないという人の頭の中は、どこかおかしいということです。それがここ二、三年の息子の実情です。あなたが息子の愚行を励ますものだから、私はあなたに感謝しません。私は彼をまともな人間にしたくて、ここに送り込んだんです。もしあなたがいなかったら、彼は私の願いどおりになっていたように思います。

ボードフェルト　（怒って）私が悪者になって、すべてその責任をかぶるつもりなんてありません。息子さんは一八九〇年の表現方法で絵を描きたがってはいませんから。落度はお父さんの方にあります。二五年早く息子さんをもうけるべきでしたね。

マーマデューク・シニア　（どなる）お前は生まれてくるべきではなかった。（大股でマーマデューク・ジュニアの所まで行く）お前の友人が父親に暴言を吐くのを、お前は黙って見過ごしているが、それでいいのか？

マーマデューク・ジュニア　ずうずうしい言動にかけては、父さんの方が彼らよりもたけていると自信をもって言えます。

マーマデューク・シニア　ずうずうしい言動—この私が？　私が—ずうずうしいだって。（左正面にむかって、どなり散らす）おい、いいか、お前が今、私から得ようとしているものは、お前が自分の生計を立てるための、どれだけの能力があるかを示すこの上ないチャンスなんだぞ。

ボードフェルト　（正面近くの椅子に座って、観客を背に）ところで、今朝、彼の絵が売れたんですよ。

マーマデューク・シニア　（唖然として）絵が売れたって！　こいつの絵が？

クラブツリー　（動揺して）絵が売れた！

マーマデューク・シニア　こんなものが売れたってか？

クラブツリー　誰が買ったというのですか？

マーマデューク・シニア　そんなものを買った馬鹿は誰だい？

ボードフェルト　（マーマデューク・ジュニアに）マーマデューク、彼女の名は何だっけ？

マーマデューク・ジュニア　ダートさんとか言ってました。

クラブツリー　マートル・ダートのことかい？

マーマデューク・ジュニア　それが彼女の名だと思います。

クラブツリー　あのマートル・ダートが、そんなはずは？

マーマデューク・ジュニア　女マハトマのような話し方をしてました。東インドの衣服とターバンを身につけていましたね。落ち着いた感じの人だが、感情の激しい、人目を忍ぶような所がありました。

クラブツリー　彼女に間違いないな。風変わりだが、大きな影響力を及ぼす人。少なくとも裕福な人たちの間では、マートル・ダートさんが購入した絵が話題になるでしょう。マーマデュークさん、おめでとう。あなたの息子さんはスターの階段をかけ上っています。

マーマデューク・シニア　（陽気に）えっ、へえー、クラブツリーの絵はこの一年間、売れてないようだが、マーマデューク、お前の絵の売れゆき具合はどうだ？

マーマデューク・ジュニア　わずか百ドルです。

マーマデューク・シニア　百ドル。おい、いいか、そこから始まるんだ。そこからな。初めから五千ドルなんて無理だ。なあ、クラブツリー。

クラブツリー　とんでもない。名が売れてきても、いつもそんなにうまい具合に行くとは限りません。

マーマデューク・ジュニア　（持っていた花を床に投げつける）むかつくなあ。

マーマデューク・シニア　むかつくだと。何をむかつくことがあるんだ。この一か月で、こんないい話は聞いたことがない。

マーマデューク・ジュニア　（正面中央に行くと、ボードフェルトがさっきまで座っていた席につき、観客に背を向け、その背にもたれて）あの絵が売れてからというもの、僕には欲得づくの感情しかない。僕の人間性が変わろうとしている。猫が好物を初めて味わった時に似ている。この売りたいという欲望は肉食性だ。肉食性にも、アメリカ人特有の金の亡者にもぼくはなりたくないが。自分がもはや画家のような気がしない。営利目的の人間になっている。クラブツリーが教えるような絵を描いた方がよさそうだ。（頭を腕にもたせかける）

クラブツリー　なんだって。

マーマデューク・ジュニア　（頭に閃く）そうだ。クラブツリーのような絵を描こう。明日、彼のクラスに入ろう。

マーマデューク・シニア　ちょっと待った。クラブツリーの絵はこの一年、売れてないんだぞ。クラブツリーの生徒たちは、ボードフェルトのクラスに移ろうとしてるんだ。流れというか、このところ形勢が変化してる。今の表現方法をお前は変えちゃいかん。人気が出始めてるんだから。（マーマデュークの肩を軽くたたいて）今のやり方で押し通すんだ。お前が窮地に立たないで済むよう気をつけておいてやるから。

クラブツリー　私たちは変化しつつある世界に自分を適応させなければなりません。マーマデュークさん、あなたの言葉は警告のように思われます。私個人は、警告に耳を貸さないような頑固で、傲慢な人間ではありません。ボードフェルトさんの後期印象主義の二、三の私的なレッスンを内緒で受けるための相談ができれば、と思うのですが。

ボードフェルト　新しい芸術運動は、欲得づくの動機から、その「運動」に加わりたいとする転向者を受け入れはしません。

（ドアにノックの音。マーマデューク・ジュニアがドアを開けると、マートル・ダートさんが現われ、その後ろには彼女が購入した絵を持ったジョゼフス氏の姿が見える）

マートル・ダート　（舞台前部中央にやって来て、振り向くや指さして）ジョゼフスさん、それを中に持ってきて下さい。（彼が入って来る）元の場所にそれを置いて下さい。（彼は画架に絵を置く）（マーマデューク・ジュニアに向かって）あなたはヨガの信奉者として、その絵を私に売りましたよね。あなたが神聖なへそ—涅槃を明らかにする自己瞑想のシンボル—を形作っていることを、あなたの中の何かが知っていると言いました。しかし、その五分前に、あなたは彼に何を語ったのですか？

マーマデューク・ジュニア　ねえ、僕は—決して—何をあなたに言いましたか？

ジョゼフス　みんなに迷惑をかけるようなことは、何も言わないことにしたい。

マートル・ダート　（厳しい口調で）ジョゼフスさん、その絵が何だとこの人があなたに言ったのですか？

ジョゼフス　彼は言いました、言いましたよ—それは神の目だと言ったと解しています。（マーマデューク・ジュニアは額を手でたたく）お客の借金を完済してもらうために、店先に私がその絵を掛けておくことをあなたが望んでいると思いました。

マートル・ダート　この絵が食料雑貨商の請求書代金を徴収するための物だなんて。

ジョゼフス　あなたとダートさんが、その絵の正体をめぐって意見が一致した時、同じ一枚の絵なのに異教のへそにも、キリスト教の神の目にもなりうるなんて、奇妙だなと思っていました。

マートル・ダート　あなたの言う陳腐な神の目とやらに

は、私は何ら関係がありません。
マーマデューク・ジュニア　ねえ、もしあなたが芸術作品をどうしても俗悪なリアリズムの視点から見ると言い張るのであれば。
マートル・ダート　あなたの芸術作品はそういうものです。どうか私のお金を返して下さい。
マーマデューク・ジュニア　そのお金から七五ドルを使ったので、これが残金です。（二五ドルを彼女に渡す。マーマデューク・シニアが舞台左前部に立って、はっきり言葉で表すことができずに、うなり声を出す）
マートル・ダート　なんとまあ、けしからんこと。まったく。七五ドルものお金を、なんの理由もなくもらえるとでも思っているのですか？
マーマデューク・ジュニア　僕の有り金を一銭残らず差し上げます。それ以外にどうしていいかわかりません。
マートル・ダート　あなたは私に百ドル借金しているのよ。（彼女は堂々と立ち去る）
クラブツリー　へえっ、これは驚いた。
ボードフェルト　ふふん。
マーマデューク・ジュニア　（どうすることもできずに、彼女の後姿をただ見ているだけ。絵の方へ視線を向け、表情が明るくなる）売れなかったぞ。まったく売れなかった。僕はもう営利目的なんかに毒されてないんだ。クラブツリーのような絵を描かなくていいんだ。クラブツリーのような絵は描くものか。
クラブツリー　ボードフェルトさん、私も考えなおしてみようと思う。後期印象派の成果は、少し頼りにならない点がありすぎるように思います。絵を描く方にだって出費が伴うんだから、絵は返却されるものであってはならない。
マーマデューク・シニア　（どなって）臆病なウサギ以上に臆病なお前に、ウサギの勇気があれば、あの絵は返却されることはなかっただろう。一度売ったものは売ったもの、返品は不可能と、どうしてお前は言わなかったんだ。いいか、たとえ表現方法を変えたところで、そのことがお前には何らプラスには働かないであろう。いずれにせよ、お前は自分の問題を自分でちゃんと対処できない人間なのだ。
マーマデューク・ジュニア　でも、彼女の方であの絵をいらないと言うのであれば―
マーマデューク・シニア　お前はあの絵を手放して、俺から七五ドルせしめようという魂胆なら、そうはいかんぞ。

ジョゼフス　（心配そうに）でも、彼はそれをどこで手に入れるのだろうか。私は神の目のことをダートさんに話すべきではなかった。彼女があんなに怒りだすとは思わなかった。彼女が神の目の方を好んではいなかったとあなただって思っていなかったのでは。あなたの売り物をだめにしたのは私です。

マーマデューク・ジュニア　（堂々と）大丈夫です、ジョゼフスさん。君は僕を面倒な事に陥れようという意図はなかったんだから。

ジョゼフス　でも、結果的には陥れてしまった。だから、あなたを助け出さないといけないと思っています。あの絵は今後、大いに話題になると思いませんか——。異教の雄ヤギとして売られ、神の目として返されてきたんですから。多くの人たちがそれを見たがると思います。その絵を私の店に掛けたら、商売に役立つと思いませんか。私がそれを買いますよ。ここに七五ドルあります。（絵を受け取る）これで来月の家賃が払えることに。（ドアの方に行き）私の店のこれまでの看板「よく考えて」を下ろして、代わりにこれを掛けます。（退出）

マーマデューク・シニア　子供や愚かな者の面倒を見る何らかのものが確かに存在する。

マーマデューク・ジュニア　僕の絵はとにかく庶民に訴えるものです。

クラブツリー　（ドアの方に進みながら）彼の家賃は一か月分払われているが、百ドルがダートさんにいくのであれば、彼はどうやって生活するのだろうか？

マーマデューク・シニア　（足を踏み鳴らして、マーマデューク・ジュニアの傍を通り過ぎる）彼の仕事の能力について彼がわかった新しい経験から、私としては次のような結論を出さざるをえなくなっている——私は社会に対して彼を欠陥人間として援助する義務があると。

（マーマデューク・シニアとクラブツリーが退場）

ボードフェルト　（笑いながら）欠陥人間だって！

マーマデューク・ジュニア　（腹を立て）欠陥人間だって！

ボードフェルト　でも、援助をされるんだぞ、マーマデューク。援助か！　欠陥人間であるためにな。

マーマデューク・ジュニア　（ひどく悲しそうに酒を流し込んで）欠陥人間なんだ！

ボードフェルト　芸術家はすべからく欠陥人間として援

助されるべきだ。そうなれば、俺たちは自由に本領を発揮することになろう。

マーマデューク・ジュニア　（ぶつぶつ不平を言う）欠陥人間か。

ボードフェルト　（ドアの方に行く）父親の芸術批判としては、これ以上のものはないいな。

マーマデューク・ジュニア　（顔を輝かせて）そういうことだ。

ボードフェルト　お前の表現方法に対して、これ以上の父親らしい関心はないよ。

マーマデューク・ジュニア　（にこにこしながら、すっくと立ち上がる）そうですね。それに本人に画策したことがはね返って、思いがけない害をこうむる取引で、これ以上のものはない。（にっこりして）さあ、欠陥のある芸術家に乾杯。（彼は観客を祝して乾杯する）

幕

『同時代人』――教会急襲の一挿話

ウィルバー・ダニエル・スティール

［登場人物］
サム（若者）
彼の父親
彼の母親
下宿人
オールド・ジョン（もう一人の下宿人、うす馬鹿）
聖職者
警官

［時］
最初の教会急襲後の夜遅く
［場所］
その都市の込み合った地域。一階にある一つの小さな部屋。

（幕が開くと、観客に向かって右手奥の壁の高い所で炎が弱々しく出ている以外、舞台は暗い。この正面で支えられている一枚の板が、眠っている人の目からそれを遮っていて、暗がりに及ぼすその影響力をさらに減じている。奥の壁の左から三人目の男の頭の高さにある小さな一つの窓を通して、通りを明かりが通過する時、一条の光の輝きの向きが時折、変わる。右手の壁にドアがある。三つの寝椅子、といってもわら布団が床に近い所に見えるであろう。窓の下の、左手後方の隅にそれが一つ、奥の壁の真中あたりにさらに二つある。幕が上がると、後者のうちの一つに、ぼんやりと男の姿が見えるであろう。彼は肘で体を支えるようにして、強く自分の体を引っ掻き、ベッドカバーを平手でぴしゃりと打ち、ぐちを口にし、ぶつぶつ言う）

下宿人　いまいましい南京虫のやつめ。一週間分の家賃を払ってなければ、排水溝の中で寝た方が、ずっと快適だ。（あくびをする）ぐっすり眠りたいぜ。（後ずさりしては、彼は南京虫を相手にしばらくのた打ち回る。やがてさきほどよりも静かになる。隣の寝椅子から、男のいびきが聞こえる。いびきが続いている間、人の姿がこそこそ起き上がり、寝椅子に上って、窓から首を出すのが見える。通りを過ぎて行く明かりに照らされて、恐らく五〇歳くらいと思える、皺のある疲れた感じの、口元が下がりぎみの、振り払って乱れた髪の女の顔がちょっとの間だけ見える。彼女は粗末な寝椅子から下に降りると、裸足で―歩き方の柔らかさから判断してそう感じるのだが―床をそっと進む。しばらくの間、聞き耳をたてて、ベッドのそばにしゃがみ込んでいたが、はっとして後退し、少しうめき声を発すると、両手をこすり合わせる。隅の方から聞こえてくるいびきの音が、息苦しそうなあえぎ声で頂点に達する。そしていびきの主が突如、寝椅子の上で起き上がる）

父　だ、誰だい―お前かい？

母　そう、私。

父　どうしたんだい？

母　（ためらいがちに）な、何でもない。

父　（怒りっぽく、いらいらして）なあ、じゃあベッドに戻れよ。お前に起こされてしまったぜ。（ぶつぶつ言いながら、寝ころぶ）……しこたま働いたから……眠りたいんだ……夜くらいは。（疑わしげに、がばっと再び起き上がる）おい、サムはもう帰ってきたのか？　なあ、なぜ返事しない。あいつもう帰って来たのか？（しばらく間があって、いかめしく）こんなのはもう沢山だ。いいか、俺たちが気をつけないと。じっと待て、待つんだ。（彼はあお向けに横になって、腕組みをしている。女の方は、しばらくためらっていたが、寝椅子の方に一歩進む）

母　何をしようっていうのさ、彼に？　彼を殴っても―たいして効き目はないようだけど。

父　（いかめしく）待とう。それだけだ。じっと待って―様子を見よう。（手をついて体を起こし、部屋の向こう側に行く身振りをする）オールド・ジョンはちゃんとこの家で眠っているのか？

母　いいえ、彼もまだ帰ってないわ。

父　（怒って無謀な高さの声を張り上げる）まさか二人は一、緒に出かけてはいないよな？　サムはあの大ばか者とはこれまで出かけたことはないが。

下宿人　（突然、起き上がって）なあ、ちょっと、お二人さんよ。とにかく、ここが一体どういう類の場所と思ってるんだい？　眠る目的のためだけに、俺としてはかなりの金を払ってるつもりだが。

父　（喧嘩腰で）へえー、そうかい。

母　（必死に諫めようと、両手を上げて彼の方に近づく）静かに、シー。さあ。（下宿人の方を向き、へつらうように）いいんですよ。彼のことは気にしないで。すっかりいらいらしてさ。そう、そう、みんな静かにしよう。そう、静かにね。（寝椅子の端に腰を下ろし、夫に向かって囁くが、口調は激しい。夫の方はぶち切れる寸前のようである）シー、静かにしてて、いい。彼を怒らせたら、きっと彼、出て行くわ—そうなったら不景気な時代なんだし。さあ、さあ、静かに。

（どこか外の方で走る足音がすると、彼女は起き上がり、寝椅子のそばに立つ。ドアの方をじっと見つめ、彼女のこぶしを胸の所で固める。ドアがゆっくりと開く。人影が精一杯の注意をして、そっと入り込むと、中途で立ち止まり、屈んで履物を脱ぐ。その片方がうまくつかめず、床に落ちる）

父　（びっくりして）今の音はなんだ？　おい、サムか？

（人影は黙ったまま、壁を背にしゃがんで、走って来たために激しい息づかいを懸命に抑えようとしているが、それにすすり泣くようなものが加わる）

父　サムだな。

サム　（かろうじて聞き取れる声で）ええ。

父　で、どこに行ってたんだ？

サム　どこにも行っていません。

母　（いらいらして）さあさあ、ベッドにお入り、サミー。（夫に向かって、下宿人に配慮してと身振りで訴えるように）朝になってからね、マット。でも今はダメ。今は静かにしてて。もう一度、彼を起こしてしまったら、きっと怒りだすわよ。

下宿人　（うんざりして、あてこすって）もう一度だって？　冗談だろ。

母　わかってくれた？

父　（他の者たちを無視して、若者に向かって）どこにも行ってないだと？　夜はずっと家で寝ていたと言うのか？　だったら、どうしてそんなに息づかいが荒いんだ？　走ってきたのか？　誰かに追いかけられていたのか？

（こうしたことを話している間に、走る足音の数が増えてきており、今や追跡する音が窓の下を通り過ぎ、騒がしくなってくる。若者は空いた寝椅子の所まで急いでそっと行き、身を屈めると、体に毛布をかける。彼がこうしたことをしている間に、ドアがそっともう一度開いて、この部屋にいる他の人たちに見つからずに腹這いで入ってきた人影が、左手後方の暗い隅の方へ体をくねらすように進んで行き、そこでとどまると、体を丸めて、わずかに苦しそうな溜息をつく。走る足音が外でしばらく止み、押し殺した声が聞こえる）

聖職者　ここだ。やつがここで曲がるのを見たぞ。

警官　いいや、違う。もっと先の、あのあたりだ。

（追跡者が通り過ぎる。先程から起き上がっている下宿人は聞き耳を立て、関心を募らせていて、振り向くと、彼のそばの寝椅子を見下ろす）

下宿人　ははーん。なるほど。

父　サム。

サム　（寝具によって彼の声は押し殺されている）なにもやっちゃいない。本当さーお、俺はなにもやっちゃいないよ。ただ歩き回って、群衆と一緒に少しばかり怒鳴っただけだよ。教会を出た直後、かえ、帰りたくなった。すると奴らが──

母　（びっくりして）教会？　教会って、今言ったよね。教会で何をしていたんだい？

父　何も聞こえなかったぞ。俺はあそこで働いているから、当然、聞こえて来ていいはずなんだが。

サム　教会で町の人々と騒ぎ立てていただけだよ。それに聖職者もそこにいたよ。

母　い、い、い、なんだって？

父　（さしあたって、まったくどうすることもできずに、裏声で）な、な、何の話をお前はしてるんだ？

サム　（彼の顔の表情が明らかになってくる。彼の与えた印象が不愉快というのではない）世の中のすべてが間違っていると主張するのは、あの新しい一団なんだ。えーっと、彼らの噂は聞いたでしょ。労働者たちの集会を催している人たちは、何かを始めようとしてるんだ。彼らには演説をする人がいてーねえ、あんな風に話す人ってのは、初めて見たよ。彼は教会のこと、聖職者のことなど痛い所をずばりつくんだ。でも、槍玉に挙げられた方は、一般大衆の手前、彼に手を出すのをびびっている。彼は一般大衆としっかり結びついているからだ。

父　（激怒して、みんなに訴えるように）こいつは一体、何の話をしているんだ？　なぜこいつは、こんな風に嘘をつくんだ？

母　（自分の頬に両手をやけに押しつけ、立ったままで）サム、シーッ。今夜はこれ以上話すのはよして。みんな静かに寝よう。さあ、マット。（屈むように、彼女の夫をやさしく執拗に引っ張る）マット、横になって、静かにして。あの子は意味のないことばかり口走っているんだから。（横になる）

サム　（強い口調で）意味のないことばかりだって？

下宿人　（考えをめぐらして）それじゃあ、あいつらはついに教会まで行き着いたんだな。なあ、きっと行き着くだろうとは思っていたよ。仕事をやり遂げるのはそれからだ。あいつが話してるのを聞いたことがある。沢山の役立つことが、その話から得られるだろう。（その若者を見ながら、皮肉っぽく）じゃあ、お前は正規のアナキストってわけだな、サミー。で、お前をその同じ信念を持った集団に導き入れたのは誰なんだ？

サム　何だって？

下宿人　俺の言いたいのは、お前はどうやって今回の事に巻き込まれることになったのかってことなんだ？

サム　彼らは先日、困窮者たちに食べ物を与えたんだ。何人かの少年たちが活気づいて、食べ物のことを話題にしていたが、今回はその供給がなかったんだ。

下宿人　はっは、あはは。俺たちはここで、とてもすてきな生活を送っているもんな。彼は食べ物を取りに行った。彼は社会というものを根底から削り取り、家を捨て去ろうとしているんだ。食べ物―それこそが彼らを取り込む手段なのだ。

サム　（少し感情を害して）でも、そこにはともかく気晴らしのようなものがあった。教会という所は、人々のために善を行ってきたにもかかわらず、取り壊されるべきで、そのようにしたいと感じるのであれば、みずからの手で教会を取り壊そう、とあの組織拡大の担当者が言うと、教会の中の人々が抗議するのをあなたは耳にしたはずです。そして聖職者が教会には聖餐用のパンがある、と大声でどなると、彼は激しく言い返す―教会が神聖であるためには、空腹な人々が世の中にいないという条件つきだと。ああ、あなたも彼らを見るべきでした。大きな体をした、太ったやつらと彼は呼んでいたが、この教会のやつらは貧しい未亡人や孤児を食い物にしてきた。きっとこのでぶっちょたちは、彼を逮捕するつもりなんだと確信した。ただ、彼は逃げたが。あっ、そうだ、もう少しで忘れるところだった。オールド・ジョンをあなたは知ってますよね。オールド・ジョンが最前列ですっかり活気づいて、誰にも負けずにハレルヤを大声で叫んでいました。

下宿人　赤ん坊と間抜けが―神聖な火で燃えているというわけだ。

（若者が話している間に、父親は寝椅子から起き上がって、とてもゆっくり動いている姿は、それがやっとという様子。前に進もうとするが、脚がこわばって、若者の寝椅子の所に立つ。下宿人が話し終わると、父親は頭の上に腕を上げ、激怒して震えている。寝椅子のそばでぐったりとなって座っている母親は、恐怖のあまり黙って彼を見ている）

父　（どもりながら、興奮気味に）うっ、うっ。（腕が突然、だらりと垂れ、顎が首に落ち込んでいるように見える。覚束ない足取りで寝椅子に戻ると、座り、顔を両手で覆う。むき出しの向う脛が暗闇の中で、微かにぼんやりと現われる）もう俺の手には負えない。もし今、彼に触れようものなら、殺すだろう。俺にはわけがわからない。わけが。一四年もの間、背にかけるコートを彼に与えてやるために、お腹に入れる食べ物を与えてやるために、俺は指の関節をすり減らして、むき出しになるくらいに、懸命に働いてきたんだ。ところがどうだ、このざまは、ええ。これが俺への報酬というわけか。（しばし黙ると、頭を揺すって、うめき声を出す）子供の頃、親爺は俺の心に神への畏れを吹き込んだ。いかに法を守る人間になるか―神が俺に果たすようにとお与えになった仕事をいかに果たすか、いかに真面目に働いて暮らし、いかに俺の死後にまっとうな評判を残すかを、親爺は俺に教えてくれた。そして俺がそれを彼に伝えんと努力してきたことは、神しか知らない。ところがどうだ、このざまは、ええ。（頭をぐいと動かし、不安げな口調で、まくしたてるように続ける）もし誰かが多くの前科者の中に彼を見かけたらどうなるか？　彼のことを知っている誰かが。それに俺は教会の仕事に関わっているし。（憤慨して）彼のせいで、俺たちは苦しい立場になった。年老いた父と母を路上に追い出すとは。虫けらのようなやつだ。下劣な虫けら。（さらにもっと大声で、なりふり構わず憤怒に身を委ね）彼が今日という日をむかえぬうちに、死んでくれるといいんだが。そうあって欲しい。神に祈る―

母　（怖がって、立ち上がり、彼をぐっとつかむ）ああ、だめ。静かにして、マット。そのようなことを言わないで―その振りをするだけでもよくないのに。あなたの言っていることが誰かの耳に入るかも知れないから。だからやめて。

父 （自分の言葉に酔いしれ）やめない。やめるもんか。彼が生まれていなかったら良かったのに。ああ―（突然、ドアをうるさくノックするので、彼らはみなその方を向く。怯えた姿勢のまま、こわばって、黙っている。ノックが再び始まって、その激しさが増す。外で声が聞こえる）

警官 そこを開けろ。中にいる者はみんな死んで動けないのか？　ドアを開けろ。開けるんだ。

母 （両手をかたく握り）ああ。ああ。ああ。

（呼び出しが続くので、彼女は頰に両手を押しつけ、うめき声を上げ、部屋を横切る。彼女がほぼドア近くまで来ると、ドアのすき間がこじあけられる。すると、外の青白い、ぼんやりした明かりが目に入ってくる。ヘルメットを被ったその影が、さらに先のわき柱にまで伸びている）

警官 あそこで何を言ってたんだ？　さあ、誰か外へ出せ、おい。さっさとしろ。

母 （ドアの端あたりで、首を伸ばし、当惑して）は、はい。どうしたんですか？―何のご用でしょうか？　私たちはここでまっとうな暮らしをしている一家です。

警官 うん。そうだと思う。真面目な強盗のようにまっとうだ。悪いやつはどこだ？

母 （動揺して、甲高い声で）わ、わた、私にはあなたの言っていることがわからない。私たちはここで、まっとうに、ちゃんと働いてます。なのに一体これは。

警官 いいか、男を追っているんだ。そういうことだ。

母 でも、さきほどから言っているように―

聖職者 （外で）ちょっと待って。君、私にも話をさせてくれないか、この女性と。（母に向かい）君……やあ、これはどういうことだ？　あなたと知り合いではないかな？　ちょっと待てよ。あなたに夫がいますよね。

母 は、はい。

聖職者 う―ん。彼のことを知っていると思うんだが。

母 いいえ、そうは思いません。そんなことありません。決して。

聖職者 う―ん、じゃあ、もしよければ、彼と話そう。

母 （深く動揺して）ええっと、彼は、そのぉ、留守です。あなたは彼とは話せません。いいですか、留守なんですから。そうでしょ。

聖職者　う—ん、そうか。（仲間たちに）さあ、ちょっと待って。（その女性に）う—ん。大事な点は、少し前にやつがここに逃げ込んだってこと—無断でな。どうか嘘をつかないでくれ。やつを目撃したんだから。だから本当のことを話すんだ。

母　（哀れっぽく泣きながら）私たち一家はみなここで、まっとうに暮してます。

聖職者　（外で）さあさあ、もうそろそろ本当のことを言え。やつはここにいるのか、いないのか？　この分だと、今夜は寝かせてもらえそうにないな。

母　ああ、ああ。

聖職者　（怒って）やつはいるのか、どうなんだ？

母　彼は何も悪いことはしてません。本当です、何一つ悪いことは。

聖職者　（勝ち誇ったように）ははーん、核心に近づきつつあるな。

母　でも、彼はなにも悪いことはしてませんと言ってるのです。そんなことを—するような子ではありません。サムはやってません。多分、少しくらいのいたずらはするでしょうが—人並みに。あなただって、子供の頃はそうだったはずです。あの子のことを二度と悪く言わないで—

聖職者　ふふん。悪いことは何もしていないか。私があいうやつを好きだとでも。神聖な教会を冒瀆するのを声援しておきながら、悪いことは何もしていないと。通りで堂々と神のしもべから金品を強奪し、とても下品な言葉で神を侮辱し、人の着ているものを引き剝がし、自制心を失って冒瀆的な言葉をわめき、衣服を持って逃げ去っておきながら、何も悪いことはしていないと言うのか。ふふん。だが、ここでこうして、一晩中、あのばあさんと口論したってはじまらない。

警官　なあ、いいか。そこをどいて、中に入らせろ。

聖職者　ちょっと待って。いいですか。（女に向かって）さあ、お前さんもそろそろ物分りが良くなってくれないとなあ。こういうことは見過ごすわけにはいかないことぐらい誰だって知っている。なんとかして彼を外へ引っぱり出さないといけない。近所の人たちを起こさないで静かに。そうしないと—

母　（急いで）わかりました、わかりましたよ。中に入らないで。私が彼を連れ出すからさ。（彼女は向きを変え、若者の寝椅子の方によろめきながら向かう。夫がもう

片方の隅からやって来て、ためらうように、荒々しいが、悲しげで、無力な人の様子を見せる）

母　（むせび泣く、喉が詰まったような声で）なあ、なあ、お前何したんだい、サム？　ああ、サム、なあ、サム。（その男の方を向いて、横柄な小声で）マット、戻って。お前を彼らに会わせたりはしない。どうあっても、そんなことはさせない。（マットはそおっとベッドに戻ると、母は若者の寝椅子の足元に崩れ落ち、思わずむせび泣く）何をやらかしたんだい、一体、なにを？　なあ、おまえ。

警官　（ドアを揺すって）さっさとしないと、こちらが手を貸すはめになるぞ。

母　（勢いよく立ち上がり、若者の腕を強く引く）さあ、さあ、出て行きなさい。サム、あの人たちはお前に危害は加えないから。サム、すぐに出なさい。は、はや、早くしなさい、サム。

サム　（恐怖で泣きわめいて）なにもしてないよ。僕を好きにさせてよ。何もしてないんだから、本当に。

警官　（いらだって）あそこで何をしゃべってやがるんだ？

母　なあ、サム、出て行かないと。（寝椅子からなかば彼を引っ張り出し、フロアを進めと促す）あの人たちはお前に危害は加えないから。いいかい、いい人たちだから。さあ、おまえ。さあ、行かないと。

サム　（もがき、叫び声をあげ）いやだ、い、い、いやだ。ぼくをベッドに戻らせて。どうか、母さん。母さん、何もしてないよ。お願いだ、おとなしくしているからさ――

母　（彼を光がもれるすき間に押す）あ、あ、あのう。（ひどく喘ぎ）あ、あ、あのう。私の息子です。

（しばしの対面。緊張した、息を殺しての対面である）

聖職者　おや、これって何かの間違いだな。この少年は――ねえ、この少年はやつではないぞ。（母親が気の弱さに自己嫌悪して、ドアのそばでぐったりして身を沈めると、解放された若者は急いで戻ろうとするあまり、寝椅子にぶつかる。そして衣類を引っ張って掛けようとする）

母　ああ、ありがたい――ありがたい。

警官　しかし、じゃあ、あの男は一体どこに？

聖職者　そうだ、そういうことだ、ここに逃げ込んだあの男はどこに行ったんだ？

母　（元気を取り戻して、ぱっと立ち上がる）ねえ、ねえ、他には誰もいません。サムしかここには入ってきていません。本当です。本当のことを言っているんです。ねえ、ねえ、私が本当のことを言っているのがわからないんですか？

聖職者　そう、彼女は真実を言っている。私たちの方が間違っている。引き返す方がいいのでは。

警官　そんなに急ぐなよ。俺が知りたいのは、夜の今時分、あの子は一体どこにいるのかということだ。（女に向かって）やつは教会の強奪者たちと走りまわっているんだぞ。それを否定しようとはするな。

母　（再び恐怖心が大きくなって）彼はただのいたずらっ子にすぎない。なにもたくらんではいません。

警官　さあ、とにかくあいつを引っ張り出そう。

聖職者　おい、若者を閉じ込めてなんの役に立つと言うんだ。いやというほど折檻することの方が──いいよ。鞭打ちが聞こえがいい。

警官　それはいい考えだ。俺はそれに乗り気だぜ──それなら労は厭わない。やり方は分かっている。俺流のやり方ってのがある。

母　（訴えるように）ねえ、あなたたち──どうか。うちの人が帰って来たら、あの子を鞭打ってもらいますから。きっと鞭打ちますから。心配ご無用です。うちのは──あなたがたよりも激しく鞭打ちます──ずっと激しくね。うちの人の耳に入ったら、あの子を殺しかねません。うちの人なら。

警官　ははあ、そうですか。お宅流のやり方で処理をするわけだ。ただし、体中みみずばれになった彼を明日、私の所に連れてくることだけはお忘れなく。この目で彼を確かめたいので。（もう一方に）さあ、帰って少し休もう。

（ドアがばたんと閉まり、外では立ち去って行く足音が聞こえる。母親はしばらくの間、聞き耳を立てていたが、息子の寝椅子までのろのろ進むと、そこで膝まづき、腕の中に頭を埋めるようにして、むせび泣くが、その音は殆ど聞こえない。父親は左右によろよろ歩きながら、うめき声を上げる）

父　なんて恥ずかしいことだ。なんて恥ずかしい。もしやつらに見つかったら。（しばらくすると、ドアを低い音でたたく音がする。ドアが開くが、暗い。聖職者の人影が用心深く入って来る）

聖職者　（あいまいに）おい、若者はどこだ？

母　（急いで立ち上がり）ここに、ここにいます。こっちです。な、なんの用ですか？

聖職者　彼とちょっとだけ話がしたい。（彼は手探りで、前に進むが、一度つまずいて、鋭い悲鳴を上げ、寝椅子を見下ろして立つ。母親は夫が彼に見つからないようにするかのように、部屋の端の方に退いて立つ。聖職者は太く低い、よく響き渡るような声で話す。しかし、その職業に特徴的な話し方というわけでは必ずしもない。彼の指先は彼のお腹の前に置かれている）私の息子、私の息子よ。私は戻ってこなければならなかった。君に一言も言わずに、立ち去るわけにはいかなかった。私は君を助けたい。君は助けを必要としているからだ。君は重大な罪を犯してきた。神に背いた罪をだ。国家の法に背いた罪をだ。しかし、なぜか君のやったことを君がはっきりとわかっていたと信じる気にはどうしてもなれない。私の息子よ、君の中には善なるものがある。多分、偉大なる善が。君のその善が表面に現われるのを手伝うのが私の仕事である。君に賢明な助言を与えること、不注意な人間の行く手に立ちはだかる落とし穴に、君が近づかなくてすむように導くことが、私の仕事なのだ。ああ、今では今日の国民の間に、とても目にあまる不安が広まっている—悪魔が地獄で動きだし、この世界を揺り動かす。しかし、邪悪なものは若者たちの目には善のように見える。そしてある種の心には、特に若者たちの心には、新しいものは善なるものという外見をいつも帯びている。「我々はあらゆる制限を払いのけてあげよう。我々の良心が我々の法律になるようにしてあげよう」。正義について正規の教育を受けていない良心は、赤ん坊の柔らかい皮膚にやけどをさせることになる明かりを求めて泣き叫ぶ赤ん坊の願望に似ていることを忘れて、彼らは大声で叫ぶ。彼の良心のために彼が捨て去ろうとしているこれらの法律は、本来それまでに亡くなったあらゆる世代の男たちの具体化された良心であり、それは良心の偉大な創造者である神によって直接、インスピレーションを与えられたものであることも忘れている。さあ、我が息子よ、しばしの間、一生懸命考え給え。君にとって何が最善であるかを知っていると君は本当に思っているのか。君の父や母よりも、そして長い長い年月を遡って彼らの父たちや母たちよりも、君の方がよく知っていると君は本当に思っているのか？

サム　うっ、うっ。いいえ、そんなことは。

聖職者　ほら、ほら。じっくり考えれば、しばらく誠実に考えるだけで、わかることだ。

サム　は、は、はい。

聖職者　わが息子よ、君が悪いわけではない。

サム　え、ええ。

聖職者　君は正しいことをしたい、神を畏れて大きくなりたい、社会のちゃんとした、真面目な一員になりたい、隣人をまともに見ることができるようになりたい、と願っていると思う。

サム　そうです。

聖職者　それはいいことだ。わが息子よ、私は君を助けたい。君は毎日、ちょっとの間でも、私に会いたいと思うだろう。時々、恐らく君は他の若者を何人か連れてきたらいい。君も私も彼らみんなが善良な人間になることを望んでいる。

サム　そうです。

聖職者　それに、ああ、君が通りをしらふで歩いている時、不道徳で、暴力的で、罰当たりな話をたまたま耳にした時には、君はできるだけ速やかに私に知らせてくれるよね。君と協力してこういう問題と闘っていこう。

サム　ええ。

聖職者　ああ、それはいい、それはいい。わが息子よ、私たちが今の状態から君を救い出してやろう。言いたかったのは、それだけだ。わが若者よ、心配するな。ぐっすり眠れ。君の面倒をみるよ。神聖な教会は盾で、円盾だ。（ドアの方に行き、それを開け、一息入れる）おやすみ。善良なる女性よ、若者をあまりきつくぶたないように、とあなたの夫に伝えてくれないか。ああ、おやすみ。神の祝福がありますように。（ドアを閉めて、出て行く）

母　彼は良い人―善良な人だ。

下宿人　彼は驚くべき人。素晴らしい人だ。俺が会った中で最善の一人だ。手先の器用な人間になら何人か会ったことはあるが。

母　そうだね。それに私たち貧しい者にとても親切だ。サム、もう恥ずかしいなんてことはないだろう？

下宿人　（考えをめぐらすように）うーん。ああいうのはどう言ったらいいのか？　もちろん脅しというんではないし―そういうのは、ああいう部類の人間の中には見かけないし。うーん。やめだ。……ああ、サミー、わが息子よ、どこかの乱暴そうなやつが「おい、みんな。いいか、教会を取り壊し、赤ん坊を二人絞め殺そう」と怒鳴っているのをおまえが耳にしたら、迷わず一目散にかけ出して、忘れずにあの善良な聖職者に伝えることだろう。そうだよな。

サム　ええ、そうです。

下宿人　それじゃあ、まるで何の感情も、独自の考えもない人間みたいだぞ。（起き上がって座ると、膝を腕の中に大事に抱きかかえ、追想するように物思いにふける）俺は今は文無しかも知れないが、あちこちで世間を少しばかり見てきた。どちらの側の経験もしている。聖職者を模範とし、教訓の半分はそこから得てきた。新しい預言者たちの教えに次から次へと従って、教訓の残りの半分をそこから学んだ。こういうのは、実に体に良くない。しかし、少なくとも今は、私の目は澄んでいる。一度に出し物が全部、観ることができて、おもしろい。一方の側しか見ていなければ、面白くはない。そのためには真剣な、魂を焼き焦がすようなものでないとダメだね、サム。

サム　そうです。

母　（夫にひそひそ声で）彼は一体何の話をしているの？

父　わからない。

下宿人　十年前であれば、いや五年前であれば、俺はあそこの教会に大衆と一緒にいて、世の中の人々に手を振って、現状をひっくり返そう、とどなっていたと思うよ。計画全体をよく考えないで嘘を鵜呑みにし、すっかり信じ込んで、もっと欲しいと言ってお腹をこすっていたものさ。空腹の人間には、どんなものだっておいしい。なぜってそれは完全に間違っているわけではないからだ。重要な真実の表面は、いつもなにかが覆っている。彼らは自分たちこそが、真実を語っていると考えている。こいつらはな。……そうさ、あそこにいたら、嘘を鵜呑みにして、信じていたろう。その頃、こんな噂が流れていたよ―彼の首がへし折られたとか、彼がもう少し賢ければ、大物から少しばかり金をもらって、姿をくらましたはずだとね。いいか、俺は次の機会を待って、口を力なく開けたまま、残りの善良な人たちとそこにいたものである。……しかし、今じゃあ、それもありえない。そういうものとは縁を切ってしまったから。今回の注目の預言者はどんな福音を説教していたのか知らないが―

母　（夫に向かって、動揺したように囁く）マット、あの人、何の話をしているの？

父　（落ち着きなく）いいか、お、俺の家では冒瀆的な言葉は使わせないぞ―今晩、あんなことがあった後なんだから、そういうのは許さないぞ。いいか。

下宿人　はは、ちょっと待て。落ち着けよ。お前さんの味方をした発言なんだぜ、兄弟。

父　（不機嫌に）なあ、俺にはわからん。たいした学校教育も受けてないし。だが、俺はちゃんとした、真面目な、よく働く男で、もめ事を嫌う人間なんだ。

下宿人　そりゃ結構だね。そういうのはまったく無難だ。ところで俺の言おうとしていたことは、彼の特効薬が何なのか、俺にはわからないが、俺はそういうことに興味がない。俺が知りたいのは、それが彼と言う人間そのものにどのように影響を及ぼしているのかということなんだ。彼は何をたくらんでいるのか？　彼の背後に何が隠されているのか？　彼は善良な市民たちによって、町から追い出されたと聞いている。昔の俺だったら、そいつが善良な人間だという保証があれば、それで十分であっただろう。だが、今はそのことについてもっと俺は知りたい。人が町から追い出されるからには、それなりの事情があるはずだ。その中にはかなり不快な問題があるのかも知れない。彼の聴衆の中には女性だって何人かはいる。その女たちの一人を俺は知っていた。当時、その女はひとかどの人物の、つまりその代償としてお金をもらってその人物の女になっていた。ところがだ―その彼女、今じゃあ、男の世話にはならず独りで頑張ってるらしい―「心を入れかえて生活を一新することが女にできないというのか」などと言ってたそうだ。なるほどそうだが、ただ、俺は知りたいんだ。多分、有力者たちから目をかけてもらえる―この町の最も堕落した金持ちにもてなされ、ごちそうに与かる（就業時間後に）というのは、そいつにとっては結構なことだ。恐らくな。よくわかりはしないが。誰も見ていない夜遅くに、教会の金が運び込まれてくる場所近くの彼の家で、ある種類の仲間たちと集まりを持つというのは、彼にとっては都合のいいことなんだろう。恐らくそれが―（彼が急に話をやめると、全員が驚いて急に身を起こし、左後方の隅をじっと見つめる。そこから高い震える声が発せられる）

オールド・ジョン　それは嘘、全くの嘘、嘘、嘘、嘘、嘘だ。彼はお前より善良な男だ、それにお前のような多くの者よりも―お前のようなもっと多くの者よりもな。お前は何のためにそんな話をするんだ。

母　ね、ねえ、オールド・ジョンだね。ねえ―

父　（激怒して、怒号の声で）お前はいつ、ここにこっそり入り込んだんだ。すぐ応えろ、さもないと――

オールド・ジョン　（おびえた裏声で）サミーのすぐ後だ。誰にも見つからなかった――本当に。

母　ねえ、彼はずっとここにいたんだ。（声をあげて泣きながら）私は嘘をついたんだ。あの善良な聖職者に嘘をついたんだ。マット、マット――彼は私を嘘つきにした――ああ、どうなるんだい――ここで今、彼らが彼を見つけたら、どうなるんだい。一度口にしてしまったことはもう――

父　（立ち上がって、一歩前に進み、怒って公然と非難する）この家から出て行け。今。いいか、オールド・ジョン。お前のやせこけた首をひねられないうちに、出て行け。このあたりをうろうろするな。二度と。いいか。出て行け。出て行け。

オールド・ジョン　ああ、出て行くさ。俺が出て行くのをちゃんと見ておけよ。（彼は壁に沿うようにして、ドアの方にじりじりと進む。片方の腕を鉤形に曲げて、彼の頭を防御するように。しかし、父が両手を腰にあてて、少し落ち着くと、オールド・ジョンは立ち止まり、自分の抗議の気持を弱々しいが、気高い情熱で今一度、主張する）それにしても、あの男は彼のことを、あんな風に言うべきではない。彼があの人のことを知ってさえいたら。彼があの人と一度でも話してさえいたら。彼の心には一点の陰りもない。彼は貧しくて弱いが、それは大したことではない。大事なことは、彼がここで貧しい人たち、弱い人たちの味方をしているということだ。奴らが彼を捕まえる手はずを整えていることを彼は気づいている。奴らは彼を捕まえない限り、彼らの目的を果したことにはならないことを彼は知っている。彼は自分が何ら悪いことをしてこなかったことを知っている。目下、正義がしかと存在するように、彼は人殺しを画策してはいない。しかし、そんなことはみな大した問題ではない。彼はただ進み続ける。彼の仕事は彼が死んでからも続く。……そう、そう、俺は出て行くさ。できるだけ早くな。（もう一ヤードかそこら這うように進み、何かに夢中になっている狂信者のように、再び突然、思いきりこれまでよりも大きな声を出す）彼はこの世を作り直そうとしているんだ。彼はな。俺はこの都市で、一番の金持ちも同然だ。今度は俺たちの番が来ようとしているんだ。この大地は俺たちのものだ。これまではずっと俺たちはビリだったが、ようやく一番になろうとしている。新しい世界が来ようとしている。美しく、素晴らしい世界が。誰かが別の誰かを出し抜こうなんてことはもはやない。これからはもうない。みんな兄弟―兄弟ばかりの一つの大家族―みんな助け合って、邪魔はしない―みんな愛し合って、憎んだりはしない。（父親が頭上高く拳を固めて、進み出て来るので）出て行くって言ってるじゃないか。（ドアの所までようやく達すると、それを引っ張って開け、しゃがみ込む。体の半分は家の中、半分は家の外にある。感極まって、叫び声を上げる）彼はこの世の中の救世主、救世主だ、彼は―（父親は彼の方に勢いよく進むと、片方の足を使い、すごい力で蹴り出すと、ドアをばたんと閉め、ドアを背にして立ち、苦しそうに息をしている）

オールド・ジョン　（家の外で、呻き声が少しずつ弱くなっていく）ウゥー、ウゥー、ウゥー。

下宿人　そういうことだ。一つの典型的な例だな。あんたはそれにどう対処するつもりだい？

父　（執念深く）この家をしっかり戸締りするつもりだ。それが俺たちの対処の仕方だ。俺たちはこの町をきれいに片づけるつもりだ。そしてまともな人たちが生きられるようにするんだ。（彼は寝椅子の方にゆっくり戻って行くが、窓に目を凝らして、フロアの真中あたりで立ち止まる。しばらくすると、微かずつだが空が明るくなろうとしている。今やそれはぼんやりした赤の長方形を示している）ほら、すでに明るくなってきているぞ。日が変わったのだ。働く一日の新たな始まりだ。（腕を伸ばして、欠伸をし、最後は呻き声になる）働くんだ、働くんだ―日の出前から、日没後まで。働くのはあまり楽しいものじゃないが。人並みに眠りたい。人並においしいものを食べ、肌触りの柔らかな衣服を着たい。しかし、神様はそういう境遇に私を置いては下さらなかった。神様は私などよりもっと分別をお持ちだ。いいかい。（窓に近寄る）ケドロンの谷［サミュエル記下15：23］の方からラクダたちがブウブウ鳴いているのが、そしてダマスカス・ゲートの向こうの壁から見張り番が大声で叫んでいるのが聞こえる。急がなければならない。おーい、革袋に入ったワインを一本、選り抜きのやつを持って来てくれ。今日、司祭長に差し上げるんだ。

母　はい、はい。起き上がるところさ。（彼女の肩に暗い感じの色の衣服をさっとひっかけると、オリーブ油の中に芯が浮いている、土を焼き固めて作った、小さなランプを壁からはずしに行く。これを彼女はフロアに置く。そのそばには中央部がくり抜かれている大きな一つの石の塊がある。彼女はその前にしゃがみ、一摑みの穀物をその凹んだ所に注ぎ込み、単調な拍子を口ずさみながら、すりこ木でそれを打ち始める。その間、父の方は寝椅子の近くを手探りで探す）

父　（ぶつくさ言いながら）俺の上着はどこへいった？　ああ、ここにあった。酒袋はどこだ？　誰が俺の酒袋をベッドの後ろに置いたんだ？（ドアの方に進みながら、あくびをし、ぶつくさ言う）おい、俺が戻って来るまでに、ちゃんと準備しといてくれ。（息子の足を揺すって）おい、おまえは―テント張りの仕事が今日から始まるんだよな。おまえはとてもてきぱきやってのけるやつだ。（彼はドアを大きく開ける。夜明けのどんよりした輝きが差し込んできて、長いゆったりした、地の粗い素材でできた、ブラウンと黄色の幅広い縞模様のある衣服を着た男の存在を明らかにする。同じ生地でつくられた折りたたんだものが頭の部分を覆い、彼の顔を殆ど隠している。長い、グレイの顎鬚が彼の胸あたりまで垂れている。衣服の下の脚の部分はむき出しである。彼はサンダルを取ろうとドアの外に手を伸ばす。それから手にそれを持ったまま、じっと外の方を見つめて立つ。彼は肩から空っぽの酒袋をさげている……所々で光が差し込んでいる彼の背後の部屋は、まったく飾りと言えるものがなく、フロアの粗末な寝椅子、背の高い陶器の水つぼ、衣類や敷物などの半端なもの少々、口の空いた火桶、女が座ってそれに向かって精を出していたと思われる粗雑なひき割り器以外、家具と言えるものは何もない）（考え込みながら）エルサレムの町は、貧しい人たちには、きっとこれまでより良い町になるかもしれないし、逆にずっと悪い町になるかも知れない。なぜ彼らはエルサレムをほっておけないのかな？　俺たちは大丈夫だ。なんとかしてやっていく。ここに部外者たちが入り込んでくる。部外者たちが。頼れるものもない、責任感もない男たちが。扇動者たちだ。なぜやつらはじっとしてられないのか？―（向きを変え）こいつはどこから来たのだ？　正体は？　何をしようというんだ？

下宿人　彼は大工だ、職業は。ガリラヤの出身らしい。ナザレではないかと思うが。彼の名は知らない。

父　（苦々しそうに）ナザレだって。それはなかなかいい町だ。だったら俺たちを悩ませたりしないで、なぜそこにじっとしていないんだ。そこにじっとして、誠実に仕事をし、子供を産み、死ぬ時にはそれなりのものを残すべきなのに━悪態以外のものを、そして恐らく十字架を。わからない。（ゆっくり首を振り）俺にはわからない。（頭を上げ、酒袋を持ちやすい位置にぐいと寄せて）さあ。（ドアを閉め出て行く。しばらくの間、はっきりと目に見えているものと言えば、女がひき割り器にかがむようにして、リズミカルに頭を、悲しそうに、重たげに揺らしている姿くらいのものである。彼女の口ずさむ優しい歌だけが、しばしの間の唯一の音で、やがて下宿人がいびきをかき始める）

幕

プロヴィンスタウンのユージーン・オニール

バーバラ・ゲルブ

ユージーン・オニールが一九一六年の夏に、プロヴィンスタウン・プレイヤーズに見出された時、彼は老成した神童といった感があった。ほぼ二八歳になっていたが、俳優だった父親の脛をいまだにかじって生活をしていた。父親ジェイムズは事実、息子が誠実に働いて生計を立ててくれるだろうという希望をほぼ断念していた。プロヴィンスタウナーはもちろん、オニールの劇―詩的で、その当時としては、とても独創性のある一幕劇『カージフめざして東へ』―を上演した最初の劇団である。彼らはやがて判明するように、非常に尊敬されているジョージ・ピアース・ベイカー教授―彼の劇作コースをオニールはハーバード大学で、この上演よりも一年早くに受けていた―よりも鋭い判断を示した。『カージフめざして東へ』は劇の形をまったくなしていない、とベイカーはオニールに言った。なるほどこの作品にはプロットと言えるものがない。それは瀕死の水夫について、どういう感じ方をするかについての作品でしかないが、人間・神・人生の悲劇について主張しようとする何かを持っていた。

プロヴィンスタウナーがオニールを見い出した時、彼が復活と見なした出来事である一九一三年の結核の治癒以後、ずっと劇を書き続けてすでに三年が実際に経っていた。その時まで、個人的な悲劇感に追い立てられるように、彼はみずからの人生を浪費していたように思われる。しかし、そのことに気づかず、彼は自分の書こうとしていた劇の材料を蓄えようとしていた。二五歳で彼は最終傑作と多くの人たちが見なした『夜への長い旅路』を書くために、必要な材料をすでにみな集め終わっていた。

オニールの母親エラの麻薬中毒をめぐる劇中場面の、あの突き刺すような描写は、一五歳の頃からオニールが気づいていて、それ以後、ずっと気に病んでいたことだった。『カージフめざして東へ』のような初期の海洋劇で、試験的に試されてきた海への、彼の深い郷愁と彼にとっての海の持つ神秘的な意味は、水夫として帆船で航海し、熟練した船員として汽船に乗っていた二一歳頃には、彼の文学的邪魔ものの一部にすでになっていた。『夜への長い旅路』に登場する父親と二人の息子の描写に明らかにされているように、オニールはアルコール依存症についての知識をすでに充分に持ち合わせていて、彼が二〇代の前半の頃には、それとすでに闘っていた。『夜への長い旅路』でオニールが描く二四歳頃の彼自身は、ブエノスアイレス、リバプール、ニューヨークの海岸通りで酔っ払った浮浪者として生き、慌ただしく結婚して離婚し、見たことすらない息子の父親となり、メロドラマじみた自殺未遂を起こす中で、彼のやろうとしていたことが阻止されていた。

まさに始まりから、オニールは個人的に知っていることから、彼が人生の体験と気に入って呼んでいたものから、作品を書いた。彼はその時代の伝統的な劇作家に似ていたというよりも、小説家が劇を書くように書いた。そのためにベイカー教授は『カージフめざして東へ』を浅はかにも「劇ではない」と判断を誤り、退けてしまった。

プロヴィンスタウナーは、悲劇に取りつかれたオニールの人生の詳細な事実を知らなかったが、感心なことに、彼らは直ちに彼の苦悩する天分とその才能の独創性に気づいた。そして彼らは自分たちがその才能を育てる用意ができていると断言した。オニールが演劇の可能性をアメリカの作家たちの真剣な考えを討論する場として見なしていることに彼らは気づいた。

オニールが亡くなって三年後の一九五六年に、夫と私は彼の人生を詳しく調べだした。オニールのことを、彼の劇のインスピレーションのことを、オニールにとってプロヴィンスタウンでの経験が意味したことも含めて、その当時には殆ど知られていなかったことを、今わかろうとするのは難しい。一九二九年に彼がカーロッタ・モントレーと結婚後、オニールは彼のプロヴィンスタウン時代のことをめったに話さなかった。前妻アグネス・ボールトンに関係するようなことはなんであれ、彼が話すのをカーロッタは嫌がったからである。洗練されて、かなり俗物だった女性カーロッタはまた、プロヴィンスタウン時代のオニールのボヘミアンな生活スタイルを、飲酒による馬鹿騒ぎのことを、個人的に、また仕事の上での関係で親密だった友人のことを、耳にするのをあまり好まなかった。

ほぼ九年間にわたりプロヴィンスタウンは、オニールにとって物心両面で我が家であった。そこは彼の人生で最も意欲をそそる、感情に訴える経験のいくつかに出会った所であった。そこが彼の作品の初演を与えてくれた所という以外に、ルイーズ・ブライアントとの恋愛の始まった場所で、彼の最初の標準的な長さの劇『地平線の彼方』（一九一八年）を創造する上で刺激になった、不幸な三角関係のロマンスを生んだ所であった。プロヴィンスタウンはオニールが二番目の妻アグネスと結婚し、最初の子供シェーンが生まれた所（コマーシャル・ストリートにあるアパート）であった。プロヴィンスタウンで生活をし、仕事をしていた間に、オニールはついに父ジェイムズと和解することになった。父は息子に一九一九年にピークト・ヒル・バーの家を贈った。その沿岸監視所はそれから八年間にわたってユージーンの夏の家となった。ジェイムズはその家をメイベル・ドッジから買った。メイベルはその家を売る前に、すでに改修し、美しく装飾していた。オニールはその家を一目見た時から、ほしいと思った。

オニールに国際的な名声をもたらした二つの実験的作品『皇帝ジョーンズ』（一九二〇年）と『毛猿』（一九二一年）に加えて、彼の最初の実際に人気のでた劇『アナ・クリスティ』（一九二〇年）を彼が書いたのは、ここプロヴィンスタウンであった。彼が最初のピューリッツア賞（対象作品『地平線の彼方』）の、二度目の同賞（対象作品『アナ・クリスティ』）の知らせを受け取ったのも、この場所であった。

私と夫が初めてスネイル・ヒル・ロードを通り、砂丘を越え、ピークト・ヒル・バーまでハイキングをしたことを私は忘れることはないであろう。家そのものは、もちろん一九三一年に大西洋に押し流されてしまったが、オニールがそこに住んでいた時は、気が休まって、とても満ち足りた気持になった理由を私たちは知りたいと思ったからである。「ここでの生活には親近感がとても感じられ、まわりとしっくりいっている」とオニールはインタヴュアーに語ったが、その言葉は『夜への長い旅路』のエドマンド・タイロンの語る台詞―「砂、太陽、海、風―そういうものに人が溶け込んで、それらと同じ意味のないものになる、そしてそれらと同じ意味のあるものになる。静けさの背景にあるのは、つねに砂州に打ち寄せる単調な波のうねりである。人はみな単独の存在であることを知っている。まったくの個人であることを。なんらかの善ある行動をしようとすることを恥ずかしいと思うことはない」—を予兆させるものがある。

オニールの高揚感を理解するのは容易であったが、オニールがよく大声をあげて町に来て、アグネスの髪を摑んで砂丘を引きずる時、その周期的な酔っ払った騒ぎを理解することは、それほど容易なことではなかった。アグネスと暮らしだした初めの頃の年月は、時々はもめていたものの、主として愛情があり、互いに支え合っていて、オニールにとっては創作活動の面で豊かであった。私がすでに言及したよく知られた劇に加えて、彼が書いたそれらの年月の間に、二つの斬新にも実験的で、非常に物議をかもす作品『すべての神の子には翼がある』（一九二三年）—この劇では二人の難題を抱えた主人公を、オニールの両親の実際の名（エラとジム）で名づけ、愛情はあるが挫折した黒人男性と統合失調症の白人女性の夫婦として二人を変装させた—と『偉大な神ブラウン』—そこでは仮面が使用されていて、今日でもアヴァンギャルドと見なせる劇である—を書いた。

一九一八年の初めの頃、アグネスと恋愛関係にあり、彼女と結婚する計画までしていたオニールだったが、ルイーズ・ブライアントを失ったことで苦しんでいた。ルイーズとの浮気が、一九一六年夏のプロヴィンスタウンで始まった。その頃、ルイーズはジョン・リードと一緒に暮らしていた（まだ彼と結婚してはいなかったが）。リードはグリニッチ・ヴィレッジにいた頃からオニールを知っていたが、その前の夏にプロヴィンスタウンに来ていて、ジグ・クックが夢中になっていた新しい演劇にすっかり魅せられていた。オニールにプロヴィンスタウンに来ないかと誘ったのも、リードであった。ルイーズはオレゴン州、ポートランドの歯科医であった夫の下から逃げて、リードと同棲生活をしていた。彼女は作家になりたいという野心を持っていて、リードから学べることを期待していた。リードは当時、コロラドでの石炭抗夫たちのストライキやメキシコ革命を生き生きと報道したことで、ジャーナリズム界の神童ともてはやされていた。

オニールはルイーズとリードの住んでいる所から道を隔てた丸太小屋に住んでいた。彼は毎日のように、沖めがけて、遠くまで泳ぎ出ていた。ルイーズは浜辺からそれを見守っていて、彼の泳ぎの腕前にすっかり感心していた。リードはその夏、断続的にやって来る慢性の腎臓病に悩まされていたが、体調が良い時は、自分に割り当てられていた雑誌の仕事をしに、しばしば家を留守にした。独り残されたルイーズは落ち着かない気持で、しばしば浜辺で、オニールが泳ぎから戻ってくるのを待ち、彼の関心を引こうとしたものであった。オニールはルイーズを好きになったが、友人リードへの忠誠心から彼女を避けようとはしていた。

ある日、ついにルイーズはオニールを窮地に追い詰め、打ち明けた—リードが病気だったから、二人は兄と妹のような関係で一緒に暮らしてきたことを。オニールはその話を受け入れ、ルイーズの愛人（恋人）になることを正当化した。ルイーズの方では、オニールがルイーズを必要としていることが、リードに対して彼女が貞節を欠いていることの正当化となった。リードは一時的に病気の問題をかかえることはあったものの、仕事の面では、腰を落ち着けて取り組めているとルイーズは語った。一方、オニールは劇作家として手探りの状態で前へ何とかして進もうとしていて、彼女の優しい支えと激励が彼には必要なんだ、とルイーズは本当に思っていた。

彼が連続して経験した恋愛の後をたどると、オニールという人は、俺には君がいないとだめなんだ、と言って女性の気持をつかむことがとても上手だったことがわかる。ルイーズのことを忘れるために、どうしても君が必要なんだと言って、アグネス・ボールトンを彼はくどいた。またその後、アグネス・ボールトンから（そして家いっぱいの、うるさく求める子供たちから）遠のき、独創的な平穏と孤独の雰囲気に入って行くには、ぜひとも君がいなければ、とカーロッタ・モントレーをその気にさせた。

プロヴィンスタウナーが、その後の一九一六年の夏に上演した一幕物『渇き』（一九一四年）で、オニールはルイーズと自分自身をその劇の配役とした。海の上の救命筏上で劇中での行動は起こる。オニールは西インド諸島の混血水夫役で、自分の方からは話しかけたがらないタイプを演じ、ルイーズの方は喉が渇いてむやみに水を欲しがる、非常によくしゃべるダンサー役で、この女性は筏に乗っているただ一人の彼の仲間の生存者である。水夫が水を隠し持っていると考えるダンサーが、男に水をせがむと、男は女を食べる目的を秘めたような、ひもじそうな目つきで女をじっと見る。

オニールには二人の関係がどんな風にして、結末をむかえることになるのか、いくぶん気がかりな点はあったかも知れないが、ルイーズと一緒にいると、とても苦しい気持になりながらも、幸せな気分にもなれた。そしていつものように、彼の素晴らしい愛を劇的に演じてみせた。「ルイーズの手の指の爪が僕に触れると、まるで大草原に火がついたみたいになるんだ」と有頂天になって、オニールはある友人に語った。結局、この浮気を終わりに導いたものは、ルイーズの仕事への野心と冒険に対する渇望であった。リードは革命を取材するために、ロシアに行く予定になっていた。ルイーズは彼と一緒に行くチャンスに逆らえなかった。また、二〇世紀の語り草になりそうなものに関与するチャンスをみすみす逃すこともできなかった。オニールがこうしてルイーズを失うことになったのは、『地平線の彼方』—農場で働く二人の兄弟が同じ一人の女性を好きになる話—を書いたその年であった。

オニールは自分の人生での実体験の素材をめったに無駄にはしなかった。小説を装った自叙伝が一般に容認されている文学的慣習になっているが、いくつかのヨーロッパから輸入されたものを除いて、彼の時代の演劇はめったに文学的ではないことをオニールはよく知っていた。笑劇・扇情的なメロドラマ・ミュージカルショーなどが、アメリカの劇作家たちが生み出したものであった。彼自身の人生を作り上げていたものに、彼の生来の悲劇的ヴィジョンというフィルターをかけて、オニールはアメリカの劇を変質させた。

『地平線の彼方』が一九二〇年にブロードウェイで上演された時、この劇を観た批評家たちは、いつもとは違うことが起こっていたことに気づいた。それは登場人物がアメリカ人で、近代の英語で書かれ、自然主義と悲劇とを結びつけた、アメリカ作家による最初の劇であった。メロドラマ的な特徴がない、偶然の一致というものにも頼らない本作品は、これといった特徴をよく示すものがない。またこの劇は、キャラクターの発展の上に築かれていて、プロットのためのプロットを描くことを潔しとはしない。

オニールによって取って代わられようとしていた時代遅れの演劇、その古風な演劇の中で大きくなり、それに生涯をかけて仕事をしてきたオニールの父親。その父親までもが息子の劇に深く感動し、ついには芸術家としての息子の真価を認めるに至ったことに、息子は大いに個人的満足を得たのであった。

プロヴィンスタウン―そこでは取材記者たちがオニールを探し回っていた―時代からオニールは彼の劇の哲学がどういう内容のもので、その哲学がどのようにして発展していったかを説明しようとしていた。それは作家活動を始めた若い劇作家の意義ある主張で、シリアスな劇という観点から作劇を考え始めていた彼より若い少数の作家にそれは影響を与えた。シドニー・ハワードやエルマー・ライスといった人たちは、プロヴィンスタウナーによる養成支援、実験への激励といったオニールの得ていた利点を欠いていた。

「私は自分自身に関係した出来事や自分の感銘を受けたことに直接的ないし間接的に由来しないものを何一つ書いたことがない」とオニールは語った。彼は今後の彼の作品のすべてに大きな影響を及ぼし、この物質主義的な時代に、芸術家の卵たちの道しるべとして依然として役立てるような、基本的な哲学を説明し続けた。「私には生まれつき、悲劇に対する歓喜の感情というものがある。悲劇は恐らく人間に関わる唯一の意義深いものであろう。私が追い求めているものは、舞台の上で永遠に形勢に不利な闘いをしながら、勝利を得るのではなく、恐らく負け戦を運命づけられているにもかかわらず、この人生というものに果敢に立ち向かっていく人間を目にすることで得られる歓喜の感情を懐いて観客には劇場を後にしてもらいたいということである。個人の人生の意義は、まさに闘うことによって付与されるのである」と。

アグネス・ボールトンはプロヴィンスタウン時代の、オニールの人生において主要な役割を果たした女性であった。アグネスはルイーズが原因で、いくぶん不安を感じながら、オニールとの生活を始めたのである。アグネスがオニールを引きつけていたのは、オニールがルイーズを失ったことの反動によるものとは、初めてオニールと会った時には、アグネスは知らなかった。彼女は一九一七年の秋に、グリニッチ・ヴィレッジに姿を現した。その場所は、プロヴィンスタウナーがプレイライツ・シアターを最近、設立した所であり、そこでオニールはアレクサンダー・ウルコットのようなとても影響力のある批評家によって認められ始めていた。アグネスは二四歳、オニールよりも四歳下で、その黒髪・灰青色の目・ボヘミアンな服装に関しては、ルイーズに似ていた。この頃にはすでにルイーズはリードとロシアに向け旅立っていて、オニールは彼女を失ったことをおおっぴらに、激しく苦しんでいた。プロヴィンスタウナーはオニールの心の状態を心配していた。彼らはオニールにグリニッチ・ヴィレッジから出た方がよいと促していた。そこにはオニールが酒浸りになるような、あまりにも多くの注意を他にそらすもの、あまりにも多くの誘惑があったからである。彼らはオニールがやがてプロヴィンスタウンに戻って来て、通常の長さの上演劇を書いてくれることを願っていた。

しかし、オニールはヴィレッジにぐずぐず居残っていて、アグネスと結婚を前提に交際しながら、同時にルイーズへの失恋の痛手に苦しんでいた。それから一九一八年の一月に何かが起こって、そのことが原因でオニールはショックを受け、放縦を極めるといったポーズと創作の先延ばしをやめ、プロヴィンスタウンに逃れて、以後五、六年の間ほぼそこに住みつくことになった。

オニールのプロヴィンスタウンの友人やグリニッチ・ヴィレッジの友人に会って話を聞いて得たこうしたエピソードをつなぎ合わせてみると、彼らはほぼ半世紀の時間が経った後でも、その起こったことを思い出すのを、いまだ恐れていると言っていいくらいだと私は気づいた。ルイス・ホリデーという名のオニールの古くからの大切な友人が、ヴィレッジに戻ってきた。ホリデーは一九一六年の夏をオニールとプロヴィンスタウンで過ごしたが、ホリデーの愛する若い女性の強い要望─二人が結婚できるように、都市の誘惑から離れて飲酒癖を直し、ちゃんとした仕事について欲しい─で、ニューヨークを離れていたのである。ホリデーは酒をやめ、農場経営の仕事を見つけていた。今や彼は戻ってくると、彼女を自分の女だと言って、西部に連れ出しもした。彼は友人たちを招いて、そのお祝いをした。一月二二日に、彼らはヘル・ホールという愛称のお気に入りの酒場に集まった。オニール、アグネス、他の昔からの友人たち。それにはドロシー・デイ（プロヴィンスタウン・プレイヤーズの実験的な仕事を称賛した、若く遊び好きの新聞記者で、オニールに半ば恋をしたことがある女性）も含まれていた。そこにはまた、テリー・カーリンというオニールに愛着を持っていた、彼らより年上の自称知的アナキストも居合わせていた。実際、一九一六年の夏に、オニールと一緒にプロヴィンスタウンに行き、オニールと丸太小屋を共同で使用した者こそテリーであった。テリーはオニールの友人の多くに嫌われていたが、その後の年月で、オニールのプロヴィンスタウン家族に長く居ついてしまった人で、

『氷屋が来る』（一九三九年）の、冷笑的で道徳観念のないラリー・スレイドとして長く記憶されることになった。

テリーを除く他のみんなは、ルイス・ホリデーが再び酒を飲むようになったことを知って、言葉を失った。しばらくして、彼の女が他の男に熱をあげるようになったとホリデーは告げた。ホリデーは内向性の人間だったから、彼が彼女を失ったことをどんなに深刻に受けとめたかを彼の友人たちは誰一人知らなかった。その真相を知っていたのは、テリーだけであった。パーティが進み、テリーを除くみんながホリデーを慰め、彼を元気づけようとしたのはもちろんであった。その夜のどこかの時点で、ホリデーの求めに応じて、テリーは彼にヘロインを与えた。テリーが時折、他の違法薬物ばかりか、ヘロインも使っていたことをみんなは知っていた。しかし、ひとしきりひどい酒浸りのオニールの友人の中にあって、テリーだけは例外的人物であった。致死量だとわかっていながら、友人にそれを与えるというのは、テリーの倫理規定にはまったく違反していなかったのである。自殺をしたがっている人がいるというのに、それをやめさせようとするなんて、まったく理由がわからないとする人物、それがテリーであった。

パーティはヘル・ホールから同一地区のお気に入りの安酒場ロマニ・マリーズに移して行われた。そこでホリデーは気分が悪くなりだしていた。オニールは調べて、ヘロインが原因だと知った。怖くなり、まったくどうすることもできないと感じたオニールは、その場から逃げ出した。その後をアグネスが追いかけた。何かの役に立てればと考えたドロシー・デイはその場にとどまった。朝六時半少し前に、ホリデーは口から泡を出して、テーブルの所で倒れた。救急車を呼んだが、それが到着しないうちにホリデーは亡くなった。呼び出されていた彼の妹が救急車の運転手に、ホリデーが心臓病を患っていたと伝えた。医者はやむをえず死因を心不全とした。そしてその診断を警察は受け入れた。しかし、しばらくの間、ホリデーの友人たちの多く（オニールを含む）は、警察の捜査を恐れていた。

このエピソードは、ぞっとするような影響を及ぼした。活気と希望に満ち満ちていた一つの生命の唐突で、無意味な終わりは、オニールやその友人たちにとって災難の一つの前兆となった。彼らは突然、自分たちも死ぬのだと感じて脅かされた。恐らく最もその影響を受けたのはドロシー・デイであった。彼女はヴィレッジから逃げ、看護の仕事に打ち込み、カトリシズムに改宗した。その後、彼女はマンハッタン南部に、やがて有名になるカトリック伝道所を設立した。オニールがプロヴィンスタウンに永久に背を向ける直前の、一九二六年に書き始められた『奇妙な幕間狂言』に登場する、女性のあらゆる性質を兼ね備えたニーナ・リーズという合成的なキャラクターをオニールが作り出すために、いくらかのパーソナリティを引っぱり出した数人の女たちの一人がドロシーであった。

オニールその人はというと、ホリデーの死の結果として、すっかり酒浸りになっていた。ホリデーの死は、片時も彼の頭から消えることのない、つらい記憶となった。彼はひとしきり痛飲していたが、ついに奮い立つと、一つの結論に到達していた。身の回りの物を詰め込んで、プロヴィンスタウンに向けて彼が出発した時、誰も驚きはしなかった。『地平線の彼方』の執筆を彼が始めたのは、それから間もなくのことである。人生のこの時点で、彼は気づいた―プロヴィンスタウナーとプロヴィンスタウンをたまらなく必要としていることに。みずからの価値を信じるために、彼らの受け入れと理解を彼は必要とした。彼らの創造した芸術の自由の雰囲気の中では、誰一人として裁かれることもなければ、ショックを受けることもなかった。自由な気持ちでオニールは自分に興味のあるテーマを探した。彼が関心を持ったのは、行動の背後に隠された動機であって、たとえそれが『楡の木陰の欲望』(一九二四年)の嬰児殺しや『喪服はエレクトラによく似合う』(一九三一年)の近親相姦であっても構わなかった。

プロヴィンスタウナーはオニールを喜んで受け入れ、彼を励まし、彼の哲学を明確にし、それをはっきり表現する上で役立った。「私は人生を愛しているが、それが綺麗だからではない。綺麗なのは衣服の分だけにすぎない。私はそんなものより人生そのものを真に愛す。ありのままの人生を愛する。醜さの中にすら、美はあると私には思える。事実、醜さというものを私はまったく否定する。醜さの悪徳は醜さの美徳よりしばしば気高く、殆どいつも啓示により近いからである」とオニールは言った。プロヴィンスタウナーはオニールに活動の舞台を与える際に、自分たちの不滅性を保証した。

(これは一九八七年六月にプロヴィンスタウンで、「出発点―一九一五年、文化の瞬間」で話したものから抜粋したものである)

［訳者追加］ルイーズ・ブライアントは劇団の唯一の女性創設者で、第一回執行部委員会のメンバー。女優、衣装デザイン、劇作の才能を部分的に発揮したが、リードやオニールとの「関係」から彼女の影響力を説明するむきもある。「彼女はコミュニストでも劇作家でもなかった。コミュニストや劇作家と寝ただけにすぎない」と揶揄されたように、プロヴィンスタウンのインテリたちの間では、彼女の評価は決して芳しいものではない。一七年二月にはリードと共に劇団をやめている。

［訳者注］ニーチェを信奉した情け深いテリー・カーリンにもう一人の父親のような良き助言者をオニールは見つけていた。オニールがテリーと出会った時には、ラリーのように人生からすっかり引退していた。オニールはテリーの創造的思考を吸収する過程で、ニヒリズムも吸収していた。（ゲルブ夫妻『オニール』）

本書の執筆者一覧

（所属先、地位ともに本書執筆当時のものを記載）

ジョン・ブエンカー（John Buenker）

ウィスコンシン大学（パークサイド）の歴史学の教授。進歩の時代に関する著書や論文が多い。*The Historical Dictionary of the Progressive Era* (Greenwood Press,1989).

ユージーン・E・リーチ（Eugene・E・Leach）

歴史とアメリカ研究を教えるトリニティ・カレッジ（ハートフォード）准教授。"'Just Human Atoms Massed Together': The Evolution of Mass Society Theory from Ortega y Gasset To Riesman and Mills," *Mid-America* 71 (January 1989).

アーネスト・アレン・ジュニア（Ernest Allen, Jr.）

アメリカ黒人研究を専門とするマサチューセッツ大学（アマースト）准教授。*Encyclopedia of the Black Freedom Struggle* (Garland Press, 1993) の共編者。

エリザベス・アマンズ（Elizabeth Ammons）

アメリカの女性文学を研究対象とするタフツ大学教授。*Edith Wharton's Argument with America* (University of Georgia Press, 1980).

エレン・ケイ・トリムバーガー（Ellen Kay Trimberger）

カリフォルニア大学（ソノマ）教授で、女性研究のコーディネータ。女性史と文化に関する研究。*Intimate Warriors: Writings from a Modern Marriage, 1899-1940* (The Feminist Press, 1991).

ジョン・C・バーナム（John C. Burnham）

オハイオ州立大学歴史学の教授で、精神医学の講師。*How Superstition Won and Science Lost* (Rutgers University Press, 1987).

サンフォード・ギフォード（Sanford Gifford）

ハーバード大学医学部准教授（臨床）。精神分析史に関する研究が多い。"Freud's Fearful Symmetry," in

Further Reflections on the Life and Death Instinct: Psychoanalysis and the Nuclear Threat, edited by Howard B. Levine and others（The Analytic Press, 1988）.

フレッド・マシューズ（Fred Matthews）
歴史と人文科学を教えるヨーク大学（オンタリオ）准教授。アメリカ史における社会科学の研究書が数冊ある。*The Quest for an American Sociology*（McGill-Queens, 1977）.

マーティン・グリーン（Martin Green）
タフツ大学にて文学を教える教授。英米文化史に関する著書が多い。*New York, 1913: the Armory Show and the Paterson Strike Pageant*（Charles Scribner's Sons, 1988）.

ミルトン・ブラウン（Milton Brown）
ニューヨーク市立大学の Graduate Center で美術史を教えた resident professor で、National Gallery of Art で、以前 Kress Professor であった。*The Story of the Armory Show*（Abbeville Press, revised editions, 1988）.

エドワード・エイブラハムズ（Edward Abrahams）
Executive Assistant to the President and Director of Government Relations, Clark University.（内容不詳）*The Lyrical Left: Randolph Bourne, Alfred Stieglitz and the Origins of Cultural Radicalism in America*（University Press of Virginia, 1986）.

レベッカ・ズーリエ（Rebecca Zurier）
シラキュース大学美術部門の Schragis Faculty Fellow. *Art for the Masses: A Radical Magazine and Its Graphics, 1911-1917*（Temple University Press, 1988）.

メアリー・C・ヘンダーソン（Mary C. Henderson）
演劇史家、大学講師、作家。*Theatre in America*（Harry N. Abrams, Inc., 1986）.

ロバート・K・サルロス（Robert K. Sarlós）
劇芸術を教えるカリフォルニア大学（デービス）教授。*Jig Cook and the Provincetown Players: Theatre in*

Ferment（The University of Massachusetts Press, 1982）.

バーバラ・ゲルブ（Barbara Gelb）
夫アーサーと共著の伝記 *O'Neill*（Harper and Row, 1962）を著した。

編著者および訳者

アデル・ヘラー（Adele Heller）
ウォーフのプロヴィンスタウン・プレイハウスのプロデュースィング・ディレクター。新たに復刊されたプロヴィンスタウン・クロニクル、メアリー・ヴォースの *Time and the Town*（Rutgers University Press, 1991）の編集者。

ロイス・ルードニック（Lois Rudnick）
マサチューセッツ大学（ボストン）の英語の准教授で、アメリカン・スタディーズ・プログラムのディレクター。*Mabel Dodge Luhan: New Woman, New Worlds*（University of New Mexico Press, 1984）.

山本俊一（やまもと　しゅんいち）
立命館大学名誉教授。［専門分野］アメリカ演劇およびアメリカの女性史。［二項対立の境界線上に立ちたい女クレア・アーチャー―スーザン・グラスペルの『ヴァージ』を読む」（共著『〈境界〉で読む英語文学』、開文社、２００５年）。［翻訳］フェイ・E・ダッデン『女たちのアメリカ演劇』（論創社、２０１２年）。

訳者あとがき

本書は、Adele Heller and Lois Rudnick, eds. *1915: The Cultural Moment: The New Politics, the New Woman, the New Psychology, the New Art and the New Theatre in America.* New Brunswick: Rutgers UP, 1991 の全訳である。一九一五年の政治・女性・精神分析・芸術・演劇の分野を、「ニュー」の観点から語ろうとした本書は、他にあまり類例を見ないスケールの大きなもので、その「ニュー」の中身を考えると、「モダニズム」という言葉が浮上してくる。そのこともあってか、本書を訳出している間ずっとシンガルの「アメリカン・モダニズムの定義に向けて」という論文のことが気になっていた（本書では五人の書き手がこの論文に直接言及しているが、シンガルの名を出してはいないものの、マシューズやギフォード、それにエイブラハムズの各論文もシンガルの考え方を共有している）。アメリカン・モダニズムの理解のために、この論文が果している理論的な重要性を今一度、確かめておきたいという気持がどこかにあったからである。とは言っても、この限られた紙面でそれを詳細に検討する余裕はないために、ぜひ引用したいと訳者が思った箇所だけに簡潔に絞って原文訳を示すことにする。

モダニズムは条理と不条理、知性と感情、主観性と客観性―これらの「解釈・和解・合体・一体」に関係する。マクファーレンは文化が発展する三つの段階を明らかにする。第一の段階である初期の反抗では「重点が断片化に、解体に、ヴィクトリア朝時代の人たちがせっせと創造した几帳面に組み立てられた〈システム〉〈タイプ〉〈絶対的なもの〉の漸進的な分解に置かれている」。第二段階は「部分部分の再構築、断片化されたコンセプトの再関係化」によって特徴づけられている。最後の成熟した段階は、「以前には永久に互いに排除に固執していたものが溶けている、混ざっている、同化している」。(p.13)

この部分部分が全体にまとめられた様式の最もグラフィックな表示は、確かにキュービズムであった。固定したリアリティといったものは存在しなかったから、すべてのものはお互いに変化する関係の中で見なければならないであろう、とピカソや彼の同僚たちは主張した。画家の任務は、形あるものをばらばらにして、構成部分に変え、それらの部分部分を継続して重なり合わせ、断片化の意味よりもむしろ全体の意味を伝えることであった。はっきりとした輪郭は常に避けられなければならない。(p.13)

宇宙は絶えず変化に特徴づけられているが、人間はその動きを確実に知ることはできない状態にあり、完全なる統合の目標は、常に到達できないままである。……モダニストは統合と確実性を求めるけれども、彼らは完全にはそれに到達することはないことに気づかねばならない。完全な統合というのも本当は望ましくはないであろう。それは静止を意味するからである。(p.14)

モダニストは人間の性質を「途切れなく変化する状態にある」と見なす。自己も自己を描く目的のどのような芸術作品も、「完成とか終結」を迎えることはない(ブッシュ)。そのような終結は自動的に真実性の基準を無視することになる。その結果、人は世の中で目下進行中の経験に基づくアイデンティティを絶えず創造し、再創造しなければならない。(p.15)

モダニズムの世界観は予測のできない宇宙という前提で始まっている。そこでは何一つとして決して安定しているものはない。だから人間は部分的な、せいぜい一時的な知識で満足していなければならない。この情況では、モラリティの固定化した、絶対的なシステムを考え出すこともできない。モラリティの価値は、絶えず変化している状態にあらねばならず、変化しつつある歴史の情況に絶えず適合しなければならない。(p.15. 引用文中の傍点はすべて訳者によるもの)

一九二一年に、右で言及したアメリカ的モダニズムの見本のような劇作品が生まれる。スーザン・グラスペルによる一九二一年初演の『境界線《ヴァージ》』である。しかし、この劇の斬新さがアメリカの文化的情況をかなり先取りしていたため、劇評家たちはこの劇に大いに戸惑った。この劇の主人公クレアは、「一つの形式に固まる」ことを意味する「古いパターン」を「解体」、「破壊」しなければと意気込む。それがすっかり「ばらばらになれば、私たちはショックを受けて、生き生きしたものになる」と彼女は主張する（一幕）。パターン化するとは、「生命の構造が凍りつく」ことで、私たちはみな「形式の中で死んでしまっている」と（ニーチェのような）警告をする。言葉や思考は「そのままにしておくと、時々パターン化して」しまう。そうしたパターン化を避けようとするかのように、劇中で「散文的対話」は、突如、「韻文的独白」に変化する（二幕）。そしてクレアは「流れているパターン」（三幕）こそが、私たちを生き返らせるのだと言う。「動き」を意味する「流れ」と「静止」を意味する「パターン」とが激しく戦っている情況を彼女は脳裏に思い描いている。「動」と「静」とが戦いながらも、全体として融合して一つになっているというのが、クレアの望んでいる情況なのである。他と異なる性質という命題が成立するためには、そこに必らず同一性が存在しなければならない。つまり、「動」は必らず「静」を必要とする。この劇の冒頭近くに次のような描写がある—「温室内部の創造的な熱」と「温室外部の創造的な冷たさ」とがぶつかり合う境界線上のガラスの上に、霜が「固有」の模様を創造している（一幕冒頭）。自然の生み出したこの完成された芸術品は、クレアが望んでいる主観の世界—対立する二項を同化・和合した状態—を、作者がクレアに代わって、視覚的描写によって客観的に提示した心象風景である。彼女が時折こもる塔—それは「これまでに存在したことのない石造建築」で、「円」、「曲線」、「ギザギザの線」、「奇妙な出っ張り」、「傾き」、「ひねり」によって構成された、「造り損ね」の「未完成」品（二幕冒頭）—は、彼女にとって生きていることを実感できる理想的な住処である（ただし、他者から孤立して、この塔に閉じ込もることは、自己定位が困難になるが）。この塔は独自性が極めて強いが、対立する要素をすべて排除した単一的性質の世界ではなく、多種・多様な性質が共存する世界である。

時間だけはたっぷりあるからと、気が向いた時だけ机に向かうという安易な態度で今回の訳出作業を始めた。ところが、六十代の終わりに近づくにつれ、老いを身近に感じてきた。物忘れが珍しいことではなくなってきたからである。自分に残された時間のことが少しずつ気になりだしてきた。限られた貴重な時間を翻訳などしていていいのか、という疑念が何度も頭をよぎった。ある時、文章を書くことが認知症の予防になるというのを耳にした。少しだけ気を良くして、翻訳作業を続けた。出来上がった訳稿の仕上げに一年近くを要しただろうか。この時も、机に向かうのは気が向いた時だけ、を忠実に守った。かみさんが珍しく、「もう翻訳のほうは出来上がったの」と心配してくれた。「ああ」と応えた時、もうしばらくの間、気が向いた時だけ、相手になってくれる新しい「恋人」を急いで探さないといけないなと思った。

今回も論創社さんのお世話になることになった。出版にあたっては、二段組み英文三一八頁と図版一四四枚からなる大部な原本が、悩みの種であった。森下社長の御決断と編集の松永裕衣子さんのアイディア及びご配慮で、なんとか出版にこぎつけられたが、図版の半分ほどをカットせざるをえなかったことはしかたないことだったと思っている。最後になったが、本書が扱っている時代とほぼ同じ時代に生まれた父母の霊に本書を捧げたい。

二〇一八年一月

山本俊一

【ヤ】

【ラ】

【ワ】

【マ】

【ナ】

【ハ】

【タ】

【サ】

Sherwood） 228, 255, 382
アントワーン，アンドレ（Antoine, André） 389, 408, 409
イーストマン，マックス（Eastman, Max） 114, 142, 144, 342, *439*
　～と『マッシィズ』 59-64, 68-71, 74-77, 80-86, 365, 366
　～と精神分析 224, 249, 254, 257-260, 262
　～とプロヴィンスタウン・プレイヤーズ 85, 393, 419
『泉』（クック）*Spring*（Cook） 425, 427, 432
『泉』（デュシャン）*Fountain*（Duchamp） 305, 325, 336, 350
『泉のほとりでのダンス』（ピカビア）*Dances at the Spring*（Picabia） 321, 323, *323*
一般的な黒人の改善協会（UNIA: Universal Negro Improvement Association） 46, 103, 105, 112-120, 128, 129
イプセン，ヘンリク（Ibsen, Henrik） 275, 389, 404, 408
「意味のあるフォーム」（ベル）"Significant Form"（Bell） 305
「インペリアル・セルフ」（アンダソン）"Imperial Self"（Anderson） 288
ウェーバー，マックス（Weber, Max） 305, 310, 327, 328, *329*
ヴォース，メアリー・ヒートン（Vorse, Mary Heaton） 65-68, 74, 76, 85, 360, 388, 393, 401-402, 419, *439*
ウォートン，イーディス（Wharton, Edith） 139, 153-154, 164-167, 180
渦巻派（Vorticism） 335, 378
『海のスケッチ』（マリン）*A Study of the Sea*（Marin） 327, *327*
ヴラマンク，モーリス・ド（Vlaminck, Maurice de） 299, 317
「ジ・エイト」（"The Eight"） 310, 312, 324
『エマンシペイター』（*Emancipator*） 105, 114
エリス，ハヴロック（Ellis, Havelock） 192, 196, 199, 240, 246
演劇（theatre）: 20 世紀以前の～ 383-387
　民族的な～ 390-393
オーエン，チャンドラー（Owen, Chandler） 105, 108, 111
『大鏡』（デュシャン）*Large Glass*（Duchamp） 334, 335, *335*
オースティン，メアリー（Austin, Mary） 139, 153, 156-158
オキーフ，ジョージア（O'Keeffe, Georgia） 183, 210, 305, 331, 332, 344, 348
『オクトルーン』（ブーシコウ）*Octoroon*（Boucicault） 387
オッペンハイム，ジェイムズ（Oppenheim, James） 261, 264, 348
『男が考えるように』（トマス）*As a Man Thinks*（Thomas） 275-276
『男の手』（スティーグリッツ）*Hand of Man*（Stieglitz） 343, *344*
オニール，ジェイムズ（O'Neill, James） 383, 517, 519, 522
オニール，ユージーン（O'Neill, Eugene） 21, 383, 388, 398, 400, 402, 403, 404, 412, *414*, 416, 422, 423, 430, 431, 434, 435, 517-526
オルフィズム（Orphism） 299, 317, 333
『オレンジ・アンド・レッド・ストリーク』（オキーフ）*Orange and Red Streak*（O'Keeffe） 332
『女とマスタードの壺』（ピカソ）*Woman with Mustard Pot*（Picasso） 321, *322*
『女の名誉』（グラスペル）*Woman's Honor*（Glaspell） 430

【カ】

ガーヴェイ，マーカス（Garvey, Marcus） 15, 46,103, 104, 105, 112-120, 127, 128, 129
ガーランド，ハムリン（Garland, Hamlin） 387, 409
階級（class）：黒人中流～ 99-101
　～差別 173-174
　労働者～ 40, 47-49, 51-53, 95-96
外国語連合体（Foreign language federations） 49-50, 103
「階段を降りる非礼な者」"Rude Descending a

索　引

（斜字体のページ数は、挿絵やその挿絵の説明文に関係したものである）

【ア】

アーキペンコ，アレクサンダー（Archipenko, Alexander）　321, *322*
アーモリーショー（Armory Show）　183, 297-325, 356, 362, 369, 444
『アイオラ・リロイ』（ハーパー）*Iola Leroy*（Harper）　139
IWW（Industrial Workers of the World）　49-80, 96, 142, 143, 302, 304, 359, 360, 362, 365, 445
『愛と結婚』（ケイ）*Love and Marriage*（Key）　192
『アウトサイド』（グラスペル）*Outside*（Glaspell）　430-431
『青い裸婦』（マチス）*Blue Nude*（Matisse）　321, *321*
「青騎手」（Blaue Reiter）　299, 327, 339
『青猫』（スミス）*Blue Cat*（Smith）　344, *344*
赤狩り（Red Scare）　27, 48, 86
「アッシュカン派」のリアリストたち（"Ashcan School" realists）　300, 362-363
アダムズ，ジェーン（Addams, Jane）　15, 64, 67, 135, 141, 409
新しい演劇（New Theatre）　29-30, 382-526
　〜と新しい心理学　272-294
新しい芸術（New Art）　20, 22-23, 27, 296-379, 482-498
新しい黒人（New Negro）　24, 26-27, 94-129
新しい女性（New Woman）　17-19, 28, 132-215
『新しい女性の創造』（フリーダン）*Feminine Mystique*（Friedan）　35
新しい心理学（New Psychology）　19-20, 25, 28, 218-294, 460-481
新しい政治（New Politics）　16-19, 22, 38-56, 499-516
　黒人　94-97, 101-121
　『マッシィズ』の〜　57-87
『アテネの女たち』（クック）*Athenian Women*（Cook）　*414*, 427
アフリカ共同体連盟（ACL: African Communities League）　103, 113
アフリカの血の友愛団体（ABB: African Blood Brotherhood）　102, 115, 116, 128
アメリカ黒人の自由連盟（Liberty League of Negro-Americans）　112, 114, 115, 116, 120
『アメリカ，成年に達す』（ブルックス）*America's Coming-of-Age*（Brooks）　23
アメリカの画家と彫刻家の協会（AAPS: Association of American Painters and Sculptors）　311, 315, 339
『アメリカの美女たち』（バナー）*American Beauty*（Banner）　134, 147
「アメリカン・モダニズムの定義に向けて」（シンガル）"Towards a Definition of American Modernism"（Singal）　17-18, 23-24, 178, 407, 531-532
『アライア・ダ・カーポ』（ミレー）*Aria da Capo*（Millay）　280-281, *414*
『アリソンの家』（グラスペル）*Alison's House*（Glaspell）　275, 287, 427, 434
アレンズバーグ，ウォルター（Arensberg, Walter）　324, 326, 339
アンダソン，シャーウッド（Anderson,